臺灣關懷中國人權聯盟
美國對華援助協會 出版

2017年，起來中國

酷刑下的維權律師高智晟自述

高智晟 著

## 2017年，起來中國
### 酷刑下的維權律師高智晟自述

| | |
|---|---|
| 作者 | 高智晟 |
| 美術設計 | Arabel Chern |
| 出版 | 臺灣關懷中國人權聯盟 |
| | 10051 臺北市青島東路3-2號5樓 |
| | Tel.: 02–2660–9646 |
| | Email: tachr2011@gmail.com |
| | Website: http://tachr.blogspot.tw/ |
| | Facebook 專頁 台灣關懷中國人權聯盟 |
| 出版日期 | 2016年 6 月 |
| 定價 | 精裝 600 元　平裝 480 元 |

# 目錄

# 推薦序
# 何俊仁律師序

何俊仁
中國維權律師關注組主席

　　當我讀著此書的初稿時，我感受到中共黑惡勢力長期施加在高智晟律師身上的殘酷迫害折磨，感到無限悲傷和憤慨！

　　作者承受身心痛楚，冷對施虐者，頑強地拒絕屈服。他在酷刑中聽到自己的淒厲叫聲，仿如來自另個人。政治迫害沒法停止作者及其代表，和所見所聞之「被侮辱與被損害」的控訴！

　　中共始終要明白，他們可以打擊受虐者的身心，但不能令有信念者失去意志。

　　高智晟不肯離開大陸，我沒有回鄉權，因此我們至今緣慳一面，我們只通過電話。

　　2005年，他協助太石村村民。太石村村民抗議村民委員會貪污，被數千警力鎮壓，幾十名村民被捕，最後迫使村委會改選。他和另一位維權人士郭飛雄先後被捕。

　　在2006年初的第一次電話後，我和他展開了一場兩地的漫長絕食運動。他每星期六，我則每星期三絕食24小時。他於當年年底被中共綁架，從此陷入了五年的非法禁錮和三年的正式囚犯生涯。我則持續了八年維權絕食，直至2014年10月，他出獄為止。

　　高智晟的家人不斷受到滋擾恐嚇，甚至毒打。他們被迫在2009年出走至美國。我親赴紐約，協助其安頓，並與友人成立了高智晟基金會。

　　高智晟告訴我，曾有國企以巨額利誘他當其獨家代表律師，其條件是不得參與義務律師的維權工作。當時他一家生活坎坷，但他斷然拒絕。

　　高智晟在2001年被司法部評為十大律師之一，他本可以名成利就，過著安逸的生活。但他不忍看到法輪功修煉者受迫害而不顧，三次公開上書中共領導人申

訴，從此走上不歸之路。他不單受盡毒打、電刑、單獨囚禁，還要忍受家人受其牽連之苦。

其家人（其妻、小兒、小女共三人）在紐約安頓期間，我曾帶他們到百老匯看著名舞臺劇「獅子王」。其年僅六歲的稚子雖然不太懂美語，在看到獅子王臨終向小獅子囑咐時，不期然流下眼淚。翌日，我們到動物園參觀時，他的小兒在草地上一邊奔跑一邊叫著爸爸！

高律師家人居美期間，無間斷地為營救高律師而四出奔波，感動到不少人士。在此，我要感謝傅希秋牧師（總部設在美國德克薩斯州的對華援助協會創建人）的協助，和美國曼克頓維爾書院生物系教授楊錦霞女士對其家人的關顧。

我本身也是律師，在我與高律師同步絕食的幾個月期間，我認識到應該成立支援國內維權律師的關注組。「維權律師關注組」在 2007 年成立，關注對象從開始的十多位法律工作者擴展到百多位維護人權、法治的關注聯繫網絡。

但不幸地，中共竟把這群爭取公義和有公信力的維權人士看成眼中釘，更把他們打成黑五類之首。

他們包括早期的高智晟（律師）、鄭恩寵（律師）、陳光誠（法律工作者）、郭飛雄（法律工作者）、滕彪（律師及法學博士）、許志永（法學博士），到江天勇（律師）、唐吉田（律師）、倪玉蘭（法學學士）、唐荊陵（律師）、浦志強（律師），至去年 709 大抓捕王宇（律師）、周世鋒（律師）、李和平（律師）、王全璋（律師）等。（2015 年 7 月 9 日凌晨，中國當局逮捕了北京鋒銳律師事務所的律師王宇，隨後，在短短的兩個月時間內，近三百名律師和民間人士被警方強制約談、非法逮捕、非法限制人身自由，此即 709 大抓捕。）

他們進行著英勇的抗爭，不少人現今仍然被羈留或在獄。在此無法一一盡錄，但我會對他們所有人銘記在心，並永懷尊敬。

在內地不斷升級的黑色打壓和白色恐怖裡，我看到青年維權律師不斷地加入，使我看到良心和勇氣的火炬在漆黑中發出光芒，為未來帶來希望。高智晟律師應感到先行者的安慰。

高智晟的新書詳盡地記載了他受到中共「黑暗力量」的迫害。他在其八年短暫的律師執業裡，從協助國內法輪法修學者和上訪人士及下崗職工中，認識到「中國黑惡勢力」。他由於「無力放棄對上述苦難群體的關注，也終於成了他們中的一個具體被打壓者。」在這個特殊角色過程中，他「認識了神，成了基督徒。」本書以具體的例子，證明了中共不單對踐踏人權，更以變態手段侵犯個人尊嚴。

他同時揭示中共武警如何成為各自官僚的親兵、下層士兵如何不被當做人的看待、「雙規部隊」如何超越法制成為現代的「東西廠」（明朝宦官執掌的特權監察時的恐怖情治機構）。他解釋了中共必亡之路。但這是一本交織著深刻和痛苦感受和立體地描述真實的書，需要讀者耐心地閱讀。

## 生死在天

作者在書中憶念其童年，其父親一吐血，母親便會跑到碥畔大叫，「閏會，快回來，你大又不行了。」

作者從2004年、2006年、2009年多次被中共國家人員暴力綁架的過程中，涉事打手多次沖著他叫囂：「弄死你跟弄死一隻螞蟻一樣的簡單。」

這些綁架的決策者是周永康。

在2011年，周永康打發人來見問他：「老高，這環境還能頂多久？」作者答曰：「我能活九十四歲，希望你告訴周永康，看看誰笑到最後，如果他足夠幸運的話，他會死在監獄裡！」

作者從中得到啟示，人的生死豈是一個完全偶然的過程？

## 被抄家

作者的家被搜查了多次。國家工作人員的關注點，「首先是來自全國各地的『法輪功』受迫害者及其親人的來信，上訪群眾的來信等，約二、三十公斤重。其次是有價值的有形物，包括十幾個『袁大頭』，一萬多元美鈔，幾個電腦筆記本，八、九臺電腦，所有的儲蓄、有價證券等」，其真正意義是導致作者家貧如洗。抄家期間其妻子和女兒被毆打。

## 尋人啟示

作者被蓄意安排到新疆，是為了精神上摧毀其家人。

當局的這一次綁架是完全殊於往常。那一段時間，烏魯木齊每天都會有漢族人失蹤，幾乎每天都會有漢族人的屍體招認告示，你只須留心一下當時報紙騎縫

裡的「尋人啟示」及「屍體認領啟事」就能感覺到那段時間一個人失蹤不再是什麼罕見的事。這在後來的施刑人員口裡，可以得出這種判斷。綁架的所有參與者都是穿便衣的維吾爾人。

他們「熱情真誠」地全天陪著我的岳父，尋蹤躡跡，遍貼尋人啟示，奔波於太平間認領屍體。他們的「熱情」摧毀著我的家人最後一絲希望。中共當局為了在精神上最後摧毀我的家人。

## 人物

作者對中共體制下的國家工作人員有深刻的描繪，一類是愚昧可觀，典型的專制動物：

「美國人他媽的真奇怪，怎麼盡喜歡漢奸、賣國的東西？老高，你多少看過點書，歷史上，漢奸、賣國的東西有幾個有過好下場？當漢奸、賣國賊是不是上癮啦？要不然怎麼打都打不醒？我告訴你，黨和政府在捍衛國家最高利益的問題上是從來沒有含糊過的，手段也捨得用，對漢奸、賣國賊是絕不會手軟。要是在美國，你早死了多少遍了，美國中央情報局對於危害美國國家安全的人，幾乎都是祕密做掉（指殺死），這方面的電影電視你難道沒有看過？那可是美國人自己拍出來的，哪能有假？」

第二類是人性的一面，

而這裡特別值得我記念的是「一郎」的副哨。我原不打算在這裡念及他，擔心因著他的善給他帶來傷害，但終於還是想把他的善記錄在此。因為對人性善的光輝的記錄是最有價值的，尤以在我們今天這樣的時代。
每次在酷刑階段，我每天只能吃到冰冷的飯菜和一點冰冷的水。雖則是四月底了，但我依然每天冷得發抖，終於還不能完全不喝水。但第二天，我從他的手裡接過來一瓶熱水，無疑，他是刻意把那瓶水設法熱好帶進來的。從這天開始，他總能有辦法在悄無聲息中讓我喝到熱水，即使別人已送進來的涼水，他也會在他進來時不經意地給我換上熱水。

警察與我交流一經發現，即會立即調離，而且給予一個不良記錄讓他們背著，士兵與我交流，一經發現，處理方法高效且簡單：立即被拉出去暴打一頓，士兵為此挨打的可謂數不勝數。』

士兵中間很快就有一部分人知道了我是誰，他們中間有不少上網高手，能突破封鎖獲知很多外面的信息。他們能咬著牙告訴我很多信息，當然也有人因此被多次毆打過。

作者被送去看醫生後，「站在一旁的哨兵見我回來，就很關心地悄悄詢問我外出幾個小時的遭遇，說：『很多士兵都關心你的下落。』」

## 二手煙的懲罰

密封式的小房間裡關押，除酷刑外另一個綿綿不絕的苦楚就是這種環境裡祕密警察綿綿不絕的吸煙，由於他們（監視人員）進入囚室時不允許看書報，不允許看電視接電話，夜裡也不許睡覺，只能坐在我面前看著我，不停的吸煙，房間又是完全封閉的，有時是幾個月、幾十個月悶在煙霧中。對於一個不吸煙的人而言，那是一種災難，十年過去後，我發現我說話的聲音已完全變了，變成了一個陌生人的聲音，且迄今不能改變復原。

讓步，不讓步，這是一個問題。

作者想到，「家中老人奔走在各太平間之間，哭而撫屍辨認的殘酷（是新疆警察告訴作者的實情）現實，心猶如錐刺之痛，違心的說些虛假的話，同意了獄方要求，寫了一些在關押期間待作者很好的話。」

作者與一個老警察的交談到這一現象，「2007年9月21日那次酷刑後，作者作出讓步，讓當局認為酷刑對作者有用。因為政治犯他看管了許多，你若從一開始就不作任何讓步的話，在肉體上他們一般不用酷刑。說對劉曉波就不會有酷刑，因為他從不讓步。」

## 酷刑

「阿巨兄」攙起我靠在牆根，然後從容的將叼在嘴上的五根煙點著，我已完全清楚他要做什麼，他慢慢的彎下腰蹲下來，左手一把抓住我的頭髮，使勁往低

壓，然後將右手裡的五支煙移至我的眼下開始熏。他突然用膝蓋向上猛擊我的胸部，我能聽到一個陌生的慘叫聲，我可以肯定，那慘叫聲與意識是沒有關係的，十層以內都能聽到那種慘叫。

他一腳踩在我的肩上，電擊器爆出來劇烈的響聲，他一把將電擊器抵在我的下巴上，我聽到了另一個陌生的聲音，無疑，那是我發出的。但這次的電擊時間和2007年9月份比起來，可謂小兒科，前後時間持續不到半小時，而且也沒有電擊生殖器。

樓道裡就剩下我一個人，但那死寂是極其短暫的，我聽到一種極其微小的呻吟聲，我開始感覺到了地上的冰冷，我提醒自己什麼都不要去想，因為這裡所有的過程都不用你操心，你就跟著走吧。我也提醒自己，你正走在一段極困難的路上，無論如何，你必須走下去，後退、旁騖都是死途。

## 出獄

2014年8月7日，當是形式上我的刑滿釋放日，我知道我不能像其他犯人一樣正常的走出監獄。凌晨四點鐘我起了床開始拆洗被褥。這是我入獄的第一天即決定了的事。我入獄時，他們發給我的褥子髒污不堪，其中一面竟有一個極顯目的人形污跡，我提醒自己，這就是你當下的生存環境，你是無力改變的，你唯一能做的是在出獄前把被褥洗乾淨了，不要讓下一位接受他們的人面臨你正在經受的煩惱。我把被褥洗完後開始打掃禁閉室衛生，這是我三年來從不改變的習慣，每天把禁閉室打掃的可謂一塵不染，連廁所的坑每天早晚各一次的認真擦洗，從不苟且，這是我精神經營的日常組成。

## 親情

父親去逝後，他（我的大哥）以石頭般的誠實獨肩肩起一家人生存的苦難重擔，當二哥、我、四弟，我們長大了，終於可與他分擔著生活的重負時，我們都心裡生出了外出尋找希望的想法。

2009年6月28日，「失蹤」半年後的我突然在一群人的簇擁下出現在他的院子裡，他趕緊跑過來，一看大夏天的，我還穿著冬天的服裝，他竟像孩子般嗚咽

起來，回到母親住過的窯洞裡依然痛哭不止，惹得我也熱淚汩汩。

2012年3月份，在沙雅監獄囚犯會見大廳裡，隔著玻璃他看見我被人押過來，他和我的岳父兩個白髮人，又痛哭失聲。而為了這半個小時的會見，他三上北京，兩去新疆，受盡了中共惡徒的欺辱。

2014年8月26日，我被新疆警方押出機場向榆林警方辦理交接時，我聽到大哥的聲音在叫「老三」。我尋聲望去，見大哥與四弟、表哥站在遠處望著我，而大哥是叫了一聲「老三」後又在那兒淚流滿面。他後來說他一眼看到我成了那樣，他當時難過的差點背過氣去。但他不知道，這已經是我體重增加了近二十斤以後的情形。

## 境外媒體的作用

作者非常感謝海外記者的關注和訪問。

正是由於他們，才使得全世界的正義力量與作者在困難時期的信心聯結在一起，構成了作者生命安全保障的最後力量，構成中國和平改變的力量，負起中國和平趨向自由、民主憲政的重軛。

## 後記

由於作者的特殊經歷。此事涉及中共的多個方面：高層（周永康）、維穩辦、雙規部隊，是了解中國發展的重要原始資料。高書在2017年補，有一個重要的小段，與香港目前的政局有點參考價值。

曾有士官講：說中共「國保」內養著一批特殊的幹部，安插於全國各地「國保」部門中，人數有數萬之巨。這批特殊幹部的主要工作就是在各大網絡上盯尋熱點事件及敏感事件，並根據指令跟帖表達「民意」。說這樣做有個目的，一是群起而攪混水；二是群起而製造「主流民意」；三是群起而圍攻說真話者；四是不遺死角地監視網情。

這是認識現今中國的一本重要的書，當中有大量可信的第一手資料，我全意推薦這本書。

2016年5月16日

# 楊憲宏序：他心中所存藏的山河與日月

楊憲宏
臺灣中央廣播電臺節目主持人
臺灣關懷中國人權聯盟創會理事長

從 2005 年起，在臺灣中央廣播電臺，應當時的總統陳水扁的邀請，開了一個對中國廣播的短波中波共構節目──「為人民服務：楊憲宏時間」，原始構想是向中國傳播人權自由理念，並關懷在中國被中共迫害的良心犯。這個每天都打電話進中國，訪問受中共迫害者的節目一直做到現在，超過十一年了，跨越了馬英九的八年執政，到 2016 年民進黨又重新輪替回來。這麼長的時間，這個節目見證了很多在中國對抗中共，而被關押迫害的「硬頸人物」，諾貝爾和平獎得主劉曉波，在被抓捕之前，這個節目訪問過他 35 次；另一位更常接受訪問，批評中共最烈的是維權律師高智晟，他在被捕之前，接受臺灣央廣的訪問 55 次。

在他被捕前的最後幾次訪問，常常是中共的國保公安跟在他的周圍不遠的地方，有一回他還帶著女兒格格，在訪談中，我從沒有聽說過他有露出過一點恐懼。他真是頂天立地的漢子。

高智晟 2004 年至 2005 年多次抗議中共當局暴力鎮壓民眾和迫害法輪功成員，其後屢遭北京警方軟禁及毆打。他在 2006 年因「煽動顛覆國家政權」罪名，被判處有期徒刑三年，緩刑五年。2009 年 1 月，高智晟失蹤，2010 年 3 月才再次出現，但很快又失去蹤影。後來中共媒體報導高智晟「違反假釋條件」，外界才知道他 2012 年 1 月被送進新疆監獄服刑。

2015 年 9 月 24 日英國廣播公司（BBC）中文網報導，中國維權人士高智晟打破沉默表示，被中共當局拘押期間曾遭酷刑虐待，被電擊棒毆打、關在單人牢房三年。高智晟還說，獄方在他的牢房裝設擴音器，連續 68 週播放宣傳廣播。

但他說，「只要從監獄活著出來，就是打敗對手」。

高智晟現年52歲，曾被中國司法部評為「中國十佳律師」之一，被譽為「中國良心」。法學學者滕彪稱他為「中國維權律師的領軍人物和先行者」。

高智晟在2014年8月刑滿獲釋，他的律師當時說，高智晟因營養不良而牙齒脫落。高智晟獲釋後身心狀況令人擔憂，幾年冤獄與酷刑使他記憶和語言能力受到影響。不過，他通過大量的寫作回憶療癒自己，目前的身心情況不差。

雖然高智晟的妻兒已在美國定居，但高智晟說他沒想過流亡到美國，還說留在中國是上天賦予他的「使命」。

高律師目前還被中共監視，可是他不妥協，還表示，他判斷，2017年應是中共垮臺的時間。不離開中國，就是要見證這麼一天到來。也的確有這麼一種氣氛，中共內部分崩離析，還有內部人士從新疆官方媒體在網路上貼文，要習近平下臺。更不要說，大內有人借古諷今，以「清明上河圖」的內容，將習近平比為亡國之君的宋徽宗。還有更加不可思議的，新華網的所謂「筆誤」，直稱習近平為「中國最後領導人」。

中共是不是在2017年要倒臺，不是重點，核心的是，中共這種邪惡不義搞「文化大革命」起家的流氓政權，不可能長久，而如高智晟律師這樣的人，應該是中共倒臺之後，未來新中國的國家中堅。

臺灣在2016年5月20日，回到臺灣本土政權的執政，應要對廣大中國還有像高律師一樣的仁人志士表達關懷，並且適時的給予庇護與協助。這是臺灣民主自由人權法治價值同盟的擴大，蔡英文總統說，臺灣要「維持現狀」，並且拿這個「現狀」與中國交往，現狀是什麼？民主自由人權法治，這是中共頭子習近平詐騙集團腦子裡沒有的，但是高智晟律師不但有，而且還在努力要讓中國走向與臺灣一樣的「現狀」。

高律師選擇臺灣出版他的新書，最大的意義就在這裡。他授權給傅希秋牧師與我，共同為他安排臺灣出書事宜，我感受到他心中所存藏的山河與日月。借著他的書在臺灣出版，寫下此序祝福，這本書的出版，算是他心中的「新中國」走向實現的第一步。

## 推薦序

# 傅希秋牧師序：出版者的話

傅希秋
美國對華援助協會主席

　　高智晟是當代中國最為傑出的人權律師。毫無疑問，他也是數十年來中國大陸維權運動的先行者。

　　高智晟律師出生在極其貧窮的中國陝北鄉村，經歷過毛時代億萬底層民眾所經歷過的一切苦難。1996年，通過自學考試成為執業律師以後，他就一直努力地為弱者維權，為公義發聲。他是最早為法輪功學員作無罪辯護的律師之一，並在2004年底開始多次上書中共最高領導人，要求停止對法輪功的迫害。他還為遭逼迫的中國家庭教會和基督徒作無罪辯護，為許多合法財產及產業遭政府掠奪的民營企業家維權。他的這些舉動招致了黨國政權的震怒，導致從2005年到今天，從未間斷地對他的國家暴力和嚴重迫害：律師所被關閉、律師執照被吊銷、經歷被綁架、被失蹤和慘無人道的酷刑，家人受嚴重的騷擾被迫流亡海外，後來他被判刑、被長期單獨關押。

　　從2005年起，「對華援助協會」就開始關注並幫助遭到黨國政權迫害的高智晟律師一家。在他頻繁被綁架、被失蹤、被酷刑的同時，家人也遭到嚴重的侵犯騷擾，兩個孩子無法正常生活和讀書。「對華援助協會」參與了對耿和及兩個孩子的營救工作。我當時緊急地趕赴泰國，夜以繼日地與國際社會和美國政府協調，感謝主，高律師的愛人和兩個孩子能順利來到美國。在高律師長達十餘年的被迫害過程中，「對華援助協會」從沒有停止過以各種方式呼籲高智晟的無罪釋放。我們建立了「自由高智晟」的網站，並在2009年成功徵集了十五萬個要求釋放高智晟的簽名。

　　在2014年8月7號，高智晟律師「刑滿釋放」後，外界無法得知他的真實下落，我們也知道他不會獲得真正的自由。我們在國內數名同工一直努力地尋找他的下落。終於在歷經各種難以想像的困難後，在某一個深夜，我的兩個同工在陝北黃土高原他老家的窯洞裡見到了他。他在出獄後依然被嚴密監視和看管，沒有

自由。但他在家沒日沒夜地寫，寫對黨國政權即將在2017年崩潰的他，得到的特別看見和引導；寫他十年間祕密關押過程中，那些他遭受的不為外界所知的、難以想像的酷刑和虐待經歷；寫他對未來民主中國的制度設想。我們的同工數次深夜行走在陝北的黃土高原上，把高律師的書稿一次次帶出來。再由其他同工用電腦列印，再想法傳輸到海外。這個過程其實很不簡單，因為高智晟律師是黨國政權的第一號政治犯，這個過程對於參與者而言，是冒了極大風險的。我在這兒要感謝許多的「無名」同工，沒有你們的努力，高智晟律師的這本書是無法出版的。

高智晟2005年11月宣告認信成為基督徒，並與妻子公開宣布退出共產黨。在高律師的書中，他很多次分享了在極其苦難的時候，上帝以各種方式剛強了他，給他特別的恩賜，甚至使他能夠成功剝離開肉體與靈魂的痛苦，讓他得到內心的平靜和喜樂，在黑暗中像新約聖經裡使徒保羅一樣發出夜間的歌唱。並讓他能藐視專制極權的不可一世。高智晟講過：「今天我要是敗了，就再沒人會相信天理了！所以掌握天理的祂不會袖手旁觀！所以上帝在和我們並肩作戰！」

作為一名牧師，我為有高智晟律師這樣的弟兄感到自豪。雖然他和我對未來中國政權的認知領受不一定一致，但是他無畏地以一己之力挑戰極權，像二戰末期挑戰希特勒的德國認信教會朋霍菲爾牧師（潘霍華）一樣，戰勝了那些難以置信的對他的酷刑和折磨，他對未來抱有無比堅定的信心。他的身上我們可以看到一個基督徒是如何背負起自己的十字架，走向各地，效法並活出基督的樣式。讀高智晟弟兄這本書，我們從中能分享到許多美好的見證。

本書從手稿驚險的運出高家，到祕密打字、校對工作，許多同工、朋友和同仁都付出許多辛勞。尋找合作出版商的過程本身也頗富戲劇性和反映黨國海外「紅手」威脅巨大。苦苦尋找接觸多個出版社，因著香港「銅鑼灣」書商被大陸當局綁架事件的寒蟬效用，出版商也被迫換了幾個。我要特別謝謝我的老朋友好弟兄也是本書的出版者之一「臺灣關懷中國人權聯盟」理事長楊憲宏先生和邱齡瑤祕書長鼎力相助。也感謝出版人貝嶺先生和他幫助聯繫的一校對者鳳珠女士。當然還有許多無名英雄為出版此書甚至冒了極大風險，在此一併致謝。

最後，我祝願高智晟一家能早日團圓。祝願高智晟弟兄努力追求的一個充滿了愛和公義的新中國早日到來。我不禁想起聖經《阿摩司書》5: 24所言：「惟願公平如大水滾滾，使公義如江河滔滔。」

寫於2016年5月美國德克薩斯州美德蘭市

# 緒言

中國共產黨將在2017年敗亡，這將是上帝在這個新千年裡向世人顯示的第一個使全人類矚目的、將產生深遠歷史意義的神蹟。屆時，中共立黨為九十六年，其掌政時間是六十八年。

**天道昭彰；天道終得昭彰時！**

其時，這個變態暴虐了中國人民九十六年之久的、人類歷史上空前絕後的惡政權，迄今仍天天蠻橫囂叫著要「永遠堅定不移……」，「永遠繼續高舉……」，「永遠不走改旗易幟邪路」的犯罪集團，將作為這多災多難民族的恐怖記憶，作為整個人類文明史上最不名譽的紀錄；同時，亦作為一個不輕鬆的笑柄被蕩入歷史的塵積。惡政權來去匆匆，而中國人民將永存！

僅從人的認識層面論，人類社會發展的歷史，即始終伴隨人類對惡的拋棄而對善的趨就，他與主義、族群無涉，這是人類普遍的本能表顯。全球共產主義政權滅亡進入了最後倒計時，這個倒計時時間實際上從1980年代開始，而中國共產主義政權滅亡的倒計時則須從1989年開始只二十八年止，即其大限在2017年。

對於共產主義運動在這個星球上的存在，神命定了其一百年期限，即1917年至2017年。1917年，共產主義幽靈落體實體政權肇始，人類以自己的愚昧與狂熱，為這個世界裡的一半生命，鋪就了一條史無前例苦路，時至今天，仍有人類五分之一的生命爬行在這苦路上，中國成了這苦路上爬行大陣中的主力和惡榜樣。這是我們的恥辱，也是人類文明的不名譽。

人類文明前行的路上，曾有過無數次勇敢的嘗試、帶血的實驗，這是由人類本身的局限性決定了的。俄國在1917年的嘗試本身是不當指責的，但當共產主義制度鬼相顯露無遺後，依然利用這種制度中成功發酵的惡能量，遮覆了人民的自由和感情，裹脅全體人民向全人類推廣這種惡，這是俄羅斯民族在上個世紀七十餘年的時間裡最不名譽的紀錄。

共產主義制度的邪惡極其恐怖紀錄不是我本篇文字想涉及的，也不是一兩篇文字能夠囊括了的。他的邪惡最著名的兩大標誌即是：在和平年代裡造成國內無辜人民大量的非正常死亡；和對人類基本自由的仇視和反動。共產主義邪靈顯化

13

為人類實體政權迄今已有九十八年的時間，前三十多年是其邪惡生命的蓬勃擴張時期，從「匈牙利事件」後的三十多年時間裡，是其生命的維持時期。暴力與謊言，是其這一階段維持生命的始終之全部條件。1956年，蘇共坦克耀威布達佩斯街頭即足證：共產主義運動在全球範圍的維持手段也不能例外。甚至當謊言破產時，共產邪惡政權在國際上推行其意志與其在國內的維持手段一樣：唯暴力一途！第三個三十多年則是其速死期。其大面積壞死的時間是在1980年代末至1990年代初不到十年的時間裡。

縱向看共產主義運動的全球發展史及兼橫向看共產主義政權敗亡的歷史紀錄，大略上也可以看出上帝意圖的脈絡：一是所有共產主義政權都在國內公民的和平反抗中敗亡，即全部亡於國家內部發生的非暴力過程，就像他們一律以暴力奪取政權一樣；二是全球沒有一個共產主義政權通過對自身改造獲得新生。上帝的終極意圖至為明顯，共產黨政權作為撒但意志的人間表象，其下場唯有一死。就整個人類文明的前景而言，共產主義問題已不再是全球性問題，僅遺亞洲一隅，實際上則僅遺中共問題。中共一旦崩亡，其他幾個共產妖孽政權歸於死途也僅遺技術問題。中共惡政權一死，未來民意政權執掌者即使再昏昧，也絕不會任由北韓這個當今最殘虐人權的政權繼續暴虐下去。

可能又會有「有識之士」盯眸訾議我蔑視國際法則，保衛人權、保衛人類良知是人間最高的法則。如果既有法則成了暴虐政權的避風屏障，那就只有將其踏倒一途。2017年以後，基於對上帝和人類文明的共同理念，中國將融入人類普世文明，並與之和諧共生。隨著自由和民主個人時代的到來，飽受人權政治壓迫苦楚的中國人民將歷史性地成為人類文明向上發展道路上的生力軍和建設性力量，絕不會再幹出像當下阻止聯合國大會及安理會通過關於朝鮮人權法案這般邪惡勾當。

# 自　序
# 中國共產黨將在2017年敗亡！

　　中國共產黨將於2017年崩亡，這是在未來兩年左右的時間裡必將發生的歷史事件。這個人類有史以來最邪惡、最龐大的犯罪集團，已不可逆轉地進入其罪惡生命死亡的倒計時。

　　對於這即將到來的歷史事實，當今人類中有三個群體迄今不自知：其一是以習近平為首的中共黑惡勢力群體的中、基層官員；二是被謊言和恐怖致腦殘及靈性殘疾的群體；三是被眼前利益障蔽了視力的國際政客群體，尤以西方個別政客為甚。

　　上述三個群體的不自知或者不肯自知，終於不會阻卻中國巨變的到來，但這死至眼前的不肯自知並非全無歷史意義，至少他飾增了歷史過程的娛樂價值，給這沉悶已久的人間添些笑料。而這笑柄中，有些是將要成就的，有些則是已經成就了的，而這已經成就了的笑柄裡的個別事件還就現實地與我發生著關係。

　　我在中共公開的及不公開的地獄被監禁了近七年。在這近七年時間裡，始終有兩個人形妖獸主導著我的苦楚，一人是「中央領導同志」周永康，另一人是新疆司法行政系統的「領導同志」謝暉。這倆貪官今天都已成「落馬貪官」。我曾預言他們將在不遠的將來被刑囚的話，在不同階段成了一些人譏誚我的笑柄。笑柄不假，只是這被譏誚的邏輯倒了個兒。

　　2009年的一個祕密囚禁地，一位「蒙面領導同志」，代表「中央領導同志」來與我談話，談話終於因不大投機而在緊張的氣氛中收場。那「領導同志」在邁出囚室之際又站定背對著我，說今天這機會是罕有的難得，「如果你有什麼話給大領導，我馬上就能帶到」。我說你告訴周永康，他會死在監獄裡。

　　他猛地掉頭一臉錯愕曰：「老高你是不是吃錯藥啦？說個不當的話，人家那叫九王爺，九王爺你懂嗎？你的話你自個兒信嗎？」

　　「他一定會受到審判，我絕不懷疑。」我回敬他。

　　「腦子被關傻啦！」他邊說邊氣呼呼地甩門而去。

　　在新疆的司法行政系統，「領導同志」謝暉的名字，就像「中央領導同志」周永康的名字在中共政法系統一樣響亮。這是我在中共掛牌地獄囚禁期間專門給我

苦楚的一個名字。前幾天有報導稱他成了落馬貪官。這個黑暗制度又成就了一起具體的悲劇。我從未見過謝本人，或竟見過卻不認識。我被祕密押經烏魯木齊時，眼前曾有不少大器物晃悠過，謝出現其中的可能性極大。這幾年裡，我目睹了許多他簽署的，於憲法、基本法律及人類文明相牴牾的管制罪犯文件。他的名字，使得黑暗在那裡合理化。

謝作為個體，其沒有理由也沒有資格使我憎惡他。作為新疆監獄系統的主管者，他的面目足夠猙獰。在那裡，罪犯們的人權、人格、善惡像法律一樣，被恣意踐踏地滅絕了聲息。

2012年6月初，就當局用高音喇叭，持續對我以精神騷擾之事與有關負責人反覆交涉中，由於不能給出合理合法的理由，而我的逼問不輟，終於，他們告訴說是「謝廳長親自安排的，誰也改不了的」。

我告訴他們：「謝的反人類罪行必將在幾年之內受到審判，若足夠幸運的話，他將會在監獄裡安度餘年。」

那位副科長一臉不屑，說：「你說這個和說太陽從西邊出來沒有什麼不同，說這種話沒意思，只能讓別人低看你。」

我說：「我無意就此與你打賭，但請你記住我給謝暉命運下過的這個結論。」

周永康、謝暉兩位「領導同志」，被中共系統內比他們更有力量的黑暗勢力給打倒，卻不在我的預料之中。他們將因反人類罪而受到審判是我是時所指。中共對他們的「審判」，斷不會涉及他們罄竹難書的反人類罪。而恰是這方面的冷酷及兇殘表現，才成就了他們各自的高位。實際上，我的語言還未兌現。

惡政必亡，便是從俗世的認知角度，歷史也是有著他可被認知的腳步的。

普列漢諾夫為蘇俄馬列主義之父，是列寧的導師。他於蘇俄「十月革命」後不到半年時間寫下遺囑，八十一年後才被發現，這份遺囑，今天的人們既可以驚心動魄，亦可以平心靜氣待之，這取決於你持有怎樣的哲學觀。在這裡，我想抄來幾段與讀者分享：

二、布爾什維克的無產階級專政將迅速演變成一黨專政，再變成領袖專政。而建立在欺騙和暴力基礎上的社會，本身就包含著自我毀滅的炸藥，一旦真相大白，就會立刻土崩瓦解。

三、布爾什維克將依次遇到四大危機：饑荒危機、意識形態危機、社會經濟危機
　　和崩潰危機，最後政權土崩瓦解。這一過程可能持續數十年，但這個結局
　　誰也無法改變。

四、國家的偉大並不在於他的領土甚至他的歷史，而是民主傳統和公民生活水
　　準。只要公民還在受窮，只要沒有民主，國家就難保不發生動盪，直至崩
　　潰

（引自「焦雨亭主」〈驚天遺囑〉文）

　　這份遺囑寫於1918年5月，其時共產主義邪靈附體人類實體政權剛半年時間
左右，在人類歷史上造就空前人道災禍的全球共產主義運動才剛剛開始。這是人
類對歷史步伐事前準確認知的一個確證。

　　1898年，在北京菜市口，當譚嗣同等人的血霧上噴而人頭落地時，中國和平
改良的歷史機遇為反動勢力的大刀砍滅。以慈禧太后為首的反改革勢力成了一時
的勝利者，但僅僅三年以後的1901年，他們被迫在中國開始推行三年前被他們用
血澆滅了的改良計畫；公費送出國留學，各地建立新軍、設立各級諮政會議。但
為時晚矣，這些力量最終成了摧毀反動統治的本身。反動勢力在政治泥淖中越是
力圖自拔，結果反而陷得越深，終於無可挽回地敗亡。

　　我們回頭看這段歷史時發現，赫然在目的是歷史自己的步伐，他纖毫不以一
群敗類的意志為轉移。

　　我這算是在給本書寫序，這是輾轉頗多周章後又給到我手裡的苦活。一貫性
喜信馬由韁的脾氣又占了上風，提筆便一路寫了開去，寫下上述文字後才慮及到
當顧及本篇文字與本書的關係。

　　為本書寫序從不在我意料中：一則，我與外界的聯繫實在是困難得可以；二
則，關注我命運的朋友中文字大家頗不少，由他們寫來是我及讀者們的光榮。文
字能力方面我是外行得客觀，唯可寫出一些既儲於記憶中的東西。這一安排使記
憶的「反芻」又成了現實的必須，於是就又搜刮出了記憶中的上述「積壓物」。

　　我有近十年的非人間經歷，身受了許多傳說中是冥界地獄裡才能有的苦楚。
我在短暫的律師執業中見證了這個體制製造的太多血腥與苦難：國企下崗職工的
無助與絕望，以及他們中間和平抗爭者遭致中國黑惡勢力冷酷打壓的悲慘命運；
野蠻強拆造成的大批大批的失居居民及失地農民的悲苦與絕望；上訪人員無助的
眼神；「法輪功」修學者遭受的血腥壓迫情形；反動司法體制下呼天喚地怨民的哭

17

訴……。我從未獲得忘卻了他們的能力，這大致上可以算得上是我感情世界裡的不幸，但這究竟還是一個旁觀者感情。由於無力放棄對上述苦難群體的關注，也終於成了他們之中的一個具體被打壓者。

在這個特殊角色過程中，我認識了神，成了基督徒，感恩神的特別恩予，得以使我成為2017年中國命運改變奇妙啟示的見證人。僅此，無論如何評估我的幸運亦不為過。記述神的奇妙啟示引導和領受是本書的第一價值，更是本書無與倫比的光榮。

這十年的特殊經歷，我親眼目睹、親身經歷了數述不盡的公權力的兇悍及冷酷，中共祕密警察世界無法無天的恐怖與血腥；中共軍隊裡令人目瞪口呆的頹敗現狀；中共監獄系統對人道、人權的冷血踐踏……。記述這些目睹、這些經歷的文字，是病態中國社會的一個病理截面，將之赫然展現在國人眼前，實在不是為了訴述所受到的苦難。一個沒有憲政政治的社會，無法無天的權力究竟會對人權、人道及人類文明造成怎樣慘烈的禍害！他究竟有多麼兇殘、多麼恐怖，非是親身經歷，很難使人信以為真。在記述這些文字時，我痛感文字功能本身的限度──相較權力真實的猙獰面目。這樣局面的繼續維持，是繼續著一個民族不名譽的歷史；繼續著我們每個正常人屈辱的紀錄；同時，他無疑將繼續著我們每個個體的苦難和現實的危險。而必須遠離這黑暗政治，是我們徹底根絕這些苦難和危險的唯一出路；不再相信謊言，堅決捍衛個體的人格尊嚴及人身權利，不再主動做惡勢力的幫兇，理解他人的痛苦、予受迫害者以能給的幫助，是我這本書的一點願望。

公諸這些文字的另一個意思或是一廂美願。有對那些誓死不肯睜眼自己看世界的人扶救奢願。這裡並未巴望他們加入到和平抗爭者行列而一同受苦的意思。中國的改變大勢浩浩湯湯而來，已匯成巨變在即的態勢，這是已逝去的或正在經歷犧牲的人們的成績。時至今日，缺了任何個體，任何一群人，都不會使這種空前巨變不到來。我只是想，最大限度地減少這巨變中的犧牲者。

以最小犧牲規模的代價完成巨變才是這民族的光榮和成績。每個人，便是那些利令智昏的貪官污吏們，他們同樣是這個制度的受害者，他們同樣有自己愛著的及愛著他們的親人。如果說抗爭者的內心還能有著尊嚴的話，全人類的鄙視，黨內兇殘的權鬥傾軋，在這種野蠻制度下，貪官污吏們是表裡如一地失去了人本當有的尊嚴，把選擇的契機指給每一個人，是本書的另一個願望。

　　兩書脫稿後，又發生了許多的事，中國黑惡勢力又有了許多的進步——邪惡的進步。權力更加蠻橫、冷酷日趨瘋狂，久積了的社會戾氣與日俱增。慶安惡警槍殺訪民事件；「超級低俗屠夫」被構罪事件；廣州「三君子」被「審判」事件；大規模拆毀「十字架」暴行；而最令全人類刮目相看的是最近發生在全國範圍內的、恐怖打壓維權律師的反法治暴行。二百五十多名維權律師，或被刑讞，或被鞫訊，或被失蹤。邪惡氣魄與「文革」比肩，在這些醜惡事件中，各色丑類昂揚登場顯身，相率卑鄙，競相無恥，盡以醜惡驕人。「文革」後換了面相的妖魅鬼蜮終於紛紛摘下掛相，在驚喜與亢奮中大顯醜惡身手。暴力成了秩序，喪德成了資本。黑暗勢力們又得了大成績，將數百個無辜的家庭推入憤怒無助及悲苦的深淵，把人類群體最愚蠢的紀錄提到新的高度。

　　他們已不再掩飾地把掩蓋醜聞和罪惡當作是保護國家安全。現實實在已昭然，整個體制上下已心照不宣地達成了有目共睹的共識——醜聞和罪惡成了國家安全本身。

　　托克維爾說「律師作為一個整體，如果不能算是平衡民主的唯一力量，也是平衡民主的最強力量」。

　　美國《獨立宣言》的五十二位簽署者中有二十五位是律師。

　　中共反法治勢力，如此仇視律師制度，決心永遠把中國留在黑暗的嘴臉昭然。

　　獨裁統治群體，總是一國中最愚昧、最墮落的人群聚集，他們不能在歷史演繹中吸取點顯而易見的東西。人類追求美好，互古如斯，焉能靠硬暴力阻絕?!

　　許多不遠的歷史顯例歷歷在目。東德共產主義政權曾不知疲倦地向民眾宣傳，東德是世界上最好的國家，一邊卻建起柏林牆。他們視國民為潛在的敵人，其有著世界上最強大的情報機構，其功能卻是針對著國內的人民，為全國三分之一的公民建立了祕密檔案。歷史已昭然的事實是，東德政府主要的精力用在對公民的監控上，其可恥下場已是眾所周知。

　　任何企圖用暴力和謊言消滅人性的做法都註定是要失敗的，古今中外歷史已格外清楚地示教了我們。洗腦可得一時之效，但不能長久。在恐怖的壓力下，人性可以麻木，可以扭曲，甚而至於被打折，但人類獨有的人性不會被改變，廣泛彌漫在今日中國各個階層的貪婪及無底線墮落，正是被歷史壓抑了的人性本能的反彈。

　　僅僅在一年前，共產黨又要依法治國了，於是乎，「學者」文人們搖頭晃肚，漂亮口號鋪天蓋地，這種自吹自擂的醜劇又一次不光彩地收場了。這讓人想起前蘇聯在1936年發布的，全新的、精心構思的憲法，國內和國外都歡呼了一陣子，但歷史已證明，憲法的公布成了冷酷大整肅的開端，凡參加這部憲法起草者後來都被處決，這部憲法從不實施也從不廢止。

　　2014年，中共最高法院又發布了《人民法院第四個五年改革綱要》，國內那些無腦「學者」及「媒體」人士又競相海吹了一陣子。其實，略加注意，僅過去十幾年裡，這種司法改革文件讓人眼花繚亂，人們盡可看看我們今天擁有著怎樣反動的司法現狀。更令人飯噴的是，回觀中共幾十年裡最高法的所有院長，不是法盲者僅為三人。司法改革，與解放思想不過是一次次演給愚民看的鬧劇，從來都還沒有真正開始就已經黯然結束。

　　中國的和平改變力量，在這民族的今天與明天之際，在兇悍、冷酷的壓迫與無恥的謠諑誣謗中長大。這兇殘的打壓是不能避免的，在今後兩年左右的時間裡還會發生。這是中國邪惡勢力敗亡的必然路徑，是不以人的意志為轉移的。

　　在這裡，我要寄語被這次人禍殃及的同胞們，不要悲觀消解眼前的具體困厄。反動當局這種全無人理的瘋狂，是他們仍然堅定走在死亡之途的一個確證，也是這個民族反抗著的一個確證。這當是我們欣慰的理由，就像分娩要承受疼痛一樣，是後來大痛快、大奇妙的必有路徑，我的心和你們在一起承受。

　　在此，我要正告以習近平為首的中共反動勢力，這不是一件事的結束，而是開始。你們沒有勝利，我們也沒有失敗，中國，光明與黑暗的最後較量處在過程中，衛淚笑在最後的必是我們。我們，我們親人們的困厄挫辱局面，是這個民族終於站起來的贖價。2008年底，當我的孩子不能再上學的局面臨到時，我們夫婦心中的痛是何其驚心動魄，我們終於是站立著承受了這些壓迫。

　　在此，我還想特別提及的是，參與今天迫害的所有人員，除在2016年8月1日前公開脫離中共惡勢力、公開知悉的真相並公開道歉與懺悔者外，都將在2017年後，以從重的刑罰原則下接受追訴，包括那些惡記者們，正是這些最底層的人員的認認真真作惡，才成全了他們背後主子的所做欲為。我們沒有仇恨，但這絕不意味著我們輕看正義。一個沒有分明愛憎的民族是沒有明天的。

　　中國黑惡勢力顯然是認為他們在這樣的過程中又取得了完勝。這種自認為的勝利再增他們邪惡及愚蠢的高度。我已十幾年不看中共電視劇了，絕非情緒化

語言，便是簡單瞥一眼中共黨媒的標題，看看他們中間的妖氣彌漫至何等昏暗無度。什麼「嚇傻歐盟」咧，什麼「咱不怕戰爭」咧，什麼「美國式的民主困境」咧，什麼「中國軍演威震歐美」咧，什麼「低保制度老人揮淚稱滿意」咧……。這直予人的印象是，他們這夥人的世界已是美好及強大至全天候使人坐臥不安了。其實，那是極不自信、極度不安的必然反應。我太瞭解他們，幾句真話、一個真相，常讓他們上下震駭，惶惶然猶如失家犬，失措若驚弓雀，淪為人類的笑柄卻自以為是欽羨之笑。

最近看了一條信息說，習近平又要去白宮訪問了，其同夥說「這次訪問美國是一路亮點」。習這次訪問白宮將是怎樣地「一路亮」開去不大清楚，但奧巴馬先生及其僚屬的臉上被光照，甚而至於有亮點閃耀是可以定下來的。究竟，習身上有著難以數盡的「世界之最」：世界最大的獨裁政黨的黨魁；不是世界最有錢，但最可隨心所欲撒錢的獨裁者；世界最大奴隸群體的總管；具有世界最兇殘、最冷酷個性的獨裁者……。熱捧他是有道理的，說「一路亮點」是罕有的謙虛，白宮將大榮耀矣！

我理解，美國需要在亞太同盟戰略與對華戰略之間謹慎地維持平衡的難度，理解與這無賴政權保持接觸的必要及無奈，但全然忽視中國被壓迫者的感受及認識能力的做法，是非明智的，也是非道德的。

我想再次提醒各方的是，大家的智商究竟不是天地之殊。一些西方政客與暴政集團的苟合目的我們心知肚明。一些主要大國，把人權對話當成獲取利益的工具，在這樣的回合裡，人類的倫理、良知都有了具體的賣價。中國箴言云：「若要人不知，除非己莫為。」如果這些文字於你們有不便，就閉上你們高貴的眼睛，想想無數在酷刑裡慘叫著的中國人感受吧！

思想至此，讓我想起那位代表「中央領導同志」周永康來與我談話者的一段話。大意是：你就死了心吧，美國不是你們的靠山，說如果說曠日持久的人權對話開始時，中國還有些不安的話，現在則完全沒有了這種不安。說我們各自都知道對方想要什麼，說每次對話，雙方從一開始就知道結果了。

「美中之間的分歧不會影響兩國關係。」據于泓源說，這是美前國務卿希拉蕊說的。他說這是奧巴馬政府給中共吃的定心丸，是明確了：你們幹你們的，我們說我們的，咱們還是好哥倆。

我清楚，西方同樣有一群忌憚說真話的人，我也明白自己在說什麼，以及說出來必使一些人覺得不舒服的後果，可終於還是要說的。我常不大注意周遭對我

說些什麼，但常清楚自己在做什麼。因為說真話而換來的各種困難局面我也都面對過，但終於積習難改。

我稱中共為「黑幫」，有些紳士雅人可能會認為我是情緒化，你們去體驗一番這種經歷，在這樣的過程中，除了語言和人形外，你再不能看到纖毫人類群體的痕跡，更別說是政府。想像中的地獄成了活的現實，他們總能有效切斷與活人世界的一切聯繫。那些「國家工作人員」，衷心地執行著那些反人性的制度要求，人都成了獸心人、人形獸，沒有比這更恰切的說法了。

在這裡，我還想再刺激那些迄今熱烈媚捧中國黑暗勢力的西方政客，對於本書平靜述說的那些駭人聽聞的反人類罪暴行，你們是竊喜又得了向黑幫集團勒索利益的機會？還是人性深處的駭然及作為客觀縱惡者的難堪與不安？對當下厚覆中國黑暗現實而言，無論他是前者還是後者。

本書脫稿後，中國的「進步」真是不少，不僅日新月殊，且多不勝數，興致所至，隨手翻晾一二。

陝西旬邑縣的昏官宣布：要將多年來無理纏訪者的名字寫入地方誌，「讓那些訪民永遠釘在歷史的恥辱柱上，讓他們遺臭萬年」。「多年『無理』纏訪」，是這惡政府多年不作為的確證，醜貌被自己證明得格外清楚，被釘在歷史恥辱柱者究竟是誰？

陝西延安宣布：為了應對嚴峻的經濟下滑形勢，政府機關將週六上班。這群蝗蟲，一週五日的上班是這社會五日的公害，他們雖不創造錙銖價值，卻耗噬著天價的官帑，他們沒有文明制度下政府機構承擔服務社會的作用。一週多禍害一天，「辦公」費、交通費、吃喝耗費，使官帑支出陡增百分之二十，使「嚴峻下滑的經濟形勢」雪上加霜。

「愛國青年」侯聚森的崛起，就頗使挺他的中國非「陰暗勢力」們自豪至搖頭晃肚而嘶叫不止。這是他們的大成績，非「陰暗勢力」們的前途無憂矣。

「愛國青年」侯聚森，以及寶愛著侯而智商和德性絕不在侯之上的中國非「陰暗勢力」們，他們極像狼狽搭檔，組成了這個世界最蔚為大觀的「愛國」巨陣，這巨陣中的聚類們，不是因為他們做了些許愛國的細行，而是因為他們釐定並分配著愛國的標準。

這些類聚了的狐鼠類，相互熱烈標榜，各自在共同組成的陰影裡搖唇鼓舌，相率以無恥驕人。「愛國青年」侯聚森的崛起及中國非「陰暗勢力」對他的瘋捧，是中國社會病著的證據。他們的言行將各自的醜貌畫得格外地清楚。他們公然揄

揚的醜惡與無恥，幫助我們看清了今日中國「愛國」者無底線禍國的嘴臉，看清了他們是怎樣地倒置人類基本廉恥與公認的人類德性的。

「愛國青年被圍毆」將所有的卑鄙、下作及反道德醜行，都假託了愛國面相。他們總在所有的罪孽周圍造種種虛假得格外真的高尚氛圍，而越發顯得他們的卑鄙及愚蠢。「愛國青年」侯聚森及他背後非「陰暗勢力」的言行，再次向文明世界展示了他們從肉體到靈魂的陷落高度。愛國愛到了失智商、丟人格、棄底線，一片人面傀儡中才能成就這世間空前的醜景。

這數個月裡，中國大地上蓬勃著的另一個大罪惡，即是浙江各地官員親自指揮野蠻拆毀上千個「十字架」和教堂的暴行。所有行為安排都表現出明顯的末世心態的最後特徵。

黑格爾有一段關於中國的話，今天讀來更加令人感慨。他說：「中國，道德、宗教的存在是無本之木，因為道德和宗教都以意志的自由為他們必要的條件和基礎。而專制政治卻相反，那種最專橫的、邪惡的、墮落的、專制的橫行無忌，卻是以普遍的缺乏道德和宗教為條件和基礎的。」

霍爾蓋特著《黑格爾哲學導論》中指出：「只有在宗教裡，一個民族、一個個人才能把握到對自己來說是終極的真理。」他認為：「哲學和宗教當是國家和社會中所有自由和倫理當然的根基。」

查理斯·蘭姆說，失去幻想能力的人民是要滅亡的。一個如此對待宗教信仰的群體是沒有明天的。那些今天可以無法無天的官民，你們個人的涉罪暴行將在2017年以後得到具體的追懲。

本當結束這篇亂象畢顯的文字，隔壁又傳來侄媳打孩子的聲音。打聲、罵聲、嘶叫聲，聲聲入耳，何其使人不安！什麼問題？中國的問題——黑暗教育制度的成績。

昨晚，飯後院裡散步時與侄媳談到不當打孩子的話題，孩子們已經是受害者了。結果她滿懷冤情，而似乎全在理。她說現在老師權力太大，家長只有低眉順眼的份。說老師幾乎個個都是鐵石心腸，且出奇地懶。「某某課文，給我回去抄三十遍！」說每次聽得人頭皮都發木，說每次給你遞來一遝學題時，同時給你一紙答案，順便命令道：「家長監督著，背會了答案，考試就不會出大差。」接下來，就是家長與孩子同愁共苦。她完全是在訴自己的苦，大意是：現在的教育內容與方式不能使孩子得到一點獲取新知識的樂趣，說孩子完全被看成是死的機器，成了必須聽老師話的工具，不允許有一點好奇心。他們只拿考試成績來評價

一個孩子的優劣，一堆一堆的孩子成了他們認為的壞孩子。說家長只能順著老師指的道苦逼孩子，稍有鬆懈，老師就會說你的孩子開始變壞了，家長苦不堪言卻又無能為力。

去年冬天我就找來的兩冊小學教材仍放在桌面上。在一個正常人的社會，教材中的所有東西，都應當是使人進一步思考、進一步索證的起點。我們的教材裡多是些不再需要思考、不再需要懷疑的結論，這是極不利於孩子思想能力的培育的。

中共的洗腦教育，已導致全民族思想停滯和人群理性衰退的現實，已為全人類共知。終於教育出了個死的世界及遠離了創造和活力的世界，也是有目共睹的。當下中國隨處可見的反道德、反理性現象，就是這邪惡教育制度的成績。

凱恩斯認為，某種思想壟斷後，對未成年人從開始認知世界與自身時，就進行灌輸，讓所有的人成年後自然而然受其控制不去懷疑。這之後，社會再進步的過程就會很痛苦。

「慶父不死，魯難未已。」是結束這一切非人間現象的時候了。這關乎我們每個中國人孩子的福祉，歷史性地徹底解放輾轉於考試之苦的中國孩子，將童年的及獲取知識的樂趣還給孩子們！

最後，我還是要向將要「一路亮」到美國去的習近平先生喊上幾聲，請你接受一個無人能改變了的存在：世界是大家的！不當總抱持早成人世笑柄的、你死我活的對敵鬥爭思維。「我們要麼是共同的自由，要麼是全體的不自由」，只是黑格爾偉大的哲學洞見之一。表面上，你們還足夠強大，正是這表面的強大保障了你們對黑暗的固守及對異見和良知的冷酷鎮壓，但同時你們有著有目共睹的虛弱，這虛弱中讓所有人看清，中共不僅無法領導中國走向政治現代化，還在這種虛弱中看清了中共顯而易見的死相。

中共來去匆匆，而中國人民將永存！沒有了共產黨的新中國，將成為人類文明的和諧力量！


藉此機會，特別感謝何俊仁先生及他維權律師關注組的同仁，感謝他們多年堅持予我全家的關懷及實質性幫助！

特別感謝多年來堅持關注及幫助我全家的中外朋友、法輪功學員，特別是自由媒體的朋友！

特別感謝多年以來一直關注中國文明進步命運的全球華人朋友、外國朋友們！

在此，也特別感謝傅希秋牧師（Bob Fu）以及今天尚不便提及姓名的朋友們，是他（她）們的劬勞，方使本書得以面世！

願上帝保佑中國人民！

2015年8月7日於母親生前所居窯洞

作者　高智晟

1964年生於陝西。家貧失學。通過自學，30歲成為律師。2000年，到北京成立事務所。他經常為窮人弱勢免費打官司，成為著名的人權律師，也因此觸犯中共當局的禁忌，而開始遭到打壓。在2006年8月遭綁架，從此失去自由。被判刑三年，緩刑五年，緩刑期間屢遭綁架失蹤酷刑，緩刑期滿前，又被撤銷緩刑入獄，三年屆滿，仍被監控在榆林老家。他的妻子與兩個兒女都在友人的協助下逃離中國，高律師則在困厄中繼續堅持正道。

第壹部

真相：
綁架、囚禁、酷刑

# 引言

　　在拓通中國政治現代化的道路上，滿是先行者和他們親人們的血和淚。今天，沒完沒了的暴力綁架，棄絕人倫的電擊酷刑，背棄人道的野蠻囚禁，仍然是這條道路上的全部風景！十年來，綁架、囚禁、酷刑、再綁架、再囚禁、再酷刑成了我的生活，成了我這些年來經歷的全部，這樣的生活還有一年多就結束了。

　　我的經歷並不偶然，是中華民族從 1949 年以來漫無邊際苦難的一部分，也是這個人類歷史上最兇殘政權「偉績」的一部分。一經獲得可能，即將之公諸於眾是我這些年裡從未改變過的想法。我現在仍處在半囚禁狀態，說他是半囚禁，亦僅止於在我的村裡而言，我可以在村子裡走動走動，可以把自己關在窯洞裡獨處。但相對於村子以外的世界而言，我仍被囚禁，只是空間大了許多。我從監獄被押回老家村裡已有五個多月，當局迄今蠻橫地阻撓我外出去治牙病。僅回來至今，我又有四顆牙齒棄我而去。前階段去城裡四弟家一趟，榆林市公安局的祕密警察頭子闖到四弟的院子裡騷擾，雙方衝突再起，為了減少家人的擔憂，我再次選擇了退讓。回至村裡，結果他們又到村裡我住的窯洞撲了一趟，終於因為我朝裡面將門關死而退卻。

　　這樣的日子仍在繼續。對於我這些年裡的情形，許多人仍關心著，雖然我得不到任何外部消息，但我這個判斷是不會錯的。但對於大家關心的，這些年裡被綁架的次數及相關的絕大多數細節，我已無法全部記述清楚。本篇文字也只能就記憶中幾次主要的綁架真相公諸於世，以饗那些一直以來關心著我的命運的同胞和朋友們，並藉此機會，對同胞和朋友的關心表達起自內心深處的感謝和敬意！你們的持續關注，是我在困難中的堅持乃至信念的一部分，尤其是境外媒體朋友的傾力關注，是使中國黑暗勢力終於不敢置我於死地的因素中，除神的保全之外最寶貴的因素，這在 2009 年 9 月份那次暴力綁架後，一直至終於不得不使我活著出來面世過程中，起到了極重要的作用。

# 第 一 章
# 2004年11月份左右的首次暴力綁架

## 一、綁架理由純粹是個幌子

　　2004年，大約是11月份左右，也可能是10月底，具體時間我已記不確切，中共祕密警察對我實施了首次綁架。首先，因為那是第一次，來得非常突然，當時對於誰是源頭這點是完全的不明就裡，再加上綁架過程中營造出的暴力當量，直至暴徒亮明身分之前，我是完全沒有想到那是政府所為。因為那時我自己也基本還屬於中國無腦大陣中的一員，雖然常有面對面地講述著大蓋帽們的兇殘與冷酷的苦主哭訴，但我終於還是常疑思那些兇殘和冷酷是具體真實的。總覺得明明白白地損人而不利己的事，只有瘋子才會去做。我還不大有從制度層面去聯繫思考這些現象，這也說明我是一個凡庸之人的證據。但在這點上，中共黑惡勢力一路替我釋疑過來，對於他的邪惡，你在哪一點上還有不大願意確信的衝動，他必會使你在頭破血流的苦楚中終於確信，是一路乾乾脆脆的邪惡，乾乾脆脆地教育了我。

　　這次綁架是沒有任何跡象的，地點選在了北京以外的地方，又由陝西祕密警察施行，名義上是說我參與了西北國棉一廠下崗職工的和平抗議（我記不確切了），但從被綁架三天的內容看，這純粹是個幌子，而本身以這個理由綁架我即是無源水、無本木。此前我與該廠的下崗職工沒有過任何牽涉，只是經朋友介紹，說大批職工無端下崗，那些下崗職工聚集在廠大門外和平抗議，遭到祕密警察的迫害，職工處境非常危險，希望我能去那裡一趟，給那些走投無路的職工一些幫助。說心裡話，我不大認同這種幫助的實質意義，因為這樣的苦難實在多得令人絕望。

　　中國下崗職工的災難，不敢說是人類文明史上空前絕後，卻也是這個時代的全世界獨有的災難現象，是江澤民、朱鎔基及胡、溫主政期間造成的反人道惡果，是與鎮壓「法輪功」、強制拆遷及兇殘迫害上訪公民比肩著名的極冷酷災難之一。增加就業、扶助失業者，是全世界所有政府的法定責任，而在中國，下崗

職工的災難恰就是這被稱為「政府」的團夥直接策動造成的。什麼產業結構有問題、什麼效率低下問題、什麼經營觀念滯後問題，哪樣問題是由於那些職工造成的？誰都心知肚明，這些都是昏官無能加無良而導致的直接結果。中共政府在對待下崗職工方面的兇殘及冷酷，是由其一貫的邪惡本質決定的，是江澤民、朱鎔基及胡、溫之流在這個時代製造的，深刻而廣泛的歷史性災難之一。通知你下崗你就得下崗，不允許你有任何不滿的表達。許多和平表達者和他們的同情者，都遭到了野蠻的打壓，中共對我的這一次暴力綁架，就是這種野蠻打壓的一個具體事例。

## 二、幾位山寨爺，要錢還是要命？

那天，我一出咸陽機場，就有招攬活的人貼上來，一上來就熱切地問：「到不到咸陽？」

咸陽機場我常路經，卻從未去過咸陽市裡。經簡單交涉，我同意坐他們的車。到了車上，竟有兩人已坐在車上了，副駕位及後座各坐了一人，我頗詫異，那司機立即睞上笑臉說都是去咸陽市的，為了多掙點錢，希望我能將就。我沒有想那麼多就上了車，但不一會就覺得有些異樣，車不走大路而抄小道。小路上原本沒有路燈，而汽車卻關著燈行使，我正欲問其故，猛地，那兩位客人突然向我襲擊，一人控制我的雙手，一人將一個頭套套在了我的頭上，就在同時，車被猛地剎住，有人用雙手抓住我的頭猛力前壓。因我坐在中間，頭被壓低至兩膝蓋之間，我的兩臂已被反制至背後，已不能給自己提供任何輔助性保護。我被壓得憋屈著，呼吸非常吃力，能聽見其他幾個人此時正快速地翻我的包。後來證明，他們實際上是在核實我的身分。

大約幾分鐘後汽車又開始前行。由於事發突然，加之過程又製造出許多苦楚，所以我還無暇恐慌，注意力全集中在應對眼前苦楚上。汽車恢復行駛後，前排負責壓迫我頭顱的人歇了手，我得以稍直起一點腰來（還有兩旁各一隻手壓在我的肩上），我的注意力開始考慮眼下已發生的事，考慮我的處境，我突然一句：

「幾位山寨爺，要錢還是要命？」

車裡靜得出奇，幾秒鐘後終於有一生物接茬：「咋呼個球？要你慫命幹球。」

我又來了一句：「不夠刺激。」

汽車緩緩前行，我感到車到了市區，有明顯的光亮掠動。又走了十幾分鐘，

感到車進了一個黑暗處，車停了下來，有人走了下去，我被人拉下來，手依然被人在後面控制著。我剛站穩直起腰來，有人猛地拔去我頭上的黑頭套，後面被人猛踹一腳，我被迫前趨猛撲幾步站穩。汽車猛地起步開走，我本能地回頭一看，竟發現我的包也放在了地上。「有道盜。」我心裡默唸著。直至此時，我仍未想到這些賊嘍囉是政府人員。

我發現我身處於一黑暗的小道上，兩頭都與大街相通。我穩定了一下情緒提起了包，準備走至明亮處再做處置。剛走了幾步即又發現有些不同俗常，那鄰街口的地方有幾個黑衣人堵在出口上看著我，我依然繼續向前，心裡覺得：「今天怎麼這般奇怪，這搶劫已足夠的蹊蹺，怎麼……」

正想著，那幾個黑衣人走過來截住我：「高智晟，你涉嫌擾亂社會秩序，我們現在宣布對你採取強制措施，現在就跟著我們走。」

這真是跌宕起伏，卻讓人哭笑不得，我這才明白前面那些賊嘍囉搶劫的蹊蹺所在，他們顯然目睹了剛才我「下車」的那一幕。

「既然是公職人員，就當按程序來，表明你們的身分。」我提醒了他們。

「囉嗦個球，再囉嗦捶死你個錘子，到了咱陝西就有咱陝西的規矩，你個律師算個錘子。」一名大個子黑衣人竟怒而叫罵。

再與他們交代法律等於對牛彈琴，我只好被他們幾個夾在中間往前走。我被帶進一個很舊的大樓過道裡，樓道很暗，我已完全身不能自己，有兩人控制著我，一人糾住頭髮使勁往牆上推，臉被強迫貼在牆上。這時，我聽見一個人在距我大約十米左右的地方打電話，只「東西已到手」一句，然後聽到他又走了過來，我被一把扭得轉過身來，應該是那指揮的結果。

「低頭，看個錘子，壓低錘子的頭。」那人命令道。

我被兩人壓至彎腰九十度。

「把皮帶給抽了，把這錘子手給綁上。」

我的臉與地面平行著，可能是血液低湧之故，眼球脹得很難受。有人過來解下我的皮帶，然後朝後捆住了我的手。這時，我聽到一群人走進樓道。

「戴上，押著上中間那輛商務艙。」我聽到來人說。

一個黑頭套套了上來，聽到一串車的雙蹦燈嘣響，我被押上車。車開始上了路，車的警示燈繼續嘣叫著。

車上，我被兩個人夾在中間，一左一右各用一手壓在我的肩上，頭一直被壓得低至兩膝中間。大約半個小時後，車隊停了下來，我被人架下了車，然後架著

走進一個有門的地方，七拐八轉地終於進了一個房間，我被推到一處站定。房間裡很安靜，能感覺到是在等待人。大約二十分鐘後，聽到有幾個人走進來，有人走了出去。我的頭套被抓掉，我掃視了房間，跟前站了幾個人，看那種神態應是幾個做官的，正陰沉著臉盯著我。那裡，應該是一個賓館的房間，裡面的東西已全部搬空，這點做法上與北京祕密警察完全一致。有一個肥矬子背著手走近我，猛地一把抓住我的領帶使勁地勒，我被勒得難受異常。房間裡只能聽到我和那肥矬子兩人的、在地上緊張的腳步頓踏聲。我的內心震驚異常，我不明白他們要幹什麼，更不明白他們為什麼要這樣做。那肥矬子的情緒顯然開始失控，他瘋狂地勒緊我的脖子，在那不大的房間地上拚命地往來折騰。

大約二十分鐘後，我們倆都大汗淋漓，他停止了腳下的騰挪閃躍，房間裡只剩下我和他的喘氣聲。

這時，那肥矬子突然大喊：「把椅子搬進來一把。」

門開了，有人送進來一把椅子放在了牆角上，他拉著我的領帶走到椅子跟前。

「站在椅子上去。」他兇狠地命令道。

我這時已精疲力竭，更多的是哀傷、憤怒和震驚所致。我直到此時仍不知他們為什麼要這樣瘋狂地暴虐。我沒有聽從呵斥，那肥矬子騰出右手，握拳朝著我的下巴猛地向上擊打，邊打邊喊：

「上不上去？上不上去？」

看我不理會他，他顯然憤怒不能自制，猛地用膝蓋頂擊我的小腹。正在這時，門被打開，又走進來四個人，帶頭的那人顯然是那個場合位階最高的頭目，背著手站定後揚了一下下巴，那肥矬子立即退到一邊旁立。那頭目面無表情地盯著我的眼睛，房間裡靜得出奇，這時我才發現，與肥矬子一同進來的那幾個人已不在房間裡。

## 三、在中國，大領導最好當

當天夜裡，我的房間進來一群人，為首的正是那在昨天瘋狂折磨我的肥矬子。其中兩個人走過來一前一後將我周身搜拍了一遍，然後架著我就往外走。一出門，發現天還沒有亮。

我被押上了一輛車，駕駛座及副駕位上已坐了兩名警察，前面一輛警車，後

面一普通轎車，三輛車上了路開始行駛。後來才察覺，這是一次精心安排的神經戰大劇。劇情頗跌宕起伏。從後來劇情發展看，設計者也是頗費了一番心思的。這是他們還不瞭解我。如果瞭解我，他們大概即會失去這種設計的興趣。我這裡無意說我有多少特別的能耐，但我有一個絕對的能力，那就是在災難實在地發生時迅速遮罩自己的思維運動，將自己放置在一個純生物的狀態當中，使自己有痛無苦。每至此，我必提醒自己災難已經發生，任何災難都必將是一個過程，他必然會結束而成為過去，這期間最科學的做法即是停止思維活動，使自己的精神不受一絲損害。因為有些過程完全是衝著精神傷害來的，一個腦癱狀態讓他們敗得一塌糊塗。事實證明，這種遇災難即變傻的做法，在這近十年來的地獄經歷中起到的作用可以用「神奇」二字來評價。他成功地使我幾無精神痛苦地走過了神為我預備的這十二年災難的前面十年。

車隊在警車的引導下前行，我一上車不一會即昏昏呈睡狀，不動腦是迅速入睡的最佳路徑。不知走了多久，車停了下來，一看天早已大亮，我坐的車正對著前面掛著的一塊牌子「陝西省乾縣看守所」。除了一左一右控制著我的兩人外，幾輛車上的人都下了車，在看守所與車輛之間穿梭奔忙，你頭腦再簡單也能得出他們是在辦理某種手續。

大約二十多分鐘後所有的人又都上了車，那肥矬子上了車疑似不經意地說了一句：「辦完了，這幾天先跟著我們，還有些事要找他。」

車隊又掉頭他往，車剛行了一會兒，那肥矬子打電話給當地公安部門，說中央政法委來人啦，想參觀唐皇陵，車已到了乾縣，希望公安部門給提供方便。

他掛斷了電話，衝著我說：「老高你現在就是中央政法委領導，他們肯定會來些小官員來陪著咱，你不說話他們沒有人敢主動跟你說話。這裡有好多好看的地方，門票都很貴，我安排這一招，不但不要買門票，而且全天還會有人陪著給你講解，中午飯都會給安排得好好的，你就不說話就行了，在中國，大領導最好當。」

他這一招果然見效，不一會，當地公安局副局長、當地文化館副館長合股急急趕來。那一天，我就被一群濫權的祕密警察簇擁著「參觀」唐皇家陵苑，其間在乾陵武則天墓參觀時間最長。她的無字碑證明著她的思想能力及思想深度，這足使一千三百多年後，在這片國土正鼓噪囂嚷著的「重要思想」無地自容。

有人說「三個代表重要思想」是個歷史笑話，那是矮化歷史。其何曾取得「歷史笑話」的資格？孵養他的「重要思想」家身還未死，而這「重要思想」則早已墮

33

入冀土；他充其量只取得其時「坊間笑料」的資格。有人指責這種「重要思想」家足夠無恥，那是他矮化了「無恥」的高度；他充其量也僅取得「愚蠢的無恥」這種次等無恥資格。

有一個有趣的現象是，當天，祕密警察中，總有人不時有意地蹭在我身邊，眼睛旁顧著卻偷偷地與我講話。其中，有人給我講了李建國書記下鄉檢查計畫生育落實情況時的一個故事。說李書記指明要看如何燒毀違反計畫生育政策戶的住房，他說咸陽市領導不願幹這種傷天害理的事，就由政府掏錢蓋了幾處民房，並添置了一切應有的生活用具，李書記來檢查時，再安排人住進去扮計畫生育違法戶。李書記在大批警察保衛下，親眼目睹「燒民房」過程。

我感謝那位警察並偷偷向他致敬。我理解他的用意，基層政府有時的暴虐實在是被逼而為之。而咸陽市的這種規避之法也實屬偶然，就在這種難得偶然中，現實而具體的生靈塗炭得以偶然避免；而正因為他是偶然的，現實而具體的殘暴才會是普遍的。他說許多警察自己就是老百姓，也不願做壞事，但有時實在是躲不開的。

## 四、對付老高就用陝西的辦法

這天的中午，當地的招待結束我又被押回咸陽市，正式被交到咸陽市公安局一個負責「國保」的姓高的副局長手裡。接下來兩天，我被關押在一個不知名的地方，外形像賓館，卻整個二樓就住了我和看管警察兩個人，我不得出門，二十四小時有人陪著。在兩天裡，不停地換新的面孔與我談話，其中一張面孔的官階應該在高副局長之上。「不得插手下崗職工鬧事的問題」、「不得插手『法輪功』問題」、「不得插手強制拆遷問題」、「不得插手上訪群體的事」，於第四天將我釋放。我剛被釋放後的一個多月，就「法輪功」被中共政治迫害問題向當局寫了一封公開信，公開質疑當局在對待「法輪功」問題上的兇殘、冷酷及非法。據私下的信息，江澤民駭怒異常，不僅是那篇文字揭露的真相本身，最讓他驚恐的是，竟然有人敢在中國國土上挑戰他們的「核心關切」。一時間「山雨欲來風滿樓」，中共文武鷹犬組成了壯觀的擾攘大陣，有時竟排著隊找我談話，其中有一個下午，那些蒙面鷹犬（不介紹單位，不出示身分證件）竟找了我三次。

# 第 二 章
# 2006 年 8 月 15 日後的幾次綁架

## 一、綁架的決策者及參與人員

　　這次綁架已為外界廣泛知曉，但有些細節仍有寫出來的必要。諸如綁架過程本身的細節。因為在此後，我又被中國惡勢力多次綁架，除了一次是由陝西榆林方面和一次由新疆烏魯木齊的祕密警察實施外，其餘均由北京警方施行綁架，而在山東這次綁架過程具有樣板意義，因為後面我還有不少文字要涉及一些綁架，而所有的綁架過程乃至施行綁架的人員都是固定不變的。這裡將在山東姐姐家的這一次綁架過程，及綁架的參與人員寫出來，使外界能夠更多地瞭解中國惡勢力行為的暴虐和囂張。

　　這次綁架及後續事件的發展至 2006 年 12 月 22 日算是一個結束時間，而綁架的決策者是「領導同志」周永康，綁架的組織者是北京國保頭子于泓源，綁架行為的具體操作者，我只能叫出張雪一個人的名字，因為張雪在我這幾年的祕密囚禁生涯中是頗值得提及的一張面孔，我後面會專門提及他。而其他近二百多名參與人員，在我的記憶中，他們的面孔無法清晰。

　　中共這一次對我綁架頗經歷了一個醞釀的階段，主要是評估對我實施綁架後可能出現的局面，特別是側重考慮國際因素，「而國內我們不怕，我們有力量準備」（于泓源語）。而實際上以危害國家安全罪的名義綁架我，是他們迫不得已的一個選擇。

## 二、這他媽意外找出你這麼一號完人

　　在 2006 年 8 月 15 日前，中共黑惡勢力組織了三個專門的小組，分別負責調查我在原律師事務所的有無偷逃稅問題，在全部當事人中去調查有沒有亂收費問題及男女關係問題。目的是盡一切可能不用「危害國家安全的罪名」，不管有多麼地牽強附會都在所不惜。但他們三個小組都失敗了，用于泓源開玩笑的話說是：

「這他媽意外找出你這麼一號完人。」關於這些方面的信息，我是在2008年全家被逼離開北京到新疆後才聽說了的。而由中共警察在男女關係方面替我尋找罪名的事也是這次回到老家時才聽說的，他們竟然查詢我三十年內的人際交往情況，對我在十八團當兵期間的詳情，有關情形及關聯人員查了個底朝天。在部隊審查的過程接觸了什麼人我不清楚，而對二十多年前我在新疆喀什拉絲廠打工期間情況審查則至為詳細，其中被強制傳訊了三次以上的人有周國良原廠長，及胡長文、曹根旺。

對於這些事實，中共在2006年6月15日後專門負責審訊我的警察佟中華也向我當面提起過，他說他承認：「凡是瞭解過的人都說你是好人，說你愛看書、人很善良。」

而2007年4月份，當局押著我「旅囚」時（林牧先生語）曾到過喀什市，上面提到的周國良、胡長文、曹根旺均證實了他們多次被喀什市的祕密警察傳訊的事，其中曹根旺被訊問的次數最多，因為他是我的初中同學、當兵時的戰友、打工時的同事。但由於我身邊有祕密警察盯著，他們也不好說什麼，只是以開玩笑的口氣說：「沒想到幾十年前和你一起幹了幾天活還惹了這麼大的麻煩。」（胡長文語）甚至於我在烏魯木齊工作生活期間與我交往過的朋友、同事，都受到中共祕密警察盤問。最倒楣的則是我原來所在律師事務所的同事們，其中原律師所的主人高鷹律師竟被新疆公安廳軟禁四天之久。律師張良、王惠民，律師事務所會計楊新娟等都遭到強制傳訊，話題就一個：交代高智晟在律師事務所期間的偷稅、逃稅的犯罪事實。沒有這樣的事也得想辦法找，找不到編個事實也行。其中，有人當面向律師事務所領導保證，只要同意作證說高智晟有偷稅、逃稅的犯罪事實，律師事務所要什麼好處都可以滿足，今後律師事務所不管出了什麼樣的差錯，都保證不處罰，說這是一個很嚴肅的政治任務，不能完成也得完成。

我感謝我過去的那些律師同行們，尤其是高鷹先生，他面對著被無限期軟禁的威脅，一直不願昧滅良心，這在當下的中國，是何等地彌足珍貴！我也感謝我自己，以素常的簡單、熱情，贏來了以往同事堅定的尊重。而在威脅利誘我過去的當事人污蔑栽贓的事情上，中共黑惡勢力也頗費了些心思和功夫，但終於未能如其所願。我在全國的當事人，百分之八十以上是窮人，我沒有刻意地要感動他們，但在與他們打交道過程中，我時時、處處地體諒和尊重他們的感受，我堅信他們都是善良的人。事實證明了我的堅信，他們沒有任何人在威逼和利誘面前棄離良知，其中遼寧的當事人還對那些威逼他們的人說：「你們一定弄錯了，高律

師他真的是好人。」這些都讓我感到欣慰。這種高貴的操守，是我們民族尚可高貴起來的保證。但已對人間良知沒有了一絲觸動的中共黑惡勢力，絕對不會對他們為時八九個月、在全國範圍內、不惜代價羅織我罪名之努力的失敗有任何觸動。給我羅織罪名是當局壓倒一切的政治任務，以危害國家安全罪來對我實施綁架成了當局最後一途。對於是否對我施以毒手的問題，中國黑暗勢力的決策也頗困難。

## 三、為了千家萬戶的幸福

最後下決心的時間是2006年8月14日夜。于泓源在一次的談話中無意透露了若干內幕消息。

那次談話談到了吸煙，他來了一句：「我這吸上煙還是因為你。」

我說這是又一個欲加之罪，他說是真的。

「對你動手北京局是動不了的，公安部也不敢單獨做主，我們只等上面決策，等來等去，等來的是讓我們北京局自己決定抓與不抓，這是以前沒有過的。我只能說上面的大領導比以前更聰明了，抓捕還是不捕，交給我和另外一個人來決定。好傢伙，8月14日我倆一夜沒有合一眼，兩個不吸煙的人，一夜竟吸了好幾包煙。別以為我們抓你就那麼輕鬆，比他媽幹仨月活都累。」

8月15日凌晨，已待命一夜的車隊接到了到山東東營實施綁架的命令，撲到山東東營，與一直負責貼身跟蹤的祕密警察會合，準備尋機實施祕密綁架。那段時間是我姐夫生命的最後階段，我帶著女兒從北京趕到山東東營市，準備陪姐姐度過這人生最困難的階段，並擬協助姐姐做善後處理。中國黑惡勢力派了三輛無牌車與我一起組成一個車隊趕到東營，並與東營市警方輪流守候在姐姐家樓下。

祕密警察對我的盯蹤真相我已有過記述文字，一般情形下是十二人，二十四小時一換班，敏感時日會增至二、三十人。我開車，他們開車跟；我騎車，他們騎車跟；我步行，他們也步行跟著。我的習慣是不管在哪裡，我都會把自己的日常活動導入一個規律，從不違時，目的是督促自己勤勉而不致在日常的懈弛中變得慵懶。跟蹤人對我的生活規律有極嚴密的記錄，並且掌握得非常清楚。所以，他們在東營市對我的祕密綁架易若翻掌。因為到了東營市的一週多時間裡，我每天上午九點半至十一點半都會在醫院裡陪姐夫兩小時。每天九點十分準時下樓趕往醫院，十一點五十分準時返回姐姐家住，除了這兩個多小時外，就全天待在房

子裡看書，而姐姐則在三個時間回家給我做飯吃。

今天回過頭看，完全可以肯定是我的神挫敗了他們當天在我去醫院的路上祕密實施綁架的企圖。我每次去醫院前一般先關房間窗戶，那天卻發現黑幫人員增加了幾十倍。待轉身下樓時突然肚子痛，我的胃沒有毛病，此前也沒有過這種經歷，也就沒有在意。結果，剛要出門，肚子痛得很厲害，想拉肚子。如此這般反覆了兩次，不到二十分鐘拉了兩次肚子，且還是痛，我只好打電話給姐姐說明了情況，那天上午就沒有去成醫院。若那天像往常一樣下樓，則百分之百地會在去醫院的路途中被祕密綁架。

既然去不了醫院，我只好待在房子裡看書。中午，姐姐回來給我做飯，到了家門，她發現平時在樓下蹲守的那群人和許多新面孔，都擠在一樓至五樓的樓梯和過道裡，有男女幾十人。她剛把鑰匙插入鎖孔，圍在她家門口的中共特務突然猛撲向她，其中一人捂死了她的嘴，另外幾人同時用腳猛踹門。門被踹開時我正躺在臥室裡看書，一聲巨響驚得我放下了書。這時，一群人一起向臥室撲來，那架勢極似有悍匪在後追殺而拚命奔逃之狀，結果出現了極滑稽、極醜的一幕：最先的三人竟卡死在門框上進退不能，卡在中間的即我前面提到的張雪。終於，外面有人猛推一把，三個人被推了進房，結果被推的各自轉了個圈臉都朝外，與目標南轅北轍。然後，那身子被擠轉了一圈的英雄們又各自轉過身撲過來。我冷眼坐在床上觀賞了這一幕醜劇。張雪一步跳上床將我撲倒，一隻手捂死我的嘴，另外幾人也都同時撲過來，他們把我翻轉身，面朝下壓在床上，有人抓住我的頭髮使勁往床鋪上摁，有人在後腦勺、頸部壓著。

我頭腦出奇地冷靜清晰，在體驗著整個過程。我得出的最清晰判斷是：那群人很緊張，且是異常地緊張，是緊張得不能自持，以致手腳出現亂麻般的錯亂；而這種莫名的緊張，使他們在這樣的過程中的表現是亂套得一塌糊塗，可以說是毫無尊嚴。我在路上想過，如果當時不捂死我的嘴，我一定會用語言去引導他們，絕不是誇口，這裡有一個他們不明白的關係癥結，即完全不把這樣過程中的我的人格尊嚴當回事，所以整個過程中他們的人格尊嚴也是七零八落一地雞毛。

2009年6月份，我曾就這個話題問過當班看管我的張雪，問他：「你們一、二百人抓我一個人，為什麼緊張到那種程度？你們為什麼不能做得使你們自己的尊嚴得到能有的照顧呢？」

他的回答牛頭不對馬嘴：「為了千家萬戶的幸福唄。」

這其實是一種心理深度不安的傳導性外溢，是整個統治集團決策層心理不安

的傳導。他們每天有多如牛毛的具體抓捕、綁架，並不至於總是這般緊張，這種群體性莫名其妙的緊張正是整個統治集團整體緊張的外溢表現。從技術角度，抓捕我，是一個極簡單也完全能是一個極平和的過程，卻終於被他們的無力自持的卑鄙和不安弄得一團糟。

可能終於有大器物稍冷靜下來，下令：「拖地上，拖地上，抓緊嘞！」

我被幾個人拖下床，被強制跪在地上，那過程終於漸漸嚴密起來：一個人使勁扳住我的頭髮往後搣，搣得我只能仰面看著房板，一個人負責踩住我的兩隻腳，一人從背後給我戴上了手銬，而另外有兩人則用黃色膠帶先封住了我的嘴，然後連纏了幾圈，在完全無後顧之憂後又如此炮製在我的眼睛上繞了幾圈，然後又給戴上了頭套。由於我是在室內，只穿著短褲，光著腿跪在地上，而腳上又有一個人踩著，至少有四個人死死地控制著我，估計他們是在搜查我姐的房子，我的膝蓋跪在地板磚上，那個過程實在是痛苦得可以，我是一動也動不了，包括嘴巴。過了好一陣子，我被架了起來，腿鑽心地疼，好在走路有人架著。我被架下樓又上了一輛車，坐下後兩邊各有一個人將一隻手放在我肩上，我基本能夠判斷那是一輛商務車（大概是別克）。因為天氣很熱，車一直發動著，周圍應該有很多車，且都是在發動著，直到上路之前，我一直以為旁邊是停著一架直升機，那陣陣馬達的轟鳴聲絕不亞於直升機引擎的轟鳴聲。

## 四、我的名字成了「815」

這次綁架後的真正苦楚是在路上，不到五百公里路跑了有八、九個小時，不僅因為整個過程我是在黑暗中度過，更因為左右兩人將我控制得一動也動不了，而他們控制我的人卻過一會換下來休息一陣子，那八、九個小時的生理難受感覺真夠可以。在整個路途，聽到唯一的一句人話是：「亂動就捶死他。」大約晚上八、九點車到了目的地，我被架下車時幾乎無法站立。我被人架著進了四道鐵門後進到了一個去處，被人強行壓制得蹲在地上，不一會聽到一聲：「頭套膠帶去了。」這場綁架過程到此結束。這是他們每次在室內綁架我的基本套路，在外面綁架則略有不同。但不論在哪裡綁架，有一點絕對一致，那就是迅速摀死我的嘴和眼。

我的眼睛再次能看見時，人已置身北京市看守所大廳裡，黑壓壓的一片大蓋帽，為首的是一位身高一米九以上的大蓋帽，大略有不少於五、六架照相機對著

我猛烈「開火」，還有幾架錄影機，我那副尊容可足夠靚仔得可以：我只穿著短褲、背心，光足被他們塞上了一雙拖鞋。我像大熊貓般立在中央，被拍夠後，又被帶至一個房間裡扒光了衣服，供眾大蓋帽們飽覽，然後被帶入監舍關押。晚上睡下不到一分鐘，刺耳的鐵門聲轟響，另一個聲音砸了進來：「815提審。」被禁錮在特製鐵椅的階段性生活開始，從這一天開始，我的名字成了「815」，不容許任何人打聽我的名字。

關於我在看守所的經歷，2007年4月6日，我曾有一封致胡佳先生的信，在那封信裡談到了一些大概的情形，這裡僅就那封信沒有談及的一些關鍵性過程再做概略性的提及。因為許多瑣屑的細節實在無法也沒有必要一一羅列。

關於我予胡佳的那封信中提到的，用特製鐵椅長時間強制對人的禁錮以及強光照射是變相酷刑的問題，孫獲2007年7月份在安富大廈一樓大廳的一次談話中說：

「那不算酷刑，因為對每個犯人都那樣……」

其次，他談到那封信裡的幾個「五百九十小時」，說加起來都超過了在看守所的總羈押時間，因此是不實的。其實，我在予胡佳先生信裡，在「那幾個五百九十小時」的後面專門在括弧裡註明他們的重疊關係：如在鐵椅上的五百九十小時，與強光照射的五百九十小時的重疊等等。

那次，孫獲還說了一段頗有意味的話：「老高，你寫了也沒人信，誰會信政府能那樣做呢？我們就做外人絕對不敢相信的事，你們同夥的人不也公開表示不相信嗎（指余杰先生的文章。至於他以什麼標準將我與余先生掃入一丘，則不得而知）？」

## 五、看「大躍進」淚水潸然

在看守所，當終於得知家裡所有合法財產被當局洗劫殆盡，耿和她們娘仨只留下了三百元錢的生活費（後來回到家中才知道，實際情形比他們傳給我的更加慘烈，當局安排了一群流氓祕密警察竟二十四小時入住在我家裡，耿和她們娘仨根本就無法正常生活），而生活墮入絕境時，我承認我完全低估了對手無底線的邪惡。

我決定在這一回合中妥協。她們娘仨身陷困境，這是我沒有力量接受的。如果需要，我會果決地替她們去死。另一方面，我認為妥協的價值應當被我認同，

雖然我清楚，中共素常是只有詭計而沒有妥協，不管他們背後的手段是如何棄絕人性的卑劣，但究竟在形式上他終於還是想以妥協的形式結束這一回合的衝突，我應當鼓勵他，讓他讀懂妥協的好處。但他們在我同意就妥協進行協商時，為了向上面邀功，在程序上陡添了許多麻煩，但要價最後僅落實成三個技術性問題：一是程序徹底重新來一遍，表明我一開始就真誠認罪，願意悔罪，並寫一封悔罪書（在這方面我附一個條件：立即從扣押我們的錢數中給耿和她們娘仁支付五千元生活費）；二是不再批評黨和政府；三是就我曾公開發表的《九評共產黨》的作者署名「鄭貽春」的文字，再寫一遍給法院（這些談話從不記錄，更不錄音、錄影）。

我同意了這三個技術性條件，選擇了後退一步。在重新開始的程序裡，他們給我播放了大量的政治性洗腦影視內容。從他們的動機角度，說粗一點，那對我洗腦的努力是對牛撫琴。但有些內容播放時及播放後我流下了淚，例如「大躍進」終於導致了全國性大面積饑荒，「黨中央一聲令下，全國有數以百萬計的黨員、幹部和工人返回農村」。我面對那些大批同胞返鄉畫面悲從心中起，禁不住淚水潸然，感覺到這個古老而多難的民族，自周秦以降三千年的時間裡，人民普遍性的、由權力造成的苦難幾無斷輟過，人民被驅不若雞豕，所謂：「國無寧日，歲無寧日。」權力的刀鋒所向披靡，迄今不能有質的改變，而人民無奈被驅的奔突被當成美德，被當成制度優越性去褒揚。我是一邊看一邊流淚，那是我的真情，但被當局利用，說那是我悔罪的淚水，許多人因此立功還「戴了大紅花」（于泓源語）。

## 六、搜刮‧盯蹤‧毆打

一應的議定程序進行完後，2006年的12月22日，當局在法庭上走了個過程後，於當天下午將我「釋放」，實際上是交給了北京市祕密警察當局，直接由孫荻和王胖子接管了我。在回家的路上，孫荻向我宣布了一連串的「不准」，我意識到這次釋放不過是換了一個關押場所而已。孫荻同時宣布了上面的決定，決定三天之內，我和我的全家必須離開北京一段時間，具體去向暫時不能說。我提出孩子還在上學怎麼能離開。

「必須服從大局，格格學校的事由我們來交涉。我現在要特別給你強調，從現在起你得完全聽我們的安排，絕不允許與任何人接觸，特別是胡佳。另外還要

41

給你說清楚，耿和、格格在這個月也受了點委屈，回去肯定要給你訴苦，你可不要再蹦起來。你家樓下、樓道裡、門口的那些人（指祕密警察），人家也是在聽上面的安排，是在工作，不能跟人家老衝突。家門口擺了張床，進出是不方便了一點，但這環境只能靠和政府合作慢慢改變，硬碰是沒用的。」

我立即回答：一個星期後可以離開北京，但只是我一個人，不要逼我再次選擇入獄。結果，孫不再說什麼。一回家，剛換完了衣服就被帶到了小關派出所。到了小關派出所，那裡又一群人等著我，又是一串令人眩目的「不准」，不僅不准見任何人，連看什麼書都得向派出所報告。

孫荻說：「你回來啦，領導決定警察從你家裡撤出，你家門口、樓道、樓下小房間裡的幹部繼續待著，不准和人家發生衝突。」

又回到了家，現實的慘不忍睹超出了正常人的想像力。雖然祕密警察從家裡面撤了出去，但從距離上，他們的撤離不足二十公分，僅是從門裡面撤到了門外面，也就只隔了一個門的厚度。他們在我家門口過道擺了一張鋼絲床，上下樓、進出門都必須側身挪移。這種做法既卑鄙又下賤，你無法不用這些詞來描述他們。而我家門口的上半層樓道裡也擺了一張床，每張床上兩個「幹部」全天候坐在那裡。後來幾經激烈地交涉，他們同意將我家門口的床移至下樓的下半層平臺上，一家人進出門終於恢復了正常。但下樓仍很不方便，仍須側身而行。

回到家才得知，他們在山東綁架我的同一時間，孫荻帶領一支龐大的「幹部」隊伍來到我的家裡。這群黑幫當天的任務分了三項：大批的黑幫成員負責對我家外圍的圍堵及警戒性監控；另一批數人敲開了我家對面鄰居家的門，一進門猛地將鄰居家的男主人撲倒在沙發上，其中有一隻手死死地捂住了他的嘴巴，另兩人將他妻子摁坐在地上，然後有數名不明身分人員在接下來的三天時間裡就住在他們家裡，將他們一家控制了三天，全家人不管有什麼理由都不得踏出家門一步。做了我的鄰居真是一個意外的不幸，這是我實在要抱歉的。2007年，這家鄰居實在不堪擾攘，乾脆把房子低價賣掉而離開了那裡。我的鄰居男主人叫賴新型，女主人叫周穎，是兩個正直的好人。

而孫荻本人則率領一群男女祕密警察進住到了我的家裡，對一家婦孺進行全天候寸步不離的監控。從後來回過頭來看他們的所為，那種過程設計的綿密與惡辣，以及執行起來的堅韌與一絲不苟，不由使人心生歎服。僅對我家裡的搜查過程即不止輒地進行了幾天幾夜。其實，我家並無多少東西可供他們這般投入。但有幾樣東西將他們的注意力攫住：首先是全國各地「法輪功」受迫害者及他們的親

人的來信；同樣豐裕的是上訪群眾的來信，有二、三十公斤重；另外，是我的書籍，據說他們不厭其煩地一頁頁、一封封查看，巴望著能從這些紙張裡，能從具體的字裡行間有「危害國家安全」證據的重大發現。我的許多好書從此明珠暗投落到這群黑幫手裡。這十年裡，我有萬餘元的書經他們的手永遠地墜入了黑暗。僅2010年4月20日那一次，又有價值九百多元的書落入賊手（其中有價值八百多元的一套《資治通鑑》以及若干陳寅恪、傅斯年的著作），而郭飛雄先生存放在律師事務所的數百冊書籍亦遭致了同樣的命運。這次「搜查」真正意義上是致我們家落貧如洗。有些值點錢的有形物都如此不翼而「飛」，包括十幾個「袁大頭」、一萬多元美鈔，幾個電腦筆記本，八、九臺電腦，所有的儲蓄、有價證券等，除了其中的儲蓄及有價證券極少數追討回來一部分外，其餘的迄今懸而不決。

期間最使我不願寬恕他們的是，這些黑幫成員對我妻子耿和的暴力毆打以及多次對我女兒格格的毆打。可以把任何酷烈的暴虐加在我的身上，因為我在做著使你們感到憤怒和不安的事，耿和和孩子有什麼錯？她們善良得甚至連螻蟻尚不肯傷害，僅僅因為跟我的身分關係，竟遭到如此令人不齒的暴虐，耿和的一個手指被暴打致殘，永遠不能伸直。她並不給我講，是我發現追問下格格才講給我。而女兒格格被暴打竟成了家常便飯，而孩子極似我的個性，更是加增她被暴打的頻率。

每天有不低於六名的男女特務跟在孩子身邊進行騷擾，連孩子在學校上課時，幾名特務竟無恥地打開教室門，搬來凳子就坐在教室門口，連孩子進個廁所都有兩名女特務貼身盯蹤。而當時只有三歲的兒子，只要一出門，就會有四至六名的特務跟著孩子。耿和每天出門，則更是會有不低於八至十名的男女特務貼身盯蹤。每次進幼稚園去接高天昱，跟著她的黑衣大陣煞是可觀。因為她們娘仨加上我岳母，分別為不同的特務包幹盯蹤，我被綁架後，岳母從烏魯木齊趕來，卻不允許她進我家，說必須由「大領導」批准後方可。老人來的當天晚上就開始由六名特務負責盯蹤，當晚老人就只好在外面住下。耿和說有一次她們在家裡憋悶，決定在社區旁一家小餐館去吃點飯。到了餐館，跟蹤她們四人的特務緊隨而至。那些特務完全可以守在餐館外面，可這不符合他們的行事風格。他們的人進去還不到一半，小餐館已擠得水泄不通。那餐館老闆娘不明白耿和她們幾人吃碗湯麵竟帶著幾十名保鏢擺譜，就出面求耿和體諒做小本生意的難處，她們終於只好放棄。

對中共盯蹤我家人的特務之兇悍，外人真的是難以置信。我被「釋放」後也

多次遭遇特務耍橫，從純生物人的角度，你只有無助及無奈的悲哀。有一次，在我家旁邊的「曉林」餐館外面，那是個星期天，由於一些特務故意搗亂，屢屢踩我們的腳後跟，實在使人憤怒難抑，但我擔心嚇著了孩子，故努力隱忍著。不料，那平時最壞的「娘娘腔」得寸進尺，走一步踩一次耿和的腳後跟。我被一種巨大的羞辱壓抑著，後悔今天出門。雖然每天一出門就要被他們羞辱，可孩子實在不能總關在屋子裡，我想他們應在我們一再忍讓面前有所收斂，但終於事與願違。忍無可忍的耿和停下來希望「娘娘腔」不要這樣，提醒他路人正在圍觀。沒想到他竟然像潑婦般發動了他的「娘娘腔」，不僅大罵而且還要撲上去打耿和。另外幾名特務立即過來將我控制住，一名圍觀者立即上來隔開耿和，那「娘娘腔」竟一時狂怒難抑至狂撲不已。作為個體，我們並無仇怨，他們的那種狂怒實在讓人難以理解！在路人的保護下，我們一家只好放棄了外出返回。後來聽說這次衝突被路人發到了網上。

另一次是2007年6月3日，又是一個「敏感日」將至，做賊心虛的黑惡勢力集團，數倍地增加了在我家周圍的黑暗力量以資警戒。毆打過耿和的特務也出現在其中（後來耿和又不能確定是不是他），我走過去問他為什麼打人，不料他猛地站起來用雙拳發瘋般擊打我的頭部，我被打得抱著頭蹲在地上，他仍猛擊不止，直打得我看到天地搖擺旋轉、嘔吐不止。好在耿和和孩子都不在跟前，沒有讓她們目睹這暴虐的一幕。我回到家裡本來不打算講，無奈因為一直嘔吐被耿和發現，最後在醫院進行了檢查。

## 七、你們的政權是紙糊的

前面提到在「釋放」回家的路上，孫荻宣布擬將我們全家帶離北京，中輟孩子的學習是我們不能接受的，加之據說胡佳先生在網上的揭露，反動當局在這一問題上暫時地收了手，過了幾天後只將我一人帶離北京，路線可以由我選擇，我顯然先選擇去山東看望姐姐。王胖子和孫荻另加一群人押著我離開了北京，他們開去了兩輛車，其中一輛是中巴車，有男有女，陣容足夠壯觀。到了山東東營姐姐家，王胖子和孫荻竟跟進了姐姐家，姐姐只能握著我的手流淚，什麼話也不說。最後，他們下到樓下，姐姐才告訴我一些我不曾知悉的細節。

首先，姐夫已在我被綁架十幾天後長逝。沒想到8月14日與他的見面竟成了永別。那些暴徒那天在姐姐開門時朝後捂住了她的嘴，其中有人猛地一腳踢開了

門，等一群人撲進去後，後面的幾個人把她推進了門內摁倒在了沙發上，一隻手始終使勁摀住了她的嘴，她的兩隻手被人死死地控制著。等我被架下樓後，有六、七個人在她們家搜查了兩個多小時。姐姐說：「真不知他們要找什麼？」然後由東營市公安局人員把她綁架至一個不知名的地方關了兩天。兩天時間裡，連上洗手間都被人盯著，晚上她睡覺時，一面床頭坐著一名警察盯著她。她被關的頭一天，東營市公安局局長與她進行了既有趣又無聊的對話，其中幾句話值得引述在此，以資與朋友們分享。

那警察頭子問：「你為什麼要和你弟弟在一起？」

答：「你已經有答案，你知道他是我弟弟。」

問：「你知道你弟弟是什麼人嗎？」

答：「你已經有答案了，他是我弟弟。」

問：「你的弟弟已經嚴重地威脅到國家的安全，為什麼還是要和他在一起？」

答：「一個赤手空拳的個人能嚴重地威脅到國家的安全，只能證明你們的政權是紙糊的。至於你問為什麼還要與他在一起，你有答案，因為他是我弟弟。他威脅國家安全，你們怕他，我不怕他。」

問：「說你不識字，怎麼能講出這樣明白的道理？」

答：「這些簡單道理除了當官的人以外，三歲小孩都懂。」

問：「不跟你胡攪蠻纏了。」

答：「是你找我談話，我從來沒打算要找你。」

姐姐講完這些對話，姐弟倆都帶著眼淚笑了。

東營市公安局局長是個惡主兒，在這裡對他的惡有必要予以記述。首先，我們不恨他，就像我們不怕他一樣，這種記述並不是為了未來的報復，他只是應當被記述的真相。這幾年與他們零距離接觸的一個收穫即是，我發現他們身上有著常人難以置信的兩個扭曲現象，即：一是作惡時像邪靈附體般不管不顧，二是作惡後像邪靈附體般懼怕醜行被揭露。我這幾年曾多次在當局針對我施暴前提醒過他們不作惡才是最大的安全，最實在的安全，但他們像邪靈附體般不管不顧，終於作惡後又開始懼怕敗露。

最近十年裡，我的家人所在地的公安部門，只要上面沒有特別安排，他們一般不主動來迫害騷擾我的親人，但山東東營是個例外。2006年8月15日前，那個局長似曾製造車禍殺死我，並說：「弄死他很容易，就多一次車禍而已，上面領導都是膽小鬼。」這是公安讓知道內情的好人講給我們的。從2006年迄今，每到

逢年過節以及中共的敏感日，東營市公安局從不例外地會監控我的姐姐，每次都會威脅她，常年勒令我姐姐不得去探望我，離開東營市必須向他們報告。2014年8月份，我出來的前後，東營市公安局多次找我姐姐談話，威脅她不得去看我。真無法理解他們究竟在想著什麼，何以會如此地不可理喻！怎麼可以把作惡本身當成目的？而這些做法並不是來自上面的交代。去年8月出監前，中共公安部一局局長來談話時，我就東營市公安局的惡行提出交涉，他當面表示，這不是上面安排的，並承諾將制止之。

## 八、陝北與新疆之行

在姐姐家待的幾天時間，北京跟蹤而到的人員盯蹤如常。在這般嚴密的監控下，竟然在我剛到東營的第三個早晨，就在我的車上發現了與收購二手車廣告一模一樣的，呈名片式的特別給我傳遞信息的紙片：一是安慰、問候我；二是隨時願給我以幫助，尤其是經濟方面，並指明了需要幫助時的信號表達方式。當局也發現了這一信息，可以說，我比他們還震驚。我剛離開北京一天多的時間，被控制得如此密不透風，竟然在山東東營有人以這種方式關注我，這是怎樣的一種力量網絡！後來的事實證明，這種力量網絡其實長期存在於我身邊，於2007年4月份、2009年9月份都出現過。這給了我一家人極大的精神安慰，雖然我們並不肯通過這種方式收取錢財，但他的價值是無以估量的，這在格格不能上學後，終於逃離中國的整個過程中，這個我迄今沒有看見過的力量網絡發揮了令人驚訝的能量。時至今天，這種力量仍在發揮著實實在在的作用。

離開姐姐家後，我與姐姐一道在大批祕密警察的「保護」下回到陝北，期間在我們路過的山西太原看望了另一位姐姐。

回到老家，五十多歲的大哥泣不成聲，述說了他們四個多月地獄般的經歷：「省上的（指陝西省公安廳）、榆林的、佳縣的，一堆人圍了我們幾個月，他們想幹啥就幹啥，想罵誰就罵誰，多次把我抓到縣裡，把我的三個兒子都關起來，這咋就無法無天呢？我們做啥犯法的事情啦？」

哭歸哭，跟著我的那群祕密警察都被大哥給拉進窯洞裡「羊肉餄餎管飽吃」，包括孫荻、王胖子、張雪等一群祕密警察對羊肉餄餎的可口讚詞不絕。

由於我暫時還不能待在北京，否則「嚴重威脅國家安全」。陝北之行結束後，我又從北京將耿和她們娘仨接到山東姐姐家過春節，還是孫荻、王胖子、

張雪等十幾名北京的祕密警察守著我在東營過完了2007年春節（應該這次有女警察，上次沒有，因為確切的這兩次只有其中一次有女的）。春節過完，將耿和她們娘仨送回北京後，國家又覺得不安全起來，我還得儘快離開北京。因為上次綁架風波也波及了在新疆的一家人，退了休的老岳父都被帶著紅袖標的兩人二十四小時在樓下看著，到新疆去安慰一下一家人正是我心裡想著的。

我趕回了烏魯木齊，聽了家人的哭訴，給了他們一些安慰話。由於在來新疆的路途上，那群祕密警察中有人幾次三番建議我去喀什一趟。

「因為大家夥都想去喀什看一看，只有你去了我們才能跟去一趟。」他們這樣說。

我著實不想去喀什，一則，我曾在那裡待了近十年；另則，被一群中共緹騎整天簇擁著，加之才剛剛身卸縲絏，實在沒有那般雅致。最後，拗不過他們一再地要求，我提出去喀什實在不是我願意的，我去喀什的費用必須由他們承擔。沒想到他們說這要求太小兒科了，滿口答應。我也就不好再說什麼，又硬著頭皮被他們裹著去了一趟喀什。

## 九、擺脫絕境的唯一路徑即是揭露

到了三月底我們被允許回到北京。回到北京後，我們全家繼續被全天候嚴密控制著，但有一個問題致雙方動輒衝突起來，那就是我們一家人日漸枯竭的生活費用問題。他們給出的解決之道是我不願意的。

「要官給官，要錢給錢。要錢別小裡小氣的，政府不差錢。」

他們總是這句話與你交涉。而我要求工作由我自己找，政府不得干涉，他們總不肯同意，因為期間在我車窗上又發現了類似在東營市時的那種紙片。有人願意以年薪五十萬元聘我做文字方面的工作，同時說若需要錢，則在晚上將我車的右後窗玻璃留下二指寬的空隙。然而，這種情報也被他們截獲，他們絕不讓步，不同意我接受通過這種管道的工作，他們留下的唯一通道就是接受他們的工作或金錢。擺在我面前的明確現實就是只能是要麼餓死，要麼聽他們的安排。而擺脫絕境的唯一路徑即是揭露他們，每次臨絕地時的鋌而走險之舉，都能迫使他們在技術上做些讓步，示外部以表面的平靜，而這種表面的平靜對他們很重要，且能維持一天算一天。

我一直尋機揭露他們。2007年4月6日那次致胡先生的信，就是在這種背景

下生成。當然，我為此又付出了頗可觀的代價。黑惡勢力於當天晚上將我綁架到派出所，並於第二天交到孫荻和張雪這二位于泓源最得意的悍將手上。他們在深夜將我綁架到密雲山區的一處禁林裡邊，一路上又玩起了他們慣用的神經戰，前來引導的警車換了好幾次，而每次都在道旁做好一陣子鴉雀無聲的神祕等待。我被押至目的地後，已是夜裡十二點鐘以後了。我清楚，我又要置身一個困難的過程中。當天夜裡，由于泓源出面找我談話。于一見面說了一段很有趣的話，說他正在西安開會：

「得到了高老闆（指我）又發飆的消息（指我予胡先生的信），大領導（是周永康）跟我急了，下死命令讓我趕緊回北京處理這事。一查，沒有機票，只好開車往回趕，十三個小時啊。」

但接下來在那山區的關押中，過程比較溫和，經過六天的糾纏，雙方都有讓步。我的讓步永遠是技術性的，他們磨來磨去就是讓我寫一份文字，說政府對我很好，只是我誤讀了政府的好意才一時「衝動」給胡先生寫了那封信。如果寫了，即可結束關押。也終於同意我出去找工作，但條件是由他們給推薦國內的私企。我知道耿和和家人又著急得不得了，加之我只是要維持生活，過多的細節糾纏起來沒有實質性意義。我接受了他們的條件，這次關押於4月12日夜結束。

果然，如我所想，耿和著急滿嘴起泡。我後來在北京一家私企找了一份工作，我每天有三輛車十二人跟著我上下班。我上樓上班，那些祕密警察就在一樓大廳外面盯守。我試著與外界建立聯繫，但很快被他們發現；據之可以斷定，在我辦公室外的大廳裡，至少有一到兩人假扮員工身分的祕密警察。但只要能出來工作，就一定能設法與外界的朋友建立起聯繫，因為正有不少人也在不惜力量地找我。例如：有一次，我一進電梯就有兩位上訪人員（女士）在電梯裡等我，我記得其中有一位好像是四川的一位教師，她們說已找了我很久，並觀察了我每天的出行規律，得出了在電梯裡找我最保險的結論，並問有什麼忙需要她們幫；這也就是那封「致美國會公開信」得以面世背景。

然而，我一直懷疑公司予我的四十八萬元年薪有中共背後做手腳，有一次公司老闆與我聊天時說了一句話，更增加了我的懷疑，他說：「你在我這裡我也不吃虧，沒有人敢找我們的麻煩，而且你還能給我們處理不少法律事務。」可惜這次談話後十幾天我又被綁架，再沒有機會和他澄清這個問題。此外，我認為若不是他們限制，我年薪一百萬也並非夢話。2003年，河北曲陽曾有一位律師找我，他讓我幫他寫一篇「代理詞」，願付酬兩萬元。雖然我沒有接他這單活，但這給

了我一個啟示，當我不能做律師時，我可以專門向全國同行提供這方面的服務。但中共當局堅決阻撓，絕不同意我與任何律師個人或律師業務保持聯繫，用他們的荒唐說法是：我一見不公平的事就容易發飆衝動。而因為寫了「致美國會公開信」，終於與中共黑暗勢力的衝突再次公開化。

## 十、酷刑過程留下的終身紀念

2007年9月21日晚八點鐘左右，因此前王胖子通知說于泓源要找我談話，結果對我實施暴力綁架，並於當夜至10月12日期間對我施行了邪惡當量及暴力當量都足夠可觀的酷刑。

這次綁架是在室外實施的，室外綁架的程序略與室內不同，先是撲上來在你的後頸部猛擊一肘，在你倒地的一瞬間，立即會有一人撲上來騎到你的背上，用一隻胳膊迅速勒住你的脖子，另有一人會撲過來解下你的褲帶，然後踩住你的後背，以皮帶當纆絏綁住你的手，而前面則會有一人迅速將很厚的黑頭套套在你頭上，一應程序完成後會架起你疾步跑向等在旁邊的車。只是每次綁架後在車上的那個過程實在難受得可以：上了車，不管路程有多遠，他們從不肯有一絲地把你看成一個人來對待，左右各一人壓住你的背，使你的頭壓低至兩腿中間，因為前面沒有任何支撐，那種難受真是無以言說。有時路上要顛簸幾個小時，加之黑頭套太厚致嚴重缺氧，每次都是渾身大汗類似蒸洗桑拿，一般會在一個多小時後下半身即已全然麻木。

第一次這種過程中，下半身全然麻木時我還暗自慶幸，覺得這是一個意外的收穫，使得下半身不再有痛苦，但很快我就為此嘗到了苦頭。因為到了目的地，我的下半身全然不聽我的調度——沒有了感覺。他們硬說我耍賴不願意下車，每次必臨到一頓暴打，而我的嘴上又繃著膠帶無法申辯。即便能申辯，人的語言、人間的理在我們中間不起任何作用，人性在那樣的過程中是沒有一點點力量的，不會有任何人會在乎人性。

從2007年9月21日迄今，我經歷了三次酷刑（不含北京看守所的坐特製鐵椅）。而2007年9月21日至10月12日（時間記得不一定確切）這次酷刑，在這三次酷刑中，就過程而言頗有標本意義，因此，我想把記錄那次酷刑的文字（即〈黑夜、黑頭套、黑幫綁架〉）收入本書中。至於其他兩次酷刑，將在後面的文字中只做相關過程的記述，而不再詳述。

事實上，這次長達二十多天的酷刑經歷，實在是可以單獨寫出一本書來，但這不是我的追求。第一次酷刑的開始，確實是有些恐懼，那種兇殘、那種冷酷的無底線，使人持續地震驚不已。這是一個自稱「政府」的一群人在幹這樣的事，不身臨這種場面，絕不敢相信他們會如此地自暴自棄，對一個和平公民施以如此野蠻的暴行！而且，每次施行酷刑，他們都會包下整個一座賓館，出動一長串車，一大群人穿梭來往，花錢的氣魄與施暴一樣的是無遮無攔。這些錢都是由納稅人消化，這是怎樣的一種不可思議的反動現狀?!

在這次的酷刑過程中留下一些終身忘不掉的紀念，他們並不是能靠著刻意的意志即可遮罩得了的東西⋯⋯。諸如，在那次酷刑後的四年時間裡，不論我走到哪裡，在什麼時間上床，只要一熄燈，那些酷刑畫面百分之百會出現在腦海中，他從不是自覺的，卻從不例外。另外，我常聽說英雄人物在面對酷刑時是如何地堅強，如何地一聲不吭，我可以斷定這是虛假的、不可能的。2010年4月28日的酷刑過程，我的慘叫聲可能讓旁人聽得毛骨悚然。我不清楚那棟建築是什麼樣的結構，但敢肯定，即便五、六層樓以上也可以聽得清清楚楚，而那種我自己發出的聲音是我此前從未聽到過的，他與自覺無關，更不是能夠控制得了的。

我在三次酷刑經歷中，都曾刻意去體驗過一些過程，得出的結論是：與個人的意志無關。例如，一般在酷刑進行到第三天時，我體驗到，人始終能聽到一種呻吟聲，無疑那是我自己發出的呻吟聲。在第二次、第三次酷刑時，我試圖控制過這種在旁人聽來是呻吟的聲音，結果徒勞。你能感到身上的每一個毛細孔都在發出呻吟，卻又像並不是任何一個毛細孔在具體呻吟，那時你真的就像是一個旁人。那種疼痛感覺也是有類似的效果，你感到沒有一處不在疼痛，卻又實在不知他具體在哪裡疼痛。

## 十一、殺人一千，折己八百

2007年9月21日夜開始的酷刑不知進行了多長時間，好像是一夜一天的時間，他們在黑夜裡又玩了一次神經戰，先前的過程很神秘：進來些陌生面孔穿梭往來，一會與這個耳語，一會給那個招手，故意營造著極神秘的氣氛。我這時已實在疲勞得可以，坐尚且困難，而長時間得不到休息，一天只給一碗冰冷的包穀麵糊糊，而精神對生理能力的支持實在也無法做到無限或無條件。到那天夜裡，出現了不能自持的精神委頓，終於艱於起坐，我一絲不掛地被兩個人架在一個沒

有靠背的硬面凳子上，那兩人就站在我身後，其中一人抓著頭髮扭使我的臉朝上與天花板平行。終於又被人架了起來，恍惚中我覺得這一切都與我無關，卻又好像一切都在圍繞著我交涉。

剛被架起來，就聽到有人說：「媽的Ｘ，丫的低頭。」

好像覺得這是衝我罵的，可這抬頭或者低頭，這終於不再是我的事，架著我的人立即將我的頭壓下去，我的腰被壓至小於九十度，臉又開始與地面平行。

「都就緒了，押上車。」剛才那罵人的聲音又道。

前面出現兩隻腳，一個黑頭套套在了我的頭上，我被兩人壓著彎腰前行。

猛地聽到：「跑步，別讓丫的磨磨蹭蹭。」

終於又跑了起來，我覺得，押著我跑步的人也得彎著腰跑，我腦子裡突然想到一個詞：「殺人一千，折己八百。」而這念頭還好一陣子揮之不去。終於，在漆黑的世界裡，我聽到有一大陣的車蹦燈在嘶鳴，那大陣勢一定很可觀。我被架上了一輛車，在所有半夜轉移的經歷中，這次的痛苦最少，因為上了車不一會又犯迷糊，只覺得路上時間很長，還上、下了一次高速路收費口。渾渾噩噩不知過了多久，我又被架下了車。不幸的是我的雙腿又沒了感覺，又被視為耍賴，跪在地上被一陣狂踢；有幸的是我的雙腿沒了感覺，但那踢可真夠狠，半個月後，我的身上就像煤層一般。終於，我被兩人拖著進了一個門，又拖了一陣子進了一個房間。

我被拖進去後有人說：「讓丫的蹲在牆根。」

可終於又事與願違，我的腿已回到了知覺，痛得實在可以，無法蹲，只有被兩個人強制壓著蹲下。我的頭觸到了牆，我知道我是面對牆，這是這種環境中我一律的待遇，或面牆而蹲或面牆而跪，他們一定能實現了這點意志的。我被人壓著蹲在地上，不知過多久，我被拖著調轉了頭，被壓著跪在地上。

「給丫的套去了。」

有人一把抓掉了黑頭套，我的前面不遠處放了兩張桌子，桌子後面一排坐了四個人，正是專門負責對我施暴的那幾個人，全部盯著我，一言不發，桌子上放了個硬質紙盒，裡面放著三根電擊器，我清楚他們又要開始「工作」了……

## 十二、美靚背後的兇殘和惡

對我施暴的四個人中，有一個很帥氣的小伙子，實在是令人哀傷，他的兇殘

51

及他兇殘的主動都令我驚異，與他俊秀的面容形成太令人驚悚的反差，他帶著一副很秀氣的眼鏡看上去像個大學生。他要不是在那種場合，坐在那裡即可滋榮異性的審美情趣，真能給人一種靜的、無聲的美好。那段時間，我常看著他遐思，人真是複雜，一種美好和一種邪惡可以如此被同一個人擁有，且從他那裡看不出任何衝突。我有時幻想著他能是一個有審美能力的人，他若鏡視自己後，應該能增加些他心裡對美的認識和信念，或許美感能多少柔化他的人性，在他的生命裡培蓄並生長起美，而生成起明亮的心理，進而生成起人性的善，我甚至有過與他談談的衝動，可他的美好僅止於外表。

有一天，是星期天，他可能要出去，他換了一身黑西服，皮鞋鋥光亮閃，頭上飾了亮黑的潤髮物，一進門，使人眼睛豁亮，他這一身全盤西化，加上他的面容、眼睛，三樣一體，動、靜中都顯出了美的和諧與和諧了的美。我就在想，他若站在那個公共汽車站，在靜中等候，沒有一個人會想到他那美靚人相的背後包裹著兇殘和惡。我一直替他哀傷，我從未恨過他，只是覺得惋惜，年紀輕輕幹著這樣糟踐人性的工作。他若是個有審美能力的人，那反而是個大不幸，可以肯定他是個俗主兒。捅飭得「全盤西化」的那一次，他臨走時幾拳打得我眼睛、嘴裡流了不少血，眼睛十幾天後才能看清東西。第二天他一見我劈頭一句：「眼睛怎麼傷的？」

2010年4月28日至5月1日，上次對我施加酷刑的原班人員再次執行了于泓源下達的酷刑指令，但其中沒有了他，然而我仍能回憶起他。一個年輕人，人生道路尚長，對於他人的感受不再能產生人當有的感情聯繫，這實在是他的一種不幸。我真僥倖期望他是由於產生了些許人性的自覺而去棄了這種「工作」，而不是正在別一個酷刑場所劬勞。人生當有一個具體的精神完善目標，否則，就成了一個完全的平面人，那是怎樣的一種無趣！

## 十三、官帑彷彿直比黃土般廣多

這次酷刑于泓源們是預設了目標的，即徹底將我壓服，「成為利益共同體」。二十多天裡，折衝計算都在他們單方面進行。

我從不像外界贊助的那麼英雄，卻也不會「八公山上，草木皆兵」。所謂：「有所為，有所不為。」多年來，在與中共黑暗勢力辦理的交涉過程中，在技術性環節上我一直在打「太極」；在為，但不力為。有粗有細，粗的方面可有擺幅，細

的方面，縱驅千軍萬馬壓逼亦不可退讓半步。只要我的生理軀殼還能給精神以些許支持，就會有一個邪惡勢力必不能撼動的障礙站立著，這是十年來的無數次交涉示教了當局的。

當局有時在技術環節上會產生一種愚蠢的錯覺，覺得我有時是軟綿綿的沒有赫然的稜角，卻沒有看清多年來我是在軟綿綿中堅守著一個不可破毀的硬底線。外界無法憑著個人豐富的想像力，來將我與當局十年零距離「廝守」時情況的複雜性弄清楚。

例如，這些年來，我被裹挾著做了無數次「旅囚」行，每次都是在綁架後的祕密囚禁結束時，而這種旅遊只是為了犒賞那群看管了我許久的祕密警察的劬勞。這群人常年負責對我的看管，帶著我這個移動的目標，打著我的名號花錢，那種花錢的氣概叫人驚心動魄，彷彿那官帑直比黃土般廣多，而且是全以我的名義。每到一地，都要入住最好的酒店，食最上好的酒饌，饜足了肥甘後撲入都市夜生活，而留一人看住我。而我身上常無分文，客觀上造成我花他們錢的局面。

例如2009年6月28日，一般很難下淚的四弟看見我這時候仍穿著冬季的衣服竟大哭；我實在不願讓我的親人看見這種令他們痛心不已的局面，但這種過程中我實在無能為力，因為他們綁架我的時候是冬季，家人看見的究竟只是一時，而我身上一直就穿著綁架時穿著的冬裝。到了烏魯木齊，我實在不願讓我的岳父母看到我仍穿著冬裝，就只好用他們的錢買了一套夏裝，這錢迄今沒有機會還他們。夏天著冬裝還實在不算最難受的，而冬天著夏裝才實在難熬得可以，這樣的經歷這幾年屢屢臨到我。我親眼看到過，又一次我實在燠熱難耐，讓他們掏錢八十元買了一件T恤，結果他們一下買了八件（跟蹤的有七人）！毫無疑問，這是記在我頭上的。

還有些環節在這裡邊是不能說的，不願傷害他們中間的一些具體的個人。玩樂饗食，縱情恣肆，揮霍官帑，氣魄雄大，真的不堪以言，你不能從他們那裡看見一絲絲與自己納稅人的感情聯繫的自覺。常覺得這種現狀的維持，既是維持著一部分人人性的墮毀，也維持著一個民族的痛與病態！

## 十四、黑頭套、粗鐵鐐的厚和重

中共黑惡勢力有著許多外人看不清、看不透的東西，表面看上去，他在許多環節上與文明體制的做法並無二致。例如，黑頭套的功能，他是緣著司法文明及

司法技術無障礙運作的產物，他的技術功能是保護嫌疑人、被告人與罪犯，在公共視線中的人格尊嚴和個體對隱私的顧忌心理，以及在刑事追訴過程的保密需要；而在中共政法幹部那裡，他的功能則變異成純粹地整人：一則，在形式上，他不考慮你視線的功能，不留眼孔，而且很厚，常使人憋屈難忍；二則，他們在押解你的全程中，在專車裡、在黑夜裡、在衛生間裡，甚至去沙雅監獄的監舍樓道裡都給你套上黑頭套。甚至有時，他們嫌那本已足夠厚的黑頭套太薄，他們乾脆用一件保暖內衣套在你頭上。有一次，從河北至北京，幾個小時下來，憋得人臉腫了好幾天。

我們從美軍押運「基地組織」成員的畫面上看，那腳鐐的粗度不及我們日常用的筷子粗。腳鐐的功能就是一個純約束功能。不知有多少中國人面對中共政權使用的腳鐐做過人道的思考？相當長的時間裡，我自己就屬於這麻木大陣的一員，直到後來我自己戴上了那原始而氣魄十足的腳鐐時，我才感到了不堪言狀的苦楚。我在北京戴的鐵鐐比新疆的輕三分之一，但仍然痛苦得可觀。在路途轉押時，那實在叫人痛苦難耐，每動一步，腳踝上下實在痛得可以。2008年「兩會」，全國木偶大聚會期間，我在延安「旅囚」，看到延安楊家嶺門前的大銅牌上寫著一段當局標榜歷史偉績的話，這段話說楊家嶺上下幾處院落原係國民黨的一個中將花了六百個大洋購置而建，「後被我黨沒收」。我後來給他們寫了一段頗辛辣的批評文字，其中提到：

這個星球上石頭都在進化，而變化獨與你們無關。

由於你們長期拒絕、仇視批評，致你們喪失了最基本的是非判斷能力，而這種基本判斷能力是人所以為人的標誌。

中國人的祖先早在西周時即有「和實生物，同則不濟」的哲思，你們幾千萬的黨員規模，聚集的只是愚昧的規模耳。

黑頭套、粗鐵鐐的「厚」和「重」，折射出這個政權組成人員在人性、人權及人類基本感情方面的薄和輕。不當有斤兩的地方，他們厚重得使人絕望，而當有斤兩的地方，他們確是虛玄縹緲。尤其這種鐵鐐，他本身就是原始肉刑的一類。

## 十五、這是咱系統能辦得了的小事

2008年，中共當局聲稱要不惜一切代價改變我，目標即是于泓源多次提到的

三個利益層面，即：利益共同體、利益攸關者和利益對立者。

「我們不可能永遠懸而不決。」于有一次在談話中蕭然以道。

「我這裡從來不存在懸而不決的問題，懸只在你們那裡。只要我一家還能有基本的生活空間，孩子們也還能正常地去上學，我是一個胸無大志的人，我願意為他們苟活著。你若非要改變現狀，而朝著你期望的方向的改變是沒有零以外的概率的。我清楚你在想什麼。」我也接口蕭然道（此前于多次向我提到過，說我若完全依循著他的設計，他的官會越做越大，到時我們會擁有很多資源，「我們合作吧」）。

他們提出具體的幾樣利益：一是要把大哥家的一個兒子安排在公安系統；二是給我們批一個煤礦（那時段我的表弟想在北京活動批受煤礦開發，引起給批個煤礦之說）；三是孩子在北京上最好的學校，將來工作安排全由政府操辦，可立即把全家戶口轉至北京（于曾不止一次說過「這是咱系統能辦得了的小事」）。但前提是接受孫獲的說法，叫「填個表改變身分」。孫在說這句話的時候往往會說一句「願做官的話，警銜遠在我和老于之上」，且死盯著我的眼睛。

我每次也提醒他：「共產黨政權在過去六十多年裡，作為一個龐大而現實的存在是誰也改變不了的事實，組成他龐大系統的無疑都是中國人。作為個體，我不認為人人都無恥，個個都不光彩，但那裡面絕不能有我，至少已經成了今天的我。」

然而，由於于泓源個人邀功之激情難抑，終於逼我在全有或全無中做出選擇，而攔在我面前最現實的問題即是女兒上高中的問題。

（我曾在與周永康派的人談話中說過我自己是十分能吃，十二分能睡，這是真的。那些對我施加酷刑者曾見過我這「十二分能睡」的境界：精疲力衰的打手們喘息之間，我鼾聲驟起，這也是真的。但昨夜我失眠了，就緣著昨日我得了一個確實的消息，劉霞正處在無底線的被迫害中，劉霞還在人禍裡受苦。劉霞我沒有見過，她是誰的夫人不重要，重要的是她實在在人禍中受苦，這是我數年來僅有的一次輾轉反側而終於不能寐的紀錄。聽說劉霞頭髮全刮光了，不管誰刮的，結果是劉霞光著頭。縱使她自己刮光的，那是她仍在抗爭著的證據。今天，我在凌晨兩點十四分起床，這也是很久以來的第一次。起來做什麼？終於於劉霞的苦難處境無益；但我還是忖度著為劉霞的無辜蒙難做點什麼，而終於又不能做什麼。因為我目下處境絕不比劉霞好在哪一階，可究竟又無能力對她的苦難無動於衷。外面，迫害劉霞的那些人們的同夥正犬視著我進出的門。終於就剩了寫下這

些字一途。在乎劉霞的苦難是我作為人的正當情感反應，並屬於我究竟還是人的證據。劉霞們無辜被迫害，我們對此有痛，有憤怒，並有著起自內心的譴責和抗議。我聲援她，譴責對她的野蠻的、有損人類名譽的暴行。這既是我們的感情，又是我們的立場。爬起來，寫下這些文字，紓解一下一個庸常人的胸淤。）

兩個孩子必須能夠正常上學，這是我終於願意苟安下來的理由，也是我的最後底線。然而，周永康及其打手于泓源、孫荻們卻認為這是終於可以迫我俯伏在地的軟肋。他們曾公開在我跟前調侃過：

「老高有著他不同階段的『七寸』，過去是老太太（指我母親），現在是倆孩子。」

他們利用這個被每一個家庭都當成的關鍵時期，不斷施以一些極其愚昧的舉動，企圖據此實現在他們的美好。在這個問題上，我多次強調過：如果你們不從中作梗，我有條件解決孩子上學的問題，雖然其中也有許多具體的困難（在北京有孩子上學的父母都知這苦的沉重，這是黑暗政治製造出的一個大苦）。他們提出：不許我自己解決，是「絕不」允許我自己解決，只能由政府來解決。說要將我的問題打包解決，如果我願意的話，他們會下文件專門解決，給倆孩子安排最好的學校。說白了，還是逼我入夥，成為「利益共同體」。我心裡清楚，憑著周永康、于泓源、孫荻等人的智商（我幾年來和他們零距離相處），他們會死攥住這條繩子不放，所以我們之間的再次衝突也只遺時間了。

他們多次來講：「老高，政府的正式文件都準備好了，你們附近的最好中學是十七中學，只要你一句話，不光他們的上學，今後的工作安排政府都全包。」

## 十六、一大批善良的眼睛憂慮著

2008年7月28日，我們全家被押上開往烏魯木齊的列車，我頭上懸著的劍掉下來只是個時間問題了。為了不使耿和擔心，當局關於孩子上學問題上的舞劍蠢動我從不向耿和提及，知道終於是瞞不住的，但只是覺得能讓她少知道一天亦可。頭上懸著的劍終於還是無可挽回地落下：格格上不了學。孩子上學的問題豈能小覷，更哪堪兒戲？女兒以各種方式向我們抗議，孩子究竟沒有錯，上學在父母面前也是她的必當保有的基本權利。她們娘仨已於8月底回到北京，而我還是被滯阻在烏魯木齊。孩子上不了學，對方已越過了最後的底線，我立即動身回程北京，好在新疆警方巴不得我早日離去（每次回到新疆，當地警察看管我時，竟

公開講：你逃離新疆我們也會睜一隻眼閉一隻眼，但我們還會派人悄悄盯著你，只能回北京，不能逃出境）。

　　回到北京又能如何？中共黑暗勢力是完全游離在法律之外的。一個文明的社會裡，獨立的司法救濟途徑，是為所有尋求他救助者準備的安全可靠的救濟力量，但在野蠻的政治下，司法卻淪為任憑祕密警察搏捏的玩物。我突破所有的「不准」，尋找能儘快解決孩子上學的途徑。為了不願與他們過於激烈地衝突，我避開了「不准孩子在北京上學」這一途，忍辱在大批祕密警察的跟蹤下，與陝北綏德縣、河北邢臺市、北京順義、山東煙臺外國語學校聯繫（這是孩子一個人去的）。而到河北邢臺市碰壁後，實在沒有了辦法，就在邢臺市打電話向朋友求救，滕彪博士當時是我求救的偉人之一。

　　結果，孫荻也打來電話，說：「不要去外地折騰了，沒有用的，回來吧，還是我們幫你解決吧，而且是一定能夠解決的。」

　　到外地尋夢的期望破滅後，孩子對我們的不滿升格，當局對我的不滿也在升格。令我們沒齒難忘的是，對格格上不了學的事還有一大批善良的眼睛憂慮著，這些善良眼睛從來就在我們的周圍。

　　有一天夜裡，我外出到藏醫院附近打公用電話（我們的電話全被控制，打求助電話又刺激黑惡勢力已脆弱不堪的神經），結果一輛摩托車突然停靠在我跟前，我認出其中一位是我曾經幫過的北京市民（暫不具名），他們用極快的語速說格格不讓上學的事他們都知道，大家正在全力想辦法，許多「法輪功」學員正在運作準備接格格到境外去上學，讓我們準備好隨時走，並給我一個電話。等跟蹤人員反應過來時，摩托車已絕塵消跡。我長舒一口氣：這豈非神意？當即決定罷止一切奔突，相信他們的幫助會是具體而實在的。

　　作為一種默契，我後來經常晚飯後下樓溜達，而大批跟蹤人員中，從一開始、死心塌地的壞種只是極少數，而其餘大多數只是把這當成一個技術活或者是個掙飯錢的活，更有極少數人則盡一切可能幫助我們一家。儘管當局下死令貼身跟蹤，可實實在在貼身跟蹤的始終只是其中那幾個人。他們上班的人員配置規律我瞭若指掌，什麼時候出去、有多少空間可利用，我基本心裡有數。

　　有一次，我騎車去幼稚園接天昱，幾名跟蹤人員也騎車而隨。到了幼稚園門口，一個小伙子利用門口大批家長的身影掩護走過來給我說了一句話：

　　「老高，我們的人對你是尊敬的，只要是我們哥兒幾個的班，我們的跟蹤是拉開距離的，但這是不符合上面要求的。」

耿和她們娘仨逃離中國時，就有這睜一隻眼閉一隻眼的功勞。有人曾實在地給我當面說過：

「大姐她們娘仨走之前我就知道了。」

終於，有一個消息達到我，說格格可以走了。在看不見的力量的幫助下，格格迅速甩掉跟蹤者祕密離開北京趕到指定地點。結果，第二天夜裡孩子又回到家裡。問明就裡，因是用一個「法輪功」學員家的同齡孩子做身分掩護，會給那孩子及其親人招致毀滅性的災難，她因此跑了回來。這些善良的不曾相識的人願冒一切危險幫助我們，卻是我們不能接受的。結果，這一途出國努力終輟。

## 十七、耿和娘仨成功逃離

終於，我們又於2009年1月7日獲得了一可靠信息，讓我們於1月9日上北京至昆明的客列，一路上會有人指引她們娘仨前行。終於歷經了些周章後，她們娘仨成功逃離中國大陸，成了「盛世中國」的亂離人。

2009年1月9日早晨，按此前綢繆，我要離開家引開樓下的「眼睛」。全家人擁抱在一起做最後的告別。除天昱外，全部都默默地流著眼淚，然而格格卻哭出了聲，繼而是耿和。「悲莫悲兮生離，痛莫痛兮死別」，悠悠歲月，百年身世，唯有此情苦。苦，誰最苦？是我的妻子耿和。她們娘仨離家，大的懵懂，小的不懂，去離故土而又親情不能別！

我常不忍想像耿和最後離別那個家時胸中的那種痛。我不僅不能送別她們，而且她們還得去一個很大的傢俱賣場，設法甩掉跟蹤者後從地下停車場搭車奔向火車站（這是策畫好的細節。但實際上如何擺脫跟蹤而成功逃離的過程，我迄今不清楚，也不忍心問耿和），我無法想像她是怎樣地帶著至苦的心與這一切周旋的。而真正密集與苦難交涉的時間則更在後面等著她。她在逃離中國邊境時、在泰國時，以及一直至美國初期，遭遇的苦難多不勝數，可她從不給我講，僅女兒偷偷地給我講過一點，害怕我知道了她受的那些苦影響我的心情。

她們的逃離，境內所有的作用是由一位不願透露姓名的「法輪功」學員籌謀和發揮的；離境後，由於需要更具規模的說明力量，故而由「基督教對華援助協會」全面接受，該協會負責人在第一時間飛抵泰國，始實施具體的幫助運作。

實際上，對於耿和她們娘仨在外面的困難遭遇，中共黑惡勢力也不時給我講一些，意在動搖我的堅持。于泓源（我昨天才得到消息，說他又升官了。作為黑

惡勢力在北京最兇殘的打手之一，他被拔擢當了管律師的司法局局長，我對此沒有一絲絲驚訝。那種兇殘惡辣及冷酷正是中共惡勢力在中國生命得以殘存的理由和最後的保障，在兇殘打壓異見者的問題上，周永康或者是習近平者流是沒有區別的）至少有過兩次或多次給我講過她們娘仨去外面的困難遭遇。例如，2010年底他來到軍隊的祕密囚禁地找我談話，用他的說法是「再給你一次活路的機會」。

于告訴我：「據軍方傳來的確切情報，耿和她們在外面的日子很不好過，大子兒（指錢）沒有收到幾文，而且已搬了至少三次家了。其實，我們有自己的情報收集管道，你老婆跟前就有我的人，我不怕你知道。機會不會無限期地等著你，執迷不悟死路一條。只要共產黨還在，活著走出這個門？你想都別想。真他媽賤！要錢，我們給，大手筆，偏要跑他媽外面去收些小子兒（指我們出國是為了到外國去收斂錢財）。」

還有一次，于又找我談話：「再給你一次機會，讓耿和她們娘仨到中國駐美使館去，到時我們出一筆大的安家費，我親自到外面去接人。」

又說：「她們都快困死啦，不要再造孽啦，讓老婆、孩子回來吧。」

終於，耿和她們娘仨還是成功地逃離。當天下午我回到家裡，一開門，一種從未有過的淒涼襲來，我坐在沙發上一連數小時紋絲未動，受領著那種淒苦。當天夜裡我沒有吃飯，把她們娘仨各自的拖鞋擺放在往常擺放的位置上。我整夜不願進到臥室，在沙發上坐了一晚上。此後幾天，當局負責盯蹤她們娘仨的王胖子每天打電話問她們娘仨怎麼幾天不見了，是不是有什麼名堂。我說家裡準備搞裝修，她們在家裡緊鑼密鼓地準備著。

後來，追問得緊了，我說：「其實，我前幾天是騙了你們的，那天她們甩掉跟蹤實際上是去外地玩去了，因為剛好有一個戰友一家要外出玩，她們也就去了。」

待她們娘仨終於到了泰國後，我清楚自己很快又要被抓了，我於第二天的凌晨四點便驅車趕回了老家。到了老家繼續騙他們說她們馬上就會回到陝北來同我一起過年，但終於他們不再相信。

第 三 章
# 2009 年 2 月 3 日的綁架

## 一、一群未脫離野蠻的生物人

2009 年 2 月 3 日前，我回到佳縣老家後，北京方面將對我的看管任務交給當地公安部門執行。當地負責看管我的程序是，每天按規定在不同的時間裡在他們認為方便的地方拍些我的照片。即每天我一露面，有關負責拍照的人就會抓緊搶著拍照。據可靠消息，他們每天須在不同的幾個指定時間裡向陝西公安廳彙報我的行蹤，並提供相應的當日拍的照片。幾天以後，由於他們發現耿和她們娘仨並沒有如我所說來到陝北，應當是向北京方面進行了彙報，2 月 3 日晚九點至十點鐘，榆林市公安方面及佳縣公安方面一大群警察突然闖進我住的窯洞，進來就問耿和和孩子在什麼地方。

我說：「這純粹是私權利，關涉當局什麼事？」

結果，佳縣公安局人員大聲問我四弟：「正義，你嫂子和孩子在哪裡?!」

四弟說到新疆去了。他們中間幾個人走了出去，顯然是在向北京方面進行彙報。中國黑惡勢力有一個明顯的特徵，即是在作惡方面表現出令人咋舌的高效，不出五分鐘即撲進來，說根據北京方面的指令，「現在對你實施抓捕」。我們一家人都已經睡下，我被抓走後，大哥、四弟拚命地跟在後面追趕，一直追到下面公路上仍跟在車後奔跑，他們在絕望中看到幾輛警車遠去。

到了縣城，一群警察將我押至一窯洞招待所裡，然後，那一群警察開始打牌，另一群開始看電視。中共警察的生活方式，我常思忖，你會覺得他們不是一群社會人，只是一群未脫離野蠻的生物人。彷彿這人類文明進步獨與他們無涉。半個小時以後，窯洞裡煙霧彌漫至「但聞人語，終不見人」的境界。十幾平方米的窯洞裡，八、九個人吸煙。的確，看見他們的這種生活狀態我就苦愁。我常覺得他們群體生活在一起，只是在相互苦害對方——人人吸煙，人人大聲喧嘩，無論杯子髒得多麼不堪入目，端起來仰著脖子就喝，而且是一群人共同一個杯子。上完洗手間至少有一半人不沖水，這是我最頭痛的，但在這方面創下最大奇蹟的

是新疆的警察。對我而言，噪音不大能影響我的睡覺，但在滿房間都是被煙霧填滿的環境裡，我只好用衣服蒙著頭睡。然而，這種蒙著頭睡覺的待遇也只有在佳縣才可享有，在北京和在部隊及在新疆的關押中是絕不允許的。

## 二、你給我們製造了一步死棋

天不亮，我被人推醒，孫荻、張雪等五名祕密警察趕到。

究竟是來自首善之區北京的黑幫悍將，一來就表現出不一樣的素質：進來就將我壓倒在床上，兩個人從頭到腳捏拍了一遍，然後把我給架起站著，強制脫了我的鞋和襪子讓我站在冰涼的地上，煞有介事地與那一目了然的鞋、襪子辦理起了交涉，反覆地勘驗、檢查，然後壓我坐下，將一件足夠厚的保暖內衣當頭套套到了我的頭上。

孫荻開始跟我談話：「老高，你把耿和她們娘仨送出國，政府的棋局完全成了一目了然的死棋了。你給我們製造了一步死棋，你逼我們再次出手，咱回北京再慢慢解決問題。」

「置死地而後生，在孩子上學的問題上，我此前五個月裡不也身置死局嗎？」我回答他。

後來我才得知，就是與孫談話時，另一幫人趕到大哥家進行了地毯式的搜查，大哥家被翻得雞飛蛋打。而大哥和四弟則在天不亮時即趕到縣城到處找我，終於勞而無得。至天亮，兩人找到了公安部門。佳縣乃蕞爾小城，是個熟人的社會，兄弟倆找到了公安部門的熟人，祈願能見上我一面。雖終於為孫荻拒絕，究竟還是知道了我被關押的處所。大門裡不讓進，兄弟倆就一直守在大門外，巴望著能在押離時透過車窗再看上我一眼。但他們不能知道的是，押運我的車從來都是用的深墨色玻璃窗，且在車裡掛覆著黑簾，而我會被套上黑頭套。後來，聽佳縣公安上的人講，當押運我的車離開時，大哥、四弟各守在大門的一面，終於絕望得像孩子一樣大哭。

汽車不知開了多長時間，到了一處高速路服務點，我的頭套被取掉，歇在那裡，他們開始吃東西，一吃完又上了路。車至河北界，孫荻又將保暖內衣給我套在頭上，而我在北京的祕密關押地從來都是在北京山區，穿越北京城後仍需兩到三小時，由於保暖內衣太厚致嚴重缺氧，五、六個小時裡，我的頭痛難耐。由於我的頭夾在兩膝之間，感到雙眼向外暴脹迸擠，我規律性地遮罩了思維，但那生

理痛苦也實在難熬得可以。每次遭遇綁架，在運往囚禁地過程的煎熬，足算得上是一場不小的災難。我必告誡自己：老兔子（我屬兔子，孩子們給我起的綽號「高智兔」。大部分情形下，姐弟倆就叫我「高老兔」），又一個困難的過程實在已開始，既是個過程，就會有結束的時候，你當感謝神，感恩他給你的是個困難過程而不是災難結果。

## 三、蓬萊翁的高論

終於到了祕密囚禁地，又是規律性的下半身麻木的不聽調度，但這次他們沒有因此毆打我。我被人架著，我感覺到應該是上了有三層樓，然後又被架入一個後來關押了兩個多月的房間。我被人壓著雙肩坐在凳子上，然後靜靜地等待著不確定的下一回合。但這時由於直起了腰，呼吸感受已比在車上好了許多。可能是缺氧所致，發嘔得翻江傾海，我力抑之，使自己保持了表面的平靜。在死寂的靜默裡，大約過了二十分鐘左右，聽到有人開門進來，然後是拉桌、凳的聲音，大略是歸置就緒，又復歸於死寂。

「把頭套取了。」終於聽到了人話。

我的頭套被取了下來，眼睛頗模糊，而手仍被縲絏拘縛，不能對眼睛以贊助。但面前的人我已認了出來，就在剛剛的黑暗死寂中，人馬已完全換成了另一群人，為首的正是第一次揭露酷刑的文字裡提到的那位「蓬萊翁」。

他們的酷刑流轉程序大致上是：周永康只做方向性指示，具體的決策者是于泓源，而酷刑的技術策畫人則是由孫荻、張雪、「蓬萊翁」，主力打手就是上次文字中提到的那位王姓處長，而酷刑現場還有兩個幕後指揮者就是這「蓬萊翁」和孫荻。孫荻在具體的酷刑階段是從不露面的，而這「蓬萊翁」則在酷刑的間隙，打手需要休息的時候出面審訊我。這是我經過了幾次苦楚後得來的經驗。

我的眼睛漸漸恢復了能力，看清了這「蓬萊翁」正笑瞇瞇地翹著二郎腿坐在椅子上，他的背後擺了一張桌子，腋下挾著一本案卷，正盯著我。我掃視了一眼房間，有六、七平方米左右大小，地上鋪著很厚的毯，我座位的左右備置單人床一張，東向牆上有一直徑約為0.8或0.6米的圓形窗，窗上封堵了塊厚約十二公分左右的沙發墊，顯然這是臨時拼上去的，是專門為我添置的待遇。那小房間當是別墅頂端的一個小角房，其功能或以儲物，或是傭人居室類，因為房頂呈尖形而兩端卻很低矮。

我也看著「蓬萊翁」，他開始了他的高論：「英雄，大英雄，奧巴馬什麼時間來接你呀？」

見我不回答，他又開了腔：「大英雄，怎麼不說話呀？據我們的情報，你的美國主子肯定會來接你的，開著所有的航母。」他的話一停，房子裡又死寂復出。

「美國人他媽的真奇怪，怎麼盡喜歡漢奸、賣國的東西？老高，你多少看過點書，歷史上，漢奸、賣國的東西有幾個有過好下場？當漢奸、賣國賊是不是上癮啦？要不然怎麼打都打不醒？我告訴你，黨和政府在捍衛國家最高利益的問題上是從來沒有含糊過的，手段也捨得用，對漢奸、賣國賊是絕不會手軟。要是在美國，你早死了多少遍了，美國中央情報局對於危害美國國家安全的人，幾乎都是祕密做掉（指殺死），這方面的電影、電視你難道沒有看過？那可是美國人自己拍出來的，哪能有假？」

他又聲色俱厲地說了一陣。

「實在愚昧得可觀，一個典型的專制動物。」我心裡默唸著。

我依崇美國價值，敬愛美國人民，這與漢奸、賣國賊不大能發生交涉。民主個人主義，保障人類幾乎所有自由的美國價值，時至今日，十三億中國人仍只有巴望依崇的份，當局在這方面已是足夠的無恥，還常一臉沉重地虛蹈道德高步，手舞漢奸、賣國賊大棒，喪失了基本的廉恥本能，成了全人類唾罵的對象而不肯自知。失恥喪德，人類迄今空前絕後，這是一個民族的大不幸。

但我終於還是沒有開口說話。

## 四、大眼睛的威脅

過了一會，又進來一位「大眼睛」（他們從不介紹姓名、身分，我每憑第一次直觀視覺賜其以綽號）。這是我與他的第二次見面，這傢伙頗具人的平面優勢，但就德性而言，可謂「金玉其表，敗絮其中」，有著一種無底線的卑鄙齷齪。他單獨與我談話，照著規定是不允許的，足見他被于泓源信任的程度。談話實際上只是他們談而我被迫地聽。「大眼睛」一來，「蓬萊翁」便起身離去。他便眉飛色舞地開始拿我的兩個孩子威脅我，說別以為逃出去就萬事大吉了。

「你也太小瞧共產黨了。你不管逃到哪裡，我們照樣能找你事，說明了，沒有我們的拳頭夠不到的地方。在國內，你們在我們手心上；在美國，她們同樣在我們的手心上。你那倆孩子在國內，我們的手段只是小打小鬧，說白了也就只是

噁心噁心你們；你別以為到了美國就安全了，老高我明確地提醒你，你的兩個孩子在美國能不能安全的事，我們很快就會讓你知道我們的手段。我可以再給你明確一步，這倆孩子在國內，我們是不會要他們的命的，到了美國，我們不排除進一步的考慮。」（這是大致內容，因為他滔滔不絕一個多小時）

然而，在一個小時裡，他談的中心內容就是他們要傷害我的兩個孩子，且實現起來易如翻手，而避免這禍事的唯一途徑就是「成為我們或成為我們的朋友」。

看我至終不復一言，他又問：「怎麼不說話呀？連兒女都不在乎，就是你們這種人的德性。連兒女都不管的人就不配做人。」

在他一再催促下，我只好回答他：「你們要施行傷害我倆孩子的壯舉，我的表態並不是必經程序，聽你的口氣是易如翻手，也就是說你們不大會需要技術支援。我的確本不打算跟你說什麼，不是因為我有多高大，實在是因為你太卑下。其實，你給我喋喋不休講了半天，如果我的倆孩子活在這世間，與你們政權的美好有礙，除掉他們就是了；而把除掉孩子的事非要事先說與他們的父親，不管有多高尚的裏飾，究竟還是脫離不了卑鄙一途。」

我的話可能很使他驚異，他竟一臉詫愕地盯著我，足有兩三分鐘。但無論如何，我的又一輪祕密囚禁生涯是實在地開始了。

## 五、吸煙、咳嗽、打噴嚏

我是從2004年的第一次綁架開始接觸到中國黑暗勢力私設牢獄的關押模式：先是在蒙蔽著你的眼睛的情況下押至他們的私設牢獄，然後開始漫長的壓迫性關押。一般情形下，關押的房間低矮而不透風，房間裡除了一張床、一個無靠背的硬質木凳子外，別無一物。你被關在這樣一個狹小的空間裡，但這狹小的空間卻並不完全屬於你，幾乎可以說是完全不屬於你。你只能坐在一個無靠背的硬凳子上，而且必須按他們要求的坐姿，要不按著他們的要求怎麼辦。

裡面還有兩個被關著的人——哨兵或祕密警察，只不過這些哨兵被關的時間比我要短得多。他們一般採用的是所謂的「五包一」，即由五組包看一個「目標」（我在關押期間是不准外洩姓名的，被喚為「目標」），而每組兩名哨兵或祕密警察，輪流循環式轉換。所以，每個人一天被關在「目標」室的時間是四個小時左右（進到「目標」室兩次）。他們在裡面的主要任務是保證「目標」的坐姿符合宣布的要求，並制止「目標」打瞌睡或本能地活動腿腳、身體，最主要的功能實則

是心理壓迫功能，給你製造一種：關押將是無限期的，而且是很痛苦的，而你卻欲死也不能。兩個人一左一右站立在你跟前，距離只有七十五公分，而在雙方氣氛緊張的時期，他們就是緊緊擠挨著你的身體。如果是士兵還稍好一些，而祕密警察的看管是很糟糕的：他們也坐著，一前一後，前面的人兩腿與「目標」的兩腿呈犬牙交錯狀，那種狀態的設計動機只可以「邪惡」來形容，那看管者的人格尊嚴也蕩然不存。這種看管狀態還真能製造些苦楚，最主要的是在那種情形下，雙方如此近距離地呼吸是極不衛生的，忘記了對個體人的最基本的尊重。前面的人的呼吸有節奏地吹拂著你的下巴，而後面的人呼吸則讓你的後腦勺濕熱不堪。

最可怕的是他們不停地吸煙。在北京及新疆，看管者進囚室都可以領到一包香煙，他們好像覺著不抽完這包煙自己吃了大虧似的。有些惡劣人性者，他吸煙時就一口一口地往你臉上吹。你一動，他說你違反規定，給你製造不盡的麻煩。你要上衛生間，他讓你喊「報告」。絕大多數情況下，他們會一臉不高興地一左一右夾著你上廁所；你坐在馬桶上，他們緊挨著你，百分之百地會趕緊點燃一根煙，解一次大手，煙灰落你一身。僅有極個別情形下，一些不大通人性的人堅決不許你在他的班上解大手；我曾就此向有關領導交涉過，得到的回答是：「哨兵有絕對的處置權。」可這人的生命運動規律並不與哨兵進行交涉，這種情形下，人是又痛苦又無助。因為「哨兵有絕對處置權」，他們可以硬暴力制止你。在實體層面上，你永不能是他們的對手。

最苦的是他們咳嗽、打噴嚏。個別人咳嗽、打噴嚏，那叫「瀟灑加氣魄」，恣恣肆肆，噴你個滿臉。在那種場合裡，所有的卑鄙和反人道行為暢行無礙，那裡是人性的荒場，所有的卑鄙、惡劣都成了堂而皇之的工作。人，作為一種存在，在那裡是得不到應有的承認，人性、人的感情得不到一絲承認。

## 六、解完大手不沖水者被拔擢

這種對異見人士設計的看管方式，執行得最惡劣、最背棄人道的是在北京。這些年，我在北京、山西、陝西、新疆及武警部隊，多次地在這種不掛牌的地獄裡被關押，論邪惡當量，絕對要數得上是北京最惡。據說，北京一直在向全國各地推廣這種囚禁方式，但究竟各地是贗品，無法保有在北京的那種原汁原味的邪惡。幾年來，相比之下，最不惡劣的囚禁竟是在陝北榆林，看管者最起碼能與你保有基本的距離，而不像在北京時是專門把侵蝕這種應有的距離作為對你刻意壓

迫、攪擾的一部分。在新疆、山西、陝西的祕密囚禁，囚禁室裡有衛生間，他們是允許我用的；而北京在這方面的惡劣是你難以想像的，有衛生間他們不讓你用，卻給你提供一隻破舊塑膠桶，還常年不許你洗那個桶，用哨兵的話叫「整人絕不留死角」。

那種場所一切都是反常規的，一般生活中電門鈴的呼鈕安裝在外面，而這裡卻安裝在裡面，因為看管人員進來後，外面的監控人員就從外面鎖上了鐵鎖，裡面看管人員需要解手或遇有緊急情況時按鈕呼叫外面的監控人員進來臨時替換。

我的這一次在祕密囚禁地關押，就環境而言，其惡劣程度僅次於第二年起的、在北京武警部隊關押的二十一個月。相較而言，這次關押是在三樓而非地下室，空氣要比地下室稍好一些，儘管其密封如悶罐。最主要的是室內的衛生間也允許用，但也有了另一種常人不能置信的煩惱，即他們至少相近有一半人上完廁所不沖水，在這次祕密囚禁的五個月中，這方面頗成了我揮之不去的煩惱。因為那房間，我二十四小時在裡面，我又是個頗愛在衛生方面多些講究的人，而衛生間又不讓你進去打掃，他們更是從不打掃。最讓你痛苦不堪的是，有極個別人解完大手後不沖水，這的確使人難以啟齒，卻又是真真實實的。只有在那霸氣十足的氣味滿溢時，他們才允許我趕緊進去打掃了。在新疆時要稍好一些，即他們一解完手就允許你進去打掃。這不需要他們催，我會立即動手打掃。北京則是不到臭得不堪是絕不允許你去打掃的。那是一些常人本不當有的煩憂。

這次的祕密囚禁，解完大手不沖水的人也就張雪一人。一提起這事，他們其他警察同事就撇嘴。他們中間有一個警察，人也很好，我在他的班上我可以跟他說說話，甚至可以站起來活動活動；也就是從他的班上開始，逐步逐步地在其他人班上也可以站起來活動一下。然而，在張雪及一個姓賈的和自稱曾在 2006 年 8 月 15 日後在我家裡住了一段時間的一個大個子，他們幾個人的班上是不允許活動的；尤其在張雪及姓賈的班上，即便坐姿不合要求也立即制止。

我上面特別提到那位警察，是因為我曾經和他打了個賭。當時，在那裡看管我的祕密警察有十幾個人，有往地毯上吐痰的，有往地毯上磕煙灰、扔煙蒂的，最惡劣不堪的即是往牆上擤鼻涕、抹鼻屎的，以及上完廁所不沖水的。這位警察是這十多年來我見到過的唯一一位不吸煙的祕密警察，人也很講究，尤其衛生方面，他對我上面提到的那些現象也很頭疼，一提起即蹙額搖首。

一次他跟我聊天，說：「你看問題挺準的，這裡面十幾個人，你認為誰最可能在一年或兩年內能被提拔當領導？」

我脫口回答他是張雪，他笑嘻嘻地看著我，問：「憑什麼？」

我說：「若這裡面再有一位解完了大手不沖水的人，我就斷乎不敢這麼肯定地說是他了。按目前共產黨拔擢領導幹部的一般規律，在這裡的這十幾個人中，在壞素質方面目前沒有任何人可與他匹比。」

他說我說得太極端，我願就此與他打賭。這個賭終於是我打贏了。

一年以後，于泓源來陝西北部沙漠的一個祕密囚禁地找我談話時，像以往每次外出必帶著張雪一樣，這次又帶著張雪。

一進囚室，于泓源就介紹說：「小張現在也當領導了，豐臺派出所副所長，提拔了半年啦，我捨不得讓他走，提拔後繼續借調在我身邊工作。」

事實上，我與那位警察打賭後不到一個月，張雪已得到重用。

## 七、洗澡問題的答覆

他們將每一個祕密囚禁處稱為「點」。與于談話後沒幾天，張雪即成了那次囚禁我的點上負責人。他的提拔對我而言實在不算是一件壞事，因為他不再進來具體看管我了，自被指定成點上負責人後，他的那種跋扈實在昂揚得可以。他自己才三十歲出頭，而那裡有些人員已是五十多歲，他那種頤指氣使，真讓人替他扼腕。我親眼見過他呵斥、辱罵他的同事有過兩次，一次是在這個點上，一位海軍前團級軍官，比他大十幾歲，因為囚禁室裡積的煙實在是太多啦，那位前海軍軍官偷偷地將門打開不足兩公分的一條縫，意在讓煙往外跑散一些，竟被他發現，來了就訓斥人家。其實，整個樓都被他們包了下來，即便把門全打開了，向外看到的也只能是他們那些祕密警察。那種蠻橫的訓斥，我作為旁觀者都感到窘迫。

他們要求門密封得不透風的目的是給我製造煎迫的氛圍，而囚室的空氣實在是污濁、悶憋得可以，他們的人不停地在吸煙，包括那位嫌空氣太污濁的前海軍軍官。而每班每人一包免費香煙，則使他們原本不低的吸煙熱情大熾。有一位東北籍的公安大學畢業的大個兒，進來一小時竟吸了七支煙，我送其綽號為「七爺」。

在這個點上的囚禁將近三個月（２月４日至４月２８日），其中有幾樣困難的過程頗不能使人很快釋懷：一是囚室內二十四小時煙霧繚繞頗不堪其苦；二是頭套套頭之苦：從老家押回北京，一進河北界即又將保暖內衣套在了頭上，五、六個

小時後，我的眼睛、臉部腫脹欲裂崩，在此後的半個月裡都不堪其苦；三是路途時間太長，造成兩隻胳膊腫脹疼痛了半個多月，許多天胳膊竟不能下垂直；四是洗澡問題。

起初關押不允許洗澡，多經交涉仍得不到允許，令人哭笑不得的是，到了第十八天，來了兩位頗有風度的服裝「全盤西化」的上級「領導同志」，看上去幹練、灑脫，來找我談話的過程印證了我的第一印象頗準——不到一分鐘時間，那種效率差點使人歆羨。

那年紀較輕的一位一臉肅然道：「老高，關於你要洗澡的事，上級領導非常重視，今天專門派我們倆來給你答覆，正在逐級上報協調，再繃上一段時間，再繃一繃，啊。」

不是親身經歷，簡直令人難以置信，抬手擰開水龍頭就能實現的一件小事，十八天後，竟專門派了兩個人從北京市內趕來做了這樣一個極具娛樂性的回覆。

## 八、白菜幫子數日子

另一個令人難忘的困難就是那幾個月一律的水煮白菜幫子。我常歎服，那種青色白菜幫子有兩個超乎尋常：一是那種菜在菜市場上能撿到卻買不到，咬一口，一絡一絡的筋；另一個是那種煮工獨到，青幫菜的顏色煮過後竟不發生任何變化。最讓人感到苦楚的是，一日兩餐煮白菜雷打不動，一口氣竟吃了幾個月（後來在沙雅這座掛牌地獄，水煮菜一口氣竟吃了三年），多次抗議不果。那菜的品質、那菜的煮法，若沒有特別交代，在這個星球上，目前欲吃到那樣的菜、那樣煮的菜還頗不易。

值得一提的是，前述那兩位外表幹練的幾近無可挑剔的幹部，到被關押十八天時就洗澡問題回覆我，我說「舉手即可實現的目標，十八天後竟予這般荒誕的回覆」時，其中一位頗驚訝地反問道：

「你怎麼知道過了十八天啦？」

我答曰：「你們的人吃了七十二餐飯，我接到了三十六盒煮白菜，據此得知。」他倆面無表情離去。

也許有人會認為我這是小題大做。不親身經歷，很難理解其中的苦楚，有時竟盼著哪怕能弄上一碗粥喝也足算得上是一次大改善。至少，我是覺得那一律不變的煮白菜的苦楚，絕不亞於囚禁本身所帶來的苦。我有時竟饞得「坐臥不寧」

（這是用語的習慣，那裡並無坐臥隨意的自由），這也是我作為俗常人的一個證據。

## 九、「坐」成名至實歸的老兔子

那次囚禁的另一個著名的苦，即是幾個月裡一律的坐。一天被迫坐至十八個小時左右，那種苦楚真是綿綿不絕而痛苦不堪，人的生物性的一面是實實在在的，終於無法迴避。每日早晨五點半準時被叫醒起來坐定，至夜裡十點五十方可上床睡覺。我每天就盼著那一時刻，因為十點五十分剛好是他們進來換班，可他們有些人不能給你以一個人的理解，你一天從早到晚坐著的事實對他們不大能觸動，進來後一屁股坐下投入地開始了與遊戲機的交涉。他們無法理解我這時的巴望與絕望，因為他們不下達睡覺的指令，你是不能動的，他們可以隨時違反規定而你卻是絕對不可以。當然，這只是極個別的人，絕大多數監管人員還是通情達理的，一進門即忙不迭地來一句：「老高睡吧，趕緊睡吧。」每到這時，人覺得那種堅持已至極限，一坐十七、八個小時，那種艱於起坐的狀況實在無以言述。

在那段時間，我時常想，我在那裡每至睡覺前的起坐、行走那種艱難情狀，任何一個畫面若被我的任何一個親人看在眼裡，他們都會哀傷得昏厥撲地；要說那裡有時還有點安慰的話，那就是我的親人看不見這種艱於起坐及行走的慘狀。我常在貓著腰洗漱時，心裡跟自己調侃：「老兔子，終於名至實歸地成了老兔子了。」

而這種困難的另一個絕對的幫兇即是不准活動。後來，他們也意識到這個問題，不是基於人道而是基於「我黨」形象。每至晚上，我行走尚須以手撐膝，終於哪天還得釋放我，這種形象回家，恐怕對黨的形象有礙！後來，終於同意每天上午、下午各許在原地活動十五分鐘，只有極個別人班上不允許活動，而有些人的班上則一次活動二十甚至三十分。只要他們低頭不語，我就會繼續活動，這是在這種環境裡盡一切可能自救自保的衝動使然。運動，對於經營生理生命的重要價值，只在那種環境才能獲得最乾脆的認識（但我究竟不主張國人為了得到這種乾脆的知識，竟相率強烈要求被祕密囚禁）。

# 十、撐下去，苦的只能是你自個兒

人，人生，真是非常複雜的！我曾作為律師在監獄、看守所會見死刑犯時，常能聽到：「唉，謝天謝地能得到個死緩判決就好啦。」這成了一種最奢的追求。我每在那樣的關押中，盼著能被早日轉入掛牌的牢獄，則成了甚奢的大願。實際上，設計、實施這種囚禁者也非常瞭解被囚禁者的這種心理。

有一次，有一位痞氣恣肆外溢的「領導」來找我談話。這傢伙，每次見到他，他的上衣只穿著一隻袖子，另一半衣服就吊在身體的一側，我身邊的那些看管人員私下都叫他「瘦猴」。我向他提出要求，要求他們至少應該以法律的名義囚禁我，希望能送我到掛牌的羈押場外而不是在黑牢裡。

那「瘦猴」君回答得乾脆且意味深幽：「想入獄？做夢！美死你。我還就告訴你，只要共產黨在，坐牢這種美事輪不到你！再說啦，坐牢又怎麼樣？我們的人同樣可以跟著到牢裡去，到牢裡照樣可以收拾你。」（一年以後，在部隊的祕密囚禁中，另一位我予緯號為「絕頂君」的談話人員同樣提到上述言論）

于泓源也在「瘦猴」光顧不久後來談話一次，也提到：「別想著換押到牢房裡的美事，牢房裡太便宜你了，一步一步來，沒準就會讓你一輩子生不如死。我們嫌費神，我們換成現役兵看管行不行？交給部隊收拾你行不行？有更好改變處境的途徑你不選擇，卻夢想著到監獄。到監獄怎麼啦，我們的人不也能跟著進去弄你嗎？別想著那些不靠譜的事。」

2009年4月28日上午，孫荻突然間進入囚禁室，來了就問：「老高，吃了這幾個月苦頭有沒有點改變？利害關係有關部門、人員都談了不少啦，好漢不吃眼前虧，聽我的安排吧，你就聽了我的安排，皆大歡喜。你被關著，這群警察不也跟著被關著嗎？他們也有家有親人，幾個月不能回家，你自己忍心嗎？撐下去，苦的只能是你自個兒。聽我給你安排啦行不行？」

「這幾個月不就是你親自安排的結果嗎？你突然重視起我的意見來了，讓我雲裡霧裡。」我回答了他。

孫荻站了起來撂下句：「好吧，再給他換個地方。」說完就走了出去。

孫剛出門，張雪拎著黑頭套就走了進來，後面跟著三個人。張將黑頭套套在我頭上，說：

「再套個枕頭套吧。」又一個枕套套在了上面。

「再加一個。」張雪又說。

我感到又一件東西加套在我頭上，我開始被人架著走出了那間被關了幾個月的小囚室。

這是第一次發生在白天的祕密轉移。在黑暗中，我被兩個人架著下了樓，上了一輛車。車上，兩個人依著老例將我的頭壓下，每人一手壓著我的肩，另一隻手控制著我的胳膊。車不知走了多久終於停了下來。我被架下了車，不知為什麼，下了車竟還走了很長一截的路。我在陽光下的黑暗裡，腰被壓至小於九十度，兩個人壓制我往前趨撲，一路小跑。

我非常哀傷，為這多難的終於直不起腰來的民族，痛感人類文明已經進入二十一世紀，這曾經有著「四大發明」的智慧民族仍以這樣原始的手段解決著內部的分歧，這是怎樣的一種愚昧和野蠻啊？我流下了眼淚。另一個令你沉重的是，執行著這愚昧和野蠻的人們明顯的是很亢奮。在中國，總有一群一群的這種人在亢奮中施行著這愚昧的野蠻。總有一群這樣的人在背對著自己的公民，在背對著外部文明世界的地方，不知疲倦地幹著這種有損人類聲譽、棄毀著民族文明前途的事。你能清楚地感覺到，在顢頇頑固的當今統治者眼裡，一個不願附聲隨和者的危險性當遠在「基地組織」的人員之上。即便是一個頂級的恐怖分子，他們對付的手段也不過如此罷啦！

我不止一次當面向他們提醒過，我不過是希望中國和平實現政治現代化，亦即制度現代化，只要不是中國人民的死敵，是絕不會反對中國制度現代化的。這是這龐大且古老的民族再鮮明不過的根本利益及唯一的出路。便是制度現代化是不美好的，動用極其恐怖的手段去壓制這種聲音，實在是令人痛心的，實在是沒有必要的，這實在不是有力量的表現，這實在是完全沒有實力及沒有自信的蠢行。僅從人類趨利避害的本能而言，這種做法純粹是損人更損己的愚昧之舉。多次對我實施這樣的野蠻過程，終於也沒有改變什麼，結果已規律性地明擺著。這實際上就只剩下了一點技術目的——在生理上製造點痛苦耳。終於到了目的地，終於也就只是換了一個關押地點而已，儘管過程頗讓具體的執行者熱情澎湃，卻也僅止於熱情澎湃而已。

## 十一、上下一個體系都圍著你這一位大爺轉

新地點的關押開始了，關押點的負責人仍是張雪，而具體在囚禁室內執行看管任務的人員卻在原來的基礎上增加了一倍，成了兩班人馬，輪換著看管我，說

為的是體現人性化管理。他們在物質領域，對這些具體的監管者已是足夠地「人性化」了，他們一日四餐均是自己點菜吃，每人每班一包香煙，各種水果量足供應，各種飲料和各種零食，連掏耳朵用的棉籤棒、防蚊蟲用的清涼油，可謂凡所應有則盡有。而且，每次選點，都在很豪華的高檔別墅區，據說還有籃球場、網球場等設施。

新點關押沒有幾天，于泓源又趕來要「再給你一次機會」。這次談話的大致內容不會忘了，只是其言論的順序及細節未必能記得與當時一致。于那一次很興奮，其興奮雖知，而何以興奮則不知。于作為一個平面人，尤其是平面男人外形則幾無挑剔之處，近一米九的個子，「明眸皓齒」未必不能描述作為男人的他。不開口說話，你會覺得他不大像個庸常人；一開口說話，你絕不願意認為他是庸中的佼佼者。他和我的所有較量回合，失敗結果鐵定歸了他，這絕不是因為我有多能，而實在是因他的無能。

每次失敗後，在進入下個更愚蠢的精心設計的較量回合之先，他與我的談話中必有以下內容：「邪了他媽的門啦，要說我他媽的智商在你之下，你打死我也不信呢，我的智商連你都比不上，這有人信嗎？你信嗎？三十二歲，三十二歲就是他媽的正局級，全國也獨一份呢。」

我每必笑瞇瞇地看著這位可憐的「于局」。

這次來與我談話是他最得意的一次，也是最愚蠢的一次。他顯然很興奮，一進門就哈哈大笑：

「你給我寫的東西我早就看到了，這種關的過程是忒慘，我敢承認，是忒慘，怪誰？我前次見你我就說過，你把耿和和孩子送出國，這意味著什麼？你給了黨和政府一步死棋。是的，壓迫性關押慘，不好受，這是你造成的。誰讓你把她們娘仁送出國的？有好路你不願走，現在的共產黨和以前不一樣啦，做到利益共同體，不但給出路，給大好出路。我們願意給你條件，那是什麼條件？就連給共產黨立了大功的，共產黨的功臣、英雄，也連想都不敢想。人類爭過來爭過去，最終的落腳點是什麼？說白了，還不都是個利益問題，利益不最後也就是錢的問題。真讓人不明白，你到底想幹什麼？要什麼？要共產黨的權？可能交給你們這種人嗎？共產黨的江山怎麼來的？我們不會輕易把權力交出來的。這在零六年時小佟（指預審警察）就明明白白告訴過你，在你的問題上，很奇特，作為絕對弱小的一方卻反而掌握著主動權，是完全主動權；合不合作，什麼時候開始合作，以什麼形式合作？這主動權都完全在弱者一方的手上，沒有一樣在我們手

上。現在的共產黨，在全球範圍內，沒有我們擺不平的事，美國怎麼樣？一樣的給丫的擺平了？為什麼？反對中國，給中國施壓不是他們的目的，掌握住火候大家都有利。公開給你說了，希拉蕊這一次來啦，來啦要什麼？她們比我們更清楚，也可以說在利益面前更實際，一見面就要人權，要談你的問題，還想要一萬個億。誰他媽的糊塗？人權問題、高智晟的問題，盡扯淡，咱統統不接她的茬，捧手就給了她八千億，妥啦，那女人見錢一到手，人權問題、高智晟問題，再提都不提一個字。怎麼樣？擺平啦，有錢！就這麼有錢！誰讓我們這麼有錢（這小官吏說到此，那種勃然的土財主的激情竟不能過抑，啪的一響拍了掌大腿部，竟氣昂昂地站了起來，而又氣昂昂地在我面前邁開大步，做昂然來回踱步狀，嘴裡繼續念念有詞）？有錢！就是這麼有錢，誰讓我們這麼有錢?!希拉蕊國務卿公開說啦，說美、中兩國間存在的分歧不會影響兩國的關係。說得多明白！這不等於明白告訴中方：結果是結果，過程是過程，在人權問題上，你們幹你們的，我們說我們的，咱們還是好哥兒倆。聽出來沒有？連結果都告訴中方啦。八千億，人權問題、高智晟問題，值幾個大子兒（指錢）？跟共產黨齜牙，行嗎？要錢，我們烏洋烏洋的，要人，我們烏洋烏洋的，你行嗎？死了心吧，老高，那狗屁人權能做什麼？就算他是個好東西，能要來嗎？好的東西多了去啦，你能得到幾樣？美國人想什麼我們清楚，我們做什麼美國人清楚，只要中國政府頭腦清楚地把握住這兩個『清楚』，戲就是兩個大國的，你們連夾在中間的資格都沒有！客氣一點懶得動你，招惹火了就踩死你！你們能幹什麼？最多是有機會嚷嚷幾句，還是沒有用。希拉蕊不是說了嗎？不會影響中美關係。不但沒有用，而且很危險，這點你最清楚。即便是美國真的關心中國的人權，那又怎麼樣？我們踩他，他不乾著急？現在的中國政府強大了，五、六零年代中國政府那麼窮、那麼弱，幹了那麼多事（指壞事），美國人不也拿中國政府一點辦法都沒有嗎？我們願意始終把手伸向你，什麼情況下你都可以抓住這隻手，代價我們不計較，不差錢。我不說你也明白，像我這樣級別的領導三天兩頭跟你談，為什麼？擺平你的話很值得。能把高智晟給擺平了，還有什麼事中國政府擺不平的？所以，上天堂還是入地獄都在於你這一念，我們希望你不再犯迷糊。在這關的時間也不短了，今年六十大慶，你是必須出北京的，這不是北京局能決定的事，我們能做的只是你出了北京的安排。來跟你商量，老這樣關著，二、三十個人就窩在你跟前，這是你能看到的，還有你看不到的，上下一個體系都圍著你這一位大爺轉。目前初步給你設計了兩個去處：一個就是去成都，到了成都，我們給你安排工作，收入保你滿意，但必

須由我們租房間，和我的人住在一起，對外就說你有自由，我們沒有控制你。另一條路是到新疆，也就是烏魯木齊，還是得和我們的人住在一起，但房租是你的事，我們不管。你見任何人都必須有我們的人在場，包括你的岳父母。到烏魯木齊也得答應兩個條件：一是必須找份工作；二是對外說你有自由、沒有人控制你，對外聯繫只限於耿和一人。你不一定要今天回答我，但不要拖得太久。」

他一口氣講了有近一個小時，我能記住的就是以上這些。我當即告訴他，我選擇回新疆。我清楚，這無論如何比繼續關押要強一些，至少讓家人的心能安些。但我提出兩點：一是每週我需要去看望岳父母，警察不得進岳父母家裡；第二是我找份工作，跟蹤人員不得跟至工作的場所。于說：第二個條件可以有點彈性，比如，你在樓上上班，我的人就在樓下等著，你在樓下上班，我的人可以拉開一些距離守著。

「明說了，你哪天抽身跑了，誰能負得起這個責任？見你岳父母，必須由政府批准，全程必須由政府人員陪著，這都是上面給的口，決定留不留這口的人，別說是我，我的上級也連面都見不了。上面沒有鬆口，我就給不了你這個口，但我認為這是你的一次機會，總比關下去要強得多吧？實說了，我們一回來就向外放了話，說你回北京的第二天就回了北京的家了，我們一直在觀察外界的反應，也就是說你現在死活都與我們無關了。你是個聰明人，我這麼一說你什麼都明白了，有機會就該抓住了。」

但終於，因為在第一個問題上不能達成一致而沒有談攏。後來，實際上他們在這個問題上是又玩了個圈套。

## 十二、你是全國唯一在夏天裡穿冬裝的人

6月21日，孫荻和王胖子又來了。

孫一進門就說：「好消息，就照你說的，明天回新疆。」

我接了他一句：「這種好消息這幾年我是常有的，在地獄的門上撬開點縫隙就當成是好消息。」

「那也比沒有那條縫強。」孫又說道。

我說我加一個要求，出去第一時去陝北老家給母親上墳，這是必須的。

孫說：「明天來接你走，就是上面答應了這個要求，如果上面答應不了，明天就走不了啦。」

　　第二天，即2009年6月28日，早晨五點鐘左右，囚禁室進來兩個人，手裡拎著黑頭套，我知道至少也是要離開這裡了。我的東西也從外面給提了過來，這是我帶到老家準備換洗用的衣服。看到那些衣服的慘象著實令人哀傷，那都是些好衣服，不僅表面皺皺巴巴不堪入目，由於潮濕，衣服上出現了許多綠黴斑，散發著濃烈的黴味。我心裡忙不迭地重複著：「老兔子莫哀傷，你落難了，你落難了，損害是僅止於外物，僅止於外物呀。」

　　黑頭套套了上來，我又被架著離開了那又被囚禁了兩個月的房間。上了車，不知行了多久，我的頭套被抓了下去，看到車是行駛在機場高速路上。到了機場，又有兩個人與我們會合，一人是于泓源的司機，另一名是一個我曾提到過的姓賈的祕密警察。我被他們拉著去了幾個地方，辦理的是押運犯人的手續程序，我清楚這只不過是想在心理上給我製造點苦楚。飛機在榆林降落後，由榆林市公安局、佳縣公安局各出動兩輛車來接上我們。

　　在通往佳縣的路上，從那駕駛車輛的警察兩次接電話的內容得知，中共公安部、中共陝西省公安廳也有人已經先於我抵達榆林，以負責我在陝北停留期間的有關事宜。到了佳縣後的事實證明了他那電話內容的確實，我看見了陝西省公安廳的一位大員來到他們中間，但公安部的大人物始終沒有在我的視線內露面。車隊停在縣城唯一的一個小十字路口，等了許久，我並不能知道他們在等待什麼。

　　不一會，佳縣公安局局長杜某率眾趕到（杜某與我打上八竿子算還是個親戚，但從不往來，彼此認識），不知他們一群在那裡扯什麼。終於都上了車，這次是開進了我們村。下了車我才發現只來了兩輛車，七名祕密警察帶著我走進了大哥家。

　　看到我的突然出現，大哥一臉驚愕，趕緊問我，回來能住幾天？而我終於無法回答他的問題。

　　緊挨著我的王胖子（體重二百多斤重的王胖子，這時已是名不副其實了。他是專門負責監控耿和她們娘仁的。她們外逃後，中共當局將他也關了一個月禁閉，這一個月竟瘦了六十多斤）向大哥說：「在家住不了，這不是我們能做主的，就回來給老人燒個紙，燒完了就得離開返回榆林。」

　　大哥流淚啦，責怨他們太不近人情，又提出要求能讓我與家人一起吃頓飯再走。王胖子提議先去燒紙，關於留下與家人吃飯的事他們再向上面請示。七名跟蹤人員外加我們一家人，一大群人向我的祖塋山上進發。得悉我回家消息的四弟急急趕到大哥家，當看到盛夏酷熱時節我還穿著冬天被綁架時的冬裝，從不

輕易流淚的四弟竟哀傷地哭。在一大群祕密警察的鼻子底下，我們一家給母親上完墳。關於家人要求與我單獨在一起吃飯的事，得到的回覆是：燒完紙全部人員立即撤離小石板村，我也必須被帶離，與家人一起吃一頓飯只能安排在第二天早晨，只能是在警察在場的情況下在一起吃一頓，吃完立即撤離。家裡只能接受這個現實。當天夜裡，我們一群人並沒有住在縣城，而是住在了縣城南向十里的一個叫「譚家坪」的村裡。

第二天早晨，七、八個人與我一同趕到了大哥家，大哥也給他們準備了同樣的飯菜，吃完就立即離開，沒有讓我的親人與我單獨在一起待一分鐘。我們於當天飛抵西安，陝西方面出動數輛警車到機場迎接，於6月30日飛抵烏魯木齊市。期間，我一再交涉，要求從扣押我的錢款中支一部分給我，以資我替換夏裝，給岳父、岳母置辦點禮物，卻一直得不到答覆。一到烏魯木齊機場，新疆警方來接我們，其中的卡子灣派出所所長王開兵是我認識的，我被直接拉到了卡子灣派出所。

這王開兵一進辦公室就喋喋不休地開始給我列出一串的「不准」和「必須」，而辦公室始終坐著幾位不動聲色的神祕旁聽者，其中一位後來得知是烏魯木齊市或新疆的「國保」頭目任小林（音）。王開兵宣布的一大堆，我只記了個大概，其中一條是每天必須到派出所來報到兩次，上、下午各一次；至於到了派出所需要待多長時間、做什麼，那都是派出所的事，只有老老實實接受的份而無權拒絕，至少每次到了派出所後彙報個人全部行蹤，包括吃了什麼也要彙報。另一條是：必須在白天每個小時給派出所打一個電話，彙報行蹤。打電話時的處位、與誰在一起、腦子在想什麼等，問什麼就彙報什麼；除了見我妻子家的人外，見任何人都得事先給派出所打報告，經批准後才能見，離開卡子灣也必須打報告。

我打斷了王開兵的慷慨激昂，我提醒他，北京跟來幾個人，二十四小時與我吃住在一起，你要求的都是他們實際在執行的，派出所的這些要求乾脆就是為了整人，我斷然拒絕。

在派出所聽王開兵的那一番宣布的時候，幾個北京來的人都在場，見我拒絕接受，就起身帶我離開後住進了賓館。

我的所有合法財產都被扣押，包括小關的一套房子都被小關派出所接管，我身無分文，回到烏市後打工糊口成了我唯一的出路，這實際上也正是當局精心設計的結果。他們需要造成一個我已經完全自由的氛圍，以舒緩外面的質疑和壓力。而他們又對我出來找工作這個事實可以用怕得要死來結論，實在不可思議，

他卻是真實的情形。但他們的有些心理反應顯示出在這一問題的現實操作方面，他們的神經出了嚴重的錯亂。

他們有幾個人已提前趕到烏魯木齊，而根據以往的規律，此前百分之百地已經有人早早來過新疆做過具體的部署，終於搏捏出這個被王開兵宣布了的監管方案。一個是極不情願，一個是不可思議地怕，是這個方案最清晰的兩個特徵。而從技術角度而言，這個方案最大的特徵是完全脫離了現實，使得人根本無法出去打工。事情終於僵到了那裡，有關人員屢屢給我談，說唯一的出路就是我止步，政府不可能讓步，說因為下面做不了主，這是最上面定的調（實際指周永康）。

7月4日，我又被拉到卡子灣派出所談話，顯然此前北京來人與新疆方面進行了磋商，認識到這種監管方案與讓我出去打工釋放有自由的信息目的無法統一，給我做工作，要求我將原來宣布的方案口頭答應下來（有錄影），並在宣布筆錄上簽字，在具體執行的時候可以靈活變通，但至少要每天給派出所王開兵打一次電話，不一定要彙報什麼，打個電話就行。

考慮到回烏魯木齊已五天的時間仍不能跟家裡人見面，家人的不安是可以想像的，加上具體操作層面上已做了較大的讓步，我就答應了下來。然而，我一直要求他們給我的財產解除凍結，終於被他們拒絕，說現在先可以由他們提供經費，數額不限，若不願接受將來可以還他們。在這種情形下，由他們墊錢給我換上了夏裝。

在北京時，那些看管我的人老說：「你是全國唯一在夏天裡穿冬裝的人。」

那天，在烏魯木齊換裝時，我說：「我是中國今年最後一位換下冬裝的人。」

期間，我先後幾次從他們手上拿了六千元錢，但迄今沒有還他們，在烏市幹了兩個月活就又被綁架，綁架當月的工資也沒有領。

## 十三、「七五」事件迄今遠未結束

關於名動全世界的「七五」事件，期間我正在烏魯木齊。該事件看似偶然，卻有其必然性的一面。事發當晚，我們從王樂泉的電視講話中，即可讀出這種必然。王樂泉在講話中提到，說動亂分子曾在暴力行為發生之前有過兩次在自治區廣場的聚集，「都被我武警部隊衝散」，隨後即發生暴力行為。這愚蠢的東西無意間向世界揭露了，那些暴力行為是在兩次和平表達不能的情形發生的。這是1949年以來類似事件的一貫邏輯：要麼悄聲無息，要麼暴力表達，和平表達是斷然不

能，和平表達必然被野蠻的暴力撲滅；中共政府從未與人民和平地、平等、理性地對話的習慣，人民或死寂無聲地做奴隸，或鋌而走險做暴民。

一定意義上，「七五」事件的施暴者和被施暴者，都是高壓政治的受害者。本次事件中，對這個邪惡政權而言是毫髮無害，而對許多具體的家庭而言，他們臨到的禍難是毀滅性的：不論是施暴者，還是該事件暴力傷害了的無辜死傷者。人需要表達乃天經地義，高壓政治禁絕表達亦「天經地義」。和平表達與暴力表達招致的結果是一律的，即一味的暴力撲滅，在簡單認識的背景下，暴力表達可能成為優先選項，他似乎更主動積極。「七五」事件造成的具體傷害令人痛心疾首，這並不止於事件本身造成的傷害。

「七五」事件迄今遠未結束，今天，新疆，乃至中國其他地方的涉疆暴力事件就是證據，仇恨和危險都在那裡或在更大的範圍擴大著。「七五」事件後，你能看到許多使這種擴大成為必然的東西，那就是這個愚昧政權無處不在的仇恨煽動。一時使人覺得彷彿「文革」一夜之間又回到這似人間又非人間的地方，到處是流動的高音喇叭，口口聲聲的「犯罪分子」，連法院的發言人也是一連口的「犯罪分子」──沒有經過審判確認，任何人不得被確定為「犯罪分子」，這已是一個最普通的法律常識，更當作為一種法制的思想深入到每個社會人的生命裡，更別說是公職人。

另一方面，媒體喋喋不休地、幾近歇斯底里地宣揚著政府的無辜。作為一個無法無天現象的強勢存在，你真的就那麼無辜嗎？你真的就敢那麼氣壯如瘋牛地說自己完全的無辜嗎？那需要著怎樣的無恥底氣！一個社會，發生了這麼大的事，即便是一個具體的社會成員，誰敢說自己是絕對地無辜？整個社會，全部媒體，或視或聽的，沒有面對真問題的。所有罪過一律地指向「犯罪分子」，彷彿我們社會就兩種人組成，一種聖哲賢人，另一種就是突然跳將出來的「犯罪分子」，而在沒有跳出來之前，這個社會就一種人：完全無辜的聖哲賢人。

「七五」事件發生半個月左右時，我的房間裡闖進了一群男女，遞上一份「外來人口管控登記表」，毫無疑問，這不是特別針對我的，是針對一切「外來人口」的。為首的是一位二十幾歲的漢族姑娘，那蠻橫的口氣引起了我的反感，衝突驟起。那敲門的過程即讓人知道是來了一群野蠻人，聲大且急促。打開門，八、九個人，沒有一句語言交涉，更不用說禮貌用語，勢不可擋地走進房，我被逼閃立一旁。

「政府的，把這張表填了，必須現在就填。」

「為什麼一沾政府背景，說話的語氣就這麼強硬呢？」我正色問道。

這下不得了啦，好似這八、九人都突然被人揭了皮肉般咆哮起來：「不立即填寫就馬上採取強行措施，非常時期，任何人只有老老實實地配合政府，否則就是自我殘廢！」

政府背景及人多勢眾都不是我怕的理由，我斷然拒絕填寫，說：「等採取強制措施以後再填寫，衝突開始，我告訴他們，你們本可以順利達到目的，像人一樣地做事而不是恐嚇，因為你們只是具體的執行者。我一看你們表格名稱裡的『管控』二字，就斷定你們會遇到具體的反感，至少碰著我就如此，今天絕不填寫。」

一直在旁邊看熱鬧的，同我「非法同居」著的北京警察趕緊出面勸阻，保證下午之前把表填了，交到樓下門衛室，平息了衝突。但北京警察讓我填表也被我拒絕，我提出我在北京是被當作外來人口趕回新疆的，到了新疆卻成了要被「管控」的外來人口，我究竟屬於哪裡人口？最後，終於沒有填寫那頁「管控」表。

從「七五」時間迄今，你留心大大小小的各種形式的黨媒，你能從他們自己的表達中找到這種事件頻頻發生的另一方面的主要原因，從中你也能讀出中共政權做賊心虛的一面。在這些媒體所有有關這些方面的報導中，有一句話使用的頻率是最高的，即：「要理直氣壯地長期保持高壓態勢，同時要抓緊落實一批緊急需要落實的民生專案。」這種話裡首先是不安的表達，其次是等於實際上承認了民生艱困與騷亂頻發的內在聯繫。而政治高壓與民生艱困是新疆騷亂頻仍的結構性導因。當局不得不在技術上「抓緊落實一批緊急需要落實的民生專案」，而在政治上，他也就只剩下了「要理直氣壯地長期保持高壓態勢」。高壓與反抗，終於成了互為誘因及相互強化著的因果態勢。因此，極權專制中國、新疆的社會安定無日矣。

## 十四、王開兵只是個「邪惡的平庸者」

「七五」事件發生的第二天，我終於被「批准」回去看望岳母，那「回家」後的場面實在令人痛心。兩位北京的祕密警察與我一道走進了岳母的家，一進門，岳母笑著朝我點了個頭後開始悄悄地流淚。我坐在沙發上，另外兩人分置兩旁。我問候老人，與老人說話，卻看見老人只是點頭或是搖頭並不說話，很覺得不正常。我順手拿起老人的固話機筒給大姐耿清撥了個電話問個究竟。

從電話得知，我今天回家看岳母的事，北京當局已提前一天通知了新疆相關部門，而卡子灣派出所所長王開兵則為此忙得不可言狀，他將我的岳父、岳母、大姐等，分別傳喚到派出所單獨進行恐嚇（也許王開兵不同意用「恐嚇」一詞，這既是我們作為人的根本不同，卻又是一個無法改變的客觀事實），而我的親人到了派出所的談話內容也實在沒水準得可以。

一進辦公室，即遇到王開兵的大聲呵斥：「知不知道高智晟是什麼人？」

大姐立即給頂了回去，兩位老人則都被問得目瞪口呆。

王開兵告訴我的家人：「高智晟是危害國家安全的犯罪分子，你們必須聽政府的，對他實施嚴厲的監管。」

後來我詳細瞭解了岳母不說話的原因：老人一生循規蹈矩，卻也是這個國家群體性恐懼大陣中的具體組成。她後來說王開兵把她叫到派出所訓了三次，讓她必須配合政府監管高智晟，讓她仔細留心觀察高智晟的一言一行，並在第一時間向政府彙報。

「高智晟做了什麼，說了什麼，包括每天吃了什麼都必須彙報，必須每天來派出所彙報一次。」

王開兵是個法盲是定下來的，他當了中共派出所所長就是個證據。這幾年我與王開兵近距離打交道不少，我一回烏魯木齊，他就會被當局「重用」一回，被重用的期限與我的烏魯木齊停留期限一致。我並不怨憤開兵君，是表裡如一地未出現過憤怨。每次相見，我都是笑嘻嘻地前去跟他握手，然後被他跟蹤。是他不該被怨憤嗎？當然不是，是他的不配，是他的愚蠢顢頇。我每次都以一種娛樂的心態與他辦理交涉。我不大認為他的那些行為是上級機關綢繆的結果，那是一種自覺，是基於對體制既瞭解又不瞭解而生成的一種中國特色的自覺，其類似於阿倫特筆下的、極權體制中的「邪惡的平庸者」。他惝恍中竊喜這是向上邀寵納忠的機會，而迷離中竊以為其本身即已置身大用中；迷離惝恍中終於不能自持而錯亂招百出，兩天之內傳喚我的岳母三次就是一個證據；我更不大認為據此去結論他的人性有多惡劣。他只是這種體制下，多如牛毛的、不假思索地去做無頭腦的事的一個具體例證而已。

## 十五、那咱就這樣耗著

由於我身無分文，我多次要求當局解封我的財產。大略是「七五」事件半個

月左右，于泓源來到烏魯木齊，同意先支付我五千元，但拒絕解凍我的財產，談到理由時竟壯懷激烈。我們的談話不知為什麼一會換了兩個場所，我不大考慮其背後可能的殫精竭慮的算計。地點是在新疆公安廳辦的一座氣派的賓館裡。

「老高氣色很好啊。」于一見面來了一句。

「你卻相反，目光呆滯，面帶菜色。」我答道。

「還不是你給鬧的，每次準備見你，提前兩天就睡不著，見大人物是不是都這樣？」他說。

「不全是，我昨晚就睡得很好，言歸正傳吧。」我說。

「老高，在你面前咱不拐彎抹角，財產解封的事都彙報到我這了，不能解封。因為你正在給外界玩失蹤，跟我們使花樣，所以解封時機還不成熟。」于言歸了正傳。

我正色道：「老于，這幾年我失蹤的次數還少嗎？哪次是被我玩出來的？你的人至今與我吃住在一起，全天候被控制得幾近窒息，連與自己的老人見個面你的人都在左右倚坐。表面上我可以上班工作，可連與工作單位的老闆見面，你的人都赫然旁坐，我不認為我有自由。關於財產，那是我的合法財產，否則，法院判決時定會做出處置結論。法院判決隻字不提，你就這樣非法扣著，於法於理都是相悖的。我上次在北京的時候我就跟你說過，貪官污吏對國家財產的饕餮吞攬已到了令全世界目瞪口呆的地步。新疆高級法院一次性外逃審判員六名，在外逃前，他們往外轉移的貪墨所得，最少的也有五千多萬元，你們不管，我自己的這點勞動所得卻被你們常年給扣著！僅此一點，我何來自由可言？我無法欺騙外界說我已有了自由。」

「那咱就這樣耗著，看誰耗不過誰。至於說貪官的事，我管不了，我就管得了你，你要求解凍財產，下面彙報說你的用詞很難聽啊。」于說道。

終於，財產仍將被無限期地凍結下去。

## 第 四 章
# 2009年9月25日的綁架

### 一、硬暴力是他們信仰的全部

在新疆的兩個月時間裡，由於他們要求我對外宣布說我已完全自由，而被我拒絕，加之有關財產解凍問題、祕密跟蹤我的家人被我發現的問題，雙方的關係緊張至一觸即發，被再次綁架只是個時間問題，但這只有我才能感知的危險氛圍又不便給親人講。

2009年9月25日，晚飯後，我記得是個星期五，因為我一天還得三餐飯自己做，還得時常留心著去超市購置些生活用品，加之考慮到下週又是「十一」這個國殤日的放假，我就決定去附近的超市多採購一些東西，以為放假期間騰挪一些看書的時間。下了樓覺得情形較尋常不大相同，平日對我的跟蹤特務中從未有過著警服的，那天不但有，而且沿途每隔五、六十米就站一位警察。因為他們對我的活動規律瞭若指掌，晚飯後如果下樓則必定是去超市，加之北京方面的人每天都與我在一起，周圍特務人員的驟增驟減常不能引起我的反應。從硬的層面，我永遠處於絕對的被動局面，這與他們在軟的層面上處於絕對的被動局面形成明顯的對照。常在我面前抖擻抖擻那點硬力量，是當局唯一能做的，那實際上是一種極不安的表現，我常當成娛樂滑稽劇看。

我進超市從不閒逛，直撲目標，買完就走。那天購置了不少東西，擬未來十天不再去超市，我拎著一堆東西走在這返回的路上，超市離居所足在一千米左右。終於快到樓下，手痛胳膊酸，心裡想著在樓下大廣場的公共鐵椅上休歇一會兒。突然，跟蹤我的人都消失在我的視線外，我聽到急促的跑步聲迫近，正準備回顧，一個大漢已跑到我跟前，然後變成倒退著小跑狀與我並列前行。很快，我身邊另一側也出現相同的情形。我被兩名維吾爾族大漢倒退著夾在中間繼續前進，後面的跑步聲也大震，應有一大群人。這時，在我左右倒退著與我並進的那兩名維吾爾人同時將我胳膊抓住，後面又上來一人抱住了我的腰，我已經被迫站住。很明顯，從後面上來的那一位欲一舉將我捧倒在地，但我那天在急促間不知

道哪裡聚攢來那麼大的力量，他猛地嘗試了兩次都歸於失敗。就在這種角力進行的同時，一個黑頭套套在了我的頭上，一隻髒手捂住了我的嘴。我終於被壓迫地彎下了腰，雙手拎的大包小袋早給打落在地。我被人壓推著躬身向前趨跑，我聽到周圍有許多人，呼吸都很緊促，我感到被拖進一輛車。

一上車，我的雙手被背銬了起來，車開始了行進。大概是剛才兩次試圖將我摔倒在地的失敗被激怒，汽車剛出發，我的後面有人用拳猛擊我的腦枕部，打了三拳後停頓了五、六秒，從後面有一條臂勾住了我的下巴，開始了令人不解的折騰。後來我終於明白，那還是在發洩前面欲摔倒而不能的不滿，這是在向我顯示他是很有力量的。硬暴力是他們信仰的全部，只是這種折騰實在難以理喻。他坐在我的後排，他企圖從後面拽著我的頭將我拖到後排，大致上是因為車廂內狹窄，不是理想的力量展現場所，結果這一折騰竟足耗時六、七分鐘，我被折騰得大汗淋漓，我想他也好不到哪裡去。他終於成功了，可另一個尷尬臨到了他，我雖被強行拽得翻過了座椅脊樑，我感到我的雙腳尖已踢觸到車頂篷，我只能應著他的用力後傾，結果把他擠壓在座位間動彈不得。車椅之間本來窄狹得可以，我感到我的後背擠壓著他的胸部，我的兩條腿朝上，我的身體屈在他與前排座椅之間，能覺得到他已完全被卡死。這時，我感到其他人開始幫助他，才終於使得我跌落在後排座位上，我旁邊這位氣喘如牛。

## 二、又是掛牌的黑幫綁架

車不知走了多久，終於停了下來。車外發生了爭吵，門衛不允許開車進去，而這頭則說車上有「要犯」，必須進至樓前，那頭則說：「能讓你們進去就已經給你們面子了。」顯然，我們要進去的去處也是底氣十足的牛氣單位。終於，車被迫只停在外邊，我被人架下車，然後突然被人推著拚命前奔。終於，腳步慢了下來，我感到進了一個門，開始上樓梯，進了三樓的通道後進了一個房間。

他們一進門就開扒我的衣服，這是每次綁架到目的地後的第一道程序。上衣因著得了雙手被銬的好處而終於沒能脫下來，鞋、襪被扒掉時聽到有人用維吾爾語罵了一句髒話，並說讓把鞋給扔了，這是我從綁架到這時聽到的第一句人話（我除了罵人的維吾爾用語，或極個別短語外，全然不懂）。我的褲子被拔掉後，被猛地壓得坐立在一硬凳子上，屋子裡變得全然死寂，我就這樣光著下身坐著。當終於靜下來的時候，另一個規律亦悄然而至，在路途時被擊打的部位及在車上

的那一陣子折騰所致的肢體挫傷開始疼痛，但最不能忍之痛是被背銬著的兩腕。由於剛才那陣折騰，手銬勒得越來越緊，這正是設計者給手銬的一種功能，你越動他越緊。

我實在疼痛難忍，就大喊：「手銬太緊，血脈不暢，請放鬆手銬！」

我的聲音一落，周圍依然死寂一片，那痛把我的注意力死死攫住，終於痛不能自禁竟站了起來。我聽到有人繞到我身後，有手在手銬上摸了一下就快步走了出去。不到半分鐘，我聽到有人走了進來，還不知道用維吾爾語說著什麼，手銬被打開，一隻手一把抓掉了頭套，我發現我在一個十平方米左右的房間裡。房間裡擺了兩張床，窗簾遮得嚴嚴實實，四名維吾爾人站立在我的周圍。我低頭摩擦胳膊，才知道他們為什麼趕緊給我打開手銬。原來，我的兩隻手及手腕部周圍顏色都成了烏紫色，手腕與銬子接觸之處，幾乎整圈的皮膚都已脫掉，水血混合物外溢。這時，我發現我的褲子就在我的腳跟前，我忍著痛把褲子穿上，沒有人阻止我，這算是個例外。穿好褲子後，我想在房間裡尋找我的鞋，被兩人制止，指著我剛坐著的那凳子，意思是坐著別動。

我知道，基本套路與北京一致，又一輪祕密囚禁開始了。

後來的事態表明，當局的這一次綁架是完全殊於往常，首先在綁架選擇的時機上就耐人尋味。那一段時間，烏魯木齊每天都會有漢族人失蹤，幾乎每天都會有漢族人的屍體招認告示，你只須留心一下當時報紙騎縫裡的「尋人啟事」及「屍體認領啟事」，就能感覺到那段時間一個人失蹤不再是什麼罕見的事。當局對我綁架時絕對是考慮進去了這一背景因素的，這在後來的酷刑折磨過程中施刑人員口無遮攔地罵罵咧咧裡，完全可以得出這種判斷。而從綁架實施的過程看，也能看見當局的這種心理。綁架的所有參與者都是穿便衣的維吾爾人。但這種安排只能欺騙外界，卻無法欺騙得了我。首先，我周圍特務成群，若不是當局的綁架，他們絕對不會泰然旁視的，我的安全就是他們的飯碗。在當今中國，為保飯碗，人們是不惜勇力的；另外，他們一使用手銬，我就清楚這又是掛牌的黑幫綁架。但是，用這種過程跟我打心理戰也完全枉然，並非是我有著特殊的勇氣，而是從不相信我的生命會在一個偶然的過程中寂滅，這種信念的堅定臻至神奇之境。但每次遭暴力綁架後，又將經歷一段極困難的日子是我無力避免的。

## 三、襪子：世間最環保的手紙

　　這次綁架後的特殊困難就接踵而來，有些立現，有些則是後來才發現。首先是，他們有人用漢語告訴我，你準備吃苦頭吧，那人還「善意」地提醒了我一句：

　　「有一個很好的辦法可以減少痛苦，把自己當成牲口就沒有痛苦。」

　　在這種場合被人舉手毆打、辱罵是極尋常的事，沒有任何一個個體有能力與他們計較。我沒有說話，但困難確是一件件臨到：首先是那兩天我拉肚子，進到衛生間沒有衛生紙。我每次在被囚禁期間，上衛生間時則由兩人分立在馬桶兩側，已沒有了常人的窘迫，而這不給我手紙的事也不是第一次遇到，但以前的解決辦法是用自己的襪子，這一次是我連鞋都沒有了。但在這種環境裡，我從不著急，我在心裡跟自己調侃著：「老兔子，甭著急，人類沒有手紙的歷史遠遠長過有手紙的歷史，再說啦，現在結構性的矛盾是解大手，而手紙的有無則是主要矛盾解決之後的事。」但手解完啦，可我還是無解決之法。但我沒有絕望，心想有用襪子的經歷，就可以有用身上其他外物的分經歷，只是身邊站立了兩活物不大方便。以往的經驗是用襪子，用完即洗，晾乾下次再用，可以說這為世間最環保的方式。這次沒有了襪子可用，我想等一等看身邊兩位活物的反應；不得已的情況下，只有脫下褲頭用。常人不大有這種經歷，我卻常有。人到這時候，羞愧、難為情統統旁置。雖然這些東西是人類的基本感情特徵之一，但這究竟是需要在正常的人群中才能被承認、被尊重；在這種過程中，只有自己，用一切反常識手段來維持生理生命繼續之所必須。

　　有一位終於發話啦：「你平時用什麼擦？」

　　「用衛生紙。」我說。

　　「用紙，傻子不知道你平時用紙嗎？我是問你平時被關的時候用什麼擦？」他又問。

　　「用襪子。」我說。

　　他扭頭便走，我心想：「有戲，再等等。」果然，他又回來了，腳下踢進來一物，正是剛被拔去的我的襪子，我的問題又得以解決。

　　終於熬到允許上床睡覺的時間，又有一問題臨到：沒有洗漱工具。但這要比前一個問題好解決得多——用雙手，以前關押有時幾個月都是這樣。到了晚上，又有人從外面踢進來一雙拖鞋，又一個問題得到了解決。

　　當天夜裡，有一位監管偷偷問我為什麼要被抓，我說我過去寫文字批評共產

黨的極權專制。

他盯著我看了一會兒用生硬的漢語說：「你不是個簡單人，他們說你是個『法輪功』破壞分子。」

第三天，他又來上班，他說：「我們已經知道你是誰了，大人物，名人，怎會被關到新疆來呢？」

我笑了笑沒有回話，因為這時我已經絕食超過四十八個小時了，實在不想多說話。但這次絕食讓我付出了些代價。就在這天下午開始，當局從新疆其他地方抽調了三人，對我實施酷刑折磨。

## 四、牛二暴虐踹打‧鸚鵡學舌罵陣‧好人靜默

這次為期兩天的酷刑折磨，確實是給我吃了些苦楚，我也被迫放棄了絕食，但這次酷刑過程，乃至這次的被看管過程，都給我留下了很深的印象：首先是這次酷刑執行人員就很奇特，他們三個人是當局從各處精心挑選的，可其中有兩個人的表現頗出乎人的意料，至少應出乎當局的意料。三人中間，其中一位，至少在那兩天裡，用我的眼光判定，他是個好人。

他們三人並不是負責看管我的警察。9月28日，他們來了，從囚禁室將我帶走，帶至一處很大的套間裡把門關上，一進門，一位黑矮子，以下姑稱之為「牛二」，轉身用拳狠擊我的下巴。後來整個過程證明，這傢伙的心要比他的膚色黑不知多少倍，他心狠手辣，是那三人當中唯一的一位壞種；他左右開弓擊打我的下巴兩側，然後猛地掐住我的脖子，逼使我快速地倒退著，「嗵」的一聲，我整個身體背部撞在房間的牆上，他掐著我頸部的手猛地用力往上頂。我當時覺得有一種人將立死的感覺，只一小會兒，我感到胸悶腦脹，眼睛脹得欲裂，看東西出現了模糊，我感到我的腿已不能再支持我的體重。果然，他一放手，我稀裡糊塗地貼著牆坐在了地上。

「畜生，在我跟前來耍賴，你就是找死。」他終於開口說話。

他打人很內行，他在我的左腳踝上兩下踢得我本能地叫喊開來。人身上存在著許多我們完全陌生的東西，我剛才被他掐得痛苦至如墜深淵，稀裡糊塗坐在地上，卻被他在腳踝上踢了的兩腳給解脫出來，先前的痛苦竟然蕩然無存，所有的痛苦驟然間全集中在左腳踝上。

「畜生，你站不站起來了？你跟我要賴，知道爺爺是幹什麼的嗎？」

我這時已什麼也顧不了啦，再說我也站不起來了。

「畜牲，問你呢，知不知道爺爺是幹什麼的？」

「嘣」的一腳，又踢在我的左腳踝上。

「畜生的爺爺，牠頂到頭也只是個老畜生。」我回了他一句。

我清楚我回罵一句，將引爆新一輪的歇斯底里的折磨，但並非少罵一句即可避免折磨的繼續。他像發瘋了似的，幾近跳起來踢我的小腿部、大腿外側、左右腳踝，不到幾分鐘，我的兩條腿已完全動不了啦。他一邊狠踢，一邊罵不絕口。

「畜生，我告訴你，爺爺是反恐的。」

他踢一腳說一聲「反恐的」，再踢一腳再說一聲，不停地踢，不停地重複著。踢累了，他坐到了沙發上，這時我才發現，剛才同他一起進來的另外兩人已不在房間，房間裡就剩下了我們兩人，他坐下後仍大罵不止。不一會兒，另外兩人又出現了。

我發現了一個我完全不解的生理現象，我的雙腿抖動不止，雖然已不聽指揮，卻狂抖不停。「有識之士」可能會以為那是恐懼的緣故，但那種抖動卻實在與恐懼無關，因為他只是兩條腿在抖動，上身並不發抖。而對於恐懼，那時還確實無暇顧及了。對於酷刑，我也有自己冷峻的思想準備，恐懼無論如何都無法使酷刑有所減弱，更不可能使酷刑停止，而徒使自己在這種過程中尊嚴潰塌。在這樣的過程，能使尊嚴挺立不倒的唯有不恐懼一途，這是我吃了許多苦楚後終於得來的經驗。

牛二繼續罵著，另外一人也加入了罵陣。我前面說過，這次酷刑有兩個頗異樣的現象：一是兩天的酷刑沒有使用電擊器，這與北京酷刑第一天都必以電擊為主的做法頗不一樣。而使我印象最深的是，當局在新疆範圍內挑來的三名施行酷刑人員，卻有兩人是從頭到尾沒有動手的，沒有觸過我一指頭。其中一人只是加入罵陣，而絕不動手打我。牛二一累就坐下來罵，那人立即加入，唾沫橫飛，恣恣肆肆而罵不絕口。而另一位則從始至末，打罵均不參與。從一開始，他的眼睛裡滿溢的是善意，兩天的酷刑，他連臉都沒有拉下過。

另一個主要特點是，每至牛二暴虐開始，他倆就會離開那個施暴的房間，裡面的慘叫聲被罵聲換下時，他們就會再進來。但我感到在這件事上，他們不施暴的做法是應當肯定的，但他們是僅止於此。這並非是我貪多，我是希望他們在場，因我發現那牛二胸襟實在狹窄得出眾，動輒即可以臻至瘋狂而全然不顧及他個人的顏面。我的兩天幾近是與他共處，我雖然一直處於他失態的暴虐之下，仍

努力使自己多出一絲旁觀者的心態看他，畢竟這種過程並不可多得。他的自尊特別敏感，可以說是變態的敏感，這可能是這種過程中他處於一種極不尊嚴狀態的一種本能反應，一個平常的眼神能使他歇斯底里幾十分鐘，至少是我得出的感覺。在這樣的過程中，他與我一道受刑，他是精神或是說心理受刑（但這與他的良知無涉），而我則是肉體受刑。他常稀裡糊塗地踏上一個心理臺階卻終於不能下來，然後以各種兇殘手段逼你給他臺階下；你若懈怠或者竟不給他這個臺階下，他那種兇殘的癲狂和癲狂的兇殘表現，每必致他精疲力竭，終於還兀立在他一直折騰著想下來的「臺階」上。

這牛二第二天來了即完全忘了頭一天終於沒有下來的「臺階」，一進來就讓我給他跪下。我清楚，一天的折磨又要開始了，無論如何是不能避免的，這是上級差他們來這裡的任務。見我終於無動於衷，他又開始稀裡糊塗地攀爬那下不了的「臺階」，他一步步逼自己上這樣的「臺階」。

「畜生，你今天要不給我下跪，信不信我弄死你？」他指戳著我的頭激烈地吼著。

他說要弄死我的話，在那樣的過程中是個外行話。在那種場合，死亡是最不具威脅的名詞，如果死亡能立至，即是怎樣的一種意外幸運。他見我沒有給死亡威脅應有的禮待，瞬間即至烈怒，他一把將我搬轉身而成面壁狀，後猛踢我的腳踝。經昨天一整天的折磨，我的兩個腳踝已紅腫得讓人觸目驚心，他這一陣猛踢，直讓我感到一種無法名狀的劇烈疼痛，腳踝及其周圍明顯不堪支撐體重，腿部又劇烈地抖動不止。緊接著，他雙拳猛擊我的後腦勺，我終於稀裡糊塗地委坐在了地上。他又一陣狂踢我的膝腿，嘴裡不斷地重複著：「跪不跪？跪不跪？」他可能發現我有點犯迷糊，他開始費力拉我企圖使我呈跪狀，但實際上這已是完全的不能。我的膝剛才給他踢得錐心地烈痛，他拉了幾次終於失敗後，顯然惱怒至極致，一把拔出手槍對準我的前額。

我努力給了他一個笑意，看他張著口喘著氣，終於沒能扣擊扳機，我說：「你應當像男人一樣雄起一次，讓槍響了，否則，你終於還是侏儒。」

他像瘋了一樣撲進臥室，我還以為這種猛撲後面會有什麼駭俗大舉，沒想到他只是拿了一塊枕巾將手槍給裹包起來，然後猛擊我的頭部，嘴裡罵不絕口：

「上面那些屌玩意都是他媽的膽小鬼，只要有人敢批示一下，我立即給你這畜生一粒花生米（指子彈）。畜生，知不知道反恐是做什麼？就是抓住皮帽子（指維吾爾人）往死裡操，操死了他媽的算自殺。上面那些狗東西（指上級領導）不

敢批，但只要讓我來伺候你，我就一定要讓你一輩子忘不了我，我這輩子最恨漢奸、賣國賊。要由著我說，漢奸、賣國賊，只要一露頭就把狗日的給掐死，連他的娘老子、老婆孩子都給狗日的一塊掐了。」

折騰近一個小時後，他又開始坐在沙發上罵了起來，不到兩分鐘，不知何時離開的另外兩位也走了進來，而其中一位則即時地加入到罵陣中。

對於此後的各種酷刑過程我不再費損筆墨，因著至終就沒有什麼新花樣。對於他們罵我的話語，實際上也就是牛二的罵詞，因為另一位好似完全不願創新發明，全然是鸚鵡學舌，跟著牛二的詞抄襲，終於在罵上，牛二仍不可置疑地占居主角地位。對於牛二的罵詞的內容，我記不清楚的也只是些細節或順序。

我最近發現我的記憶力還不算壞：一是，我記朋友的電話號碼從不倚用筆記等有形物；二是，十年的與世隔絕後，過去朋友的電話仍完全能準確記得起。這實在算得上是一個頗使人鼓舞的發現。所以，對牛二罵我話內容的記錄，大致上不會出現結構性缺錯，智慧財產權權益當歸於他，我也無替之添枝加葉的衝動。我在所有本書的文字記錄過程中，凡能用真人名的則絕不迴避，意在指出這些歷史過程中可供追躡的參照物，以使真相自由的年代終於來到時，可資人們去證實。

## 五、全世界都要向我們學習呢

牛二辱罵的過程中，我正躺在地上發抖，這是每次酷刑止輟或中輟時的不二規律，但這種抖動是純生理過程，至少我是這樣認為的，我常常認為那是生理自身對暴虐的一種機械反應。因為他無論如何在發抖，但我不能檢索到他與恐懼的聯繫，我無法解釋這種現象。

「牛二」這個稱謂並無貶損他人格的衝動，由於這幾年裡的特殊經歷，凡與我見面者均不報上姓名，我常常戲謔說他們是「蒙面執法者」（諸如北京對我施刑最兇殘的一位側貌酷似朱元璋者，我賜其雅綽為「重八君」）。較長篇宏論地予我教訓的過程是第二天的第一階段酷刑間隙。他坐了下來，伸手從茶几上取了個梨子在手掌上搓了幾下即開吃。他吃得奇快，能看出他的心裡不平靜。

「畜生，能不能談？咹，畜生？」他連問幾遍，又一個梨子被他啃得僅剩內核。

「能不能談，畜生？咹？」他猛地梨子核砸到了我的臉上。

「只有你降卑了，我們之間才能談。」我說了一句。

「什麼意思，畜生？」

「只有你降卑成畜性，我們才能談，人和畜生不大能溝通。」我回答他。

他愣了一下，然後開罵：「你媽X，你就是個賤人，給你臉不要。」

「如果你代表了高貴的話，我寧死也不願去像你一樣高貴。」我說。

「畜生，你知不知道中國人最恨誰？漢奸、賣國賊。你知道不知道，你寫的那些東西，給黨和國家的形象造成了多麼嚴重的損害？」他說。

「我很想提醒你一個簡單的常識，究竟是被我寫出去的那些罪惡本身損毀了你們的形象，還是揭露罪惡的文字損害了你們的形象？」我反問他。

「你他媽就是個傻逼，你是不是中國人，你是不是中國長大的？家醜不可外揚，就是逼大的中國人都知道的。我問你一個簡單的問題，你媽賣X當婊子，你是不是會挨家挨戶地敲門給別人講。你挨家挨戶講完了，你家裡的人是不是還會把你當英雄？就他媽盯著家醜，找機會往外弄。美國沒有醜聞嗎？伊拉克虐囚不是美國人幹的嗎？」他越說越激烈。

「是的，哪裡都會有醜聞，量的不同是一個方面，本質的區別在於，美國的媒體、美國的政府會在第一時間將自己的醜聞公諸於世界。而你們的政府會怎樣對待醜聞的？綁架、電擊酷刑、監禁、製造更大醜聞來掩飾醜聞。你這兩天針對我做了些什麼？他本身就是駭人聽聞的醜聞，而你們做的一切只是為了掩飾醜聞。也許你們並不這樣想，可事實不是如此嗎？」我說。

他又開罵：「你他媽就是個傻X，家裡不聽話的孩子，家長打他，不也是為了他好、為了家裡好？實話給你講畜生，你這幾年被關傻了，成了真的傻X啦，最近幾年你知道外面發生了什麼事嗎？變化大得不得了。金融危機，金融危機知道嗎？全世界都倒啦，老美（指美國）都跌了個狗吃屎，只有中國屁事都沒有。老美怎麼樣啦？再也牛X不起來了，見了咱胡主席，只有搖尾巴的份。傻X，你知道老美這幾年全國上下都做什麼嗎？在研究我們的制度呢，要向我們學習呢，已經定下來啦，老美全國已經內部傳達過啦，要向我們學習（他看我在笑，又認真地繼續道）。真的傻X，這是真的，我們內部都傳達過，所有幹部都傳達過啦，不光老美，全世界都要向我們學習呢，現在全世界領導人都來中國取經。中國現在是什麼？老毛子（指俄羅斯）我們現在是哄著他，心裡根本不鳥他。現在跟老美平起平坐是看得起他，用不了十年，不出十年，老美他媽的給中國提鞋都懶得理他。中國要是成了世界的老大，像你這種垃圾，我們是想怎麼收拾就怎麼收

拾。因為像你這種人，生來就是漢奸的料子，跟正常人是不一樣的。究竟是社會主義好還是資本主義好，現在再也不是個問題了，社會主義發展一年，資本主義十年都跟不上。伊斯坦布爾去過沒有？畜生，有機會去一趟伊斯坦爾吧，那裡要修一座大橋，利國利民，可是議會不批，幾十年了修不起來。要在中國，吵什麼？只要對人民有利，修就是啦。至於說老美的民主政治，他只能騙得了像你這種傻X，他們批評我們一黨專政，其實，他們才是不折不扣的一黨專政。我以前也不明白這個，這次學習完，我他媽的全明白了。表面上，他們搞的是民主選舉的那一套，實際上是每次大選一結束，民主黨勝了民主黨專政，共和黨勝了共和黨專政，是乾乾脆脆的一次專政，還不是跟我們一樣。這是咱們國家搞的理論突破，這個突破太重要了，以前絕大多數黨員幹部在這個問題上犯糊塗，總以為老美玩的就是民主政治，是多黨制，這次終於突破性地搞清楚啦，老美玩的才是真正的一黨專政。」

我靠著牆根半躺著靜靜地聽著，無論如何，他比拳打腳踢過程要少些野蠻。

見我不說話，他揚了下下巴，說：「畜生，你說我說的對嗎？你說說，我給你機會。」

我仍不作聲，我太瞭解他們，即使是在這種完全封閉的場所，一點不順耳的話語，都會招致來變態的折磨。

「畜生，你說呀，你不是挺能說的嗎？你說我上面說得對不對？」

他一直盯著我，我說：「你說的話對不對不應該是個問題，只要共產黨不倒，你們說的話就永遠對。但是，如果剛才那番話真的是你從你開會的體系中學習來的，那麼這場金融危機將加速你們崩潰，他已預先打倒了你們。至少已經麻醉了你們，或者說你們又多找到了一個麻醉下去的理由。我對於金融危機是外行，但我可以肯定，金融危機不是自由民主憲政的政治制度的問題，也不是資本主義即自由經濟本身的問題，而是自由經濟的發展技術問題。中國之所以倖免於難，只能說明中國經濟並未納入全球自由經濟秩序中，有極權體制下的技術性效率及技術性掌控因素。因此，愚昧地認為全世界都來效法你們的制度，歷史將很快地證明這是個大笑話。老美也罷，全世界也罷，對中國經濟現象的研究只能是技術的，而絕不能是結構性地去改變自由經濟制度本身。你們諱病忌醫，這與行將就木之人忌憚棺木沒有區別。忌諱批評是所有極權政權的通病，因忌憚批評而終於滅亡是所有極權政權的又一個通病。人類社會政治制度是沒有完美的，完美屬於上帝。上帝給人類的唯一完美禮物就是人類的不完美。正是這種不完美，提

挈了人類生命和社會運動向好及向美發展的活力及生生不息。如果上帝從一開始就給了人類完美，那麼，我們的生命運動就只剩下一個方向，最終歸向就只有是豬。由於你們從來就堅持認為你們是完美的，而向著美好發展的方向即被堵死，你們只能走向死途。全球共產主義政權無不如是，你們已完全喪失了鏡鑑的機會……」

我還正說著，他突然怒不可遏，跳起來大罵，並將他所吃殘剩的梨子核瘋狂地塞進我的嘴裡，說我的腦子「灌進去狗屎了」，說「費了半天勁竟沒有一點觸動」。他又開始新的一輪對我的折磨……

當又一輪的折磨終於使他精疲力竭時，他又坐下來，上身脫得精光，又開始「教訓」我，還是去鋪陳外國人如何蜂擁而來中國「取經」的盛況。

實際上，我們之間的語言早已成了多餘。儘管與這人間的隔絕已經有些時日，但我已然不大相信在中國大地上，到處排列著從世界各地來取經的高鼻深目大陣，這邊學習如何箝制思想，學習如何控制言論，學習如何貪污腐敗、撒謊包二奶，學習如何刑訊逼供、如何製造冤案！那邊學習如何暴力拆遷、如何血腥鎮壓自由信仰、如何用黑牢關押上訪喊冤公民！民間也如火如荼，執情傳授如何為食品下毒、如何加工地溝油、如何坑蒙拐騙、如何為領導下跪、如何為奴！「愛國學者們」則更是愛國情大熾，忙不迭辦班教授如何獻媚、如何頌聖、如何愚民、如何竄改歷史、如何爬行及如何邀寵、如何喪德！我不大相信外部世界，尤其這老美，突然對全民腐敗、全民墮落發生了不能自制的愛情，終於情不自禁地想步這苦難民族的後塵，想在和平年代弄出幾千萬公民非正常死亡的光榮來。我終於不大相信這人間會發生這種變化，儘管牛二口手並用做了兩天的功，終於無果而終。

## 六、「關愛」之例既開追效者眾

在新疆的這次酷刑經歷終於黯然收場，卻也不能說是全無成果，由於後腦勺腫痛，致半個月裡不能仰面而眠，我的身上，二十幾天後仍「煤層」遍布。

又回到了看不見盡頭的囚禁，這次囚禁過程中有些一時不能忘懷的東西。新疆人有他們的粗糙一面，諸如，囚禁室沒有監控器，這是幾年裡唯一的一次例外，這種例外為我認識瞭解中共祕密警察提供了一個角度。他們之中的大多數是像我們一樣的普通人，善良的人性，惻隱之心，關心時弊，痛恨不公。我在每個

地方關押，監控器、竊聽器密布，而祕密警察則多人一面，不敢與你說一句話，更不敢輕易向你表達善意。我在新疆公安廳、看守所、招待所的這次關押，是所有這些年裡的關押中得到關愛最多的一次，也是與祕密警察個人面對面交流頻率最高的一次。

然而，對於來自他們的幫助，我稱其為「關愛」之事，在常人眼裡是小得可以忽略不計，而對於一個被捆住手腳，且被示為中共政權「頭號敵對分子」（這是中共當局自己與我談話中的用語）而言，這些關懷、幫助來自當局精心挑選的祕密警察群體，頗改變了一些此前我對這個群體的看法。他們原先給我的印象是冷酷、愚昧及不近人情。這段無監控、無監聽的囚禁經歷證明，在沒有眼睛盯著的情形下，他們一樣有自己的稜角、個性和人情味。如果這次囚禁是在有監控、有監聽的環境中，將會大大增加我的苦楚。我的鞋襪被當局給沒收，當天夜裡就有人踢進來一雙拖鞋，沒有那雙拖鞋，不難想像冬天無鞋的滋味。尤其那雙襪子，在那種不提供手紙的環境下，他不再是襪子本身，而成了滿足生存的一個人道大端。

實際上，至第五天，來自克孜勒蘇柯爾克孜州的曹先生就買了兩包衛生紙悄悄放在了我的房間。這例既開追效者眾，不幾天時間，有人給買了牙刷、牙膏（買的牙膏比他們自己用的還好），還有的悄悄買來洗臉毛巾放在衛生間裡。伊利的小嚴（音）在中秋八月十五買來了五個月餅、幾斤梨子放在了我的床頭；沒想到，此事後的第二天，他就再也沒有露面，再也沒有見到他。新疆維吾爾族警察幾次悄悄買了小吃放在我的床頭，用眼示意我吃了。後來，我的日用品就再也沒有缺過。

## 七、值得永遠紀念的交流

他們個人有什麼苦惱也常與我交流，有幾個人的名字我不便講：孩子患病、家庭困難、兩地分居的苦惱，對社會不公、單位裡的不公、單位領導的蠻橫霸道……。例如，一個烏魯木齊警察講，他們局的副局長一個人霸占著一輛越野、一輛小轎車，兩輛車絕對地被他一人獨用，單位有再急的事也不能動用他那兩輛車，全單位幾百名警察都心知肚明，但沒有一個人敢站出來說一句公道話，因為那副局長上邊有人。

又如，一名維吾爾警察向我抱怨共產黨的宗教政策。從他們的角度，使我對

中共宗教政策的反動性有了更具體、更現實的瞭解。他向我談到，對於穆斯林、伊斯蘭教信徒，他（她）一生下來當然地取得了信徒身分，是以一個穆斯林世界的禮儀儀式來到這個人世上的。亦即，他們首先是穆斯林，然後才成了共產黨的幹部，他說不讓穆斯林信徒有宗教信仰是完全不現實的，人們只能明明白白地說謊裝假。他認為，你當了共產黨的幹部，不管你信誓旦旦至怎樣以假亂真的程度，但你一下班就得回到穆斯林的世界、穆斯林的家庭裡。以前我完全不瞭解，他說穆斯林家庭的用餐、睡覺，包括洗漱，都有特定的及習以為常的，卻人人都必須遵守的宗教儀式。

他說，百分百的黨員及幹部，回到家中即必須遵守這些儀式，用他戲謔說法是：「下了班共產黨員身分關在門外，上了班穆斯林身分關在家裡。」

後來，他又開玩笑說：「一退休，共產黨員的身分也退休了。」

他說，這種政策只能讓當上幹部的穆斯林說謊，在穆斯林的時間裡，不遵守教俗習慣，死了都沒辦法埋你。他跟我一樣，對這種政策不解及反感。

他說，一個黨員與信徒身分是完全可以集結於一身的：「全世界都是這樣，為啥非要給人製造太多的麻煩，這是完全沒有必要的。」

這種交流都在三個人中間展開（他們每班兩個人）。他們中間還有一位不便於公開姓名者，他人很善良，我遭遇酷刑折磨後，他多次進來安慰我，並每次當著我的面譴責這種暴行。

有次，我被折磨後，當天夜裡他進來說：「別看他們對外盡講人話，幹出了這種連畜生都不幹的事。」

不知是什麼原因，前一批看管人員在關押近一個月時突然全部被換走了，但他們卻永遠被我記念。他們是伊利的小嚴、克州的小曹、艾山江、阿克陶縣的居馬洪、喀什葛爾的老沙、和田的老常、烏魯木齊的余根龍。

接替他們的是烏魯木齊市公安局及米東區公安局的國保人員。這一批人來了確實也給我添了不少苦楚，這種苦楚並非是因著他們的惡意，而是他們中間的一些人還近乎野蠻的生活習慣——又出現了一個上廁所不沖水的人（不知是否已經得到了提拔），這最使我苦惱連連。另一個刻骨銘心的苦楚是他們吸煙，那實在叫一個「氣魄」，且人人奮力，天天不例外。

## 八、各種足夠氣魄的苦楚

在此，我情不自禁地還想重複敘述一遍我的苦楚感受：那種生活方式幾近野蠻，一個人一晚上可以吸去兩包煙。兩個人一夜攢積下來的煙蒂能撮掬兩大把。晚上是不允許熄燈的，厚實的煙雲竟致房間呈灰暗狀。便是今天想起來仍使人心存餘悸。他們吸完，煙蒂全用水泡在一次性的紙杯裡，那種死煙氣味實在讓人很頭痛。有兩位還愛磕瓜子，一夜下來，那瓜子殼桌子上、地毯上到處都撒得是。電腦遊戲打麻將，近六十的人，他可以坐一整夜不挪地，夢中都有不絕於耳的遊戲機聲。

然而，新疆比北京好的一點是，後來這批人，他們進來就自顧自玩，從不管你，大致情同陌路，你只要不出門即可。睡覺時竟還允許用毛巾遮臉，以避煙難，這在北京是斷不允許的。

我每天早晨起床的第一件事就是徹底地打掃房子的衛生，他們從不打掃，卻也從不要求我打掃，但那種窩囊的視覺局面，我連一分鐘也不願意維持；而在白天的時段，我至少維持著三次的、規律性的打掃頻率。然而，個別人的口臭、腳臭也足夠霸氣，雖則是小事，卻構成了那個特殊時段我揮之不去的苦楚。我常常想，若與他們其中的一位一起生活一輩子，那是怎樣的一種苦境，可他們人人都有家。

那段時間另一個足夠氣魄的苦楚是隆冬季裡著單衣。由於綁架時間是9月份，新疆的氣候至10月份即開始冷。我身上只穿著一件長袖T恤、一條單褲子，又沒有襪子（後來有了襪子），我只好絕大部分時間鑽進被窩裡。

## 九、乾脆點說，你已經死啦！

其實，在祕密囚禁期間的幾次談話中，我能夠看出中共當局在我的問題上的矛盾和混亂。有一次的談話，具體的是用死亡來威脅我。他們與我談話是從不介紹身分，更不介紹姓名的。

某天，進來兩個人並不坐下，開口即問我：「老高怎麼樣？」

我回答：「你有答案，何必要問？」

「有沒有什麼想法？」

「凡屬人當有的想法我都有。」我答。

「對政府有什麼想法說出來。」為首者又問我。

我答：「我不認為還有政府，只有地獄的開發者和管理者。承認並遵守紀律是一切政府的最基本的特徵之一，法律既是一個政權統治秩序的保障和基礎，同時，是一個政府區別於黑幫的標誌。對我，你們做了些什麼，你們是很清楚的。」

「對你做什麼啦？我們並沒有做什麼，我們沒有把你當犯人對待。」他又說。

我說：「你別告訴我說針對我的兇殘的酷刑你不知道，你有一句話說得是真的，即你們沒有把我當成犯人看待，但你們對我的囚禁又算什麼？政府剝奪公民人身自由的唯一方式就是法律程序，絕不能有例外，不僅世間的所有政府無不如是，而且中國法律也沒有例外性地規定，而對公民的自由的法律剝奪的第一個標誌就是通知我的家人。」

「我聽說啦，我聽說有人打你啦，那不是我們幹的，那可能是外地人幹的。我們不會的，我們不允許用酷刑，這是有明確規定的。明令禁止的東西，誰敢？肯定不是我們幹的（這番話與後來的國保頭目任小林的言論幾乎如出一轍，也是說外地警察打的，其實就是他安排的）。話說到這裡，我也就懶得跟他閒扯。老高，你目前的處境很困難你知道嗎？可以說是死亡就在眼前了，或者乾脆點說，你已經死啦！我們正在觀察外面的反應。我實話告訴你，對外面來講，你已經死啦，對於政府來講，你的死已經不再是疑問了，是什麼時間、用什麼方式滅你的問題。你對新疆目前的局面也瞭解，聽說你以前就在烏魯木齊做過事，烏魯木齊現在每天都有漢族人失蹤，別人能失蹤你就能失蹤。失蹤人員哪裡去了？我過幾天給你帶幾份報紙看看，現在和平渠每天都有屍體打撈上來，報上每天都有招認屍體的廣告。現在出現了一個對政府異常有利的因素，就是你的家人也認為你死啦，是被維族人給殺啦。你岳父每天步走幾十里路到處貼尋人啟事，這就等於幫了我們一個大忙，這個舉動向外面證明，連你們家人都不認為你在我們手裡。實際上，弄死你已不算什麼，死啦，外面也得接受這個現實，喊叫上一陣子他們自己都不再喊了。共產黨弄死的人，比你牛的有多少，不都什麼事也沒有嗎？就上面那些慫貨是膽小鬼，這事要交給下面辦，哪有那麼多的麻煩？當然，這棋局主動權還是有一部分在你手上。向政府低頭，我今天不是和你談判的，你的處境很危險其實你自己也知道。」那頭目又說。

我實在懶得與他瞎扯，不再說話。

他卻盯著我說：「怎麼不說話啦？沒準你的說話機會是越來越少啦，有話就說出來。」

「我本不想再說什麼，既然你還想聽，我就再有針對性說幾句。我不知道你們今天來找我談是基於什麼想法的，但繼續用死亡威脅這點倒是你們一直保持下來的直率，卻也是一直保持下來的犯糊塗：其一，在這種環境中談死亡那不是威嚇，那是在報喜。其二，無論死亡是什麼，這幾年屢屢在我眼前捱飭，起過點作用嗎？這跟什麼勇氣呀、什麼英雄呀，都八竿子打不著，真正的八十竿子打不著的是死亡與我的距離。今天你這番話本身即給了我一個簡單明確的信號：死亡離我很遙遠，原因是『上面那些慫貨是膽小鬼』。其三，我想提醒你，我從不認為我的生命是個偶然的存在，絕不會在一個悄無聲息的偶然過程中沒入黑暗。更多關於生命廣闊遼遠的東西我也懶得與你扯。至於你談到針對我兩天的酷刑不是你們所為，是外地人所為，則更提醒我跟你談話是多麼地不必要。這是什麼地方你比我更清楚，你今天進到這裡來一定也是要費些周章的。我的身分我和你都清楚，當今中國，或者在當今世界，有幾個人能隨意接近我？更何況是施以暴力？」

沒幾天，烏魯木齊國保頭子任小林來談話，所談內容幾無區別，不予贅記。

## 十、一件短大衣救急難

2009年11月27日，任小林攜數人又來找我談話，說北京決定把我送回陝北老家去，但有人偷偷告訴我說：

「任小林騙了你，只是轉押陝北。」

當天夜裡，看管人員比平時增加了三倍。由於我仍穿著夏裝，途中無禦寒手段，便提出要求從我的家人那裡給我取幾件衣服，但被拒絕。

他們說：「政府現在並不承認你在我們手上，對於你們的家人而言，你已經死啦，外面已經接受了這個事實。你也就將就點，你現在活著就是一種僥倖，還要求那麼多幹嘛？你的死只在等上面的一句話，上面只要放一句話，立即做了你。」

第二天凌晨五點鐘左右，一大群人早已來到，用他們的話說是「大人物出行，規格不比總理低」。有位姓崔的空軍副旅長，進來給我遞上一件短大衣。

「我就不相信給你加一件衣服就能讓天下大亂。」他笑著說。

他是個好人。他們這次安排看管我的人員很複雜，有空軍副旅長，有地方武裝部部長（姓賈），有企業幹部（與我岳父同一單位且還認識，但從不與我說一句

97

話，一進囚室即只與香煙和遊戲機辦理交涉，近六十歲的人，可以十幾個小時不挪窩），這些人只在晚上值班（晚八點至第二天早九點）。這副旅長崔先生與其他人員比，簡直可以稱得上是紳士（形不似），禮貌、有涵養且不吸煙、不玩遊戲，是新疆所有看管人員中唯一的一個例外。他的那件短大衣救了我的急難，我高智晟在這裡再次謝過。而他給我短大衣的時候，烏市國保頭子任小林、新疆公安廳負責人、陝西省公安廳人員、北京市公安局及中共公安部人員都在門外看著不說話。

一群人下了樓，這是我這兩個月第一次邁出門檻，竟沒有給我戴頭套，又是一次意外。送行隊伍可謂「浩大壯觀」，僅出行人員即足夠龐大。我印象中，北京方面三人，陝西方面兩人，新疆公安廳及烏市公安局各兩人。大約七點多飛機起飛，飛向另一個不確定的囚禁地，新疆的祕密囚禁生活至此畫上了句號。

## 十一、尋人啟事・認屍

新疆之行正好為五個月，其中一半時間是在半軟禁中，一半時間是在祕密囚禁。期間的經歷，直使人懷疑是在這人間。我極不願意讓我的親人目睹我的困難處境，尤不願使我的岳父母兩位老人目睹這一切，可這一切終究還是在那幾個月裡實地地發生在了他們身邊，這給我造成了極大的痛，而更給他們造成了幾近毀滅性的痛。

高智晟失蹤了，可能已經被害死。老人們的單純善良，中國黑暗勢力的詭詐、冷酷，兩項交融激蕩，終於衍生出高智晟是被維吾爾人綁架了，而又被殺死了，只是死屍到現在還沒有找到而已，這樣一個既成局面。不是親身經歷，不是老人們後來面對面地講述，很難使人相信這是一個政府的勾當。他們假戲真唱，煞有介事地、心細如絲地、一臉真誠地撲滅著我親人心裡的任何一點希望。

最令人不恥的卑鄙是，北京負責全天候監控我的幾名祕密警察，他們親眼目睹了我被野蠻綁架的全過程（而且就是他們策畫的），卻根據于泓源的指令，從我「失蹤」的第二天起，他們「熱情真誠」地全天陪著我的岳父，尋蹤躡跡，遍貼尋人啟事，奔波於太平間認領屍體。他們的「熱情」摧毀著我的家人最後一絲希望，因為我的親人全認識他們，都清楚他們二十四小時和我一起，現在是連他們也在到處找我。此舉造成了我全家幾近最後的絕望。

可憐天下父母心，從我「失蹤」的第二天起，我的岳父製作了尋人啟事，每

天步行幾十公里在烏魯木齊的大街小巷張貼，並在我居住區周圍的超市、書店、藥店、報攤、飯館拿著照片打聽消息，晚上回到家裡就開始在報紙上查詢屍體認領啟事。數百份尋人啟事貼完之後，老人每天就奔走在各醫院的太平間去認領屍體，稍有時間，就會到和平渠附近轉悠，以期僥倖發現我的「屍體」。

中共當局為了在精神上最後摧毀我的家人，一直派人在我的岳父身邊跟蹤他，並在一次岳父正在一個太平間認領屍體時，精心在我岳父及兩個妹妹面前演了一場逼真的鬧劇。後來岳父慢聲慢語地給我講了這場醜劇的全過程，我聽得泣不成聲。由於中共特務一直在跟蹤著老人，對他的行蹤掌握得很清楚，那次老人循著「招認屍體啟事」到一家醫院太平間去認屍，由於該屍體身長一米八，除面容破損無法辨認外，其餘特徵與我極其相似，終於老人無法做出確切的判斷卻又無法排除疑似點，就打電話叫三妹及四妹來辨認。就在太平間等待期間，當局精心策畫的醜劇在他面前開演了。

## 十二、當局演了一場醜劇

一輛「依維克」警車停至太平間門口，一群衣冠楚楚的頂國徽的警察走下車，吆五喝六地讓太平間裡面的人出來，說「警察執行公務」。

岳父說：「一看人家很專業，很正式，個個戴著白手套、白口罩，照相機、錄影機、軟硬尺各種工具一應俱全。」勘驗檢查的便是岳父剛看認的那具屍體。

「他們檢驗得很認真，又提取指甲，又提取頭髮的，折騰了半個小時。」

檢驗結束，一群大蓋帽從太平間出來，其中兩位站得離岳父很近的警察摘下了口罩，叼上了煙。

其中一位吸了一口煙抬著頭說：「可以肯定不是高智晟。」

另一位說：「跑到哪裡去了，害得我們每天跑太平間。」

這兩句「無意間」的話，在老人聽來如崩雷轟頂，因為一家人心裡還存著那麼一絲僥倖，認為我可能是被警察綁架去了，而眼前的現實是，警方每天也在「尋找我的屍體」。老人說他聽完後渾身顫抖不止，雙腿無力支撐身體，本能地扶著牆勉強地站立著，思維突然出現模糊狀態。他說他不知道自己在哪裡，來做什麼，以致三妹趕到他身邊時，他竟不認識自己的女兒。

「叫了三聲爸爸，他像一個完全的陌生人一樣沒搭理我。」三妹後來說。

他說，那天兩個孩子怎麼將他送回家的，他迄今回憶不起來，回到家，坐了

幾個小時又恢復了正常，又回到了痛苦中。兩個月後，老人對我的生存再不抱幻想。他說，他開始流著淚整理我留下的「遺物」，給姐妹們講：

「高智晟留下的所有的東西，哪怕是一雙襪子、一支筆都必須給包裹好，保存起來，將來交給格格和天昱，這是他們的父親最後留在人世的東西。要告訴他們，爸爸是個好爸爸。」

（我在記述這段文字時，多次站起，多次舉頭，以轉移注意力，但仍數次因眼淚而頓止。我自己又極度重親情，我欠下親人的感情太多矣！而終於無力將自己完全屬於他們，我雖大痛，而他們的痛遠遠超過我，因我常無與這痛交涉的時間而又終無痛矣！痛終於盡悉歸於他們，高智晟在這裡給你們說對不起了。）

老人告訴我，由於他哀傷過度，一度出現食量下降、睡眠不足的狀況。至2010年初的一天早晨，臨起床時做了一個夢，夢中有兩個不認識的人走進他的臥室，站在他床前告訴他：

「高智晟沒有死，他仍活在人世，現在被關押在陝西，你不要擔心。」

他說他剛想問一下詳細情況，結果就醒了。老人說這個夢又讓他的內心有了死灰復燃的盼望。

「現在看來，那個夢中人說的全是對的。」老人見到我後說。

## 十三、飛往榆林

經過數小時的空中飛行，我們一群人到了陝西咸陽機場，我在飛機上及機場進出場所頗能吸引些眼球，是因著我髮型。在新疆關押期間，兩個多月裡沒有理髮，沒有洗澡，沒有洗頭，你盡可想像身上，尤其頭上，那種髒的程度（本來有一次一位監管者讓我在他的班上偷著洗一次澡，可噴出來水的顏色始終是醬紅色而終於放棄）。而遭綁架前本來就到了該理髮的時間啦，關押期間我多次要求理髮，但他們每次回覆說：

「給你理髮，新疆公安廳都做不了主，報告打上去了一直沒有回覆。」

然而，我的頭髮就一路地長下去。因著長期不能洗，頭髮太長實在難受，我找了點上的負責人（他是個好人，人很善，原本是個教師，通過考試當上了警察）。最後，他出了個主意，說我們不敢給你理，我們給你找把剪刀你自己剪。我接受了他的建議，我自己摸著把頭髮給剪了。考慮到在這次剪頭的機會極不易，加之他們經常換人，後面能不能再有剪刀在手的機會還很難料，我就最大限

度地將頭髮剪得盡可能地短。原本就是個外行，加之自己摸著剪，不僅不易，而且剪得實在是慘不忍睹，大起大落且溝壑縱橫。在那不人不鬼的祕密囚室裡是絕不顯特別的，而在公共人群中則極顯異樣。

一出機場，一串「別克」商務車在一輛警車的前導下駛離機場，目的地是一家賓館。進入賓館後，我被帶入一個房間，由烏魯木齊警方將我交給了榆林武警部隊的一位被稱為「韓隊」的中年人，與韓隊一直在一起的是榆林國保的一位警察。與我交涉了幾個月的新疆警方即此抽身，陝西警察群體登場。賓館待了不到兩小時，原班車輛又駛向機場，大致上是又要出發了。進了候機大廳後耗了數小時又被帶出來押上車，說榆林機場大霧不能降落，飛機只能明天飛，我歪打正著地又得以在地獄以外多待上一夜。本來航班延後，當由航空公司提供食宿，但由於我的身分特殊，又被押至一個不知名的賓館，又專門從西安抽調來一批人員，與我住同一房間徹夜不睡地看著我。可能有特別的交代（陝西省國保的頭子一直在我身邊），所以看管人員當夜對我禮敬有加，數人在一起，卻保持了很安靜的局面，保證了我的睡眠，給我留下了頗好的印象。

一行人於第二天一大早即飛往榆林市。榆林一下飛機又給了我一個頗好的印象，陝西國保那位負責人通過別人，將一件仿羽絨服遞給我，可以肯定他心很細，與新疆及北京的野蠻和冷酷對比的明顯。

陝西國保這位負責人與我是「老相識」，2006年，他給我留下極惡劣的印象：一是他在2006年4月份率領一群流氓在陝北大哥家院子裡、家裡折騰搗亂的情形全無人理，使一家人晝夜不得一會兒安寧，尤其大哥的孫子剛出生才十幾天，並野蠻毆打文都先生、毀損我的車，大白天在家門口衝著我的家人撒尿，半夜用手電筒多次往有女人睡覺的窯裡照，以及在其後我與文都先生路經西安期間的無底線搗亂，在火車車站月臺上毆打文都先生等惡行。但這一次情形頗不一樣，凡是陝西方面能夠自主的領域，他們都做得不像新疆那樣愚昧和冷酷。出機場戴黑頭套時，數年來第一次出現了很客氣地告知說：「我們必須這樣做，請你配合。」而路途上沒有出現像北京、新疆那樣，始終將你的頭壓制在你的兩膝之間的暴行。到了關押地，竟破天荒地在囚室裡給我準備好了兩套秋衣褲、兩套保暖內衣褲、兩件棉上衣、衛生間裡衛生紙及洗漱用具俱全，但囚室的選擇及囚禁方式的決定都是北京來人安排好的。

# 十四、最「文明」的一次囚禁

　　囚室很小，約七平方米左右，卻還用漆線規劃出警戒區。兩張床占地四平方米，我的活動區域只限在兩床之間約兩個平方米的地方，實際上只能原地活動。兩臺很精緻的監視器，據說監控室在隔壁，而另一個我看不見的監控室直接設在北京，聽那些士兵講，囚室內的一切，北京看得清清楚楚。囚室內還是採用壓迫式看管，每班室內由一個士兵和一個警察組成；門口由一個人在室外把守，以防止外人進入囚室；另一人則守在門口，負責對進入室內的值班哨進行檢查，以防手機等違禁品帶入室內，對進入室內的飯菜、水等進行登記及安全檢查，負責隨時替換室內哨兵上洗手間；隔壁的監控室負責對整個囚室內外進行監控。另外，軍、地各有一名值班幹部全天候守值。每日有四個班輪流，每班裡外六人（**不含北京的監控**），另有兩人做飯，點上全天候值守人員當在二十五人以上。

　　然而，這次的囚禁，是所有我被囚經歷中最「文明」也是唯一「文明」的一次：首先是，哨兵不用我室內的衛生間；最主要的是，他們從未在囚室內吸過煙，這是最不易的事，實屬罕見；另外一個極明顯的特徵是，他們在室內從不說話，從不看書及玩手機，比北京的士兵及警察要禮貌得多；而在飯菜上，也是所有囚禁生涯中比較好的一次，能吃飽，每日中午必有肉；在那裡三個月的囚禁，至少有一個月的時間裡還給了幾本閒書看，這是祕密囚禁中空前絕後的例外，雖然有些書只有鬼才肯看，諸如「十七大」文件彙編類，但對我這個幾年不接觸人間文字者而言，究竟還是有點意義的，去熟悉許多早已陌疏了的文字。而那內容，並非我情緒化，只有無腦加無靈性了，才能為之激動。內容千人一面：在建黨一百周年時，全國人民幸福得嘰哩嘰哩咧；在建黨一百五周年時，全國人民幸福得咕嚕咕嚕咧；在建黨二百周年時，全國人民幸福得嘰哩咕嚕咧。這些妖魅鬼蜮物，人間敗類，仍作著讓這個惡黨永遠禍亂這民族的酣夢，你盡可想像他們腔子裡裝的是些什麼東西。

　　在榆林的祕密囚禁兩週時，終於洗了三個月來的第一次澡。此後每兩週被允許洗一次澡。那個祕密囚禁點我憑直覺應在橫山縣境內，四周應該是沙漠，因為哨兵每日進來鞋底下踩的都是鐵青色的沙粒。那外面應該很冷，因為門口哨兵穿的軍大衣，戴皮帽子，腿上還外套著皮護膝。每次看到他們的模樣，我的心裡特別難受，零下二十度左右的夜晚，站在外面，那滋味一定不好受；一個惡政權的維持，每時每刻耗去多少普通人的苦難啊。

我的囚禁生活，每至一個新地點，即很快將自己的一天導入一個自定的規律中，思想、活動、休息，無不循著固定的規律，雖然沒有條件知道時間，但誤差一般不會超過兩分鐘，最多不超過五分鐘。無論在哪裡羈押，一段時間以後，看管人員對這種規律及依循時間的準確程度都大為驚異。實則無他，這只是特定環境下人固有生物能力的啟動。

## 十五、你現在就給老大寫個紙條

很快，時間到了2010年的春節。大年初一，他們做了一件低水準的事，雖則是小事。大年初一早晨，飯吃得很晚，聽士兵說是包餃子，我心裡美滋滋的。不料，到開飯時他們給我端進來了三個涼饅頭。考慮到大過節，都是一群不能回家過節的人，說了影響別人的情緒，我默默地吃了一個涼饅頭後開始看《成吉思汗》。

後來有人告訴我：「關於大年初一給不給你吃餃子，省廳都不敢做主。北京專門有電話過來，我們也沒辦法。」

我記得那年春節是2月14日過的。大約是3月24左右，榆林市公安方面有人找我，說：

「你大哥老要去北京鬧事，上面讓我們弄他（指關押），絕對不能讓他去北京。我們也不想弄他，你們（指北京方面）咋不弄？叫我們弄。你的事跟我們就沒有關係，讓我們看著你，我可以肯定，在中國沒有一個省願意接手你的事。讓全世界人罵，到現在沒有給我們撥過一分錢。老大（指大哥）到北京去鬧，無非是想知道你的死活。我們不管那麼多，關著人又不承認，你現在就給老大寫個紙條，就說你還活著，在政府手裡，不要說具體的事，我們轉給老大，不要去北京鬧，不要讓政府弄他。」

我不加思想地立即同意，我還活在人世，這個消息對我的親人而言是怎樣的一個大喜訊！因為這個無賴政權一直否認我在他們手裡，為了「證實」他們沒有說假話，真是煞費心機，北京警方負責監管我的人員陪著我的親人到處「找我」。新疆警方一邊在對我施加酷刑，一轉身即在我的親人面前「驗屍」，以「證明」我並不在政府手中。對於我的親人而言，尤其對親手將我的「遺物」包裹收藏起來的岳父母一家人而言，這是怎樣的一個意外收穫！

我立即寫好了紙條交到他們手裡。但我擔心這事只是地方公安當局的想法，

只要他們向上報告，即會出現阻障。我常說他們像邪靈附體一樣不假思索地去作
惡，一旦做完惡則又像邪靈附體一般怕被暴露，常會以更加惡劣的手段，不惜犯
更大的罪惡去遮掩前惡，但地方此舉至少會刺激當局：不能對我的「失蹤」久拖不
決。

## 十六、你們政權的存在是多麼地偶然

3月26日，關押點負責人進來說北京來人談話。其出去幾分鐘，于泓源一臉
肅然大步走了進來，示意兩名哨兵出去。

「怎麼樣，老高？」他邊坐邊問。

「活著，且快樂著。」我接了一句。

「真的快樂嗎？要這快樂，那我告訴你，快樂不了幾天啦，我們不會無限期
拖下去的。我們剛辦了劉曉波，十一年，不服，要上訴，頂用嗎？踏踏實實地在
牢裡待著去吧。關大連，劉霞一個月去看一次。挑戰共產黨，腦子他媽犯昏啦，
上面也不謀而合。我還就敢給你明說了，關於解決你問題的會議剛剛結束，整個
政法系統的大領導全部到會。我的級別也不算太低吧，但在那個會上，坐最後
一排、最邊角落裡。會上氣氛很嚴肅，我們不怕你，我們敢面對任何挑戰。會
議一完，我就到你這裡來，有十一個同志陪我來啦，未來幾天都準備跟你接觸接
觸。我今天就給說多點，有人在外鼓噪給你搞諾貝爾和平獎，嚷嚷了幾年啦，有
用嗎？那些鼓噪者頭腦太簡單了，不想想現在是什麼時候啦。現在的共產黨是什
麼？會上一致的共識是，過去的共產黨都那樣，不也沒有把諾貝爾和平獎給中國
人嗎？現在？現在他們敢？挪威彈丸小國，看看美國敢不敢？我們不用說什麼，
看看他們敢把諾貝爾獎給中國人？敢嗎？」

我不作聲，靜靜地看著他，他也盯著我。

「你說我說的是不是這個理？」他看著我問。

「我實在不想跟你扯什麼，咱倆面對面也扯了幾年啦。既然你問，我不妨說
幾句，反正我也又有幾個月沒有說話啦。首先說劉曉波，他做什麼啦？你們竟判
人家十一年，他不過提出在中國應當實行民主憲政，要求中國制度現代化。我想
不客氣地提醒你，你們的判決使他成了一個有力量的人，他原本不是一個行動
者，他甚至一年都不大下樓。你們目前對諾貝爾和平獎的心態，將必使未來六年
左右的時間裡，會有兩位中國公民獲得諾貝爾和平獎，劉曉波將在今、明兩年裡

獲得該獎。即便是我，也還常覺得不可理喻，一個武裝到骨髓的政權，為什麼會對劉曉波的一篇文章做出如此令人不解的強烈反應？他實在有那麼可怕？關於我的事，我不大認為胡錦濤願意再次啟動我的問題，再次給我加刑。他能走得最遠的也無非是把我投入監獄，執行原判刑罰，把我的問題拖給他的下任。因為你來了扯了半天，也扯到了那個規格高、規模大的關於我的問題的會議，終於卻沒有說怎麼處理我。幾年時間裡我也多少瞭解了一些你，你還是實在一點好，這樣可能更有利於問題的解決，」我回答道。

他定了一會兒，點上了一支煙，雙眼看著地面約三、四分鐘，房子裡靜得出奇。抽完煙，他掐滅了煙把說：

「你說未來六年之內諾貝爾和平獎會給中國的兩個人，這是瞎掰，這我敢跟你打一百個賭，對於外面的事，我們的說法不是空口無憑。我們是做什麼的？我們用情報說話，那可是實實在在的，不跟你一樣瞎嚷嚷。退後一步講，如果真的不可避免，那麼，劉曉波能得獎也比你得了強一百倍，胡佳我們也不怕。他們在社會上的經歷要比你簡單得多，可以說沒有成功的經歷，只要不是獎給你就行，我們會盡一切可能在這方面壓死你。咱們是私下聊，老高，你的成功經歷反證了你有很多令人不安的活動能力，儘管你頭腦很簡單。就算我瞎說，我們目前視線裡的所有對手，歷史將證明，他們對我們黨不會構成大的危險，但如果不幸有的話，那一定會是你。所以，我們這樣對付你，你也不要覺著心裡不平。共產黨強大不強大不是個問題，看一個人的能耐，先看他的對手有什麼能耐。共產黨這樣認真地對付你，可不是為了撐大你的面子，恰恰相反，我們不得不這樣做，你不要覺得委屈。你已經給我們造成了多大的危害！還真就奇了怪了，突然就冒出你這一號。蔡卓華案件中有人就提醒過我，小心高智晟和那一圈人走在一起，真就他媽的撞見鬼啦，還就是這個案子裡你和他們黏在了一起，還掰不開了呢！這是你的不幸，當然對政府也確實不是什麼好事。聽說小佟（指負責在2006年8月15日後審訊我的人）也跟你說過，當時你和郭飛雄我們並不怕，就怕你們和范亞峰走到一起。你們三人中，我們真正怕的是范亞峰，體制內人都說他是『小諸葛』，可偏偏沒幾年你們仨就走到一起。至於你說劉曉波威脅不了我們，我們不比你清楚？跳出來我們就敢摁死你，判十一年，到監獄裡涼快著去吧。聽說劉霞現在每天喝酒，活該，早幹什麼去了？但他那篇文章對國家構成了威脅，不摁死他，沒準還真就被他給掀翻了（指政府）。你對政府處理問題的猜測可以說是胡言亂語，總書記並不具體管你的事，大方向瞞不了你，須得給他彙報了，但具體怎麼

搞你，我就可以說了算，你不要抱任何僥倖心理。」

他說完我就接上：「老于，我對你今天的話題頗感興趣。首先，我想說的是，一篇文字就有可能把你們掀翻了，一方面，使人覺得，你們政權的存在是多麼地偶然，你們每存在一天，這需要多少偶然的條件來成就？有多少偶然支撐著你們的存在，就同樣會有多少偶然在瞬間使你們灰飛煙滅；另一方面，你們的邏輯讓我信心大增，掀翻你們的政權，每分每秒都存在著巨大的可能。至於你對我的評價，『頭腦簡單』這一條現在立即可以承接，至於說以共產黨的強大和認真對付我，來反推說我有了異於常人的能耐，用你的話說那是瞎掰，說這話我沒有謙虛一下的衝動，我並不是沒有認真忖度過自己，我在庸常人中間並不出類。倒是你的話提醒了我，不該精神委頓，應該抖擻起來去適應角色，雖然這未必是你的本意……」

## 十七、我的監獄就是共產黨本身

上午的談話無果而終，于起身離開。中午開飯時間到，囚室門被打開，幾個士兵搬進來個吃飯桌子，搬進來了三把椅子，然後頻繁地進出。桌子上一會擺滿了菜、水餃、紅酒後，士兵退出，于又走了進來，樂笑滿面，臉上也有了些血絲，像換了個人似的，後面跟著他最喜歡的奴子，彪形大漢張雪。

「老高，聽說丫的過年連餃子都沒有讓你吃，這像什麼話？這小地方可真夠嗆，我聽說了，心裡很不爽，中午這頓飯算我的，專門就要餃子吃。」于一進來就說。

「過年吃不上餃子問題並不出在小地方，小地方究竟也沒用那種高屋建瓴的大才。中午你關照不關照倒也無關痛癢，這裡還沒有剋扣過我的中午飯。當然，能吃上餃子倒不算個壞事。我不想那麼多，他終於就是一頓飯而已，吃。」

我坐下來就吃。很顯然，于的心思不在這頓飯上。上午的談話終於也沒什麼結果，他來一趟顯然不是為一次不鹹不淡的談話。

剛吃了幾口于又開說了：「你看老高，上午也沒有聊出個結果，你不能老待在這裡呀，你這出路怎麼弄？」

「一、沒有聊出個結果這本身就是個結果；二、我從不認為我應該待在這裡，更不認為我會老待在這裡；三、我從不認為我的出路應該與你討論。我今年四十六歲，前四十六年從未跟你討論過我的出路問題就是一個證據。」我立即回

答他上述三點。

「長話短說嘞，老高，我乾脆決定這次帶你回北京，全交給我來辦吧，要錢給錢，要工作給工作，工作、報酬都隨你說，不設任何前提，回了北京就給自由，你說怎麼樣？」他邊說邊看著我。

「對我而言，你的『不設任何前提』是有前提的，交給你來辦，錢、工作得要一樣就是你的前提。你好像沒有聽清我剛才的話，我從不需要跟你討論我的出路，但無論如何你的到來是有積極意義的，我嘴裡正在咀嚼著的水餃就是一個證據。回北京放人，如果覺得放人你又吃了大虧，那就繼續關著。我的監獄就是共產黨本身，只要他在，我的監獄就在，我不大願意扯得太遠。」我邊吃邊回答他著他。

「這事不好辦，你回北京不靠政府，那必然就會回到原來的圈子，要不了幾天不就又要進去了嗎？」他擺出關心我的面孔。

「不靠政府就得進監獄，這是一種什麼邏輯？不好辦就不辦，第一我沒有請你來辦，第二你大沒有必要為難自個兒。」我說。

「這不為你好嗎？」他說。

我沒有再接他的話茬。一頓飯又不歡而散，但我是吃飽了，是水餃。

## 十八、走活這步棋是個技術問題

下午吃完飯，于又走了進來，還想跟我聊聊，說：

「由於不知你的死活，你大哥老要去北京鬧，當地公安要採取強制措施，政府是不願意看到這一節的。老高，咱做人不能太自私了，不能只顧自個兒。現在有一個很重要的節點需要你注意，就是不管基於什麼前提，騰挪一步使自個兒家裡人知道你還活著，這比任何狗屁原則都重要。我再退一步，回北京，給自由，可以自己決定要不要費用，要不要工作，但你也退一步給政府個臺階，配合政府演個戲，這個戲我們已策畫好。現在對雙方而言都是一步死棋，用你的話說是技術問題不同於原則問題，現在走活這步棋是個技術問題。我們的想法是：說你去年9月25日的失蹤與政府無關，是你自己出走到山西五臺山想靜養幾個月。這點對你而言可能會聯繫到你的狗屁原則，可以想一想，事態就這樣僵持下去，受害最深的還是你和你的家人。聽說老爺子（指我岳父）為你的事都糊塗啦，你大哥經常像孩子一樣地大哭，咱也替他們想想。我常說我不認為你的智商在我之上，

107

可有一點我現在承認，凡我能想到的你一定也能想到，讓你家裡親人知道你還活著是個大事，這點你肯定同意。有些問題不便說得太明瞭，暫退一步，贏得空間有什麼不好？何必要一舉解開所有的疙瘩呢？你說我說的是不是個理兒？」

我立即接住他的話：「我同意你的建議，但不要玩手段，否則我伸手即可撕破假象。」

「行，老高，有兩個安排：一個是你現在就動手給你大哥寫封信。就說你苦於這幾年的遭遇，痛定思索，最後選擇了去年9月25日的出走山西五臺山，說經過在五臺山的幾個月靜思，決定歸復一個人的正常生活，請家裡人放心。另一件是為了把戲演得真實，咱們28日回北京，回去就是個正月十五，讓你家來人跟你見個面，我找個和尚陪在你身邊，是被我們打擊處理過的一個和尚，我們找他，他會老老實實地配合的。有和尚在你身邊，你家的人就更相信你是剛從五臺山回來的。讓家人來的時候坐飛機，要快。」于又說。

「我家人配合你們演戲這來回折騰的費用必須你們承擔，他們沒有這個能力。」我提醒他。

于同意了費用由他們來承擔。27日晚飯後，于又進來，說他明天與其他一起來的人坐飛機回北京，今天晚上已有兩輛車從北京出發，趕明天天亮前趕到榆林接你回北京。我看他滿臉冰霜就調侃了一句，說他臉上愁雲慘澹。

這一觸激發了他淤積在胸中的不滿：「還說呢，還不丫的為了你的事。這他媽的都顛倒過來了，我們好歹也是代表部裡來的。來的時候，給丫的地方局領導帶來了兩箱『二鍋頭』，那都是國家領導人贈送外國元首的酒，一萬多元錢一箱，竟然沒有一個人來接，讓人目瞪口呆，連個他媽的小兵都沒有來。這酒就沒有送出去。這明天就要走啦，一點動靜都沒有。我們低個頭，沒有什麼，沒想到這一低頭還低出個更噁心的事。我讓小張（張雪）跑前跑後忙乎了半個下午，在他們這最好的賓館定了兩桌菜，當地領導竟一個都沒有來，又連個小兵都沒露面，這他媽的真噁心人。這小地方的人做事真叫一個『絕』，這他媽還是不是共產黨的天下了！哎，你還不用說，在新疆的同志好，不光熱情接送，吃、喝、玩，每天都有人陪著。」

我說：「說得露骨究竟比不上做得露骨，你們終於就是一群利合之徒。你代表公安部來，帽子雖大卻於榆林地方無益，公安部決定不了他們的任何利益，如果是陝西公安廳來人，那就不大一樣了。而新疆同志好恰是他們愚昧或都是不狡猾的證據，你們把對我的關押說得神聖高尚且天花亂墜，而經費卻截留在你們北

京局的手裡，除新疆外，沒有任何一個地方願意接手我的事，誰都清楚你們在做什麼。」

「保衛國家安全，誰在臺上都會這麼做，也不是什麼見不得人的事。好啦，咱不扯這個啦……」于又接著說。

## 十九、一場演給外面看的戲

2010年2月28日，早飯剛過，孫荻、張雪走進囚室，後面跟著兩名警察。孫荻一個眼神，那兩人走過來將一個黑頭套套在我的頭上，然後將我架上了車。

我能聽到前面有警車開道，一路喝令：「前面的社會車輛靠邊，前面的社會車輛靠邊。」

而後面又有警車殿後，一路喝令：「社會車輛不得靠近車隊，社會車輛不得靠近車隊。」

我聽到車過了高速路收費口，聽他們說：「停一下，讓地方警車撤回。」

過了高速路，頭套被人抓下，我一看，車輛由張雪駕駛，車裡有孫荻及一個不認識的人。

我最擔心張雪駕車。由於于泓源的賞識，致他大腦常處於亢奮狀態中。這絕非偏見，其亢奮之態顯溢於言行。他開車飆高速常險象迭生。這次上了高速，不到一小時即出現了兩次驚心動魄的危情：一次是差點與一三輪車相撞。第二次是他正奮力超一輛大客車，一聲巨響，塵煙猶龍捲風般飆起，車內瞬間黑暗充塞，能見度為零，驟生驟死盡在轉瞬間。一個猛剎車，身體撲撞在前椅背上，只兩三秒鐘，車內外亮了起來，原來那輛大客車爆胎，正在我們面前像醉漢似地搖晃前行，等看清情形後，我們的車輛停在了路邊上，張雪自己提出來說不敢開了，解除了我的後顧之憂。若繼續由他開著，我一路上精神將無寧矣！

到了北京天已經黑了下來。我發現車並未朝著我家的方向行駛，因問其故。

孫荻說：「先到一個地方歇一歇，等與你家人見面後再回家。」我也就沒有再說什麼。

我想他說的是有點道理的，但他們的出爾反爾是極尋常的，我提醒自己，先讓家人得到我活著的消息再做計較。

當天夜裡，我被押至一個山區，關在一個七平方米左右的房間裡，有幾名警察輪流看守著。房間裡除了兩張床外什麼都沒有，可以看出來，那是一間客房，

而電視機卻被搬走了。第二天一大早，孫荻進來說有人找我談話，並將我帶到一間類小型會議室的房間，一位頗肥碩的和尚坐在裡面沙發上，旁邊坐著於于泓源。

我坐下後，于向我介紹說：「這是位五臺山的師父，從現在起就陪著你。你弟弟下午的飛機，（昨天在路上，孫荻遞給我一部電話機，說：『通知老四，讓他明天下午飛到北京來，今天是來不及了，就說你現在正從五臺山往北京趕著呢，其餘什麼也不要說。』）始終有我的人貼身陪著你，由我的人給你開車，你和和尚師父一起到機場去接，你弟弟來回的費用、晚上的住宿由我派人負責，你給他介紹就說他們是你的朋友。你接上以後只能在一起簡單地吃頓飯，由和尚師父和我安排的人以你朋友的名義陪著，吃完飯後你就說你有急事要離開，然後你們就分開了，你回到這裡來，我的人以你朋友的名義給你弟弟安排吃住。」

我清楚這場戲根本不是演給我家人看的，只是演給外面看的。我沒有說什麼，不管怎麼說，先讓家裡人看見了我還活著，這比什麼都重要。當天下午五點多鐘，我們見到了弟弟，然後直接趕到一個專供佛門人士飲食的飯店，草草與弟弟吃了一頓飯，由於于泓源的人始終以我的朋友、司機身分「親密」相隨，兄弟倆只能用眼睛交流感情。我從不願讓我的家人瞭解我的危險處境，吃完飯我就匆匆離開。

車穿行於北京市區，一年多來第一次看到窗外夜景，燈火闌珊中溢動著形式上的人間氣息，總覺得似在夢中，總懷疑是身在這人間，雖身在其中，仍恍若隔世。因為我清楚，我只是路過「其中」，回到祕密囚禁點我的世界裡，才是車輛飛馳的目的。但我也有我的準備，我擔心他們再次假戲真唱，因為這場表演有一個很明顯的功能——我現在並不在政府手裡，這是他們的核心目的。然而，我卻完全被扼控在他們的手裡。他們的目的是想讓外界相信我並不在他們手裡；而我的目的則是讓家裡人知道我還活著，並且設法讓家裡人知道我一直就在他們手裡，現在正在演戲。我「成功」地達到了我的目的，並使雙方的局面再次緊張到極點。

## 二十、官在我眼裡猶若敝屣

第二天吃完早飯，于泓源又找我談話，可以說他又邪靈附體、腦子被驢踢了似的。談話一開始氣氛就很緊張。

「按你在榆林時的當面承諾，昨天我就無條件回到家裡，還談什麼話？」我先

問他。

于說：「你回到家也還全天候在我的人手裡，再在這休息幾天吧。」

「沒有任何地方能比家裡的休息更理想，你不要拐彎抹角，你究竟想幹什麼？」我問他。

「老高，你玩不過我們，我在兩天的時間裡很輕鬆地導演了一場大戲，你都是主角，演什麼？演你不在我們手裡，過去幾個月不在，現在也不在。你的親人也親眼看到了你不在我們手裡，不客氣地說，你的處境比前階段更危險了。因為前階段還有一種可能，你可能在我們手裡，老大多次來北京要人，就說明了他們認為你可能在我們手上；這次情況是不大相同啦，大前天你寫信給家裡人說自己出走五臺山，昨天你又親自讓家人看到了你是自由的，而且不在我們手裡，你現在死活都跟這政府沒有關係了。希望你認真地考慮一下你的處境，別終於來個雞飛蛋打，你說是不是老高？」于說得眉飛色舞。

「客觀情形就真如你說的一樣，又能怎樣？」我問道。

「哎，老高，跟你溝通是不困難的，人很直，腦瓜兒也不怎麼笨。別鬥了，沒有前途的。換身分，只須換個身分，而且是祕密地換個身分，換了身分後兩條路：一條是留在國內，你繼續做你的英雄，繼續嚷嚷下去，罵共產黨，繼續待在原來的圈子裡，我的人會定期或不定期地，以別人意想不到的方式和你接觸；我們給你建立一個帳號，設國內還是國外由你定，保障你有足夠的錢用。另一條是改變了身分到國外，我們以強制扭送出境的名義把你送到泰國，然後你肯定有辦法到美國；在外邊給你設個帳號，我們會定期把錢打入你的帳戶，可以具體確定個數字，對於解決你的問題代價，上面是有個授權範圍的。每月小幾十萬美元的檔檔我這就能答應，太獅子大張口的標準我只能向上爭取，但錢不是個問題，因為你是個大傢伙，值得花大價錢，我會定期派人跟你接觸。老高，活得現實一點，現在很多人都在給我們幹，我是說在國外。今天就咱倆，改變身分的事就咱倆知道，連我的娘老子都不會讓他們知道的，往境外送的具體過程我是外行，這方面的負責人我也帶來了。老高，這次我可沒有給你留後路，而且我可以給你說明了，我連自己的後路也沒有留下，我是給上面大領導打了保票的。」

于一口氣說了有四十多分鐘。他看著我，在點煙的過程中都抬眼繼續看著。

我說：「老于你不應當用一個賭徒的心理來處理並不屬於你我個人之間的事，你別說我說得難聽；官在我眼裡猶若敝屣，卻被你寶愛如命。你總以為我的命控扼在你的手裡，就會成了你手裡的玩偶。這幾年你常有這種得意，而且每次

111

穩操勝算的得意忘形於色，終於時至今日你還是處在像以往一樣的籌算過程中，總以為設個不大智商的局，即可以所向披靡。實在是大謬不然，這次也不會例外，你還是會以失敗告終。而我，未想著這種過程中我會是個勝利者，但我仍會保住一些東西的，比如我再次會活著回到親人中間，這一點你改變不了，你背靠的政權也改變不了。這麼多年了，你迄今癡心不改，總不肯放棄不切合實際的幻想。結果如何？結果是一次次給我製造了些困難的過程，而你卻一次次得到了失敗的結果。你應該不會忘記，2007年7、8月份的一個夜裡，你們將我綁架到昌平，你說了什麼？你當時說你『用陝西同志的辦法』（指酷刑）一定能使我乖乖地就範。結果怎麼樣？」

　　我還正說著，他突然暴怒難抑，一掌拍在茶几上，大喝一聲：「別說啦，別他媽的扯遠啦！那次在昌平怎麼啦，說了用陝西的辦法操丫的，我失言了嗎？不也操得丫的求饒嗎？不是寫出去了嗎？有用了嗎？有人怕這個嗎？我不還在這操著你的小命嗎？這次還是這話，不服再操丫的，操死啦，我擔著。」

　　「老于你別發火，那力量，也沒人怕這個。這麼多年，多少次你動輒即暴怒狂罵，可因此而改變了什麼？我從不認為我是英雄，在你們施暴過程中確實求饒過，那是因為我的天真，以為施暴者還有人性。這次在新疆的酷刑，可有人給你彙報說我求饒過？倒不是說我終於成了英雄，只是不再像以前一樣糊塗啦。你用死來威脅我，死，大致上不是什麼好事，興高采烈追求死的人則更是少見，至少，我不是，也絕不願死，但絕不會為了免死即放棄任何東西，更何況，我從不認為我的命會終結在你們的手上。他絕不是個偶然的過程，終於有一天你會明白的。」我說。

　　「老高，我現在還用得著威脅你嗎，局面你現在應該是反應過來啦。在新疆是，我們沒有做了你（指害死），那是因為畢竟沒法抖得那麼乾淨。你陝北一大家堅持你還是在我們手上，今天完全反了個兒，老四不親眼看見了嗎？剛從五臺山回來，身邊還有和尚陪著，你們家自己會向全世界證明你早就不在政府手裡啦，你就等著看熱鬧吧。談不攏了就乾脆操死丫的，絕不再拖泥帶水，你這幾年也一路看著過來啦，我什麼時間婆婆媽媽過？給你幾天，你自己掂量去。」于激動地說。

　　「老于我現在就給你個結果吧，不過你聽了別火，發火是無力量的本能反射。你覺得一手導演的欺瞞世人的鬧劇是嚴絲合縫，可那天吃完了飯，外面突然下起了大雪，一出門，我便對寸步不離的『司機』不經意地說了一聲：『下得太大

了，你去把車開過來吧。』他立答：『好了您哪。』後拔腿便跑向停車場，中間有三、四分鐘的時間我給老四講了一些與劇情無關的信息，我現在只能想起兩句：『我們都在演戲，從去年9月25日失蹤到今天，我一直就是在他們手裡關押，今天我們周圍的人，包括你周圍的那些人，都是共產黨特務，回去立即告訴家裡實情。』我接著他的話說。

「王八蛋！言而無信的東西，丫的不明擺著玩我們嗎？我都向大領導打過保票了，是你把我往絕路上逼，要麼改變身分皆大歡喜，要麼魚死網破，我他媽的要灰頭土臉了，誰也別想好過了！還是那句話，給你幾天考慮時間，希望你不要一再執迷不悟。」于說完站起來就走。

## 二十一、蠶食了天道的份，焉可長久？

于泓源一離開，孫荻、張雪走進來，一左一右架著我就走。我被關在一間約七、八平方米的房間裡，裡面擺了兩張床，使室內顯得異常狹窄。警察每二十四小時換一批，二十四小時裡他們實際上也是被關在裡面。由於房間完全封閉，加之那些祕密警察人人吸煙，室內空氣污濁不堪。開飯時間會有人將飯遞進來。

又關了一個星期後，孫荻來找我談話，說：「你真是一點都不為自個兒考慮啦，于局給了你時間，你考慮得怎麼樣啦？我們不來找你，你就打算擱這兒過一輩子呀？我就百思不得其解，老高腦子怎也會糊塗到這份上？一次一次給你好路不理茬，非要往死路上扎。說點心裡話，老高你是不是自暴自棄？這幾年是慘了一點，但也不至於完全不負責任，不為自個兒和家人的將來考慮呀。說說，今兒咱聊聊，想什麼，說出來，咱一塊兒想辦法。說說老高，不能老這樣兒呀？」他說完了就看著我。

我說：「你說我一點都不為自個兒考慮，那是你的臆斷。我是個俗常人，我還就每時每刻都在為自個兒考慮，只是沒有按你們畫定的道走。更不是什麼自暴自棄，恰恰相反，這是對自己未來認真即有自信心的結果，不願意稀裡糊塗瞎活著的結果。毫無疑問，從物質層面上，中國人民還需要面對幾年無奈，我則更是如此，屬於我必須經歷承受的困難過程是躲不開的，但絕不會像你說的是一輩子。既然是個過程就一定會有結束的時候，且為時不會很遠，我的壽命要比共產黨剩下的時日不知要長多少，這點我不再懷疑。之所以有這種近乎神奇的直覺，是緣於對天道的自信──你們對無罪的人長期非法囚禁，屢屢施以摧毀人類聲譽

的暴虐，這是對天道的野蠻踐踏，是蠶食了天道的份，你們焉可長久？除非天道本身也自暴自棄，或著是無能為力或竟本無天道。但是，人類歷史已無數次示教過我們，天道的存在及其浩蕩力量從不是個或然關係。我堅信，共產黨政權的無法無天，終於到了個天道彰明的時候了，因為這裡還有個天道的『聲譽問題』。」

「老高你丫的是不是幾年給關傻啦，你扯哪兒去了？你扯那些有屁用嗎？讓天道來放你回家？這不睜眼說瞎話嗎？就扯自個兒屁股底下的事，別整那雲裡霧裡的事，怎麼想現實一點使自個兒回家去，而不是想些虛無縹緲的東西，于局給你幾天的時間讓你想，你盡扯這個，這不睜眼往懸崖下跳，這不明擺著把自個兒往火坑裡送嗎？別抱幻想啦，我們沒有時間跟你扯這些沒用的東西，你就乾脆給個明確的回話吧。」孫荻顯得有些不耐煩。

我不再說話。

「說你呢老高，痛快點給個話，于局還等著我回話呢。」孫又催促道。

我想我在原則問題上的態度無須再說什麼，所以繼續選擇了沉默。

「老高，醜話咱先說了，咱們打了幾年交道啦，政府的手腕你不是沒有領教過，不需要說得太明白了，何必自找苦吃呢？我們沒有對你提出過高的要求，你說呢？」孫荻站了起來盯著我說。

我終於不再說話，孫荻氣呼呼地離開並使勁摔門。孫荻離去了，囚禁終於還在繼續。

## 二十二、想在你脖子上套個繩子牽著

大約過了一個星期左右，又是孫荻打開了門進來。

「老高怎麼樣？考慮得怎麼樣啦？」

「答案從來就有，也沒有過模糊不清。」我回了一句。

「走，于局又來找你談話。」

他說完轉身就走，我蹣跚而往。進了談話室，于與「瘦猴」坐在正面的沙發上，于臉上掛滿了笑。

「嗯，老高，氣色還不算壞，怎麼樣？」他問了一句。

「氣色，實為心色，是心情的外溢指標。你滿臉掛著笑，卻氣色灰暗，一定心情不佳。」我邊坐邊回了一句。

「高大爺，高局，我現在見你比見大領導還要緊張，被你給看出來了，你的

事懸在那兒，心情就沒有好過，能好嗎？替你著急呀，在你跟前是吃力不討好，今天咱們聊聊，得往前邁一步呀。老高從五臺山回來啦，回來怎麼又悄無聲息啦，這不正常呀，所以咱們一起想個辦法，先把這一步走出去，也給你創造一點寬鬆環境，讓我也有個迴旋餘地。都讓一步，用你的話是在技術上都讓一步，你看怎麼樣老高？」他又滿臉堆笑地說。

「我從不反對談，談本身並不決定著什麼，但有分歧，用談的方式探尋解決之道是一種應當肯定的文明。當然，我這並不是說你們已經具備這種文明能力，談話不是你們的誠意，而事實一再證明，談只是你們的手段和詭計，事實也一再證明了手段和詭計從來沒有能給過你們一點實質性的好處。恕我之言，希望你們能記得以前的過程，我不止一次在你跟前提到過，人和人的智商差別有時不是特別大的。你既跑百十公里來找我，肯定有自己的成熟想法，你就直接說出來，大不了還是原地踏步罷了。」我談了我的觀點。

「呀高局，不愧做過大律師，直接為談話定下了基調：留下了可能通道，堵死了該堵死的，痛快。我琢磨出一個新想法，我知道，大局的主動權從來就不在我們手裡，這是一種很奇怪的現象，結構性的主動權從來都在絕對的弱者一邊。合作與不合作、如何合作、何時何種程度合作都反而是弱者一方說了算，作為絕對強者的一方反而完全被動。我們的主動只能是技術方面採取措施，為什麼跟你扯這個？因為你對這一切是心知肚明，這麼多年來是政府一直圍著你轉。眼下的問題是設法往前邁一步，不談改變身分的事，只能談改變現狀，使雙方都走出這個僵局，你說呢老高？」他侃侃而談。

「老于我提醒你一下，你剛剛談到了『絕對弱小』和『絕對強大』兩個詞，實際上為一個觀點的不同表述。核心是你們頭腦中根深柢固的所謂『當局絕對強大』的誤念，你剛才的表達證明了你並未禪悟透了強大與弱小的相對及相應轉化關係，認識的錯誤即導致行動的謬以千里。你們拉開架勢跟我纏鬥了五年，手段無不用盡其極，結果怎麼樣啦？我希望你們能吸取一些東西，哪怕是在技術過程中。至於你剛提到的『雙方僵持』，我不大認同，僵局從來不屬於我，一個一個的僵局從來都屬於你們，且都是你們自己製造出來的。直接說出你的想法吧。」我回答他。

「好，跟他媽的律師談話還真得處處小心。是這樣的，咱們對外說是你自己失蹤的，從五臺山回來了，可這回來後又沒聲沒息的，外面有很多質疑聲，政府也頂著壓力，現在先解套。這次關著，又受了些罪，你出去還會寫的，我算計得

清清楚楚。明說了，我們手頭必須捏個東西，不捏個東西，你把那些東西寫出去了，又把大夥兒搞得很難堪。你現在給政府寫下個東西，就說這幾個月政府對你很好，你很感激政府，不但很感激，而且將來回歸社會後，還願意在政府的關懷下做些有益的工作，做一個正常的社會人，讓我們給上面的大領導也有個交代。說白了，想在你脖子上套個繩子牽著，而套這個繩子對你絕對有好處，要不然，我太清楚你啦，出去了就寫，寫了就被抓。兜底說了，如果連這點都不讓步，就只能無限期地關下去了，怎麼說，繼續關著的壓力要比你把新疆受了點委屈（指酷刑）那點事寫出去要小得多。我就跟你全說了，因為沒有你琢磨不透的事，你自己選擇。如果願意，一個月內放人；如果不答應，就移交給義務兵看管，在部隊慢慢待著去，我們也不願意再和你糾纏。說心裡話，如果由我個人決定，我更願意讓你長期關在部隊，如果放你回去了，北京局能安省得了嗎？還不是折騰我們的人。你現在回去了，還不是等於又回到了問題原點啦，而且會比以前更瘋了呢！耿和她們娘仁不在中國啦，老太太又死啦，誰還能管得住你呢？五年多啦，政府投進去多少人，錢花得海啦。現在回頭看，放你回去等於一切功夫都白花啦。行啦吧老高，自己也應該有個正常生活啦。但現在有一點，就是我讓你給政府寫的東西一定得寫得肉麻了，越肉麻越好。這是我們最後的臺階，能讓我們下了這個臺階對大家都有好處，否則，就立即拉開距離，你待在部隊去實現你的偉大抱負去，我們也還有自己的事要做。兩天之內小孫來取你寫的東西，今天就談到這裡。從今天起可以給你點書看，也可以看看電視，但遙控器得掌握在看管人員手裡。」他一口氣講了半個多小時，我能記住的也就這些。

于泓源與瘦猴君離開後，孫荻把我送回囚禁室，一進門，遞上一遝稿紙和一支筆，說：

「記住，一定要寫得肉麻些，越肉麻越好。」

我並沒有接住，他立呈目瞪口呆狀。

「剛才不說得好好的嗎？」他說。

「說得好好的？是誰說得好好的？說得好好和答應得好好的是兩碼事。」我回答。

「你不答應剛才為什麼不當著于局說清楚？你現在這樣，領導不又怪我無能嗎？你不害我嗎？」孫荻顯然生氣啦。

「我斷無這般無聊。」我答。

孫繼續在那裡嚷嚷著，我不再說話，終於他生氣而離開。

# 二十三、近距離觀察富二代

對我的囚禁從來都是黑幫式的，可以毫不誇張地說，什麼樣的黑暗過程、什麼樣的野蠻場面都經歷過啦，若沒有一定的心理準備，沒有一定的消化那種苦楚的能力，那些過程真還可以使人面目全非。

密封式的小房間裡關押，除酷刑外另一個綿綿不絕的苦楚，就是這種環境裡祕密警察綿綿不絕地吸煙。由於他們進入囚室時不允許看書報，不允許看電視、接電話，夜裡也不許睡覺，只能坐在我面前看著我，我感覺他們是一律的心裡空域不甚大，都沒有什麼信仰。人人吸煙且是不停地吸，房間又是完全封閉的，滿屋濃煙塞得滿滿實實。他們換了班後可得以換個大空間，可我卻全天候地，有時是幾個月、幾十個月就持續地悶在煙霧中。毫不誇張，身上任一個毛細孔散發出的都是死煙氣味，對於我一個不吸煙的人而言，那是一種災難，一種無論如何都不能擺脫的災難。十年過去後，我發現我說話的聲音已完全變了，變成了一個陌生人的聲音，且迄今不能改變復原。

這次的看管人員中有一位山東大漢，他應該是剛走出大學校門，身高一百八十多公分，膀大腰肥，從後背看像個五十多歲肥碩男性的體型。其他人悄悄告訴我，說他的父親是山東某地級市的地稅局局長，說是富二代，錢很多，北京的房子買了一套又一套。這傢伙愛穿雙球鞋，大略是人年輕火氣大，每次一進囚室把鞋、襪都脫了，那腳臭得足夠氣魄，絕不誇張，那段時間他那雙臭腳給我的苦楚是空前絕後且永無能力忘掉。他倒沒有讓你酣暢淋漓地嘔吐，卻維持著讓你欲吐不能的持久狀態。當然他的到來也有積極的方面，他使得我有近距離觀察富二代的光榮。他吃雞蛋不吃蛋黃，吃包子不吃皮。蛋黃、包子皮都當垃圾倒了，而無一點難為情。他的同事，那些老警察老在他背後衝著我伸舌頭。他很少說話，但說出一句，即能讓你感到富二代的氣魄和乾脆。例如，有一次和他一起值守的警察提到中國沒有一份敢講真話的報紙，相比之下《南方週末》還能講點真話，沒料到這傢伙劈頭來了一句：「《南方週末》是哪的報紙？給丫的關了！」一次有人說起上訪人員阻攔三號首長的車，他爆出一句：「給丫的腿打斷了！」逗得老警察直聳肩。

# 二十四、為老人我願說違心虛假的話

終於又耗到三月下旬，一天，孫荻又來找我談話，還是關於寫一份「政府待我好，我心懷感激且終不能自持」的事。這是一種典型的做賊心理，心裡不存有一點的坦然、自信，總是設想掇取點虛假的東西以遮障這種不坦然、不自信。對我而言，這究竟還是個技術問題。技術環節上的挪騰，妥協從來不是我反對的，但于的要求是命令式的，且一定要寫得肉麻，這種蠻橫常使他在本不該失敗的環節上失敗得灰頭土臉，但他們從不吸取教訓。從 2006 年開始迄今，凡屬非結構性、非原則性的問題，凡有妥協餘地，我都做妥協選擇；今天回過頭來看，這是我犯的一個錯誤。這個錯誤並非妥協本身，而是對象的不能，即我的對象是只有詭計沒有妥協。我的妥協換來的是一些災難性的苦楚。我總以為對方有妥協的意識是個好事，我們當鼓勵這妥協，有時哪怕犧牲一些實質的東西亦有價值。但妥協遭遇上了詭計。

我曾與一個老警察談到這一現象。他說你屢遭酷刑的一個結構性導因是「法輪功」問題，說其實那次酷刑（指 2007 年 9 月 21 日那次）完了，你寫出去正符合當局的意思，說你把那次酷刑寫出了，正好起到威嚇作用，「法輪功」問題是絕對的高壓線，誰碰誰死，連高智晟都敢整，誰還敢再碰？他說你屢遭酷刑的另一個原因就是你老願意在一些過程中做出讓步，他們不懂得妥協，他們百分之百地會認為這是你的軟弱，認為酷刑對你有用。因為政治犯他看管了許多，你若從一開始就不做任何讓步的話，在肉體上他們一般不用酷刑。說對劉曉波就不會有酷刑，因為他從不讓步。他說其實他們在一旁觀察的人最清楚，明擺著你有讓步的方面，也有死不讓步的方面，可他們想不到這點，總以為酷刑起到了作用。說妥協是好事，但絕不是對一群從不懂得妥協價值的人。

在他說了這番話的時候，我依然認為，即使對當局，在不毀大局的情形下，當把妥協作為一些技術性環節上的選項；但今天我已不再這樣堅持，這是我吃了許多苦楚後終於得來的經驗。

寫一篇說他們在關押期間對我「恩重如山」的文字，避免這種已延續了十四個月的地獄般的囚禁，從精神上舒緩一下我親人的壓力，對我的感情而言是有價值的。我一想到老人數個月裡奔走在各太平間之間，哭而撫屍辨認的殘酷（是新疆警察告訴我的實情）現實，我的心猶如錐刺之痛。我願為老人做出任何犧牲，違心地說些虛假的話。我最終同意了他們的要求，寫了一篇說他們在關押期間待

我很好，我很受感動，願意回歸社會，過「正常」生活的文字。

其實，關於寫這篇東西，幾位看管警察私下也起了很大的推動作用，他們認為應當寫，認為所有當局這次的囚禁，分分秒秒都有許多眼睛在場，不應當為這點堅持而繼續被囚禁。我寫了幾頁誇他們經濟上取得的成就、祕密囚禁期間待我猶如上賓的文字，結果孫荻一看不滿意，說一點都不肉麻，得重新寫，被我拒絕。想要肉麻的感覺在我這裡是做不到的，終於這事也就只能如此了。

## 二十五、網上發現了「我的電話」號碼

至3月28日，我又在北京密雲山區被關押了一個月。這天一大早，孫荻、張雪將我帶到談話室，于泓源已坐在那裡，臉色十分陰沉，雙眼下視地皮。

我進去坐下，于繼續盯著地皮說：「老高怎麼樣？」

「有話直說吧，被非法囚禁著，你認為應該怎麼樣？」我也不看他便回了一句。

于立即把目光轉向我：「什麼意思？你還不高興呢，我他媽招誰惹誰啦，到處他媽地撞灰，不都是為了你的事？在榆林的事真他媽噁心，打著公安部的名，送酒沒人來收，擺桌子沒人來吃。按有關領導的布置，準備在山西給你找個地方待上一段時間，我代表公安部負責具體聯繫，聯繫他媽的好幾天啦，他們丫的根本不理你的茬。昨天我真他媽火啦，給丫的來了個最後通牒，讓他們在五臺山找出個獨院來，夜裡十二點鐘前必須落實並回話，否則後果自負。這他媽都到今天早晨啦，他們丫的到現在都不理你，還沒變天呀，這他媽的還是共產黨的天下嗎？本來安排好啦，我就可以不過去，北京還有多少事需要去辦，害得我還得親自過去。你不高興，我們高興嗎？多少人一天圍著你轉？還有你看不到的呢，沒心情跟你瞎捯飭了。今天轉移地兒，不要問為什麼，我們也是棋子兒。本來還想跟你聊些事，一看你那樣兒，算了，帶回去吧，吃完飯了出發，我帶兩車先走，你們天黑趕到就成（後面這話顯然是給孫荻、張雪說的）。」

我又被帶回關押室。這天中午時分，我被兩人挾架下樓，外面停了兩輛「別克」商務車。我被押上車後，車子一路開向山西，至日暮時到達山西五臺山上。

于泓源未能如他所願在山西五臺山上要來一處獨院，山西方面只差一個當地縣公安局副局長出面應付，既落實不了獨院關押場所，更說抽不出警力來接手關押我的事。于氣急難抑而終於無可奈何，最後終於住進了賓館。而按要求，凡是

119

我住進去的賓館、飯店，當局必須將整座賓館給包下來，絕不允許其他人入住。然而，五臺山的賓館價格高得令人咋舌，也不知道還有什麼原因，到了五臺山的第三日，天不亮我就被押上車，離開了五臺山。

值得一提的是，在五臺上的頭一天時間裡，于突然進了我的房間遞上一部電話，說我們發了你在五臺山的消息，並在網上公布了你的電話，說就是你的手裡這部，你對外就說你在五臺山待了幾個月，過幾天就要回北京了，就說你是自己在去年來五臺山的，現在是自由的，只有用這部電話與外界通上幾天話才能放你出去。反正你家人也已知道了真實情況，你也沒有什麼後顧之憂。

這就是外界突然在網上發現了「我的電話」號碼，並與我恢復了電話聯繫的真相。但這種恢復與外部世界聯繫的情形讓當局大為驚恐。于一日數次到我的房間裡，說現在還有這麼多的電話聯繫你，太出乎意料了，說這等於政府這幾年的工作白做了，說本以為堵上幾年外面就把你給忘了，「這點上我們是失算了」。那幾天電話真的多得令人恐慌，有時接一個電話完了，就會顯示幾十個未接來電，專門就有幾個特務在我跟前掌握我接電話的情況。

他們的監聽手段還應當是頗先進的，他們可以同步地在我接話的現場監聽。因為我剛與范亞峰博士通話結束，于就推門進來，對范剛在電話裡的言論罵罵咧咧。而對我通訊的監聽手段，他們在 2008 年即獲得一種新技術，即不再與具體的電話號碼發生聯繫，而是通過聲音監聽，即只要我通過通訊工具講話，都能囊括在他們的監聽之下。

然而，關於第三天天不亮就突然急急離開五臺山，肯定有什麼被他們掌握了的情報迫使他們如此選擇。

因為于說：「想讓高平靜下來千難萬難啊，有人不願看到這點，要撞到這裡來找你。」

## 二十六、祈州遇道士

一路上盡是些大山深溝，公路延伸在逶迤連綿的群山間，幾個小時後車隊到了山西祈州，不知為什麼，一群人並不住在市裡，而是頗費周章找到一個村裡的農家樂旅遊點，那去處倒也豪華氣派，但聽著看管警察透露，說只在這住大半天，晚上就會搬到市裡一個五星級酒店去住。果不然，剛吃完晚飯，我又被押上車，車由張雪開著，由一個穆姓的年輕人指引路。慌亂中，那小警察說錯了路，

張雪破口大罵，那蠻橫和跋扈的程度實在可觀。他並無任何職務身分，和那小警察只是同單位同事，但他卻有一種特別能耐，就是討得于泓源喜歡。他對于泓源是言聽計從，而于也常對其耳提面命，凡于外出，必帶他而行。

那小穆這次出來是有特別任務的，否則，他作為非北京籍警察，外出是絕不能輪到他的。也許這不是刻意安排的結果，卻在客觀結果上是個不二的規律。即凡是外出陪我旅囚，百分之百是北京籍警察。這些年來，我外出旅囚次數以數十次計，從無例外。至少在我的印象中，很多北京籍警察，在媚上及兇殘方面不僅超群且毫無底線。每次對我的酷刑百分之百都是北京籍警察。第一次酷刑時倒是安排了一個外地籍警察，結果他的表現實在是「不盡如人意」，他從頭到尾沒有動我一根指頭。在前幾年對我家人的貼身跟蹤中，多次對我一家毆打及人格侮辱者，跟蹤過程中有最潑皮無賴惡行的，百分之百是北京籍警察。這幾年的祕密囚禁中，給我製造困難及百般羞辱的，全是北京籍警察，每次對我實施綁架的也無不如是。這不是一種偏見，只是對一種客觀存在的記錄。何以如此？我不大願意浪費筆墨去揣度之，但這究竟是個客觀現實。

車終於在張雪的暴戾中停在了當地最豪華的賓館門前。我們在那裡住了三天，那房價及飯菜價實在高得可以。在那裡，他們對我的管制開始有所放鬆，早飯後及晚飯後各允許在外面散步一小時。第二天早飯後我下了樓，這是半年多來我第一次在陽光下不戴頭套的散步。有趣的是，一出賓館大樓，四名「保安」兩翼隨行，不捨寸步，引起了周邊正覷覷機會的江湖術士的注目，其中一裝扮道家的人物連連衝我作揖。我並不與他交涉，因為我只有一個小時的時間，且是數月來的第一次。但是，他顯然覺得我是他的一次機會，邊喋喋不休誇他自己的前知後算能力，邊倒退著表揚我的「大富大貴」福運。我心說：「你真是瞎眼加倒楣，我自己也幾個月沒有見過一分錢的面，今天更是囊空族一員。」他卻糾纏不清，我的「保鏢」面無表情地看著他。我一句話擺脫了他，也逼笑了幾位冷臉「保鏢」。

「我說你既然有百千年的前知能耐，你就算一算我眼下接不接你這一單生意，若算不出來，請你旁立，不要再糾纏了。」

他聽了立即目瞪口呆立在一旁目送我們離去。但今天我卻用這段文字紀念他，究竟他也是半年多來第一位在陽光下與我交涉的，中共警察以外的不知內情的人。

在祈州住了三天，在外散了六圈步後，我們於第四天趕往山西大同市，又是天不亮轉移。

## 二十七、警察「和尚」陪著回老家掃墓

到了大同，我才悟出了他們押著我故作神祕狀到處轉移的真實目的。他們這樣做旨在欺瞞上級，實際上是假情報糊弄上級，而以高頻率轉移關押地來達到遊覽名勝古蹟的目的。上午他們帶著我去了懸空寺，在那裡讓我大開眼界的是軍車大陣、警車大陣的蔚為壯觀。其中，一陣空軍六輛「別克」商務車車隊就停在我們旁邊，車上下來的卻是一群婦孺和老耄之人，大略是幾個家庭。我指出他們這都是違規用公車旅遊，結果看管警察說我事多，說別人都想不到，就你長著歪心眼。我未再說什麼，我知道與他們談這些無異於對牛撫琴，何況，我們的車隊不也正在公費私遊嗎？但下午他們就吸取了上午的教訓，為了不再讓我看見「負面信息」，下午他們赴雲崗石窟時就留下一人看著我，說讓我好好歇著。

他們在大同盡興後，作為向外欺騙的一部分，他們突然提出讓我回一趟老家，但有二個條件：一是我必須穿著和尚的服裝；二是由小穆裝扮成和尚陪伴著我（就是在祈州被張雪大罵，我提到他有特別任務的那個穆姓警察），到了老家後還必須由「和尚」二十四小時形影不離地陪著我。但被我斷然拒絕，回家看看親人、給父母掃掃墓對我是太有吸引力了。這不是簡單的幾個月生離，而是幾個月的「死別」。我的「死而復活」對我的親人而言，是集莫大的幸運與莫大的悲傷於一體，一家人渴望著能看到我，我也渴望著能回到他們身邊給他們些許安慰，但絕不能是無底線地被任意搏捏。這樣，一群人就僵在了大同市。最後，雙方都做了些讓步。對我而言，沒有警察陪著回家，這連可能性都沒有，這十年多來是沒有例外的，這次不過是裝扮成出家人「和尚」而已。終於達成的結果是：我不穿「和尚」服回家，而由警察扮成和尚，二十四小時形影不離地陪著我。

2010年4月3日夜，我在「和尚」的陪同下突然回到家，一家人喜極而泣下。大哥竟像孩子似地嗚咽起來，我知道那嗚咽聲裡埋著道不盡的委屈與無助。

大哥走過來抓住我的手，邊哭邊說：

「老三，再哪裡都不要去了，中國太危險了，他們不是人（指政府），完全不講道理，即便是別人家裡的豬、羊，你能不能隨便抓走？抓走別人家的一個狗娃子你還得給主人打聲招呼，我們的一口子人，啥時想抓啥時抓，連個招呼都不給

你打，每次抓了過上幾個月就不承認啦，天底下還能有這種政府？大哥求你啦，就待在村裡，我們養活你，不要再去受罪了。」

看蒼蒼白髮的、像孩子般哭著的大哥，我自己也早已淚水滾面。我知道我的親人這幾年所受的常人難以感到的傷害，這常讓我猶歷錐心痛，但我實在不能獲得久伏於苟安的能力。我為了親人，不止一次地嘗試過，而終於都歸於無效，因為讓我目睹顛倒黑白、顛倒是非而不開口，比讓我立死都難受。那種對心靈的煎迫、痛苦憋屈，絕不比遭囚禁時好受，這與什麼高尚、勇氣絕無交涉。這是人性中固有的東西，至少是個性中我無力遏抑的東西。

我不止一次對當局談話對象說過，要讓我對明明白白的罪惡無動於衷，唯有硬暴力堵嘴一途。只要有條件，我就會大著聲說出我看到的罪惡。一部分人無法無天的罪惡為什麼能在化日下暢行無阻，就是因為受害者和旁觀者一律的閉嘴。這種一律閉嘴實際上成全了罪惡，成全了這民族人類歷史上空前絕後的苦難與不名譽。有些人對當局花驚人的力量規模來扼控我，感到驚訝不已。我卻認為這是這個惡政權少有的實事求是的態度之一，他們太瞭解我了，也知道我太瞭解他們了，他們是最善於利益計算的，打壓我「一年要花費上千萬元」（于泓源語），划不來的事他們是絕對不會幹的。

就在我和大哥淚水滾面之際，那「和尚」一手掌豎立，一手快撚佛珠，雙目緊閉而口中則念念有詞，一副蹙額苦容狀。若不明究竟者，必以為那是因著大哥的哭訴所致；那浩渺幽深的權力罪惡，正與「出家人」胸懷的善辦理著激烈的交涉。但真正讓這「出家人」窘態的是大哥接他兒子打來一個電話時的一句話。

侄子打來電話，大哥來不及擦把眼淚即下意識地告訴侄子：「你三叔回來了。」

大概是侄子問了一句：「就三叔一個人嗎？」

大哥脫口而說：「哪能是他一個人，還跟了一個假和尚。」

和尚聽得一愣，大哥卻看了出來，說：「你不要愣，共產黨能比家裡人更瞭解你嗎？你的性格，怎麼可能為了自己悄無聲息地出去又半年不給家裡人來一個電話呢？怎麼可能帶著個『和尚』回家呢？連咱家裡三歲孩子都騙不了。」

那「和尚」停止了「法事」而低頭不語。

這次回家適逢清明節，我和全家在「和尚」的陪伴下去給父母掃墓，全程在家待了不到兩天時間。4月5日中午後，我與「和尚」一同打車趕至榆林賓館與在那裡的「和尚」的領導們會合，並於第二天即4月6日傍晚，回到已別去了十四個月的小關家裡。

## 二十八、與美聯社記者會面，連結全世界的關愛

家，是一個極豐富的概念。那個家從來沒有像那樣淒涼過，他們娘仨成就了那個家溫暖和歡樂的全部。她們的離去，使家成了一個空殼。

暫時沒有了家，卻不是沒有了人「關心」我，不僅夜裡有人在門外面值守，就是身邊也有政府無微不至的關照。他們頗似羞慚滿容地將一個數碼錄音筆塞進我的兜裡，說便是睡覺也要放在枕頭旁，說政府這是為了你好，為了保護你，不允許關掉，他們每天夜裡有人來調適一次。其實，他們也只是一種僥倖心理，對我是否服從心裡沒有底。我一進門就把他給關了。

第二天一大早，孫荻、張雪就來找我，孫荻一來就問錄音筆放在哪裡，想看看錄音效果。我從廚房找出來遞給他，他一看錄音筆是關著的即大為不悅，問為什麼把錄音筆關了，我回答他因為昨晚我是這錄音筆的主人。

孫荻一下急了，說：「這怎麼能行，這東西不能關了。」

我說：「昨天關的時候並沒有發生危險，如果你覺得開著他很重要，最保險的方式就是帶在你身上。」

他不再說話。過一會兒，他說：「你一會去見美聯社記者時必須打開，否則今天的見面就取消。」我立即答應。

我心裡有數，屆時開關這死物的權力還不是操在我手裡！他走時一臉疑惑，卻也唯能如此。

吃過早飯，我按約定與美聯社四位記者在一茶館見面，雖然這是當局策畫演戲的一部分，卻仍有大批特務遊蕩在我的周圍，由孫荻擔負現場指揮。在外圍大批特務的拱衛下，我完成了與美聯社記者的見面，其中漢茨樂是老相識了。這是我近五年來第一次與媒體朋友見面，我關了錄音筆，與他們談了我這幾年不能被外界所知悉的真實處境，談完後我打開了錄音筆接受了「採訪」。

我非常感謝他們及所有持續關注我這些年來際遇的記者朋友，他們清一色屬於境外媒體，正是由於他們，才使得全世界的關愛、關注即正義力量，與我在困難時期的信心堅韌地連結在一起，正是他們堅韌地追尋、追問，構成了我生命安全保障的最後力量。他們，是中國和平反抗力量不可或缺的組成；他們，是構成中國和平改變力量的結構性一環，在拓通中國和平改變路途上有他們醒目的身影。我常能見證他們對中國非正義現狀關注的焦慮、堅持和無畏。而這種焦慮、堅持和無畏，將與中國和平抗爭力量一道，負起中國和平趨向自由、民主憲政的

重軛。

　他們是永被我記念的，無論何時何地。

第五章

# 2010年4月8日的綁架及其後的酷刑和囚禁

## 一、回來讓你平靜比登天都難

我剛與美聯社的記者朋友分手回到家，不到一分鐘，孫荻和張雪就躡蹤而至。一來就索要錄音筆，說于局急著要聽。

我說：「物理是最誠實的，當然他還會發生誠實的技術故障。」把錄音筆遞給他們。

孫突然接了個電話，起身就走，我知道這是外面瞭望哨發現了新情況。

孫剛走，有幾位外國朋友來看我，他們帶來了真摯的關懷和問候。真的，這絕不是傾向性的認識，他們的眼睛澄澈如水，真誠是表裡如一的。那種眼神與人工藻飾無涉，那是長期在真愛和信仰的環境才能成就的。那兩天時間裡，看望我的來訪者百分之九十九是外國朋友，大都是美、英、德及加拿大的朋友，他們中的許多人，見到我喜極而泣，有些人從頭至尾淚水滾面，但這些往來的人群及其頻率引起了當局的恐慌。

第二天下午，幾位外國朋友剛走的間隙，孫荻和張雪又來交涉。說回來讓你平靜比登天都難；說外面觀察記錄，與我往來人員情況的並非只他們一個系統的，分屬不同的系統；說你就這樣不拒絕與外界往來，若一直保持著，「連三天都用不了你就又會被抓。希望你從現在起不要再見外人，有人敲門你也不要開。」孫說，我拒絕了孫。果然，在我回到家的第四十八小時，當局再次將我綁架。

這次回家，雖然只有兩天的時間，卻接觸到了十幾批、幾十名中外朋友，這對我和朋友都是彌足珍貴的。但也有令我惋惜的方面，就是綁架來得太倉促突然，以致留下五年多的「後顧之憂」。

由於先前被囚禁，我長期見不著太陽，原本擬回到家收拾兩天衛生後好好曬兩天太陽，總不相信他們會這麼快就下手。那兩天，我白天一邊拾掇著家務一邊

接待一批又一批的朋友，晚上則直撲超市購買了為數不少的東西，沒有騰出一分鐘時間專門與那久違了的陽光進行交涉。那些從超市買來的大量東西，也成了被抓後我長期的心裡隱憂。因為回陝北後，家人給了些生活費濟助，我兩個晚上出去買了上千元的物品。迄今已五年了，東西過期廢去還是其次，成箱的牛奶、雞蛋，還有剩飯儲積在冰箱裡，電早已用完，這些物品在冰箱裡早已爆破變質而不堪收拾了。而當晚的飯鍋也未來得及洗卻被泡著，這一泡就是五年多了，家裡的許多東西都未來得及歸置，其糟糕情形不堪想像。

由於孫荻等一大群祕密警察晝夜就蟄伏在我的樓下，我的家裡、家門口都有他們安裝的針孔錄影（這是可以肯定的，2006年我被關押期間，他們給我出示了很多我家來訪者的照片，但我無法找到這些錄影器在哪裡），他們對我的會客情況掌握得非常清楚。當天夜裡，我的最後一批來訪者裡四位北京律師，與他們聊的時間頗不短。等他們一走，即又有人來敲門。因為這幾天來訪者非常密集，我也沒有想那麼多。一開門，孫荻和張雪就鑽進來，說有點急事讓我出去一下。我說這麼晚了能有我的什麼急事，我問一會要回不來的話我把家裡拾掇一下再走。他們不同意，說事很急，必須現在就走。我說稍等一下讓我拿幾件換洗的衣服，但被拒絕，這氛圍已再明顯不過了，我將再次被抓捕。

## 二、關押是為了讓你反思自己的錯誤

我下了樓後一輛車門被打開，我剛探身進去，一隻手已摀住我的嘴。一進車裡，嘴巴、眼睛就被纏住，好像是一件衣服搭在了我的頭上，左右兩個人每人抓住我的一隻胳膊，把我緊緊夾在中間，汽車啟動。大約兩個小時後，我被人架下了車，架著上了兩層樓，行進在一個樓道裡，樓道裡鋪著很厚的地毯，那樓道很長。終於，我感到是進了一房間，我被壓制著坐下，是一隻硬木凳子，兩隻手就一隻壓在我的肩上，周遭死一般寂靜。我未去揣度他們在等待什麼，但有一點可以肯定，這至少是在打精神戰，這種把戲常有，對我意義不大。倒不是說我有多少異於常人的勇氣，而是我從不與怯懦辦理交涉，因為在這裡，怯懦從不會增加或減少任何東西。每至此時，我是完全關閉思維、感情，從不給怯懦、恐懼和愁苦予一點空子，這是我的經驗，你寧死不理他們，他們對你也無能為力。大約過了四、五十分鐘，壓在肩上的兩隻手終於「高抬」，我頭上的「行頭」被取下後，外面又進來兩人，一看是我熟悉的看管警察，他倆笑容可掬地看著我。

我來了一句「緣分呢」，他倆大笑，說：「打死都沒想到又是你，沒想到這麼快又進來了。」

我又開始了被關押生活，一間八、九平方米的小房間，兩張床，兩張椅子，一張桌子，房間被塞得滿滿實實。

第二天，吃完早飯剛坐下，孫荻、張雪走了進來說要談話，將看管人員打發出去。

孫荻說：「沒有料到你老高會失敗得這麼快，這就又進來了。」

我說這未必是消極的，我說我回到家裡兩個晚上都沒有休息好，而昨天夜裡睡得卻非常好。

他問：「為什麼回了家反而睡不好？」

我說：「很簡單，在這裡人只需要一種能力即可做聖人，即使自己頭腦簡單起來的能力，調適到位，人可以無憂無慮；回到家可不行，現實立即壓迫你去做庸常人。回到家的當天夜裡，我列出了十幾種需要繳的費用單，沒有十天跑不完，這一抓，全解決了，全不再成為我的煩惱了。」

他說：「你這心態就不正常，政府每次把你弄到這種環境裡，是為了讓你反思自己的錯誤，你卻乾脆什麼都不去想，政府不白費勁嗎？」

我說：「沒有白費勁，這讓我沒有了俗常人的煩惱就很有積極意義。」

我說：「我堅信每個人都常需要反思，但我絕不會與你們期望的反思交涉。中國再添不添個奴子無關緊要，但對我而言這卻是人倫的大端。」

他說：「行了，不要講大道理啦。」

我說：「你錯了，這只是我的聲明，我清楚我所處的是一個不需要道理的環境中。」

孫說「有個事跟你說一下」，說「你這次回去兩天搞得上面大領導緊張得不得了」。

孫說：「你不停地去和外國人見面，不僅沒有照顧政府的一點感受，這簡直就是公開挑釁政府，是逼政府下手。」

又說：「一大群人圍著你轉了一年多，連讓人家回家休息幾天的時間都不給，這是人做的事嗎？」

我說：「我不想與你們去捣飭這些荒誕邏輯，正是這些荒誕邏輯驅策你們壯懷激烈地實施著一個又一個令文明人類恥笑的荒誕舉動，這是這種制度下必有的邏輯。」

他打斷我，說：「別跟我們扯這些，難道全國人都荒誕，都糊塗，就你老高一個人正確？這種認識才是真正的荒誕呢。咱都別扯遠了，政府有個意思，這剛放了兩天就被抓，搞得大家都挺沒面子的。政府的意思，如果你同意繼續用電話與外面保持聯繫，就是說你自己太累了，想在郊區散散心，不要透露說你又被抓，政府可以讓你每天看看書，看看電視，每天上、下午各一次可以到外面散散步，也可以保證月底前讓你回到新疆看望你的岳父母一家。」

我答應了，因為回新疆看看兩位老人，這對我非常重要。去年的突然「失蹤」，對兩位老人造成的傷害幾近毀滅性的，去看望老人，當面去安撫兩位老人一直是我強烈的願望，這情甚熾且與日俱增。尤其耿和娘仨又逃離中國，但得可能即去看望老人，這乃人生倫常大端。我不想太遠太多，只要能去看望老人，其餘不去顧及。所以，4月8日再次被抓後，我對外一直沒有透露，其實我與外界的聯繫也僅接聽過耿和的電話。

## 三、中共特務的「三板斧」

關至4月14日，我們一群人飛抵烏魯木齊。這幾天的關押較以前相比，環境寬鬆了不少，最主要的是每天上、下午各一次可以在封閉的大環境裡散散步，每天可以看看書，儘管是些閒書，而中國的電視我是從不看的，那幾天飯菜也不錯。雖然散步時四名看管人員與我組成一個移動的小方陣，但對我的心理不大能造成影響，與歷次的祕密囚禁相比，這次算是在一個好地獄裡待了幾天。

這個邪惡政權已沒有了成就一件好事的能力。我回到烏魯木齊才知道，這次所謂的「探親」，根本就是當局為釋緩壓力而倉促安排的一次公關表演。對於探親應有的實質內容沒予絲毫的顧及。當局分兩批人圍繞我的「探親」展開行動。先我們到達的一批，已對我回家期間的一切「安保」工作進行了周密的部署。

由孫荻、張雪等人把我送到卡子灣水泥廠大門口，我一下車，王開兵即精神抖擻地率領一群黑衣人等在那裡，並迅速圍了上來。若不明究竟的旁觀者，還以為這是接著了久別的朋友，他們採用完全的潑皮無賴的方式以迫近貼身的方式進行跟蹤。我開始有些後悔回來，因為我的岳父母一家人都是些循規蹈矩的人，他們所處的又是在國有企業那種熟人的環境中，這種陣勢對我則早已習以為常，但對他們一家人而言則實在是有些觸目驚心的。因為一些流氓警察是沒有底線的，驚嚇了兩位老人實在不是我能接受的。然而，這箭在弦上，離兩位老人已是近在

家門,我想我回到老人那裡去不要出門,就在家裡陪老人幾天,應該是問題不大的事。但我無法想像,我無法理解,只能說他們是邪靈附體、被黑暗力量轄制下才能做出那樣不可理喻的安排。

他們在我上了樓以後,就把一輛車堵在單位的進出口,一群黑衣人圍在那裡,不僅給進出那個單位門的人造成許多不便,也聽家人說引來不少人圍觀,我明顯感到了家人的窘促和不安。第二天,家裡人說周圍幾棟樓的人都在議論,說那群人昨夜一整夜都在那裡。然而,家人對待這種現象的應對態度與我完全不同——我不去看他們時,他們是不存在的,與我在房間裡的一切並無交涉,但家人看他們一眼後卻使他們「駐進心裡」。這種現象在北京的時候就有,這是緣著我而給耿和帶來的心理傷害。

2005年12月下旬,中共當局開始與我打神經戰,每天夜裡,一輛「依維克」警車開在我的窗戶下面,長時間的警燈閃爍。由於我家在二樓,那閃爍的警燈可以說是完全鑽進我的家裡,有時一連幾個小時的閃晃。這種做法對我還真沒有多大作用,我清楚他們在想什麼;再說,一本書完全可以攫住我的注意力,他們那一套做法實在是「落花有情而流水無意」。

然而,這些做法在開始的兩個月裡,在耿和那裡卻起到了意外的作用,她被攪得心神難安。每天晚飯後,我規律性地會在臥室看書,她的注意力卻被閃爍的燈光攫住。她有時一個小時會進來好幾次,一臉不安地向我轉述那警火閃爍的情況。我清楚,她的心裡出現了嚴重的不安,作為妻子,作為母親,這種不安是正常的。夫妻的心是相通的,她的心裡不安,我心焉能安然!有一次,她不到一個小時進來「報告」了三次,我笑著安慰她,她還是站在一邊侷促不安。我跟她開玩笑,說書本裡沒有閃爍的警燈,你的劬勞使得閃爍的警燈鑽進了書本。她終於哭了起來,說她斷定中共特務很快就會闖進來把我拉走。這是她擔心的全部。終於有一天,她告訴我,那警燈使她整夜整夜不能入睡。慚愧,我是十二分地能睡,竟對此全然不覺。最後只好商議著讓她和天昱回烏魯木齊躲一躲。

這次我回到烏魯木齊後,樓下的中共特務又開始玩弄他們幾年來慣用的「三板斧」。他們也清楚這種粉拳對我不大有用,卻可以在我的親人中間營造出一種形於色的不安,這是他們在利用我把親情看得太重這一「弱點」。

第二天中午,吃完了飯,岳母要去菜市場買些菜。因為當時家裡就我和老人在,所以我就陪她去買菜。期間,發生了讓人難以接受的流氓式跟蹤過程,因為在國企內部,他實際上是個相對封閉的熟人社會,熟人社會流言蜚語的威力與傳

播速度一樣地驚人，因為那種陣勢畢竟在尋常人的生活經驗中並不多見。一個普通的買菜全過程，一群警察裹挾在周圍不間斷地搗亂，僅從視覺角度亦頗具刺激效果。終於，我和老人不得不中斷買菜的計畫，在一路不可理喻的衝撞中匆匆「逃」回了家。

這種「探親」現狀實在是不能再繼續下去了。我笑著說我該走了，說回來原本計畫看看就走，然而老人卻哭了。不一會，全家都趕了回來，而又都哭了，那哭聲充滿了無助、絕望。我的離開是當時唯一的選擇，儘管親人都極不情願，但究竟一家人還得在那裡生活下去，一家人在哭聲中接受了這個現實。作為我的親人是極難的，面對這個龐大政權無底線的打擾，他們滿懷著不安和絕望，而他們又心痛我的處境，又終於無力改變我。這次究竟還是見著兩位老人，真恍若隔世，我總是懷疑自己是在這人間，可這究竟是實在的。

## 四、這是一個正在走向美好生活的過程

這次回去見到岳父母，因我的行蹤常常掌控在當局手裡，而他們又極喜營造神祕氛圍，所以我回得很是突然。那時，岳父人正在外邊，聽說我回家立即一路小跑著回來，又一口氣奔上樓。

他一到家門口就大聲說：「智晟回來了，太好了，青山在，青山在就好。只要你活著，一切就都在。你一輩子常有奇蹟發生在你的身上，智晟，你從來沒有失敗過，你現在的處境仍不是個結果，是個過程。你活著，我們全家的信心就都活著。」

他直至坐下後，仍不停地說著。

那一天下午，全家人就圍在一起噓長問短，老人之後說了我「失蹤」後他們所經歷的非常遭遇。他說為了尋找我（實際上是尋找屍體），他幾個月來所有白天的日子裡，除了奔走在各醫院的太平間外，其餘時間就會糊裡糊塗地徘徊在和平渠兩邊。

「人都變傻了，腦子裡再也沒有別的事了，就想到找你，讓兩個大家庭得到最後的消息，給格格、天昱有個交代。我每天不知道我要去那裡，但頭腦稍清醒的時候一定會發現自己就在那兩個地方（和平渠或太平間）。」老人抹著眼淚說。

岳父有一段話，他講得很平靜，而我的內心猶崩雷般震撼。他說他每次識認完一具屍體後，都會跪在地上，從形到心，都是很動情地對著屍體磕三個頭。他

131

說，一方面是認領過程打擾了他（指屍體）的平靜；另一方面是同病相憐，覺得他及他的親人的不幸，覺得死亡已是人莫大的不幸，而死後還落到屍體與親人不能相聚的悲哀境地。他說，他每次都在心裡默唸：「你的親人和智晟的親人一樣地苦，你就把我當成你的親人，我這個老親人給你磕上幾個頭你就安息吧！」

老人說：「那段時間，我每次去認領屍體前，都必先到市場去買兩斤上好的新鮮葡萄，每次認領後磕完頭就恭恭敬敬把葡萄獻上，希望在親人還沒有找到他以前慰藉他的靈魂。」

因為當局不能理喻的失態做法，我只好決定離開。臨別上車時，我動情地擁抱了老人，我輕拍著他的後背說：

「謝謝你老人家了。你說過，我從來沒有失敗過，這就應是我們全部信心所在。請全家堅信，我的生命絕不會在一個偶然的過程悄然熄滅。請你老人家記住，神給了我們一家人的是個災難的過程，而不是個災難的結果。不論遇到什麼困難局面，都要堅信這是一個正在走向美好生活的過程。」

我上了計程車後流淚了。是的，我們一家人是處在一個非常的過程中，「人間重別情」，可究竟也不當重至這種程度，我的心裡默唸著。生「死」相隔半年多，回來看望老人竟一天即這般黯然收場，親人內心的痛是不言自明的。

我突然離家來到賓館，似乎並不出乎孫獲等人預料。對於這個局面，他顯得非常平靜，只是說：「情況我都知道，我每天上午都到公安廳通過保密電話向于局彙報著呢，家裡沒法子待，就在賓館歇著吧，因為這返程機票是訂在二十號的（當天是十五號）。」一週的探親時間竟只用去一天。他們留下一人在賓館看著我，其餘人就去吐魯番等地旅遊去了。

在賓館的幾天裡，岳父是每天必來看我的，殷殷之情每溢於言表！4月19日，岳父與大姐又一起來看我。我不忍心告訴他們將要到來的真實情況，我只是暗示他們，如果明天飛機起飛後，十二小時內我沒有電話給你們，就肯定是被抓了。正如于泓源所說，許多情形下「主動權」確實在我一邊，有些局面，終止與否可以說盡在我這一邊，但他絕不是機械的和偶然的，所有導因必是當局的邪惡之舉。

就在這一天，岳父他們還沒有到來之前，孫獲找我談話，說：「上面希望下階段在山西找個地方待上一段時間，大約一兩月後再回北京，讓你繼續可以接聽家裡人的電話，對外不要透漏你在政府手裡。」我斷然拒絕了。

我問他：「你們是否為下階段的想法做過努力？有沒有一個人想過說縱有天

大的仇恨也憋上幾天，既然放他回家，就讓他和家人一起待上幾天？你們的行為完全是失控的，完全超出了人理。回北京，要麼放人，要麼乾乾脆脆地關人，別既想吃羊肉卻又忌憚腥膻味。新疆警方在我回家期間的醜行，表明即便是一個半人半鬼的局面，你們都沒有能力維持，終於還是選擇了做鬼，恢復你們本來的面目吧。」

「不用說啦，什麼人呀鬼呀，給你明說了，讓你回家的事，政府內部並不是沒有反對的聲音，就有不願意讓你回去的聲音，能讓你回去一趟，你就知足吧。繼續保持著和外邊的聯繫，換一個寬鬆的關押環境，對大家都有利。如果不願意，硬和政府死磕，結果會怎樣，你比誰都清楚，這不是為你好嗎？到時候沒人能救得了你。」孫荻又說。

「天塌不下來，終於要塌下來，死的也不會是我。」我來了一句。

其後，岳父和大姐來與我見了一面，沒想到這一別竟會是近五年的「陰陽兩隔」。更多的痛是屬於我的親人們，因為我在絕大多數的時間裡是無暇與這痛辦理交涉的。家人提出到機場送我的請求被我拒絕，因為我清楚我身邊有一群見不得人的東西，他們絕不會接受人間的人之常情。

最後，在淅淅瀝瀝的冷雨中，我最後與岳父、大姐在賓館別過。

## 五、作惡效率高、不食言

2010年4月20日下午，我們乘坐的客機在北京機場降落。

一下飛機，孫荻說：「給你家裡打個電話，就說安全到家。」被我拒絕，因為我實在是沒有安全到家。

「如果不配合後果自負。」他又來了一句。

我說：「那都是正確的廢話了。」

「老高，我再說一遍，死撐下去，後果你是清楚的，你是個聰明人，就不用我再說了。」孫荻臉色陰沉地又說了一遍。

出了機場上了車，孫荻再次讓我給家人打電話說平安到家，被我再次拒絕。汽車又駛向密雲山區的關押點，到了目的地，我被帶到此前多次關押過的那個房間，由兩個人看管起來。

大約一小時後，孫荻和張雪走進來，示意看管人員迴避，然後坐下來說：「老高，長話短說，我們再給你幾天時間，這時間一過，就換一批人看管你（指的

是施酷刑的那批人），你的頭腦沒有問題，你能聽懂我的意思。」

連接話的必要都沒有了，房間裡出現了死寂。孫又坐了幾分鐘，見我一言不發，站起就走。因為這幾年裡，雙方的交手頻率早已數不勝數，大略上對對方的脾氣及不同情況下的選擇套路可以說已臻至知彼知己。一般情形下，技術層面上的衝突，會導致極冷酷無限期的囚禁，而這還是比較「幸運」的一面，比較黑暗的局面即是兇殘的酷刑。而這一次，酷刑的臨到是不應有懸念的，孫荻說的話我不僅是能聽懂，而且是非常準確地懂。他們有些規律是絕對的，諸如在作惡方面，一是效率高，二是不食言。酷刑會在未來幾天內臨到已是鐵板釘釘子的事，這是雙方都已清楚了的。而另一個雙方大致上也可以清楚的局面是，酷刑不會改變什麼，他唯一的意義就在於酷刑本身所代表的冷酷邏輯，即一種納粹原始的惱怒的報復性宣洩。

他們一些看管警察也替我擔心即將到來的困難局面，有一次，他們中間有一位突然問我：「你能不能想到他們這段時間在做什麼（指孫荻他們）？」

我告訴他們：「他們在找個合適的地方，這個地方既能隱蔽地實施酷刑，又能長期關押。」

他們聽得一臉茫然，後來的事實完全印證了我的判斷。

## 六、又見「重八君」

2010年4月28日一整天，我的右眼狂跳不止，我清楚，極困難的過程就在今天，當局「厲兵秣馬」的工作完結（于泓源語）。我無須說大話，我的心若平鏡，心裡未掠過一絲對將要到來的酷刑的瞻念。感謝神，怕，全然不再有，我的對手實在沒有能使我怕起的資格。從規模上看，他有些豐富的東西，但那正是讓他自己終將歸於死途的東西；漫無邊際的兇殘、卑鄙的無良和冷酷，是一種最後的自暴自棄，是終於無可奈何、束手無策的表現，是世間最無力量者的一種愚昧表現。

我曾經給一個朋友一條信息：

罪惡的總量與承受的總量兩樣東西將終於拓通中國改變之途。

歷史將很快示教世人，是共產黨自己的罪惡拓通他的死途。所謂「積羽沉舟」，而多如牛毛的罪惡，對應著多如牛毛的承受，多一個具體的承受就可能會

生出一個清醒的認識。共產黨的蠻橫、冷酷及絕不動搖的愚昧終於歷史地置自身於末路，他已經成為一個歷史的笑柄。

由於酷刑都是在夜裡實施（這是北京的規律），4月28日一吃完晚飯，約七點鐘左右，我趕緊收拾我從烏魯木齊帶回北京的東西，有一箱是價值九百元的書，但另一箱衣服雜物卻不在我身邊（這些東西迄今沒有歸還我），我要求警察去搬這些東西，但終於毫無反應，他們完全無動於衷。

我剛把東西整理停當，突然進來四個人，正是在2007年9月21日後實施酷刑的原班人員。第一個撲進來的正是那身高超過一米九、施暴時最兇殘的、我予之綽號「重八君」的大漢。他的個頭在我跟前有絕對的優勢，他撲上來一把抓住我的頭髮就往下壓，嘴裡還說了一句：

「小子，又落到幾位爺手裡了，又該哥兒幾個來好好伺候你了。」

就在「重八君」壓彎我的腰的同時，一個黑頭套被另一個人套到了我頭上，又一個人從後邊將我的雙手背銬了起來。「重八君」仍使勁向下按著我的頭，他大喊：

「再給丫的頭上加兩個枕頭套，光頭套便宜了丫的，大人物的待遇不能太低了，哥兒幾個。」

又兩個枕頭套使勁套在了我的頭上，我的身體被壓成九十度狀，兩個人在背後摧壓著我突然向前撲跑，一個直轉角，該是下樓了。壓在背上的手又抓住我的衣服，我依然是向下撲跑著，人在沒有眼睛的情況下反而沒有了瞻顧，背上抓壓著我的手，實際成了我的眼睛，撲跑的速度、姿勢以及撲跑的方向之信息都由他來傳導。到了外邊狂風勁呼，他們開始架著我上車，整個節奏類搶劫般急促。可欲速不達，兩次上車都沒能成功。

「媽的，傻逼呀，你丫的不會邁左腿嗎？」

我的後脖子被猛擊一拳，全無人理可言，我的頭上是黑頭套外加了兩層枕套。終於上了車，還是老規矩，我的左右各坐了一個人，其中一人負責壓著我的頭，將頭壓在我的兩膝之間。他們用來綁架人的車可能是特製的，類似救護車的布置但又不完全一致，這種車在最後邊裝了一排橫向座位，左右邊上各豎著裝一排座位。他們把人的身體壓成鉤狀，兩隻手又被銬在背後，前面全無依託，那種難受程度實在是夠可以的。那是每次被綁架後必須煎熬的一個過程，從純生理的角度而言，那種痛苦幾近極限。我常懷疑他們故意兜圈子，否則怎麼會有那麼刻骨錐心難熬的長時間。那種難受真的是無法名狀，我甚至懷疑這種過程也是精心

設計的，屬於程序化的整人過程，我這近十年來是無數次體驗這種過程。那種被壓迫姿勢的難受，只是這種無以名狀的痛苦之一，另一個更著名的痛苦是被那包裹得嚴嚴實實的頭套捂得大汗淋漓，以及頭套裡缺氧相煎熬。汗水持續地流淌，人都快虛脫了，而缺氧讓人覺得眼球脹鼓欲裂，呼吸急促的頻率已使整個身體出現誇張的起伏，而壓制你的人還罵罵咧咧地說你不老實。

不知過了多久，我的下體胯以下進入麻木狀態，使下體暫時脫離了痛苦，也因為這麻木，下車時招致了一頓暴打。首先是，我沒有看的條件，加之雙手又被銬在背後，下體麻木至完全不聽調度。那些押解我的人，破口大罵說我耍賴。他們將我拖出了車，可我的下肢像木頭，剛下到地上就惷然倒地。那一群人幾乎沒有了理智，其中有人喊：

「往死裡捶丫的，敢跟大爺們耍賴！」

不低於四個人參與了那一陣短促的暴打，我全無能力保護自己，連地上打滾的能力都沒有了。一陣冷酷的猛踢以後，我終於還是「耍賴」，不能站立。

「抬丫的！」有聲音喊道。

大約是四個人抬起了我猛跑開來，速度減緩，好像進了個門，開始下樓梯，依然是跑著下，下完樓梯，那樓道頗不短。跑了一陣子，我突然被扔在地上，聽到有數人走了過來，無人說話，又有幾個腳步從我身邊離開。

## 七、王處長上菜

「套給丫的揪了！」

一隻手猛地揪下了我頭上的枕套和頭套，我側躺在地上，我看見我跟前三個人的腳。我掃視了一下，發現我是躺在一條看不見盡頭的樓道裡。我沒有去看那些人的臉，樓道裡光線很暗。

「哥幾個，看丫的這死狗樣子。畜生，看看眼前站的這幾位大爺是誰？你又到了你這幾位大爺手上了，你丫的也真夠他媽倒楣的。」有個聲音從高處往下。

我並不看他們，一雙很大的腳，穿著毛面皮鞋，猛地在我的小腹上踢了幾腳。他一彎腰，一把揪住我的頭髮，把我揪得半坐起，我被揪得仰起了臉。

「先看看你的這幾位大爺是誰？」

我跟前站的正是 2007 年 9 月 21 日後施加酷刑的全班人馬，包括既是主力打手，又是現場指揮的王姓處長（他在那次施刑過程中自己的介紹詞）。我看著

他，他一手握著一根六、七十公分長的電擊器，一手正往嘴裡送煙。

「你看你丫那漢奸樣子，畜生，看到你這幾位大爺，就不用哥幾個再說什麼啦啊。不用急，這一次幾位大爺好好伺候丫的幾十天，讓丫的好好見識見識。」

揪著的頭髮鬆開，我又倒下，王走過來踩住我的臉。

「總統，民選總統，配嗎？丫的配嗎？你現在就是一條死狗。說實話，你現在比不上丫的一條狗。」

他一邊罵一邊開始使勁踩住我的臉，用的力越來越大。他猛地抬起腳，一腳踢在我的嘴上（後來發現有十之七八的牙齒鬆動了）。

「先給丫的上點菜！」

他大喊一聲，三個人一陣瘋狂地猛踢。我沒有任何躲開的可能，也沒有任何躲的必要。他們的情緒完全失控，這種宣洩持續了二十分鐘左右，零零落落地停了下來，他們三個人氣喘得很急促。很奇特，我並沒有感到有多劇烈的疼痛，但暴虐間隙，我發現身體狂抖不止。我冷峻地去體驗他，發現這種抖動是純生理性的，因為當時心裡確實沒有恐懼，至少是無暇懼怕。他們三個人仍在一旁立著喘氣，幾乎是同一時間，每人點上一支煙。現場完全地靜了下來，有三分鐘左右，很奇特，好似驟然間換了一個空間，靜得出奇。

終於，王處長發話啦：「狗屎，感覺怎麼樣，幾位大爺給丫的上的菜合不合口味？不急，時間長著呢，你又落到你這幾位大爺手上，算丫的倒了血楣。不過，幾位大爺覺得你還有點膽量，你的這幾位大爺吃這口（指施酷刑）也有點年頭啦，敢寫出去的真還就沒有撞著，你寫了，嗯？給丫的操死的也不是沒有過，敢嗎？死啦，死啦白死，悄悄地自己丫的埋了，不是沒有。你寫了，寫了倒沒有什麼，怕這個嗎？現在丫的像狗一樣爬在哥幾個的跟前，你什麼都明白了，寫了有用嗎？哥幾個年底還戴了大紅花呢，寫出去不是壞事，讓丫的們看看，不老老實實就操丫的。」

就在王說話的時候，那位我心裡賜其綽號「阿巨兄」的銼子（這傢伙身高直抵一米五幾，與一米九左右的「重八君」形影不離，呈頗滑稽的景致），揪起我靠在牆根，然後從容地將叼在嘴上的五根煙點著。我已完全清楚他要做什麼，前次酷刑時，每至間隙，他必點著幾支煙，面無表情地熏著我的眼睛。他慢慢地彎下腰蹲下來，左手一把抓住我的頭髮，使勁往低壓，然後將右手裡的五支煙移至我的眼下開始熏。那邊王處長繼續罵著，大部分罵詞已不能記得很清楚了，只能回憶起大致輪廓：

「今天晚上就在樓道裡待著，丫的聽清楚了，可不是讓丫的安安穩穩地待著，美死你！由哥幾個伺候著丫的，解決一個問題，把上次寫的東西給抹了。怎麼抹？你再寫個東西上去，怎麼寫我們幾位大爺是外行。要麼生不如死，要麼趕緊寫了。不寫的事不要去想，上面挑了哥幾個來伺候你，自有裡面的道理。現在就說，寫還是不寫？」

我只是稀裡糊塗地聽著，每至這種場合，我幾近全部掐熄了自己的思維活動，努力使痛苦盡悉游離在生物層面上，這對減低痛苦當量起到不可估量的作用。

「丫的讓臭狗屎站起來，丫的寫還是不寫？」

我被「阿巨兄」揪得站立起來，那「重八君」走到我的右側，雙手猛地抓住我雙肩上的衣服，將我壓彎了腰，問我：「寫不寫？」見我沒有回答，他突然用膝蓋向上猛擊我的胸部，問一句頂一膝，問一句頂一膝。到後來他乾脆不再問，就在那裡用膝蓋繼續撞擊我的胸部。我能聽到一個陌生的慘叫聲，我可以肯定，那慘叫聲與意識是沒有關係的。我的眼睛已經模糊得什麼也看不清，我感到一種翻江倒海的大震盪，我的思維幾乎完全停止，不是由於擊打而是我自窒滅了思維的全部活動，但仍能聽，證明著思維仍保有本能的能力。我不清楚那棟樓有幾層，但可以肯定，十層以內都能聽到那種慘叫。漸漸地，我已不再有站立的力量，那「重八君」力氣真夠大，實際上到後面已完全地被他給提著。再後來，我聽到的不再是慘叫聲，而是一種極類似誇張性嘔吐時發出的聲音。終於，那傢伙可能體力不支放了手，我竟然倒地，我的前額撞到地上。「啊，啊，啊」，我像劇烈地嘔吐一樣一口一口往外空吐著，只有不多的黏狀液體吐出。我的半側臉貼著地上的瓷磚，手一直背靠在後面，身上已沒有能力調適身體的姿勢。剛才的擊打過程，使人有一種昏天黑地的混亂感覺。慢慢地我又清醒起來，那地板很冰涼，清楚地感覺到半面臉下壓著的都是黏狀物。他們又開始都點上了煙。我繼續側倒在那裡，「啊啊啊」地吐著氣。

他們抽完了煙，王走近了我的肩前。

「你哥倆歇一會。」他說。

然後，他一腳踩在我的肩上，電擊器爆出來劇烈的響聲。他一把將電擊器抵在我的下巴上，我徹底閉住了我的眼睛，我聽到了另一個陌生的聲音，無疑，那是我發出的。我實在找不到更恰切的描述，那聲音，幾近完全像，就是狗被主人用力踩住尾巴時發出的那種嚎叫聲，有時又類似小狗被揪著尾巴倒提著時發出的那種聲音。樓道裡，那種聲音與電擊器的聲音並揚。那種聲音你是無力控抑的，

他只在發出，你能聽見，卻沒有能力止息他。我感到自己的筋骨正在被生生地磔斷著，那種生理痛苦真的不是普通人的文字能夠述說清楚的。就那種痛的震撼而言，我後來思考過，即便文藝也會盡顯無力和乾癟。但這次的電擊時間和2007年9月份比起來，可謂「小兒科」，前後時間持續不到半小時，而且始終僅王一個人實施，也沒有電擊生殖器。

不到半小時，王停止了電擊，我聽到他進了一個房間，電擊器好像扔到一張桌子上的聲音（他進的房間在我頭頂那頭，我無法看見）。不到一分鐘，另外兩人也都走了進去，聽到門被關上的聲音，樓道裡又進入了死寂。

樓道裡就剩下我一個人，但那死寂是極其短暫的，我聽到一種極其微小的呻吟聲，我開始感覺到了地上的冰冷。我提醒自己什麼都不要去想，因為這裡所有的過程都不用你操心，你就跟著走吧。我也提醒自己，你正走在一段極困難的路上，無論如何，你必須走下去，後退、旁騖都是死途。他們會帶著你走下去的，根本不用你操心。我突然想起來耿和她們娘仨的極清晰的面孔，思維異常地清醒起來。我想著，這是思想出現了「管湧」，想著剛才這幾幕若是發生在她們面前會是一種怎樣令人哀傷的情形，我很快止息了思維活動。然而，這種「管湧」卻屢現頻出，尤其在施暴間隙。

他們可能是在那裡嘀議著什麼，門開啦，聽到他們走了出來。

## 八、你丫的一副大義凜然的樣子

「把丫的拉起來，怪舒服的唵。」是王的聲音。

我被人拉起來，我居然感到腿部、腰部依然挺拔有力，大略站立姿勢是昂然而立的，但那的確不是有意而為之，卻惹怒了王處長。

「掄丫的，你個狗漢奸也配在幾位大爺面前做出一副大義凜然的狀態？」

那「重八君」撲過來左右開弓搧打我的兩臉。我像木椿一樣站立著，並不躲閃，因為躲閃反招恥笑，並不能使打擊不達或停止。二、三十巴掌搧過去，他換成了握拳，在我左右下巴上擊打，已沒有了疼痛，只在大腦裡感到一下一下地木木的震動。打了一會他自己停了下來，大略他那拳頭也會痛。王在一旁，提起電擊器觸在我的下巴上，然後間歇地按動電鈕。我依然不躲，那與勇氣、骨氣都無干涉，那時也無暇去想那麼多，那只是吃過許多苦楚後得來的經驗。躲，徒添笑柄，終於還是會被折磨。我的不躲避激怒了王處長。

「你媽X，你丫的一副大義凜然的樣子，你個狗漢奸的腦子進水了嗎？」

另外兩個人也都撲上來，三人六臂的猛擊，我連怎麼倒在地上也一點都記不清啦，只在開始的時候感到一種鈍器擊打頭部。我意識到自己已倒在地上時，就像突然做了一個短夢似的，又是一陣瘋狂的腳踢，其間我又聽到了慘叫聲。到他們開始點上煙休息時，我覺得自己處在一種很奇特的感覺狀態中，說不清、道不白的，但究竟還是知道自己在地上躺著，旁邊的幾個人是折磨我的人。不過，這時人的具體痛苦若即若離，反而不大清楚。我不知道在生理上這是一種什麼現象：我這時渾身大汗不止，身上的力量開始漸漸地減少，好像是隨附在汗水裡流去了。

他們從房裡搬來了椅子坐下，繼續抽著煙，我的大汗淋漓也在繼續著。大約過了半個小時左右，王處長又發話了。

「哎，畜生，怎麼樣了，涼快了沒有，這還才開始。你看到的是三位大爺是不？這次來了好幾位大爺，慢慢陪著你玩。知道你剛才挨操的原因了嗎？我他媽最看不慣就是你一個狗漢奸，竟他媽擺出一副大義凜然的樣子，你丫的是不是吃錯藥了？配嗎？我給你說，你丫的別自找苦吃，在你這幾位大爺面前，把你的漢奸尾巴夾起來。還有個事，剛進來時幾位大爺讓你把以前寫出去的那些東西給抹了，你不是不答應嗎？幾位大爺就給你上點涼快的，這會兒你滿意了吧？本來寫出去倒沒有什麼，讓丫的那些吃裡扒外的漢奸們看看也是好事，讓他們知道反對共產黨都是他媽的找死。本來是不需要你寫什麼的，但隨意說了這麼一嘴，你竟然敢他媽不配合，這不他媽的找死嗎？幾位大爺今兒個也累啦，但既然把話說出來了，就得辦。現在懶得跟你囉嗦啦，不用你寫了，就當著幾位大爺的面吱一聲就成。就說一聲，說2007年你寫的那次酷刑的事是假的。沒有錄音、錄影，其實說不說都無所謂，只是幾位大爺氣不順，擰在這茬兒上，你就說一聲拉倒了啦。」

他這麼一說，我的頭腦又完全清楚起來，根據以往的經驗，他們這是在找臺階下。他們也的確是累啦，但我繼續不說話，我想無非又多一次暴虐過程而已。我這時候已完全沒有了具體的疼痛，雖然感到有漫無邊際的疼痛。規律是鐵定了的，違背了他們的意願那是有後果的。一個是施加酷刑的祕密警察，一個是監獄裡的警察，他們的自尊是變態地敏感，一觸即潰。那真是一種不幸，容忍，作為人類的一種基本能力，在於他們已是完全喪失，變異成了一種變態的暴虐。有時你並不要做什麼，只須不說話，他們即會把裹挾著烈怒的暴虐傾瀉至你的頭上。

「我再問你一次，說還是不說？」

　　我的心裡默唸著：「又要開始了。」應該是三個人同時猛地離開了坐著的椅子，我又聽到了慘叫聲及混亂的踢打聲、踏步聲。我老是覺得自己稀裡糊塗，卻又不完全是。突然樓道裡響起了吼叫聲，是他們的吼叫聲，那聲音很大，原來是罵我畜生，應該是只有一個人在吼叫，正在踢我的應該是一群人。終於，樓道裡稍微安靜了一些，只有呻吟的聲音，但不很響。樓道裡又亮了一下，他們又吸上煙了。「停了，又停了。」我的心裡默唸著，臉又開始感覺到地磚的冰涼。「都到這種狀態了，又施加了一輪暴虐，這需要多麼可觀的無良勇氣。」我依然胡亂的默唸著。有人站起來了，應該是吸完煙了。猛地，有人抓住了我的雙肩，我被人提著坐了起來，一個黑頭套套在了頭上，我不再關心一切可能的局面。兩個人把我架了起來，腿部感到還頗有力量，骨頭當沒有損折，他們架著我開始走動，我覺得行走還沒有問題。他們架著我走了有六、七十米，後來了個三百六十度轉彎，又開始行走，又走了幾十米後進了一個房間。剛才走了這一圈，實際上是在樓道裡來回轉了一圈，應該是他們慣用的神經戰伎倆。

　　一進房間，我的頭套被抓掉，應該是一間賓館的普通客房，但床已被搬走，房間裡除了一張桌子外別無他物。桌子上放了一個硬質的服裝袋，袋裡裝著兩支比袋子高出三分之一的電擊器。這情形是他們實行酷刑時一目了然的特徵。頭套取下後，由於我又昂然而立，這實際上是我的習慣，與情緒沒有涉牽，但可能又犯了他們的什麼大忌，或者是撩撥了這種場合下他們特有的敏感神經，又是王處長，破口大罵，說「一個狗漢奸擺出一副大義凜然的樣子」，就是向他們幾位大爺挑釁示威。三人像突然中風似的，又對我實施一輪歇斯底里的暴打。那房間約十到十二平方米左右，與前幾小時在外面的逼仄比則寬敞了許多，所以這場毆打的暴力當量與前幾個回合相比更加驚心動魄。不過，進入房間的第一輪暴打過程中我始終沒有倒地，但因為雙手被背銬，我沒有任何條件對自己以一點本能的保護。裡面有燈光，大概是在燈光下，我的神情更能為他們看清楚。我不懼怕他們，內心蓬勃著的鄙視大略能從眼神裡讀出來，這是他們最忌諱的。那姓王的處長到房間裡面的近一個小時，就跟著我的神態幹上了。他是絕不允許狗漢奸擺出大義凜然的樣子，那真是他的局限及變態神經的產物。我並未刻意要弄出一個「大義凜然」形，也更不是什麼勇氣之類的形顯，那只是一種氣的質顯。說心裡話，我當時及現在都是這樣想。當時，若是我的手不被束縛，我的反抗將是毫無猶豫的，橫豎是被無底線地折磨，如果當時我的手不被背銬，我會瞅準時機撲扼其中一名兇徒的咽喉，除非砍斷我的手，不然我將力扼至死之，絕不含糊。

理性是什麼？不錯，理性是人類文明的結晶，是一種無上的力量，卻絕不能成為無底線容忍一切野蠻的理由。我當時就想，野蠻成了暢行無礙的力量，而理性價值的呵護成本也不能全無邊緣。我反對暴力，但絕不無底線地遷就暴力，當尊嚴正在經歷野蠻的無底線暴虐時，只要有條件，就絕不放棄自衛。當然，對於有限的自衛，無論當時還是現在，我的衝動針對的都是暴力正在發生之時。當他們停止施暴時，我內心從未有過這種衝動。

## 九、他們只是專制權力的鷹犬

我絕不仇恨他們，卻也談不上憐憫，只是可憐他們，確實是常替他們哀傷，覺得這是怎樣的一種不名譽的角色，成了這種角色是怎樣的一種不幸啊！在今日中國，罪行和可惡的是邪惡專制權力，他們只是專制權力的鷹犬，即便是他們中間的個別人自己也是心知肚明的。他們三人中的「阿巨兄」就與另外兩人有些不同，從2007年到2010年的4月，他又一個絕對的規律，即絕不與我的眼神發生碰接，只要我在場，他百分百地兩眼下視，他對我的毆打，與「重八君」是有著極明顯區別的，我閉住眼睛就能分別開來。2007年的那次酷刑，真正的屬於「上面領導專門挑選」的是四位，其中三位，即「重八君」、王處長及我曾敘述說過的那位靚仔，他們三個人的施暴可謂兇殘、冷酷和實實在在的，而「阿巨兄」的出手明顯是有些分寸的。

實際上，對於施暴，如果有條件避免，他們中間一些人會選擇放棄，新疆的那次酷刑就是個證據。當時廳裡挑了三個人，分別來自不同的地方，三人中，在兩天的酷刑過程中，其中兩人始終沒有與我發生任何身體接觸，其中一人只是每必加入罵陣卻絕不動手，而另一人則是不僅連罵都沒有，而且在兩天裡，沒有給過一個惡意的眼神，而且眼裡始終釋放著善意。

對這種現象我頗詫異，後來就此現象我與新疆的看管人員討論過，他們的分析使我信服。他們的區別就出在人員來自不同的地方，而又互不統屬。說這三個人若是來自同一單位，而又由自己的領導帶隊，那情形就完全不同了。說這三個人之間，既無同事間的競爭，又不需要向領導表現，而這次抽調的工作又是打人，而且又是打你這樣的人，所以只要有可能，有些人就會選擇放棄，說誰不知道自己在幹什麼。這個現象極值得研究，這表明了許多酷刑的實施者，其核心動機就是無底線的個人私念。

## 十、老高你都他媽神啦！

　　從進了房間開始，王處長就是不依不饒地與他認為的「大義凜然」發生上交涉。為這茬兒，他們又開始折騰我有一個多小時。而後又轉入跪下與絕不跪下的沒完沒了的衝撞，其間多次發生他們在我背後猛擊，而我幾乎是直身倒下且頭撞地板的情形。由於雙手不能發揮一點緩衝作用。背後遇襲後，人全無遮攔地撲倒。那些「有識之士」可能會笑我，指我迷信或事後對號入座。這種多次直身撲倒撞擊地板磚而腦部絲毫無損，神的保護是顯而易見的。就拿他們用膝蓋猛擊我的胸部這點而言，如果那是發生在純生物間的碰撞，那種喪失理智的擊撞，是百分百地會造成胸腔、心肺氣血功能毀滅性的損傷，那結果實在是個奇蹟。我的胸腔及相關臟器絲毫無損，直至 2011 年 11 月 15 日夜，一個祕密警察頭子談到這個過程時仍睜大眼睛說：

　　「老高，你他媽身體真好，都他媽神啦！」

　　這一次進來後，由於他們寧死不願接受一個狗漢奸的大義凜然，而我實在又是去「大義凜然」不能，「重八君」再次兇殘地對我施以猛烈的膝蓋頂擊胸部的暴虐。我聽到了那種極陌生的慘叫，直撞得口吐黏液，兩眼模糊看不清東西，但依然能看清楚每個人的輪廓。出現了個有趣的環節，那「重八君」顯然的是喪失了理智，越頂越猛，竟然是王處長撲過來用電擊器給我攔開，把「重八君」堵到一邊。我從中讀出：第一，上面有底線性指示，即不能打死；第二，王處長頭腦冷靜，他看出「重八君」情緒完全失控了。關於跪與不跪的對抗性終於還是沒有結果，因為用暴力來維持的下跪終於是虛假的，他們只要鬆手，我就會站起來，除非我不再有可以站起來的能力。

　　未來讀到這段文字的親愛的讀者朋友，我提醒你們，切不可把這過程看成是一個人的勇敢，我最有權威結論之。整個過程，我從未有過一絲的要與勇敢來辦理交涉的衝動。在那種黑暗的環境裡，使出些豪氣、搬出些勇敢的架勢，我覺得不大符合人性。我自己覺得應當只有兩種情形：一種是一落到心底的怯弱，一種是近乎倔強的不屈，兩種情形都符合人性，都應得到理解。我是屬於後一種情形。我當時就堅持想著，爺爺就是個人，只要我還有一點衝動的能力，還有著一點表現這種衝動的能力，爺爺釋放出的就會是一個人的反抗。當然從「有識之士」的角度看，這種表達是毫無實際意義的，但我並不這樣認為。硬暴力終於不能是暢行無阻、所向披靡的。有人會認為抗爭付出的代價太大（他們的看管警察中，

有不少人與我討論過這一話題，幾乎都認為抗爭的代價太過於慘重）；那是個外行觀點，如果你選擇了怯弱，你付出的代價則更是無邊沿的慘重。

中共從2006年迄今，對我數次施以酷刑，企圖使我妥協，答應他們的要求：第一，必須改變身分，哪怕是形式上的；第二，抹滅關於酷刑的文字；第三，最後一次地強迫下跪。最後哪一點能使他們得以遂願？

他們的一位正團級幹部給我談及我付出的代價時說：「我們看得是心驚肉跳，那付出的代價太嚇人了。」

他跟我談到這種代價與中國進步事業前景的關係時（現在不便特別清晰地說出他的身分，擔心給他造成傷害），我說我認為，我的這種堅持並無多少宏大願景及價值的支持，也算是我的一點倔強吧，大家都是人，憑什麼我就必須俯伏在你的價值之下？是你持有的價值本身？還是你的德性和才能？靠著電擊器，靠著兇殘來聚攏並維持「支持」，那本身即是一種自我否定。只要我還活著，就是你野蠻強權逾越不了的障礙。這不是口號，這是我們衝突十年的結果。強權使遍渾身解數，沒有改變我，作為他們認為的障礙，我還存在著，不客氣地說，還依然有著力量。當局迄今不舍晝夜地動用大量人員，圍在我的周圍就是個證據。而這是最後一次的肉體酷刑過程，從他們向上面彙報的畫面上看，我肯定是「下跪」來的，但美中不足的是，「重八君」壓著我的雙肩，而「阿巨兄」則踩在我的兩隻小腿脛上，除非「領導同志」腦子灌進了豬尿，否則，瞄上一眼，即可以看出那外力作用之下下跪的虛假。

## 十一、在頑強的酷刑干擾中睡得五迷六倒

回到房間，王處長又舊帳重翻，還是讓我口頭說一遍2007年那個文字記述的酷刑是虛假的，但終於還是沒有實現這一大願望，雖然為此又頗下了些野蠻的功夫，我在慘叫聲中他們氣喘吁吁，結果還是不那麼完美。王處長等三人累了，已經是深夜了，當天夜裡的酷刑，就目的而言是個無果而終的結果。他們有一個人走了出去，不一會又進來兩個新的面孔。

王處長走出門，「重八君」來了一句：「孫子，你這幾位大爺累啦，回去休息，由別的大爺陪你玩，慢慢兒熬著吧，孫子。」然後也走出了門。

前面王處長說過是來了多位大爺來伺候我，因為這時我是躺在床上的，我並未抬頭看來人。由於我是切斷了思維活動中，這最大的好處即是但得間隙即會有

睡意強勢光顧。我聽到有人搬了一把椅子坐在我的頭跟前，我睜眼一看，一隻穿著皮鞋的腳就擱在我的鼻子跟前，不到兩分鐘，我就睡得稀裡糊塗，大約是那扯鼾聲太沒有顧忌場合，頭上被人踢了兩腳。用力倒不大，隨即罵聲賜下：

「媽的Ｘ，你丫的真的是一個沒心沒肺的東西，連這環境你都能這麼快就睡著？」

實在不敢恭維，那聲音絕對是娘娘腔。我這裡絕無性別不敬的意思，女性的聲音是女性美的、一個不可或缺的組成，但那美的女聲若為一個男人的擁有，那實在彆扭得可觀。迷迷糊糊，不到兩分鐘，我又酣然入睡，我又被踢醒，娘娘腔又把罵聲賜下：

「高智晟，你丫的傻逼呀，你丫的真的沒肝沒肺呀，今兒是什麼動靜，你居然能睡著？你丫的不是傻逼是啥？」

顯然，這娘娘腔跟我的睡覺幹上了，罵聲還是在繼續：

「這什麼場合？丫的都能睡著？大爺們在隔壁聽了，大概幾天都睡不好，說你畜生畜生的，你丫的真不是人呀？」

他說著說著，我的鼾聲又吼了起來。其實，我平時睡覺很少打呼嚕的，只有仰面朝上姿勢，且不枕枕頭時才會鼾聲大作。那天，王他們離開時，將我的手銬在了前面，並用我的腰帶將我的兩隻手綁在小腹處，我仰面一趟即鼾聲驟作。

我有若干種迅速入睡的本領，這是我在前面幾年的律師生涯中歷練出來的。有時庭審休息十分鐘，我即可成功地睡上六、七分鐘，這實際上是我在學著控制自己情緒時的一個意外收穫。我控制情緒的方法即是用意念閘斷情緒，將之驟然用意識凝固，頗成功，可出現了別一個收穫，即不出兩分鐘，即會意識混沌，稍作縱馳既可立即入睡。這點意外的收穫，在這十年裡使我大受其益。便是在酷刑間隙，打手們休息一會，我就能獲得實質性的休息。不論什麼過程中，只要眼前出現了一點可供休息的時間，我會立即利用起來。

因為這十年的經歷太特殊，我的所有時間都成了中共特務的支配物。許多特殊過程中，沒有任何規律及經驗可循，最明智的做法即是見縫插針，有時間「到手」即立即入睡。因為像2007年時曾有整夜整夜不准你入睡的情形，他們兩小時一輪換地坐你面前不准你睡覺，這種事，隨時隨地都可能出現。不是今天回頭才意識到，即便在當時，我已經覺察到，當對方不能改變我的身分時，他們會把眼光投向我的身體健康，干預人的健康，若不藉外力來實現，諸如藥物、細菌等，剩下的只有食、睡兩樣關鍵的過程。而他們能掌持的則只有食一樣東西。而食對

於人的健康影響的功能有限，除非他們刻意地量控，像在2007年9月時的故意餓你；否則，食物品質對人健康影響效果完全取決於精神因素，實際上就是人的心情。

我曾與當局談話人提到過，想用飯菜品質達到損害我健康的目的，無異於拿著牙籤刺激太平洋，是在做滑稽的無用功。這幾年我獲得一個很有價值的寶貴經驗，那就是在任何困難的過程中，或者是應對任何困難，你需要的就是持續地培蓄自己的精神規模及品質，使精神無限強大起來。強大的精神幾近能給處在物質極度困乏過程的人提供無限的支援。我這十年的經歷可完全現實地證實這一結論的正確。當局這十年來，在對我的囚禁及食用計算上，可謂用心至其極，尤以部隊的二十一個月囚禁及沙雅監獄的三年囚禁為甚，一口氣禁閉式囚禁三年，一口氣吃三年的煮白菜，除減少了三十多斤體重外，當局一無所獲（有趣的是，從沙雅監獄出來被當局押回家仍被軟禁著，不到四十天的時間即增加了三十多斤的體重，不知研究對付我的專家有何感想了）。

我的睡覺不僅迅捷，而且頗堅韌，一般的搗亂效果不彰。根據我的經驗，施行酷刑的人休息後換進來的人就是看管人員，但一般酷刑期間安排的看管人員都壞得可以。那晚剩下的幾個小時裡，我就頑強地在頑強的干擾中睡得五迷六倒，那實在是太累了。

正如所料，接下來的幾天裡，疾風暴雨式的肉體酷刑已經停止，換來的是近乎和風細雨的以疲勞肉體為目的手段。那種設計過程也足夠綿密毒辣，也足夠地難熬。他們分為三班看管我，每班兩個人，所謂的「三包一」模式，即有三個班車輪式輪流地看管同一個目標。那絕對是一種蓄意的安排，每個班上都由一個絕色的壞種負責。他們最大的特點就是不用領導具體安排，能夠自覺能動地作惡且不知疲倦。接下來的幾天由他們看管真給我製造了些苦楚。對於這些苦楚我不打算在這裡細述，加上我在那幾天裡思維基本上處於一種混沌狀態。首先是我基本不自覺地啟動思維，使思維呈自然的休眠狀態，使人的所有痛苦額限在生理方面，即使是在生理方面，這種狀態也在很大程度上是稀釋了痛苦的被注意程度。經歷過酷刑的人都當記憶尤深，酷刑創製的真正痛苦除了電擊外，當在酷刑停止後的五天內，尤以前三天為甚。那是所有生理痛苦的集中聚攏時段，分散注意力是減輕痛苦的不二途徑，從「科學發展觀」的高度看，莫過於遏制思維運動。而對思維的著力扼制的一個顯著收穫是沒完沒了的睡意。

我整天處在昏睡或半昏睡狀態中，絕不是誇張。便是在強制站立階段，我亦可迅速地進入迷糊乃至酣睡境。美中常有不足，每至酣睡境，膝蓋就會猛地打屈，招致看管人員的幾腳猛踹，終於不能阻絕那更強悍的睡意，這實際上也不當全然歸責於我，實在是因為那近乎理想的足使人昏睡的環境。切斷思維是一個方面，另外兩個利睡的絕好因素是近乎死寂的安靜，和大白天在房間裡給你戴個黑頭套。那個過程，睡能讓人幸福得昏昏沉沉、渾渾噩噩。三個絕好的睡眠條件他們就給了兩個，你是不想幸福也不行。

## 十二、「娘娘腔」不允許解大手

三個班的看管負責人中，他們是競相卑鄙，而有時又相率冷酷。他們三人中的兩個人，都長得膀大腰圓，皮膚黝黑，脖子、腦袋一律粗，腰、臀無區界。這兩人最一致的特點並不僅止於體型，還有一個一致的特點是心黑手毒，他們倆後來給我製造了不少苦楚。他們的冷酷及法盲使人記憶尤深。而另一個使人記憶尤深的特徵是，兩人有著共同的雅趣——通體黑西裝而腳蹬白襪子、白球鞋。我送他倆的綽號也顧及了他們倆的共同之處：「黑煞一郎」和「黑煞同一郎」。

這白天看管時給我戴黑頭套應當是「黑煞一郎」的能動發明，當不是上面的安排。因為開始時只在這「一郎」的班上才有，後來才被「同一郎」效法。「一郎」那小子可冷酷得可以，我的手在白天是被背銬著的，所以手不能給主人一點幫助，完全聽人擺布。「一郎」一上班，他就會把黑頭套給我套上，然後從後領上將我揪扯至他認為合適的地方。有一次，他換班之前抓下黑頭套時，我才發現，整個三小時都是被他強制面壁。

「一郎」還每一次都會說：「我的班上你站在那裡不要動，我就不會沒完沒了地折磨你。」

人一站就是三個小時一動不動，這很難做到，更何況我大部分情形下是睡得稀裡糊塗，因為站著而動搖，他們為此給我吃了不少苦頭。三個負責人之一的另一個即是那「娘娘腔」，他給我留下的痛苦記憶尤為難忘。

記得，「娘娘腔」在白天第一個班時就指戳著我說：

「高智晟，在我的班上，你可別拿自個兒當人，你丫的要是還記著自己是個人，就有你丫的苦吃。」

我在那裡被罵是太家常便飯了，也是我唯不在意一途。你不可能與他們墮為一類而對罵，低下的咒罵對我而言不發生損害，所以我像尋常一樣沒有在意。但當後來我要上廁所時，才意識到他的惡意並不簡單止於罵。

肉體酷刑停下的第二天，到了我規律性地解大手時間，而正好是他的班，我提出要解大手。

「娘娘腔」眼睛一瞪，罵開來：「我說過啥來著，你丫的把自個兒當人啦？上廁所？忍著，在我的班上，你丫的別想這個，美死你，解手？解手那是人的事，你是人嗎？」

「不允許解大手的事還從沒有發生過，便是畜生牠也得排泄，這只和生命有關而與政治無關涉，你不允許我上廁所，不應該創下這種反人道紀錄，這對你個人也絕不是一個光輝的紀錄。」我提出了抗議。

「你媽 X，你是什麼臭狗屎？你丫配來教訓我？我他媽就清楚地告訴你，在我的班上，忍著，別丫的自找苦吃。什麼人道？你配嗎？」他罵道。

「可便是反革命分子、反黨分子，他終於還是要解手的，你不正用人類語言而不是畜類呼叫與我對話嗎？」我說。

「大爺我懶得與丫的瞎掰逼，不讓你去就是不讓你去，再他媽嚷嚷抽丫的！」他大怒道。

他的決定已完全超出人理，再與他爭論已全無意義。但這做法是十分惡劣的，他作為個體，已昧卻了基本的靈性。這個政權的確邪惡，可幾年來究竟上廁所的需要基本還是承認的。上個廁所，當是尋常小事，因為他在人類群體中解決起來就是像尋常小事一樣容易；但當他不能得到解決時，就成了極不尋常的大事。這從不使人矚目的尋常小事，從未像在那段時間一樣讓我那般地刻骨銘心地在乎過。

我無能為力，房間是從外面鎖上的，加之我的手又背銬著，「廁所」又只是在門口外的一隻「廢舊塑膠桶」。而在他們三個組管制期間，他們實在不願讓我在馬桶裡解手。故每到解手時，他們會把我的手銬換成前銬，把黑頭套套在頭上，兩個人把你架到二樓的廁所。他們把你架到目的地後，你的腳成了「眼睛」，探觸著腳下情形，以便能實現目的。他們站在旁邊則無一例外地罵罵咧咧，嫌你解得太慢。其實，那只是特殊環境裡他們本能的習慣，因為我的大解便是在尋常環境下也從不超過兩分鐘，可每次都遭致他們不停地辱罵。那的確是一個非常荒誕不經的過程。

排泄功能及其過程，是組成人類生命的基本特徵，而他當是一個私祕的過程，這是人類文明的最基本組成，他全程展示在他們的注目下，除非個人行為能力的喪失，否則，他是令人難堪及令人作嘔的。這種不尋常過程，是中國權力反動及骯髒的一部分。這種過程的設計初始動機是羞辱中國權力的反對者，但客觀上帶來對具體監管人員傷害的後果。在那之前，我從未那麼刻骨銘心地在乎這正常人每日必須交涉的過程。在那裡囚禁的二十一個月中，這始終是我及監管人員頗苦惱的事。他原本不當是個負擔，可他終於成了一個負擔，因為他不再是屬於我一個人的事，而是牽涉到一群人利益的複雜過程。因為在此後被部隊接管以後，解手過程被設計得異常隆重複雜，以致成了一個揮之不去的現實負擔。好在，不知過了幾天後，他們將對我的看管移至交給了部隊後，在上廁所的事上雖一直彆扭不斷，但究竟還不至於像「娘娘腔」一樣，乾脆就不讓你去。

## 十三、人一生最大的不幸是生命不再善良

這「娘娘腔」整人的花樣頗多，他應該是每天刻意琢磨著這些事。對於我的飯，誰值班誰負責打飯，一至「娘娘腔」的班上常讓人苦惱連連，他總能琢磨出整你的手段。例如，有一次他煞有介事地端來一摞三個飯盒，每至吃飯時，他們按規定將我的手銬前銬。「娘娘腔」他總是刁難你，他有時候假裝把這茬給忘了，等上一個小時或更長時，他才故作頓悟狀給你打開。這次三個一摞飯盒頗使我驚訝，因他打的飯我從來只能吃個半飽。我被鎖著的雙手極不容易地打開了第一個飯盒：空的；打開第二個，空的；我不再去打開第三個飯盒。他竟笑得差點背過氣去，我實在覺得這裡面未有絲毫娛樂性可言。他是純北京腔，長得是白白淨淨，他的這種日常品行頗使人替他哀傷。一個人行事如此卑下而不自知，這實在是一種大不幸，這不幸首先是屬於他自己，其次才是別人。

我們人類群體應該有一個基本的底線，那就是對個體生命本身的不附任何條件的敬重。對生命個體不附條件的敬重，當是人類生命中當有的一種天然的默契，或者說是存在於人類生命群體的天然契約。不論何時何地，持有何種主義，對他人生命的敬畏是不可逾越的底線，這是人類生命個體之間、群體之間以及個體與群體之間必須謹守，甚而至於用生命捍衛的原則。這是一個人遊南逛北、交際各色人等的人身及心理安全常識性保障，越過這個底線，地上行走的不再是一個個美麗的生命，而是一個個危險的堡壘。

那段時間，我常面對他而慨歎，人一生最大的不幸是生命不再善良，善是生命無限快樂的因。他一見我，就成就了他的不快樂，這是怎樣的一種愚昧及不幸；而這種體制下，這種人實在是多得可觀，構成這個社會時代下的大不幸。因為你不能企圖與他們做任何理性的交流，他們抱著一種激進的自我正確意識，並且推定了你的不正確且不可改變。你若指出他的錯，且是常識性的錯，他反應的劇烈程度實在是不可理喻，輕則破口大罵，或動輒拳腳並用。越是常識性的錯誤，他的反應越是激烈，似乎他不激烈地表達這錯就成不了真理。我這十年來，為了這方面的原因，在他們面前實在是沒有少碰壁。

## 十四、「同一郎」的副哨逮到機會表現

每一次的祕密囚禁，無論他們如何地刻意營造與世隔絕的氣氛，但一般情形下我不會混淆具有的時日。大約是到了這次施加的酷刑點上的第四天下午，幾名施加酷刑的人員進來給我戴上了頭套，架著我就往外走。我的習慣是不去揣度將要到什麼地方以及可能的遭遇，即只能是身體被迫跟著而心則不隨。結果我被架到四十米外的另一個房間裡，被按得坐在一個沒有靠背的硬木凳子上，一坐就是幾個小時，能聽到旁邊的兩張床上有人輾轉反側聲。我趁機就是幾個小時的酣睡，因為此前半天站立得人腿部都沒有了感覺。

當被人再次架起來時，我依然在昏睡中，又進了一個房間，頭套被抓去。房子裡一片黑衣人，房子也大變了樣，地上鋪上了八、九塊拼在一起的髒地毯，擺上了兩個擺在一起的床墊，地下室朝著過道原本整天關著的窗戶已被密封，與其他牆壁一樣，貼上了有兩公分厚的高彈塑模板。

又過了一天的上午，進來一大群黑衣人，施加酷刑的人員退了出去，「黑煞同一郎」走了進來，說：

「換一批幹部來看管你，現在已交接完畢。」

我被一絲不掛地交到武警部隊的幾位領導手上。我後來才知道，這是一支專供中共中央紀委驅策的部隊，用以在「雙規」過程的抓捕、祕密囚禁看管等差使，他們常密集地執行對貪官的押管任務。他們開始以為我也是個貪官，所以態度非常惡劣。至此，我開始了為期二十一個月的部隊看管生活。

王處長他們並未撤離，武警士兵稱他們為「貴賓」，繼續住在那個點上。而「娘娘腔」則不再負責對我的監管，「娘娘腔」與我就此「別過」。他是這些年來奮

力阻止我排泄的唯一一位黨國悍將，所以今天頗用了些文字來記述他，但我並不記恨他，因著他的門面實在是太小啦。而那「黑煞一郎」則與我頗有些情緣，有關的交涉後面專門提及。

事實上，這次負責看管我的祕密警察共有六位，其他三位迄今在我的紀念文字裡悄聲無息。這很有趣，前面屢屢被提及的三位卻是因為他們的惡行。他們進來囚禁室監管的兩個人裡有一位是主哨，大略上是與地位相關聯；其他三位幾近沒沒無聞，但也不是全無作為，例如「同一郎」的副哨就抓住過一次表現機會。

那次，我的兩腿實在麻木得可以，我要求原地活動幾分鐘，主哨同意。我第一次獲准活動一會兒，有一種如釋重負感，結果令人不能置信的是，那位幾天沒有說過一句話的副哨，在我活動了還不到一分鐘時卻發話制止：

「行啦，你也真夠自覺的，活動一下就行啦，真拿自個兒當根蔥啦。」

我還想繼續活動，而被他立即制止。其實，他們坐在椅子上，我在原地活動並不折損他毫髮。常人難以想像那種環境裡，幾天才能爭得到一次活動機會，竟被他這樣輕易地給阻止了，我真無法理解他終於會有這樣一個衝動。而「娘娘腔」的副哨則幾近今天中國人的公共面孔，旁人死活都不能觸動他，他懶得多看你一眼，但也不主動去作惡，每天來去若無旁人。

## 十五、幽冥裡的星星之火

這裡特別值得我記述的是「一郎」的副哨。我原不打算在這裡念及他，擔心因著他的善給他帶來傷害，但終於還是想把他的善記錄在此。因為對人性善的光輝記錄是最有價值的，尤其在我們今天這樣的時代，更由於是在對那種完全揄揚邪惡人性的特殊過程中。

每次在酷刑階段，我每天只能吃到冰冷的飯菜和一點冰冷的水。這次，每天向我提供的水只有一瓶二百五十克的（或是二百六十克的）小瓶裝純淨水。雖則是4月底了，我依然每天冷得發抖，終於還不能完全不喝水。但第二天，我從他的手裡接過來一瓶熱水，瓶蓋是原裝封閉的。無疑，他是刻意把那瓶水設法熱好帶進來的。他把那瓶水遞給我，因著是渴望得到的熱水，我的眼睛一亮，一雙溫和的眼睛正看著我，我只能用眼神遞上我的謝意！從這天開始，他總能有辦法在悄無聲息中讓我喝到熱水。即使別人已送進來的涼水，他也會在他進來時不經意地給我換上熱水。

我感到他的心很細，他們班上的飯百分百都是由他打進來的。那段時間能吃上熱飯、能吃飽飯一定是在他的班上。雖然他能發揮的作用也少得可憐，處處受到了主哨「一郎」的節制或掣肘，而且在那樣的環境中，善的表達是很危險的，他不是一個美的人性問題，而是一個政治問題。他仍小心翼翼地在那幽冥裡，用善意點亮人性的星星之火。我記念他，在那樣黑暗狂騰的環境，依然讓我看到光明，那是怎樣頑強的善！

## 十六、兩個「絕對不允許」

我赤條條地站在中間接受著兩夥幹部交接。兩夥都很蠻橫，卻都是對準我，那武警領頭的是一位大隊長（後來得知其身分）。身高直抵一米六，一臉躁急的表情，行動也頗不拖泥帶水。交接中需要由我簽字環節，我的簽字速度觸動了他的不耐煩，一步跨至我的身後，一把抓住我的手就開始簽名，嘴裡還罵罵咧咧。「同一郎」退出。

那大隊長向我宣布了由武警部隊奉命接管對我的看押任務，要求：（一）在被看押期間須絕對服從哨兵的指揮和命令，違反規定，哨兵有權採取斷然處置措施；（二）每天只能站起來在原地活動四次，每次時間在十至十五分鐘之間，具體時間由哨兵在這個時間範圍內掌控。說到此，他又補充說：「這就是說你每天的絕大部分時間是只能坐著。」（三）除了上廁所和必須的事外，看管期間不允許你說話。據此，中共對我的祕密囚禁完全交由軍隊實施階段。

我的監禁室裡裝有針孔錄影器，並在三處裝有有線監聽器。監控室裡有兩個「絕對不允許」：一是絕對不允許我與士兵講話，二是絕對不允許士兵之間說話。

第一個「絕對不允許」他們落實得乾淨俐落。實際上，不允許我開口講話實在是每個囚禁階段的要求，即便在監禁室內有交流，也只能是咬著牙，嘴唇不動，由舌頭在牙後面擠壓空氣來進行交流，因為這不是一個怕與不怕的問題。你可以不怕，卻無法不顧忌與你交流者必須的瞻顧。這些年來，幾乎是鐵定規律，警察與我交流一經發現，即會立即調離，而且給予一個不良紀錄讓他們背著；士兵與我交流，一經發現，處理方法高效且簡單：立即被拉出去暴打一頓，士兵為此挨打的可謂數不勝數。這多年來的不讓說話導致了個嚴重後果，我的說話聲音改變得驚人，至今日終於無多改變，尤其在大聲說話時，聲音變得讓人很陌生。

而第二個「絕對不允許」，即「士兵之間絕對不允許講話」。然而，這一點卻

從未得到有效地執行，儘管有很多人因此挨打、挨整。在堅韌的打壓下，他們之間仍堅韌地以那裡特有的方式「講」著，其間不乏跌宕起伏、險象環生的畫面。開始時對囚室內講話現象的打壓非常冷酷、高效，儘管如此，關於這次換由部隊看押過程的一些相關情況，沒有幾天我就全部知道了。

## 十七、金字塔狀的安保布局

這次長期的非法監禁，使我近距離地瞭解到了中共現行體制中兩個結構性的黑暗方面：一個是中共紀委的無法無天，以及他們對人權、中國法制前途的摧毀性破壞；第二個是中共武警部隊超乎外人想像的內核潰爛，包括物質層面和精神層面。這是神讓我在這樣過程的特別收穫，我將在後面述及之。

這次在與中共武警部隊先後兩個中隊近二百人的接觸，一個被精心藻飾了的忠誠且有力量的面孔背後，長期不被我瞭解的世界，在我的眼前崛起。說不客氣一點，即使有時他們讓你看到了一些生機勃勃，那也是在豬圈裡的生機。在那精心捯飭的忠誠模樣背後，維持著人類生活的最黑暗面。那是一個人權、人性的洪荒地帶；暴力，成了維持那局面得以苟延的唯一力量也是最後的力量。常有人說，中共今天在大陸局面的維持依賴兩樣東西，即謊言和暴力。這個判斷在部隊就只剩下了暴力，對士兵沒完沒了地進行洗腦的局面已完全依賴暴力來維持，幾乎每個士兵都感到痛苦不堪且各自都感到無助。

作為中國今天令人痛心局面的一部分，那裡已成了一個完全的沒有了真相、沒有了常識和沒有了人的互愛的世界，人們相率無恥，競相卑鄙。那裡的人大都魯莽、怯懦、告密、獻媚和荒謬、冷酷，且又無助和無奈。

對於我的紀念文字中，我擬最大限度地使用士兵的真實姓名：一則，考慮到這些人都已復員回家，搞秋後算帳是頗需要費上些周章的；另外，作為真相紀錄中活的參照物，為未來人們求證這段歷史真相提供可能。雖然，在那種環境中，獲知士兵的真實姓名頗不是件容易的事，我知道的大都是綽號和假名，但究竟還有一部分士兵的名字是真實的。

士兵中間很快就有一部分人知道了我是誰，他們中間有不少上網高手，能突破封鎖獲知很多外面的資訊。他們能咬著牙告訴我很多資訊，當然也有人因此被多次毆打過。他們這支部隊來自北京武警總隊第三師第十七支隊第二大隊第五中隊（後一年換成二大隊的第六中隊）。有士兵第二天就知道了我的名字（他們值班

時聽到了警察與我的談話時獲知的），他們還通過網上手段獲得了許多關於我的資訊。另外，他們是常年執行看押任務的，但據他們自己講，從未出現過類似這一次的神祕氣息。因為他們中間有些人直接參加了對陳良宇的抓捕，也有幾個人多次參加過對高官的抓捕。而十七支隊的第二大隊曾負責看管過陳良宇、陳紹基等落馬貪官，也在前一年直接負責看管劉曉波先生。另一個使士兵感到神祕的證據是，據他們講，在具體的關押點上，能見著北京總隊的領導即屬罕有的例外，而這次則數次見到總部中將級別的領導，而武警部隊總部中將副司令也兩次來這個點上檢查工作。

中共刻意營造的神祕氛圍，本意是在士兵中間激發所謂的「神聖使命感」，卻也啟動了士兵蓬蓬勃勃的好奇心。因為據他們講，有些神祕過程是以前從未有過的。例如，他們說每次接受任務後從來都是直接開往目的地，目的地對士兵從不保密；這次則不同，不光不告訴他們目的地，而且提前一天就將他們拉出了營房，且用黑布條蒙上了所有人的眼睛，然後又上了火車，在火車上繼續被蒙著眼睛走了一天一夜，下了火車後就被拉到了這裡。到這裡才發現，這個地方就在北京昌平區的一個山區裡。從他們的駐地海淀區用兩個小時就可以趕到，卻折騰了這麼長的時間。其實，他們這種做法很滑稽，是這個制度一慣務虛的又一個實證。因為他們說，送他們來的車輛和一部分士兵當天下午就返回了營房，這種神祕過程已全無了實際意義。

通過士兵的描述，看押點人員配備情況如下：武警部隊二十七人，屬恆常保持人數。其中，監管室由十名士兵或士官組成，分成五個班次，每班兩人，所謂的「五包一」，由五個班次輪流換班；監控室五人，由五名士官擔任，亦分為與監管室相匹配的五個班次，每班一人；自衛哨五人，亦分成與監管室值守一致的五個班次，每班一人；應急小組五人，值守班次與前面一致；另加兩名值班幹部，大隊領導一人，中隊領導一人，凡二十七人（有時是三名以上的幹部）；點上由公安部門提供的警犬一隻，由於該犬一腿行走有些顛瘸，遂取名「小瘸一郎」。我聽了那隻警犬二十一個月的嗥叫，今日仍音猶在耳。

那裡的安保布局，整個結構類金字塔狀構成，我是在最下面，武警部隊則位覆我之上，而武警部隊的上面又設了一個公安系統的總監控室，負責監控武警部隊的一舉一動，並監控及監聽武警部隊與我的交涉情形，由三名老警察組成，三人輪流值班，二十四小時一換。他們雖互不統屬，但武警部隊每日必須在確定的時間向公安方面抄送一份「一日目標監控情況抄報表」，這裡的「目標」就是我。

　　然後，公安方面還駐了四個人一組的「審訊組」，由三男一女組成，據說後來只有在上面來檢查時這個小組成員才都在。至於被稱作是「貴賓」的九名神祕人物，實質是負責酷刑的打手而已。即便是在他們體制內部，這種人的身分也是不介紹的。

　　這樣，從關押的初始階段，屬於長駐那個關押點的人員不低於三十九人。而具體負責室內監管的副哨，手執一本「目標日常監管記錄」（確切名字不詳），在「目標」沒有異動的情形下每一刻鐘進行一次記錄，若有異動情形隨即記錄。這項記錄二十四小時不間斷，據說每天下來的記錄要超過兩個記錄本，單此一項，二十一個月的囚禁過程就用去一千四百本左右。每天晚上，須在日常記錄的基礎上填寫一份「抄報表」，給公安系統，一份「上報表」給大隊，這只是一個「上報」連結的基礎性環節。在此基礎上，大隊向支隊日報，支隊向師裡，師裡向總隊，而總隊向總部報告。然後，每週一次「總報」，每週的總報也得抄報公安系統一份。而武警之上公安系統的總監控室則每日向上級提交一份監聽、監控報告，並附上一張監聽、監控光碟，所有日報、抄報不可有一日中輟。那群士兵常為此蹙額疾首。這些士兵在家時，大都是一提學習寫字即頭疼的角色。

## 十八、關押本國人竟有抽水馬桶不讓使用

　　這次的關押點，據士兵講是在北京昌平區山區一個叫「臥虎山莊」的地方（2009年4月28日轉移後的祕密關押點也在臥虎山莊，因為我曾在衛生間兩次發現「警察同志」使用的餐巾紙上寫有「臥虎山莊歡迎您」的文字）。這山莊的經營者當有著不一般的權力背景，因為北京周邊的森林植被原本屬稀有資源，能在林區獲得修建經營性山莊者，你盡可揣想他們的能耐。據士兵講，這個權力背景就是北京市公安局。因為北京市公安局幾乎所有像樣的會議都是在這裡召開，而由他們擔任安保任務。

　　據說我這次關押租用的是臥虎山莊的辦公樓，因為原址是明清時期的墳地，建成後據士兵說夜裡鬼患不斷，終於放棄（在我的羈押期間，便是在囚禁室，也多次出現過靈異影像，有兩次竟直接與士兵發生了交涉，而監控錄影看到的只是士兵的手舞足移，我頗欲看到之，更欲與之辦理交涉，而終於所欲不遂）。而被北京市公安局以每月十數萬元租下來，專門關押重量級的異見人士。我的囚禁室在地下室，應屬半地下構造，據說地下房間的三分之一是在地面以上。衛生間在

二樓，幹部值班室及武警部隊監控室也在地下室，士兵全住二樓。

那地下室有兩大特徵使人不能忘：一是潮濕；那種潮濕直可用「稀濕」來形容，一個紙箱若在床邊放上兩週，其外形直似剛從浸泡了很久的水盆裡撈出來，捏一把水嘩嘩下流。一是冬天陰冷，夏天悶熱；他們的解決之道是安裝空調。因為武警部隊一接管對我的看押任務即進入夏季，悶熱難耐，他們為此屢向北京市公安局交涉。大約在當年的5月下旬，由北京市公安局出錢，除了我的囚禁室外，其餘住人的房間都給裝上了空調。

由武警部隊接管後，我連帶著黑頭套被人架著上二樓廁所的待遇也被取消，由於房間裡沒有衛生間，他們就在我的房間門口外面樓道裡放了一隻小便用的廢棄塑膠桶和一隻大解用的馬桶。囚室門朝外鎖上，鑰匙由監控室值班人員控制，我若需要解手，得向士兵喊報告，由他們按動安在室內的呼鈴按鈕，而監控室值班員打開門。我上廁所的過程是屬於加強哨的過程，即不論大手或是小手，由三名哨兵將我圍成個三角，各距我七十五分而呈欲撲狀，做出隨時緊急處置的形、神準備。那種過程真使人不堪，有人會說習慣了就好了，我經歷了近十年竟終於沒能力習慣起來。

羞恥心，是人類感情的組成，一個健康的人，尤其在解大手時被三個人居高臨下盯著，而且是在一隻馬桶前，這始終是我心理的一個不大不小的負擔。就為這上廁所，與士兵發生的衝突實在不少，我們中國人中間最缺乏愛，而在看管者與被看管者之間則更是罕有。而作為人類群體之間的基本尊重，在我們同胞之間也很少能得到應有的承認，更別說在公職人員那裡。在有衛生間的地方，人在沒有離開馬桶前即可沖水，沒有了後顧的尷尬，而他們就給你一隻桶，那過程實在是不堪入目，可這又是一個人道的必有過程。中共當局有廁所不讓你用，而強迫我們接受這樣的過程，這是赤裸裸的反人類行徑。

在武警接管的當天夜裡，應該是有部隊系統的大人物來檢查工作，因為能聽到一群的陪隨人員，我聽到他大聲說：

「這怎麼行，看他一次解大手，我們的人可能兩天吃不下飯。他解完還得我們的人倒，倒一次半個月吃不下飯。我們不倒，我們不給他倒。」

估計後來兩邊交涉的結果，武警部隊果不負責倒馬桶，卻是由公安系統雇人倒，這種機制始終運行不暢，他們有時一兩週不來倒一次。

我很抱歉使讀這些文章的朋友經歷這種不爽的感受，那種經歷真的使人束手無策終於無可奈何。這種精心的天才設計顯然旨在長期地羞辱我，但實際上卻顯

現了設計者的卑鄙和愚昧。正如河南一個大學生士兵講：

「日本人八、九十年前在東北關押中國人的監室裡就裝上了抽水馬桶，沒想到共產黨今天關押本國人竟有抽水馬桶不讓使用，非得這樣做?!」

對於我，羞辱，談不上，羞恥也不當屬於我。再說，這已屬於我在這十年裡的「正常生活，」我常給士兵講，人在絕對無助的情形下，習慣成就了他的一種本領。我的煩惱是有的，而這些煩惱源自個別看管人員的不可理喻的要求。像「娘娘腔」一樣乾脆剝奪你排泄要求的事，此後倒是再沒有出現過，可一些士兵屢屢向我提出他們自己的使人無力滿足的要求，即請你千萬千萬不要在他們站哨的時間解大手。不是只一個人給你提這種要求，是一群人給你提這種要求，讓你實在無可奈何。因為我常被規律驅策，不可能隨意地改變，為此惹得一些士兵很不高興，也存心給我吃些苦楚。最明顯如一個綽號「藝術家」的湖北籍士兵，真是讓人無法評說他。

「藝術家」大學畢業就業數年後來當兵，頭腦很好使，豈能不諳人情世故？他就明確要求我不要在他的班上大解，這種要求實在有點超出人理。有一次早晨在他的班上大解，他大為不悅，竟至於停供我的飲用水。我避其鋒銳沒有抗議，但等他下午站哨時，我當面指出了他的錯誤，他昂然不屑一顧，我就不再客氣，我說：

「年輕人，切不可一事不遂己願，伸手扼人咽喉，暗昧心理終身害己。」

這種事例，即因這事而停水報復我的，也就只發生過兩例，且都是在六中隊，其中一次發生在「耗子」（張浩）身上。這「耗子」君，是士兵個體給我製造苦楚最多的一位。其他人因為上廁所而跟我彆扭的事也常有，而大都只是給我個臉色看或製造點小麻煩，究竟沒有上升到斷炊斷水。但囿於這種非常的現實，我也最大限度地理解他們的心情，我唯一能做的就量控、將原有的一天一次的規律降為兩天一次，半年後終於至四天一次。這種量控的努力，首先是出於實在的無奈，其次是對有關生理常識的乏知。終於成功地斂控至四天一次大解時，我頗為這種結果自喜過，可終於物極必反。事實證明這種努力的方向及結果是有悖生理規律的，我患上了便祕，導致大解十分困難，遭遇了此生從未碰到的問題。

我的相關知識不能使極端減少大解與便祕發生聯繫。哨兵中有個叫劉巍的內蒙籍士兵，他的母親是蒙古族，這小子身高近一米九，天津大學畢業，風趣幽默而心地善良。有一次，我在他值班時大解過程頗苦，由於解手的過程裡有監控而無監聽，我告訴了他我在這方面遇到的苦惱，他告訴我導致便祕的原因正是從一

日一次減少至四日一次所致。

他是第一個主動提出：「你就在我的班上解大手吧，多少次都沒有關係，我完全理解你的難處。」

這壞小子的一番話差點讓我淚水潸然。後來，他的同年兵成成（夏智成）、鄭智中（音）、郭通（音）都向我表達了同樣的意思。這幫小子有一個共同之處就是心地善良，他們給了我不少很人性化的關照，當然這一切是極具危險的。劉巍的這一提醒使我意識到問題的嚴重性，把大解次數回復到二日一次，並開始以意念療治便祕而終於根絕之。

身陷地獄環境當中，致病及治病都凸顯了今日中國因素——中國特色。儘管稍有點人性常識的人都清楚，這「中國特色」是今日中國黑暗勢力自畫的「人相」，所有人都自覺或不自覺地撲騰在中國黑惡勢力苦心經營的中國特色苦難大澤中，沒有人能夠例外，包括黑惡勢力集團自己。歷史將很快昭示世人，他們將自食其果。

## 十九、談原本就不是個問題

大約是武警部隊接管的第二天，中共組成四個人的談話陣容。關於談話，表面上看是這次酷刑的成果。實際上，我從不拒絕對話，相反，我非常願意對話，談成與否，只是價值的一個方面，而對話本身就是一個當予以肯定的價值。這次酷刑進入室內後的一個主要話題就是要求繼續與政府談，但操作者愚蠢和蠻橫，加上我針鋒相對情緒化，使酷刑過程又激烈地進行了一個多小時。他們應當清楚，對話在我這裡從來就不是問題，他們的愚蠢使之成了一個問題。

那王處長用電擊器對準我的下巴，劈頭就問：「下階段與政府談是不談？」

又說：「丫的要敢說不談，今兒就弄死你。」

這種蠻橫在我這裡絕不會受到鼓勵，我咬牙不發一語，招致了一個多小時瘋狂的折磨。這裡面是有些情緒化的東西的，而人格尊嚴豈能被隨意踏在腳下？最後終於同意談也是在他們停止了暴虐，用語言技術地緩和了氣氛後的事。

我只說了一句：「他原本就不是個問題。」

這次組成的談話陣容，四人中有兩人係2006年8月15日被捕後，連續三個多月負責審訊我的三人中的兩人（三人的負責人佟中華，因深得于泓源的賞識而得到了拔擢。他深諳昏官心理，每次于泓源一出場，他會立即從衣兜裡掏出小筆記

本和筆，神情肅然地「認真記錄」著于的話，從無例外），和一名女性警察。而負責人則是一位五十歲左右，對自己的學識、閱歷蓬勃溢於言表自負的官員，他即使坐在那裡不說話，精明、狡獪和閱歷就在他的眼裡外溢，他身高迫近一米六，頭頂上風光無限呈全然的「不毛之地」，能聽出他讀了些書。第一次談話的開場白頗有趣，我這裡記述的也只是個大概，我又不反感他，他們從不介紹姓名，所以我賜其雅名為「絕頂君」。

## 二十、「絕頂君」的開場白

　　大略是2010年5月2日中午，「絕頂君」率眾登場，開場白若下：「老高，下階段由我們幾位負責跟你談話，說個大白話兒，不願意接手你的事，聽說讓我接手你的事，提前幾天就開始了發愁，這是以前從沒有過的現象。辦了幾十年的案件，還都是大案子，那是些真的犯罪分子，大多數是些殺人放火的主兒，跟他們輕一句、重一句都不需要刻意計較，不需要斟字酌句，跟你不一樣。甚至來這兒前三天，就開始為初見你的第一句說什麼、如何說而深思冥想。是不是不自信、覺得自個兒沒這個能耐？當然不是。我辦過許多高層人士的案件，包括大學教授的案件，資格、能力不成問題，但還是出了提前幾天就發愁的怪怪的這麼一齣兒。接下來咱們得打一段時期交道，今天的主要目的就是先見個面，具體要談的咱們慢慢來。老高，接手你的事以後，我接觸了很多人，有一個絕對的規律，就是所有體制內接觸你的處級以上幹部在私下都說你是個好人，這是極少有的現象。我為什麼對你說這些？老高，很多人想挽救你，你應該能懂這裡面的意思，挽救你，真的，把眼光放遠一些，拋開所有的東西，回去過自個兒正常人的日子去。你現在這種處境，無論背景有多複雜，你應該清楚，很多關心你的人希望你能儘快地擺脫目前的這種處境，回到你家人的身邊，讓你的所有親人都安心下來。什麼社會不公、社會黑暗、酷刑虐待，關你什麼事？咱管不了。想管，結果如何？把自個兒管到這兒來啦，多麼不划算！我希望下階段能跟你聊明白了，和政府達成個諒解，回去過自個兒的日子去吧。現在一天有多少人在圍著你轉，錢都花得海了去了，省心點，自個兒做個好人就很不容易了，誰有能力管天下的不平事？我聽說政府領導非常關心你，只要放棄一些東西，願意就任何話題和你溝通，遺憾的是機會一個一個就這樣被你給弄丟了。不能再糊塗了老高，都奔五十歲的人了，五十都知天命啦，趕緊回頭還來得及……」

他一口氣說了一個多小時，如果不是一種伎倆的話，還真包含了不少人情、人性因素。但從後來幾個月的長談大略上可以得出，這是一種伎倆。因為核心目的卻與此前所有的談話目的歸於一途，即與政府合作，否則頭破身死，只不過這次很巧妙地糅進了人情因素。就在這一天的繼續談話中，即可看出由他出面也不會有樂觀結果，我們之間的根本衝突是無法靠「伎」來抹平。

當他頗得意地侃侃而談一個多小時後，我問他：「你不會說你不清楚這幾天針對我發生了什麼吧？」

他脫口而出：「老高，這就是你的不聰明。其一，君子當與人分享快樂，而不是把自己的不愉快扯出來與別人分享；其二，已發生了的事實覆水難收，再回過頭來反芻他沒有任何現實意義。」

我說：「依著你的邏輯，你做了幾十年的毫無意義的事。因為你前幾十年裡所辦理的刑事案件，有哪一個不是事情已發生以後你才介入的？」

「老高，咱談點有用的，往前看。」他說。

「你沒來之前，這裡發生了針對我的極其野蠻的暴行，是政府派人幹的；現在你來主持談話，也是政府派來的。你們好像兩副面孔，究竟前後兩副面孔我該信誰的？至少應當面對這個問題。」我糾住了這個問題。

而「絕頂君」的一番答話讓人刮目相看：「嗨，老高，趕緊感恩呀，趕緊感恩。道理很簡單，如果你看到你兒子面臨車禍，你的舉動絕對只會是猛地一把將他推開，哪怕他被推得跌傷，而不會是曼聲細語地站下來給他講道理。不發狠心採取斷然措施，一把把他推離危險，難道要看著他被撞死撞殘嗎？你已經很危險啦，不用點緊急手段都是害你。」

他越說越得意，眼睛爍爍放光。我不再說話，第一次談話就這樣結束。

「絕頂君」的談話究竟有多少次，我沒有確記，總的時間跨度約八個月，終於還是將目的歸到與政府合作，至少應當完全放棄與政府的對抗而獲得政府給予的幫助。

## 二十一、「魔鬼天才」其傑作與下場

到 8 月份的一次談話中，他們主動地提到一個被我關注了幾年的具體利益，即我的表哥承包了南水北調工程的一個標段，工程於 2007 年即驗收合格，一千二百萬元的工程款被當局扣住不給，其中有近千萬元屬於農民工工資，表哥

貸款墊付了民工工資，致他自己幾近破產。就我與表哥的個人感情而言，這個具體利益的終於實現非常重要。只要願意，我們可以獲得更巨大的利益，但這一次他們沒有談到其他具體的利益。因為我有數年來一直絕不逾越的底線，表面上給他們的印象是一種軟堅持，大致上他們已完全明白，這是一個數年來一直軟堅持著的硬底線，不是利益範圍內能夠撼得動的。

這一波次，他們的所有目的是圍繞著實現使我完全放棄，回歸他們所謂一個正常人的生活。這對我不是沒有吸引力，因為那種酷刑屢屢臨到，實在太殘酷，而囚禁更加地殘酷。他們設計的那種囚禁方式，足以在生理角度徹底摧毀一個人，人畢竟有著實在的物質性的一面。世間再沒有比共產專制的黑牢更邪惡的去處，我對坐牢是有思想準備的，任憑你想像再豐富，我都終於沒有想到他們會設計那樣邪惡的囚禁環境。我曾為律師，我所瞭解的最嚴酷的囚禁就是「禁閉」式關押，亦即我在沙雅監獄所經歷的那種關押，即把一個人關押在一個全封閉的小囚室內，這種關押對一個有些精神空域者而言，作用極有限的，因為究竟你還可以一個人靜靜地待在那裡面。雖則像沙雅監獄一直有高音喇叭的干擾，但他終於還是一種物的干擾，而物的干擾終於還是有限的。

共產黨為政治犯設計的牢房，從技術上，對一個人，從生理到精神方面的攪擾迫害無所不盡其極。我常當面說他們只有技術方面的苦惱而絕無倫理方面的負擔。他們並不是把你關進牢房那麼簡單，用北京國保「瘦猴」的說法是：「想進監獄，美死你。」他們把你關進一個完全封閉的地下室的同時，會安排十名以上的祕密警察「陪關」。他們輪流保有兩人與你一同關在裡面，大致上兩個小時一輪換，保證晝夜不輟有人「陪」著你。你若坐著，他們就緊挨著你的膝蓋站在你面前，左右各一位；你若站起來，他們其中一位會迅速繞至後面，前後各站一位，幾乎緊挨著你的身體；晚上你睡下，左右床邊各站一位，吸煙、喋喋不休地說話、咳嗽、打噴嚏、打哈欠，樣樣都能讓你不堪其苦。有的人打噴嚏，他故意噴你一臉，你若生氣，那正是他的目的；你不與他計較，他得寸進尺。在那裡，野蠻可以暢行無阻，是那裡唯一表彰的德行。你吃飯，他們左一位、右一位緊挨著你站著，說著話是最稀鬆尋常的事，飛著煙灰、一個噴嚏、一聲咳嗽，常讓人胃口大跌，終於你還得吃下去，因為那就是你的生活。這種看管方式的設計被武警士兵謔稱為「魔鬼天才」的傑作。

（世間之事是述不清、道不白，若非黃光裕偶然事發而使「省委領導同志」陳紹基成了被暴露的貪官，人世間誰能得知他就是這個「魔鬼天才」；一個叫安家的

河南籍士兵講述了陳紹基被用此方法看管時屢屢慨歎不已，多次說：「想不到我發明的這一套被全國推廣的監管方式會用到我自己身上。」安家這孩子，若有可能，我後面還要講到他。他自己也曾遇到過一次「意想不到」。有一次，他眉飛色馳地講述了說他們十一個士兵曾把一個「法輪功」學員打得死去活來，我印象最深的是他說：「我們把他的頭皮都給打掉了。」不料，過了幾天聽其他士兵說，他被中隊長史胖子給打啦。因為在那裡，士兵挨打像吃便飯，亦就沒有在意。下午，他進來站哨時頗使我吃了一驚，他的前額上方緊靠頭髮的地方赫然缺失了一塊皮，還在往外滲血。一問，頭皮怎麼掉的？「被中隊長史胖子給打掉的。」）

那「魔鬼天才」傑作的其中一個最著名邪惡環節，就是你解手的時候哨兵會三人將你合圍起來，看管者亦不堪其苦。而且，這種關押的設計者，充分利用季節性的嚴酷氣候，酷熱和嚴寒成了給被關押者製造苦楚的生力軍。北京的夏季，炎熱得酷烈，房間裡沒有空調，若能有窗戶、門打開借用點自然風或是流通空氣還尚可將就，而囚禁室的密封是當局精心追求的目的，經年累月的封閉致室內嚴重缺氧，初進裡面站哨的士兵誇張地嘔吐，更災難性地濁化了室內空氣。湖北籍士兵李俊良和他的主哨盧大個，進來不足一個小時，我發現他們的上衣像水裡撈出來一樣緊貼在身上，臉色慘白得可怕，各自同剛進來時判若兩人。不一會，他們緊急按響門鈴，門打開後幾乎是撲了出去，一出門二人同時開吐，主哨竟撲倒在地暈過去，此後七天沒能進來站哨。

監禁室缺氧致士兵頭暈目眩的事例不勝枚舉，出現嘔吐的事例也屢屢發生。像金野人，也是嘔吐次數較多的一位士兵。我感謝他們，他們中大多數人都會拚死憋著而終於吐在外面，而嘔吐在室內的還是絕對的少數。最誇張的是河南籍士兵「橄欖球」和另外一名他的同鄉，他們是突然爆吐在室內，數天之內，那滋味實在不好受。

金野人曾在站哨時向主哨建議，希望能向上反映，讓士兵在囚禁室戴著氧氣面罩站哨，但被罵了一頓。不過，這種刻意謀畫的、專門對付我的污穢環境對我的傷害確實效果不彰。士兵每天兩次進來站立四個多小時，而我一口氣在那裡面待了二十一個月，我不但沒有出現嘔吐現象，就連輕微的頭暈不適都沒有過，士兵頗覺駭異（耿和知道，我本頗怕熱，但是，在那裡每年有幾個月浸泡在汗水裡，並沒有感到多少煎熬）。其實，我認為這與心理作用亦有干涉。在於我，斷無改變希望，故而心理穩若磐石。另一方面，山澗間空氣頗好，士兵從舒暢的空間驟然換成囚室的悶憋空間，生理的不適反應即起亦是一個原因。

# 二十二、你現在的現狀純係反人類現象

那段時間我的心裡出現過波動，考慮過是否放棄幾年，覺得耿和太苦、太過於艱難，為她們娘仨故，我完全犧牲自己甚至捨命為她們娘仨也心甘情願。但有一點是不容置疑的，那就是這種波動的幅度底線從未波及至與當局合作的範圍裡。儘管他們時刻對之保有著出奇的熱情。8月份的一次談話，「絕頂君」的一番話頗為新異，對與我的交流次數同效果不彰的情形，他開始顯出一些躁急。

我理解他的心理，他無法實質性地向上面證明他介入數月後的收穫。其實雙方交手的時間已五年多了，人類中間是醫不活死馬的。他的介入是他個人的不幸。

他那天給我談了他的不解，他說：「慈禧太后曾對她的財政大臣說過，說：『芸芸眾生，不外乎活在名、利兩個字下。』你現在的現狀純係反人類現象，既不要名也不就利，這是出乎人類群體之外，不是反人類行為是什麼？」

我告訴他：「認為我既不為名亦不就利的結論是機械的，帶有明顯的蠻橫標準因素。我從未出乎名利場外，不與權貴合作正是為了我的名，我現在有四套房產，那是曾經我就利的證據。這種結論反映了心態的狹窄和蠻橫，就像你們對愛國標準的強制攤派一樣，不用你們的方式攫利就是反人類，不像你們一樣地禍國就是漢奸賣國賊。」

「好傢伙，說著就又罵開人啦，現在給你什麼都不要，這不是事實嗎？什麼都不要，不是反人類現象嗎？」他又說。

「不從你們手裡接受與不要是兩個概念，給什麼都不要更是一個偽命題，把人的權利、自由還我，把公民的權利還我，焉有不要之理？」我對曰。

這次談話又不歡而別。

在這年10月底的一次談話中，他說：「現在外面形式發生了些變化，但你不要亂猜，以為大環境發生了變化，我給你明確了，不是大環境開始變了。政府希望你能從這裡走出去。」說完他看著我。

我說：「是誰把我非法囚禁在這裡，又是誰不讓我從這裡走出，你是心知肚明的，聽起來好似我癡迷這地獄生活而絕不肯出去。」

「現在要出去就比以前簡單多啦，一時解決不了的問題咱先擱一邊，你現在給政府寫上幾句，認個錯，感謝感謝，出去過自個兒的日子去。」他又說。

我拒絕了。

一個政府，竟長期以黑幫的方式囚禁公民，施行使人類無地自容的野蠻暴行對待公民，完了你還必須向他認錯，還得感謝他，這是一種毫不遮掩的流氓行徑。

對我的拒絕他頗生氣，說：「老高，給你臺階你不下，關你六個月是他，十個六個月也是他，慢慢在這待著去吧。」

這次談話像以往無數次的談話一般無果而散。

到11月份，「絕頂君」又來與我談了一次，這是他與我的最後一次交涉。

這次來，他擺出一副輕鬆的樣子，說：「不需要認錯啦，只需要給于局（指于泓源）寫封感謝信就行啦。」

我終於沒能讓他輕鬆地離開，我告訴他：「一個正常人，向兇手致謝是反人類的，而兇手在施暴的間隙，要求被暴虐者向他致謝也是反人類醜行。」

談話徹底結束。

## 二十三、日常洗漱的悖逆現象

這次為期二十一個月的祕密囚禁，留下許多值得紀念的記憶，其中一些過程即便在常人生活中都歸瑣屑一類，但他在那樣的特殊環境裡，中國黑暗勢力常煞有介事地放大這些瑣屑事，常使人啼笑皆非。

### 1. 理髮是大事

這次地獄生活裡的第一次理髮過程即頗使人難忘。我的頭髮已很長了，天氣的炎熱強化了我對這長髮的在乎。又如以往每次的祕密囚禁一樣，就理個髮問題屢屢反映，終不能實現。其實，這是一個很簡單的過程，身邊武警士兵每週日都在理髮，可他一旦與共產黨的權力發生交涉，簡單的事就會變得無限複雜起來。負責我理髮事的是2006年參與預審的警察郭某（全名不詳），就這理髮問題，多次向他當面反映，極具戲劇性的場景是，他每次都神情肅然地企圖顛覆你的常識，使你相信：理髮是大事，是驚天動地的大事。

他給你的回覆中重複最多的是：「老高理髮的事再繃一繃，報告都打上去幾份啦，估計很快就會有個準信兒。給你理髮是大事，不是一兩個部門就能解決的，是要跨多個部門協調的事。跨多個部門協調不是我的力量能辦的事，這跨部門協調是大領導的事，所以你就再耐心繃繃吧。」

我問他：「每個週日外面樓道裡都有理髮的聲音，你一把打開門進來個士兵把這頭髮給理了會如何？」

「那不可能，誰會幹這種砸自個兒飯碗的事兒呢？」他說。

真若非親身經歷，你實在無法理解黑暗政治體制下權力與人的關係的這般變態與扭曲，權力成了主宰，活人成了死權力的不容置疑的奴隸，且心安理得。

終於，「跨部門協調成功」。

一日，囚室被打開，郭警察進來，仍一臉肅然說：

「老高，好事，理髮的事批准了。你知道今兒是什麼日子嗎？」

我不解其意笑而未答。

「老高，今兒星期天，按規定是我的休息日，我跑了一百公里趕來給你理髮，只要上面同意，我這裡是一天都不會給你拖。」他又說。

頭髮終於被削。

## 2. 不給牙膏

另一個頗值得紀念的是日常洗漱中的悖逆紀錄。在武警部隊接管前的洗漱是不可能的，因為房間裡沒有水，須有人提進來水才能洗漱，這不是祕密警察的力量所能成就了的事。交到武警部隊手裡後，每天一早一晚由士兵給提進來一些水完成洗漱。交接肇始，公安方面不給提供牙膏，士官值班人員進來說過幾次，說他們（指警方）不給牙膏怎麼弄，我總是樂呵呵地回覆他們，人類沒有牙膏的歷史遠遠超過有牙膏的歷史。對於早晚的洗漱用水，絕大數情形下，士兵沒有為難我，在這方面給我添苦楚的始終是極個別的個人因素。但有一點，即是飯前便後沒有條件洗手，多次希望他們白天能給半盆水進來，以便需要時洗個手，終於沒有同意。我給東北籍的一個士官反映希望能夠給予理解，得到的回覆是：

「領導說啦，你不是來這裡旅遊度假的。」

而對於要求給室內放個垃圾筒的事，終於在關押結束時都未被批准。

而關於由我自己每週刷洗一次便桶的請求，始終不予同意。實在令人難以啟齒，可究竟人類無人能夠避免排泄這一節，那便桶長期不洗刷，那種異味實在難聞得可以，可我們究竟又是具有靈智的生命，我們改變不了排泄本身，卻可以改變這排泄產生的影響。你們不洗，我來洗，維持這種不讓人洗便桶的環境是極野蠻的，是不可理喻的。而這一節，直至關押結束終於不被上面批准。

四川資陽籍士兵「大哥」說得頗有道理，他說這便桶是應該洗的：「複雜在是你提出要洗，凡你提出來性質就變了，上面就一定不會同意。」

### 3. 這種洗澡場景世界獨一無二

武警接管前的洗澡則更是一種癡念，武警接管後，經北京有關當局批准，准許每二十一天即三週洗一次澡，只有在洗澡的時候才允許你洗衣服。實在令人難堪，尤其在夏天裡，到了第十天以後，人身上的那種酸臭程度實在使人無奈，人整天濕浸在汗水中。那洗澡的陣勢足令常人目瞪口呆，不親身經歷，簡直令人難以置信。彷彿我的一舉手一投足，須臾間可使這個政權灰飛煙滅。他們在二樓廁所旁裝了個平時供士兵洗澡的熱水器。我的洗澡必須上到二樓去洗。

每三週的一次洗澡仍不是到時間即可啟動的程序，必須得到總監控室的警方值班人員批准。一經得到批准，洗一次澡可是個大動靜，首先是用高頻對講器通知「目標洗澡所有人員就位」，然後囚室會被打開，必有一名領導進來，一個立正姿勢，神情肅然地面向你宣告：「根據上級批准，本部今天奉命執行安排你洗澡的命令，請你依法配合（一個非法過程要你依法配合）。」然後轉身下達「按預案執行」的命令。這時，會由兩名士兵走過來一左一右攙扶著我出門。一出門，迅速又有四名士兵就位，兩人在我前面倒退著走，兩人跟在後面，四個人均伸手呈保護狀。這時，我們組成了一個七人共體的移動陣勢。而從我出門至洗澡點，樓道樓梯兩旁，每隔兩三米站立一名士兵，軍官則肅立在樓上一名、樓下一名指揮著。我洗的過程中，一般有不低於六個人的士兵圍著，其中兩名士兵脫得只穿短褲、拖鞋站在我跟前呈欲撲狀。整個洗澡過程中，一群士兵目不轉睛地盯著你。洗澡結束，又是一聲「目標洗澡完畢，所有人員就位」。一陣緊張的動靜，又與出來時一樣的陣勢被送回囚室。

一次，一位姓顧的士官跟在我背後低聲說：「也許你註定不平凡，這種洗澡場景世界獨一無二。」

然而，他只看到了「獨一無二」的一個局面。

### 4. 醫生來不看耳朵

我耳朵經這次酷刑後一直聽不大清楚，我原本以為過上半個月乃至一個月後會自然復原，但結果不如我所願，時間帶給我的是聽力漸趨壞下去的現實。一度

時期，足有四個月裡，一隻耳朵乾脆就什麼也聽不見。這頗使我不安，我一再請求有關方面本著人道之念給予治療，但每次反映上去就全無聲息。由於他們屬兩個不同的系統，所以武警部隊擔心我完全失去聽力於他們不便，據士兵講是屢屢向北京市公安當局交涉給檢查治療，在武警方面的多次催促下，北京市公安局不得已派了兩人來到關押點與武警交涉。

據當日值班士兵講，說其中就有一人是醫生，說：「他們來到這裡並不是要進來給你看耳朵，而是來給武警方面做解釋工作的。他們好像很有經驗，說一年之內聽力會自己恢復的，然後就走了。」

### 5. 硬坐出前列腺疾病

另一次是，因長期不允許活動而硬坐著，加之衛生狀況極差終於導致前列腺疾病，小便越來越困難，並伴有嚴重的疼痛。我從不輕易問診食藥，除非不得已，在那種環境則尤不願吃他們給的藥，但有一段時間是實在難受得可以，我要求給予治療，卻一直被公安當局冷酷地拒絕。然而，這次前列腺疾患卻獲得一個意想不到收穫，就是武警部隊擔心，就這樣坐下去終於有一天會導致尿不出來的後果，他們開始允許我在囚室內自主擇定活動時間，活動範圍也由原來的原地活動，改變為在兩個哨兵站定的近二點五米左右的線段內活動。平常之人不覺得這是什麼大事，但這對一個在那種環境中，以那種方式囚禁之人，那積極意義是很大的——當然不大可能與哥倫布發現新大陸匹比，但這足使我高興了好一陣子。我有一種絕不懷疑的信念，即只要允許我不受時間限制地活動身體，在一年之內，我完全可以依著信念及對應的活動療治好前列腺。時間加努力褒獎了我的信念，不足一年，所有疾患完好，耳朵也完全恢復了原有能力，終於無憂矣。

## 二十四、獨裁者以暴力維持人們的「相信」

我的這些文字記述沒有事先的綢繆，沒有大綱性架構設計。一方面，這都是我的切身經歷；另一方面，我素喜自由，包括文字記述，素不喜受格式的局限。故從專業寫作角度，尤其「文人」的挑剔功夫，可能會使一些讀此記述者哀歎至扼腕。這正是我的不足。好在記述這些文字的本念係述說真相，而不在於文字功底及學養，而結構上的顛倒凌亂、錯落終於難免。

在這些真相記述中，我將用以下部分文字紀念那些武警、官兵兄弟，紀念他

們承受著的壓迫，紀念他們中的善良人性，也將紀念他們中的暗昧人生。

可以說，我對中共武警部隊真實現狀的目睹過程，多是在目瞪口呆中。實際上，稍微瞭解今日中國現狀的人都清楚，共產黨政權今天得以存繼的唯一支撐力量就是暴力；而使得這種暴力得以實現的群體即是百分之百的軍警及特務。表面看來，構成今日中共政權基礎的是全體貪官惡吏和軍警、特務；而實際情況是，貪官惡吏若失去了對暴力的恣意支配權，他們這種人是人類群體中最沒有力量的人。構成一個個人體力量的最基本部分，是他健康的人格和美善的人性。失去了這兩樣東西，人，退異成了純生物生命。

這個星球上，純生物能力超人類者眾多，但他們究竟與人的力量有霄壤之別，區別僅在於人多了人格、人性。人格、人性究竟是有力量的，你盡可看看今日中國，有著壞人格、壞人性的中共黑暗勢力群體對一個國家、一個龐大民族乃至對全人類文明的戕害現狀。可能有人不大會同意我的觀點，認為專制政權的傳統支柱還有「謊言」這一節，那是每個專制制度的初始力量構成生態。

謊言不能總起作用，而事實上，沒有暴力做後盾，那些明顯反常識的謊言真的會有人去信他嗎？尤其在極權專制政權的末期，近全部的規律是，當權者說什麼都不會被人真實地相信，他們就只剩下了以暴力維持人們的「相信」一途。當然相信的人還是有一些，以愚昧做基礎。而其餘絕大多數人的「相信」說白了就是一種伎或者說是術，藉以掩飾與怯弱有關的不名譽和不尊嚴，這也是人們常能看到極權專制暴政國內常有高支持率「民意」現象的原因。例如，2003年年初曾有兩個「民意」數字引得世人譏誚：一個是伊拉克暴政滅亡前一個月的「民調」，其結果是人民對薩達姆的支持率百分之一百；一個是北京市民在「薩斯」過後的「民調」結果，對故意就「非典」問題撒謊的北京市政府的支援率為百分之九十以上。寫到這裡，我突然產生了一個疑問，這究竟是一個民族的愚昧還是智慧？民的明白與官的虛假交相輝映？

## 二十五、「維穩辦」設立的目的

在沒有接觸武警部隊前，我多以為，既然武警成就了政權力量的全部，毫不誇張地說，軍警在則政權在，軍警一轉身，什麼人模狗樣的「黨和國家領導人」，絕大數會成為反人類罪犯而接受刑事追訴。因此，軍警就是中國黑暗勢力生命的全部保證，也就是俗稱的「命根子」。想像中，中共黑惡勢力對軍隊的寶愛當是

無與倫比的，而現實卻令人目瞪口呆。他們對軍隊的控制並非係我原來認識的利予利制的軟力量，而是乾乾脆脆的硬力量，即暴力控制。尤其對士兵的控制，則全部依賴暴力。表面上看，是洗腦與暴力並舉，但士兵都認為洗腦過程旨在完全控制你的時間，是部隊「維穩」的一種常態化手段，即全部集中控制所有士兵的時間，釜底抽薪般地不給士兵有製造不穩定因素的時間，讓士兵既無獲取「不良信息」的時間，亦無「胡思亂想」消化各自不滿的時間。

今天中共的武警部隊，可以斷定，他們把自身日常精力百分之九十花在「維穩」方面，諸位切不可以為這百分之九十的精力維持的是社會穩定，這個日常的「維穩」是維持武警部隊自身的穩定。人心已全散了，而對人心這種柔軟的對象，武警當局剩下的唯一聚攏手段就是硬暴力。

2003年，當美軍地面部隊突入巴格達，以摧枯拉朽勢掃蕩薩達姆政權時，中共軍事評論「專家」驚異得目瞪口呆，為什麼？專制動物不僅沒有力量且個個都是鼠目。潘朵拉先生在《北青報》的社評文章〈一切獨裁者都是紙老虎〉入木三分，道明了一個不二的規律和旁觀者的明白。武警軍官今天日常的主要精力就是部隊自身「維穩」。當我第一次聽說部隊上下都成立了「維穩辦」時，我還是震怔不已。從總部機關到各支隊，都有自己的「維穩辦」。

士兵們在總體上，他們的智慧是不容小覷的，對於行跡於各處的「維穩」人員，士兵的統一稱謂簡單且切中要害——「閹狗」。士兵的頭腦是清楚的，他們向我談到說「閹狗」是非法的，都是各級首長的私器；說正常的約束原則、約束程序是管不住了，因為當官的太腐敗，人心都徹底散了，他們只好用這種非法的手段。這是他們的普遍認識。

他們中的大學生士兵的認識頗出乎想像，我曾與江蘇籍士兵陳杰（音）聊起了這一現象，他的話讓我肅然起敬。

他說：「其實這是必然的結果，他們根本不把人當人，終於導致這種人人自危的結果，很正常，自食其果，種瓜得瓜，種豆得豆。」

我和大學生士兵劉巍、郭通、趙治中，都談到過這種現象，他們的觀點都實際而有見地。其中，劉巍是頗有思想的，他們認為，部隊開始對洗腦是抱以厚望的，當終於發現士兵乾脆不信，或表示質疑，或消極抵抗成了普遍現實時，洗腦就純粹變成了一種無賴的手段。就是用洗腦，沒完沒了的洗腦，占去士兵所有的時間，這過程本身就有意義——士兵沒有了製造麻煩的時間，表面上就穩定了。他們認識到這「維穩辦」與部隊組織建制以及職能完全沒有關係，純粹是私人控

制部隊局面的工具。他們有些認識的見地更令人欽佩，他們認為，所有「維穩辦」的設立目的都是各級領導為了保官，而非考慮到為了部隊整體的穩定，說「維穩辦」恰是今天部隊日趨不穩定的最大禍首。

正如江蘇籍士官顧班長（名不詳）所言，他說今天的部隊，「闔狗」到了哪裡，不穩定就定會出現在那裡。說他們常像鬼一樣地晝伏夜出，搞得人心惶惶。我記得有一次他在談到這一現象時抬頭看著房頂，幾近一字一頓地說：

「今天的武警部隊，不出大事是偶然的，出大事才是必然的，只是個時間問題。因為官兵關係是水火不容，當官的根本不把士兵當人。」

## 二十六、部隊裡的「維穩」現象

郭某是北京大學心理學專業畢業（自考）。我和他的溝通是最多的，儘管那裡說話必須「咬牙切齒」。小伙子個人命運悖逆不順，家境頗特殊，但人很勤奮，有毅力，頗有見識。他與我談部隊「維穩」現象時，已服役一年半的時間，他說部隊今天的現狀大大出乎他的想像。

### 1. 學習班上的筆記得上繳

郭某說他在這一年半的時間裡，竟然在部隊每日組織的學習班上，抄滿了四十三本筆記本，說回過頭來看令人驚訝不已。他說有三點必須澄清：一是學習教育是強制的，誰要流露出不滿必然挨練（指挨打）；二是那些學習教育的內容對正常人類沒有一點用處；三是當兩年義務兵人人要抄寫幾十本，而絕非就他一個人抄寫那麼多。

我故意問他，既然抄寫的都是無用的東西，那麼為什麼還要經年累月白費這些勁呢？他說意義就在於這個過程，他們要占去士兵的所有時間，不能給你留下單獨思考的時間，實際上是把士兵集中起來控制的一種手段，讓你沒有時間給他們惹麻煩。

郭某又說，他們當兵期間，購買筆記本成了最大的開銷，而且每抄滿一本即得上繳，說是怕洩漏國家機密。他說這實際上是怕洩漏醜聞，怕這些垃圾內容流露到社會上讓別人取笑。除了沒完沒了的愛黨愛國教育外，學習內容都是支隊長以上官員的講話記錄，他說整日抄得士兵苦不堪言。

## 2.「閹狗」被基層官兵毆打事件

十七支隊有兩個最著名的「閹狗」，一名叫嚴立謀，一叫李兵（都是音），我在那裡見識了他們與基層官兵之間獨特的遊戲，而我的見識則多源於聽，但還是偶然得了面見嚴立謀先生的「光榮」。

據士兵講，「閹狗」是從不進監禁室的，士兵說他們每次撲來，多擺出一副力可拔山的強勢姿態，其實那正是他們心理不安的表現。因「閹狗」被基層官兵毆打的事件時有發生，結果多不了了之。他們大隊的副教導員就追打過「閹狗」，這事件還頗著名。

前面說的那位顧班長，就曾在一次李兵動手要搜他身上有無違禁物時，一把攥住對方的腕部，嚴正警告對方行為違法，若搜不出違禁品就當面賠禮道歉，而對方竟罷手。

記得，顏立謀先生一次突然間闖入關押點，對關押點搜查得人怨狗叫後，大概嚴先生那天是強大得不耐煩，竟闖入監禁室來「維穩」。我已久聞他的大名，絕非情緒化的認識，嚴先生臉上武警軍官共有的苦相極彷彿，一雙人群中概率不高的鼠目，與我的目光碰觸時，眉目中的表情瞬間變得極複雜，迅速低眉下視，他好似意識到了什麼，進來站了不到一秒鐘即迅速掉頭他往。

關於「維穩」人員，士兵們認為他們是武警部隊中最不受官兵歡迎的角色，卻是領導欣賞（內心則未必）的紅人。士兵稱他們為「閹狗」自有其道理，大致上是人格特徵不甚明顯。其實，他們本身是「中國特色」人格化及其體化的鮮例，也是像「中國特色」一樣不名譽的例證。他們既是「中國特色」的衍生品，又是「中國特色」的犧牲品。

由於有了中共紀委這樣一個法外施刑的「中國特色」體系，而這法外施刑的主要工具就是武警部隊。因而，有時一個支隊被黨的紀委調遣配合「執法」的網點遍布在北京各山區的著名旅遊景點（中紀委所有的「辦案」點都在旅遊景區租賃整座賓館用），可憐那「閹狗」就整天奔突在各點之間。有壓迫就會有反抗，這是物理和人性的共同點。

## 3. 突擊檢查禁止士兵用手機

在我的那個關押點，有一個專門的哨叫「自衛哨」（據士兵講各點均如此），那樓的隔音性能頗差，不論白天黑夜，往往一聲驚呼爆起：「檢查組來了！」整棟

樓會轟的一聲在這種實至的、足令人驚心動魄音響裏覆裡度過絕對不超過一分鐘的時間，然後戛然進入一種死寂。那種環境裡人的心性功能必須好，否則，足可致人聽殁。開始一個月裡我非常地不習慣，那氛圍，直似一大群靜臥飯芻的羊群裡驟間突入一隻獅子，而群起的一霎間轟響。而這種情形又大都在深夜裡，有時那爆起的哨兵聲讓人心悸，有時乾脆就炸出一聲：「閹狗」來了。

其實，他們鬧這麼大的動靜的目的，僅僅是為了阻撓士兵用手機，而禁絕士兵用手機的表面理由或者是冠冕堂皇的目的，是說為了國家安全，其實這種理由就連「閹狗」也未必真信。中國有數億部手機不構成對國家的威脅，偏偏多出數百部手機在士兵手裡即國將不國，竟能撼動國家安全，實在不大使人信服。在今天，手機已成了人類日常生活的一部分。中共的「維穩」官員及其鷹犬，他們常不知倦怠地與人類生活的常情常理作戰，終於只能是笑柄，對軍人手機的禁絕之舉就是一個莫大的笑柄，而這莫大的笑柄不僅止於這個荒誕過程，還包括他的戲劇性結果。

每個士兵竟至少有兩部手機。人均兩部手機成了常態化保有，一部沒收即會迅速補給，以保證使用的不間斷。藏手機、謹防突查手機等，成了士兵私底下的主要話題。本來是一個人類階段性的文明成績，竟成了軍隊控制者的苦惱，何以成了這些秉兵柄者的苦惱？做賊者心虛使然。一是擔心士兵看到「負面」信息；另一個主要方面是，中共今天仍在背對著人民的作惡，絕大多數都是由武警士兵來實施的，武警不過是穿上了軍服的普通人，擔心他們洩密而引起民眾的不滿。中共各級紀委的每個「辦案點」都是絕對對外保密的，而負責看管的則全是這些士兵，而士兵感到不平的是，幹部可以擁有手機，有後臺的士兵有手機者也不在少數。

我曾和一些大學生士兵探討過有關這方面的問題，其中一位的說法很令人刮目相看。他說，今天部隊的不穩定因素硬是那些當官的給製造出來的。他說，他感到大為不解的是，好端端的環境，卻專門有一群人負責尋找不穩定因素，功夫不枉有心人，你苦思冥想要找不穩定因素，所以你得到的都是不穩定因素。他說，最為不解的是他們將原本很正常的東西視作不正常，終於正常的東西也成為不穩定因素。最主要的是，他們把士兵中可能有敢講真話者、有些正義感情的人視為不穩定因素。

# 二十七、新兵「指鹿為馬」訓練

武警剛開始接管看押任務沒幾天，安家（音）講了他在新兵時一個經歷沒太引起我的注意，後來許多士兵都講到了這同樣的經歷，如田羊羊、李俊良、金野人、劉巍等等。對於這種現代版的「指鹿為馬」，我沒有震驚卻有著頗長時間的哀傷。從太監趙高迄今兩千多年過去了，在精神、道德及人性領域，這民族連原地踏步的能力都終於沒能保住。他們遇到的經歷如出一轍。

以安家為例，新兵到的第一天晚上是要開班會的，這是中共軍隊的歷史老例。班會一開始，介紹完姓名後的第一個專案，把他們都給搞懵了。

班長指著班裡亮白的牆壁挨著個問新兵：「這牆是什麼顏色？」

答為「白色」者，立即遭致驚心動魄的暴打，連續有五名被提問的新兵遭到暴打。

當問到第六名新兵時，他回答說：「班長說他是什麼顏色就是什麼顏色。」這名士兵立即被班長表揚。

班長又開始重新提問挨打了的士兵：「這牆是什麼顏色？」

全班十名士兵一律地答：「班長說他是什麼顏色就是什麼顏色。」

十雙拳頭在一雙拳頭的面前全然萎倒，所有人都不再承認自己的眼睛看到的顏色。

我與劉巍、郭通等談到過這一現象，劉巍說他會不假思索地跟群順著班長說。他說你若不願顛倒黑白，對你的毆打、欺辱是沒完沒了的。他們新兵班人人挨過打，唯獨他沒有挨打，用他自己的話說：

「我比哈巴狗都乖順，伺候他比僕人都殷勤，還一條一條好煙給他送，他就沒有打我。」

他對著我說的這些話，我的內心對他沒有生出一點厭惡之情。他很善良，亦能助人，那種一邊倒的恐懼場合，他的做法是不當被指責的。他的分析頗客觀冷峻，他說這種行為並非是有組織的統一安排，但他卻是一種禁絕說真話環境的產物。他說現在部隊這種現象很普遍，多是一些頭腦簡單的班長的一種膚淺效仿。可以肯定這不是有組織的安排結果，但這種做法卻不為部隊當局所禁止。士兵就這些問題向有關當局申告的話，必然得不到正常的回應。這是軍隊內消滅真話、消滅正常感情的一個具體組成，一個派生方法耳，只不過有關當局實現目的的途徑究竟要「文明」得多。

## 二十八、說真話？你出去準備挨練吧

幾乎每個新兵都提到過，新兵剛到部隊會有一次統一的考試，開始時誰也不知道這個考試的目的，直待考完了，一批新兵被退回原籍後，經過交流才發現，被汰退回鄉的新兵，都是在答試卷時選擇了說真話、有正義感情傾向者。那些被退回去的新兵被退得一頭霧水。公開的原因是他們有心理疾患或有激進傾向，實際上，當上一年兵的人都心知肚明，這種考試的直接目的就是淘汰那些有說真話傾向及可能存在有正義感情傾向的人。即便僥倖沒有被淘汰回去的，如果在那樣的環境裡你沒有學會足夠的狡猾，有時一失足說上一次真話，那絕對不是個等閒小事，會在整個部隊上下折騰成一個極著名的「醜聞」。真像這偶爾失足說了一次真話者原係本‧拉登的助手，而終於被暴露似的。

湖北兵成成，身高一米八四，所謂「虎背熊腰」，人很善良，也很單純，但到了部隊，這些優點屢屢為他帶來禍事。最著名的一次禍事就發在我的那個關押點上。一次，師裡突然來人組織了一次考試，考試前一位幹事慷慨激昂，告訴士兵，這一次必須講真話，講了真話不用怕，師裡會堅決地保護講了真話的人。但終於上當講了真話的人也就成成一人。所謂「一石激起千層浪」，現場判卷的結果是，那動員答卷時必須講真話的幹事的又一番陳詞：

「哪位是夏智成？」他問。

傻成成「呼」地站立而應答。

「好，有種小伙子，終於發現了一個。」

那幹事說完把成成的試卷的答題部分還唸了一遍。結果，考試一結束，成成輪到了上哨，他進了監禁室，美滋滋地等待著領導表揚他。不料，禍事驟至，大約半個小時後有人進來替換他，一進來就一臉緊張表情，悄悄說：

「你出去準備挨練吧（指挨打），現在全點的人蹲在地上挨練呢。」

成成一臉不服，嘟噥著一邊說「我又沒犯錯誤」，一邊走出監禁室。不出半個小時，成成又進來站哨，他眼睛裡的那種恐懼讓我終身難忘。

然而，那種極度恐懼的眼神在那段時期是屢屢看見，光在站哨期間被拖出去暴打後返回監室的有李俊良、姚家俊、田羊羊、成成等，都是帶著這種眼神回來的。但也有拖出去打完了回來後全無特別表情，如金野人、張天亞、劉飛、曾令龍等。一般挨完打進來後，我從不主動問他們什麼，但我的內心無限地哀傷。他們還都是些孩子，真不理解，為什麼要這樣對待他們？我大都會用動情的眼神

看著他們，他們大都抬頭盯著房頂，眼淚無聲地流著，我的心裡無比地哀傷，而又無能為力。

過了一會兒，成成仍盯著房頂卻在對我說話：「老頭兒，我每天都在幻想突然得一種病，就像腦癱病人一樣昏迷過去，等到該復原的那天就醒過來，醒來了刮個鬍子，理個髮，趕緊離開這個鬼地方。」

這話說得實在令人哀傷不堪，這個不切合實際的願望，他在我跟前講了不低於十次了。絕不是一種巧合，李俊良、盧坤等多個士兵，曾在站哨自言自語過這種進入無感情狀態的期望。

等成成稍微平靜下來，我就悄悄問他，又挨打了嗎？他說，他一出去就被班長周小賽拉到一間空房子給打了一頓。但事情沒有因著成成已挨了打而結束，這件事引起的禍事才剛剛開始。

中午換哨的人一來就說：「中午的飯都別想吃，全點從今天開始整頓，我們蹲了一上午都站不起來了，你出去再挨練去吧。」成成一臉不安地走了出去。

## 二十九、砍不了頭就得說話

可能有人會疑問，為什麼一個人講了真話而全點的人跟著倒楣？今天的中共部隊有一種很邪惡的責罰機制，叫「一人得病全體吃藥」，他實際上是極權專制中國獨有的一種古老連坐制度。一人得咎，罰及旁人。一個人犯了「錯誤」，一個班乃至一個排的士兵全部接受處罰。用士兵的話講，這就是逼著讓所有的人都恨那「犯錯誤」的人，逼著讓人人監視別人並即時告密。這項罰責原則在今天的部隊裡是公開施行的。不過，成成這次「錯誤」的後果大得超出了他的想像，不僅全點被罰，還下蹲半天、中午飯不能吃，而且迅速作為嚴重事故上報大隊、支隊，最後全師做了通報。這種赤裸裸的野蠻及恐怖，讓這一群壞小子常常防不勝防。

我印象最深的一次是李俊良與主哨張天亞在監禁室說話，被公安方面監聽值班人員通報了武警部隊，拉出去一頓暴打後，李俊良眼裡的那種恐懼久久不能褪去。我基本不忍心去看他的眼神，幾十分鐘後，我看見他仍出神地瞪著天花板，眼睛一動不動，兩股淚水亮亮閃閃往下流著。然而，他的主哨士兵張天亞站在一旁卻面無表情。

我問張天亞，為什麼每次被拉出去打了後卻一副無所謂的表情，結果他說：「他（指李俊良）到明年挨了打後也不會再哭了，習慣了就好啦。」

為了在監禁室說話而挨打的事從未中輟過，可監禁室裡的士兵講話之事也從未中輟過：姚家俊被打後一回來就又講話，七年的士官鄧班長拉出去被副指導員扼住咽喉頂到牆上教訓了一頓，可一進來就又開始講話；金野人這小子因為在裡面講話挨不少打，就連排長和他一班哨的過程也照講不誤。有關當局對於士兵在監禁室講話是若臨大敵，但解決之道卻只有毆打一途，把解數使盡，終於無法禁絕。

田羊羊的挨打，就是被從百公里外趕來偷聽的支隊政委抓了個現行犯的。

記得，那天田羊羊一進來就說：「老頭，我怎麼右眼跳個不停？」

我說：「你小子今天在裡面絕對不要講話。」

他說寧願挨打也要說。結果，不到二十分鐘就被拉出去暴打一頓。

劉巍有一次說到這一現象時，竟對著監聽器大聲說：

「說話的事，你們百分之百地堵不住，除非把人的頭砍了，砍不了頭就得說話。」

我曾經跟士兵開玩笑說，在監禁室講話的壓迫上，士兵算是來了一次集體的起義。當局冷酷的恐怖手段在這一問題上是徹底地失敗的，像講話從來都沒有停止過一樣，兇殘的打壓也一直沒有停止過。

## 三十、洗腦教育失敗的例證

我常在想，當局對於一種惡手段的效果難道就從不做評估嗎？惡的手段本身成了目的，這是怎樣的一種愚昧和反常？這是當局反人性政策無效的一個鮮活例證。另一個失敗的愚昧政策是強制洗腦教育。實際從施行手段上看，至少，在具體實施洗腦教育的基層官員心裡心知肚明，這種政策已完全失效。但這是上面給的硬任務，洗腦教育必須繼續，而士兵的消極抵制不斷，這種政權的最後手段也就會適時應勢登場，即暴力手法，用士兵的話說「就乾脆耍開流氓」了。既然不再產生有效的後果，手段成了唯一的目的，把士兵的每一點閒餘時間都用在「學習教育」上——我完全控制著你的身體及思想的時間，以這種最原始的控制來實現「穩定」。

對於這種乾脆以暴力來維持的「學習教育」，絕大多數士兵苦不堪言。這幫小子幾近全部都是在家不大愛看書學習的主兒，每天要抄寫大量的領導講話語錄，稍重要的人物講話還得背下來，實在令他們頭痛不已。有不少士兵說過，說從表

面看，中國士兵是全世界最注重學習的群體，全人類沒有任何一個學校、任何群體能像他們一樣，如此沒完沒了地學習。但作為一個特殊的旁觀者，我可以肯定這種教育的效果是怎樣地與設計者的願望背道而馳，許多具體的例證完全可以支持我的這種肯定。

最有趣的是，連續兩年的新兵分下來到了看押點，與我熟了以後都會好奇地問我同一個問題，有涉「六四」事件的真相問題。我無一例外地會反問他們為什麼會對這一問題感興趣，他們的回答有以下幾個共同處：一是說特別好奇，因為當兵來之前從未聽說過「六四」事件；二是當兵後在部隊的學習教育中知道了有這個事件；三是不相信政府說學生殺死大批武警官兵的事是真話。他們都談到一個教育中播放的光碟，說光碟中當年的「反暴英雄」，後來因為平暴功勳卓著而終於成了北京武警總隊長的聲淚俱下的控訴。這位「英雄」說他親身經歷了學生對武警官兵的大屠殺，說他帶著進去的一萬多名官兵，出來時僅有八百人「倖免於難」，說那種對官兵的仇恨和屠殺的慘絕人寰是人類歷史上空前絕後的。

安家也問過我這個問題，他說他一直在想：「沒有說有學生死亡？」他說一群訓練有素的軍人還死了那麼多，那學生死得應該更多。

安家的副哨說：「不管學生死了多少，也應該讓我們知道呀。」

凡與我談到這一問題的士兵中，對當局教育不信的居多，他們最多的一句話是：

「如果信了那是真的，還問你幹嘛？」

他們中的一些人上網技術較好的小方等，都是通過教育而知道了「六四」事件，而後從網上獲得屠城真相。

「賊喊捉賊是共產黨的傳統強項。」一些終於知道真相的士兵說。

最能說明這種洗腦教育失敗的例證，莫過於在老兵即將復員階段，竟有很多老兵在最後的幾天問我「六四」事件真相，大部分名字我今天都想不起來了，只能確記的有劉飛、「藝術家」（兵名不詳）、高耀輝、「耗子」等。這些都是經過幾年洗腦教育的士兵或士官，臨復員回家了卻祕密地探問這些問題，這對洗腦教育功效是個莫大的諷刺。

他們當中又有一個叫「大臉貓」的士兵，我問他為什麼不相信教育光碟說的是真相，他說他很小的時候爺爺就給他講：「凡是共產黨的事你都反著聽，反著看。」有時候，當官的還在臺上慷慨激昂，一些莽撞的士兵就在臺下提出了疑問。

## 三十一、「眼鏡」先生專制情結極濃

我在部隊的囚禁生涯最後八個月裡，看押點上主要領導頻頻被換，可「眼鏡」（是士兵送他的外號）一直是具體負責的排長。這傢伙專制情結極濃，他給我添了不少苦楚，他對我、對士兵的管束上頗青睞高壓和管制，他是唯一在部隊關押中剋扣我的飲用水，並迫使我激烈反抗的軍官。但我並不認為那是他的壞人性使然：一方面，武警軍官普遍壓力大，幾乎所有的軍官與實際年齡極不相符的蒼老相就是一個證據；另一方面，「眼鏡」急欲做出成績的心情急迫；而另一個主要的原因是他人年輕，躁急卻不知自持，終於導致了一個失敗去擁抱他。實際上，真正富有壞人性的是他的前任負責人，他的那種陰狠才是實在的，但他從不與我正面衝突，見面總是笑嘻嘻的。

當得知「眼鏡」先生在看管我十個月後，在中共公安方面的力薦下，武警北京總隊為他記了二等功的消息時，告知我這一信息的士兵說：

「他那是踩著你和我們士兵的痛苦去上慶功大會的。」

「眼鏡」先生在一次例行的形勢教育中，給士兵講述他們對我的關押看管任務是如何神聖、如何地光榮且正當，不料士兵中有人舉手向他提問，說：

「如果一個人有罪，正常的情形是應當把他審判後關在監獄，這種關人方式太不正常。」

然後又問他：「既然你說這種任務如此地神聖光榮、正當，可為什麼把保密看得跟命一樣重要，誰要洩漏出去說這個人關在這裡的信息，就本人判刑，全家遭殃，世上哪有怕人知道神聖和光榮的事？」

有兩個士兵在不同時間裡給我講述了這個過程。他們說這個士兵的提問，讓「眼鏡」愣了有半分鐘張嘴不說話。但「眼鏡」對這件事的最終應對使我覺得：一是他不是個惡人，至少那時他還沒有成了惡人，要是他的前任遭到這種提問，不僅那提問的士兵，便是其他人也遭了大殃了；二是他是個明白人，明白在他的內心；三是他是個有限的誠實人。

他是如此回答士兵的：「其一，你不該問這個問題，要是別人在這裡主持學習，你問這種問題就很危險；其二，為什麼必須拚死保密的問題，本來也是不應當回答你的，因為像這樣的勤務只有我們這樣的國家裡才會有，人家正常的國家裡不會有這種勤務，所以必須保密。」

聽了這個過程後我頗感慨。至少，在他的不愚昧及有限的誠實方面是有理由

予他些尊重的。但他也有不大能令人原諒的方面，他把大不符合、甚至是完全悖棄良心的事，為了自己仕途升遷而當成一種技術活去做。一定程度上，比那些愚昧而行惡的人更不可原諒。你要違背他的意志，他應對的手法竟不計底線。他的個性有些稜角，至少在比他更弱者面前是如此，但他卻不容允許被他管束者的個性也有著稜角。

他覺得我孤傲不敬也純係他想當然，至少，我斷乎學不會躬身媚笑。他當面數次警告我的「態度錯了位」，忘了自己的處境，忘了誰主誰次的問題。這是我覺得他不大明智的一面，這原本不當是個問題，但他卻跟我的態度辦理起不依不饒的交涉，並據此停供了我的飲用水，終導致了那次被武警部隊列為事故的衝突。

他當面斥責我說：「我將以一切手段對付你，讓你明白了你的身分。」

我也被激怒，我告訴他：「你的門面小得可以忽略不計！就對手而言，你們武警部隊的門面也還小了一點。所以，我希望你能冷靜，我頭上沒有帽子，沒有人能處理得了我，而你卻不同。」

當然，後來回想起來，我是情緒化了些，但他停我的飲用水是越過了底線的。

## 三十二、高人勸止武鬥實施方案

「眼鏡」先生另一個著名的失敗，是跟士兵的關係方面。

中共部隊每一年規律性地有一個最嚴峻的「維穩」階段，那就是一年一度的老兵退伍階段。這種顯著的嚴峻可謂歷史悠久，至少在三十年前我當兵的那個年代即是很突出的存在。那時，每到老兵退伍前的三個月內，營連軍官會明顯地很內斂，與老兵之間客氣有加，一般事上能退避即退避。今天，武警部隊老兵退伍前的「維穩」形式更加地嚴峻且發生了本質的變化。

我的部隊囚禁生涯經歷了兩個年度老兵退伍過程，連我都不自覺地繃緊了精神，擔心那些與我朝夕相處了不短時間的年輕人會莽撞行事。這絕非空穴來風，就有河南籍士兵和安徽籍士兵半夜站哨時綢繆過如何施以報復之舉的事宜。今天這種官兵緊張關係與我當兵時期的情形發生質的區別，那個時期兵官之間是一種憤怨，而今天則乾脆是一種仇恨，這是十分令人哀傷的一種變化，但他究竟是一個實在的現實。安家、劉飛、姬班長、方成等，幾乎有一半左右的士兵當著我的面說過他們恨當官的。

一個至少是我那個關押點的規律是，每年到9月底左右，老兵就不再參加正常的操練，而六中隊2011年則是提前兩個月左右，老兵連教育學習也不再參加，除了站哨，老兵什麼事都不再做。

我於劉飛及「藝術家」的站哨時間問他們情由，他們幾乎是同聲說：「雙方結怨太深。」

「那為什麼還都繼續站哨呢？」我問他們。

「點上人手是定死的，我們要都不站哨了，其他士兵就更苦了。」劉飛如是說法頗使我感動。

每一年的這段期間，基層軍官用劉飛的話是「又狡猾又能忍耐」，而一些老兵與新兵的關係也常一觸即發。我倒沒有向當局邀功的圖念，但被我勸止的武鬥實施方案至少有五次以上，好在這些莽撞小子還聽我的。他們給我起綽號「高人」（但六中隊士兵都稱我「老頭」），一些壞小子籌謀報復打人的方案會一臉虔誠地向我述說一遍。

每當這時，他們都會說：「高人，有個事徵求一下你的意見……」

我每必告訴他們：「向我徵詢的意見一定是最有利於你們的。」

張浩一人在兩月內至少啟動了兩次報復打人預案，打的對象即是一米九六的「長頸鹿」，而且每次都是聯絡好了人數，決心要「廢掉他」。不過，都被我苦苦勸止了。這「長頸鹿」是我送張龍飛的綽號，這小子身高近兩米，在士兵眼裡是個絕色的壞主兒，心狠手辣，是個四年士官，動輒將士兵拉至一個空房間裡暴打一頓。一個月不到的時間，曾有數名士兵被他多次毆打得鼻青臉腫，其中嚴重的如劉飛和庫庫（名不詳）。劉飛被打成「熊貓眼」；庫庫被打得最慘，進來站哨時頭上都流著血水，漸漸地意識出現模糊，硬被我說服按門鈴出去到醫院檢查，一千多元的醫療費全由「眼鏡」排長掏了腰包。這是因為：一則，張龍飛兵齡比「眼鏡」長；二則，「眼鏡」在關押點主政期間，張龍飛的拳頭成了關押點秩序的唯一保證。

「眼鏡」和「長頸鹿」二人始終對我充滿了莫名其妙的仇恨，他們壓根想不到數次針對他們倆的暴力行動計畫都被我止過住。「大哥」、方成、劉飛（他後來終於還是實施了，他差點一個扼喉要了「長頸鹿」的命）、張浩、「草苗」（名不詳）、「庫庫」等都具體擬定實施報復計畫，有些計畫準備一舉滅其性命，還有如庫庫擬一舉斷其一腿，都是在向我徵詢意見時被阻遏。他們都是些不到二十歲還不深諳世事的孩子，這種莽撞的選擇對他們階段性的人生而言都是致命的。

「眼鏡」和「長頸鹿」，用簡單的感觀判斷的確是很壞，但他們倆同樣都是二十四歲左右的年輕人，更何況我不認為他們是很壞，「眼鏡」只是升遷欲望不能自持，而產生了超常的躁急脾氣，加之人亦年輕；而「長頸鹿」的壞則圍於他先天性的智商缺陷，他的悲劇正是他整日亢奮的理由，實際上軍官利用了他的頭腦簡單，他自以為自己的每一拳都是愛國舉動，都是神聖的「維穩」大舉。

我曾在一次洗澡過程中與「長頸鹿」溝通過「愛國」這個話題（因為那裡無竊聽器），但很失敗，既是我的，亦是他的，但終於還是他的。不可理喻。他很興奮，認為他正在「為祖國和人民奮力奉獻」。我問他：你應該去愛你身邊的一個個具體的士兵還是那空泛縹緲的「祖國和人民」？他說當然要去愛「祖國和人民」。很多方面，我們之間已不再是什麼分歧、不同，大家恍若隔世。這不僅僅是軍隊經年累月「學習教育」的毀滅性失敗，更是中國學校教育及社會育人正常功能的失敗，但這確是黑暗政治的成功，是他們的最大成績。

## 三十三、人性無以逆轉的肌理病壞

我在那些士兵面前都說過，這小小囚禁室卻是一個人性的大看臺，他實際上是中國社會及中國人人性的一個截切面。然而，你在這個截切面上能看到的則都是些明顯的病壞肌理，人類共有且必有的正常肌理，在中國已呈現極難逆轉性的病壞。這種病壞的肌理常使人絕望，因為早已不是什麼諱病忌醫，而是將明顯的朽壞肌理當作是健康的最佳狀態。

中國的青年已墮落至一種迷幻狀態。有一段時間，他們中的許多人既亢奮又焦急：亢奮的因是鄰人日本發生了大地震，他們為鄰人的苦難而亢奮得夜不能寐；而另一個使他們亢奮的因由是，在極短時間內，已有八百多萬「愛國人士」上網發帖慶賀鄰人的災難；至於令他們焦慮的因由，則是「網上爆擠」而耽宕了他們上網表達「愛國」的激情。

我終於得了有幸與當代中國的愛國驍將面對面的「光榮」，但收穫的也終於是些令人哀傷不已的痛。這種愛國的悲哀不特止於愛的方式或狀態，更悲哀的是這種方式或狀態被唯一真理化。他意味著這種敗壞人類聲譽的愛國激情仍將一路地激蕩下去，既不允許置疑，更不允許有別的不同形式。

有一次，「草苗」上了哨後興奮地給我講述了日本地震之後全國人民是如何地愛國熱情大熾，愛國大陣是如何地蔚為大觀，以及他個人對日本地震災難是如何

大喜不止。說完後，看我一言不發，竟歪著頭問我對日本地震有什麼看法、怎麼看待全國人民的愛國激情。我本不想說什麼，因為我在「愛國者」面前已碰過幾次壁的。無奈，在他一直追問下，我說對日本地震災難我也很痛苦，我們應當對這場地震中逝去的生命予以哀悼，對災難中的日本人民應當予以同情和力所能及的幫助。我看到他的臉已變得漸漸地陰沉起來，但我還是性情既起而滔滔不絕。我說這種愛國心是最直接的禍國害己之舉，他置全民族於極不名譽的境地，他反映了當代中國愛國者大陣中普遍的人性、道德和人倫常識已臻至毀滅性敗壞境地，以反人性為榮，以反道義為榮，以無恥為榮，以無知為榮……

「不許你講我國的壞話，不許你講我國的壞話！」

「草苗」一副怒不可遏的樣子。我的話驟停，我盯著他的眼睛。

「不許你講我國的壞話，就不許，就不許！」

他邊說邊還很別緻地像小囡囡據理不饒人似地搖了幾下頭，我禁不住微微一笑。

「你笑什麼？我們領導說你們這種人不愛國，一點都不假，以後就不許你說我國人民的壞話。」他的頭又左右搖了幾下。

我終於不能再說些什麼，他那一臉階級仇、民族恨是實在的。中國的「愛國者」終於已不是可以理性溝通的對象。實際上，這話題是他自己引起來的，而且其時距日本地震發生已有近一年的時間。

## 三十四、「我黨」、「我軍」形象的計較

關於日本地震，我碰著唯一一位不同意幸災樂禍的士兵是北京籍士官鄭軍（音），他是唯一能就此問題與我理性探討的士兵。他說，他注意到中國「五一二」大地震時，有兩個令他意想不到的現象：一是沒有一個日本人在網上幸災樂禍；另一個是，日本救援隊每挖出一具遇難者遺體，全體隊員都會肅立默哀。他說為此很感動。我說那本應當是人類共有的高貴、對生命敬畏的高貴及對他人災難感同身受的高貴。我認為，對日本地震災難的歡欣是我們民族聲譽的大損失，是一種令人目瞪口呆的毀墜；他同意了我的結論。我問他為什麼會有不同於他人的認識，原來他的未婚妻在日本留學，他是從他未婚妻那裡瞭解到了一個完全不同的日本社會和日本人民。

然而，在如何愛國的問題上，鄭軍則又驟間沒入了那天下共一面孔的愛國大

陣中。他說，他當然算是很愛國陣營中的。我要他具體舉出使自己難忘的愛國之舉，他說他每聽到「五星紅旗你是我的驕傲」、「五星紅旗，你比我的生命更重要」的歌曲都淚流滿面，這當然算是很愛國啦。我告訴他，你這種愛國行為絕不比你給路邊叫花子幾角錢更具有意義。

我和他們中的不少人探討過這個問題，足使人痛心的是，他們清一色不認同愛路邊的小草、愛野地的動植物生命、愛身邊的每一個人、給每一個具體的需要幫助的人予以援手與愛國的聯繫，一談愛國則崇高的大話、空洞的宣言而終於沒有一點實際用處。我常在想，部隊每天幾近沒完沒了地進行著教育，學習的內容卻幾乎不與正常人類發生關係。郭通曾說過，說他們學習教育的東西，都是一個人一生都用不上的東西。

能不能在這種學習安排中騰挪出一些時間，學習一些人類群體生活中必須用到的東西？例如，士兵們普遍地不大懂得一個人應有的基本禮貌，待人接物、一般人際交往中應當注意的常識都幾乎是普遍性地缺失，尤其人與人之間的尊重、互助、互愛幾近全無。他們給你送飯時，大拇指赫然浸泡在飯菜裡，對著飯咳嗽、打噴嚏，對著人咳嗽、打噴嚏，在人睡覺時不停地講話。部隊當局應該給他們一個基本的告知，這種現象幾年裡頗使人頭痛。睡覺倒是可以依著意志排除聲擾，可那對著飯菜或者人打噴嚏、咳嗽的事，開始一段時間確實給我添了些苦楚。後來，也只能是每遇這般情形，就立即告訴自己：這就是你在這個階段的、必須的生活條件，如果你去計較即是極不明智的自尋煩惱。

他們對「我軍形象」的計較到了令人不解的境地，有些維護手法是違反人類基本常識，甚至是直接反人類聲響的，有些僵化的堅持根本就是反人道的。他們忘了一個基本常識，或者一個基本聯繫關係，即一個人的內質對外在形象的涵養。將所有的衝動和精力全用在形式的捯飭上，從根本上不再認可人的形象與內質涵養的聯繫。為了在我這個「敵對勢力」面前展示人民武警的良好形象，他們要求哨兵在我面前除了記錄文字工作外，必須做到筆直腰板紋絲不動，連眼睛都不能眨一下，稍有不測立即拉出去暴打一頓，這種以極其野蠻的手段來維持「文明形象」的做法實在令人哭笑不得。

由於一些新來的士兵迷信了這種站姿與「我黨」、「我軍」良好形象的「神聖」關係，幾個月下來身體健康被摧毀者實在不在少數，有的新兵幾個小時不眨眼，淚水一直往下流；甚至竟屢屢出現新兵陰莖靜脈曲張的病變，其中蕭少陽等士兵終於不得不手術治療。幾年下來，腿部靜脈曲張者十有六七，而腰肌勞損者十之

八九。

　　六中隊有個身高一米九幾的大個子，小伙子很帥氣，新兵一下連在我的點上站了一個多月後調到了其他點上，六個月後又調回來做監控，而這做監控是須有資歷的，大致上是一群士兵中軍齡最長者為之。有一次，哨兵拉肚子，他進來臨時頂替。一見是他，我便問他一向可好。他眼淚一下流得像瀑布，說他的腰已經廢了，現在已不能站哨了。然後是我們雙方的無語。像「耗子」、田羊羊等腰肌損壞不能站哨的士兵亦不在少數。他們說全軍最慘的是「天下第一哨」的士兵（指天安門廣場的哨兵）。可能有些誇張，說幾年站下來都不能生育了，說給西方國家使領館站哨的士兵，冬天再寒冷也不允許穿棉衣，以向他們證明中國國家的良好形象。

## 三十五、公民法治概念闕如

　　他們的教育中，從不把公民概念、公民的權利，以及一個公民對國家及社會、對他人應有的責任列入內容。我與那裡幾乎所有進來站哨的大學生聊過有關公民權利以及納稅人的話題，這個話題我同樣與包括沙雅監獄警官在內的許多警官聊及，得到的結果直可用「絕望」來形容。這是怎樣的一種荒誕現狀？作為國家、社會及家庭未來的年輕一代，他們幾乎清一色地成了平面人，幾近全然沒有了現代社會人應當具備的基本知識。你直可想像我們擁有怎樣規模的愚昧而全然不知，這是怎樣的沉重現實！

　　關於納稅人，我問的第一個士兵是盧坤，他脫口而答：「我們不可能是納稅人吧？」

　　而其他數位大學生中，也沒有一個人能清晰地認識到自己的納稅人身分。我在沙雅監獄就同樣的問題在不同時間問過六名警察大學生，無一例外地不認為自己是納稅人。只有一名胖子看著我的眼睛猶豫間來了一句：

　　「應該不是吧？我覺得我還沒有這種資格。」

　　最令人驚悚不已的是，在他們六人中間，有四個人對我問及的「你是公民嗎？」的問題不能肯定地回答，其中有兩位則說：

　　「我們是國家公務員，怎麼可能是公民呢？」

　　從洗腦者的角度評價，這是他們的成功，這是大成功，無論從幅面還是深度。但歷史很快將會證明這正是他們終於拓通死途的原因，因為這對於一個社會

的發展趨向而言，他終於必將使一個社會所有的文明發展功能、活力迅速而普遍地壞死。當一個社會終於只剩下專制權力這一個生命時，皮之不存，毛將焉附？這個社會置死地而後生的大轉變終將到來矣，因為究竟還有著不願相率死去的一部分人。

我不知道是否有人留意過，這個世界上的稅課形式有兩種：即祕密稅課過程和公開的稅課過程，規範的一點說法叫價內稅（祕密課稅）和價外稅（公開課稅）。兩種課稅形式實則是文明政治與野蠻政治的甄別標準。凡制度文明國家實行的都是價外稅，即每一樣商品都標明商品本身價值和應納稅金，即任何消費行為必然引起應稅行為事實的發生，使每個人在消費過程都清楚自己又向國家納了一次稅及納稅數量。這不僅使人意識到納稅人的自豪感，更使人產生一種對稅收支配監督的自覺。國家稅收額裡有「我的錢」，既有「我的錢」，我就當然有權利監督你怎麼花這些錢。這正是制度文明政府會在費用支出上小心謹慎且精打細算的原因所在。政府必須在乎納稅人的臉色及敬畏納稅人的智慧。

經年累月裡，對於專門報導「我們很好，國外很亂」的中共電視裡，你可曾聽到說西方民主國家出現過貪官？而另一個幾近絕對的規律是，在所有極權專制國家裡，全部採用價內稅課的形式，你消費的每一樣商品價格裡都含有稅金，被政府「悄悄地拿走」，他們不讓你知道你是納稅人。由是形成今日中國普遍而公開存在的反常識邏輯，所有花銷費用都由納稅人全額支付的共產黨，還口口聲聲讓給他提供費用的納稅人感謝他，一種極其無恥的反常識邏輯大行其道。時至今日，中共黨媒公然口口聲聲囂叫著「端黨的飯碗」、「吃黨的飯」這種無視人間廉恥的論調。今天，在世界範圍，全額由納稅人養活的政黨大略上只剩下中共及朝鮮勞動黨（共產黨）等少數幾個無賴政黨，也是全人類僅剩下的幾個在納稅人面前無法無天的流氓政黨。像美國這樣的制度文明國家，任何一個政黨，安敢胡亂花去納稅人的一分錢試試！

部隊每天沒完沒了地學習、教育內容，幾乎不與人類文明發生任何聯繫。我曾經問過幾個大學生士兵，問他們對國家的法治前景有怎樣的期待，回答幾乎都是：「無所謂，反正只要我不違法就一輩子也跟法律不發生關係。」在這樣的態度裡，你不僅看不見絲毫的公民責任，你更看不見一個個體人當有的良知。只要我不違法，公正不公正與我何干？另一方面的沉重則是這些現代平面人對人類法治精神價值的可怕疏離，及對基本法律常識的理念性缺乏。而事實上，作為一個現代人，你與法律發生著須臾不可剝離的聯繫。

185

你一脫離母體，便在私權領域與自己的父母、兄弟姐妹等親屬產生了法律上的身分關係，這種身分關係以諸多的權利、義務關係為內容。同時，一個生命呱呱墜地之時，即是他或她的公民及納稅人身分的取得之時。一個人待在家裡，除了與諸多身分有關的權利、義務發生交涉外，還與民事領域的諸如財產權、相鄰權等諸多法律保持著關係，有些諸如居住權、休息權等甚至與憲法發生著聯繫。人一出門，即與道路的所有人或管理人發生干係，上一輛公車即與經營者發生合同關係等等。

這是我與一個江蘇籍大學生士兵交流時談到的，關於法治話題的一段話，他聽得十分驚訝。他說，從幼稚園到大學畢業，再到部隊的學習教育，從來沒有人告訴他們這些知識，他說：「凡是對人有用的知識他們都不會給你講。」這也是我在武警部隊被囚禁二十四個月（這是累計時間，其中含在榆林武警部隊的三個月）的切身經驗，那裡最需要的是一系列的啟蒙教育——人性的、人類社會的及現代人基本常識教育等，最起碼應當培育人類群體必須當有的東西，諸如道德、羞恥、同情心、克制、誠實及規則意識等，進而學習愛人、責任及相關文明知識成果。

據士兵講，所有學習教育內容都是愛國、愛黨、愛社會主義教育，許多士兵認為那種教育純粹瞎扯淡。像劉巍、郭通等都談到過，愛與不愛、愛什麼、怎麼愛，都應該由個人自己去選擇，這種強制分配只會適得其反。然而，教育者本身的愚蠢常讓你目瞪口呆。

## 三十六、從「李沛瑤被殺死事件」看中國的貪腐

他們中的許多人，給我講了許多有關當官的貪腐、反常識、反人類的事例，其中有不少士兵講過他們北京總隊總隊長的貪腐事實。說他們全是說一套做一套，大官大貪，小官小貪。說在北京總隊範圍內，不管哪個支隊、哪個師或哪個部門有建設或裝修工程，百分之百會由總隊長的兒媳婦來負責，但絕大多數情形下她出面後就躲到背後。說百分之百的師長夫人會總代理「安利」產品在全師的銷售，包括每一個具體點，一經設立，那些管官的官夫人都會親自來交涉，從此點上官兵所有的消費都只能「安利」一個面孔：一支牙膏九十五元，一塊香皂五十元，所有價格都高得令人咋舌，每個人都必須買。

我被關押的那個點上，絕不出兩個月左右，那些領導夫人就會放下身段躬身前來，每一個士兵都不能例外，連監禁室的哨兵都會有人進來換出去過關，每個士兵私下都罵罵咧咧，但終於都無可奈何。雖然點上士兵出於保密需要不允許穿軍裝（有些士兵幾年下來都穿不了幾天軍裝，幾乎所有的任務都要保密），但士兵所需的所有便裝全都必須由大隊長或中隊長夫人統一購買，而士兵只能接受。

其他，士兵的評優、轉士官、入黨的所有機會，也都是花錢的結果。例如，轉一個士官，最多如江明周（音），因為他先天性顎裂說話不清楚，不符合徵兵條件，更不符合轉士官的條件，所以花錢數額每個環節上都是別人的三倍左右。他親口講，光轉士官一項，他父親送部隊領導就有八萬多。又如，四川貴陽的「大哥」（名不詳，年齡小，個頭小，全中隊都喚其「大哥」）是耳聾，當兵也花了別人的幾倍錢。十七支隊支隊長（團長）老家在河南，據他的同鄉士兵講，無論入伍還是轉士官或是考軍校，所有收好處的事都由他老家的姐姐負責打理，每年從河南、河北、安徽、湖南等地來送錢的人紛至遝來。士兵說，不論是官、兵，每個機會都幾乎是明碼標價，尤其是士官提幹，最基本價五十萬元；幹部每晉升一級，唯掏錢買一途。

按士兵的說法，部隊的腐敗已爛透到根，因為那裡封閉且直接，一個支隊沒有任何人敢查支隊長、政委，一個師亦然。每個人都是花了大價錢獲得的官位，所以保官位、收錢及「維穩」成了一把手的所有工作。

據一些士官講，武警部隊的徹底腐爛，源於原中共人大副委員長李沛瑤被殺死事件。說這個事件，江澤民集團是完全用黑幫的邏輯而以法律的名義處理的。這些士官分析得很有道理。他們說，首先是對事件的處理，江澤民集團幾近瘋狂的報復手段，採用了中國黑暗政治中最慣用的「連坐」追懲及兇殘打壓手法。

可以說，在李沛瑤被殺事件的處理方面，江澤民集團開創了人類史上空前絕後的紀錄。張金榮殺死李後，張金榮的班長一路上溯到師長（據說師長是被撤職）全部被處罰，師長以下全部判刑，不僅張金榮已復原回家的前班長又被抓回判刑，連張金榮的小學老師、中學老師、派出所領導，所有徵兵幹部全部被累及。最不可思議的是，當時準備將整個北京總隊官兵全體逐出北京與西藏總隊對調，因有人提出這種做法極易逼出急亂，及認為只有被懲罰者才配駐守西藏的認識才罷手。

據他們講，當局處理這一事件的做法，使所有軍官都感到，軍官被判刑、處罰已與確定的自身錯誤行為無關，而是與不確定的他人行為相關聯，使自己的前

途、命運呈完全不確定性。說此事件發生前軍方赴地方接兵還有所瞻顧，此事件以後就乾脆只要給錢，半聾半啞的人被徵成兵的事已屢見不鮮，一切都只顧眼前利益，自己眼前利益以外的事一概不去顧及。至於軍官對這個案件處理的另一個不滿理由則是此前我從未聽說過的，即是說，張殺死李並非肇因於張的行竊，而是李強姦了張金榮的妹妹，這與國保警察所說的倒是一致的。有關當局為了保全「領導同志」的面子，而完全罔顧事實及士兵張金榮起碼的尊嚴，這種公然顛倒黑白且殃及一大群無辜人的冷酷行徑，全然沒有顧忌武警官兵的基本尊嚴。

## 三十七、兩個「維穩」的荒誕例子

然而，緣著這起事件而引發的，對武警官兵的整飭仍在繼續——每年的2月2日，武警部隊全體官兵必須全天進行安全警示教育，從無例外，官兵們實在不堪其煩。而另一個使官兵不堪其煩的是，高級領導反常識的愚蠢在部隊日常管理方面令人目瞪口呆的折騰。

不少士兵都講到過兩個著名的荒誕例子：一個是二大隊領導因「煙灰缸裡有煙灰，垃圾桶裡有垃圾」而被通報批評做檢查的事。

由於「維穩」人員的霹靂手段，全軍上下噤若寒蟬，直若死水一潭。然而，「維穩」人員只有不時能找出問題才能證明其存在的價值。最有趣的遭遇莫過於，上面首長差「維穩」人員至十七支隊找問題，下達了「找不出問題不得回單位過春節」的死命令，而十七支隊首長又向各單位下達了「哪個單位出了問題就不得休息過春節」的死命令，雙方出現了長時間的僵局。其實，對於無法無天的「維穩」人員而言，什麼是問題，顛覆常識的問題評判標準就是問題。

又一次，他們終於發現二大隊隊部辦公室煙灰缸裡有煙灰，而垃圾桶裡有垃圾，大喜而不能自禁，二大隊終於被通報批評，大隊長在全支隊幹部大會上做檢查。士官們在講述這一節時是維妙維肖，說他們大隊長煞有介事地站起來做檢查，其中有幾句做檢查的話在部隊上下傳為經典笑談。

他說：「我們大隊的嚴重錯誤就是往煙灰缸裡磕煙灰，垃圾桶裡倒垃圾，給全支隊臉上抹了黑。所以，我們全大隊決心痛改前非，今後保證做到：煙灰不磕煙灰缸裡，垃圾不倒垃圾桶裡。」

據說唸完這段檢查內容後，會場上一片死寂，支隊領導亦長時間默不作聲。但究竟這場檢查仍是有實在價值的，「維穩」人員們終於消除了「煙灰缸裡磕煙灰，垃圾桶裡倒垃圾」的重大不穩定因素，而終於帶著勝利的喜悅返回單位過年。

另一個實實在在發生了鬧劇的幅面和維度都與前述事例不可同日而語，而娛樂性效果亦更加宏闊而盡顯中國特色。

士兵們說：「天不怕，地不怕，就怕武警換『老大』。」怕什麼？怕新官上任領導瞎折騰！說有些幹部乾脆「胡日鬼」（西北方言，意指不務正業、行事歪門邪道者），一些「新政」措施讓人目瞪口呆。

不少士兵都講過一個叫「乾化管理」的「新政」。說一位領導上任後為了顯示自己與前任的不同，出所有常人的意料，頒布了一項「乾化管理」新政。這項「新政」要求，武警部隊所處環境不能出現有水的地方，但凡部隊訓練駐防的地方有不乾的地方，即算是重大違規事件，不能有例外且不得講客觀原因。而這「新政」在檢查組及「維穩」人員的督查過程，則被扭曲異化至無可復加的地步。人民武警再崇高、再神聖，究竟還是人群，是人就不能離開水。一旦有「維穩」人員突擊檢查，發現正在做飯的鍋碗瓢盆裡有水，這可不得了，這是一個大事故，將是一個支隊重大違紀的黑紀錄。為了避免撞在「維穩」人員的槍口上，為了不致成為違反「乾化管理」的黑典型，逆來順受慣了的基層官兵被逼開始了自己的日常應對：食堂不再做飯，買來饅頭、麵包分發，有的部隊饅頭、麵包吃膩了就乾吃速食麵；需要喝水的時候，官兵們集中關在房間裡突擊喝水，且還遠置數道「斥候」以防不測。杯子裡、純淨水桶裡、瓶裡若被發現一滴水，那一個中隊、一個大隊此前所有的犧牲與所有的努力即付諸東流。

至少有三個士兵講過同一事件，說一次一個龐大的「落實乾化管理」檢查團撲至，全支隊上下風聲鶴唳，群起而奮力應對，但百密一疏，終於因在一個中隊炊事班的窗臺上發現了一個礦泉水瓶裡有幾滴水而功虧一簣，令一群男兒扼腕，所謂：「出師未捷身先死，常使英雄淚漣漣。」

最使士兵普遍頭痛的是廁所裡的抽水馬桶。馬桶底部保有一些水是一種密屏異味上揚的功能，但設計者，至少是購買者沒能高瞻遠矚到終於會有「乾化管理」這一偉舉，終於苦了這威武之師的官兵們。馬桶底部要存有水，而與「乾化管理」的神聖使命生出衝突。究竟是威武之師，部隊給每個官兵一塊毛巾，誰上完廁所誰就立即把馬桶裡的積水給用毛巾蘸乾了，而毛巾卻被沾濕了，各人的濕毛巾自己藏好了，誰暴露了跟水發生過關係誰負責。

他們說自「乾化管理」英明決策頒行後，官兵就不敢洗臉、不敢洗澡，洗衣服跟做賊一樣。「君王城頭換降旗，妾在宮中安有知？四十萬人齊卸甲，更無一個是男兒。」對士兵有涉「乾化管理」的述說文字記錄至此，自然而然地想起花蕊夫人這首詩。不是面對面聽了「乾化管理」親歷者的講述，作為一個俗常人，我斷乎不敢相信人間真會有此類活生生偉舉。

## 三十八、詆毀狗屎的惡臭和烏鴉的黑

中共官員動輒即指責別人「惡毒攻擊黨和政府、肆意污蔑黨和政府」，最近又製作了個新面相叫「抹黑中國」。其實，這群當今人類最為無恥的敗類，他們也非常清楚，他們已沒有了被污蔑、被抹黑的資格，沒有人會多此一舉給漆碳抹黑。感謝兩次累計二十四個月的部隊關押，為我更深、更全面及更貼切地瞭解這個綠林政黨的本質提供了無可替代的契機。2011年的一次談話中，談話者依然是指責我「惡毒污蔑詆毀黨和政府，抹黑國家形象」。

我說：「如果真有人污蔑、詆毀狗屎的惡臭，抹黑烏鴉的話，此輩當詛咒。」

我和武警部隊兩年的「特殊交往」，所謂「五味雜陳」，真不知說什麼才好。在極權專制權力面前，在各自的小利益計算折衝中，一群一群的，包括被稱為「威武之師」的武裝集團，都成了怎樣的一種令人驚悚的情形？「一堆無腦蛆」，沒有比這更恰切的比喻了。群體的不爭不鳴不說，連天經地義地證明大家還是人的衝動都集體喪失。然而，究竟是人，都還在動，利用一切時間或精力經營自己。

幾乎所有士兵，人人有泥鰍的天生秉賦，監控室的監視是如此嚴密，他們卻有辦法使用手機，這是重大違紀事件卻從未有人被暴露。部隊當局對他們的擔心有時是多餘的，怕他們對負面新聞中非公正、非正義事件做出正常人的反應，那既是不瞭解他們，更是冤枉他們，他們的眼界高不過女人胸部。

百分之百的，人人與幾名、十幾名甚至幾十名的女人保持親密的聊天聯繫。如蕭某某，同時保持著與三十二名女性的網上聯繫。有一次，他在一個監控死角給我晾曬那些女人的趣說，上至三十八歲，下至十四歲。他說，他每天忙得是頭昏眼花。他說，這方面當官的、當兵的都一樣。說就數量而言，他網聊的女人遠不算是多的。士兵之間聊天，十之八九的話題離不開女人。

他們中的許多人，人性中的兇殘、冷酷的成分令人咋舌。在權力面前俯伏馴服無可挑剔，而在同伴面前的冷酷蠻橫亦無可復加，昨日還是被士官欺壓的士兵，今日剛轉成士官即對士兵大打出手。最典型如六中隊的那個「少林弟子」，他剛轉成士官沒有幾天，即有多名士兵被他暴打欺辱。

## 三十九、君子與小人的對話

對於人類正常感情而言，他們中的許多人就是一具行走著的皮囊。

### 1. 發了一筆板藍根橫財

有一次深夜，河南籍士兵周某與姬某在夜哨時聊到一件事，姬某說2003年初，一個多年與他們家有著藥材生意往來的供應商，拉到他們家所在城市十幾噸板藍根，當時是每公斤兩元錢亦無人問津，無奈寄存在姬家。不料幾個月後，人們對「非典」的恐慌及資訊的不暢，與滿天飛的虛假消息的畸形結合，板藍根原材價格一路飆升至三十萬元每噸。那十幾噸板藍根的主人喜極而方寸大亂，在趕往姬某家的路上車毀人亡，姬家以「中國特色」的尋常邏輯發了一筆橫財。但姬家終於還是沒有把事情做絕，那貨的主人遺有兩歲的女兒在托兒所，他們按板藍根漲價前的價格把錢算好後送至孩子所在的托兒所。

結果，周某批評姬某說：「如果是我，不但不給那孩子錢，還要把女孩子接到自己家裡來，養到十二歲時就可以天天操她（指姦淫），操完了還可以給家裡幹活。」

對這超出了人理的冷酷，我忍無可忍便勸了幾句，我說：「一個人若沒有信仰已是十分地不幸，他的心裡充塞著無邊的黑暗，一個沒有信仰的人若再沒有了道德底線這個唯一的安全閘閥，那他就是十分危險的，將會給自己造成無盡的傷害。」

周怒氣難抑，我閉上了眼睛。

周說：「我他媽看到這老頭心裡就不舒服，哥兒們想找個機會整死他，在我們手上還敢得瑟。」

姬某一句話讓我免於被整死：「這種小人不值得跟他計較。」

兩位君子終於放了我這個小人一馬。這種毫無廉恥的對話，在那個小小的囚禁室裡多得不可勝舉。

## 2. 盧大個經常誇耀的東西

盧大個的叔父是公安局局長，他自己初中都勉強畢業，但他卻有著醫學本科文憑；他有兩個身分，一個是當兵的他，一個是上大學的他。他還有幾個月才退伍，可當地一家大醫院的「B超」室已安排了他的職位。他的父親本係蒸賣饅頭的，但他的姨父後來當了公路局局長，於是他的父親就成了公路局下屬一個部門的領導，沒幾年，花七十萬買了一艘遊艇，在當地富甲一方。

盧大個在站哨時經常誇耀這些東西，我告訴他應該有基本的是非意識，因為「你和你的父親、姨父都涉嫌犯罪，你每天宣揚的這些都是具體的犯罪事實，你為什麼要宣傳這些對你及你們一家完全不利的事？」他聽得一臉茫然，但終於此後再沒講過。一米八幾的個頭，平時看則體體面面，卻把犯罪、把羞恥當成榮譽表彰，這是怎樣的一種失敗？從這種失敗中，就顯見武警部隊常年學習教育乾乾脆脆的失敗。

此外，經年累月地看愛黨、愛國、愛社會主義教育，直可以說已使許多人變成了僅掛「愛國相」的會行走的廢人。而極度誇張的危機感及安全形勢教育，在士兵的心裡已經適得其反。軍隊的危機意識教育、安全警示教育已到了變態的地步。喋喋不休地告訴官兵，國內外敵對勢力磨刀霍霍，不願意看見中國人民過上富有幸福的生活，每時每刻都想擾亂人們已有的幸福生活，而軍隊肩負的就是保衛人民這種既有的幸福使命。武警士兵起床後要說的第一句話就是：「時刻牢記我們面臨的嚴峻形勢，牢記我們肩負的神聖使命。」而所有開會、學習教育的開頭，都必須唸誦這句話。要求每個官兵都銘記：「兩眼一閉（指上床睡覺）提高警惕，兩眼一睜（指起床）警惕到熄燈。」

# 四十、「六四」戰備的具體處置

作為冷峻的旁觀者，我發現中共統治集團的安全心理直在占領者之下，我常稱他們為「占領者」。據士兵講，從2007年起，每年10月份的諾貝爾和平獎公布日前三天，北京、天津兩地的武警部隊全部進入二級戰備，所有的官兵吃住在車上，枕戈待旦準備應對國內外敵對勢力的破壞。不是親耳聽到那戰備親歷者的講述，這實在令人難以置信。每個敏感日必然戰備，草木皆兵，動輒大驚失色、惶惶然若失家狗。他們士兵中也有些明白人，五中隊兩個大學生士兵曾提到，政府官員別看他們滿嘴仁義道德，其實他們在中國人民心目中是什麼，他們比任何

人都清楚。說他們開一次「兩會」，要動員幾十萬大軍保護，要布置數道防線，駐京、津、唐地區的所有部隊，包括解放軍，全部進入二級戰備。武警士兵戲稱：「中共開會，軍隊受罪。」說最荒唐的是共產黨開一次重要的會議，要投入的軍隊人數會超過百萬，說幾千人開會，在自己的國土上一個政黨開個會，會有一百四、五十萬軍隊戰備執勤。

我告訴他們，這一點都不荒唐，這是最真實的國情，倒是我問他們：「你們有沒有考慮過，這一百幾十萬大軍準備對付誰？」他們笑而不答。

許多士兵都講過每年「六四」戰備的具體處置，說一到6月3日白天，會從各部隊抽掉大批官兵著便裝分片包責執勤，對北京街頭出現的通體著白色服裝或通體為黑色服裝的人要重點盯蹤；如果上述著通體白色或通體黑色服裝者有朝天安門方向行進的則須立即逐級向上報告；若到了天安門廣場附近而且目的地已明確的，如果是中國人就進行盤問，必要時斷然處置；若是外國人，當報由公安部決定。而從6月初開始，就會派出大批祕密警察及便衣士兵，分布在較大的蠟燭銷售場所進行祕密布控；對於購買蠟燭而形跡可疑者，一直須盯蹤至購買者具體的居住所，並在6月3日、4日進行全天候蹲守；如果發現夜裡關了電燈而使用蠟燭的，要求與管片民警協同處置；對購買了蠟燭而朝天安門方向行進的，當伺機處置。

至於各國家機關政府人員，也被要求在「六四」期間不得穿通體白色或通體黑色的服裝，更不得穿著上述服裝群體聚集，不得在夜裡使用蠟燭，而發現居住處周圍有在夜裡使用蠟燭的，有義務向政府部門報告。說不僅武警及公安人員全員出動，許多政府機關也得抽調人員加入到巡視中去。說京、津兩市投入到這項「工作」的人員有幾百萬，尤其許多社區安保人員也被動員進來。說每到這一階段，軍隊及警察部門的領導人是徹夜不敢閉眼。

## 四十一、夜間的緊急「拉動」

我與部隊「相處」的時間裡，每至敏感時刻，他們的警戒反應已到了變態的地步，那種緊急「拉動」的動靜豈止於驚心動魄？有時一小時會「拉動」數次，喇叭傳來刺耳的呼叫「某某方向出現X名不明身分人員」，或「某處有不明人員做不明原因的聚集」等，數秒之內，整座樓被各種緊張緊促的聲響裏覆。

### 1.「六四」前夜裡的緊急「拉動」

2010年的「六四」前，夜裡有一次緊急的「拉動」，第二天哨兵講，說因接到武警總部的緊急通知，才夜裡「拉動」，緊急傳達了海外一個叫陳維明（音）的雕塑家（或是畫家，我記不確切），創作了一座天安門大屠殺的微型雕塑來污蔑黨和政府，抹黑中國形象，說這是京、津地區武警部隊的一次聯合行動，所有部隊進入戰備狀態而嚴陣以待，要徹底粉碎國內外敵對勢力的污蔑和顛覆行為。至少有六名哨兵給我講了這一過程，我問其中一名士兵怎麼看待這一過程，他說關鍵是那些人要把雕塑運到天安門廣場，去煽動不明真相的群眾破壞穩定。我又問他：「你算是明真相者嗎？」他張著口不再言語。

### 2. 北京東直門地鐵站口花圃小爆炸驚動胡錦濤

大略是同年的9月、10月份左右，半夜兩三點進行了一次緊急「拉動」。夜深人靜裡，這種突起的「拉動」動靜實在超常得可以。第二天，至少有四個班次的哨兵當成笑話給我講，說是在北京東直門地鐵站口附近，路旁一個種花的地方有人扔了一個爆炸裝置發生了爆炸，沒有人員傷亡，此事竟驚動了中央軍委和胡錦濤，說胡錦濤下令軍隊、武警必須連夜傳達，連夜進行形勢警示教育，讓全軍官兵牢記我們面臨的嚴峻形勢，牢記我們肩負的神聖使命。士兵說那至多算是個治安案件，竟驚駭了中央領導的安全神經，竟然向全國武裝力量連夜緊急傳達。士兵最經典的一句話是：「他們已經出不起事了，哪怕是一件小事。」

### 3. 遊行方陣裡的冒牌學生

他們笑著給我講述了2009年的所謂國慶遊行，真的，不是在這種特殊經歷中的際遇，誰能想到這遊行方陣都作假，而且是中央「領導同志」的親自部署。原來，人們看到的那些「群眾方隊」裡，安排進去為數不少的祕密警察和士兵以防不測，而這種「群眾方陣」中的人員安排還是祕密進行的。而大學生方隊則是公開的安排進去大量的武警官兵，方陣四周外圍的三排全是由士兵對外冒充大學生。有一士兵說大學生私底下戲稱士兵是「狗」，是專門被派來看住大學生的狗，而士兵則反譏大學生被圈在裡面而與豬同命。他笑著說其實狗也罷，豬也罷，反正都不是人。

# 四十二、當了兵才知道上當

關於軍隊中對基層官兵的野蠻壓迫，幾乎每個哨兵都向我訴說過。一位陳姓士兵說，武警士兵在當權者的眼裡就是狗。他說其實認了自己是隻狗是符合「科學發展觀」的，認了狗命就沒有煩惱，更不會有人的苦惱。他說，武警士兵中人人知曉的一個順口溜是：「武警士兵一條狗，哪裡需要牽著走；解放軍士兵一塊磚，哪裡需要哪裡搬。」

有一次是郭通和劉巍一班哨，談到這種現象時，郭通說了一段流行於基層官兵的說法：

> 你若是恨一個人，那麼最好的辦法就是讓他去當兵；你若希望一個人很快變成豬狗，就讓他去北京當兵；你若希望一個人不僅變成豬狗，而且生不如死，那你就讓他去當北京武警。

一些大學生士兵談到，許多人這些年都在看類似「許三多」的軍事影片，他們認為，實際上上演這種類型的影視是有目的的，就是忽悠年輕人去當兵，當了兵才知道了你上當到了什麼程度。

「與影視片中看到的軍旅生涯比，我們好似突然從人間墜入地獄。」一位士兵說。

他們認為嚴酷的訓練、嚴苛的要求完全不可怕，你到了部隊才發現，嚴酷、嚴苛確實在，卻不是為了訓練和正常的紀律。嚴酷和嚴苛十之八九，甚至是整個部隊生活的十之八九全用在洗腦而「維穩」遊戲中。稍有懷疑、稍有不滿即會遭致赤裸裸的暴力毆打，而稍文雅的則是讓你抱頭下蹲。

郭通是個大學生，循規蹈矩，謹小慎微，一次因為學習教育中一點動作，下課後被班長陳胖子叫去談話。說「談話」一開始，陳胖子喝令他抱頭蹲在地上，他說他感到自己受到極大的羞辱，想著畢竟自己大學畢業，且根本就沒有犯錯誤，所以下蹲處罰將不會太過分。這只是他的一廂情願，他下蹲後陳胖子開始躺在鋪上玩手機，而玩手機是重大違紀事件，玩了一會他竟酣然入睡，這一睡就是兩個小時。他說兩個小時的下蹲真是生不如死，也正是那兩個小時使他徹底地看透了部隊，也看透了陳胖子。

趙治中也是一個大學生士兵，他說，看透了部隊是緣於在新兵訓練期間，家裡姐姐來看他的事。他說，那過程真是超出人理。他的姐姐被堵在大門外等待，

他的訓練早已心不在焉。訓練休息間隙，新兵排長說是要帶他去見姐姐，沒有料到那竟是一種貼身監視。他說，從頭到尾排長都坐在他身邊，沒有讓他和姐姐單獨說話的機會。

「他們害怕新兵逃跑，更害怕把部隊裡的黑暗說出去，就覺得自己完全被控制起來了，還不是因為他們屁眼下面不乾淨。」

士兵普遍認為，基層官兵完全處在一個權利的黑洞中，沒有任何權利可言，而上面當大官的卻有無法無天的自由。

「蔡包子」是一名士官，終於盼至探親期，擬於2011年春節回家與親人歡聚，結果有一天這「包子」君一臉苦相，因問其故，「包子」君卻說是國家祕密不能說。過了一段時間才有士兵說，中央軍委突然下達了命令，說是胡錦濤的意思，命令要求緊急召回解放軍和武警部隊所有回家探親的官兵，包括已到家的或正在回家路途的官兵；立即停止批准所有的探親申請，理由竟是埃及國發生了「暴亂」，說黨中央、中央軍委、胡主席，擔心國內外敵對勢力仇視中國的安全穩定，像埃及的暴亂分子一樣乘勢「作亂」，為了保證全國人民能過上歡樂祥和的春節，胡主席要求全體官兵停止休假，提高警惕，肩負起神聖的歷史使命。那些後來中止假期返回部隊的人，說部隊基層官兵就沒有權利，即便法定了的權利，領導一句話就可以隨意取消。

## 四十三、褥子角上竟可擰出水

這一次在北京武警部隊的囚禁歷時二十一個月。從生物人角度而言，這是十年來數十次的祕密囚禁生涯中，囚禁環境最為殘酷的一次。首先是前面述說過的酷夏炎熱和缺氧之苦，而始終揮之不去的是地下室的潮濕，這是這次囚禁生涯另一個最著名的苦楚之一。山區雨頗多，而囚室內長年因為封堵至密不透風，至秋季，衣物、被子可以在洗衣機裡甩出水。而當局的冷酷則人為地加重了這種苦楚的程度。士兵可以每隔兩三天晾曬一次被褥，他們的門窗還可以全天候保持通風；而我則完全相反，為了能爭取晾曬實在潮至無法再蓋的被子、褥子（最初幾個月就沒有褥子，後來盧坤多經爭取終於給拿進來一條布滿黑綠色黴點的褥子），我和他們的交涉延綿了二十多個月，終於到被突然押離亦未能實現。士兵目睹了那種慘狀，被褥上的潮濕黴斑點布若繁星，褥子角上竟可擰出水，因為武警部隊並不能決定是否允許我的被褥在外面晾曬。聽說這最終事決於「中央領導

同志周永康」。

因為有一次郭通和劉巍站哨，終於盼到三週一次的洗澡機會，可晾在室內的衣服還是遲遲不乾，就想在室內換個晾衣位置，他倆卻說絕對不可以，說室內晾衣服換地方必須上報師裡才能決定，說今天又是星期天，無法逐級上報。後來，至2011年7、8月份，那被褥實在是再不能用了，才在六中隊胖排長值班時，在輪到我洗澡的時間，悄悄拿出曬了一會。對於我嫌曬得時間太短，幾無實在意義的抱怨，他一臉為難說他們沒有這個權力。

這次囚禁最為刻骨銘心的苦楚當屬冬季的寒冷。作為生理煎逼的一部分，頭一年的冬季幾乎是不給送暖氣的。此生迄今，我從未像那年的冬天那樣在乎過冬天的冰冷，毫不誇張地說，那種無法擺脫的寒冷造成的苦楚量，超過任何一次酷刑的痛苦當量。一切彷彿都是冰做的，整個世界都變成了冰。我的過去有過極貧窮的經歷，記憶中卻從未有過像那段時間那樣去全心全意地在乎那寒冷，那寒冷有著超乎經驗的附著力，超乎想像的穿透力和他那綿綿的韌性。白天的室內活動時，我就將被子披在身上，監控人員陰遲（音）制止不果，最後緊急按響報警鈴。七年士官鄧全英進到囚室內制止，說必須先把被子放下，等他向上請示以後再決定行不行。我拒絕之，我說除非你能喝出這寒冷，否則，這最低人道要求不應當與權力發生交涉。最後，他們睜一隻眼閉一隻眼。

在囚室寒冷難熬的，同樣還有士兵。據說，燒鍋爐的是個老頭，他每天中午十二點半才來上班，下午十四點半準時下班回家。之所以每天要燒兩個小時，是因為擔心凍裂了暖氣設備及自來水設備，使室內溫度維持在零度以上即可。士兵在裡面站兩小時下來，據他們自己講，身上都被凍麻木了。他們中有人開始自己動手，每次上夜哨之前都會去加一次爐火，漸漸地人人如此。沒有想到，這使人束手無策的寒冷竟意外地被士兵的自保行為給消解。因為聽士兵講，那鍋爐房雖然陰森可怖，卻沒有監控，有些可敬的士兵下班後也會去加一次爐煤。到了第二年冬天，夜裡由士兵加煤燒火實際上成了一項制度，基本解決了夜裡的冰冷。

## 四十四、一束束人性的光輝閃耀

在這裡，此時此刻，當我記述這段經歷時，依然從心底裡記念起那些士兵。我想記下他們中間一些一直使我無法忘卻的名字，只可惜有些善良士兵的名字始終不為我所知：李俊良、夏智成、趙治中、魏皞、郭通、劉巍、方成、小周（湖

北籍，名不詳）、盧慰（音）、鄭軍、顧班、李玉祥、麥汝好、胖排長、副大隊長（名不詳）、盧坤，他們每個人對我都沒有過一點惡意，士兵中的每一個人都在幾個月的（最長十個月）「共處」中，或多或少地表現出了人性的善。

我常想，這些小子在家裡都是獨生子女，尚不懂得怎樣關心父母，但他們卻給了我一些難得的關懷。尤其讓人感懷萬斛的是，這幫小子竟用心計給我關懷。他們中的不少人在知道了我的身分後，竟多次在送飯時，在飯盒底部埋壓上肉、煎雞蛋等好吃的菜，有的在中秋節偷偷地在手裡攥個月餅進來給我。由於我的囚室內當局故意留了一個監控死角（審訊、談話人員的形象是不能攝進去的，因為這不屬於法律程序），這個監控死角在那二十多個月裡也給我留了些益處，這些壞小子有偷零食給我吃的，他們的撤離、換防都是向我保密的，可許多人走之前一定會設法進來與我偷偷道別，其中大多數竟淚流滿面。有些嘴裡還唸著：

「老頭你受罪了，好人自有好報，再見了，我要離開啦，再不能照顧你啦，一定好好保重。」

尤其將要退伍的人，他們的膽子相對要大得多，不少人在將要離開前的幾天裡，竟大膽勇為，整班悄地給我放歌曲聽。廣州的一位、湖北的一位、四川的一位，在復原離開的最後一晚上，都是一直流著淚給我放歌曲聽，而武警及公安方面的監控也就睜一隻眼閉一隻眼。其中，小周提出退伍後去看我的家人，好讓家人得知我的情況；然而，被我制止了，我不願給他們帶來危險。每年他們復員時我是整夜不眠，人間重別情，一個被祕密囚禁之人，且是不能開口說話之人，竟讓這些執行禁閉管制我的士兵生出些愛情來，實在讓人感歎人性究竟是相同的。儘管這是當局全力防堵的，終於沒能止絕得了這種無聲的相同。

我常記念他們，在我後來的中共掛牌地獄囚禁中尤甚，在那黑暗全由人心成就的環境，我們依然能夠在他們身上看到一束束人性的光輝閃耀。而對於胖排長及那位副大隊長，只是較其他軍官給我製造的苦楚而言，我願意紀念他們倆，他倆從未對我有過一點具體的惡意，從未主動給我製造過一點苦楚（對了，我想起來了，那副大隊長姓宋）。

## 四十五、腳下騰挪的豈止是個物理距離

有一次，我與士兵劉飛他們發生了頗激烈的衝突。說客觀的，我與一些人發生衝突都是緣於他們公然在囚室裡欺辱新兵，實在忍無可忍時，我就會挑茬引起

198

衝突而斥責他們的愚昧與無良。那陰遲（音）當著我的面毆打新兵，我與他的衝突最多、最不留情。我曾策畫過準備狠狠地治一下「少林弟子」，而被盧慰屢屢勸止，因為他在欺辱、毆打士兵方面出眾地冷酷。我與劉飛雖然衝突不少，我並不認為他是壞，只是一種膚淺，跟他一起站哨的新兵橫豎不合他意，我能理解新兵心裡的那種不安及無助感，我有時就找個藉口挫一挫他的橫勁。哨兵在我活動時擠壓我的活動空間一直以來就是家常便飯，很普遍，看不慣他老罵人家新兵，但我不能以此為肇因與之衝突；我就計較活動空間被壓縮之事，雙方衝突驟起。劉飛按響了報警鈴，胖排長當值，首先一進來就聲色俱厲地斥責了劉飛，然後很溫和地希望我有什麼不暢快的事說與他，他將盡全力在許可權範圍解決。

我脫口一句：「讓你們的士兵在腳下騰出點活動空間卻屢不能實現，你們腳下騰挪的豈止是個物理距離，而是人性，為什麼你們是如此地不通人性？」

要是別的軍官，我們又將為此起衝突。我從胖排長的面色上看他是個善人。

他笑著說：「說得好，士兵們腳底下騰挪的確實不是個距離問題，而是人性問題。我們有我們的局限性，但在規定的範圍內是不能任意壓縮的，否則，規定就真成了烏龜的屁股（龜腚）啦。」

從那以後，胖排長給劃定了活動距離線，根絕了士兵的隨意壓縮。

## 四十六、劉飛的三個「球」

而對於劉飛，我也通過私下傳話管道，講明了我真的動機在於他以後不要壓迫新兵，後來與他的關係還處得不錯。他的當兵動機是為了避免坐牢，這在士兵中卻很普遍，光他們四川籍的士兵，五、六兩個中隊裡就有好幾人，河南的更多，他們普遍的說法是：「跟我一起混的同伴基本上都已經坐牢了，若不當兵，我自己也早就進去了。」我跟劉飛之間的衝突次數僅次於陰遲和張浩，而陰遲是乾乾脆脆地壞，此君當與張浩歸於一丘，但我仍認為與他們的年齡當存在關係。陰遲的壞沒有敢針對我的，主要是針對新兵，這方面他當與「少林弟子」歸於一丘。

陰遲頭一次進來站哨就在我跟前耍起了威風，這實在是他們的不明智。我的坐姿不符合他們的規定已成了一個實在的現實，陰遲第一次一進來下令讓我按規定坐好，我沒有理他。他若聰明懂點自處之道，不再言語，得免使自己下不了臺的情形出現。

相反，他第二句話的用詞及語氣驟變：「我讓你給我坐好嘞。」

沉靜了不到半分鐘，咬著牙的第三句就砸了過來：「我讓你給我坐好，你是聽不到嗎？」

我想我必須開口了，因為他顯然不願自己停下來，若再軟抗下去，衝突會被他的愚蠢給攫擺升級。

我說：「這位軍爺請偃息憤怒，我必須誠實地告訴你，在你今天沒有進來之前，我已經在這裡面待了十一個月，終於還是沒有改變你剛才看到的不令你滿意的坐姿。我想說的是，我不認為你能改變了我，如果你要堅持你的目標，我會相應地接招，但絕不會改變你要求我改變的。你現在最明智的做法就是不再說話，因為我和你一樣地有脾氣。」

大家都算運氣，他不再發聲，危機息解。

張浩與我衝突最為激烈，但我不認為他是壞。不客氣地說，此君就是個「半碗水」，當知道了他這種「優勢」後反而應勢而為，與他之間的平靜一路保持到他退伍。

劉飛這小子說話，絕不出兩句就會帶一句「他媽的」泡沫語。武警士兵是我此生迄今遇到過的，說話用「他媽的」概率最高、最集中的人群。他們中的許多人油嘴滑舌卻用詞單調匱乏，但未必無趣。仍以劉飛為例：

> 一次站哨中，劉飛企圖酣睡，副哨羨慕地顧盼，亦有欲睡之意。他突然睜開眼睛時發現副哨正看著他，他立即來了一句：「你他媽看球？」副哨立即停止了「看球」。過了一會兒，這位主哨大人又睡著了，結果被副哨掉在地上的筆響聲給驚醒曰：「你他媽弄球？」副哨立即停止了「弄球」，昂然而立。剛過了一會兒，副哨履行例行的記錄，翻看筆記本的聲響吵醒了他而怒曰：「你他媽幹球？」副哨立即停止了「幹球」，而肅然以立。

我當時真的是覺得這三次發言是言簡意賅，用詞的嫻熟程度實在令人刮目相看。有一次，我向他說起了這次的三「球」用語過程，他聽了後謙虛地說：「那他媽算個球。」

## 四十七、李副導的冷酷和三個「不」

我前面提到的兩個被我記念的軍官中的宋副大（士兵這般稱呼他），是因為所

有二中隊官兵中，他在那個關押點上待的時間是最長的，只離開沒有幾天，就發生了我與「眼鏡」君的激烈衝突，其時與「眼鏡」君一起蹲點的是一位副教導員，衝突發生後，宋副大又調回到這個點上。他進囚室有過幾次，但我們從未說過一句話，他的眼神很和善，他從未給我添過一點苦楚，這在於我已是足夠的友善。與那位榮立二等功的李副指導員比，他至少是個聰明人。

對於因監管我而被記了大功的李副導，我從未有過一絲的恨。對他有厭惡，而這厭惡全緣於他對士兵的冷酷，此君其貌不揚卻心計頗多，看上去比實際年齡要老許多。從人生的精神亮豁層面，尤其人生的快樂層面，至少在我看來他沒有快樂可言。實際上，冷眼旁觀，他亦屬這黑暗政治遮覆下的一個悲劇角色；所不同的是，他在殫精竭慮地維持著這個角色。是普遍的無力感使然，還是出於混沌無知，亦只有他自知。他身上滿溢著國人頗不缺的狡猾，他從不與我正面衝突，見面必齜牙笑相。

實際上，一個人的做事展顯的才是他的真實面孔。我常想，一個在任何人面前都狡猾行事者，這不再是狡猾而是愚蠢。他不快樂且常焦慮，這是他的眼神和面色上能夠看得到的「誠實」。有一件事頗能反映他的冷酷及內心的不平和：

士兵從山上發現了若干流浪狗，並且有「流浪二代」小狗崽，據說不及半歲而憨狀惹人愛，被他們捉了回來。有一天夜裡，小狗不知何故狂吠，而不幸正是李副導值班，他手執電擊器來到棲息紙箱裡的小狗旁，蹲下很耐心地開始電擊那小狗，直到那吠叫聲止歇後他才從容離去，自衛哨兵目睹了這殘忍的全過程。他離去後哨兵走近發現，小狗口吐白沫，渾身抖動不歇。第三天，顧班進來站哨時說小狗已死，並被他們埋葬。

那幾天裡，我每天不由得問起那小「流浪二代」的狀況。據說牠被電擊後連續幾天腹瀉而水食不進，最令人哀傷的是，牠死前只要看見人走近就恐懼地抖動不止。顧班頗愛狗，之前他給我講過許多這隻小狗的故事，尤其是牠與那隻據說是龐然大物的警犬之間的趣聞。說那警犬從不欺負這「流浪二代」，處處呵護牠，而小狗則在警犬面前無所顧忌地，甚至是近乎無賴式的撒嬌，一天下來則形同父子。這讓人慨歎，在一些方面，人不及狗，尤其在今日中國。

關於李副導的事，幾乎每天都有士兵在那裡講，我從不參與，但記憶中的東西能鋪覆半本書，卻顯然不會為之徒費筆墨。但其離開幾個月後，由於我終於在「眼鏡」眼裡不肯馴服，「眼鏡」打電話向他討招，據士兵講，他脫口告訴「眼鏡」三個「不」，即「不正面衝突，不向他讓步，不讓他舒服。」說「眼鏡」得此密招喜

形於色，但究竟不是自修的內功，不懂得應有的平衡，而終於導致了我們那次在這囚禁中最大的衝突。

## 四十八、三次例外的談話

　　在這次軍隊的祕密囚禁中，除了「絕頂君」的談話以外，還有三次例外的談話有必要提及，並且仍不打算「為尊者諱」。我將客觀記述這三次談話的大部分內容（不一定能記憶完全），因為這種例外的談話是從不做記錄的，而且談話者通常都只是一個人對我，全是突然出現，但這種談話內容，武警及公安方面都應存有監聽檔案。對於談話時間，我未必能記得確切。

### 1. 其一

　　首先是 2011 年春節，張雪代表他的「師傅」于泓源的一次談話。張雪是于泓源最信任的一員悍將，這種信任給他帶來兩樣不幸的東西，一是狂妄自負，一是無底線的一路墮落。張是個不大有深度的人，鑑於與于泓源這個大人物的關係，他不僅走路必成氣昂昂狀，而且除了他師傅外從不平視旁人。那一天，囚室被打開，張氣昂昂而入。

　　「老高怎麼樣啦？」他還沒有坐下來就來了一句。

　　「活著就是全部，一目了然。」我答曰。

　　「最近有什麼想法？于局派我來，咱嘮嘮。」

　　他又來了一句，我說：「想法不是最近的，我就是因想法被關在這裡的，這是你知道的。」

　　「聽起來還有情緒啊？不滿意，是他媽的忒慘了一點，有情緒又能怎麼樣？還不是救不了自個兒？我還就跟你說了，死了心吧，想現實點就趕緊救自個兒，什麼丫的狗屁民主、自由的，什麼改變中國，現實嗎？說起來這些我他媽的就不痛快。這他媽的都好幾年來，還死不死、活不活地在這撐著，看自個兒那慘樣兒，值當嗎？老高我今天來不是跟你談判的，我就是進來給你傳話的，這幾年你壞了我師傅的大事（指我未按于泓源指引的路走，而壞了于的升官大夢），你應該知道我的脾氣，誰跟我師傅過意不去，我就跟他過意不去，誰讓我師傅不舒服，我就不會讓丫的舒服。誰壞了我師父的大事，我就敢他媽的擼他。沒準兒我會讓你生不如死，我知道你想說什麼，甭給我說狗急了會跳牆，沒有牆讓你跳；甭給

我說兔子急了會咬人，咱沒人讓你咬，就讓你求生不得，求死不能。這幾年這滋味你好像還沒有嘗夠，我老跟你說讓你現實點兒，你聽過嗎？推翻共產黨，能行嗎？美國人，靠得住嗎？別逗了，最近我們的胡錦濤主席訪美，美國人怎麼樣？還不是笑臉相迎？美國政府花了三十萬美元把白宮南草坪修葺一新，迎接我們的胡主席，誰還會關心有你這一號關在這裡的人物呢？趕緊想自個兒的活路吧。」他越說越激動。

「其實，你們的世界也不甚完美，我能看出你活得很不如意。」我說了一句。

「什麼意思？聽不明白。」他說。

我說：「咱們見面不過八個多月，而你一下老了有十歲，好像美國政客的笑臉相迎也沒有能使你們的世界無限地好起來，而又無限地好下去。」

「還不丫的是像你們這種人給操的。最近，又有一個反正過來的人（指投降者），說起你們這種人，他說，你們要比殺人犯壞得多，殺人犯害的不過是人的身體，而你們這種人害的則是人的思想。」他接著說。

「所以，你最好的自保之道是離開我，且越遠越安全。」我說了這次談話中的最後一句。

大致上他也不認為再談下去會有什麼奇蹟發生，憤而起身離去。

張雪和他寶愛的師傅于泓源仇恨我，這有他們這十年來一以貫之對付我的冷血手段為證。但我迄今還沒有恨過他們，他們無底線的自私、他們自身的局限以及專制特權思想的長期浸淫，終於促成了他們今天行為的扭曲，我更多的是可憐他們，我常慶幸自己沒有成了他們。實際上，他也是這個制度的具體悲劇之一，是這個制度普遍的物產，各自充當著這個黑暗政權的具體的不名譽角色，喪失人類獨有的許多美好——內心的平和寧靜、道德自豪感、良知和愛。

## 2. 其二

我在2009年5、6月間與張雪有過一次聊天，他對有于泓源這樣一個師傅，而感到很自豪之情溢於言表。這正是他的局限所在，他只見到了問題的一面，忽視了事物本有的多面性，只看見于這個大人物給他帶來眼前蠅頭小利的一面，卻忽略了正是他對于泓源的愚忠，死心塌地地甘做其兇殘工具，給他個人未來命運埋下的悲劇伏筆。當然，個人的無良及洶湧的貪婪是一個自身的東西。這次聊天中得知，那段時間正是他的妻子生孩子的時間，而也正是他的師傅重用他而讓他全

面負責押禁點事宜的時期。他妻子的分娩也沒能讓他回去一趟，他對師傅竟還感恩不止。

我問他對此有何感想，他脫口而出：「為了千家萬戶的幸福和安全，我寧願犧牲自己，並且感到無上的光榮和自豪。」

我說任何犧牲個人利益和幸福的安全目標都有不正當之嫌，他又來一句：「苦了我一個幸福千萬家，我自個樂意。」

我感到我是再沒有必要和他談下去了。但張和于兩人身上也有著讓我感動和欣慰的品質，那就是他們對各自孩子的愛。每談及孩子，你能從他們的眼裡看見柔和和愛意的真實存有。孩子每有個小病，他們那種關懷的細心、關心的程度直讓人覺得他們變成了另外一個人；張亦很愛他的妻子。我常想，這是他們終於沒有不可救藥的希望所在。

## 3. 其三

我在那裡的另一次談話者，就是張雪的師傅于泓源，具體時間當在其高足張的談話後不久。從心理角度看，可能是覺得張的談話沒能改變我，而終於再親自出面一次。

于對關押室的環境是掌握的，他不但穿著戶外服，而且還圍著圍脖。一進來不到一分鐘即蹙額搖首，說能不能把窗戶打開，說：「這屋裡空氣太糟糕啦。」這窗戶是他自己下命令堵死的，因為他這位大人物要來，今天窗戶還打開了一會，可打開了意義也不大，打開才發現在窗外面還釘了一塊聚乙烯塑膠板。而剛坐下一會他又嫌太冷。他就以這環境為由頭進入談話。

「老高是忒慘了一點，這他媽是人待的地方嗎？」于搓著手說。

我說：「這卻是人營造出來的環境。」

「甭給我說這個，環境差，就等你一句話，你的關押環境改變，就是你個人命運的大改變，也都在你的手裡。怎麼改？是大改還是小改，都就等你一句話。」于說。

我說：「聽你這話好像我成了你的領導了，那你現在就趕緊回家去吧。」

「你什麼意思？老高我今天大老遠趕來再給你一次機會，直說了，是最後一次。而你也到了真正該嚴肅考慮你出路的時候了，你不要再執迷不悟，不要聽不得人勸，天上不會掉下餡餅。就是掉下來他也不屬於你。現在可以給你說了，今

年的諾貝爾和平獎給了劉曉波了，給了又怎麼樣？是能弄到一筆錢，那又怎麼樣呢？還不是花不上？還是得乖乖待在牢裡。下命令呀，給共產黨下命令讓放人呀，我們怕這個嗎？改變了共產黨了嗎？沒有。諾貝爾和平獎算個屁，小小的挪威國，是什麼呀？我外交部發言人義正詞嚴，在捍衛中國國家利益的問題上，我們黨從不含糊。都在嚷嚷呢，嚷嚷什麼呀？共產黨的監獄就敢關諾貝爾和平獎得主。我這裡把話說明了，共產黨如果明天滅亡，我今天晚上一定會弄死你。我心裡就專惦記著這事，一看共產黨要完蛋了，我替共產黨做的最後一件事就是幹掉你。那時候，我知道我好過不了，你也別想好活了。」于氣呼呼地說著。

「如果你手上主動沾上血，那無異於舉刀自戕，這樣說並不是慮及你會殺死我。你殺不死我，我繼續活著就是一個證據。你每次都想弄死我，終於我還活著，還會活著看到中國的改變。」我實在懶得與他多說。

「老高，我不相信你的智商能在我之上，誰他媽要說你老高的智商在我之上，你打死我也不信呀。你不大有頭腦，這你還別不愛聽。我總以為有可能是我的一己認識，最近我親自與余杰談了一次話，結果很好，在談到你時，余杰說他不願提到你的名字，更不願意談你的問題，那見解簡單卻精闢，不愧為文化人。他說：『高不僅是一個完全沒有政治頭腦的人，可以說是一個沒有頭腦的人。』聽見了吧？你總以為就我一個人說你頭腦簡單，咱就不往遠說，就看人家余杰，人家懂得進退，這就是有頭腦的人。這一次，他很驚訝體制內還有我這樣思想開明的人（其實，這是于慣用的伎倆），談得很順利，願意與我們保持溝通。我提出希望以後每次有非學術性的文章或書要發表時，讓我們政府先過目一遍再發表，人家很痛快答應了，比我想像的要順利。我有餘地，你就有餘地。無論利益上我們怎麼讓步，你好像聽不見似的，我們沒有退路，就會有你的好果子吃，刀把子不還在我們手裡嗎？老高，你太擰了，這是你個人命運悲劇的主要原因。把你掰碎了能撚出幾根釘子來？給你好出路你不要，一個一個的機會被你堵死了，擱這慢慢地待著去吧。其實，有些事，有個軟話兒，低個頭，咱能給你立馬解決，買個電暖器一插不就解決了，難道為這事還該我們磕頭求你，你好好琢磨是不是這個理？給誰都可以談，最近我們也找了范亞峰，他說：『秀才造反十年不成，歷史上哪個秀才造反成功啦？』不愧為『小諸葛』，人家能心平氣和地跟我們談，美國人能談，蔣介石能談，有什麼不能談的？」

于海闊天空地扯了一大堆。我覺得沒有必要跟他再扯下去，加上他也早就冷得受不了。

205

對於談話我從不拒絕，但也從未主動找過他們。在技術環節上的妥協也屢屢做出，他們所謂的「談」即是沿著他們劃定的道兒走，那不是談而是「下達命令」，是其一貫蠻橫使然。

我還是頂了他一句：「美國人能談、蔣介石能談是歷史事實，但讓他們接受共產主義制度，能談嗎？另一個歷史事實你也清楚，那就是和你們沒有談成。」

「我原計畫今天跟你談一個小時，可我受不了這個（指太寒冷），再說好像也沒有了必要。老高，我還是再留一句話給你，我們隨時等著你給我們寫信或者傳話，留給你的時間不會是無限的。我走了。」于說完站起來就走。

這是于泓源與我見的最後一次面。

## 四十九、于泓源身上的諸多衝突存在

對於于泓源，我不想說太多，不願對他個人帶來不利影響。但從官的一面，他有著所有這種體制貪官千人一面的共性，即無所忌憚的腐敗、無良、冷酷及無法無天和極強的升官欲。冷眼旁觀，腐敗無疑是他們拚死保護的制度之必然產物。而他個人的問題就在於他視腐敗為理所當然，即便在我這個敵人面前亦無顧忌意識。他可以隨時走進任何一家豪華酒店的最豪華套間。他每次見我，不是在高級會所，就是在豪華酒店。有時深夜綁架談話完畢後，由孫荻、張雪用專車接來伺候他睡覺的人的畫面還是令我吃驚不小。儘管我對中共黑惡勢力的腐敗是心知的，但腐敗出這種氣魄還真使人目瞪口呆，因為他們完全可以將有些環節推遲安排幾分鐘而避開我的眼睛。

于先生看了這段文字切不可偽裝得一臉無辜，說是我無中生有的構陷於你，2007年8月左右在昌平那次綁架談話後的事，你一定不會全忘了。

于身上有許多衝突存在。他兇殘冷酷卻異常愛他的女兒，他給我談過他對女兒的愛，我始終以為這是他人性還究竟殘存的證據。他對女兒的愛這一節常激動著我，尤其在囚禁期間，我對中共黑惡勢力未來命運走向做個人思考時，這一節對柔化我的心有著頗大的影響。孩子是無辜的，身分關係是無法選擇的，但于先生若愛女兒不假，就當2017年前做出符合這種愛的選擇，否則，你會給孩子留下無盡的苦楚（于先生切不可以為我這是煽動你，更不當認為這是在威脅著要像你對待我的孩子一樣地去仇視你的孩子。一個追求健康的人格者，是不會在心裡留下仇恨及報復他人的琢磨空間的）。

　　于先生你對我這些年做了些什麼，神看得清清楚楚，但神給我的啟示畫面裡，你竟然並不必然地成為2017年後被追懲的前政權犯罪官員之一，而是啟示你自己選擇或他人伸手拉你一把，使你脫離危險。神頗使我感動和慚愧。如果你認為我是一個合適的伸手對象，我會毫不猶豫地向你伸出我的手，從病態和黑暗中站起來走向光明。但你終於沒有能夠抓住我伸向你的手，那是你自己的個人悲劇而已，無論你是否站起來，無論你是否抓住了伸向你的手，無論你有多後悔，而我有多少遺憾，究竟這中國大地上從來沒有過的歷史巨變終於將會發生。

　　于先生身上的另一個衝突存在，就是他以如此不明亮的一顆心去求神拜佛。從虔誠而神聖的層面上看，這是一個笑話，這是中國式的「信神」。他實際上是與「神」共謀作惡，共謀永遠拖住黑暗，永遠踐踏良知。我過去結交過不少和于先生是歸於一類的信「神」官員，逢廟焚香，遇「神」納頭便拜，雙手合掌念念有詞，這種「信神」實質上是許多國人狡猾行事習慣的延伸，這是最愚昧的「信神」方式。真正的神，你只有具備了內心的良善和光明，才有與神交通的條件。便是不信神，一個人也不可沒有了內心的良善和光明。如果一個人的內心缺失了這兩樣東西，你縱有天下財富，你也是個不幸的人。信神為的是謀利，這是一種褻瀆，是誣把神亦歸於利競徒一夥，使人飯噴。最近得一信息，說于先生被安排去做了管律師的司法局局長，你肯定為之有過不少的笑，但我依然希望你好自為之，為將來的命運有一些瞻顧。

## 五十、我能活九十四歲

　　另一次頗不投機的談話發生時間我已經記不確切了，我印象中當是2011年中秋節前的一個上午。記得，囚室門被打開，有人招手讓主哨前來，對著主哨耳言幾句，主哨回身揚頭示意副哨撤哨。他們剛離腳，進來一位類梁山「矮腳虎」式的人物。一般談話者來了是先坐下再開始，此君頗出類，進來雙手背剪挪動短粗雙腿，先是在囚室逡巡一圈後，竟背對著我兀地一句：

　　「老高這環境能挺得住嗎？還能撐多久？」

　　「我能活九十四歲。」我說，他仍在房裡轉著。

　　「啊，好傢伙，九十四歲？這可慘了，在這樣的環境中再關將近大半輩子，那得有點兒硬功夫。今年四十八歲了吧？」他繼續踱著步，一副氣昂昂神態。

　　我懶得再接茬，他又來了一句：「能不能談談？」

「這已不成問題了，我們已經在談，若沒有什麼新的東西，談的意義僅止於過程，何必再開啟一個徒勞的過程？」我說。

我頗另眼相看此君，他昂然離去。

## 五十一、飯菜樣二十四小時密封保鮮

這次囚禁中還有一個值得一提的有趣現象，即是每天給我送餐。這種體制下，一些過程有時頗耐人尋味，各部門之間在有涉我的問題應對方面是大有不同，給我最清晰的印象即是，只有北京市公安局將自己的臉譜制度化，兇殘冷酷及無所顧忌。而只要換一個部門，這個部門就會有自己的考慮，共同的特徵就是去制度臉譜化，以在與我打交道過程中最大限度地保全部門利益。只要脫離北京市公安局而換個部門，即都會在與我第一次接觸中強調不同，都會告訴我他們的最大目的和最大利益是保證我的安全。他們只把看管我當成一項技術活，都強調不在乎我的身分，暗示上面給的任務是監禁而不願意出事，強調他們對我無惡意，而雙方不應該有衝突。武警部隊亦不例外。

曾有多位領導進來強調，他們不管我是誰，只是在完成上面交給的任務，不希望與我起衝突。但他們不同部門之間的關係處理也頗微妙又直接。首先是，雖然將我交付給武警方面關押，而公安方面卻在武警之上安排了個總監控室，對武警部隊與我的日常往來進行密不透風的監視。而武警方面則也設立了自己的監控室，對囚室的情形進行全面監視，並且設立了嚴格的會見登記及簽字程序，對囚室的一切進行著自己密不透風的監視。

這一次，名義上是部隊關押，但關押點安排及食宿費用及食宿本身安排全歸公安方面負責。對武警方面而言，飯菜由公安方面安排，就出現了安全保障的不確定性，因而就出現公安安排送飯菜，而武警方面每餐當面提存飯菜樣並當面密封置冰箱內保鮮，每餐如此從無例外，每樣封存物滿二十四小時後棄置。這就出現了一個很畸形的現象，一個被當局視為頭號敵人者，且被口口聲聲喚作畜生的人，安保措施卻被畸形地拔高。

## 五十二、半夜體檢及摁手印

2011年12月14日半夜，我在睡夢中被人搖醒，睜眼一看是六中隊中隊隊

長，說接上面緊急通知，讓我立即起床接受談話。我起床不一會，門被打開進來三人，兩人就是我前述文字中提到的「惡煞一郎」和「惡煞同一郎」，另一官員模樣者倒背雙手站在桌子後面，「一郎」提著手銬，「同一郎」一手提著黑頭套，三人進囚室並不說一句話。我被示意站起來，兩位「惡煞」走過來扳轉我的身體，將我壓坐在床上，然後煞有介事地開始拍摸搜查我的身體。有一人蹲下搜查我的下半身和鞋襪，搜查完畢後將黑頭套套在我頭上。然後，兩人將我的手擰在背後給銬住，我被架了起來，感到自己被架出了門，又開始架著上樓梯。我感到自己被架著走出了門外，這是二十一個月來的第一次，一股涼爽通灌身體，第一次在戶外聽到警犬「小瘸」雄厚渾實的磣人的嗥叫聲。我被架上了車坐下，左右各一人壓著我的肩膀，汽車開動，一路無一人說話。

　　汽車行進兩個多小時後停了下來，我被架下了車，然後感到被架進一個門。

　　「媽的低頭。」終於聽見有人說話，後腦勺被人狠勁往前壓了一把，我們站在一個地方。

　　「還是把頭套給取了吧。」又有人說話了，我的頭套被取下。

　　我發現我站在一個很空曠的大廳中央，左右各立一人抓著我的肩，我遠視一眼，發現這是一處龐大的醫院掛號、劃價、收費大廳。「一郎」又蠻橫地一邊喊低頭一邊伸手扳壓我的頭。這時，又走過來數人，後面跟著一群警察、有錄影、照相者。領頭的是一位老者，頗儒雅，後來知道他是那所大醫院的院長。

　　「人全部到齊，上去吧。」那位老者說。然後，他轉身前行，我被人押著躡其後走。

　　上了二樓，聽到身後有人說：「應該給他把手銬取了。」

　　到了一個掛著「抽血」的牌下，一群人停下，有人從後面開手銬。我被攙到抽血桌前，一位女士在口罩後面發話，說：「給你抽血化驗。」

　　我終於明白這半夜把人架出囚室原來是要做檢查，這種體檢，我只須跟著走即可。從我看到的現象倒推，這次體檢是至少提前一天即安排好的，由院長帶領指揮，凡要涉及的科室，必有人早已守候在那裡，整座大樓，每上一層，只我一位「就醫」者。顯然，這種安排意圖是，天亮前對我的體檢必須進行完畢。所有人員都是黑夜趕到，而到場人員則有中共公安系統、中共司法系統及醫務人員三方。我無須動腦，架至那裡檢查即可。

　　只是，在耳鼻喉科檢查時，女醫生突然驚問：「這人聲帶怎麼成這樣啦？」

　　四周靜寂無語，那雙驚異的眼盯著我。

「我已經二十個月沒發聲說話了。」我說了一句算是回答了她。

心腦檢查結束後，「一郎」又給我套上了黑頭套，雙手又被人擰在背後銬了起來，開始有人架著我下樓。

汽車在路上顛簸的時間很長，我並不知要被弄到什麼地方去，不知道會不會又回到那個被囚了二十一個月的地下室？終於又聽到警犬「小瘸」那熟悉的嗥叫聲。大致上是因為已到了白天而塞車，故而導致了遠遠長於去的時間。我又被架著回到那個囚室，已到了十二點多鐘，證明了在路途顛簸的時間有四、五個小時。站在一旁的哨兵見我回來，就很關心地悄悄詢問我外出幾個小時的遭遇，說：「很多士兵都關心你的下落。」

回到囚室，我想又要開始較長一輪囚禁，亦做好被長期囚禁的心理準備。不料，當天夜裡到了睡覺時間，又有軍官進來通知說：

「上面來電話，讓你先不要睡覺，說要找你談話。」

大約夜裡十點鐘左右，囚室門被打開，進來的還是昨天夜裡來的那三個人，並不說話，那頭目在桌子上鋪開了幾張紙，說了句「開始」，那「一郎」和「同一郎」過來就把我挾在中間，然後就抓住我的手，把我的手全掌壓在一副黑印臺上，使我手上各指都蘸上印色，然後強行抓住我的手開始往他們鋪好的紙上摁手印、掌印。我看那些紙都是空白的。我迄今不知這次「摁」了那麼多手印的意圖。但我也從未因此生出過心理顧慮，任何計謀、手段亦無法染黑了我的心，更別說賣身。

## 五十三、祕密囚禁的終結

2011年12月16日早飯剛過，囚室門又從外面被打開，又是那些人闖了進來，又對我進行了搜身後給戴上了黑頭套，手又被背銬起來，我被架著出了門。

沒想到這竟是這次祕密囚禁的終結。這一幕我曾經夢到過，哨兵恰好就是夢裡看到的湖南籍士兵「周老英雄」，但當時我渾然不知要去做什麼。

我又聽到戶外的人間聲息，又被架到車上。這十年裡，我在祕密警察手裡，無論坐車時間有多長，他們絕不會因為在車裡面而取下我頭上的黑頭套，車上坐著被背銬著是很不好受的，因為無論多累你也不能向後靠，況且更多情況下還有人在你背上壓著，將你身體壓成躬身狀。

車在路上走了有兩個多小時，我的內心在這種過程中從不做任何揣忖，不

想，是那種狀況裡最符合利益的選擇。汽車停了，竟然在車上抓下了我的頭套，這可是前所未有的破例。

「一郎」幾乎是咬著牙從牙縫裡擠出一句話：「媽那個X，你丫的一會兒下車要是敢把頭抬起來，一會兒回去有你好果子吃。」

我不願在一些非剛性原則的環節上招致激烈衝突，下了車，我沒有抬頭，仍被他們倆架著前行，但我的餘光發現，一下車走了幾步後路兩旁鎂光燈閃爍，並有許多錄影機在錄影，我就抬頭平視，那陣勢足夠壯觀。

進入一棟大樓，樓道兩旁幾十米的距離內足有幾十名穿警服的人員，各自在忙碌著擺弄手中的錄影機、照相機。偶有一兩名穿黑藍西服的男女間雜其中，而胸首碼飾有檢察院或法院系統的徽標。我頗詫異，還沒有反應過來就被推架至一個房間門口，兩位警察上前來替換下了那兩位「惡煞」後將我推進房間。一進門才發現那是一個小型法庭。

我一進門，兩位警察左右攙扶著我至被告席，我明白這是要「開庭」了。幾位「法官」正襟危坐，是清一色的女「法官」。法警打開了我的手銬，「法官」問了一下我的家庭、住址，突然說現在「開庭」，全體起立；一起立就唸了一份裁定書，說我在緩刑考驗內繼續不思悔改，違反監管規定，經北京市公安局申請，撤銷緩刑判決，改為實刑並予收監。一唸完就說：「現在簽收裁定書。」法警立即扭轉我的身把筆遞在我的手中，簽完字即把我押出法庭。前後時間，我印象中絕不超過兩三分鐘。

## 五十四、「司法程序」背後的身影

我當時心裡突起兩個詞，再多一個字亦屬多餘。一個是「賊」，這是在那種氛圍裡最恰切形容當局的一個詞，再多一個字亦屬多餘；一個是「水性楊花」，這是在那種氛圍裡最恰切形描「法官」的一個詞。但我終於沒有說得出口，因為三位「法官」全是女性。這一點上頗顯于泓源的老到，他心很細，很瞭解我。

一個「賊」字，任何經歷那個過程的人，除了那些賊的活道具，你不可能找到比這更貼切的詞形容他們。整個過程，你感覺到這就是個做賊的過程，是由一群賊操辦著這一切過程。所不同的是，這是一群頭頂著國徽的賊。但賊終於是賊，無論他們嘯聚的場面有多麼大觀，頭頂上戴的是什麼，究竟無法掩隱流在血脈裡的賊的怯懼。整個過程，表面看是一個法院的庭審過程，但這個過程中唯一

不被顧及的就是法律。我在你的黑牢裡，從實體層面上看，我全被掌控在你的手裡，基本的法律程序便是再不耐煩，硬著頭也該走上一遍，你怕什麼？

「依法治國」是你們自己死皮賴臉要掛著的人相，一個頗受關注的案件中，連裝都懶得裝一下。最起碼在法律程序上，你應當提前三天將開庭書面通知我；法庭上你至少當確認一下我的身分，告知我當有的權利、義務；最起碼也應該公布一下「法院」及「法官」的名字，詢問一下有無迴避請求；至少也當問一下北京市公安局指斥的違反緩刑規定是不是事實，詢問一下我對裁定的意見。全部過程就是等於給你送達個早已列印好的裁定書。我算是這個世界上最瞭解于泓源的人之一，從頭至尾，這個「司法程序」都能看到他的「身影」。這是一個法盲，沒有比「法盲」這名詞更適合於他的「執法者」身分。

我曾在東北大法學教授王玉琦訴姚志萍案開庭時說過：「中國法盲最集中的人群是我黨的政法幹部隊伍，其中最頂級的法盲群體是我黨寶愛的法學專家教授。」

在我的案件中，中央領導同志周永康是專案組組長，實際上他並不具體管這個案件，他只是定基調、定框架，具體操辦這個案子的實質就是專案組副組長于泓源。他曾在2009年5月份的一次勸說我換一個祕密身分被「強行送出國」的激情演說中，踱著方步，一副氣昂昂狀，激動中說了許多有氣魄的話，其中：

「你還沒有最後得罪我，就等於沒有得罪國家，你要是惹惱了我，就等於惹惱了國家。」

這氣魄是怎樣的雄大！他可以以專案組組長身分搏捏所有程序。

這裡最令人哀傷的是中國的「法官」們，便是為了個人尊嚴故，亦應當堅持進行表面上應有的程序。令人痛心的是，他們不僅是職業身分上有著毫不掩隱的水性楊花，最令人失望的是他們個人人性方面的水性楊花。職業尊嚴、個人尊嚴一瀉千里，而全然沒有了掙扎的衝動。他們在「法庭」上個個昂首挺肚，這是令我痛心的另一個理由。在這樣一個乾脆的反法治過程中，做出這般姿態，這要有著怎樣客觀的無恥底氣？被一個愚昧而兇殘的祕密警察頭子搏捏在手中，不以為恥辱而竟當作榮耀，這是怎樣的一種人格失守和損毀？但這一群賊的「法律劇」表演還沒有就此休止，而更令人目瞪口呆的賊行還在後面呢，只是其時，我連目瞪口呆的條件都被剝奪。

## 五十五、裁定書不過是塊遮羞布

兩三分鐘的「庭審」出來，我實在憋不住了想要解小手，因為他們是突然來到囚室將我架走的，沒有來得及上廁所，所以在去的路上就憋得難受幾次請求，卻被呵斥。可這人道能力實在不能被喝退。「法庭」出來，我立即又提出上洗手間，但被拒絕。

我很快被押上了車，車門一關，他們立即撕下了人相，先是給我戴上了頭套，然後打開手銬將我的手擰向背後銬住，我將裁定書捏得緊緊的，因為我還沒有來得及看他的內容，我擔心他們一會搶走這份裁定書，我知道于泓源、孫荻是什麼都幹得出來的——2006年12月24日的判決書就是他們後來在家裡給抄走的。

果然不出所料，他們故伎重演，突然感到有人搶奪我手裡的裁定書，我頗驚異我那時的手勁，竟然沒有成功。但反抗只剩情緒和本能，便是把這兩樣發揮至極致也決然徒勞無益。我死攥著不放，究竟還是他們的經驗精到，「刺啦」一聲，有人捏緊我的手銬，驟至的巨痛使我立即鬆了手。他們成功了，那裁定書永遠離我而去。其實，那裁定書對我毫無價值，他跟國家司法審判權力沒有關係，只是中共黑幫的一塊遮羞布耳。即便如此，戲剛演完他們就搶了回去。

## 五十六、武警部隊離心離德

汽車終於停了下來，我被押下了車。下車前竟又給抓下了頭套。我被押進一座大樓，樓道又是許多穿著制服的攝影、錄影人員，二位「惡煞」推著我走進了一個裡面全是警察的房間，這是我由不掛牌地獄轉向掛牌地獄的開始。

終於，我結束了在部隊的祕密囚禁，在中共武警部隊祕密囚禁兩年（其中榆林武警部隊囚禁三個月，北京武警部隊囚禁二十一個月），我稱之為「不掛牌地獄」。我先後在十年時間裡，累計被囚禁竟達七年時間，在不掛牌地獄的近四年囚禁，其中二十四個月就在中共武警部隊的囚禁。

這在部隊的兩年囚禁頗為特殊，特殊就特殊在這種囚禁是由一群士兵看管我，他們與中共祕密警察不同。警察群體雖然與他們一樣是中共黑惡勢力在中國恣意搶劫和壓迫的工具，但不同的是警察群體本身亦屬這種搶劫和壓迫結果的分利者，儘管與中共黑惡勢力的核心層群體相比，警察群體的分利所得充其量是點殘羹冷炙，是權貴集團居高臨下扔給的一點牙惠，但究竟與武警士兵的純義務助

虐有著本質的區別。從我這幾年的經驗看，中共對這兩個打手集團控制的手法也截然地不同。對於警察群體，一方面給予他們一點分利，另一方面則給予他們幾近無法無天的特權，其限度是不能過分影響到整體的搶劫和壓迫的長遠秩序。而對武警部隊的控制策略則是予幹部以利而予士兵以力，這力即是赤裸裸的力量壓迫。

搶劫是中共權力產生的基礎和目的，而搶劫的落腳點則最終量化成具體的利益。

士兵的群體太過於龐大，而暴力則是一種取之不盡、用之不竭，且無任何成本和完全環保的資源。正如大學生士兵陳傑說的那樣：

「他們不把我們當人看，我們就不會真心實意地為他們賣命，我們在一起都是表面的，大家實際上是貌合神離。」

正是這種「貌合神離」，幾近致全體士兵的離心。誰若給我透露一絲軍隊的信息即會招致驚心動魄的暴打，而士兵這種外洩信息的衝動從不源於你向他們詢問什麼，而是他們「排除萬難」的外洩衝動。對於信息的獲得及傳播已成了人類文明的重要組成，但我從不主動向士兵打探任何信息，甚至從不主動與他們說話，這是這種特殊環境中特有的自處之道。士兵年齡都很小，絕大多數連小學都沒有好好上完（儘管他們人人都能亮出入伍所必須的初中畢業證），這也是他們不假思索地把自己心裡那點「國家機密」隨意洩露的主要原因。無論基於什麼複雜心理，但有一種心理是共同的，那就是一種掌握了「國家機密」的、是那個年齡階段會有的、近乎神祕感的心理優勢。我那信息獲取的時間跨度也足夠地大，綿綿盤桓兩年。兩年的時間，足夠形成對這「威武之師」全貌的基本印象。

## 五十七、「威武之師」的三大專案工作

作為整體，這支「威武之師」常年經營著三大專案的「工作」：其一是不敢有須臾懈怠地邀媚表忠，以在卑怯和猥瑣中維持其奴隸地位；二是利用普遍存在於各個階層的「閹狗」們控制部隊，不舍晝夜地維持自身的「穩定」；三是作為中共黑惡勢力掌握的主要暴力工具，隨時在各種「維穩」過程展示他們的愚蠢、冷酷和殘忍。

## 1. 邀媚表忠

對於向中共黑惡勢力邀媚表忠的主要是武警上層領導集團，這些領導集團本身就是這黑惡勢力的有機構成，在整個黑惡勢力的利益經營中，肩負著暴力工具的保障及控制工作。在這種經營中被喊得最響、最普遍的一句話就是「武警部隊永遠忠於黨，永遠聽黨指揮」，這是一種怎樣乾脆的無良及無恥！並不富裕的中國納稅人為他們提供著從錦衣玉食到手頭彈壓人民的裝備，而他們整日耀武顯威的權力基礎，則恰是全體中國公民的被迫讓予。

## 2. 閹狗們的維穩

便是畜生，極少有認錯主人，更少有不認主人的。中共軍隊的道義水準或認識能力絕不在畜生之上。而他們對軍隊自身「維穩」目標的經營絕非空穴來風，然而這是他們長期與人性、人權及人的基本尊嚴為敵的必然結果。軍隊作為暴政體制苟延的工具，如果他自身的「穩定」成了其日常經營的主要目標，他作為軍隊本身當具有的能力則大打折扣。作為「國家」武裝力量而言，他們還有沒有力量，各方都心知肚明，歷史已經無數次教過我們，近如薩達姆的「精銳」共和國衛隊，當真正臨到劍與火的陣勢時，鳥獸散是他們這種「著名」的「精銳」及「威武之師」最後的，也是唯一的能力。但他們就真的沒有力量了嗎？不然。面對手無寸鐵的和平公民，他們不但有著力量，而且很有力量的，當年的天安門屠殺手無寸鐵的學生時，這支「威武之師」就創下了零傷亡的驕人成績，這焉能是非「威武之師」所能匹比的？薩達姆的「精銳」部隊被美利堅軍隊打得永遠地「化整為零」是真實的；而他們當年一夜之間殺死五千庫爾德人的紀錄也是真實的。作為中國黑惡勢力繼續綁架中國人民的暴力工具，作為繼續中國黑惡勢力控制國家的維穩工具，這支「威武之師」究竟是有力量的。

## 3. 兇殘鎮壓人民

士兵講述了許多有關這支「威武之師」在兇殘鎮壓人民和抗爭方面的具體事例。一些士兵及士官大都講到了三次大規模的暴力鎮壓事例，可惜具體地名我已不能確切記起。只記得一次是在湖南，一次是在安徽，另一次是在甘肅甘南。從多名士兵、士官的講述裡，我們得出幾個方面的共同點：其一是一點「動亂」多點集結鎮壓；以安徽為例，一無良富商駕幾十萬的豪車撞死一個小孩，下車後面色

從容，行若無事，激怒了圍觀人群，指責他冷酷無良，結果他來了一句：「死個小孩有什麼大不了的，大不了三十萬元錢。」這證明了中國富人的又一共同特質：愚蠢。他立即遭致了圍觀者的圍攻，由於他無能力抑制的蠻橫與跋扈，導致事態升級。這土豪是當地地級市超市的壟斷式經營者，憤怒的人群越聚越多，終於升級為開始砸搶這土豪的大型超市事件。在北京運士兵急往安徽的飛機上，軍官向身邊的士官講述說，從衛星圖像看，同時急急趕往安徽參與「處突」的武警部隊有江蘇省、浙江省、山東省、河南省、湖南省、湖北省、江西省及北京等幾十支部隊。

其二是集結不拖延，一地出事，武警總隊迅速下達指令，各參與部隊迅速進擊，不計較成本代價。

其三是到了事發地的鎮壓出手迅速，不猶豫，不拖延，力止事態的蔓延擴大。

其四是鎮壓手段純暴力化和黑幫化。據參與過多次「處突」經歷者講，每次趕到事發地點前，或在途中即部署完畢鎮壓現場分工，而穿著武警服裝而身荷械具者只是極少數人，絕大多數到現場的官兵都穿著便裝，他們都會佩戴同一頻率的微型聲話耳麥，裝扮成圍觀人員混入人群伺機以動。最令人目瞪口呆的規律是，有一部分官兵會扮飾成「鬧事人員」，他們的任務說了令人難以置信，是以最快的速度使和平聚集、和平表達的局面結束，讓局面升級為「暴力抗法事件」或「打砸搶」事件。因為讓和平聚集、和平表達的時間一長了，擔心人員越聚越多會使事態在質的或量的方面都發生不可控的局面，因而，已接受了這種特殊任務的官兵，就會成為「鬧事人群」中態度最堅決、膽子最大、情緒最激動的「鬧事者」，他們往往會有「壯懷激烈」，甚至會「聲淚俱出」的激情表達，使人群中的激情洶湧、激憤之情難抑。當此之時，這些特殊的「鬧事者」就能成功將事態升級為「暴力抗法事件」或「打砸搶」事件，那些穿著警服的、「鬧事者」的戰友就會立即出手暴力彈壓，大規模地抓捕已「名正言順」，只是抓回去的「鬧事者」人員中，有一部分不僅不會受到處罰，還會論功行賞。有一個士兵說，他在安徽的「打砸搶」過程中「弄了一兜高檔打火機」。瞭解這些驚人的內容，真使人不知說什麼好？說什麼才能恰切、完整地表達作為一個中國人的感情？

# 五十八、取締法輪功者的崇拜

與這支「威武之師」兩年的「無間」相處，瞭解了太多的令人難以置信。另一個難以置信，即是這支「威武之師」這些年來不為外人所知的，在與神鬼辦理交涉的過程表現得甚至令人啼笑皆非的虛弱。

中共黑惡勢力表面上是不承認神鬼的存在，這不僅是他們的愚昧，更是他們的不幸，也是使他們及為數不少的國人終於無底線墮落腐敗下去的最大原因之一。今日，稍有人類文明常識的人都知道，神是人心靈的安慰和力量。沒有信仰，人就沒有了生命的根基，與樹沒了根基即必枯槁同理。一個無信仰的人，其生命與雨中飄萍無異，沒有自主的方向。最主要的是，不信神的人，他（她）終生缺失一種能力，那就是內心對自身行為的約束衝動及能力。

共產專制政權是人類歷史上空前絕後的愚昧政權，便是在中國，幾千年的專制皇權，無一例外地至少在表面還承認其權力來源於神性，無論基於何種衝動，首先他們承認神，更不會反對人們對神的信仰。共產專制政權在對待宗教信仰問題上，造就了體制內人員的多面人格，許多官員一回家做的第一件事就是焚香拜祭，以禮他們自己心目中的神。許多官員家裡常年薪火不輟，這已是公開的祕密。

我曾在中國北方一家著名國企黨委書記家臥室裡發現李洪志先生的掛像及像下三柱燃香，而他在單位則監管著對「法輪功」的取締工作，當然從這個惡黨的角度而言之是一個具體的失敗，但他本人的信，則極大地緩衝了冷酷的鎮壓運動在這個大企業造成的損害程度。

# 五十九、花樣百出止鬼鬧

中共武警部隊與神鬼「作戰」的趣聞，士兵（官）講了許多，而具體事例的講述是多不勝記。這裡仍作為趣談，紀念這支「威武之師」作為整體與神鬼作戰的「偉舉」，以與關心我的人一道分享這些趣獲。

按士兵的講述情形，這種「邪事」發生的時間都是在中共妖人江澤民做了總盜跖後開始的，各地「妖事」蜂起，真若不是親耳聽了士兵的講述，則極使人詫異。首先是從 1990 年起，各省武警部隊鬼鬧事件普遍而高發，而這支「威武之師」在較長的一段時間裡甚是不堪而又束手無策，而終於，還是北京武警部隊經

過各種方式的試驗，取得了一定的成功。

據士兵講，一些莫名其妙的怪事很普遍地發生，諸如：哨兵好端端站在地面上站哨，頭腦一模糊卻發現自己哨位竟在地下室，可監控器則完全空白；有時哨兵從二樓下樓接哨，走一兩小時竟到不了一樓；有些女兵宿舍睡上層床鋪的人，常莫名其妙地從上鋪跳下，有的竟雙膝著地致傷，而自己不知有這過程，從頭迄尾猶在酣夢中。至於國家檔案館的鬼鬧事件則更是讓哨兵心驚膽寒，但愚昧官員群體的應對措施仍是僵化的「不信、不傳、不議論」。

據說，有一次監控器拍攝到一通體白衣女子與哨兵貼身並立，但當局有他們不信的「辦法」，他們竟然給當班的哨兵以上哨時間帶陌生女子聊天為由予記過處分一次。據士兵講，這個處分是上面決定的，因為當時的當值軍官接到報告後曾與監控人員一起趕到哨位查看，而並無那女子旁立，而回到監控器上一看又赫然旁立，軍官當即用對講機又一次詢問哨兵，旁立的女人者何人，答曰：「無人。」結果，後來沒有人敢單獨站哨，因為常有檔案館裡莫名其妙的哭聲、笑聲、尖叫聲傳來，嚇得哨兵魂不附體。

士官鄭軍就講到許多奇異遭遇，其中一次，他在半夜站哨時，旁邊水稻田裡竟突然走上來一個女人，手裡拉著一個兩三歲的小孩，他說這種事太反常識了。

事實上，全軍各自為陣的應對措施花樣百出，但終於沒有能夠止絕這「鬼鬧」。例如，檔案館裡的應對之舉先是雙哨，而又雙哨附近旁擲桃樹枝（他們曾在我的拘禁室長期放置桃樹枝，並多次有士兵聽、看見些靈異聲響或影像，可我從未有過類似的經歷）。甚至曾有一度時期，給每個大隊、中隊部隊門口上方懸置大型國徽牌子，說國徽應該是正義的象徵，而且國徽天然地代表了正，且中國的國徽又是鮮血色紅，必能鎮壓邪孽；結果，這種代表了「天然地正」的牌子在各單位門口懸置後，鬧鬼事件非但沒有減少反而更兇。

又有些部隊在「鬼鬧」災害頻發的情況下，乾脆將部隊整個營房塗成了通紅色，據說效果彰顯，於是通過電話而不是下達文件向全軍推廣，使全國武警部隊的營房顏色全部塗成紅色；可沒有多長時間，「鬼鬧」事件又復活如初。然而，最終成功鎮住邪僻的卻是一些女兵宿舍的偶然嘗試：她們抱著僥倖，試著在宿舍門口左右各旁置一隻小石獅子像，竟止息了「鬼鬧」。「捷報」迅速傳開，說武警總部迅速用電話向全軍推廣（說有關領導以為這種事是不能以文件形式推廣的）。據說，武警軍校學員和各部隊的見習軍官以及士兵、士官的紅色肩章，在起初的設計動機就是為了取紅色而避邪。據此，這支「威武之師」終於擺脫了被擾攘了

十幾年的「鬼鬧」之苦，取得了重大的勝利。

當然，任何偉業的成就都難免要有曲折或走彎路：雙哨；雙哨而旁擱桃樹枝；用國徽代表的「天然的正」懸置在各單位門口；而又將全軍營房塗成通紅色；而又全軍各單位營房總大門口左右側置石頭獅子雕像；加之全軍絕大部分成員的紅色肩章。據說，全軍鎮妖取得成功後竟使中共頂層妖人江澤民大喜，說曾在一些場合的閒聊中提到此事。不料沒出多久，全國各大部委、各大企業、各大銀行，地方各級政府竟競相在各自單位的大門口立置石頭獅子雕像，很快而為全國各行各業效法，竟使石獅雕像的氣魄越做越雄大，同樣意外雄大起來的還有石獅雕像的加工製造業。

## 六十、中共紀委的反法治惡行

二十幾個月的軍隊囚禁生活，從武警官兵那裡獲得的另外一個大見識是關於中共紀委的。在這以前，我與大部分國人一樣，只曉得中共紀委有一項「雙規制度」，實在沒想到這「雙規制度」作為一個政黨，即一個社團組織內部的，對其成員的非法律性約束規矩，執行過程竟會顯出如此無法無天的野蠻氣魄，他竟乾脆就是一套國家憲法及基本法律體系外的辦案系統。

司法主權是國家主權的重要一極，其以在一國內法域及司法權力由憲法及基本法律確立的司法機關來行使和獨立行使為其主權標誌。一統法域意味著在同一國土施行同一實體法律，以及辦案程序由法定的偵查、檢控及審判部門專門行使，這既是國家司法主權的完整、正當、健康及一般體現，亦屬當今人類普遍的法治文明形式上的一般體現。在國家司法體系外「辦案」的可能只有一種，即是黑幫行徑。普天之下，任何在國家司法權力之外剝奪公民人身自由的行為，都是踐踏國家司法主權的行為，都是反人類文明的行為。中共紀委系統的直接辦案，是在國家憲法確立的司法體系外的反憲法行為，其直接侵蝕的就是一國神聖的司法主權，說文雅點其沒有程序的正當性，說直接一點，他就是一種野蠻的反法治的惡行，是一種公然分裂國家主權的行為。單是強行帶走黨員幹部之一舉，就是對公民權的野蠻踐踏，而卻並不止於此，這更是野蠻踐踏國家司法主權的行為。

然而，中共紀委辦案並不止於將人強行帶走一節，他們會對你以祕密關押，包括對被「雙規」人員的親人封鎖消息。關押期間，對被關押人的人身、人格尊嚴以及人的基本權利視為空物，而對被關押者施行酷刑、變相酷刑及人格侮辱的

野蠻暴行非常普遍。據士兵們講，最慘的是那些省、部級以下官員、涉嫌行賄人員以及涉黑嫌疑人員。說對這一類型人員的酷刑，變相酷刑、侮辱人格及日常性毆打是家常便飯。有個士兵（暫不寫出其姓名）講，有一個局級貪腐嫌疑人被抓後，由於他「不配合」，士兵站哨被撤出來，由打手進去將他帶到另一個房間（每個紀委辦案點都有若干專門的打手待命）。沒料到，這哨一撤就是一個星期，打手四班輪換，與那人吃住一起。一個星期後，那人被人架了回來，他的臉部腫得像變了個人，已不能獨立站立。

還有些被關押者，士兵說他們（指紀委）辦案的辦法特別多，對有些不交代者，他們有時也不打你，但絕不讓睡覺，這項任務交由士兵執行。說一般不超一週，那些人大都會跪著哀求，說只要允許睡覺，什麼都願意交代。在這種不允許睡覺逼交代的過程中，紀委人員整天遊山玩水，至多偶爾來問士兵一句：「那臭狗屎開口了沒有？」若回答說沒有，來問的官員大都是來一句：「耗丫的，慢慢耗著保證開口。」

士兵們講，每個紀委辦案點都設在豪華高檔賓館或旅遊風景點上，幾乎都是常年包下一座賓館。像中共中央紀委在北京一個叫蟒山（音）旅遊風景區就包下一座極具規模的高檔賓館。從士兵透露的信息中，常有一號樓、二、三號樓的說法。很多士兵最羨慕的是紀委人員花錢的大方，他們說光每棟樓每月的租金均不低於一百萬元，而數百士兵，一兩百辦案人員的吃喝花銷，真是按士兵的說法：「花錢就像燒紙一樣。」

又說每個辦案點上都配有若干個抓捕組，抓捕組清一色的由武警士兵組成。每抓一個新的嫌疑人，接下來的幾天是抓捕組最忙的時候，有時忙得晚上都不能睡，抓捕的人員範圍根本沒有僅限黨員幹部，他們說紀委辦案說抓誰就抓誰，一般是先抓嫌疑人的配偶、子女，抓來只是說讓他們配合辦案，其實一樣地關押，然後抄家組帶領士兵去抄家。接下來就是抓嫌疑人的情人、行賄人、涉案的親屬及其他人員。尤其涉黑案件中，有時一案要抓捕一、二百人，每個人都是單獨關一個房間。有時抓人不是為該人與案件有何干涉，只是因抓嫌疑人時該人在場，為了暫時地保密而把人抓來關起來，待可以公布案件時，有關人員會找到該人，硬話、軟話都說一些，放出去的人一律悄聲而不敢就此討個說法。像陳韶祖被抓時，一同陪他來北京「開會」的祕書就被以案件需要保密為由關押了六個月。六個月期間，對祕書不予任何詢問。如果不在部隊被囚禁兩年，我與所有國人一樣，只以為紀委辦案雖然沒有程序正當性，但仍覺得那只能是他長期的愚昧、長

期無法無天的習慣使然，這證明了我們絕大多數人的天真。以陳韶祖案為例，人們可以從中讀出很多信息，據此明白中共為什麼不惜公開破壞憲法法律，而如此熱衷於「辦案」。

有一位大學生士兵說了他的觀察，說陳韶祖案的偶發因素是黃光裕的偶然交代，而黃既已供出就不能不處理，但中共高層在這方面的「智慧」真的是異於常人，他們說這個案件有最高領導的批示，說首先要最大限度地維護黨的形象，僅以黃光裕交代了的那一筆為限，不應再擴大案件範圍，不僅不再擴大陳紹祖案件的貪得數額範圍，更不再擴大本案涉及的其他貪官，以最大限度地保這醜惡黨的形象。陳韶祖關押期間竟配有專門的廚師，由其點菜，他與中共紀委是有默契的，既不用交代個人的其他貪得事實，亦不交代其他人的貪腐行為。因擔心查出的數額太大，貪官太多太刺激國人的心理而影響黨的形象。

另一方面，在有關懲責貪腐的問題上，中共紀委是提前在法外給案件定下基調，括定框架，然後口頭向檢察院、法院領導下達指令，只須給紀委已辦結的案件套上法律的外衣，而不得再問及紀委未涉及的數額和人員。說有些貪官貪得幾億、幾十億、上百億，但最後都會按幾千萬元定案，說幾乎每個大案均如此。實際上，凡是涉及官員的案件，國家司法機關實質性的辦理案件權力全被中共紀委剝奪，這是一個國家和民族的莫大恥辱及遺患無窮的黑暗現實。

## 六十一、反腐能不能進行到底是個偽問題

中共最近又一次提高嗓門兒喊著說又要依法治國，幫兇及幫閒文人，以及泱泱大觀的愚民又找到了歡呼雀躍的理由。一個做了大半輩子的妓女可以變為貞女，而中共永不會依法治國。在中國，真的實現了依法治國，對於中共而言無異於拔惡狼牙而斷惡棍手足，人們可以絕對地嗤之以鼻。

當年，在中共對外介紹習近平先生的在職法學博士學歷時，我是不假思索地嗤之以鼻的。需要在此澄清的是，我當時不屑的，卻非係懷疑習先生在法學方面的卓犖大才，而是中國對在職官員的博士授送機制。今天看來，當時把這兩樣東西都掃入一丘，而一同伺以鼻音亦無有風險。

共產黨對待別人，動輒祭出「聽其言，觀其行」的手法，而對於中共本身，全世界都知道是不能聽其言的。「依法治國」，他早就寫進憲法，而寫進憲法的豈是一般的放言？然而，凡是文明人類目前該有的，他幾乎全都寫進了憲法。不僅

依法治國，人權、自由、所有權，缺失了哪樣？這是他的言。至於他的行，則是公然阻止這些公民憲法權利的表現。憲法權利的兌現是有條件的，那就是國家的憲政機制。中共搶得政權迄今已六十六年，別說建立憲政機制，連「憲政」這個詞都成了敏感詞。

在今天的中國，敏感詞是「見不得人的詞」的別一名稱。一些有良知的學者在不大廣泛的範圍內談談憲政，竟被中共黨媒點名批判。「反黨」、「抹黑中國」這樣的無恥大棒舞得氣壯如牛。就說習先生的反腐，三年下來了，可曾在機制上或是在技術程序上有過趨向法治的衝動？對於官員的「雙規」，可曾顧忌過他們的公民權利？他們首先是中國公民，其次才是黨的官員，可曾考慮過任何公民未經司法機關批准不受逮捕，以及任何組織及個人不得凌駕於憲法及法律之上這種最基本的法治理念？

在中國，常有人「失蹤」，尤其是官員。一般人的「失蹤」沒有官員的「失蹤」幸運，絕大數「失蹤」官員（自殺者除外），一般過上一年半載以後會以貪官面孔露面。叫罵聲及叫好聲交相喧嚷，唾罵貪官而褒揚「習大大」，而這種喧嚷聲遮沒了的是這種「辦案」方式的黑幫化，忽視了這種「辦案」方式對中國走向法治文明願景的毀滅性破壞。「有什麼樣的人民，就會有什麼樣的政府」，這才是中國問題的真正沉重面。與之相比，拋棄共產黨專制反倒成了技術性問題。

其實，習的反腐已有近三年，完全可以結論的是：其一，他全無將反腐納入法治程序的衝動，更別說是理性的設計；其二，他的反腐，從根本上仍是為了保住共產黨的專制獨裁地位，誰在這問題上懷疑他，那是豬腦狗眼。對於中國今天的黑暗現狀而言，腐敗問題只是技術性的，黑暗的根本性導因是中共的獨裁統治。貪腐災禍與專制獨裁的關係是毛與皮的關係。便是徹底地剪去毛，亦不帶來毛被根滅的後果。習的反腐能不能進行到底是個偽問題。有人認為說今天的中國無官不貪是個極端說法，持這種觀點者，即便不是貪官，亦是有著與貪官一樣的豬腦狗眼。今天的中共政權，貪官污吏是其政權構成的全部基礎，徹底反腐等於顛覆其政權，這絕非「習大大」的本意。

習先生當是個頭腦清醒的人。首先，他的反腐是技術性的，且亦唯能是技術性的，不僅不敢去觸及這必然滋育繁榮腐敗的黑惡制度，而且對舉世聞名的真正巨貪，如江澤民、李鵬、賈慶林、吳官正、王樂泉等一干人仍禮敬有加。習弄掉幾個如周永康、徐才厚等小老虎，而反腐的考量只是個外衣。立威、剔除異己及展示有限的狠手段才是他從以前的其他黨首那裡繼承來的本領。

中共歷史上，唯有胡耀邦、趙紫陽兩位黨首沒有「殺」同僚立威，結果如何？毛澤東的兇殘惡辣不須贅筆。鄧連拿下三任黨的主席，且都是現任主席；江阿斗、胡黏兒也都有過拿下政治局委員的小手段。今天，有人將習先生與毛、鄧的名字並提，這首先是習先生自己的不幸，毛給中國人民造成的災難罄竹難書，在人類歷史上亦是空前絕後的。而今天中國的全民腐敗現狀正是鄧改革的結果。我們顯然不能否定改革本身，而鄧式的改革則是今天中國災難的技術導因。

# 第 六 章
# 走向掛牌地獄

　　2011年12月16日，我暫時結束在中共不掛牌地獄的累計近四年的囚禁，開始了在掛牌地獄的為期三年的生活。這一天，經歷了近兩個小時的路途顛簸以及兩三分鐘的「法院」「開庭審判」過程，我被二惡煞在路上搶走「裁定書」後，押進了一個裡面全是警察的房間。這是祕密監獄與公開監獄的一次交接過程。

## 一、與掛牌地獄掌管者的交涉

　　我開始與掛牌地獄掌管者的第一次見面，第一道程序與不掛牌地獄沒有不同，剝個精光，但究竟比不掛牌地獄要「文雅」些，我理解為這次的剝光赤身交接程序是在祕密警察與中共司法部之間進行的。這個程序很短促，隨即我被另一群警察帶走，走進了「北京監獄中轉站」。當然，進了這座監獄的第一個見面程序依然是剝光衣服，警察解釋說這不是專門針對我的，說是所有的監獄對一切犯人的老慣例。在剝光衣服後宣布必須穿著統一的囚犯服裝，這個過程是在一個很大的房間裡進行的，始終有不低於六人的警察圍著我。那個房間當是臨時騰空的，房間正中央放一張單人床，床的周圍擺一圈椅子。囚服換完後他們讓我坐在那張床上，一圈椅子上都坐滿了警察。其中一人佩戴著耳麥，胸掛微型錄影器，這是我進入這掛牌地獄就開始了的一項特別「待遇」。

　　坐下後我再次向他們提出交涉，要求他們出面索回我被搶走的「裁定書」，他們答應很快進行交涉。因為我並不知道接下來他們對我的「服刑」生涯會做怎樣的安排。對於普通囚犯應有的相關程序方面的知悉權利，對於我則不僅完全空白，有關環節的告知義務全變成了他們禁止性紀律，從這一天起，一直至四天後到了沙雅監獄被摘下頭套，我才知道自己到了那裡。在刻意營造神祕氛圍方面，中共司法系統與祕密警察的行徑當歸於一丘。

　　我坐在那單人床上，眾警察猶眾星捧月般圍定而坐。警察究竟比士兵自由得多，士兵不僅不能坐而且禁止說話（事實上，士兵的說話從未被禁止得了，但絕對不能發出聲，連嘴唇也不能動，只能咬著牙「說」）。他們的所有話題都說的是

調工資、級別待遇以及買房有關的事。這一天時間裡，我數次就要回「裁定書」問題、祕密關押期間國保搶走我大量的個人財務，包括一箱價值九百多元的書的問題，以及家裡的鑰匙被他們強行拿走的問題進行交涉，他們每必客氣地答應，後來才知道他們那是在敷衍，只要拖到明天就與他們沒有了關係。

其間，有人拿來一本《穆斯林的葬禮》，不管書寫得如何，這對我而言是非同尋常的，我已有近兩年的時間沒有見到人間文字，許多文字也想不起來了。儘管我在部隊囚禁期間曾努力過，每天安排固定的時間來以中文拼音字母順序為檢索參照，對記憶中所有的漢字、漢字單位進行回憶梳捋並無限組詞，但究竟靠的是閉目玄覽，終於還是有很多字的寫法是記不起來的。至少，一本書裡有大量的漢字是可以肯定的，他可以幫助我漸漸地恢復與中國文字的關係。後來經他們同意，我把這本書帶到了沙雅監獄，不料，一到那裡此書竟被鎖入庫房，三年裡交涉不低於一百次，終於未被允許看閱。

12月16日全天至17日早晨，我就被一群警察圍在床上，他們對我表面上看是禮貌有加，遺憾的是他們中絕大多數已不大懂得禮貌的實質性內容。到了夜裡，他們每三個人一組輪流坐在我床邊看守，每一個小時換一次班，而那門開、閉門發出的聲音頗不小，那不是門開、閉本身的聲響，而是不懂得禮貌的動作帶來的聲響。最不禮貌的聲響是他們坐在你睡覺的床頭不知倦乏地高談闊論。我已連續兩年沒有聽到那種若無旁人的講話氣魄，尤其在夜深人靜時，但我不認為他們是惡意為之，不過是一種惡習罷了。長期與囚犯打交道，加之個人修養方面的放任（我這裡的「長期與囚犯打交道」非係說囚犯不懂得禮貌，而是中國警察對於囚犯根本就是不需要有禮貌），久而久之，致他們不幸地失去了對人禮貌的能力。

## 二、開往新疆的列車上

第二天天濛濛亮，我被叫醒吃了早飯。剛吃完一會，又進來一大群警察，為首的一位長臉君站著向我宣布，接到上級命令，要將我押出北京往異地關押，但不告知我押往地。他同時宣布，從現在起作為在途囚犯，必須給我加戴腳鐐。話音一落，立即有兩人一左一右蹲在我的腳前開始為我加腳鐐。此生第一次拖上了腳鐐，北京當局在這方面對我還算「客氣」，那鐵鍊長度足在一米以上，雖則重了一點，但究竟還是可以邁出較大的步伐行走。但拖著腳鐐走路實在是困難得可以，加上手銬和腳鐐後我被兩人挾持頗困難地走出大樓。

天已大亮，四周都是高牆電網，這是我數年來第一次看到天地，但只一瞬間。院裡停了數輛「依維克」警車，外型上看是一模一樣。前面的幾輛全密封，除了駕駛室外通體不安裝玻璃的車，以前也經常見到，但從未弄清楚他是做什麼用的，這一次才終於明白，那是武警的運兵車。我被架上了一輛警車，到了車上竟然沒有給我戴頭套，這是多年來的一次例外。前面是數輛警車開道，我的車前後是武警的數輛運兵車。到了火車站，我的車隊在一個我不清楚的具體地點待了好一陣子，看到了車隊中還有若干豪華中巴車，但窗簾掛得嚴嚴實實。過了一會，車隊直接開進了火車站月臺，我的頭上又被套上了頭套，我被人架著下了車，走了兩三米，架我的人就說：「抬腳，上火車。」我被架進了火車，腳下鋪著柔軟的地毯，我感到我們進了包廂，我的頭套被取下。車廂裡有四名警察，我被告知，路途期間一天有兩包速食麵，小便只能在車廂裡解，可以看看閒書。一進車廂包間，取下頭套後我看到包間內窗簾拉得嚴嚴實實，但有一點被他們忽略了，那窗簾布上綴飾著新疆維吾爾風情圖景，意味著這趟列車是開往新疆的。

我問一位警察：「火車多長時間到新疆？」

他明顯一愣，看我盯著窗簾，他很精明，說：「跑新疆的火車並不意味著咱們的目的地一定在新疆，沿途有許多站點，還不一定在哪裡下呢，沒準兒還會去了東北呢。」

我知道那是為了掩飾被我看出的「機密」破綻後的一種信口胡謅。

火車在路途馳行三十多個小時，為了減少大、小解，除了一天吃點速食麵外，我基本不喝水。我堅持認為，人的羞澀感是神賦予人類的諸多情感之一，在車廂裡面對著那麼多的人及錄影機解手，實在使人難堪得可以，即便經過那麼多年特殊的歷練，這種難為情仍不見得有絲毫消減。在列車上，我經歷了此生迄今第一次的戴著黑頭套、戴著腳鐐、手銬上大廁的遭遇，那實在就叫個「窩囊」。在火車上有過上廁所經驗的人都知道，那廁所的空間實在小得可以，我不知道那裡面是否有過同時進去三個人的紀錄，三個人進到裡面，本已擠得夠嗆，而我又是被鎖住手足且堵上眼睛。究竟是人類，關鍵時候還有著互助的能力。同我同時進去的兩人成了我的「眼睛」，他們的言語成了我的「視線」。我感覺到進了廁所，「正了位」後，我的一隻手銬被打開但迅速鎖在了旁邊的一個人的腕上。我下蹲後兩膝各頂著一個人的腿，證明廁所裡至少也有兩名警察，但我感覺到廁所的門是開著的，應該外面不僅有錄影，廁所周圍還有人擔任警戒。這些年我上大廁的隆重儀式早已成了尋常事，但這是一次特殊的隆重際遇。

在火車上，陪我的警察每幾個小時輪換一次，他們進出時能看到包間門口有武警把守，從他們的對話中得知，至少我所在的那一節車廂裡沒有「外人」，全是去新疆送我的人。因為偶有他們的同事相互間找尋，有時找到我的包間裡，那裡面的人總會重複一句：「除了五號包間是首長的包間外，這節車廂上其餘包間都可以進，都是咱們的人。」

在火車上近四十個小時，印象最深的苦楚還是已成了身體一部分的腳鐐，開始還不覺得什麼，戴至第二天後才感到那東西的厲害，尤其是在夜裡睡覺，一翻身，內外腳踝周圍那種痛是鑽心的。實際上，翻身亦只能設法一側身而已。手銬倒沒有多大事，一方面我早已習慣，另一方面，北京司法警察對我要比祕密警察文明得多，除了客氣有加外，他們給我戴手銬時竟檢查了一下鬆緊程度，這是以前沒有過的待遇。

## 三、新疆同志你們慢點吧

我們於2011年12月17日上了火車，經歷了近四十個小時的馳行，於2011年12月18日夜抵達新疆烏魯木齊。儘管他們一路關掉了列車上的喇叭，但從他們不經意的對話當中，我還是得知列車將在快進站前的一個叫烏拉伯的地方專門停兩分鐘，已有新疆警方在那裡等待。大約晚上九點左右我們到達烏拉伯，我被架下火車後聽到跟前有人說：「交給我們。」隨即我感到他們將我交給另外的兩個人。不出所料，「還是新疆同志好」（于泓源語），我立即感到了新疆警察的蠻力。絕不是情緒化的認識，你能從那種蠻力中感到一種與他們所處僻遠之處名實相副的野蠻、愚昧及冷酷。我能感覺出的不僅是這野蠻、愚昧及冷酷的習性，更有他們以這冷酷的蠻力向北京的領導表現「新疆同志」的忠心，及對「敵對勢力」的仇恨。

那兩位「新疆同志」在北京領導面前真是足夠奮力，首先是刻意使出蠻力，量化成具體的力的單位衡量，那加於我身體的力量足在百斤以上，幾使我不堪重負。那野蠻和冷酷的另一個表現是用蠻力催逼撲行的速度，由於我什麼也不能看得見，只感到腳下的路高低不平，還過了一次鐵軌，一股巨大的暴力催逼著我按著他們力的導向撲跑，豈止是跟跟蹌蹌，我是稀裡糊塗地東倒西歪。大致是北京的警察感到太野蠻或是下意識喊了一聲：「哎，你們慢點吧。」但終於還是未能減緩兩位「新疆同志」的奮力蠻為。

終於，一陣子被人架著的東倒西歪撲行後，我被架上一輛應該是中巴車上被壓得坐下，我感到自己渾身大汗，左右則各坐著一位喘著粗氣的活物，他們也累得夠嗆，氣喘吁吁足有十分鐘多。所謂「屋漏又逢連夜雨」，車上的暖氣熱得出奇，我的臉上、身上，明顯地感到汗水的流滴，尤其是臉上，那汗水叫個「滂沛」。我感到汽車在路上顛簸了很長時間，我拚命地轉移著注意力，以減輕悶熱帶給的生理煎逼，盼望著早點到目的地，不管這目的地是個怎樣的魔窟。那是一段沒有意料到的苦楚過程，後來回味起來，實際上是多個因素合力作用所致：我穿著很厚的棉衣棉褲、一段猛力催逼下的狂奔、上了車後悶熱的暖氣，還有那很厚的黑頭套。

## 四、那話兒可餐乎？

終於，目的地還是到了。我感到我被人架進了一個門，前後有很多人，亦感到有閃光相機向我拋媚眼。我被架著上了一層樓梯後往前走了一陣子，感到周圍有許多人，當天是週日，無疑都是衝著我來的。一個群體一同向前移的大聲響，漸漸地，前面的腳步停了下來，但作為核心的我還是前行著，終於，我被定止在一個地方。

「把衣服給扒光！」聽到了一句人話。

我的頭套被取下來，我看見是在一個二樓的平臺上，一群大蓋帽雲集在我的外圍，有兩名大蓋帽全副武裝一左一右各抓著我的胳膊，另外幾名大蓋帽正手忙腳亂地扒脫我的衣服。很快，我即被扒了個精光，我被他們使勁壓坐在地上，實際上是半躺狀態，那地上實在冰涼得可以，我努力使自己的思想置身事外，不斷提醒自己必須保持著冷峻的旁觀者心態，觀察正在發生的及將要發生的一切。

所謂：「心有餘而神不勞，事從容而就理。」雖然這幾年我經常被扒光衣褲，這已是移交至司法行政系統三天時間裡的第三次被扒光，但在如此之多的國徽下面被扒光尚屬首次。最有趣的一幕出現了，又來了幾個大蓋帽在我的面前站定，面色嚴峻，我這時已進入「旁觀者」的狀態，除了那地上冰冷給我的提醒外，我的意識已基本旁置，進入了可冷峻觀察眼下奇特景致的狀態。

有兩名大蓋帽彎腰分開了我的兩條腿，一名不到五十歲的大蓋帽一臉肅然的恭敬地折腰下蹲，開始在我身上摸摸捏捏一番後，兩眼停在我的兩腿中間，也就是俗稱的「私處」。稍頃，他伸出右手托起了一對睪丸於掌心，那神色頗怪異，

口大張，兩眼爍爍放光。他顯然有些忘神，企圖將那一對玩意兒托高但卻扯痛了我，但他終於沒能醒過神來，繼續捧著一對睪丸恭敬端詳。由於是低頭端詳，那兩玩意兒第一次與國徽保持了如此親密的距離，一雙睪丸與那國徽相輝相映，各增對方豔色。

我看著大蓋帽那副出神情狀，當時差點脫口而出：「可餐乎？」但終於強忍著未能喊出口。因為常人無法想像那種環境的特殊，那種靜肅中有著一堆常人難以理解的敏感、脆弱的心理。那種靜肅中，一句「可餐乎？」的威力當量絕不亞於一顆炸彈，會招致他們極瘋狂的舉動。但我發現旁邊站立著兩位警衛很高的「大器物」。由是，我意識到剛才的那位大蓋帽的恭敬肅然神情未必是對那兩玩意的，當是做給旁立的兩位「大器物」看的，那兩玩意是借那「兩大器物」的臉才空前絕後地在國徽下風光了那麼一回。但無論是真是假，他們倆在眾國徽輝映下，把在一雙戴著潔白手套的掌心上，被煞有介事地幾近瞠目結舌地恭敬端詳的過程卻是真實的，雖然我並不認為那兩玩意當受這等規格的禮遇。說心裡話，那倆跟我生死相依的玩意，「跟了」我近半個世紀，這一次也真算是露了一臉，不但見到大人物，且史無前例地與眾國徽親近了一回。我私下認為，這是只有在盛世中國才會有的盛況。

## 五、禁閉室門上懸著一張人臉

當然，這場盛況也有不完美的環節，所有我的內衣褲均被現場那兩大人物下令給扔了，那都是我自己的財產，根本沒有任何向我哪怕是說一聲的衝動。「全給扔了，換我們的」，這就決定了他們的命運，那神態口氣，完全是在扔他自己家的東西。一陣子折騰後，我又被架進一個不足六平方米大小的房間，不想剛才的在地板上的風光無限帶來了又一個不美的局面，肚子開始扭著痛，進而開始拉肚子，頗使人苦不堪受的是水管裡面竟沒有水。實在倒楣得可以，一直至第二天臨晨突然被押離前也沒有來水。

那是一間監獄的監閉室，六平方米以下的禁閉室，被禁閉者全天候吃喝拉撒全在裡面，白天門會一早一晚各被打開一次。早晨打開是要把夜裡睡覺用的一塊泡沫床（實為床墊，但禁閉室裡並不置床，一塊泡沫板，既當床又當床墊）和一塊被子給清理出去，晚上睡覺前再拿回來。在白天裡，禁閉室裡唯一可動的物就是被禁閉者自己，裡面絕不允許有任何與人類生活活動有關的東西。我並不知道

自己在何地，但有兩點可以肯定，一是在烏魯木齊，二是在某座監獄的禁閉室，由是我以為已是到了目的地。

當天夜裡，實際上是從我進入禁閉室起，禁閉室門上的瞭望孔外就懸著一張人臉，觀察著我的一舉一動。這真是多此一舉，因為禁閉室內有相對而至的兩部錄影器，坐在監控室即對禁閉室一切予全面監視。這反映出一種微妙的不安心理，以最原始、最直接的方法盯著我，才能讓一些人相對地踏實些。這種心理在正常人看來實在不可思議，諸如在部隊關押期間，每逢停電以及重大節假日、敏感日，包括在我解大手的過程，都會派出加強哨來盯著我，這種心理幾至不可理喻，至少我能肯定的是，我的生理能力總不會在重大敏感日有所加增，我甚至認為那些每必自誇什麼高瞻遠矚、什麼高屋建瓴的「領導同志」，也不大會認為我的生理能力會在這種被他們認為的特殊日子裡神奇加增。大家都心知肚明的是，無論他們動用多大的力量規模，亦唯能局限在對我生理能力的控制方面，而令一些人恐懼的卻並不是我的生理能力，由是這種怪異卻又合理的不安即常溢於形色。

第二天，即2011年12月19日臨晨我被叫醒，經我兩次交涉後，兩位黑臉「大蓋帽」提進來一隻髒得令人不堪的水桶，放在地上一看，「敗絮」更在其裡，水桶內壁附著的髒污有著令人咋舌的「高度」，估計是一隻長期不予清洗的污水桶。我立即提出抗議，兩位警察中的一位走了出去，稍頃即帶著另一位警銜高於他的人進來，他應該是個頭目，他進來彎腰看了一眼髒桶後，來了一句：

「就這樣將就著洗吧。」神情顯得極不耐煩，說完扭頭就走。

那水桶實在髒得不堪入目，表面上對我的抗議有過一個煞有介事的反應過程，但終於止於過程耳。我也沒有任何辦法，在路途已兩天沒有洗漱過了，他們要乾脆不予你提供，你可有奈何之法？

剛吃完早飯，門口有話傳進來：「把棉衣穿上，一會要出去一趟。」

在禁閉室是無法判斷白天黑夜的，我總以為是正常的監獄進餐時間。我穿上棉衣，禁閉室門被打開，大蓋帽雲集。我意識到這「出去一趟」不大尋常，但仍未意識到會有一整天的長途顛簸。幾名大蓋帽走了進來，一個黑頭套套了上來，這是我這幾年只要出門則必有的待遇。我常思忖，究竟是我無顏面對天日還是天日無顏面對我？

我被架下了樓，出了樓明顯地感到地上有雪。我被架上了一輛車，那車至少是一輛中巴，因為我在車裡還被人架著走了一截距離，「轉身，邁左腿」。我被按著坐下。汽車出發，儘管頭套很厚，但我還是能感覺城市燈光一波一波的亮光。

終於，大約半個多小時左右以後不再有光波掠過，應該是到了城市的郊區。我依然天真地以為這是要到烏魯木齊市郊區某座監獄，壓根沒想到他們會煞費苦心把我送到千里之外去。

## 六、興師動眾的小解排場

大約三個小時左右的時間，我感到世界的漆黑度減弱了些，而且是很穩定，根據我這幾年的經驗，這應該是天亮起來的徵象。我在這種過程中從不動腦子，思維呈完全遮罩狀，這種狀態的最大好處是絕不會與痛苦煩惱辦理交涉，而整個過程都是昏睡或昏昏欲睡。路途中常耳聞我周圍大吃大喝的情狀，但那不是我的世界，這次亦不例外。

「滷肉，誰吃自己拿。」

「八寶粥、紅牛飲料誰要？」

他們大概是餓了。早晨，實為半夜，兩個饅頭一碗、包穀糊糊，肚腹是不大計較環境的，途中他們倒是喊過話，說要口渴了說話，但我是下了不在途中喝水決心的。

「還是新疆同志好」，在北京戴上的腳鐐行走起來已足夠困難，一到新疆，這悍勇的「新疆同志」給我換上的腳鐐重量足在北京腳鐐的二至三倍之間，那是一種極原始的腳鐐，粗壯、粗糙及沉重是其所有的個性。那鐵環粗度足有兩公分左右，而鐵鍊粗細也足有一般人的拇指粗，最原始的是腳鐐與手銬之間竟用一條極粗的鐵鍊給連在一起，使得人的手及腳整日地保持著固定的距離，手指能終日固定在肚臍周邊而不能略舉，若要吃東西，則或腰著彎或坐下，這手口之間才能發生關係。最主要的苦楚是行動，北京的腳鐐還尚可邁步行走，而新疆的腳鐐則只能寸挪，便是慢慢挪動亦很艱難，這時我才意識到這種鐵鐐加身是怎樣的一種不人道。這是酷刑的另一個面孔。

我曾在一段文字裡說過，共產黨從不接受不同的聲音，以致使自己退化至不再有人類正常的感情和一般的智商。像這種極原始的鐐銬給人造成的痛苦難以言狀，雖則，共產黨從不在乎他的反對者作為個體人的具體痛苦，但今天的中共卻愛面子得出奇，一方面口口聲聲「中國是一個法治國家」，「現在是中國歷史上人權最好的時期」，一方面，在一些明顯的反法治、反人道的環節上長期無動於衷。由於他長期不允許批評，導致了他失去了基本的是非善惡譽毀的分辨能力，

這是一種惡報。損人利己是惡人的本能，而損人不利己則是無腦惡人的本能。對他人的痛苦視而不見是有辱人類名聲的無良行為，而刻意追求為他人製造痛苦則直接是反人道的罪惡。

千里之途十幾個小時，我只上了一次廁所，若不要有頭套，則對付這種困難的過程可增力不少。黑頭套一套，便是沒有鐐銬人亦手足無措。再說，我上一趟廁所，會給一大群人造成不便，整個服務區洗手間要被全副武裝的士兵清場並警戒，給許多不確定的人造成麻煩，這是我所極不願的。只上一趟廁所，那動靜亦足夠地大。最有趣的環節是到了廁所裡面，權力究竟是有限的，有些過程終於還是得屬於我。我可以肯定，世間沒有任何尊貴的角色尿尿過程敢與我的排場景致匹比，那才真叫「興師動眾」。除了這「最後一擊」屬於我的生理過程，其餘一切都為大蓋帽們包辦。

「再往前挪點，再挪點，好，好，可以操傢伙啦。」

我常有些怪思考過程，我當時邊尿邊想，世間沒有任何一國國家權力可以如此這般地與公民的小便過程親密無間。我想起了那句「萬綠叢中一點紅」句，雖然看不見，但我可以想像見彼時大蓋帽的密集程度。在那般密集國徽的閃爍裡，真難想像，一個被鎖住幾乎所有生理力量者，一泡尿竟可牽出公權力這般偉大的動靜，世間罕見而盛世中國獨有。

在一片國徽下的靜肅裡，我完成了俗常人都有的一尿。頗費了一番周章後挪回了車上。上了車，我聽見「把頭套去了，讓他吃點東西」的人話，我的頭套被取下，是慢慢地取下的，這是個例外，過去幾年裡都是猛地一把給抓掉。這可能是北京來的人在昨夜裡提醒的結果，因為今天明顯地比昨天少了許多的野蠻，連說話聲也一改呵斥而竟變得軟和了許多。取下了頭套，我發現我們所在的服務站是庫車服務站，庫車是屬於新疆阿克蘇地區。

## 七、撞見孫荻躲在法律皮面背後

這時，我的「服刑」地對我而言仍是個謎。此前中間給我取下過一次頭套，發現車是行駛在南疆托克遜縣境內，我揣想有可能會是被送至吐魯番地區關押，但剛一會又被套上了頭套，而且一走又近七、八個小時。根據我的新疆地理知識經驗，這吐魯番是個分道的去處，往東則是鄯善及哈密方向，往西南向則朝著庫爾勒及阿克蘇。又是近七、八個小時的急馳，我認為或已至鄯善地區，或已至阿

克蘇地區，頭套一摘，果然身置阿克蘇的庫車縣。估計取下頭套之權是「新疆同志」的擅自行動，結果一取下頭套，竟看見北京國保小頭目孫荻正往一輛新疆公安廳的警車裡鑽，而在他的前面已鑽進半個身子的人未及看清是誰。

嚴格意義上講，這種場合是不應該讓我看見孫荻的。雖然我們十分清楚，在中國，對於政治犯法律說雅點是道具，說俗常點就是魔鬼掛著的人相。對於政治犯的所有壓迫功能都是由祕密警察具體執行，而當這種壓迫必須披上法律的外衣時，一應的量體裁衣諸事宜，所有的環節主事者則仍是祕密警察頭子。所有的法律程序，包括程序的啟動及其節奏，實體刑壓的尺度，公檢法都是依其指令而行。對我的刑讞案件裡，背後施行指令的是于泓源，而臺前具體執行的則是孫荻。這種行徑從共產黨搶得政權迄今，在對反對者打壓的過程及結果上並無本質區別，而形式則是變了的，而且是「與時俱進」的變化，那就是用法律的皮面。雖然這在於他們是極不情願的，因為這很麻煩，但究竟還是得「與時俱進」的。既然這般在乎「與時俱進」，那麼所有見不得人的過程都當躲在這法律皮面的背後。我於三天前，即12月16日，已由黑幫關押轉在法律皮面下，這時期的孫荻理當躲在法律皮面的背後，都進入了監獄的執行程序啦，作為祕密警察的小頭目，孫荻再繼續拋頭露面不僅有悖「與時俱進」，在一個具有些法律知識的對手眼皮底下，終於也是很不光彩的。但偏偏這張不當在這個環節上出現的面孔被我給「撞見」，這在於他們實在不是件完美的事。

孫荻其人，在中共這個官若浩海大景中，其官職小得可以忽略不計；北京市國保支隊支隊長，但對於中共這個名為政權實為黑幫的集團而言，孫荻的職位及其恰當地執行「職務」，對苟延這個綠林集團壽命的作用可謂舉足輕重的。首先是北京在中國特殊的獨一無二地位，對於中國的黑惡政權而言，其保住權力的唯一手段就是恐怖打壓，就作用及效果而言，這種恐怖打壓百分之八十以上的在北京。于泓源曾在山西的一次調侃中不無得意地說：「對於異議和維權人士，只要北京踩得及時踩得狠了，就等於穩住了全國，北京稍有失控則後果不堪設想。」于泓源兇殘、愚昧並有異於常人的冷酷，孫荻被他賞識的則正是這一素質。祕密警察執行的是這個惡政權最壞的那部分職能，其主要職能即是對國內不再相信其謊言，而企圖說出真相的那部分公民，在威逼利誘終於不果情況下的冷酷打壓。執行這種職能者必須具備的素質即是無良、兇殘和惡辣，而這種素質孫荻都全備。

　　這幾年相當長的一段時期，孫荻成了我「生活」中的主要部分，使我得以近距離觀察他及他所代表力量的行事邏輯。簡單看來就是一種毫無心理負擔的作惡邏輯，實際上還是一種利益邏輯，孫荻代表的利益或者說孫荻所處的利益層級，屬中共黑惡勢力特權利益枝梢末節，但那依然是一種蓬勃恣肆的特權。孫就配有專車，但他的專車可以掛任何牌照而免於任何處罰。2006年以前，我還常記錄他們跟蹤我的車輛牌照，後來才有人悄悄告訴我，跟蹤我們這類人的車輛牌號都是假的，以保證這種車輛可以自由違章，而他們都有免被盤查的證件，只有在中共奧運會期間極嚴格的進京車輛檢查，在外地警察的盤查中才遇到了麻煩。我才知道每天跟我在一起的孫荻及王錚開的車牌號都是假的，這是我親眼看到他們在山西及河北的查驗警察面前被查出是假牌照，他們的特殊證件好像也沒有起作用，終於由北京方面打電話後才免於糾纏。但我發現到了北京的查驗關卡，他們的證件則暢行不誤。

　　孫荻的特權範圍幾無邊際，他在北京，那六、七百元一條的軟中華煙好像取之不盡，他不論到哪裡有一個習慣特點，就是在沒有坐下前掏出一包中華煙，抽出一支後啪地往桌子上一扔，誰想抽誰抽，他自己是一支接著一支，很瀟灑。我曾問過他一天得多少煙抽，他說他個人一天兩包就夠了，說幫忙的人多了就沒準兒啦。一出北京，不論到哪裡，都是住最好的飯店，吃最好的飯，彷彿那官帑就是些隨意即可取來的東西。于泓源頗賞識他，但並不完全信任他（于真正信任的是張雪，非係張的才華，而是幾近變態的獻媚，以及與孫不相上下的兇殘與冷酷），這是旁人即可明顯看出來的一點。

　　但在庫車看見孫荻頗使我一愣，我還以為暫時幾年內可以擺脫這個掛著人相惡魔的攪擾，至少是在表面上可以不再見到他。這大概是我沒有政治頭腦的又一個證據。我總以為中共監獄系統隸屬於司法部，而司法部隸屬於國務院，祕密警察直接控制司法系的做法還真出乎我的想像。這使我想起2010年在部隊關押初期，「絕頂君」在有一次與我談話中，竟直言威脅我說，如果再執迷不悟下去，別以為將來進了監獄就能清淨。

　　「監獄又能怎麼樣，下到監獄我們的人照樣能跟著進去，到時候派兩個人跟到監獄裡去噁心你，給你個無寧日、無盡頭的局面。」

## 八、龐大陣容千里相送

掀開頭套後，不僅讓我看到了孫荻，尤其令我吃驚的是這次千里奔突來送我入獄的壯觀大蓋帽陣容。

早在車隊穿越托克遜乾溝時，我的中巴上一位姓吳的處長在對講機中不經意的一句講話，讓我大略上得知這次「護送大陣」的規模。他在回覆別的車的呼問時說：

「我不知道，每組是三輛車，二到五組歸我管，五組以外我不清楚，吐局他們（指新疆監獄管理局的車輛）、公安系統加武警系統的車人家自己編隊。」

但真的直視這龐大陣容時，卻遠遠超出想像。首先是北京來押送我的人都在陣容裡（在火車上他們每四個小時左右輪換在我的包間裡值守一次，面孔都可以認得出），而北京來的大蓋帽陣容已足夠地大，但「新疆同志」今天則成了絕對主力。我這幾年裡究竟是見過些場面的，但這陣勢還是令我咋舌。

有人給我擘了一塊饢，遞來一瓶礦泉水，我開始用膳，車前及車門周圍有武警軍官肅立。而車上的所有警察都看著我，有回頭的，有扭側頭的，可以說都是一臉稀奇的表情。若不瞭解內情的旁觀者，你當覺得這種眾目睽睽是頗異常的，你若瞭解眼前這一切，你會像他們一樣不放過這一路難得的矚目機會。所有眼前的壯觀景致，包括這些矚目者自己在內，今天都屬於「我」的一部分，包括那些北京來的，配有專車的「大器物」，以及當地的也坐著專車的「大器物」們。

12月18日凌晨有一夢臨到，前後不到三秒鐘，夢中看到我的耿和右腿膝蓋以下被截去，她拄著雙拐，臉色異常慘白全無血絲。由是連續兩天心情沉悶。我從不為我自身的、在常人眼裡的困難處境煩憂，正如中共黑惡勢力曾在個別談話中頗得意地指明的那樣。我的親情很重，尤其見不得耿和她們娘仨受苦。我清楚，這一次的失蹤又達二十一個月之久，又是一個生死不明，可以想像親人所承受的痛苦煎熬，他們盼著我能活著回家的「好消息」，可過幾天，他們將獲得一紙我被投入監獄的消息，這消息對於我的親人，尤其對於耿和的打擊是至大的，所以那兩天我頗鬱悶。但當取下頭套看到眼前的壯觀場面時，我的精神為之一振。自以為在世界範圍內已強大至心煩氣躁的中共黑暗勢力，以眼前如此超常規模的陣勢來「肯定」你，你的沉悶是沒有道理的。

## 九、總算到了沙雅監獄

　　吃完半個饢後，車隊浩蕩連綿駛出服務區，這一次竟暫時沒有再給戴頭套。我的車裡前幾排坐的都是前幾天與我一起從北京來的人，整車無空位。我的頭頂前上方臨時固定了一臺錄影機。車隊前面的車輛大都是警車，亦有為數不少的小轎車，還有數輛武警運兵車。大約一個小時左右，我看到車隊駛出高速而駛向標牌指向的沙雅縣。這時候，我大略上明白，我有可能會被送到沙雅縣監獄關押。一出高速，頭套又被人給套上。

　　對於沙雅，我以前瞭解些皮毛，緣著我曾經所在的新疆星河律師事務的一個律師同事，他曾是沙雅縣司法局副局長，後辭職到我所從事律師職業。貧窮、僻遠、環境惡劣，這是他嘴裡瞭解的沙雅概況。但我迄今未能看到過這個小縣城（去的時候戴著頭套，回的時候被半夜押離）。來去給我留下最深印象的是那裡公路上密布著減速帶，大大遲滯著車行速度。

　　經過兩小時的馳行，我聽到車上有人說：「總算到了。」

　　又有一個人說：「X監獄長的臉還是那麼黑，嘿，真全體出動了。」車停了下來。

　　「其他車輛停外面。」外面有人喊。

　　我的車又啟動，但不足一分鐘又停了下來。我被人架下了車，緊接著被人架著上了幾級臺階，應該是進入了一個門，我的腳鐐拖在水泥地上的聲音可以得出我正行走在一個樓道裡。我被架著一個轉身，「抬腳，進門」，有人話。我被架進了一個應該是房間的地方，一進房間腳鐐就沒有了拖地聲，我被人架著身轉一百八十度後取下了頭套，眼前烏鴉一片大蓋帽，有錄影機，有照相機。我發現我身置一間約七、八平方米的禁閉室內，地上鋪著半公分厚的橡膠地板，四壁上飾覆著厚度足在八公分以上的煙灰色沙發墊，頭頂上一盞昏暗的燈。有兩名大蓋帽正蹲在我腳前卸開腳鐐。一卸完腳鐐，我又剝光了衣服，赤條條地等待著雙方的交接。

　　這是三天來第四次風光無限地站在國徽下面。然而，從北京到沙雅一路的脫光衣服，相較而言，沙雅監獄卻是最不野蠻的一次。其中有個警察說，這只是個象徵性的過程，你脫下來可以轉過身去，然後就可以穿上衣服，這是在無數次脫衣遊戲中僅有的。

　　穿上衣服後，在眾目注視之下，一位維吾爾大個子警察，立正而神情肅然地

向我宣讀「罪犯入獄」的有關注意事項，後來得知他就是十六監區的監區長。一應表面程序完結後，熱鬧和宏大都悄然退去，禁閉室門被朝外鎖上。終於禁閉室就剩下了我一人，我得以對這個將要關押我三年的禁閉室室內予觀覽的機會。

## 十、擺飾用的小風圈

禁閉室約八平方米：一個泡沫床墊占了約兩個平方米；地上赫然有一個蹲式廁坑，旁置一離地面約二十五至三十公分的水龍頭，這一區域約占去一個平方米左右；門口劃了一個紅線禁區約占去一個平方左右。由是這個房間裡剩下可供活動的空間不足四個平方米，即一張雙人床大小。後來的經歷表明，便是這四個平方米左右的空間亦非係你可以自由使用的。禁閉室的頂部四個角配置了四個監視器，門口上方裝了一個不大的喇叭，就是這個不甚惹人留意的喇叭，出乎意料地在未來三年裡「擔負著」極其邪惡的使命（實際上是九十六週）。

禁閉室前後各安一鐵門，臨著樓道的鐵門是供人進出的，一出門就是幽暗的樓道，門距地面一米六左右高的地方有一小孔，是送收餐具及供樓道值班警察向裡觀察的裝置。後面一鐵門在中國監獄則主要是裝潢門面的，所謂「與國際接軌」。這道鐵門外是個約三平方米的小風圈，他實際上是個小房間，只是沒有頂部，他的作用是給禁閉室日常通風用；在中國監獄，他絕對是擺飾，與我並排的禁閉室，三年裡從未聽到有開門通風的動靜。我最初被關進去後就沒有打開過那個通風門，多次與值班警察進行交涉，他們都說禁閉室通風門從來就沒有給打開的習慣。

而我的交涉是有依據的，保持禁閉室內的通風、採光，是他們的監獄法明確規定了的。我忘了不知過了幾個月，經我與艾尼瓦爾監區長及馬監獄長的當面交涉，並提醒了法律的相關規定，監獄當局最後同意每天上、下午各予十五分鐘的通風時間。此外，囚犯在監獄關押期間，從人道需求出發，監獄當每日保證被囚人員予一定的戶外放風時間，但這是一項依法當有，而為我交涉了三年卻終於沒有能享有的權利。後來，在那種刻意追求密封的環境裡，由於缺氧導致胸悶頭痛的事如影相隨，他們同意每次十五分鐘的通風時間增到三十分鐘，期間我可以到那個三平方米的小通風間裡活動；但進去才發現，我這禁閉室的小通風間竟然被臨時加蓋了房頂，完全變成了一個三平方米的小房間，這種做法不僅違反了中共政府加入的相關領域的國際條約確立的原則，也違反了中共政府自己頒布的法律

精神，違反了其憲法中關於法律面前人人平等及保持人權的條款。我一再督促他們，既然以法律名義囚禁，就當遵守他們公開頒布的法律原則，並他們承認或加入的國際條約。事實上，僅從正常人格角度瞻顧，這種做法，是一個在卑鄙齷齪方面心細如絲的無賴小人的下作行徑。

多經交涉，2012年的3月25日左右，我聽見外面有電焊機切割的動靜，心裡頗有了些高興。覺得把放風間頂蓋給取掉後，其一，每天能給禁閉室通兩次風；另則那本不該有的房頂被取掉的最大好處是可以增加禁閉室內的光亮，改善室內昏暗情形。然而，我的天真再次被他們獨有的卑鄙智慧給遮沒。他們並未將那個房頂去除，只是將他修改成一個活動房頂，在上面拴上一條繩索，繩索的一頭拴在二樓的窗戶鋼欄上，每天通風時由別的囚犯上去將那活動的房頂蓋拽開，半個小時通風一結束，那頂蓋子與黑暗又一起壓下來。我曾經問過一個警察，如此勞神費力，而目的卻既見不得人又違法，為什麼竟樂此不疲呢？他先是笑而不答，過一會兒則笑瞇瞇地說：「這裡最不缺的就是人。」而每個禁閉室裡，朝著樓道一面的牆上都裝一個玻璃小窗戶，為的是讓外面的值班員觀察禁閉室內的情形，客觀上還多少能使裡面的光亮有些許改善，可第二天他們就進來給糊上一張維語報紙，在最後一年時給換成了玻璃紙，是暗藍色的，裡面基本看不清樓道裡的東西。

## 十一、別以為是來度假療養來啦

到了那裡不一會，內側鐵門上的小觀察孔被人打開。

「A2，開飯。」

因為裡面僅我一人，無疑，這A2是我啦。外面遞進來半碗水煮白菜，一隻黑手遞進來兩個饅頭。

那水煮白菜可謂青白分明，那菜裡究竟有沒有放油，三年裡常是我與值班警察辯論的話題之一。我說那菜裡是沒有油的，我不能承認我沒有看見過或感到過的東西，而警察則人人對這個問題很敏感，且對有關這個話題的反應也很激動。他們中只有新分配來的大學生會對這種問題笑而不答。反應最激烈的則常說我胡說八道，說那菜裡當然有油的，問題出在你房間裡光線不好，有的則說是我的視力不好。

有一回是王治警官送飯，我笑著說：「包括我自己在內的許多人總以為共產

黨的方方面面都髒污不堪，這真的是一種不全面的看法。共產黨有清白，這個清白就在犯人的飯碗裡。」他是低頭不語。

真的難以置信，這一清二白的煮白菜，竟可以一口氣吃三年。

第二天剛吃完飯，禁閉室門被打開，兩名警察走了進來，其中一名肩著一條長凳子，說要跟我談話。我後來得知他倆一人姓周，是個幹事，一人叫陳帆，就是十六監區的副監區長。這次談話主要是周在談，陳始終一言未發。說是談話，實為他一人在那裡講話，因為他那副德行實在不令人愉快。我一直沒鬧清楚那一次談話的必要性。周坐在長條凳子上，右腳踝（外側）抬放在左大腿上，開始盯著坐在小板凳上的我。

「你知不知道自己在哪裡？」

看我不答，他又問了一句：「你知道不知道這是什麼地方？」

「嗯？」

「知不知道？」我還是不說話而盯著他看。

「你不說是吧？你不說我來告訴你，這是監獄，你是罪犯，來這裡不是讓你旅遊度假的。這裡是改造罪犯的，這點你必須清楚，你首先要儘快從心裡適應自己的角色，你要在這裡吃牢飯，接受強制性改造。吃牢飯的滋味是不好受的，但沒有辦法，因為就這標準，犯人每個月按國家標準是一百三十八元錢，還不夠買兩袋麵粉。這些犯人都特別能吃，有的人一個月不限制的話兩袋麵粉都不夠吃，哪裡有錢買菜買油？而國家是以實物撥付給我們，並不給錢，菜都是自己種的白菜，實際上都吃得超出了標準的，別以為自己是來度假療養來啦。這裡是個特殊的場所，一切都是強制性的，沒有商量餘地，一切都是單方面的、強制性的。」他說完就起身離開。

## 十二、沙雅監獄醫院

第三天早飯後禁閉室鐵門被打開，專門負責看管我的馬兵（音）攜一大群警察出現在門口，操弄錄影機及照相機的大蓋帽間雜其中。馬兵與另一名警察走進來，給我戴上了頭套，戴上了手銬，我被人架著走出了大樓，又走了較長的一截距離而被架上了一輛車。二十分鐘左右車停後，我被架下車，又感到被架進一個門，我的頭套被取下，一個規模不大的大廳裡全是警察，有後來能對上的是教育科、獄政科、刑法執行科、生活科等各種科長、醫院院長，說是要給我做體檢。

　　沙雅監獄規模有多大我不清楚，因為一則我長期被單獨監禁在禁閉室裡；二則所有一般犯人可知道或應當知道的一切，對我則要刻意保密。但根據我所在是十六監區，常年保有三百餘人的規模估算，便是只有十六個監區，這個監獄亦關押五千人以上，但這個醫院卻實在小得可以。全院有楊院長、胡院長、韓醫生及另外兩名醫生總共五人，與現代檢驗手段有關的就只有X光機及B超機兩項，其餘的就基本與一個診所一樣。根據我幾年的瞭解結果，全院五名醫生有三名長年在各大分點打針賣藥。以十六監區為例，犯人一般病情只能在監區醫務室買藥對付，只有瀕死的大病，才有可能允許到監獄醫院裡住院，而監獄醫院就只有一名院長和一名技術醫生。而院長的主要精力就是參加各種會議，大部分時間，監獄醫院就只有一人。你盡可想像這絕大部分時間就只有一個人的醫院，他能有多大的疾病診療能力？在監獄裡，當局絞盡腦汁堵我的眼睛和耳朵，但我自有獲取信息的途徑。非是好奇多事，既已深陷其中，那麼便設法瞭解、認清相關領域的病痛及程度，以資為未來的醫治及改變提供基礎。

　　共產黨的許多美好在紙上，我在入監教育讀本裡看到，犯人享有全額醫保，並將其納入當地政府的醫療保險體系中，但這種美好僅止於紙上。他們，至少是沙雅監獄，不做任何機制上適應這種好的保險制度的改造，哪怕是漸進性的改造。我瞭解到，犯人非住院治療的所有費用都是自己掏錢，那麼住院治療費用免費也算是個好事，但他們要想住院治病實猶登天之難（因為，**每個犯人都是給監獄製造利潤的機器，後面要講到**）。

　　有個監獄警察在與我聊到這話題時笑稱：「監獄醫院給犯人治病的最主要方法就是不讓你住院。」

　　然而，這次體檢不知何故，第四天又重新體檢了一遍。兩次的蒙面去「體檢」完了後，我開始慢慢適應或被迫適應這掛牌地獄的強制改造生活。這兩次走過場的體檢後的幾個月時間裡，我就一直被單獨監禁在禁閉室裡，直到第二年3月份的家人會見時，又走出門半個小時。

## 十三、監禁室奪不走的空間和光明

　　禁閉室的監禁，並非中共監獄法裡規定的一般意義上的監禁。按照中共監獄法規定的監獄，對罪犯的監禁場所有兩種，一種是監舍，一種是禁閉室；監舍是一般監禁場所，亦即對罪犯執刑罰的常態禁監場所，而禁閉室則是非常態的監禁

場所，他是對在常態監禁場所裡違反監規紀律罪犯的所有處罰規定中，最為嚴屬的一種處罰。中共監獄法明確規定，禁閉室禁閉處罰的期限不得超過十五天。因為對於絕大多數人而言，那種囚禁實在是太殘酷。據中共司法部編寫的《入監教育讀本》承認，即便是常態的群體單純囚禁，時間一長亦會導致許多嚴重的生理和心理病變。所以，對於囚犯每天必要的放風，予適當的活動時間，保持禁舍內的日常通風、採光及囚犯之間的日常言語等感情交流，是極重要的人道保障。而禁閉室禁閉處罰不得超過十五天的規定，自然是在立法時對人的人道承受能力考量的結果。一般犯人對此是心存恐懼的。我常聽見一些被處以禁閉處罰的犯人到了禁閉室門口仍哀求不止，使勁哀求能再給自己一次機會而取消這禁閉處罰，我常替他們哀傷不已，因為他們的空間只在眼睛裡，就如他們的光明只在眼睛裡一樣。

空間及光明若只在眼睛裡，不僅自己一生擁有的空間及光明被無限地減縮，最可怕的是這種空間和光明成了一種別人可以奪走的東西。空間及光明若在心裡，他們既是無限曠大的，更是任何人都無力剝奪的。

每個監獄都建有一定數量的禁閉室，以資執行對罪犯中最嚴重違監規紀律者的處罰。但在中共監獄裡，禁閉室又多了一項法外功能，就是對他們認為的、比較危險的政治犯的單獨監禁，最近這二十幾年裡又增加了一個與政治犯同命運的群體，即「邪教類罪犯」，實際上絕大多數就是「法輪功」人員（在監獄裡實際具體發生執行效力的不是中共公開頒布的法律，而全是中共監獄系統，甚至監獄、監區制定的監管規則，在所有這類規則中，都是將「危害國家安全」的罪犯與「邪教類」罪犯並列，從無例外）。

中共黑惡勢力就一口氣在禁閉室裡單獨監禁我三年。在他們提供的《入監教育讀本》裡，提到一個湖北監利監獄一個叫都星樣（我當時懷疑是把名字給列印錯了）的罪犯，累計被加刑至三十年，在前十幾年的關押中，其累計被處罰禁閉關押的時間達四年之久，「創下了全國監獄系統有史以來的最高紀錄」。沙雅監獄一名獄警2014年7月份私下承認，在沙雅監獄禁閉室一口氣關押三年的還沒有過先例。

## 十四、冷水淋虐器

這禁閉室關押針對的對象，就是罪犯中最嚴重違反禁規紀律者。其關押的目

241

的很簡單，就是不把人當人，是完全把人當成了動物。但實現這個目的的過程卻頗不簡單。即禁閉關押的執行過程頗複雜，需要很大的耐心和細心，這些耐心和細心都是為了達到徹底整服一個人的目的。我的禁閉室在室內附件上與別的禁閉有一點小差別，因為要定期檢查我的禁閉室的監控、監聽等設備，每至這時，我會被關在其他的禁閉室裡。

先後進去過其他三個禁閉室，除了監聽設備屬我獨有，我的禁閉室裝有四部監視器，而其他禁閉室一律為一部。但最令我詫異的是，其他每個禁閉室竟都安裝著一個淋浴噴頭，而這淋浴噴頭是直接對接在自來水管子上的。在沙雅被監禁一段時間後完全可以斷定，那個淋浴設備不是基於讓被禁閉處罰人員洗澡的動機而安裝的，而是一個針對被禁閉人員的暴虐器。我以前常聽說看守所或監獄強逼「不聽話」者洗冷水淋浴（**法學博士李柏光先生在福建一個看守所關押期間，就被強逼沖冷水淋浴**）。看到這些「現代裝備時」我仍有些詫異，這成了一項制度，每個禁閉室都有且整齊畫一。而沙雅監獄的普通犯人都沒有條件洗澡，當局怎麼可能單單寶愛起被禁閉處罰的刺頭來！讓被禁閉處罰的刺頭們在受處罰的期間享受平時無法享受的沖澡呢？更何況這些淋浴噴頭是直接裝在冷水管上的，你盡可想像這些頭頂國徽人群的暴虐人性。

每個禁閉室整齊畫一地安裝上這種反人道的暴虐器，這是需要認真的制度安排結果。首先是會議研究，向上級報批、立項、設計及經費撥付。你無論經歷著怎樣的鋪排過程，無論這種過程在文件中被表述至怎樣崇高神聖，最終目的還是整人、對人道的公然暴虐。

每次他們檢修我禁閉室設備時，我必須坐在別的禁閉室的小矮凳子上，我就坐在那冷水淋浴器下，在感歎中追想這個問題。沙雅監獄用的水是地下水（**只是犯人用**），那水的冷冰程度足使人畏懼，不難想像那冰冷的噴頭下面曾有過多少次人的慘叫聲。最使我不解的是，這樣的問題是怎樣在桌面上，在國徽下得以研究，得以通過，最終得到批准實施的（**2013年8、9月份，他們統一撤除了那些冷水淋虐器**）。

## 十五、紅馬甲們

禁閉關押過程繁瑣複雜，可對於監獄倒不會成為一個問題。除了我以外，其餘禁閉關押的過程全部由監獄方面挑選的其他犯人來代為操作。這類型的人實際

上是一群水性人格群體，他們就酷似中共電影、電視裡的翻譯官或漢奸類人物，自私、陰暗、怯弱、兇殘、無底線諂媚及對同類的極端冷酷，必須恰當地集於一身，他們的外形標誌是一件紅馬甲。在絕大部分情況下，他們實際上就是二警察（我稱之為「紅馬甲」）。

在高牆電網裡面還有鋼欄鐵護，而鋼欄鐵護裡面才是日常監禁囚犯的去處。監舍大樓裡是冬天寒冷，夏天悶熱。最主要的是那裡長年奇臭不堪，每個監舍規定額員十二人，但最低關押十三到十四人，另加一名坐班員，一天早晚兩次各供一桶開水以供飲用，斷無熱水洗漱，犯人常年不洗澡、不洗腳。初涉其境，那臭味無邊無際直使人絕望，我常和獄警調侃說奴隸有一種本領就是「習慣」。幾週過去後，再也「聞不到」那臭味了。可獄警就慘了點，他們每天要回家，環境的轉換使他們每天進來都無法使臭終於成為習慣。

作為環境的一部分，人類卻有著改變環境的能力。我估計這「紅馬甲」的出現就是獄警改變環境衝動的結果，對於犯人的日常技術性管理，監視、管束及必要的信息溝通，監舍內的所有秩序維持、學習主持，日常生活秩序的維持，諸如打飯、分飯，分發、收回餐具及犯人的理髮、打開水等，全部由「紅馬甲」代理獄警實施。實際上，「紅馬甲」是獄監與普通犯人之間的隔離層，絕大多數情況下，獄警的蠻橫、辱罵針對的都是哈著腰的「紅馬甲」們，而「紅馬甲」也有威風發洩的另一面，那就是針對普通犯人。對於禁閉人員，所有執行過程都是由「紅馬甲」操作的，每個禁閉室門口外的瞭望孔前站著一個「紅馬甲」，他的職責是保障禁閉處罰的日常運轉和盯著禁閉室內的情形，以絕對防止被禁閉人員自傷或自殺。

禁閉室裡白天只能放一個高約三十公分的硬質塑膠小凳，不知是否是刻意設計使然，坐面竟是躬凸型的（2013年後換成了平直坐面的小凳），其餘一切與人類生活息息相關的物品均不允許出現在禁閉室。每天早晨一起床，禁閉室的被子及床墊（床墊就是床）即全被「紅馬甲」給清理出去。被禁閉人員的吃飯、喝水都由「紅馬甲」從瞭望孔裡遞進去，然後就通過那個孔盯著裡面，吃完、喝完後立即收出餐飲器具。被禁閉人員欲大小解時當大聲報告，經獲准後會有手紙遞進去。禁閉室內是不允許走動的，被緊閉人員除了吃飯、大小解外，其餘時間則必須端端正正坐在小凳上，雙手規規矩矩地放在膝髁上，稍有挪動即會遭致呵斥。

我這些年遭遇過比三次酷刑更難纏的東西，一樣是囚禁室內的悶熱，一樣是寒冷，這第三樣就是每天沒完沒了地靜坐「反思罪過」。一個人，無論你的內心

有多麼地強大，但究竟你一樣有著生理有限性的一面。中共黑惡勢力最不可原諒的就是，他們並不顧及被處罰者生理方面的有限性，許多壓迫過程遠遠超過了人們的生理極限，給人造成了極大的生理痛苦本身成了他們追求的目的。

## 十六、入監教育學習

到了晚上睡覺時間，「紅馬甲」就會把那個泡沫床墊及被子給送進禁閉室，每天如此，周而復始而不厭其煩，但唯有我這一切，三年來都是大蓋帽不厭其煩地操作的。對於禁閉室的一切，大小解、接送餐具等物，連行走的路線都用紅漆在地上給你標出而不得僭越，即便是坐小板凳，也用黃色油漆在地上標出兩個腳丫子印，坐下時兩隻腳必須不偏不離地放置在那兩個印模上。他們把罰坐這種變相肉刑叫做「學習」。你若吃完了飯或解手完畢後，頭頂上方喇叭就會炸出一句「學習」。

沙雅監獄留在我記憶裡的有幾樣東西永不磨滅，其中一樣就是這「學習」。這種「學習」是有別於普通人類意義上的學習，他們並不給你書、筆、人或紙張，你只能坐在那裡玄覽。對於其他被禁閉人員，坐小凳是沒有餘地的，因為他們從不置疑其合理性。確實也沒人敢置疑，一則最多不過十五天，另則，監獄警察的暴戾及絕對權威超過任何暴君。那裡是人性及權利的絕對荒域，你主張正當的人的權利，他們必規律性地狂怒不已，說你公然挑釁政府，和政府對抗，你會招致無法擺脫的麻煩。但在坐小凳子問題上，我認為這種做法是赤裸裸的反人道行徑，我拒絕坐小凳子，要求坐在那個泡沫床墊上，並且每小時給留出一定的活動及大小解時間。最後，監獄當局也做出了一定的讓步，同意了我的床墊每天不搬出去，我改坐床墊。但那坐床墊也實在不好受，首先是那東西僅高二十五公分，其次是每天從早晨七點半起床至晚上十點五十分至十一點鐘睡覺，中間十五個小時裡，除了三頓飯外就是坐。雖然後來允許每個小時起來活動十至十五分鐘，但那種坐姿及坐的時間足可在生理上摧殘一個人，連星期天都沒有，但我每週就坐六天，堅決拒絕星期天也坐下去。

2012年3月份，到星期天時，值班警察過來下令讓我「學習」時，被我拒絕。

艾尼瓦爾監區長趕過來打開瞭望孔明確地問我：「星期天不學習嗎？」

我回答：「是的，便是六天也是違法的，星期天絕不學習。」他盯著我看了一會悄然退去。

到後來我還特地為其他犯人爭取了每週一天的休息時間。對於被禁閉關押者，法定權利及人道需求，凡設計者能想到的則盡悉被剝奪。經過一段時間的禁閉式關押，我慢慢體悟到，他們把禁閉者乾脆就當成了動物，但卻不是寵物，所有中共法律規定的，普通犯人當享有的權利一律與他們無緣，諸如普通犯人享有的會見、通信、每天白天將監舍門窗打開通風、每日數次在院子裡放風、監舍裡每週看幾次電視、節假日自由活動、參加日常體育活動及節假日娛樂活動，和每週所謂的改善等權利。

我通過聽，獲得了許多被當局認為機密的情況，其中最明顯的，也是最令監獄當局後悔不迭的是，將他們對犯人的電擊酷刑濫用，及對禁閉室濫用的既反人道又反法律的醜行「暴露」在我的面前。依照法律規定，禁閉室的唯一法定功能就是執行對最嚴重違反監規紀律者的處罰。但實際的執行情況是，他首先是執行對不肯認罪的政治犯（他們稱「危安犯」即：危害國家安全的罪犯）及「邪教類」罪犯的入監教育期間關押。瞭解關涉北宋歷史影視作品者知道，北宋已決犯人投監的第一道程序是決其一百「殺威棒」，實際這種野蠻原始的刑罰時至今日並不曾根絕，唯換了一名稱耳，在今天中共刑罰體系中叫「入監教育」。

這入監教育期為三個月，就給人生理方面製造的苦楚總量而言，若可以選擇，我會毫不猶豫地選擇承受一百「殺威棒」。中共在這「殺威」程序中，最核心的功能是根植你的罪犯身分意識，其第一個目標就是你必須認罪。他們會對投監服刑的人員進行入監分類甄別，對認罪的人員則實行集體關押，進行兩月的入監教育。而對於「政治犯」及「邪教類」人員，入監教育則被監獄系統法外規定為三個月，而對於不認罪的「政治犯」及「邪教類」人員，則在入監教育期間實施禁閉式監禁，入監教育期滿後仍拒不認罪的則入監教育再延長一個月。

入監教育期間最苦的就是連坐幾個月小凳子。但根據警察私底下講，入監教育期間的禁閉式監禁一般時間長不了，監獄有足夠的方法讓你認罪，他們對犯人的改造體制設計是，以改造率來評定各監獄及各警察的政績，而改造率的第一個硬指標就是認罪。中共中央政法委將罪犯改造率硬指標下達給中共司法部，司法部將這種硬指標下達給各省監獄系統，各省監獄系統下達給具體監獄，監獄則會將具體的罪犯改造率指標量化下達給每個監獄警察。不親身經歷這種必須完成的罪犯改造率的改造過程者，無法想像這種改造機制及其實現過程的邪惡，沒有比「邪惡」二字更能恰切、精確地表達改造機制制度的本質。正常人無法理解這種機械目標所帶來的價值。

中共搶得政權六十六年裡，其政治最發達的部分，即最有力的部分，就是監獄。體制的邪惡本質導致了實現改造目標方式的絕對簡單及其冷酷，絕對的恐懼實現了絕對的服從，而實現絕對恐懼效果的唯一手段就是電擊酷刑。他們提供的由中共司法部頒行的《入監教育讀本》的前言部分，首先就是「中央領導同志」周永康下達的，關於罪犯改造率的「重要講話」語錄，並說整個司法部系統在「中央領導同志」周永康的重要指示裡，找到了實現罪犯改造率目標的方向和信心。

## 十七、電擊器下的慘嚎聲

截至2012年元月4日，馬兵找我進行威脅性談話時，半個月的時間裡，在我的耳力能及的範圍內發生了電擊酷刑四次，這使我感到異常震驚。罪犯進入刑罰執行程序依然有電擊酷刑現象，這是我絕對不曾料到的，這大概亦屬我的神讓我終於來到監獄的一個重要原因。被電擊酷刑人的慘叫聲與其他任何生理巨痛導致的慘叫是不同的。我自己曾多次被電擊的經歷，使我一聽即清楚有人正在被電擊。那種慘叫，嚴格說來是慘嚎聲，是一種不間斷的嚎叫聲，我的體驗是他與意識無關，至少，意識是不能止息這種嚎哭聲。

我進入監獄後，為了相對地減少衝突，經審慎考慮後，我向監獄當局承諾將嚴格遵守監規紀律，不挑起衝突，前提是監獄當局必須依法辦事並保障人道權利。但連續幾次的電擊酷刑時，我都站起來來回踱步，因為我實在難以平靜，不安和憤怒攫住了我的感情。不論其姓甚名誰，這時可以肯定的是，這是一個人的慘嚎聲，在不遠處還有一支代表現代科技成果的電擊器在電擊一個人，而正在做這一切的卻是一個頭上頂著國徽的人，他不是罪犯，而是一個賦予改造罪犯職責的警察。

我瞭解這個制度，可以絕對地肯定，同一時間，在這片國土無數個角落裡，無數個頭頂國徽的人正在進行這種昧滅天良的「工作」。但直接被聽在耳朵裡的，依然使人的良心、正義感情受到一種毀滅性的挑釁和踐踏。我清楚在這種漫無邊際的喪滅天良面前我作為個體的束手無策，但我無力使自己無動於衷，我一直在考慮對策，當然也在自私地考慮著給自己可能帶來的後果。在這種對策還終於沒有思量成熟前，我本能地選擇了不再遵守他們的制度，以期他們來找我時與他們做計較。

2012年1月4日上午，電擊器嗞嗞喳喳聲與人的慘嚎聲再次響起，我的感

情再次受著煎迫。沒有到他們下達的「下學習」時間，我站了起來，結果只一會兒，禁閉室門被打開，馬兵背著手走了進來，他一進來就問：

「你最近是不是聽到了什麼？」

「我正準備找你們呢。從我來到現在，這已經是我聽到的第五次啦，你們不應當這樣做。」

我正說著，他打斷我，說：「嗯，那你聽到了又能怎麼樣？你別多管閒事，你管好你自己的事就行了。」

我說：「是的，我的確無能為力，你們這樣做是違反《監獄法》的。」

這時，外面來了一個他的同事示意讓他出去了。

對於這件事，雙方的交涉開始，我就要計較到底，直到今天，我依然認為我的努力幾無實際意義，這是這個制度罪惡的一部分，根絕之，唯改變這個摧滅人性的專制制度一途，但既已碰面，就不能不表達我個人的作為人的在乎。就此事，在此後近一個月時間裡，我先後與監區長艾尼瓦爾、教育科康建輝科長、李副科長（名不詳）及馬監獄長進行了面對面的表達。除了艾尼瓦爾監區長決絕否認外，幾位科長在不同場合、不同的時間面對我的關切，均默默地看著我，未做任何表態。

馬監獄長則是聽完我的關切後，足有半分鐘時間咬著下嘴唇不語，然後猛地抬起頭來說：「按說是不能這樣做，應該依理服人，可現實有時很複雜，有時對的是些精神病人吧？」

我說：「馬先生，要是精神病人就更不應該了。按照中國的刑法原則，精神病人犯罪是不承擔刑事責任的，他們就不應該出現在監獄，更不該明知是精神病人還用這種方式來改造他。」

他說：「也許是間接性精神病人。」

我說：「馬先生，咱們不是就此事辯論，針對任何人的這種行為都是對整個人類的犯罪。我想特別提醒您的是，這不是你的個人錯誤，也不是你們沙雅監獄的錯誤，他甚至不是你們監獄系統的錯誤，這是你們改造政策的必然結果。如果您能使得這種行為減少了，甚至不再發生了，這對您個人而言是功德無量的事。」

這只是一種感情的本能表達，我清楚我在這個階段的無能和無力。他們不會停止這種改造方式，因為他們實無力停止，他涉及到龐大的系統利益問題。後來的事態發展證明了這點，電擊器的聲音沒有改變，也沒有減少，但人的慘嚎聲音卻改變了，那慘哭聲直似從甕底發出的，顯然，那是在嘴上給纏上膠帶的結果。

我唯一能做出的就是替他們禱告，並繼續進行交涉。針對我對電擊酷刑的關注，他們竟設計了一種犯人每個人每個月必須填寫的表格，每個人都必須在自己填寫的表格中簽名證明：監獄對犯人從不實施酷刑，沒有一個人敢不填表簽名。有一次，我直接叫來艾尼瓦爾監區長，希望他們不要這樣做。他斷然否認，他通過瞭望口，歪著腦袋一臉嚴肅地說：

「我不會做那樣的事，我自己也是幾個孩子的父親，我還是心理學本科學歷，能幹那樣的事嗎？但是，在家裡，孩子不聽話、做壞事，做父母的也一定會教育他們，有時甚至打幾下，但那都是為了愛他們。這裡也一樣，對不聽話的，我就像對待我的孩子一樣教訓他們，請你別亂想。」

他說這些時我一直在輕輕地搖頭，他完全在說假話。更令人難以置信的是，他是在一個有信仰的家庭長大的，並迄今仍生活在信仰者的環境中，這是我最鄙視他的一點。

## 十八、艾尼瓦爾監區長

艾尼瓦爾具有多重人格，是個官場產物，這真是他自己的大不幸。然而，他頗自負，這與他的個人積澱及閱歷有關。他是個平面人，究竟沒有漢族的官員那麼複雜，這也正是後來他被從我身邊調離的原因之一。相較漢族監區長的陰暗冷酷及花樣百出的詭計，我更願意和他打交道。他有狡獪的一面但頗不諱掩遮。

我到那裡的第一個冬天，禁閉室內異常寒冷，保溫內衣褲外加棉衣褲，這等裝束便是在外面亦足能禦寒。問題的另一個方面出在禁閉室內不允許活動。艾每天進來查看禁閉室的溫度，鐵門門縫圍著一圈兩三公分厚的冰霜，作為景致倒頗顯超俗，但作為人的居所那的確是慘了點。有時他一天進來幾次，有時他一起床就進來，嘴裡念念有詞：

「高智晟受罪了，高智晟來到新疆受罪了。」一邊唸著，一邊彎腰用手觸地測溫。

我多次目睹，他在監獄長面前裝出一副戰戰兢兢的樣子。這種明顯是裝出來的馴服、恭敬的神態，矯情又滑稽，與他在犯人面前判若兩人。因為我的禁閉室裡面是地暖，有時實在冷得受不了我就坐在地上，所有值班警察都睜一隻眼閉一隻眼，唯獨陳帆副監區長是個例外，你一坐地上，他會急急如撲火般過來制止。你告訴他房間實在冷得不堪，他會說那不是他能管得了的事，說強制你遵守監規

紀律是我的責任。

## 十九、世界上還有這種法盲

　　關於陳帆，我在沙雅監獄前期吃過他的一些苦頭，他是艾尼瓦爾的副手，年齡二十四歲，肩上掛著一槓一星，這是警界最低的銜，但十六監區二十幾名警察中，在多名兩槓三星、兩星的老警察之上，卻當上了副監區長。我常暗忖，他若沒有後臺背景則必有過人之處，即便是在壞的方面。我在沙雅監獄的入監教育期間，他是分管對我的文化教育，因此與他的接觸最多。所謂對我的教育，實際上就是個形式罷啦。我清楚他們需要的不過是陳帆面對面教育我的畫面及課時，做向上彙報成績的資材。那畫面頗滑稽，每週一至兩次，陳肩著長條凳子進來「教育輔導」我，五個多月的「入監教育」，一本十幾萬字的《入監教育讀本》，兩天便讀完，卻硬是讓我讀了近五個月。無論從文字還是從法律、法理各方面，那本書對大多數有初中學歷的國人來講並不深晦，陳帆懂的也未必見得寬泛出眾，然而我得認真端坐傾聽他的教訓。有一次，他讀到書中說，有些罪犯以自己的行為是違法而不構成犯罪為託詞，而無理申訴的事例，便大聲呵斥說：

　　「這是最可笑的法盲，說違法而不構成犯罪，世界上還有這種法盲，哪有違法還不構成犯罪的。」

　　學法律者都知道，犯罪必定違法，而違法則不一定犯罪。犯罪違反的是特定的法律，即刑法；而違法則是對違反包括刑法在內的所有法的一般表述，諸如婚姻、繼承等私法以及有關行政、法律、法規等專門的法律、法規等。這證明陳先生此前是沒有接受過普法教育的。

　　我從聊天中得知他是2007年當上警察，其時他才十九歲，因此對他的經歷頗生出些興致，就問他，你學什麼專業？他說沒有學什麼專業。

　　「很抱歉，問一下你什麼學歷？」我問。

　　他說：「相當於技校學歷。」

　　「那您怎麼可以考公務員呢？」我又問。

　　「新疆有新疆的特殊性，這有什麼稀罕的呢？」他說。

　　「那您還是比較特別的，竟然能成為副監區長，這個監區有許多警齡、銜階遠在你之上者。」我說。

　　「啊，對的，公務員很多，但能走上領導崗位的畢竟還是少數。」他對曰。

我進沙雅監獄第三天時，他與監區長進到禁閉室各做自我介紹，陳莫名其妙地一個側身，面牆而立，說：

「高智晟，我告訴你，你慢慢會瞭解我，我不管你以前在外面有多牛逼，在我這什麼都不是，一點用都沒有。你是個明白人，不用我給你說得太多吧？」他顯然是給我說話，卻不看著我。

我到沙雅監獄的第三天，在走體檢過場的時候，他自己坐在桌子上翹著腿大聲訓斥我站姿不正確，那顯然是在他的一大堆上級面前表現自己，因為我剛到監獄幾十個小時，沒有人告訴我什麼樣的站姿是正確的，他多次在他的領導面前挑我的刺。我總不說話，第一沒必要，其二，他實意是要向領導表現他自己，至於說因此而踐踏了別人的人格尊嚴，他的身分是完全不可能想到這些的。

他未調離之前，我每兩週都被強制刮一次頭（監獄稱理髮為「刮頭」）。其他犯人刮頭都是集體在大廳裡，由「紅馬甲」負責執行。由於禁閉室內不得有插座，所以理髮時必須到同在一樓的「談話室」去理。每次刮頭都是由他負責給我刮，他不僅是個法盲，而且心裡頗不光亮。他每次刮頭前，都要先進到禁閉室裡給我戴上黑頭套，由兩個警察將我架到談話室。我指出他的做法是違法的，他卻振振有詞，說法律也沒有規定犯人在監獄不能戴頭套。我立即駁斥了他的說法。在中國這樣的制定法（大陸法系）國家中，政府的行為只能是法律的授權行為，法律明顯規定可行的才能實施，亦叫授權性規範，絕不能是任意性規範。這與公民的行為正好相反，法無明文規定即不可為。他聽了一臉茫然，俄頃即說，別給我講這個，這是監獄，沒有討價還價的餘地。別的老獄警曾私下向我提及他，提醒我在他跟前別太認真，說他心狠手辣，這正是領導看上他的一點，說他對犯人狠著呢，說你千萬別招惹他。實際上，我的出現，對沙雅監獄而言亦屬一個意外的局面，這一點他們在後來多次談話都有提及。

## 二十、一句「謝謝啦小伙子」犯大忌

中國的監獄，是這個星球上最特殊的場所，高牆電網裡是公權力的天堂，卻是私權利的地獄。而公權力實際上已異化為每個警察個體的絕對權威，這種權威所向披靡且漫無邊際。由是在這種奇異的環境生出兩種扭曲變態的人格，獄警的無限膨脹卻弱不禁風的敏感人格，和犯人的無限卑下卻異常麻木了的人格。我常坐在禁閉室思忖這種現象。警察動輒即很受傷害，暴怒到歇斯底里，而犯人的人

格尊嚴則真似腳下的泥土，常被踩著而終於不喊出痛。一種身分上的區別，被錯誤地理解或被搏捏成了人格尊嚴方面的差異，而身分上的絕對不平等終於異變成了人格尊嚴方面的絕對不平等，生出了兩種絕對病態的人格，例如你全無惡意的一個玩笑，這在正常人之間不但尋常，且受歡迎，但絕不可以發生在犯人與警察之間，獄警在這方面的計較程度真讓人哭笑不得。

犯人每天自己去打兩次開水，而我是沒有這種自由的，每天由值班警察給我打開水，一次是巴拉提和奴爾艾利兩位警察來給我杯裡倒開水。後者在提壺倒水時，前者來了一句「倒滿啦小伙子」，我在接過水杯時來了一句「謝謝啦小伙子」。不料犯了大忌，要是別的犯人則解決起來很簡單，臭罵或暴打一頓，警察被「傷害」了的尊嚴也就迅速「復原」。在我跟前可就稍複雜了一點，可究竟又不能不計較。第二天中午，馬兵和教育科幹事高建軍把我押至談話室進行談話，說是受馬監獄長的委託來找我談話的，而談話內容卻令人目瞪口呆：說我在昨日警察倒開水時稱警察為「小伙子」，是對警察的極大不尊重，嚴重傷害了警察的自尊，人家已經反映到了監獄領導那裡去了；指出讓我不要忘了這是監獄，更不要忘了自己的身分，說這是個很惡劣的紀錄，在沙雅監獄是從來沒有過的紀錄。我笑著指出他們活在一層堅硬的殼裡，全無了人的樂趣，他們卻不以為然。

後來，我也漸漸習慣了這種不同，因為我們實在地是不同了。比方說我們的伙食，直到昨天晚飯前面對大哥為狗準備的那盆食，我感慨說若是在監獄裡端到犯人面前，那絕對算得上是一餐很好的改善。我曾不止一次在李建峰警官跟前說過，說他們若有一位警察敢嘗上一口犯人的飯菜，在於他們，那算是一種英雄壯舉，因為他總是在我就伙食差的問題進行交涉時說：「我認為犯人的伙食是不錯的。」

## 二十一、專案組是中共政法委的尚方寶劍

時間在飛逝，而我對沙雅監獄的瞭解也在增加，儘管監獄當局煞費心機，盡一切可能硬生生地封堵我的視聽。另一方面，對監獄當局對我的三年監禁策略框架亦基本了然，我總結為以下幾句話：一是一以貫之的禁閉式關押，二是一以貫之的隔絕視聽，三是一以貫之的飼以豬狗以下的伙食，四是一以貫之的不得施加酷刑，五是一以貫之的剝奪我的所有依法應享有的犯人的權利，六是要絕對確保我在沙雅監獄不出事。完成上述目標，對於沙雅監獄而言，頗不是件容易的事。

　　三年裡，我能明顯地感到他們作為具體執行者的難處，對於監獄而言，對犯人的監管手段幾十年來退化到唯暴力監管一途，由於是以法律名義的關押，監獄系統也不願在與我交涉的三年裡對我動以酷刑，他們非常明白，周永康系統在此之前六年裡的手段無不用至其極，而終於沒有改變什麼，他們沒有必要再使自己的臉譜制度化，這一點他們是明智的。但，作為一種制度性的本性，冷酷和蠻橫是他們維護監獄秩序的全部手法，除此之外，他們會變得束手無策。不出手則已，出手即雙方衝突不斷，而有些安排方面，作為具體的監管監獄，他自身也有無奈。諸如全禁閉式關押、剝奪囚徒當有的全部權利、禁閉室內長達九十六週的高音喇叭騷擾、完全隔斷視聽等。

　　有人在私下給我講過，說沙雅監獄也很無奈，「因為這都是局裡（指新疆監獄管理局）的特別指令」。對一以貫之的禁閉關押，不僅是違反基本人權的冷酷行徑，而且是直接違反中共《監獄法》之原則的。他們在《入監教育讀本》中，在向罪犯闡述勞動的必要性時特別指出，說單純的監禁是不符合人道的，說國際上通行的做法是讓罪犯參加一定的生產勞動。說我們是社會主義國家，而社會主義國家是最重視人權保護的，所以政府為了愛護你們的人權才讓你參加勞動。還特別指出，全世界的監獄都普遍地認為單純的監禁會帶來嚴重的後果，會造成被監禁者嚴重的生理和心理疾病。可他們對於我，則不僅是單純的監禁，而且是單純的單獨禁閉式囚禁，三年不變。在這個問題上，新疆監獄管理局應該也沒有決定權，連中共司法部也沒有。專案組的實際組長于泓源說了才算，名義上周永康是專案組長，實際上他並不事必親躬，實則全由于泓源高擎著「周」字的大旗而恣意妄為耳。

　　專案組是「文革」的產兒，他不僅超越法律，而且超越諸多的法定組織機構，直類似過去皇帝的尚方寶劍。今天，中共的各級專案組，不啻是中共政法委手裡的私器。中共政法委是個非法律組織，而非法律組織則不可能有法定的辦章程序，即辦案程序黑幫化。而專案組則出於政法委這個非法律組織，其辦案的黑幫化性質更加昭然。以我的案件為例，名義上是周永康同志和孟建柱同志負責，實則由于泓源全權負責。一個北京市祕密警察頭子，他可以隨時聚擾公、檢、法三家負責人，隨時假周永康同志及孟建柱同志的名義下達指標。所以，我到新疆關押在什麼地方、以什麼樣的方式關押，都是由于泓源親差孫荻具體執行。據沙雅監獄一名警察私下講，我的禁閉室裝修及其相關資料的提供，北京國保方面都是專門跑到沙雅來安排的。所以，這種違反《監獄法》的禁閉式監禁，中共監獄

系統也是奉命辦事耳。但監獄系統在執行對我的禁閉式監禁時是有所保留的，這當然是基於他們的利益角度，而非對我的關愛而予的保留。

## 二十二、隔絕視聽的手段

2012年6月10日，因此前的6月9日上午我的一次針對自我生命的激烈方式抗議，監獄獄政科和獄內偵查科兩位科長來找我談話，首先對我的自我行刺行為，宣布了監獄給我的記過處分，其次不厭其煩地給我唸了禁閉關押的有關規定。這個過程頗值得玩味，他實際上是向我暗示，監獄是有保留地執行著對我的禁閉式關押，許多更嚴苛的措施監獄方面並未認真執行。諸如嚴格按禁閉關押執行，則每天只能吃到兩餐飯且沒有菜、每餐只有兩個饅頭、室內只有三至五瓦的燈泡、節假日不得休息、禁閉室夜裡睡覺不給褥子等、不得通風、不得參加文體活動、不准會見等。告訴我這些，是讓我明白，監獄已經是照顧我了。但對我而言，禁閉式的監禁本身對我造不成傷害，物理空間的侷促對我造不成什麼影響。人眼裡的空間究竟不是最大的。

對於一個有信仰者而言，無限的光明和自由空間是在閉上眼睛之後。我希望能被單獨囚禁，因為集體紛雜擾攘使人不堪。最主要的是，那種群體被驅來策往的過程，人的尊嚴蕩然不存。另一方面，我也想充分地利用一下困厄挫辱這筆難得的資源，以期完善並盡可能地提升自己。因為我有過這方面的經歷，我以往精神方面的積累大都獲取在困厄挫辱時，而非春風得志時。今天回過頭來看，這個單獨囚禁過程對我的生命品質提升而言，無論怎樣誇張地形容都不為過。他使我獲得了幾臻至理想的，與我的神交通的環境。禁閉室圍堵起來的不是孤獨，而是幽靜蕭穆。對於當局而言，禁閉室並不是他們隔絕我視聽的唯一手段，他們在給我製造與世隔絕感覺的問題上，頗花了些心思的，且在堅持方面是不懈而一絲不苟。但這不具有新穎性，這只是北京祕密警察手段的接續，他們長期巴望這種做法能給他們帶來驚喜，可時至今日，這種驚喜終於還沒有出現過。最常見的檢驗方式就是談話者經常一見面就問：

「老高，今年是哪一年？現在是幾月？今天是幾號？」

我常不客氣地分兩層回答他們：第一，這對你不當是個問題，除非你剛來到這個星球；其二，為了不使他們失望，我不僅準確告訴他們年日，而且具體告訴他們現在是幾點幾分。他們往往一臉茫然。

在沙雅監獄執行對我的視聽隔絕頗不是一件容易的事，相較而言，祕密囚禁則容易得多，只要選點恰當則可。而監獄則不同，他還得在同一棟大樓裡關押其他罪犯。但從看的角度而言，即遮堵我眼睛的而言，他們是成功的，但並不完全成功。十六監區監禁大樓是坐東朝西，禁閉室在一樓的西側，從南至北十四間，我就被關在這最邊的第十四間。從視角角度，我的對面是八、九、十號三個集體監舍。據獄警講，為了迎接我的到來，在我將要到來的前一天，這三個監舍的犯人全部搬出而騰空。截至2012年4月初前，監獄方面成功地做到了沒有讓我看到一名大蓋帽以外的人。事實證明，他們對我的隔堵是有道理的。

大略是2012年4月初，據說是監獄爆滿之故，實在不得已，上述三間監舍也滿滿地關押了犯人。但在第三天或者第四天，被我看出一些明顯的違法及違反人道方面的問題，我只是在康科長與李科長與我的談話中，指出了這些被我無意發現的問題，兩位科長對此一語未發。但奇蹟出現在當天夜裡，我聽到了有鐵床鋪挪的聲音，頗折騰了些時間。第二天起來，在他們開門例行地收走被子時，我發現與我做了幾天鄰居的三個監舍關的犯人已全部撤走。那三個監舍的幾十名囚犯的消失，後來也有了答案，各監舍每天無數次報名，原來每個監舍關了十二人，第二天起則都成了十四人。由於放置鐵床影響室內秩序，各監舍多出來的兩名犯人每天晚上鋪著一塊木板睡在地上，早晨起床時統一將這批多出來的木鋪板收進庫房，一到晚上就再拿出來，此後兩年半的時間裡天天如此。

我的存在對中共當局而言實在是個巨大的現實，但堵上我的眼睛，對當局而言意義則更是巨大的。使我一直深感不安的是，究竟是因為我的緣故，使那麼多的人在兩年多的時間裡睡地鋪，且每天都須搬來搬去地折騰。由於我的緣故，隔壁的十三號禁閉室也不能關人，就只好做了三年的臨時庫房。每至搬出、搬進床板時間，準會有警察過來悄悄關上我鐵門上的瞭望孔，三年來從不例外。這次搬家風波後，除了一名每兩週給我刮一次頭的師傅外，直至被押出監獄再也沒有見過一位大蓋帽以外的人。

## 二十三、一種看得見的死寂充塞著

按中共《監獄法》規定，犯人只是不准留長髮，但在監獄裡實際執行（至少是在沙雅監獄如是）卻成了一律強制刮成光頭，兩週一次，任何人不得例外，我在技術問題上一般不堅持硬抗。陳帆副監區長未調離之前是由他給我「刮頭」，他

被調走後即換由一名罪犯給我「刮頭」，使我有機會在兩年多的時間與犯人近距離接觸。然而，這種接觸嚴格計較則不能算是人類意義上的接觸，因為雙方不能說話。我可以不忌諱他們的戒律，但卻不能不替他考慮，不願因我而帶給他不必要的麻煩。見面向他問個好，刮完後向他道個謝，他都是笑一下以示回應。

每一次「刮頭」時間從不超過五分鐘，一般在兩到三分鐘左右，但每兩週一次的「刮頭」，對十六監區來講是個絕對的大事，禁閉室無法接電，只能到一樓大廳裡進行（陳帆在時只能在談話室）。十六監區每個人都須為這兩週一次的盛舉付出一點代價。首先是由值班警察事先指揮眾「紅馬甲」將一樓的窗戶全部關閉，而窗戶上的玻璃是貼了窗霜花紙的，使我不能看見外面的任何東西，關掉大廳裡幾乎全天不關的電視機，然後一樓進行清場，除了大蓋帽及我的「刮頭」師傅外，全部犯人得暫時躲在外面去，遇有異常天氣時，則將人員全部清至二樓大廳，待我回到監舍後再返回或下樓。遇有臨時安排的談話或會見、體檢時，一樓的犯人不論正在做什麼，都須立即中輟撤至二樓。待我走出禁閉室時，整個一樓一層死寂。尤其「刮頭」時，平時喧嚷的一樓大廳，三個小凳子（兩個獄警加我）旁佇立著那面無表情的「刮頭」師傅，一種看得見的靜寂充塞著一樓。從上一次對面三個監舍突然搬走犯人後，一樓北側二分之一的空間獨占性地屬於我的「場」。一樓樓道又恢復了一道犯人不可擅越的紅色警戒線，越過警戒線在監獄算是重大違紀行為。

我的周圍絕大部分時間是靜寂，大致上，維持表層秩序的最有效手段莫過於暴力。在我看不見的旁邊有三個監舍，我和他那裡面的犯人唯一「接觸」方式就是聽，聽他們每天的報數，聽他們每天被訓斥、被辱罵，聽他們每週四夜裡的「唱紅歌」，但他們的監舍絕大部分時間是沒有聲音的，被屬於我的靜所淹沒。犯人每天早晨新疆時間七點半鐘起床，一般不超過八點半就會出去勞動，午飯和晚飯時各回到監舍半小時內即出工，晚上十點五十分至十一點休息，犯人若能提前二十分鐘回到監舍算是偶然的幸運。晚上一回到監舍即簡單洗一下開始睡覺。由是，整個大樓就再沒入死寂。一天二十四小時，他們在監舍裡能發出聲音的時間絕不超過三個小時。其餘二十多個小時即全屬於「我的時間」。

當局為了製造這種氣氛可謂煞費心機。依照法律規定，監獄每天應予犯人一定的聽新聞時間。但沙雅監獄的犯人這項權利應該是被幾近完全取消了的，三年內打開廣播的時間不超過十天，即只在2013年4月9日至4月17日打開過幾次，其餘時間，屬於新聞性廣播是絕對沒有再打開過。便是這麼幾天，那些黑暗的東

西也未能忘了對我的特別關照，他們把一樓北側半棟的喇叭全關了，一樓北側半棟的犯人因為我的緣故，而不能聽到喇叭新聞廣播。2014年年初以前，沙雅監獄監舍裡是沒有電視機的，每個樓層的大廳裡裝有一臺電視機，犯人每週週日上午、週日晚上可以看幾個小時電視。由於大廳裡白天一直有警察值班，所以電視機也就一直開著，唯獨我每次去「刮頭」的時候關著。有一次警察忘了關，或者因為是體育比賽他們實在想看，而被陳監區長發現，立即下令關了。據說還作為一次違紀事件進行了處理，還罰了警察的款。

我剛到沙雅監獄時，他們有節假日播放流行歌曲的習慣，陳監區長調來後即從此停止播放，因為那次電視未關事件，他們乾脆撤去了一樓的電視機。為了不允許我看見犯人，我禁閉室周圍的衛生平時也不能打掃，只在遇上上級檢查或重要節假日，才在事先關閉我禁閉室鐵門上的瞭望孔門後，於警察在場情況下進行打掃。那裡真是個特殊的世界，拖地的工具竟不帶把，犯人只有撅著屁股用雙手握著一堆布條倒退著拖地。

## 二十四、一座專門關押維吾爾族重刑犯的監獄

對沙雅經歷的記述，因為除了關押時間外，沒有別的事項是在記憶中線性發展的，因而我的記述容易給人造成一種凌亂的感覺。我的記述基本是循著一種自我聊天式的模式，每天只是把彼時記憶中想起了的東西記錄下來，而實在不能一件件地捋出個順序而去記述。對這種凌亂，我得在此向未來能看到這些記述的先生、女士們表達我的不安和歉意。

對於沙雅監獄的見聞已經有些篇幅了，可我迄今未介紹沙雅監獄本身，這在我，實在是有著現實苦楚的。實質上，我無法實質性地向諸位介紹他，我在那裡生活了三年倒是不假，可除家人的兩次會見加起來有一個小時外，我的全部時間是一個完全封閉的、不足八平方米的小房間裡度過的（我曾在一些文字裡看到，金大中先生竟能從囚室裡看見星星，李敖先生也能在囚室裡見到太陽，讓我羨慕得一塌糊塗）。來時戴著黑頭套，去時半夜押離，從看的角度，我實在不能給朋友們更多的東西。但從聽的角度，我能談的亦是十分有限的。

沙雅監獄是一座專門關押維吾爾族重刑犯的監獄，裡面監禁的百分之九十以上是維吾爾人，我只聽獄警說這是座專關維吾爾人的重刑犯監獄，僅此而已。據我所掌握的相關知識，以警戒程度界分，中共監獄分為高度戒備監獄、中度戒備

監獄和輕度戒備監獄；而按服刑人員刑期界分，則分為重刑犯監獄、輕刑犯監獄及一般監獄。無疑，重刑犯監獄屬於高度戒備監獄，這類監獄關押的對象依法只有刑期達十五年以上的有期徒刑、無期徒刑和死緩罪犯。但實際上，中共重刑犯監獄還祕而不宣地關押了些特殊罪犯，即「政治犯」和「邪教類」罪犯，這也是我這個三年刑期者被關在專門關押重刑犯沙雅監獄的部分原因。

在中共的所有監獄中，重刑犯監獄的條件是最差的，而管制卻是最嚴苛的。沙雅監獄當算得上一大型監獄。一個參考跡象是我所在十六監區，是否是編號最高的一個監區不清楚，但至少亦有十六個監區（後來不知為什麼改稱六監區），他們那裡是每三個監區一個關押點，集中圍堵在同一高牆電網內，我們監區所在的點關押犯人一千多人；另一個參考跡象是每天通過獄警人手一部的對話機點名編號呼叫，從「○○一」開始，最高聽到過呼叫「三八三」號（這是我聽到的最高的號，我只能偶爾聽到，到我跟前來的獄警是不能帶對講機的），證明那裡有四百名以上警察。據說，每個監區一般編制在十二名左右，而我所在的監區是個特別情形，專門看管我的警察不低於八到十名。而十六監區又是集中關押政治犯及邪教類罪犯的。

沙雅位在南疆阿克蘇地區，緊鄰塔克拉瑪干大沙漠，是人類聚居地的邊緣，地處塔里木盆地。氣候乾燥少雨，冬寒夏熱，每年3、4月兩月屬季節性沙塵天氣，有時一連數天，甚至數十天裡塵埃蔽日。以禁閉室的密封情形，有時早晨起床時，那床墊上的褥子被挪走後，赫然一個褥子的形印，地上用指頭一撚，一個指印。有時一連幾天甚至十幾天，即便在夢中也能聞到一股嗆人的塵土味。聽警察講，那裡地下水位高，含鹼量很大，若是純藍或純黑色的衣服洗了晾乾後，能看見附在表面的白色狀物。據說除棉花外，其他植物其生不繁。那裡不是人類生活的一般理想之地，卻是一個興建監獄的好去處。沙雅的正南乃至西南，及東南面數百乃至千公里以內的扇形地區，都是一望無際的大沙漠。我在那裡三年的時間裡，從未有過一場像樣的雨，下雨是那裡的稀有景致。

## 二十五、「包夾」成員成了特殊的生命體

對於監獄裡，通過看，來瞭解他，對我而言也是不可能的，但究竟還是有過三天時間，就是我前面提到的，由於監獄爆滿，不得已，他們曾在我禁閉室對面的兩個監舍關押過三天左右的犯人。僅在這三天的時間，給了我直觀瞭解這監獄

的機會。

我發現那裡有一種奇特的政治，即類分人的政治，這種類分人政治的標誌是不同的犯人佩戴著不同顏色的胸牌。這種上面塗上不同顏色的胸牌類分著不同罪犯的身分。後來我諮詢過獄警，他們說這是區別不同罪犯的認罪態度，改造積極性相關的管教級別標誌，分為嚴管犯及寬管犯，而嚴管犯又分一、二兩個級別，寬管犯亦然。但在那樣的群體中，能佩戴胸牌者還算幸運，最不幸的是那些肩部、前胸及後背上赫然綴著黃色布片的政治犯和「邪教類」罪犯，那極豔目的黃色布片就直接縫綴在囚服上，幅面足夠地誇張，雙肩及胸乳以上和後背的大半部。政治犯的後背綴片上寫著「WG」（危害國家安全罪中拼音縮寫），而「邪教」類罪犯後背綴片上的字母縮寫我竟記不起來了。

儘管罪犯群體的處境普遍非常地糟，但最令人哀傷的還是「政治犯」及「邪教」類罪犯的處境，不管那群犯人中的什麼人，不管他們佩戴的是什麼顏色的胸牌，他們人人可以把這兩類罪犯踩在腳下，且不用承擔任何風險。

「『政治犯』和『邪教』類罪犯的人道處境非常糟糕，我希望你們能克制，給他們以起碼的人道承認，保障他們作為罪犯的權利。」這是我在向康建輝科長及李科長當面就此事交涉時說的一句話。這兩類型的罪犯被剝奪了一般犯人應當有的除了吃飯、睡覺外的一切權利，諸如放風、看電視、課間站立起來原地活動，閒暇聊天等權利。我看他們從不進行，哪怕是輕微的抗議，包括面對其他罪犯的侮辱。

中共政權在政治上最成熟的經驗之一，就是對犯人的管制。他們在監獄將所有的犯人編入一種叫「包夾」的小單位，每個「包夾」三名罪犯。「包夾」成員實際上成了一個特殊的生命體，吃喝拉撒睡須臾間不可分離，相互監督、即時舉報，一人犯錯誤，而其他「包夾」成員不舉報則後果連帶；一人上廁所，其他兩人直站在跟前；一人有情緒變化或不滿言論，其他兩人須立即報告，否則責任連帶。他實際上是將所有的人串成一個提串，他的另一頭則是捏在獄警手裡。而各「包夾」還有一個共同的任務，就是對「危安犯」及「邪教」類罪犯的監視及報告。

我常為政治犯和「邪教」類罪犯的處境感到焦慮。我清楚我的交涉對於改變他們的命運而言無實質意義，但唯能如此而已。白天他們的房間裡只要有廣播，那內容百分之九十五以上是針對他們的，且沒完沒了。當面議論他們，指責他們，當著他們的面向獄警告他們的狀是每天必有的內容。而不論哪位獄警進監舍，都會首先問：「有沒有『危安犯』、『邪教犯』的情況報告？」最熱鬧的是每天

早晨起來打開監舍門時，一群人競相報告「危安犯」、「邪教犯」的情況。這種公然的歧視及侮辱幾乎每天如此。那些殺人犯、強姦犯們，竟然因為有了政治犯和「邪教」類罪犯的存在而竟高尚起來。監獄真當評估一下這種做法對於監獄自身的意義。

## 二十六、點名、報數，然後不確定的恐怖

在那樣的群體裡，保有尊嚴，對沒有信仰者而言是十分困難的事，但最可怕的是人們整體沒有了這種自我保有的自覺。我發現，那種靠著恐懼維繫的秩序是很脆弱的，只有外在的硬力量才是最有效的或是被認可的。至少，我能得出的結論是，監獄的飯（菜則有量限，而飯則百分之九十五以上是饅頭）絕大數情況下是可飽足的，但每次盛饅頭的大鐵桶一落地，一群人每每立成撲狀上去搶饅頭，飯前的排隊不但瞬間消形，其意義也完全被眼前令人難以置信的凌亂給否定。這裡其實出現了一個保有尊嚴的可能環節，但所有的人卻競相在那饅頭面前奮力，而沒有覺得出這種奮力的極不尊嚴。那情形常頗使我難忘，我倒覺得監獄當局在這種存在的改變上可以有些作為，但究竟意義不會大。每個個體對尊嚴的在乎只是問題的一個方面，每個個體在奮力自愛的同時，也當對身邊的同類存有最基本的愛和尊重，而這又是痼疾僵化的專制力所不能為的。

使人深感憂慮的是，鑑於這種實施了六十多年以硬力量維繫「秩序」的機制，他現實地成了一種乾脆成熟的去人性機制，他在這樣的過程中模化了所有人的人格，將所有的人都乾乾脆脆地改造成了純生物意義上的人，怕和自私成了最顯著的特徵，而暴力之外如影隨形的「包夾」機制則更是強化了這種怕和自私，人人以人為壑，人人都是一個行走著的無良、自私和怯懦的堡壘。

中共監獄羈押人數從來都是頂級「機密」。我個人認為，中共監獄所有的羈押人數當不在一千五百萬以下，這是一個保守的估計。中國的監獄數量遠遠大於大學的數量（做了幾年律師才知道，光是關押未決犯的看守所，加上兵團、鐵路、海事、軍事各級各類看守所，總數當在五千以上）。他的這種改造機制，不是在矯治人，不是因類施教，對症予藥，與人討論是非，使人認識到錯的基礎上從內心培育人的善良、愛及責任。只是簡單機械地追求他們所謂的改造率，而實現路徑及手段又全靠暴力壓制。這裡只有監獄自身的工作目標而不再有一絲的社會責任衝動，終於異化成完全自顧自，而與社會的文明進步建設脫節。

根據我幾年的聽聞，在那裡唯一起作用的就是恐懼，恐懼無時無處不在卻又看不見，不確定的恐懼在每個人的心裡徘徊，既無力驅散又終於不得躲開之法。例如他們每天的集中點名，早晚各一次的集中點名是確定的，而不確定的點名也隨時進行。這種點名制度安排對每個犯人都是一個不確定的恐怖。一聲站隊點名，混亂、急促的跑步聲驟起，在一陣凌亂之後，列隊、立正稍息，屏息等待，接下來就是不確定的恐怖，卻每天必然要發生。

點名、報數，驚心動魄地被暴打。報數過程被暴打的概率最高，成了一個人人自危的恐怖過程。尤其那些不大熟悉漢語者，更是終日栗栗危懼，他們被要求必須用漢語讀數報名，有許多人來自僻壤遠鄉，根本就不懂漢語，但那是一個什麼地方，不僅不被理解而且不被允許，不僅不允許你不熟悉漢語，而且不允許你有個學習過程。一個數字報錯一頓暴打後再重新開始報數。一層樓最多時甚至近二百人，總有人出錯，報數、打人，再報數，再打人。有時竟很長時間都耗在這種循環中。我可以肯定，一部分人當會因此生出心理問題。我曾就此與一個獄警談過，他說可能有，他說就有過一些農村來的巴郎子（維吾爾語，小伙子或男孩）聽到叫點名就嚇哭了。

報數即便終於結束，但「恐怖」結束的只是一個回合。又一個例行的回合開始，集體或個體被訓斥，會有人被責罵、被處罰。有人被叫出來的，羞辱毆打全取決於值班獄警的偶然心情。我是那裡唯一不參加這種過程的囚犯，但客觀地說，不參加的只是我的形，我的心每必全神貫注地參加到其中。我更多的是為那些每天必有的、不確定地被毆打、被羞辱者擔心，常因此哀傷、憤怒而終於束手無策。我常想，對於人的尊嚴，人的基本權利而言，一個不受任何限制的權力會造成怎樣的滅頂之災?!

## 二十七、用當宗教點燃每顆黑暗的心

弗蘭克說過：「人會為意義而生，也肯為意義而死。」我常在想，坐牢是不幸的，而落到專制中共的死牢裡，則更是一種毀滅性的不幸。

在那裡，最沒有尊嚴、最受欺辱的是政治犯和「邪教」類罪犯。但從某種程度講，那裡關押的有誰不是政治犯？每個犯人在入監教育期間都會有一本違反監規紀律處罰明細手冊，在第一類「重大違紀行為」中，擁護「四項基本原則」、擁護「共產黨的領導」就被列為頭一條。任何人，在監獄裡，你若不擁護共產黨的

領導，在那裡的一切努力就不被認同。犯人整體一天有五階段需要背誦不同的誓詞，「感恩政府共產黨」、「感謝黨和政府」及「我擁護共產黨的領導」等都是誓詞裡的內容。

　　這個邪惡的黨，他總是在不恰當的地方出現。並不富裕的中國納稅人是監獄費用的全額承擔者，犯人應當有感恩心理，當感恩的當然是中國納稅人，每天讓犯人舉起拳頭，把當予納稅人的感恩給同樣被納稅人養著的共產黨，這是一種對道義、良知及常理的野蠻強姦。由這樣一群背棄道義、良知及常理的群體來執掌犯人的改造，你盡可想像那結果會是何等地糟糕！

　　他們在犯人中間強制灌輸邪惡價值觀念的同時，沒有忘了消滅犯人內心可能的光明和美好。在《重大違紀行為目錄》中，「非法宗教」詳列其中。在監獄裡，你才能真正看清共產黨對宗教的真實心態。共產黨反的是宗教，而不是什麼「非法宗教」。而「非法宗教」本身就是個荒誕說詞。請看他在「重大違紀行為」中列出的「非法宗教」內容：「做乃瑪孜或變相做乃瑪孜的」（是穆斯林的一種禱告過程）、「煽動他人做乃瑪孜的」、「禱告或變相禱告的」、「煽動他人做禱告的」、「用穆斯林的模式進行洗漱的」、「飯前或飯後用穆斯林的模式摩臉的」等，樣樣針對的都是宗教本身，而非所謂的「非法宗教」。

　　而實際上，宗教非法與否何以界定？誰可以做宗教的裁判？我曾問過幾個獄警，其中一位高某就是專門負責這方面教育的。

　　我說：「你們天天喊反對『非法宗教』，什麼是『非法宗教』？」

　　他們沒有人能回答這個問題。

　　我又問他們：「既然你們喊禁絕『非法宗教』，在這裡，你們保護的合法宗教行為是什麼？」

　　他們說，在監獄裡就沒有合法宗教。

　　「那麼沒有合法宗教，則何為『非法宗教』？」我又問他們，依然是沒有人能回答。

　　我和他們中間的不少人討論過這一現象，我認為，在監獄裡存在太多毫無意義的壓迫，他的另一面就是太多毫無意義的被壓迫，亦即許多壓迫導致的苦難，除了被壓迫者的痛本身外並無意義，這實在使人不解。「人會為意義而生」，一旦失去意義，人就活不下去。今天的監獄，用強力維持著一群人的活著。求死不得是一種更可怕的生活，監獄現在的「包夾」制度及夜裡監舍的坐班制，就是完全堵絕了一個人的死路，活得毫無意義你也必須給我活著。實際上，這正是極權體

制的愚昧和邪惡，人世間沒有任何群體比那裡更需要宗教的沐浴。當允許每個人的內心尋找在苦難中活下去的意義，用宗教點燃每顆黑暗的心，在那點亮的心裡去培植善良、愛、誠實和責任，這對監獄是百利而無一害，不知疲倦地、長期愚昧地與人的內心向好的期望作戰，這是怎樣的一種愚蠢?!當然這是一個非常複雜的話題，因為在那裡，在管教者群體的內心點燃宗教的星星之火，則更是個當務之急。因為管教者的人格及觀念，比被管教者更需要矯治。例如：他們可以從容地撒謊，說謊不假思索且全無心理負擔，把弄虛作假當成職務行為而有序布置，而從容操持。

## 二十八、高牆電網內勝似天堂的表演

在沙雅監獄，每年都會有若干特殊日子臨到，那就是迎接各類的檢查及參觀，不親耳聽見，真不敢相信，一個作假的過程會是如此轟轟烈烈而人人奮力。每到這樣的時日將臨的前兩天，監獄即開始了為檢查者或參觀者進行預演彩排。樓內過道及大廳開始掛紅懸彩，平時昏暗的樓道也會為彩燈扮靚。最令人心醉神馳的是大樓外，真可謂鼓樂齊鳴，常讓人想起「九天閶闔開宮殿，萬國衣冠拜冕旒」的王維詩境。

那院子很大，是一個點三個監區一千多犯人用的公用場所。能確切地分辨出來，從不外乎的套路是整個大院分為三大場所：一處是漢文化中的威風鑼鼓，鼓鈸聲振聾發聵，據獄警眉飛色舞的描述，真正奪魂攝魄的是在那威風震耳的鼓鈸聲裡，那龐大的用彩綢裹頭、彩衣覆身的表演陣容；另一處是更龐大、更衝擊視覺的太極表演陣勢，人人身著黃彩衣褲，踏著優美的音樂，在豔陽下畫一演變（我是只能一邊聽著獄警的繪聲描述，一邊閉目玄覽）；還有一處是維吾爾的傳統民族鼓樂合響，據說也有一大陣和著鼓樂跳著「刀郎舞」的人。真的，你若閉上眼睛，置身於那歡慶喜樂的氛圍裡，你會忘了自己置身何處。

真不是杞人之慮，我曾為此有過擔心，因為這種直上干雲霄的「祥和喜樂」氛圍，會有讓那群參觀者中不諳世事的糊塗蛋產生非進不可的理想，因為這種氛圍使人覺得那高牆電網外才是足讓人卻步的人間苦境，而這高牆電網內，才是勝似天堂的樂土，參觀者但有生活不如意者，受了這「真實」場景的蠱惑而萌生出非進來不可的決心，豈不是禍事？因為還有一樣物質安排內容則與那精神大觀場同樣有著蠱惑人的氣魄——即每至這樣的時日，中午必有一頓好飯，那飯真的會

提醒我們是在這人間。

　　每至彼時，警察來送飯時，我都會念念有詞：「人間煙火味，人間煙火味，一不小心回到人間一回了。」他們笑而不語。

　　但這對監獄方面而言則是個大痛，對他們而言，是我們在喝他們的血。但對我們而言，亦是個「塞翁失馬」的事。參觀一結束，他們會忘情地喝上一陣子我們的血，飯菜品質較尋常豬狗以下的標準再往下滑一大截。需要澄清的是，並非說在這樣的時日，犯人就能呲著牙面對山珍海寶，那種特別改善的飯菜要在高牆外，送給叫花子你都會一臉抱歉，只是相較於我們平時的飯菜而言。

　　這樣的過程每年至少也得有個三四回。但我所擔心的有人會被蠱惑而決心非進來不可的事也不會發生，因為2012年4月20日，來參觀者的幾句話即冰釋了我的大慮——樓道裡突然響起一個頗不美的女聲：

　　「人大政法組的、紀監組的，看著我手中的旗子，別走散了。」

　　來者亦非俗器，更是一群深諳騙術的內行，不過是一群騙子之間的荒誕遊戲耳。每一個這樣的過程，唯一積極的意義就是使犯人能喝一次監獄的血；但究竟，犯人是長期被喝者。

## 二十九、一週一次的飯菜「改善」

　　有一次，我為飯菜品質太遠離豬狗的標準而與監區進行交涉，監區長康建輝出面與我交涉（康仍為教育科長，由於替換艾尼瓦爾的陳監區長屢屢與我發生衝撞，從2013年10月後，十六監區監區長暫由康代理）。康讓人到大廳把貼在牆上的食譜拿來給我看，我真的無法記述我當時看了食譜時是怎樣的目瞪口呆，那是藝術，那是遠遠高於實際生活的藝術，是造假的藝術。原來，我們在「紙上」的生活是那樣的讓人悅目，在那張紙上，我們不僅當天早晨還「喝上」了雞蛋湯，而且每天還有花卷、麵條吃。我以前總以為藝術究竟還會與生活有些干涉，這次終於看清了原來藝術可以如此地遠離生活。

　　我以前聽說中共大部分監獄裡犯人的伙食還不錯，因為雖然政府給付標準極低，卻有彌補之法，那就是犯人的生產收入可予些許補濟；但沙雅監獄這般無邊無沿地差還是超乎想像的，但他的差只在菜食和花樣調劑方面。沙雅監獄的饅頭很好，而且好得一以貫之，饅頭不僅好，且可以飽足。但那一週二十頓饅頭，足使人對那好饅頭蹙額。更加上那一以貫之的水煮白菜，那真是一種無邊無際的苦

楚，我是一聞到那煮菜味就發嘔。

名義上一週有一次改善，就是一頓麵條，即維吾爾人的拉麵，菜還是往日的煮白菜，裡面有時能看到黃豆粒大小的雞皮。我常想，即便放進去兩公斤重的一隻雞肉，這一千多人每人碗裡也當有兩克左右的肉，但絕大多數情形下你是沒能力從碗裡找出這種東西的，尤其那肉的做法更給身處苦難中的犯人增加了苦楚。可以斷定，那是將雞肉剁碎了扔在一鍋水煮白菜中煮出來的，毫不誇張，那菜味絕對與殺雞攤上那鍋退雞毛水味無大異，那種腥臊味蓬蓬勃勃，要吃進去這一週一次「改善」的「雞肉菜」是真的需要些毅力的。我有兩次直接將菜原封不動退到來送餐的馬兵手中。

便是這樣，這一週一次的「改善」也不能與法定的節日犯沖，一旦這週裡有個法定節日，這種「改善」就會被取消，待到節日那天即成就了那節日的「改善」。每逢節日，這種算計從來不會錯過。最滑稽的是，每逢大節則必有一頓包子，這包子的餡就是平時的煮白菜，量卻遠不比平時量足，一個包子咬上幾口仍不見白菜出來。儘管這樣，從2012年10月份以後，我的每週一次「改善」待遇也被取消，至2013年7月一次與馬監獄長的談話中我究問其故，他驚詫說「不可能」，可我這一週一次的「改善」還是實在地被取消了，這次交涉後又給恢復了。

常人無法理解我們與那一頓麵條的計較，那是只有在那種環境中才能有的苦經驗。可能讀此文字的朋友會以為我有刻意記述沙雅監獄的「不是」之嫌，這正是我所力圖避忌的。我所展示的是一個具體監獄的問題，卻是整個中共監獄問題的一個剖面。我從不認為這是沙雅監獄獨有的問題，而問題是否全面、客觀，這是我不能肯定的，因為三年裡我只能看到我一個人的飯碗。但獄警無數次告訴過我，說你的飯菜與其他犯人的是一樣的，而這信息是否是不真實的，我不得而知。

我想澄清的是，我對沙雅監獄沒有惡意，我對他們更多的是哀憫，因為作為具體的監獄，他們對我也沒有惡意，他們只是更上層權力針對我實現惡意的工具而已。相反，作為具體與我打交道的執行者，他們在許多方面是務實的及變通的，這是我要感謝他們的（我在後面會談到相關方面的問題），但我絕不會因此在揭他們的問題時徇私情，因為他們身上的所有問題，都有這個制度以及這個社會時下問題的醒目標誌。

# 三十、過度勞使犯人的問題

「財產不可公有，權力不可私有。」這是人類用苦難得來的經驗，可這不爭氣的民族迄今不肯醒悟，盡與人類的普通經驗反動。這終於衰老下去的民族，1949年以後的三十年裡整體地被愚昧攫住；而此後的又一個三十多年裡，攫住這民族的邪惡大手竟不見得有鬆動，更不幸的事是，這民族又被近乎原始的自私和貪婪攫住，這是這民族的大痛、大不幸。諾大的中國，今日竟只剩下唯一的一種聲音：禍國殃民的「愛國賊」的聲音，這實在是人類這個時代的不幸而畸形景觀，我的這些文字會成為嫡派「愛國賊」討伐大陣的目標。但究竟不過集體怒吼而已。

在沙雅監獄禁閉的三年，我體悟到，指責他們踐踏法制，那有些高抬他們，也有些為難他們。法，作為人類文明的普世成果，便是踐踏他，究竟還屬文明人類群體中的現象。今天，沙雅監獄的問題是出乎人類文明範圍的問題。人類最成功的文明成果，就是對同類生命的愛和緣愛而生成的敬畏。這種普遍存在於文明人群體中的愛和敬畏，是每個生命最信實的心理安全保障，亦屬不可懷疑的共有底線，這個底線是構築個體之間、個體及群體及群體與群體之間信任的基礎。一個人、一個群體，乃至一個民族，當他們下墜至這個底線以下的時候，他們實際上是下墜至人類社會人以下的純生物人狀態。墜入這樣的狀態中，無論你身置何種位階都是不幸的：壓迫與被壓迫者，都是不幸的。被壓迫者沒有尊嚴，而壓迫者何曾有過？在全世界，中國公職人員的權力最大，但他們卻是全世界最沒尊嚴、最不名譽的公職人員，如果他們無論整體還是個體，他們若理解了人類關於羞恥的含義，那他們一天都混不下去。虛假和暴虐成了他們唯一的也是最後的尊嚴。他們極喜歡權力永遠私化下去，這純私化的權力終於將毀掉了他們，因為他們把權力已私化到山窮水盡的境地。

我曾找李建峰警官就沙雅監獄過度勞使犯人的問題進行過幾次交涉，其餘的時間我記不大清楚，最後一次交涉在2013年11月份（凡我所說的畫面應當都有錄影資料保存），我的原說大致上是：

「李警官你好，從9月份以來，你們完全取消了犯人的星期天休息。我一直以為是因為收棉花季節的緣故，現在看來不是，一則棉花早已收完，二則犯人這段時間的勞動都是在樓上。我特別提請你們在過度勞使犯人的問題上能有所克制，承認他們的基本人道需求，能使他們得到應有的休息，至少每個週日當保證他們得到休息。就過度勞使犯人的問題上，我已有過幾次對你們的提醒了。」

遺憾的是，類似情形下，每一個與我面見的警官的第一反應就是替監獄辯解或者撒謊（這裡我無意指責李警官，那種辯解與撒謊實在已於意識、是非判斷觀無關）。

李警官立即回答我：「他們都是自願的，都是自己要求的，因為他們多幹活可以掙點錢。」

「李警官你相信你正在說的話嗎？」我問他。

還好，從當週開始，犯人星期天休息了。

## 三十一、監獄犯人的勞動所得哪裡去呢？

專制制度下的監獄，那高牆電網圈住了一種頗原始的制度，即奴隸制度，只不過犯人的處境比奴隸要差得多。奴隸尚可娶妻生子，夜裡尚有關起門來的自由；犯人則在夜裡像動物一樣被關在一起，連睡覺都被監視器及坐在監舍裡的「坐班組」人員盯著。那高牆電網還圈住一種原始的自由——公權力的自由，但公權力只是那裡權力行使著的面相，實際上，那裡已沒有了公權力，如非要說還有的話，那也是一夥人手裡的公權力。這種捏在一夥人手裡的公權力只剩下三大作用：一是接受來自國家的錢財，二是暴力維持對監獄當局有利的秩序，三是使犯人成為監獄實現私利的活工具。

我過去聽說犯人雖從事繁重的勞動，卻可以換來提高生活水準，具體就是改善飯菜品質的結果，但至少在沙雅監獄是不能夠，他的不能不是因為那裡沒有繁重的勞動，而是監獄當局原始的貪婪。監獄犯人的勞動所得餵哺著一種暗存於監獄體系的分利機制，這種機制的存在是實實在在的。我能得出的確切結論是，以沙雅監獄為例，其犯人的收入來源為兩大塊，一塊是終年不輟的外事加工收入，一塊是監獄種棉花的收入。這種收入的一部分就成為監獄警察的私分利益（比例不詳），這是不允質疑的現實。有警察給我講過，說光外來加工收入他們監區每月獎金不低於三百元。這種利益分配機制將每個警察都囊括進來，不僅刺激了獲取利益的衝動，更使監獄的全體警察形成一種共同的利益默契。在如何勞使犯人的問題上，不用再做專門的動員即能形成驚人的一致，由此生成了每個成員對這種分利機制本能的保衛衝動。

阿克頓說：「權力滋生腐敗，絕對的權力，滋生絕對的腐敗。」不受任何限制的權力是世間最可怕的東西。我留心觀察的結果是，犯人一天勞動時間在十二

小時左右，這是可以計算得出的結論。犯人每天早晨七點半起床，夜裡十點半至十一點鐘睡覺，期間共有十五個小時，早晨出工時間絕不會超過八點半，午飯和晚飯兩頓飯加起來的時間絕不超過一個半小時。每天用於勞動的時間絕不低於十二小時。有時還經常提前起床。

我曾就提前起床問題及犯人的勞動時間問題，多次與李警官交涉過，頗引起他形於色的不滿，他立即喊來「紅馬甲」（當然只能使我聽見而不能看見）問：

「我們早晨有沒有讓你們提前起床？老實回答。」

「紅馬甲」大聲回答：「沒有提前起床，是按規定起床的。」

但在時間上他們是蒙不了我的，他們對此也很清楚。一天十二小時左右的勞動，竟還被取消了星期天，這種行為直可以「慘無人道」來形容。我的交涉意義不大，因為究竟我會有一天被押離那裡，一切都將復歸原初。可能有些愚昧的「有識之士」會對此質疑，說監獄不有駐檢監督機構嗎？不還有上級有關部門的監督嗎？那是他對中共官僚體制架構的無知。要知道，監獄內部也有當然的紀檢監察部門，他們的存在，只是擴大了分贓的群體而已。在中共把政的六十多年裡，紀檢、監察、反貪、反腐的機構可曾少過？中國公職人員的貪婪行為可曾減少過？誰有能力在中國找到一個不貪腐的官員？至於說上級主管部門，他不再是傳統意義上的保護傘，而是下級貪贓枉法所得的主要分利者。

新疆沙雅，據獄警講，個人種植棉花年收入百萬乃至數百萬元者頗不少，而監獄的大規模種植利潤會更加可觀。外面的電、水、種子、勞動力等成本，對監獄而言，是不存在的。雖然犯人每月可以領到八元錢的補助，這錢也是由納稅人承擔的。由是，在新疆任意一座幾千人的監獄，其僅棉花種植一項收入當在千萬元以上甚至幾千萬元。這些收入都哪裡去呢？我曾就這一問題問過一個老警官，他笑而不語，結果過了兩天他給我講了一個頗有深意的例子。他說，監獄的一切花銷都是記在犯人頭上的，他很詭異地笑著說這是應該的，因為這是犯人的勞動收入嘛。他說，以養雞為例：

「今年沙雅監獄又增加了六、七千隻雞，用犯人養著，吃犯人種的糧。下的那麼多的蛋哪裡去了呢？當然是給犯人吃了，你信不信？有帳呀，帳上記得清清楚楚，全是你們犯人吃啦。雞肉也一樣，都在帳上記著呢，都你們吃了。」

我給他算了一下，從我的碗裡情形判斷，每五個犯人加起來一年若能吃到一個雞蛋，那就已經誇大了事實，而每十個犯人加起來一年絕對吃不到一隻雞，監獄除「肉孜節」外，只要「改善」，百分之百的是雞肉。實際上，他是通過這個

事例告訴我，監獄收入所有被私分部分，都是把帳記在犯人名下的，用《入監教育讀本》裡的話說是：用於犯人的生活改善和添置改善勞動工具和生產條件。其實，勞動工具及生產費用都是由納稅人承擔的，所以我認為這些奴隸的所有勞動收入，絕大部分被監獄及其省裡的上級主管部門私分，而極少部分上繳司法部後，或可能有極少部分以利潤的面孔上繳國庫。實際上，一個現實的存在是，在每個監獄裡被關押的犯人，其只有形式上的國家屬性，這是因國家承擔監獄運轉費用才維繫著的一點形式，而其實質上則成了各監獄那一圈大蓋帽的私有奴隸。

對私利的貪得無厭，生成了他們每個個體對這種分利制度的保護本能，以及對過度勞使犯人這種不人道機制的本能辯護。這是許多人，包括分利者中的部分人都意想不到的分利機制。公共權力赤裸裸地私化，既已私化，私意支配即變得心安理得起來；既已私化，那麼如何勞使犯人、如何管理及對待他們更有利於實現私利，就會成為那一群大蓋帽本能的默契和衝動。我也是在那裡待了三年，才慢慢看或聽清了這些表象上無法得出的道理。

## 三十二、不當利益置換了人的道義感情及良知

我開始也不大理解，琢磨著，人世間的道義、人的良知為什麼會在一群人中整體消失？漸漸地終於地啟悟開去。不當利益作為一種買價，慢慢地置換了每個人的道義感情及內心的良知，當然亦有別的複雜原因，諸如個人的無力感、被迫隨大流等因素。因為那種環境對人的改變是溫水煮青蛙式的，明顯地改變了而個人卻不得覺知。

例如，有一位叫毛銳尖的大學生是與我同一天到達十六監區的，我的習慣是不論見了誰，即便是我的壓迫者，我都會向他問好，不論他如何反應亦不改這種習慣。這毛警官，頭半年裡，你問他好，他亦回問：「你好。」半年以後，你問他好，他回你以「嗯」。一年後，你問他好時，他不再理你。我曾笑著說他終於成了合格的警察了，他不解其意，我告訴了他這種變化，他說他沒有注意到。其實，這是分在那裡上班的所有大學生警官的現象，只是他們不自知耳。

又如，他們還有一個規律是，在初上班半年左右的時間裡不大會去罵犯人，但半年以後漸漸地像警察了。我曾和不少警察討論過這一現象，包括在北京時曾與張雪（張雪說有的人他就吃這一套，他舉了個例子，說他上班第一天抓了個賊，師傅交給他審，結果審了兩個多小時那人死不承認，他師傅從外面回來後二

話沒說狠狠地抽了那人兩巴掌，然後坐下一問，那人全招了），但監獄的警察普遍地認為：

「犯人都是些殺人放火的東西，你不收拾他，他不吃你這一套。」

人很容易俯就現實，稀裡糊塗地成了環境的一部分。一個善良的人加入了中共公務員群體，那實在是一種不幸。

我曾不止一次地問過自己：假如我是獄警中的一員我會如何？我堅信，我成不了惡人。但沒有人可能拒絕分到你手裡的利益，更不可能以正當與否和到手的利益辦理交涉。在冷酷勞使犯人的問題上，我們看到的是人類不加節制的貪婪之害。為了實現私利，為了最大限度地滿足貪欲，監獄對犯人的過度勞使已到了毫無理智的地步。按照法律規定，勞動者每週的工作時間是有規定的，即至少保證勞動者每週有一天的休息時間。警察每週休息兩天，而犯人有時每週連休息一天的時間都沒有，每週工作在八十個小時以上，長年被驅不若雞犬，而之所以若此現狀，並非國家法律規定使然，而是一群人的私欲支配結果。這個現狀已成不能改變地存在著，這正是不受限制權力運行的必然結果，在現有體制下解決之，無異於自握頭髮而欲將自己提離地球之難。

我在那裡也常想，在監獄這種人類共有的特殊場所裡，權力與權利關係的處理問題。絕不能以其場所特殊而迴避了這個問題，從長遠利益及一個人的精神利益角度著眼，身處權力不受監督的環境中是一種不幸，他不是導致掌握權力者的人性缺陷，而是致他們人性殘疾。在許多方面，你能明顯地看出這種他們不自知的殘疾。

我曾有一次在洗臉過程中被值班警察白利平奚落了一頓，但他奚落我的用詞引起了我的注意，他說：

「你洗臉時間，以後快點，都五分鐘了還沒洗完，人家別的監舍十幾個人，洗漱時間八到十分鐘必須結束。」

我說：「十幾個人洗漱時間不超過十分鐘，這怎麼可能？（我有意刺激他）您不是在說謊蒙我吧？」

他真跟我急了，說：「怎麼不可能？一直都是這樣的制度規定。你這人說話，我蒙你有什麼好處呢？哪個監舍敢超過十分鐘？」

後來的我看到的事實證明了他在這件事情上倒罕有的沒有撒謊。我的對面監舍關進來犯人的兩天裡證實了他的說法，犯人竟然整體不刷牙，每人進去洗手間到出來的時間絕不超過四十秒。

就此事我直接問過馬兵，我認為這種一個監舍十幾個人的洗漱時間限在十分鐘之內，這完全違背了客觀實際，犯人竟然集體地沒有刷牙時間。他說，這是監獄，監獄的管制是無處不在的。但後來又有警察與我私下交談時說，新疆有新疆的特殊性，說穆斯林信徒有一種宗教式的洗臉，洗的過程會在心裡邊默禱邊撫摸自己的臉，擔心他們利用洗臉之際進行非法宗教活動。我說，穆斯林信徒以宗教方式洗臉是正當的宗教活動。他卻一瞪眼說，在監獄裡面進行宗教活動怎麼不是非法的？而他自己就是穆斯林家庭長大的（說不定私下裡，他自己就是穆斯林），說絕不能給他們進行非法宗教活動提供機會。

在那裡生活了兩種截然不同的人，壓迫者與被壓迫者，在壓迫者眼裡，被壓迫者作為人的基本需求是不被理解的，甚至是不再被承認的。我們就是兩個世界的人，以喝水為例，監獄犯人與警察喝的水就不同，這事作為機密向我們保密，可實際上不下於三個警察在無意中向我「洩露」過這個機密。沙雅監獄犯人生活飲用水來自地下，那水毫不誇張地說是色味俱全，我曾在李建峰及巴拉堤警官面前說過這些不客氣的話，我說：

「沒有蛇蠍心腸，是不會讓犯人飲用這種水的。」

那種水煮麵是不用放鹽的，這絕不是誇張。但也有警察講過，監獄也知道這水不適合飲用，說澆了樹樹都死，也曾情真意切向上級呈以急請，請求解決，上級為此撥款五百餘萬元（這是我剛到沙雅監獄就飲水問題交涉時，警察給我講的）說很快就能解決。後來，這話被李建峰警官證實，也是說很快就會解決。我在那裡關了三年，離開時，問題依然如故。用警察的話是，錢一到沙雅監獄就沒人急了。

## 三十三、新疆監獄管理局監製的膠鞋

那裡有太多的黑暗常讓人目瞪口呆。買來的東西品質與價格的反差能達到超藝術的程度。據說，此項利潤一年即可獲數百萬。當然，這種獲利機會的獲得者的背景是不言而喻的。此項利潤並不屬監獄而是私人承包，一個月只進來賣一回貨，全監獄犯人一個月消費不是小數字，我們那三個監區點一千多名犯人一年就是一百多萬元，而且那裡的貨售價高得讓人咋舌。不究品質，僅從外形上看，一件汗衫在外面最高十元錢，那裡面要賣價三十元。三十元買回來不到一週就破了，馬兵警官幫我讓縫紉組的犯人給我縫好了。在冬天裡，禁閉室睡覺脖子冷得

不行，特囑馬兵買一套高領內衣；內衣必須洗一次才可貼身穿，可洗完晾乾後的結果讓人哭笑不得，高領上衣成了成熟的低胸衣且成了「短袖」衣。內褲則成了標準的「中褲」，我買的還是最大號的。我與馬兵進行了交涉，給的答覆是，沒有辦法，監獄賣的東西就是這樣。最後，只有不再穿他。這貨物來源帶有私管道屬性，那麼純粹從公共管道來的又怎麼樣呢？他們發給我一雙外形與當兵時的膠鞋一樣的膠鞋，看上去當是很結實的，我心裡還盤算著至少穿他一年以上，因為監獄裡賣的膠底布鞋絕不出三個月報廢，鞋底在水泥地上輕畫即成一條黑線。

　　我的每一分錢都是我家裡人靠著疲勞肢體攢下來寄給我的，每花他們的一分錢都是我的感情負擔，所有在這三年裡與我接觸的獄警見證了我的節儉，但那真是使人目瞪口呆的誇張效果。那外表頗不錯的膠鞋，穿到第三天，左腳前方即開了個大洞。我想這一定是個偶然現象，便是用紙糊的，糊到那種厚度，若對付著穿能穿上幾天是沒有問題的。現實很快證明，那問題不是偶然現象，因為到第五天時，右腳上穿的那隻鞋也風光無限地開了花。由是，我開始認真地琢磨開他的品質來。原來，他用的膠是一種極生脆的膠，輕輕一摺即裂開，輕輕一撕就開，這種超藝術的誇張效果，我只在《康熙微服私訪》電視劇的腐敗官場看見過幾次。最令人感慨的是，在前鞋臉上，「新疆監獄管理局監製」幾個字組成若紅太陽般的一個圓圈赫然印在上面，那是怎樣的一種氣魄？一種無法無天的氣魄，一種毫無羞恥的氣魄！而對那個紅太陽般的標識，我無論作為納稅人還是公民，或者是接受這鞋的囚犯，都讓人感到一種莫大卻束手無策的恥辱。那一圈漢字，他是對文明無恥的示威，是對接受他的人的一種侮辱。

　　我找來他們進行交涉，辯護的本能使他們脫口而出：「所有犯人的鞋都一樣，沒有人故意給你一個人發這種鞋，一般就是穿一到兩週就扔了。」

　　公權力有一個絕對特質，即只要失去監督，他就會置換成私利，且決絕地不顧一切地去置換。

　　「新疆監獄管理局」這三年裡作為一個惡的影子，他無處不在。作為犯人必讀的材料，我看了不少由他起草的文字，包括《危害國家安全罪犯管理守則》，他最大的特徵是反人道、反法制，從政權角度看，他還直接反憲法、反立法法、反監獄法。你感到那不僅僅是一群法盲在起草東西，你同時覺得那首先是一群流氓，其次才是法盲。你能從那些材料裡看到一種自由：公權力恣恣肆肆的自由。他們把政治犯完全當成了惡魔，那種精細的管制，除了疏遠了法治及法律本身外，真可謂「滴水不漏」。即便如此，在實踐中也不執行那裡面規定的，對政治犯於獄

警在場時可以適當放風的規定，而是完全取消。回想小時候看中共拍攝的《紅岩》電影，國民黨監獄竟然每天給政治犯（他們實際上是一群暴徒）在院裡放風，竟然允許他們在監舍內自由行走，犯人絕食不但不受電擊、關禁閉處罰，而且還做出讓步，覺得與共產黨對於政治犯的手段比較，那監獄簡直是天堂。

## 三十四、換燈泡・加防盜鐵門

2013年，我的禁閉室對面正對著瞭望孔的牆上掛了一個鋁合金大相框，上面大書一「德」字，而背景畫面卻是老子的畫像，相框正面又赫然寫著「新疆監獄管理局監製」一行字，常聽人譏笑中共官員文盲、流氓加法盲，絕大多數情形下的確並不冤枉他們。老子說過：「上德不德。」即真正的德並不表現為形式上的有德，亦即老子是反對「德」字「上牆的」。將「德」字上牆卻配上老聃的畫像，這是個無知的笑話。而最滑稽的是，一群當下最喪德、毀德之人高舉這「德」字大旗，這實在需要超人的無恥勇氣。

那個時段，在於我，只要有揮之難去的苦楚時，必會有人私下給我提到是「局裡（指新疆監獄管理局）安排」的聲音。2012年春節期間，我的禁閉室燈管燒壞，當時是春節休息，他們給臨時換上一個小燈管，據說是十二瓦的換成六瓦的。房間裡原本就很暗，這樣一換則更暗了，但考慮到春節假期完了即可以換上，也就忍一忍就過去了，可沒想到這竟成了一場無法擺脫的噩夢。為了將這六瓦的燈管換成十二瓦的，我無數次與監獄當局進行交涉，此後一年多的時間不能成功。後來有人說，給你換燈管的權力在局裡，大的換小的可以，小的換成大的則必須報局裡批准，局裡不批實在沒人敢給換。在這文明制度國家，這種現象會被當成笑話聽，有時你很想找個不鄙視這一群同胞的理由，終於你會發現你在向不可能的事物挑戰。這使我想起另一個我親身經歷的笑話。

2010年底，中共武警北京總隊作戰部部長率眾來到我的囚禁點，親自部署作戰任務。究竟是作戰部長，一來就看出了結構性的戰略漏洞，認為為了確保萬無一失，應該在我的囚室外面的過道上再加一道防盜鐵門，「以使黨的『執政』地位更加穩固」（士兵的話）。中共武警總部作戰部立即批准此項偉舉，並報主管副司令某中將（名字我記不起來了）最後定奪。該中將為了在戰略及戰術上把握全面和準確，在兩級作戰部長及北京武警總隊某少將以下一群驍將悍兵的簇擁下，來到了我那臭不堪聞的囚室門口。據不少士兵講述，說那中將很年輕，很有氣魄，

說他們的李副指導員卻顯得戰兢、猥瑣（提前兩天就有師裡，總隊的兩級工作組來反覆調教這李副指導員如何向首長敬禮，如何向首長報告，並嫌他的形象過於滄桑）。於是，在我囚室門口裝個防盜鐵門的偉舉開工，笑話才開始——首先是價格的向上滾雪球，至少有不低於十名的士兵講述過這種讓人笑不起來的、中國特色的笑話。幾乎所有士兵都認為，那個防盜門最多價值兩千元，但從中隊到了大隊就成了五千元，大隊到了支隊就成了八千元，支隊到師裡就成了一萬五千元，而師裡到總隊就攀升至兩萬元，說總隊到總部的情形就不清楚了。但這並不是笑話的巔峰時段，後面發生的事更使人哭笑不得：此項工程竟被列為當年年度武警部隊所辦成的「十大實事之一」，而且，防盜門安裝竣工之後，一時全軍上下來參觀者眾，真可謂摩肩接踵，一時間，我的囚室門口熱鬧非凡，不親身經歷，實難相信這是一群正常人進行的過程。

言歸正傳，換個燈管的事終於在十五個月後有了眉目，實際上我理解是沙雅監獄的一種變通，即禁閉室實在是有些太暗，而我又屢屢提出交涉，「局裡」卻終於不批准，最後於2013年3月17日，他們又在我的禁閉室多裝了一盞六瓦燈泡，既未觸犯局裡的禁令，亦解決了實際問題。

## 三十五、局裡要求每週寫「五書」

這「局裡」在我的問題上開始時是有過些想法的，首先「必須徹底放棄反動立場，棄暗投明；頑固堅持反動立場，絕不會給你好下場的」。但對於我的改造，手段上是由司法部定了調的，對於像中共新疆這樣的「局裡」，你不允許他使用酷刑，等於廢去了他的所有行為能力。不能用肉體酷刑，他就想別的辦法。

按中共《監獄法》規定，犯人在監獄期間是可以買書或借書看的，但「局裡」徹底違法剝奪了我的此項權利，至2013年3月17日前，由於「局裡」的特別關照，我實際上是等於完全沒有書看。你從監控畫面裡看，我的身邊每天白天是擱了一本書，但那是一些用途不在手紙之上的書，什麼《三個代表重要思想》、什麼《鄧小平理論》等。那陳監區長笑嘻嘻地拿來了一本書，表面看有幾斤重，但接過來一看是本《江澤民理論著述》。這是人類最愚昧的一種對物力的糟踐。

到2012年5月份，鑑於我不停地交涉，經「局裡」批准，監獄當局給了一本老子五千言的《道德經》，什麼「聖人不病，以其病病，夫為病病，是為不病」，一口氣讓我看了五、六個月不給換書。當然，這能讀到老聃的五千言也是有條件

的，那就是「局裡」此前讓我每週必須寫「五書」，即「悔過書」、「思想彙報書」、「決裂書」、「揭批書」、「決心書」，這是所有政治犯及「邪教」類罪犯每週必須完成的任務。對於「局裡」而言，他有足夠的辦法逼使你每週完成他要求的五書。但對於我，他的所向無不克的辦法又不能用。有趣的是，我倒寫過幾次「五書」，只是寫的內容「局裡」大為不滿，不但「頑固堅持著反動立場，而且反動氣焰十分囂張」。諸如，每次的「五書」，我每「書」裡只寫一句話……

「悔過書」中，我一般寫句：「我後悔自己過去對中國黑暗勢力的罪惡揭露批判得不徹底。」

「思想彙報書」中，我說：「我每天都在思想著如何結束中國的黑暗制度。」

「決裂書」中，我寫一句：「我決心與中國的黑暗勢力以徹底的決裂。」等等。

後來，他們終於不再要求我寫這「五書」，但要求每看完一本書必須寫一份「讀書心得」，我同意。這是一個伸縮度很大的問題，盡在自己掌握中。但他們出爾反爾，可以想像，讓一個反動分子在關禁閉期間忘情地看書，肯定會使有些人心裡不舒服。到《道德經》看完後就不再給書。因為此前幾年裡疏離了人間文字，即便是再糟糕的書，他還有人間的文字可供我親近。所以，我提出願意看看毛澤東的書，因為毛的書從純技術的角度是可以看看的，更何況，毛選集的一至四卷有著一定的史實維度。後來證明這個選擇是正確的。他們只提供了毛選集的一至四卷，我要過幾次第五卷，終於不給提供。可能與我書寫的「心得」有關。

## 三十六、讀毛選集心得

研究中共歷史的人必須究讀毛的著述。毛的書我讀得頗認真，我多次要求每天能提供一支筆及幾頁紙，希望能把一些即興的感觸寫下來，但終於沒能遂願。這是非常令人遺憾的一件事，那時我有著大量的時間，很可以寫些隨情而發的文字的。所以，當一至四卷看完後，我寫了二十六頁之多的「心得」。

毛是個幸運者嗎？用中國人的成功哲學觀，這不當是個問題，但毛終於將是個歷史的悲劇，包括他本人和他所開啟的波瀾壯闊的事業。毛的悲劇沒有結束，他的屍體迄今不能安然入葬就是證據。雖然，他身後出了一代又一代「黨的堅強的領導集體」，但終於還是沒有堅強到把那腐屍搬離「中國的心臟」地。毛的最顯著的悲劇之一，即是今日中華民族仍然繼續著的極權專制悲劇，這是中國社會今天一切罪惡和苦難的直接根源。

毛之後，中國迎來過鄧小平及其一群、江澤民及其一夥、胡錦濤及其一幫，今天又有習近平及其一撮強勢盤踞「頂層」。但這看似在活動著的歷史，對中國人民來講只有災難的意義。在愚昧、冷酷及兇殘打壓這民族的美好願求方面，鄧、江、胡及習，無疑當與毛歸於一丘。無恥、冷酷及兇殘成了他們一脈相承的能力。

今天，習的技術性反腐好似頗贏得了些讚聲，他好像感覺也很好，但這些讚聲與當年毛澤東發動「文革」時贏得的讚聲比如何，誰贏得的讚聲更響亮、幅面更大觀？如此萬眾一心地支援「文革」終於給中國帶來什麼？鄧的改革，當年同樣讚聲高響，今天，終於有不少頭腦冷峻的國人意識到，「鄧式改革」是中國繼「文革」之後的又一場浩劫，所不同的是，前者是一場史無前例的政治浩劫，而後者則是一場災難程度更具毀滅性的經濟浩劫（寫至此，須澄清的是，我同樣不反對改革，但我所反對是這種鄧式的最壞改革）。

所以，我們必須冷峻地認識到，毛、鄧及習，他們三人的政治目標及政治邏輯是完全相同的，三者在手段及路徑上並無本質的差別；無法無天、暴力壓滅不同聲音及變態的集權方面如脫一模，所以最終結果也無疑將是一樣的。你細細思忖一下三者的基本手段及路徑，「頂層設計」是他們緊攥著的私活，又都利用著民眾情緒發動民眾參與，但都不給民眾實質性參加權力構建的機會。毛的「文革」給中國造成了幾近窒息性的災難後果，歷史已經證明，鄧式改革給中國造成的災難絕不比「文革」的禍患更容易修復，更何況「鄧式改革」是被習完全拾撿起來的政治遺產。所以，目前所做的一切，本質是在繼續著這民族的悲劇。

而讀毛的著述後的「心得」，也招惹了監獄當局的不安，他們找我談話說：「你寫的哪裡是心得，那成了對政府的揭批書了。」

因此，決定今後寫讀書心得時只給一頁紙，所謂：「八公山上，草木皆兵。」後來，這一頁紙也不敢給了，說我利用了要求寫讀書「心得」的機會而「繼續堅持反動立場」。終於，連看書也給停下來了。雙方又屢生衝突，因為他們單純的禁閉式關押，不允許參加勞動、不給書看，這全是與他們自己的法律規定相違背的，「以子之矛，擊子之盾」，我只要求他們遵守自己的法律規定。

## 三十七、理論精英的突破猶如尖銳濕疣

後來，終於又極不情願地在幾個月後給了一本叫《社會主義核心價值觀教育

讀本》。內中說是我黨集中了五百理論精英尋求理論突破的結果。我的讀後感又讓他們惱怒不已。我就抓住了他們集中五百人格侏儒搞理論突破的骯髒心理——他們為什麼要搞理論突破？不自信。他們比誰都清楚，共產主義在全球早已是過街的鼠子，只有鼠子般目光的醜類們才會將之抱持不放。理論突破做什麼？說簡單一點，就是給狗屎改個名稱。我是真可憐那五百名黨所寶愛的「理論精英」，終於是自取其辱，終於沒有能夠突破。我用一段文字給他們以形象的比喻。

我說，有一種傳統的性病叫尖銳濕疣，病巔時際其狀豔如桃花，這將一種使人生畏的性病說成豔如桃花，這足算得上是「理論突破」了。雖然是豔如桃花了，可他究竟還是一種令人厭惡的性病。

他們說，難道人家五百精英還就不如你一個人清醒？

我說，數量並不能決出問題的本質。我又給了他們一個關於數量的例證：我們小時候家裡用的茅廁，每至夏天，裡面會聚集眾多的蛆蟲，我敢肯定，那每一年聚集數量都在五百之上，也未見牠們弄出過什麼突破來。

聽者怒目而視，用他們監獄偵查科長的說法是：「這是公然抗拒改造的行為。」

書是又不給看了，其間多次有人私下提過：「局裡不讓給你看，沒有辦法。」

## 三十八、對模化及弱化思維及戕害靈魂的書籍之批判

看書從表面上得到了些改善，是從 2013 年 3 月 17 日後。表面上看，開始能給你些書看，但不僅給你提供的書使你無奈，而且他們終於心裡不大情願，開始算計我看書的時間，並為此百般綢繆、絞盡腦力。其間，發生了幾次不小的衝突。你絕食抗議，但一般在絕食三十個小時左右，他們在竭盡一切恐嚇手段終於效果不彰的情況下，會在技術上讓些步（有獄警私下講，說我是當下中國唯一敢絕食而不被「收拾」的犯人）。然而，他們給提供的一遝一遝的什麼《心靈雞湯》、《掙得第一桶金》的書，那實在是些垃圾書，至少對我如是。

後來，由於終於認為我並不會放棄反動立場，看完書後的「讀書心得」也不讓寫了。而一些書中出現的問題，甚至是些技術性問題，並不涉及敏感問題，我希望寫文字把這些錯誤給指出來，但當局已是「十年怕井繩」了，不同意提供紙筆。

例如，一位自誇「思想比社會科學院馬列主義研究所的人還要先進」，且「希

望馬克思主義能夠永駐中國」的「學者」在北京大學的系列演講，許多常識性的錯誤幾乎充斥他的全部文字中，這大概是他被北京大學寵愛的主要原因。最具娛樂性的一段演講中，他告訴那群白麵團似的北大「高材」生說，地球的自轉速度是每秒鐘三十公里；他那次演講兩個多小時，倘若地球終於聽了他的指令而轉了開去，他老人家即使因為「思想先進」，也不能在地球這般轉速中從容地講下去，他也不能一口氣與那群白麵團熬上幾個晝夜。他的演講還肯定了一個理論，即老子的「大音希聲」理論，說地球在自轉中肯定能發出巨大的聲響，只是由於這聲響太大而終於「大音希聲」了。白麵團團們已經被馴化得沒有了質疑的自覺衝動；但我認為他的這一結論是反物理。

另一本《余秋雨散文集》裡，我讀出一種蓬勃恣意的虛假——愛國的虛假。國，愛到了撒嬌，愛到了矯情，愛到了不真的地步，對之作為榜樣傳播，實在是誤人不淺，我希望能寫出我的批判，但被拒絕。今天，回過頭來看實無必要，但彼時我有的是時間，想抒懷一個旁觀者的觀點。

在今天的中國，全天候愛國心大熾的嘴力愛國者，普遍顢頇勁遠在余先生之上者，說不雅一點比蠢驢都多，對牛撫琴就不再是牛的問題了。真正培蓄年輕人善良、愛心及責任心的書籍在中國是罕有物，而一些模化及弱化正常人思維，甚至徑直戕害人的靈魂的書籍則大行其道，我們不能叫那些壞模子們得了便宜還自覺高尚。我在這裡並不是要主張阻止那些傳播無識與顢頇術的讀物出版，只是在唯有他們才能出版發行的時代裡，我們不能沒有了抗爭意識。

## 三十九、高音喇叭廣播九十六週

關於「局裡」對我的所有特別關照中，用九十六週的時間對我進行精神騷擾的高音喇叭廣播，是這三年留在我記憶裡最為惡劣的黑暗紀錄，這種惡劣及黑暗，並非說這種過程對我有多大殺傷力，而是新疆監獄管理局這種愚昧及動機的惡劣。整整纏鬥了九十六週，社會主義核心價值觀教育，他們比誰都清楚，一個「頑固堅持反動立場」的人，這種教育對我是毫無意義的。作為一群惡棍，他們同樣比誰都清楚我骨子裡面感到厭惡的東西。

四樣內容毫無理智地被重複播了九十六週；「危害國家安全的三十條禁令」及一段不到半個小時的「社會主義必然勝利，資本主義必然滅亡」的內容，外加一段愛國主義教育。每天反覆播誦，兩段加起來不到一個半小時的播出內容，不但

每天反覆播出，而且一口氣播了六十八週。最荒誕的一次是一口氣不間斷播誦了三十八遍，這是教育幹事高建軍自己統計的（這點他沒有作假，與我統計的結果一致）。「危安犯三十條禁令」是由一位男高音吼播，而後者則是由一名女士叫喊的。那種氣氛真的是似曾相識，你若閉上眼睛，那刺耳的喇叭聲，那更刺耳的激言厲聲的尖叫，彷彿完全置身「文革」的瘋狂環境中。開始還是「社會主義制度必然勝利，資本主義制度必然滅亡」，到後一段裡，必然要滅亡的就不再是資本主義的制度，而乾脆成為「資本主義國家必然滅亡」了。有一段不到五分鐘的內容裡，光「社會主義」一個詞就出現有六十多次。其中一段說：「不可否認，近些年社會主義的發展出了挫折，但這是事物波浪式發展過程的正常現象。社會主義將在全人類徹底取得勝利。而資本主義國家必然滅亡，將是人類歷史發展的必然規律。」還有一段說到：中國的社會主義主要發展到最關鍵時際，又出現了「三個代表的『重要』思想」，使中國的社會主義事業蒸蒸日上。

究竟是「新疆同志」，現在中國的一些重要的大地方，你不大再能聽到那種「文革」式的激言厲聲。真理終於不取決於是否抑揚頓挫，甚至也不取決於激言厲聲。絕無半點情緒化的誇張，那女聲的激情亢奮勁，直使人覺著她會是一位恣情撒嬌的小囡囡。我真的懷疑著她對社會主義的愛、對資本主義的恨至於如此情不能自持的地步。

我曾在幾個不同的獄警跟前建議過，我建議他們把這段廣播設法複製一下原版隱藏下來，我保證他們將會因此發一筆財，但前提是2017年後立即註冊。我至今肯定，那「新疆同志」的激情（也許是真情）喧嚷，再加上那與人間煙火不大發生關係的內容，他將在2018年的中國成為風靡一時的娛樂俏貨。

關於他們所進行的高音喇叭的擾攘，我與「新疆同志」的衝突可真所謂不計其數。你無法想像更無法理解那種近乎著了魔的邪惡衝動，激烈的衝突每週都有，一個是不該開的時間給你突然打開，到了關的時間不給你關，而衝突最多的是猛然給你加大聲音。

## 四十、自我行刺抗議

2012年6月9日早飯後，由於那喇叭聲音實在是大得讓人無法忍受，連續幾天的交涉無動於衷。當天早晨，我叫來了監區領導，讓他們到禁閉室裡聽上幾分鐘，結果陳監區長進來不到二十秒鐘就出去了，說沒有辦法，監區只能調大不能

調小，想把聲音調小必須打了報告，由上面決定。調小聲音，他們只須像調大聲音時那樣動動滑鼠即可，在技術上沒有任何障礙。我當面告訴陳監長希望他能理智，不要做得太過分。陳昂頭而去，喇叭繼續刺耳尖叫。

這些年來只要有機會，我的血性反抗也沒有含糊過，這點他們也非常清楚。我從不挑釁，更不把血性當成常規力量，很多技術環節上隨時願做出妥協，但絕不貪生懼死。當天在再次交涉無果的情況下，我割腕抗議這種邪惡的醜行。但這次自我行刺式的抗議是失敗的，他們據此發現我也是有「痛點」，用他們的話說是發現了你的「七寸」。對於新疆監獄系統而言，絕不允許我傷殘或死亡，這是上級下達的死令。他們在這方面的防範有的是經驗及措施，那就是讓你絕對地欲死不得，他們有的是人，他們為了「保護」我這樣一個敵人，不惜投入人力物力。一時間，專門調來看管我的人絕不低於十人，全天候，一點風吹草動即撲至禁閉室予以防範制止。他們有一種驚人的、常人難以理解的氣魄——作惡的氣魄。

這次血性抗議使得環境更加惡化，原來一天只安排一個時段的高音喇叭廣播，於我割腕當天開始，變成了兩次；原來早晨一睜眼開始的廣播騷擾上午結束，此後變成了晚上也要進行騷擾廣播。我在不同場合的談話中，都向他們表達了我的不解。人之損人大都是為了利己，損人而不利己的事，便是愚蠢的個體也不見得願意熱烈而持久地去做。我每問他們，為什麼如此損人卻毫不利己的惡事，你們以國家的名義，當成日常工作來做呢？他們每必面無表情而不發一語。只是私下有人講，說沙雅監獄並不願意做這種無用的事，但這是「局裡」的要求，說「局裡」也不是因為非要與你作對，而是因為部裡有要求，而且「局裡」要求把這當成大事，要站在政治的高度去做，說實際上只是為了將來總結彙報時，說新疆監獄系統針對高智晟做過幾千個小時強大的政治宣傳攻勢，當官的臉上有了光就行啦。

## 四十一、野豬打殺十隻上報五隻

其他當官的是不會想的，有些獄警在與我聊到這方面時舉了個例子，說當地有一種長著巨獠齒的野豬（後來他們給我看了那種野豬的照片，一種使人震撼的美——一種以其奇醜而成就了的美），說私獵一隻野豬在黑市上售價可達一兩萬元，一些窮急之徒頗願鋌而走險，但當地法律部門的打擊也是很殘酷的。說當地對這種盜獵者的殘酷打擊，表面上是在保護這種國家二級野生動物。說可當地有

此牛逼的人，市、縣的黨委及政府主要領導，武警和解放軍的主要領導，監獄的主要領導，公檢法的主要領導，他們打野豬吃就沒有人能管了。縣委書記讓公安局領導給弄隻野豬吃，你敢不給？

一位維吾爾警察講：最大的災難還不光是當地領導愛吃這野豬肉，當地領導的各上級領導也愛吃野豬肉，你就必須給他們弄到。說有時一個電話就要要幾隻，講要往北京送，還要說這是政治任務。有這種「尚方寶劍」，下面也不敢含糊，也不會糊塗，打殺十隻就上報五隻，一半死野豬赴北京完成政治任務，一半就中飽了具體執行者的私欲。

那維吾爾警官說，近幾年上面的這種政治任務越來越多，當地的野豬越來越少（在武警部隊囚禁期間，一個外號叫「草苗」的士兵曾在新疆庫爾勒服役，他多次講到同樣的情形，說殺一隻野生黃羊所得的肉量不亞於一頭驢；說他們中隊長指導員家裡的冰箱裡常年的黃羊肉、野豬肉不斷，還常給上級領導送；說打一隻狼做成標本可賣到數萬元，連當兵年限長點的士官也敢幹，因為他們手裡捏著領導的把柄）。那位警官說，不管是幹什麼，只要說是政治任務，是非對錯任何人也不能過問，一問就是不講政治、政治立場不堅定；說只要是明顯的不對的事，百分之百會被說成是政治任務。

他幽默地說：「江澤民是世界上最聰明的人，他發明了『講政治』以後，什麼麻煩也沒有了。」

## 四十二、徹骨的冰冷和無邊無際的悶熱

2012年6月9日那次割腕抗議之後，這種以高音喇叭為武器的騷擾一直進行到2013年4月9日，鑑於我的抗議從來未停止過，長期擔負如此神聖任務的具體執行者實在也疲勞得可以，終於在播了不多不少六十八週時，給換成了「拒不認罪絕無好下場」的認罪服法教育。

有趣的是，有人來找我談話，說他們為了爭取給我調整內容，而不知付出多少感人的努力，希望我就此能給他們美言幾句。我雖不在官道，卻極諳官道人的心理，這無關宏旨，我懶得動手，加之寫這種東西素不是我所長的，我讓他寫下了自我表揚的文字而給他簽了個名，舉手勞成人願。

然而，他們跟我們不同，我常理解他們的處境，能設身處地予他們以理解，但他們卻不能。我在那裡長期坐著，一天竟至十幾個小時，每次該開飯要站起來

時，渾身的那種幾近摧殘性的痛苦確實足夠承受。許多次在吃飯時，為了趕緊緩解臀部痛苦，我就跪在地上吃飯，因為一吃完了飯，喇叭就會即時爆出「學習」的命令。那終於經年累月的「學習」得以維持，當感謝我的意志，捨此，這足以將一個人摧殘成千上萬遍，但究竟人的生理有限性是無法改變的實在存在。

頗令人詫異的是，包括馬兵警官在內，至少有過三位以上的警官，在我吃完飯來收碗時，竟一臉好奇地問我：

「為什麼喜歡跪在地上吃飯？」

我只好回答說：「男兒膝蓋有黃金，閒置黃金不用是糊塗的。」他們終於還是滿眼茫然。

不再有理解他人的感情，這是一種人性的堅硬殼層，是鐵殼政治的衍生物，因為作為這種鐵殼政治的執行者，他們的自身處境與被執行者的處境已屬斷層性的隔絕。對於被管理者無須在具體操作中有任何的義務性顧忌，這種殼層常隨處可見。例如，新疆天冷，維吾爾人又有戴帽的習俗，縣城以下的聚居區，每個維吾爾男子一頂帽子是不分季節的。在監獄，一年到尾，每兩週一次「刮頭」，人人光頭而不能有任何例外。在這一問題的執行上是完全背棄人道的。你的法律並未強制性規定（不論什麼，一旦你指出他們的做法缺乏法律依據，他們會立即給你拿出「局裡」的一大堆規定，他們完全無視立法資格、立法程序這些決定法律生命能力的東西，以為只要領導寫在紙上，交給下級的就是法律。由於有著這樣的「法律」意識，所以那裡的「法律」氾濫成災。例如：有一份「局裡」關於對犯人日常監視的記扣分標準文件，其中有一條要求犯人每週要交一份書面的「思想彙報」，彙報時必須包括以下內容：你本週在世界觀、歷史觀、人生觀、法律觀、價值觀、民族觀、國家觀、道德觀方面的認識。你若身處其境，則可得知這種規定有多麼地不現實——許多犯人連名字都不會寫，偶爾聽到他們教授的文化課內容：上、下、左、右、人、大等）犯人必須剃光頭，即便犯人剃光頭對你們有著重大特別的政治意義，你們是不是應該在冬季給發頂帽子，他們每天去外面可有兩到三次的放風時間，光著頭實在過於寒冷。

我問過獄警，為什麼只有個別人有帽子而絕大部分沒有，他們說只有夜裡坐班組才能有帽子，因為坐班組在別人起床後還要負責院子裡的衛生打掃。而他們警察冬天卻有棉帽子戴，就像他們夏天有短袖而犯人卻沒有一樣。沙雅監獄洗漱用的地下水，便是夏季用起來亦是徹骨地冰冷。我曾多次請他們換位想想，設法給犯人解決，他們大都會冷冰地告訴你：犯人就是犯人，要知道自己來這裡是幹

281

什麼來啦，不是來度假享福的。又一次我實在冰冷難忍，就給高建軍警官反映，期望解決犯人冬季熱水洗漱問題。不料這位三十一歲即有著十六年工齡（其中當兵十二年，十五歲當兵），才轉成幹部沒有幾年的教育幹事把臉一沉，說：

「就像是國家改革一樣，什麼事都要有一個慢慢來的過程，大家都一樣，不可能一步到位，我現在就明確告訴你解決不了。」

「大家都一樣」、「要有一個慢慢來的過程」，這聽起來是在情在理的。可這裡有個很滑稽的背景：他們自己可以用熱水，可以洗熱水澡，卻強制我們慢慢等待。特權保證了他們擁有著與我們不再相同的環境，以致他們不能體驗到我們的感受。實際上，在觀念上，他們認同並接受了這樣的事實：作為人，你們和我們是不一樣的。

我的禁閉室的悶熱竟超過了北京的地下囚禁室，由於他刻意封閉的設計，使得那種悶熱一到夏天是無邊無際，人像動物一樣完全被圈在裡面，剝奪了一切對炎熱的干預可能。偏偏雪上加霜的是，我在此前從無鼻炎病患，在沙雅的禁閉室裡，一到盛夏，鼻炎如影相附，頗使人苦得不堪。普通監舍的窗戶二十四小時開著，門在白天也是全打開的。而禁閉室則是終年封閉，2013 年 7 月 11 日，經多得不計其數的溫和交涉不濟於事時，我以最後通牒的方式要求於 7 月 14 日前必須解決通風問題，否則將採取斷然措施，他們知道我說出的話是從不含糊的。結果，他們說我的房間不熱，是去年經實地測試得出的結論，並把結論報告了上級。

我突然想起在 2012 年夏天，我實在悶熱難耐，多次要求解決法律上規定了的通風問題。有一天，他們進來把禁閉室前後鐵門全打開後，拿進來一個測溫計進行了測驗，當時並不明其意欲何為，這時才明白過來，他們那是在測我的「室」內溫度的。真令人目瞪口呆，禁閉室前後門同時打開後，可立即形成一種局域的過風通道，室內涼爽程度遠遠超過外面，他們竟把這樣測出來的溫度作為我禁閉室的常溫資料向上彙報。當時的測量者就是李建峰警官，今年來回覆我訴求的正是他，我要求他現場重新測試，等到第二天上午十點多時，儘管還未到了每天酷熱的巔峰階段，他與方勇勝警官一起來測量，結果不到五分鐘就升至二十八度半，這是他自己報的結果，客觀結果沒能讓我看。我問他，怎麼可以打開前後門來測定這禁閉室內的溫度？他說沒有想那麼多。

終於，他們也承認了禁閉室熱的程度是他們原來不曾想像到的，於 2013 年 7 月 14 日給解決了適當通風問題，雖則一定程度上減緩了那悶熱的程度，但終於沒能使鼻炎有絲毫改善。一段幾近莫名其妙的鼻炎經歷，一進禁閉室則立發，一出

禁閉室而立止。2014年8月7日夜裡，被押解出獄後，這死纏了我三個夏天的鼻炎則再未與我照面。便是在禁閉期間，只要走出那個禁閉室門口，非常奇怪，鼻炎就沒有了在室內的堅韌和頑強，症狀像立刻被根治般。這三個夏天的鼻炎，是在這三年裡我所經歷的最著名苦楚之一。每天就用衛生紙堵住鼻孔，整天張著口呼吸。

## 四十三、扣留信件與如臨大敵的會見安排

在沙雅監獄期間，中共黑惡勢力另一個醜態可掬的表現，是在限制我的通信和會見的權利方面。然而，犯人在監獄的通信及與親人會見的權利，是他們自己公開了的法律承諾了的。

對於中共黑惡勢力，法律只是他們在一些過程中掛出來的人相。絕大部分情況下，他們是厭惡這礙手礙腳的人相的。當他們背對著公眾的時候，毫不掩飾對人相的厭惡。

我做律師時，曾在烏魯木齊縣法院閱卷受阻而找庭長交涉，指出律師閱卷是一項基本的職業權利，不料那庭長為此發了烈怒，其狀直似被踩了尾巴的狗。

「什麼法律不法律的，一聽你們提法律權利我就不舒服，卷就不讓你閱，你找法律去。」這是他們的一種最普遍的心態。

在阻撓我的通信及會見方面，特權淫浸出的扭曲心態成了其次的因素，「對待敵人像嚴冬一樣殘酷無情」是中共黑惡勢力向來的做法。我在這座掛牌地獄的三年裡，家裡親人的來信，包括耿和的所有來信，幾乎全部被扣住，只有大哥、二哥各有一封信，被他們拆開審查後，並經「局裡」及北京一些黑暗的東西同意後才交到我手裡，按一位獄警的話說是：「只有通情達理，沒有惡毒攻擊黨和政府的信才能給你。」而我的兩封回信則全部被監獄當局扣押。對此，我要求他們據此出具扣押憑據，而不是黑幫式的扣留。結果，沙雅監獄獄政科許科長與另一名科長來找我談話，宣布「依法」扣留我給二哥書寫的家信，理由是信中內容涉及「國家機密」，並具體例舉出信中洩露機密所在。諸如我信中提到：

這封信會費些周章，他要輾轉至北京，經北京某些大人物同意後才有可能到了你們的手裡……

近幾年裡，只要是我的名字，幾句真話，讓他們整個政權上下震駭……

這封信裡會有不少錯誤的字、句（范仲淹之「羌笛悠悠霜滿地，人不寐，將軍白髮，征夫淚」，就被我在那封信中記在了柳宗元的名下），因為我已幾年不接觸人間文字了。

許科長來談話等於明確告訴我，扣留這些信件的決定於沙雅監獄無關，他們只是奉命行事罷了。他說：

「正如你在信中所寫到的那樣，這封信是費了些周章的，確實是輾轉至北京，大人物是看出了許多問題的，現在向你宣布，這封信由於涉及一些不能洩露的國家祕密，根據有關方面安排，我們決定予以扣留。」

但他們的扣留都不出具任何憑據。就此，我多次與他們進行交涉，提醒他們的行為不能總是跳不出黑幫行徑。信件是特價物，其所有權當屬特定的人，他是特殊的財產權，扣留是個非法律名詞。要求他們依法出具，或暫扣文書，或出具沒收決定書，但他們已完全陌疏了合法的辦事程序，使出慣用的潑皮無賴招數：就不理你。看你能如何？他不給你出具體任何憑據，你連起訴他的條件都沒有。

在我的會見問題上，中共黑惡勢力更是如臨大敵，便是在外部壓力下不得不安排會見時，亦諱莫如深。不過是與我的家人見個面的過程，他們表現出的怕實在是超出了常理。我有時說他們是綠林團夥，這實在有些高估他們，他們沒有綠林盜蹤的惡膽。我常想，便是一個小黑幫團夥，也當是有些硬氣的表現。就規模而言，人類歷史上還有哪個黑幫能與今日中共匹配？按照他們的法律規定，在押囚犯每月可以與家人會見一次，現實中，這只是針對普通犯人而言的。對於政治犯和「邪教」類罪犯，他們在執行中是完全拋開了法律規定，稍微有點影響的政治犯，一個簡單的會見竟要經過北京一些人批准。他們選擇將我囚禁在沙雅監獄本身即是一個極陰暗的安排，以給我及我的家人在會見方面造成心理上的負擔。

我在那裡囚禁的三年中，經北京的批准，只安排了兩次會見，兩次加起來只有一個小時。每次會見，都是家人已到了會議室。他們才突然打開禁閉室來押著我出去會見，一進來就來一句「安排會見」，隨即便宣布一長串莫名其妙的不准：一、不准攻擊黨和政府（作為一個個體，我是從不擔心有人攻擊我）；二、不准污蔑黨和政府（我從不認為他們有被污蔑的資格）；三、不准洩漏國家機密；四、不准打聽負面信息；五、不准使用暗語、隱語；六、不准洩漏監獄的改造祕密。會見安排陣勢更是無處不顯陰暗和猥瑣，在外面反覆給你講，不要講敏感的話，否則有關人員會有吃飯碗被砸之虞。

他們的會見室，一名犯人可以用一個話筒與幾個人同時聊，在我會見時，他

們煞費心機，只能一對一講話，家裡來兩個人則一人只能守在一邊。但究竟，「依法辦事」這張人相還不得不提一提。我已經近三年沒能見到我的家人，而家人則更是長期為憂慮和絕望攫住，別說通信、會見，連我關在哪裡、是死是活都無法得知。終於看到了我的親人，我的岳父和我的大哥，兩個大家庭裡最重要的兩個男人。那場面實在使人不堪。兩個白髮蒼蒼的男人，會見中竟像孩子般嗚咽進而號啕大哭。我清楚他們這些年裡所遭遇的屈辱和苦難。會見中，他們的身後始終站著一名警察，那種防範真叫「滴水不漏」，電話筒不時傳來許科長的提醒和制止。我知道，可以說他們怕得要死，作為一個黑幫體系，每個人的危險都是不確定的。我和家人的會見錄音是要送到一些北京的黑幫頭子那裡審查（會見去的路上，有人說會見錄音將送北京，希望講話時不要講敏感的話，免得上面罵他們）。一個偶爾的不高興，下面的人就可能丟飯碗。

　　第二次會見是在2013年，是岳父和四弟同來。我的四弟跟我感情最深，他的眼淚是罕有物，不料一見到我即流下了淚，迄今想起猶然在眼前。

## 四十四、在沙雅監獄的代號：A2

　　有必要在此述及的是我在沙雅監獄的代號：A2。誰會是中國的A1號？應該是先我入獄的劉曉波先生。A是中共對「危害國家安全罪犯」的代稱，A後的編定則是由中共高層對重量級政治犯的統一編序。曉波君頗有交椅情緣，A1當是歸了他的。

　　我在那裡的一切都是遮蓋在A2之下，據說政權體系內的所有往來文件、通訊、電話盡悉以A2代稱。我在那裡看見過幾本登記冊，諸如《A2罪犯就醫情況登記冊》、《A2罪犯就餐情況登記冊》、《A2罪犯就寢情況登記冊》等，據說有很多登記專案。我曾問過他們，不厭其煩地做這些紀錄欲何如？回答是要對歷史負責。這不大是屬於我們能弄清楚的玄奧。

　　今天是2015年3月3日，屈指算來，離開沙雅監獄已有半年餘。監獄對於我，只是換個方位或名稱耳。有獄警曾問起我對沙雅的印象，我說與此前的黑幫式囚禁比，沙雅監獄算個不錯的地獄，但他究竟是地獄。那裡是權力的天堂卻是權利的地獄。我在那裡三年，我對他們的感情頗為複雜，犯人絕對的被壓迫地位不須說，而壓迫的執行，作為那一群警察群體，他們同樣是奴隸。對於人而言，自己尚不得自主自己的思想、認識及人性良知，他不可能是一個擁有真正快

樂的人，更不可能是一個能擁有健康人格的人。好在他們有自己對快樂的認定標準，這是他們終於還能快樂的保證，在這種權控體制下，絕大多數公職人員擁有了一種能力——麻木和冷酷。而這是我不大願意原諒他們及甚至從心底鄙視他們的理由。因為他們的麻木、冷酷，與常人又有很大的不同，這種特定群體的麻木及冷酷是一切罪惡得以從容發生的現實條件。然而，我評價他們不是全因著他們待我如何，而是他們對其他那些罪犯的態度。那些普通獄警，普遍地在態度上待我都不錯，可他們有時一轉身對其他犯人就成了一副惡面孔，這是我最不能接受的，為此我也與他們中的個體及單位都交涉過。

凡是面對我的事，他們做起來也都很用心，這也說明沙雅監獄所處的微妙地位——又要恰當完成上級交代的、對我的壓迫任務，又不願與我發生過分的衝突；要確保後一個目的，他們就得在許多具體的環節上靈活、務實。凡是上級下了死命令的結構性方面，他們不敢逾越，在執行過程中，凡是能有技術迴旋餘地的，沙雅監獄都能以靈活的姿態應對，這是我要感謝他們的。諸如：在洗漱的問題上，他們不能給我提供熱水，他們卻可以給我一雙乳膠手套；我不能吃涼饅頭，監獄專門給買了一個保溫飯盒給送飯，三年裡堅持不懈，做得很認真；那裡的犯人沒有洗澡條件，監獄每週六吃過晚飯後，必會給我提供一桶熱水，三年來，除了極個別人值班時故意找點茬外，絕大多數情況下做得很好，我每週六的洗澡成了一件大事對待；2012 年 10 月份後，由於身體缺鈣，夜裡腿部老抽搐，經交涉，監獄同意幫我在外面買牛奶喝，同意我的東西在外面超市買。我也能體諒到他們的許多身不由己，除了些原則性的問題，我也力控自己能與他們平靜相處，並基本上實現了這一點。

## 四十五、刑滿釋放前與康科長的談話

在中共的招牌地獄囚禁又是三年，有三個群體一直對我念念不忘，即：我的親人；那些一直以來關心我、關心著中國命運的中外朋友；另一個最關心我的即是中共黑惡勢力。

2014 年 7 月 22 日下午，我的禁閉室被打開，說要進行談話，到了談話室一看，那裡正襟端坐著三個人，一見我，其中一位笑嘻嘻地喚「老高」，我來了一句：

「不是私事吧？」

其中一人回答：「怎麼可能是私事呢？」

「那就先解決談話的資格問題。」我說。

「啊，我們是公安局的。」他們其中一人說。

「中國有幾百萬警察。」我回了一句。

「啊，北京的和新疆的。」那人又說了句。

「北京、新疆各有兩千多萬人。」我說。

「給你說了是北京的和新疆的就行了。」他明顯有些不耐煩了。

這又是一群企圖蒙面執法的「執法者」。我站起來轉身就走。

「你們的政權打發你們來找我談，這是你們掛了牌的法律場所，周圍的武警、警察全是你們的人，你們竟沒有膽量報上姓名、職務身分，而這又是你們自己法律明確規定了的公職人員與公民談話必須的程序。」這是康科長追過來時我對他說的幾句話。

局面僵持在那裡。監獄方面一下午兩次來找我，說人家老遠從北京趕來，不願說出姓名、職務，肯定有人家的難處，希望我能通融，我堅決給頂了回去。

這真是一種令人難以置信的局面，幾千萬的黨員同夥，幾百萬人的持槍者，如林的槍，如林的炮，如林的電擊器，如林的監獄，竟然在與一個個體的談話過程中不敢報上姓名！

晚飯前，康科長又走了進來，希望能各自讓步，說他們只能報上工作單位，以及職位與姓名結合稱謂。經監獄中間的搓合，我同意吃過晚飯後再談。我也清楚，中國的法治局面絕非繫於此一舉，對與這種祕密警察談法律，那實在是對驢撫琴。我更清楚，對於我，8月7號後的「出獄」，若僥倖，便是從小監獄進大監獄罷了，我從不反對談，談本身並不決定著什麼。我更清楚，2017年前，與中國黑惡勢力的交涉仍將是我生活的主要內容，具體操作層面上的接觸是必要的。

吃過飯，我來到一樓大廳，對手一改下午見面時的態度，主動站起來把手伸給我。

「公安部一局的任局長，這位是新疆公安廳的張處長。」雙方面對面坐了下來。

「下午那位態度是不應該的，所以這次談話就不讓他參與了，給咱們創造個好氣氛。」那位自稱是公安部一局的任局長說。

「我倒不太計較是否有他在場。」我接了一句。

「老高，你在這幾年了，外面發生了很大的變化，習近平上來不大一樣了，

全國人民都叫他『習大膽』，反腐力度非常大，政府的變化也很大，希望你出去有機會聽一聽，看一看。」任說。

我問他：「你瞭解我的案子嗎？你瞭解北京公安局這幾年裡和我打交道的情況嗎？」

他說：「我不瞭解，因為我剛從湖北省調到部裡不久，但我明確地表明，過去對付你的那些做法我不同意，過去對你那些做法的人也都受到了處理，連姓于的（指于泓源）也得到了應有的處理（于實際上是得到了提拔，由副局級升為管律師的司法局局長，任何以這般說法不得而知），連周永康都下臺了，周的四個祕書都已被抓，周也快了。」

「周的下臺亦罷，被抓亦罷，並非我所期望的，這只不過是這種制度下多一個具體的悲劇而已。但無論如何，周將在2017年以後會被以反人類罪面對審判，是我所不懷疑的。請您談些具體的，直接講你來這裡想談的東西。」我說。

「你是說2017年那事（指中共滅亡事），還剩四年啦？我聽說啦，不可能，我可以肯定地說，這個你估計錯啦，至少還有四十年的壽命。談談老高，出去有什麼打算？」任問我。

「何以打算那是私事，如果你真感興趣，可以告訴你：回北京；活著，並且準備快樂地活著。」我回答他。

「回北京不行，北京回不去。部裡讓我來的主要任務就是希望就這個問題盡可能地達成一致。回北京，部裡無權決定，可有權做決定的人不可能跟你來談。不能回北京就是決定，我們也不能給你談得太多，何況我們知道的也就是這些。」任繼續說。

「要麼回北京，要麼再進監獄，對我而言，共產黨就是我的監獄，總是要有人待在監獄裡的。」我接了一句。

他愣了一下又說：「老高你應該多替你的家人考慮一些，也讓你的家人安定上幾年，如果能讓你回北京，我又何必跑到這裡來跟你談？北京肯定回不去。有什麼困難說出來，只要我們能辦到的，一定辦。生活費、工作，什麼都可以解決。北京之外，想住在哪裡，由你自己決定（這個問題他撒了謊）。」

「我有什麼問題？你們判了三年，迄今累計關押時間已近七年，人在家裡突然被綁走，北京家裡有許多事等著我回去處理，兩套房子近十年的物業費、取暖費、有線電視費、網路費、水電燃氣費、孩子們的保險費，早已成了一個天文數字，房子本身也到了需要維護的時間，家裡的鑰匙至今控制在北京公安局手裡，

竟近荒唐地把我家裡的鎖都給換了，你覺得我該不該因此進行交涉？一個生物人，有了生理病患是需要看醫生的，在你們手裡，六、七年時間，只有在監獄是有感冒小病可以吃點藥，包括牙病，你們一直根本不予理會。我現在一口牙已全部鬆動，有四、五個已經掉了，我在北京有固定的牙醫，我要求回北京有什麼不合理還是不合法？這些年來，當局完全喪失理智的打壓是不是也該歇歇勁啦？」我問他。

他沉默了一會說：「這些都好辦，但只能在北京以外的地方治牙。」

「牙必須回北京看。」我回答他。

談到最後，回北京的問題上他們終於沒有讓步。我心裡清楚，這個無賴政權作惡的能力是絲毫不容質疑的，心狠手辣，言而不信，手段會無不用盡其極，我再要堅持回北京已毫無意義，不管怎麼說，先回兩個家裡看望兩家的人後再做計較。最後我同意暫時不回北京，先回烏魯木齊市看望岳父母一家，然後在新疆或西安治完牙病再回陝北老家。他滿口答應，但後來事實證明，他全部撒了謊，完全否認了他當面說過的話。迄今被押離監獄半年餘，我的牙仍不能得到治療。

## 四十六、永不懈怠對自己品行的經營

2014年8月7日，當是形式上我的刑滿釋放日，我知道我不能像其他犯人一樣正常地走出監獄，不能自主地決定自己的行程，而充滿著諸多的不確定，而確定的是不會有自由。凌晨四點鐘（約北京時間凌晨兩點），我起了床開始拆洗被褥。這是我入獄的第一天即決定了的事。我入獄時，他們發給我的褥子髒污不堪，其中一面竟有一個極顯目的人形污跡。我提醒自己，這就是你當下的生存環境，你是無力改變的，你唯一能做的是在出獄前把被褥洗乾淨了，不要讓下一位接收他們的人面臨你正在經受的煩惱。我把被褥洗完後開始打掃禁閉室衛生，這是我三年來從不改變的習慣，每天把禁閉室打掃得可謂一塵不染，連廁所的坑每天早晚各一次地認真擦洗，從不苟且，這是我精神經營的日常組成，這一點，在各囚禁階段是被公認的。

我曾看到阿爾巴尼亞共產黨（勞動黨）頭子阿利亞，在共產專制政權敗亡後被判入獄，在一次接受記者探訪時說，在囚室每天被逼抹洗廁所坑，說：「這哪裡還有人權可言？」說到洗廁所時還難過得流下了眼淚。

我不需要任何人逼促，我每天蹲著把地上都給抹得乾乾淨淨。他們有些獄警

頗不解，包括李建峰警官曾數次提到過，說別的禁閉室打開了，臭氣撲面，裡面髒污不堪，唯獨你這裡是個例外。我告訴他，一個人，無論在什麼時候，在什麼環境，都不能懈怠對自己品行的經營，保有對生活的積極信心。

監禁的經歷並不會常有，當認真對待這段經歷，頹廢、慵懶足可摧折你本可有的美好。我本來計畫著，他們釋放我時只能是在上午上班後辦理，心裡想著，走出監獄大門後，最起碼在監獄周圍轉一轉，看一看。我在沙雅三年，有一種頗強烈的好奇心，想看看這裡的地貌環境，感受些這裡的風俗人情，最主要的也是首要的一個大願景，即是一出來後直撲維吾爾飯館，吃一碗維吾爾拉麵，盼此刻久矣！可以說是常有朝思暮念時，毫不誇張，已有數年與人間煙火隔絕之苦了。作為一個俗常人，唯有此情最苦煞人，過去常伸手即可得的一碗家常麵，在過去十年的大部分時間裡竟是鏡中景水中月。監獄裡吃的飯，是完全遠離著記憶中的人間煙火味的。

在監獄裡，我常於閒暇時閉目與心中的美味辦理交涉，有時饞情大熾時竟坐臥不寧，想到耿和給包的韭菜雞蛋餃子，竟忘情地大嚼起來。常想起「過屠門而大嚼」之說，有時實在饞情催逼不能自持時，竟自己跟自己對話安慰。我常心裡說：「老兔子，滿足生理上的饞情是技術性，是低端的，只有在精神上撫平饞勢並心滿意足才是你當有的能耐。」因為在那裡，是處在一個完全無力安撫生理饞情的環境中，你希望越大，臨到你的失望將更大。

例如，2014年春節到了，想到多少能有些與尋常不同的飯菜，可接下來的現實讓你目瞪口呆，提前一週的一頓「改善」麵條移到大年三十夜裡，成了我們的年夜飯。早飯更令人發嘔，食譜上寫的是「雜碎湯」，別說讓人吃，若心平氣和地聞一聞即算上是一種能力。據維吾爾警官講，是買了幾個馬肝子（馬肝子便宜）剁碎了，扔在幾口大鍋裡煮熟了就成食譜上的「雜碎湯」。我對送飯的獄警說過：「這是需要怎樣無良的氣魄才敢給苦勞一年的犯人上這種年飯？」真不如平時那點鹹蘿蔔疙瘩，無論如何他是能吃的。最後的現實是，春節的一週裡，我七天裡吃了十四個饅頭，早晚各一個，不再吃他們的菜，這樣你才不會失望。

一走出監獄即吃上一碗維吾爾的拉麵，久已固化成了想像中的圖騰，但想像終於是想像。

# 四十七、在貴賓候機室衛生間鏡子裡見到自己的臉

　　大約五點多鐘，禁閉室被打開，說外面有人來接我，早晨八點鐘的飛機，故而提前辦理出獄手續。我走出了那間生活了三年的禁閉室，心中起了些隱約的不捨，畢竟完整的三年，除了兩次會見約一個小時外，那間灰暗的禁閉室是我三年的全部天地。我心裡默唸著與他道別的詞離開了那裡。

　　到了外面，果然有人來「接」我，在黑暗路旁停了幾輛警車，中共公安部（國保局）的李姓處長、烏魯木齊市米東區公安分局的一位「大隊長」已奉命到位。一個極短的過程後，我直接被押上車，據說是去飛機場。後面由監獄長親自駕車送那位「中央領導」。大約一個小時後果然到了機場。

　　下了車，往機場走的時候，在遼闊的視覺空間，一種突然的天旋地轉撲面壓來，這是我從未經驗過的感覺，腳底下如蹈虛棉。我已有五年的時間，是足不越戶地生活在一個幾平方米的灰暗環境裡，已經完全陌疏了與天地共處的能力。我清楚這只是一種從長期拘禁的小天地到寥廓大空間的一種不適應反應，而且頗有掀天動地的局面。

　　我意識到人的生理能力個別情形下的身不能由己，意識到，一個人精神再強大，亦無法予自己的生理能力以無限的提攜及支援。即便在那因禁室裡，當屢經抗爭、交涉而終於不能使他們停止非法的、高音喇叭的精神騷擾時，我就不再遵守初時承諾的服從他們的規章制度。任何事物都有其多面性，壞事竟變成了一個好的結局，禁閉室一天靜坐十幾個小時的局面，變成了室內完全由我自主。這是我五年裡終於獲得的「自由」局面。從此，我獲得了改善自己體能的時間，便是在那樣的環境中，我每天苦練不輟，一天一千五百米的原地跑步，十公里的來回踱步，一百個俯臥撐、仰臥起坐，其他活動身體的項目，每個時段規律性地進行固定的活動內容，從不例外。儘管監獄的飯菜不支持這樣的體能消耗，但我高昂的精神為生理能力的加強及韌性能力的繼續提供了超乎想像的補給。但體重還是不可避免地銳減了三十多斤，由原來的一百五十多斤降到出獄後的一百二十六斤。

　　進到候機廳，我們沒有加入到熙來攘往的人群中，而是被帶到極豪華的所謂貴賓候機室。無疑，那是專門為當地那些特殊「人民公僕」備置的候機前的休息場所，那真叫一種「大氣魄的浪費」，地上鋪著有百平方米之巨的豪華地毯。整個那個上午就我們兩人，而部裡「領導」則另有去處。

那大客廳裡光照極好，在衛生間的鏡子裡，我看到了已「陌疏」了五年之久的一個面孔，那是一種極奇特的心境，真的沒有任何誇張的衝動，我當時一怔，任何有一點生活經驗的人，都會對我的臉上那種神色感到驚異。「一臉的地獄紀錄」，是當時一看到鏡子裡面的面孔時，我心裡的默唸。真的，那真需要一個人有著足夠的抗挫折性心理能力。我想到的第二個恰當詞是「一個活在人間的鬼」。由是我心裡生起了一個負擔，擔心我的親人看到這種狀況時感情承受不住。還好，後來也唯有兩大家裡的兩個姐姐看到我的模樣時慟哭失聲，其餘親人則都是默默地看著，眼裡則都滿溢著哀憐之情。

## 四十八、你再不停車我就真跳車了！

飛機到烏魯木齊後，那大隊長開車與我離開機場，進入市區後他突然告訴我，暫時還不能送你回家，咱們得先到卡子派出所去報到。我毫不猶豫地要打開高速行駛的車門準備跳車，他大驚失色，說：

「想不到你如此地不配合，你要出了事，這不直接害我嗎？」

「我可不害你，你立即把車停在路邊上，我下車。你若不停我就跳下車，絕不含糊！」我說。

「老高，你不要為難我，這是上面的指示，直接送你回家，上級領導不又罵我嗎？」他跟我急了，大聲說。

我說：「你們這種做法有沒有考慮過我和我家裡人的感受？我已經五年未見到我的親人，他們也在眼巴巴地等著我回家，你們竟做出如此缺乏人性的安排，你拉我到派出所做什麼？他沒有一絲的力量，更沒有一絲的衝動來保護我的權益，我還有與他打交道的價值嗎？他還有這種資格嗎？」

「那沒有辦法，人家按法律規定就管著你。」他說。

我說：「你說的是錯誤的，按法律規定，他當保證我的安全，保護我免受干擾的權益。我們辯論這些沒有意義，你再不停車我就真跳車了！」

最後，他終於同意送我先回家，並如實向上級反映所發生的一切。

## 四十九、挑選人進「國保」的標準

我回到岳父的家裡。

大姐耿青一進門大哭，說：「高，你咋瘦成這樣了？」

一家人見面噓長問短，慨歎這幾年的委屈、痛苦，我唯能靜靜地聽著。

剛吃完了中午飯，就有人敲門，所謂「怕什麼就來什麼」，我實在不願讓家人再受驚嚇和擔憂，但這卻又實在是我當下所處的現實環境。兩名警察氣昂昂而入，說要依法履行職責，找我談話，要給我做筆錄。我強忍著憤怒告訴他們，不僅撲進家裡，你們就是撲進到我的被窩裡，你們也得不到任何你們想要的東西。我問他們有什麼急迫的大事煎逼，我五年來第一次與家人見面，一家人在一起還不到兩小時你們就闖進來，希望他們能像人一樣地做事。那倆警察好像一臉無辜，說他們並不知道發生了什麼事，只是剛接到上級通知，讓他們立即趕到這裡給高智晟做談話筆錄。我拒絕了他們的非法要求後，他們自顧自地做起了「筆錄」，在我拒絕簽字後退出。

他們退出後，家裡人以為這就沒有事了，但我清楚他們不會就此罷手，我太瞭解他們了，即便下邊不願再來攪擾，新疆公安廳也不會讓步，尤其他們的那位張姓處長。給人性讓步、給人之常情讓出點空間，這是他們根本不具有的能力。我預料到，下午還會有人找我的麻煩，卻沒有想到是新疆公安廳的一處處長和中共公安部一局的李處長。

剛打發走派出所的兩位警察不到兩小時，又有人來敲門，聽起來人還不少，一開門，進來三個人，為首的是公安部李處長，後面跟著新疆公安廳的張處長，還有一位臉色晦暗的小伙，說是一位前途無量的新疆公安系統最年輕的科級幹部。

這張處長已經是跟我見了幾次面了，前次陪公安部國保局任局長來監獄與我談話的就是他。我想他應當是新疆公安廳一處處長。因為任是公安部一局局長，在中共公安系統裡，自上而下的「一局」、「一處」、「一科」，實際上就是中共的祕密警察系統，亦即中共的政治警察。這在警察序列中位居「一」者，足見其在中共心目中的地位及重要程度，就是當今中國惡名昭著的國保（全稱為國內安全保衛總隊或支隊、大隊或處）。

這「國保」不是中共獨有的現象，肇起於前蘇聯，後迅速為所有共產主義政權效法。這支祕密警察執行的是專制政權最壞、最邪惡的那部分職能，他是所有共產專制政權的共有現象，是共產黨手裡殘酷打壓異己的兇器，用武警士兵的話說，「國保」就是明末魏忠賢閹黨手下的「東廠」。各共產專制政權的存在及滅亡歷史規律性表明，越是到專制共產黨的滅亡階段，這幫人性閹畜就越瘋狂、越兇

殘，他們就是自身及其專制機器「滅亡的加速器」，這種現象非人的意志能夠轉移。

我曾與北京一位頗同情我的老「國保」聊過這種現象，他說到挑選人進「國保」，說他們挑得真準，他們肯定心裡有個不能成文的規定標準，說：

「要像小孩一樣不大懂事，要沒有人情味，敢打人，打人打得狠，最主要的是要絕對聽領導的。」

我給他總結的是：「愚昧、冷酷、兇殘且絕純的奴才性格。」

他說：「我可沒有這麼說。」

## 五十、對張處長與李處長的印象

這張處長給我的印象頗不好，倒不是先入之見，是因著他的祕密警察頭子身分。他持續地處在精神亢奮狀態中，這大略上與他陪著「部裡領導」有關，蓬勃著一種熾熱的表現欲和矯情的獻媚衝動，但頗不得要領。我敢肯定他陪著的李處長對此絕對與我有同感，就行政級別上他們同為處長，但究竟人家是你的上級部門來的，你的角色是陪著人家。可以肯定他沒有僭越籌謀，但其不能自持的表現欲卻是形於行色的。另一個不能自抑的，就是已被他這種人視為正當權力的蠻橫。他那天當著岳父一家的面所表現出的蠻橫及兇惡，我想給李處長留下的印象也是惡劣的。

李給我的印象頗好，至少在那幾天的往來接觸，禮貌、理性，有分歧亦願與你平和溝通，頗能節制自己，頗能設身處地。我想，後來我們在不少的技術環節上達成一致，與他給我的好印象是分不開的，雖然他當面給我的承諾（即北京以外的地方都可以去看牙病）像他本人一樣消失地無影無蹤，但這並不影響我對他頗好的印象，他只是個傳話的而已。張處長那天當著我岳父全家的面就差沒動手打人，他對李處長的平和之不耐煩頗形於色。

張處長是這種制度的產物，是這種制度蠻橫本質的具體活觸角，他是個平面人，更是個法盲。在沙雅監獄的那次談話中，他不知是哪根神經短路了，竟眉飛色舞地談到新疆「維穩」形式，談到「理直氣壯的高壓態勢」，談到了「高潮迭起的嚴打鬥爭」。我不客氣地當面向他指出，嚴打是個非法律概念，「高潮迭起的嚴打鬥爭」更是反法治的。他說，他完全不同意我的說法。「我說你是完全不懂我的說法。」我告訴他，作為制定法國家，法律從頒布施行至最終廢止，一慣性和穩

定性地執行法律，既是法律執行的主要特徵，更是法律及法治原則的基本要求。「嚴打」是相對與「寬鬆」而言的，而這些概念是法律裡面沒有的概念。他瞪眼睛問：「難道政府一波一波的嚴打鬥爭是違法嗎？」我不願繼續對驢撫琴，就此止話。

張這次屢屢能陪上「部裡領導」與我辦理交涉，可能被他視作是難得的獻媚邀寵機會，腳下的步幅、步頻不能自制，官僚體系中個自處之道他是全然不曉，以至於我回到烏魯木齊家裡才兩天時間，還不是在我自己的家裡，竟被他安排了四個波次的警察「登門拜訪」。

實際上，後來有人給我講，張能成為新疆祕密警察頭子，作惡方面你可別低估了他的深謀遠慮，他那些是故意噁心你，實際目的是逼你離開新疆，明擺著，新疆的「維穩」形勢異常嚴峻，你待在新疆是他們一個很大的麻煩，首先是張的麻煩，他心裡最大的願望就是你趕緊離開新疆。此言有理，實際上榆林警方後來當面就向我表明過這種意思。

## 五十一、你看你現在都成啥樣啦？

我本打算在烏魯木齊看完牙後再回陝北，最主要的還想再恢復一段時間身體狀況，這邊的家人既已不能避免，但最大限度地不要讓陝北的親人也看見我當時的「鬼相」，但由於張處長他們的「熱情」實在異常，於是決定到了西安再看牙。新疆警方一聽我說要在西安看牙滿口答應，說要立即向北京報告，立即減少了對我的騷擾，連例行的見面也突然變得文雅起來，不再闖到家裡來，而是改在樓下樹林裡。

新疆的親人看見我的容貌情形，斷定我身體有大問題而瞞著家人（這與後來陝北親人的判斷如出一轍），放心不下，非要我當著他們的面做體檢。我知道我的身體內質很好，我堅持認為，除生理規律性的改變無可遏制外，快樂的心情、坦闊的胸襟及不懈的意志是可以拒病患於身外的。基於安撫親人的擔心之念，我在烏魯木齊市進行了全部的體檢。身檢結果正如我所意料，身體各項健康指數大好。這些結果也出乎我對手們的意料，他們至少有兩人私下與我提及說：

「檢查結果好得出乎政府意料。」

他們說：「從外觀情形上看，你有可能隨時跌倒再也起不來了。」

我倒是確實「跌倒」過，但也是既倒既起。我和家人那幾天奔突在幾家大醫

295

院間，多年來第一次坐公車。走至離車站還有百米時公車進站，家人說那趟車半小時才有一趟，主張跑著趕過去。不想剛跑十幾米而天旋地轉，稀裡糊塗即撲倒，好在家人全在我前面沒有看見。我感到天傾地旋的，但本能地竟又站了起來，跟跟蹌蹌竟然還可以往前走。

先到了公共車前的大姐大呼：「高，你怎麼啦？」

我說：「有點頭暈，已經好啦。」

到了車上，被大姐和大姐夫圍著，大姐說：「高，不要再犯傻啦，他們都快把你整死啦，家人誰看不出來？只是不願意說，你看你現在都成啥樣啦？」

我安慰他們：「我虧欠的只是生理方面的東西，我人很簡單，不出一個月即可恢復一個常人當有的身形。」

## 五十二、單仁平們的蒙面嘶叫

體檢結束後，我擬靜心陪家人幾天後赴西安看牙。一天，那從監獄押我回來的「大隊長」來到大姐家，說是來給我送報紙的，是一份《環球時報》，上面有一篇「單仁平」的文章，我記得標題好像是〈西方國家為什麼熱捧「維權律師」〉。我大略上覽了一遍，單仁平是不是行文者的真名不大清楚，但有一點可以肯定，這篇文章是指揮刀下的產物；另一個可以肯定的是，該文作者是一指揮刀下的蠕動物。

這些年裡常有類似情形，即常有這類無脊椎物蠕伏在指揮刀下嘶叫，而且是常蒙面嘶叫。《北京晚報》上就常有這類蒙面英雄指罵「南都長平」及那曾經活過的《南方週末》報。這些水形人格的東西，便是在如林的指揮刀下，在紙後的遮掩裡，也終於還是要蒙起面來的。單仁平與他（她）的文字是在指揮刀下拼聚而成的。一則，我並未如文中所言是刑滿出獄，而是在非工作時間的半夜裡祕密被押出監獄；二則，我並未如文中所言是刑滿釋放，而是迄今沒有「釋放」，當局只是給我換了一個較此前稍大了一點的關押場所而已，大群操槍的「單仁平」們整天就圍在我的周圍。

單文中說我有激進的主張。一則，我不過在中國主張實現憲政，即實現中國的制度現代化，只要不是中國人民的死敵，當不會反對中國的制度現代化；反對在中國實現制度現代化者，如「單仁平」們，不僅沒有資格指責我們激進，其身本就是中華民族的死敵，是人類文明的死敵。二則，「激進的主張」終於不過一種

主張耳；人類所有刑法，其調整的對象只能是危害社會的行為，而不能是人的思想，以「單仁平」的文中邏輯能得出，中共對我判以刑法本身就是對其刑法原則的反動。三則，我在高度戒備的半夜裡被祕密押出監獄，「單仁平」何以得知具體情形？

實際上，「單仁平」文章的真正含義在於給我及我的支持者、同情者傳遞恐怖信號：「絕不允許你再胡來！」

「單仁平」不僅是爬行物，且是有眼無珠的爬行物。中國今天令全人類震驚的腐敗、墮落、權力崩潰性私化，人類歷史空前絕後的結構性喪失良知、道德，這哪一樣是因我的「胡來」造成的？稍有一點人的常識者都不難想像出，看看那些落馬貪官的罪惡，即可想像到我們擁有著怎樣的、有利於貪官污吏腐爛的政治制度。誰都清楚，中國現在只有一類官——貪官。無論是落馬貪官還是暫時在馬上的貪官，他們有一點卻是共同的，那就是「絕不走改旗易幟的邪路」。在他們眼裡，人類只有一條正路，即是永遠地騎在他人頭上自由的貪腐路。他們反憲政、反法治、反自由、反宗教、反普世價值、反民主選舉，一切人類今天普遍公認的美好，只要不利於中共黑暗勢力的自由貪腐，則全冠以西方的錯誤思潮。

最近，中共最高法院公然反法治而動，叫囂要堅決反對西方的司法獨立思潮。這種愚昧和無恥的氣魄足與「絕不走改旗易幟的邪路」匹比。公正就是公正，何分西方、東方？沒有審判者的獨立地位，豈有司法的公正可言？

在這裡我還想多言幾句，算是一個公民不大成熟的聲明。2017年後，對前政權的罪惡必須進行清算，我們絕不挾狹隘的報復感情，但對於漫無邊際的罪惡視而不見的人群是沒有希望的，追懲罪惡是人類呵護正義的最普適手段之一。我們同樣清楚，沒有寬恕就沒有明天的思想，對於2017年以後全民族的大和解，以及重塑這龐大民族精神品質的價值及意義，南非公民擁有的化解仇恨、實現社會和解的能力，中國人也能有，但便是南非，也是以「真相、真誠懺悔」來置換寬恕的。但對於一些邪惡已經深及骨髓的反人類罪犯，諸如江澤民、羅乾、胡錦濤、周永康，若在未來兩年裡沒有令世人公認的改變，則絕不在寬恕之列。二戰結束後，頗具寬恕思想及感情基礎的盟國，同樣有處決反人類罪犯的紀錄，這證明了在結構性的價值趨向問題上，大家都是不糊塗的。而二戰後盟國的另一個頗特別的判例有必要在此提及，那就是對萊尼·里芬斯塔爾的罪惡追懲。她在納粹暴政集團還有力量的時候，忘乎一切，縱情美化法西斯，尤以《意志的勝利》為著，她的下場，為我們未來追懲如「單仁平」、李從軍、強世功、胡錫進、秦剛、洪道

297

德、逄先知、華春瑩，以及《解放軍報》、《遼寧日報》、新華社等惡黨媒的總編們，還有中共大大小小的宣傳部長，提供了範例。

時至今日，仍囂張不羈的中國黑暗勢力的文武全隊走狗，當計算著你們的將來。詳細的個人想法，我將在後面專門提及。

## 五十三、新疆與陝西警方相互扯皮

體檢結束，轉眼在烏魯木齊大姐家待了半個多月，如我所言的情形，我的身體虧缺的只是物質方面的東西。真是恍似隔世，被人喚了幾年的「畜生、狗屎」，回到親人中間儼然至尊寶。耿青大姐的廚藝在這段時間，與全家的親情交相成輝，我兩週裡體重飆升了十五斤，一家人驚詫不已，我則坦然以對。不僅如此，連神色也明顯地變得好起來。

然而，這期間與新疆警方數次敲定了赴西安治牙病的日期卻屢不能成行。他們給的理由是北京方面拖延不決，實際上我後來才知道，是新疆警方在與陝西警方相互扯皮的結果：新疆警方想在西安將我交給陝西方面，他們一直在騙我，根本沒有考慮我在西安治牙的問題，只想儘快交到陝西警方手上，看不看牙病即與他們無涉了；而陝西方面則要求新疆方面在榆林交人，且毫不鬆口。就這樣，雙方一直你來我往。我直到現在仍堅信，不讓我在西安看牙病並非是中共公安部的決定，這只是個技術問題，費用由我的家人承擔，且任局長當面答應了的，實在考慮不出他們再行改變的必要。毫無疑問，新疆想儘快地把我交給陝西方面，而陝西方面的想法卻相反，能晚接一天就晚接一天。

後來，榆林警方當面有人給我講過，說：「誰也不願意陪著你在西安看牙病，這應該是北京的事，你的案子費用都在他們手上，一群人在西安的花費，地方局誰願意白掏？」

直到8月25日，即離開新疆的前一天，「大隊長」才突然給我說，是別人幫著訂的機票，到西安後當天飛榆林，說回去看看親人再出來看牙病，都已經協調好啦。木已成舟，我只好如此。

## 五十四、佳縣看牙病失敗

8月26日大約下午六點鐘左右，我被押到榆林機場，我的大哥、四弟、表哥

都在機場外等候，但這純私權領域的優先權卻不歸他們，省、市、縣三級公安部門的數輛車及其一群人接走了我，在車上雙方又發生了不愉快。我的四弟家在榆林市，一家人精心準備了當天的晚飯。

我就在車上質問那一群警察的負責人司某：「你們這樣做不僅違法，而且違反了人之常情。我的親人五年沒有能見我，這五年來第一次回家，在四弟家與親人一起吃頓飯有何不妥？你們現在完全按著自己的意志控制我的人身自由，剝奪我一家人的私屬權利，為什麼你們的做法總是趨就壞的方向？」

司某說：「我們只是奉命行事，上級怎麼安排我們就怎麼做，你給我們說這些也沒有用。」

當夜，我被一群人押回了老家大哥的家裡，四周布滿了一批「不明身分人員」。其實，他們的身分是明確的，農村本是個熟人的社會，加之這些年裡，只要我回來，大哥的院子裡就會有大批的祕密警察遊蕩，接下來的幾天雙方又衝突不斷。回來僅兩天時間，竟有四批次的大群警察闖入我住的窯洞裡，大哥深知我的脾氣，老是形影不捨地跟著我，但衝突終於還是不能避免。事實證明，終於先忍不住的是大哥自己，第三天他自己大怒，把電話打到了當地公安部門負責人那兒，大聲指責、質問、抗議、警告他們，要麼立即把人再抓走，要麼停止干擾我們的正常生活。

我回家後的一個現實問題即是看牙病的問題，一方面長期得不到醫治，一方面是長期營養不良，再加上2010年4月28日的酷刑等多方面的因素，我的牙大都已鬆動，必須立即施以療治，最緊迫的問題是實在痛得可以，冷熱不適。但榆林警方的態度是得向上面要來錢，否則沒法成行，而我們自己去西安看病卻不被允許。但這牙的問題本已經拖了五年多了，實在不能不治，當地醫療部門又實在不能將就，外人無法想像佳縣的落後。

實在牙痛得不行，硬著頭皮去了一趟據說是當地最好的牙醫診所，不但沒有一次性的工具，連診治機身及四處，滿目都是血污。那牙醫從一個沾滿血污的缸子裡操起一把鑷子就要給我拔牙，我速閃一旁。我想，在這裡治療，終於還不如掉完了全口牙更容易使人接受，究竟其損害結果還是確定的。但疼痛的苦楚現實地凌逼著我的忍受，退而求其次吧。

「您這裡應該有醫牙痛的藥吧？您酌情給我推薦點藥吧。」我說。

「有。」一個標準的四川口音。

他從抽屜裡拿出一遝豔黃色的、被裁得一般大小的方塊紙，熟練地鋪落在桌

子上。我大悟，他這是要給我「配藥」了。

我仍脫口而出：「您這是要幹什麼？」

「配藥，你不是要買藥嗎？」他一臉不解地看著我問道。

「沒有成盒裝、成瓶裝的成品藥嗎？」我趕緊問他。

「當地就這樣配藥，你愛要不要的。」他臉上堆起了不快。

佳縣看牙病的試驗失敗。我是再不願出村看病，只要出村，必須由大哥給當局說明情況才能成行。可終於還是痛得不堪，最後的一招，只有去榆林試試了，但我的心裡仍然忐忑不安。

## 五十五、在榆林看牙醫

榆林倒是個地級城市，有著一個「文明」的外殼，但那是乾脆的金玉其表。

2009年11月28日，在西安候機時，專門從榆林趕到西安「接我」的武警韓隊長問我：「對榆林的印象如何？」

我說那裡住的全是窮人，他說榆林現在不窮，是陝西最富的地級城市，說：「過去在省上開會，榆林的領導總是坐在後排最不起眼的地方，現在一開會都坐在最前面，榆林人現在腰桿挺得直著呢。」

我說那裡窮得只剩錢，我告訴他，榆林全市找不到一個報亭，榆林的書店裡買不到任何宗教類書籍，哲學、社會學、自然學科方面的學術性書籍也沒有，對一個社會而言，這比沒有錢更可怕。

沉默了一會，他說：「這才是真問題。」

到榆林市的看牙病亦以失敗而告終。那看病過程真可謂驚心動魄，可能早已習慣了的國人會認為我是大驚小怪。我意識到近二十年裡，我實際上已脫離了普通人的就醫環境，期間，無論是在新疆還是在北京，我們總有辦法讓自己和家人不排隊就醫，而且常能夠在頗雅潔的環境裡就醫。就就醫論，我們曾經就是這社會不公的一部分。最近這尋醫，才體會到中國絕大部分人尋醫問診的艱難，尤其這次在榆林的就醫經歷。我去的還是榆林市最大、據說還是最好的醫院，在此我不想提及那醫院的名字，因為我所看到的問題，根本不被他們視作是問題，而這種問題亦屬當下國人人群中普遍存在的問題，即在公共環境既缺乏公德又缺乏個人應有教養。

我簡直難以形容我當時的感受，一個規模頗大的長房間裡，兩側隔置出十幾

二十個半人高的治療機位，中間留出一條極狹窄的走廊。視覺上的紊亂擁擠與那裡吵鬧、喧嚷的糟糕程度比簡直可以忽略不計。而幾十名醫生及護士、實習生是這吵鬧、喧嚷大陣的生力軍，他（她）們雖然個個手裡正幹著活，卻見人人雙唇掀動不停，忙乎著回應自己耳朵裡聽到的一個又一個話題，整個大廳的醫護人員彷彿被聲音的網攫住了，卻又似乎攫不住任何人的注意力，因為大家都競相發言，爭先避後。實際上，大廳裡很難聽清是誰在講話，卻又看到沒有人不在講話。

我當時溫和地向我的醫生、護士提出我的不滿，因為給我看牙的正是他們的牙科主任。

我說：「這整個大廳吵鬧得使人不堪承受，而這吵嚷的主力卻是你們的醫生、護士，你們竟然維持著這樣一個就醫環境，這使人感到一種不安全感，讓人看到兩個完全的放任：醫院對醫護人員德行要求的完全放任，及所有個體對自己個人德行的放任。」

他們卻問我是哪裡人，我說：「這哪裡人不當是個問題，問題在於我們眼前正在發生著的混亂是實在的，更主要的是這竟被大家視為無物。」

一位護士心不在焉地來了一句：「國有醫院，哪裡不都一樣？」

我能改變的現狀就只有放棄治療，決定僅把老疼的兩顆牙拔了，絕不在這裡治療。但終於，這簡單的拔牙仍出了不大不小的問題，致未來一週裡苦惱連連，最後不得不又去找他們。這次拔牙後出現的情形頗使人沮喪，可謂「怕處有鬼」，拔完牙流血不止，這是以前從未有過的先例。

我的處境，去一趟榆林頗不是件容易的事，首先難在心理，沒出村前必須先要由大哥與當地辦理交涉。當初剛回到佳縣時，要求我每日必須給當地派出所打電話，我告訴他們這是化日下的睜眼酣夢；他們頗使了些花樣手段而終於退而求其次，要求出村時給他們報告——這個又是多此一舉，因我每分秒都在他們的眼皮底下。雙方都不愉快，他們慣用的手段對於我意義全無，局面僵在那裡。大哥整日惴惴不安，背著我向當局提出，我若有事出村，由他事先出面向當局辦理交涉。我知道後的反對意見亦不被他接受，而我也沒有再堅持。

我原本想著，拔個牙，出血不止雖屬超常，大不了流上幾天血就沒事了。白天咬個大棉球，還問題不大，可晚上流的量大得驚人，一晚上須開燈起來數次予以處理。大哥夜裡與我同睡一炕，他實在擔心得可以，以為這是緣於我身體的其他不健康病由。到了第五天夜裡的情形則更誇張，大哥沉著臉逼我去醫院；我答

應再觀察一天，若仍無改變則全聽大哥安排。對這件事我迄今不解，近乎一種邪象，我清楚自己的血凝能力正常，周身含血液在內並無病患，竟會出現這般反常過程？到了第六天夜裡，情況變得失控起來，枕頭跟前旁置一塑膠袋，人基本無法睡。大哥責備我倔強得沒有了理智。

「我不願看見你求告那些黑暗東西。」我沮喪著脫口來了一句。

「都到這份上了還想這個？理他們都沒有空，你身體肯定還有其他毛病瞞著家裡人，必須現在就出去到榆林大醫院。」大哥邊說邊開始穿衣服。

我自己雖然堅信這個時期神不會讓我在健康方面出大的麻煩，但這血流不止究竟不可旁置不理，也開始穿衣服。大哥一看等於我同意了去醫院，就趕緊叫住在縣城的侄子開車趕到。離天亮還有兩個多小時，我們連夜趕向榆林。到了那裡，醫生問明情由並予以處理，說從未經歷過這種因拔牙而流血一週不止的病例，但說無大礙，他有法使流血立止。果然靈驗，不到兩分鐘處理完畢，然後囑我留下觀察半小時後若無反覆跡象可自行離去。期間，四弟亦趕到醫院，決意讓我留在榆林觀察兩天。

## 五十六、親情真是一柄雙刃劍

在接下來留在榆林的幾天時間裡，我與榆林警方發生了激烈的衝突。一方面是因為那天夜裡他們還不及反應過來我已經出了村，是未經批准而突然離去，這對蠻橫習以為常的當局可不是個小事，可在我這裡他又實在不算個事，這就是衝突的根本癥結。

我住在四弟家裡，一些惡徒屢屢闖進院內，雖然並不作聲，但那無疑是在宣示一種威脅。這對我已無意義，但究竟還是在四弟家，他家院子裡還住了另外一家鄰居。一次，一大早起床開門，榆林祕密警察頭子「眼鏡」就站在二樓廊橋上，一臉陰氣。

我與此君「打交道」有些時日了，2006年4月份率眾流氓不舍晝夜在大哥家院子裡行惡的就是他。近十年了，我每回陝北，總能看到他的身影。2009年年底及2010年初我在榆林被祕密囚禁期間，囚禁點的總負責人就是他。2009年在大哥家的綁架、2006年以流氓手段趕我出陝北的現場指揮者都是他。真所謂「滄海桑田」，近十年過去了，此君仍不見有一些符合人性的長進，仍在執行著這見不得人的勾當，頗使人替他惋惜。

由於四弟一直堅持想讓我住在城裡，他心疼我，嫌我住在村裡，不僅飯菜單一，而且無法洗澡，冬天沒有暖氣，決定讓我住在他的家裡。這原本不當是個問題，且中共公安部有關負責人當面承諾了的。沒想到他們在這件事情上亦出爾反爾，反應非常激烈，明確表示不惜動用一切手段阻止我住在城裡。一則此前有當面的承諾，二則我從不對蠻橫的強勢讓步，結果，為這點小事竟至劍拔弩張。此前堅留我住城裡的四弟可憐兮兮地開始勸我回村住，我不答應，榆林警方揚言要採取斷然措施。其實，那是一種沒底氣的表現，既然這般硬氣揚言做甚？四弟使出了最後一招，把大哥搬上了榆林。

白髮蒼蒼的大哥，這幾年裡，為了我的事受盡了難以盡述的屈辱和心裡的煎熬。親人的苦難煎迫經歷，是我這十年來的幾近不堪承受之痛，親情真是一柄雙刃劍。

大哥一見我，勸了我不到十分鐘，見我終於不讓步竟至大哭，嗚咽著說：「咱老子死了這麼多年，兄弟幾人從未紅過臉，你們幾個一直尊敬我、聽我的，我也從未把你們往不好的路上指過，今天就算大哥和四弟求你啦，他們這些年在你的身上喪盡良心的事做得讓人聽都不敢聽，為什麼到現在都不知道一點迴避？住在四弟家和住在大哥家有什麼區別？這又不是大的原則問題，為什麼要這麼強？」

我是最不能見到大哥和四弟流淚，加之在這件事上，我的神始終不做任何的表示，無疑，神是啟示我這不當是個問題，住在村裡更符合你後續的安排（事實的確如此）。我答應了聽從大哥的安排。

兄弟三人平心靜氣地聊天時，大哥才告訴我說：「現在敢給你說了，我為這個事找過他們幾次，給他們說了你們公安部領導當面給老三（指我）答應了的，除北京以外的地方都可以住，作為政府，你們怎麼能說話和放屁一樣呢？結果，他們完全不講理，說你們又不是小孩，共產黨寫在紙上的也說不承認就不承認，更何況是口頭答應的事？現在上面不承認說當面給你答應的事，讓把你堵在村裡的命令卻是明確的，我們吃的是人家的飯（指惡共），人家叫我做甚我們就做甚。」

大哥說對他而言，能看到我活著在他的身邊是壓倒一切的意義。前幾年三天兩頭失蹤，以及失蹤後留給家人無盡愁苦，永遠是讓人心存餘悸。

## 五十七、大哥的身影

　　在這樣的文字記述裡，我沒想到過專門有段文字去紀念我的大哥。在我關起門來寫上面這些文字的時候，他每天就坐在院子裡給我劈柴。

### 1. 柴斧下的歌聲

　　我們這裡從來沒有農家專門生爐子取暖的習慣。但今年冬天，大哥早早地從城裡給我買回了「洋爐子」，每天認認真真地給我燒著爐子。為了保證我的絕對安全，他不讓我燒炭而全部燒柴。我那爐子吞噬柴火有如饕餮般氣魄，他每天給我備得妥妥貼貼的，風雪無阻，有時竟能有歌聲從他那兒傳到我的耳朵裡。

　　我愛我的大哥，就像他愛我一樣。我從小沒有父愛，經歷過人生驚心動魄的悲壯與艱辛，在這記憶的驚心動魄畫面裡，最清晰的身影是大哥而不是父親。

　　永不見有個盡頭的貧窮困厄摧垮了父親抗爭不輟的生命。當父親倒下時，人生的凄風苦雨並不曾停歇，終於是站在最前面的大哥艱難地肩起這人生的重擔。四十年過去了，勞苦，漫無邊際的勞苦，使他身體都變了形，原來的粗壯健碩，早被這祖祖輩輩以苦為生的歲月剝蝕得形影全無，現在是只剩得又瘦又小的身形。

　　我常想，大哥是中國農民命運的活標本，亦是中國底層人民悲苦人生的一個真剖面。一個現代的文明社會，國家當是公民個體生活裡阻風遮雨的主要屏依，這既是國家本質的最低道德底線，亦屬人類構建國家的感情及倫理初衷。而「大哥們」一生命運中最沉重的部分卻是國家加在他們身上的，他們已不再有任何依賴於國家的巴望，他們一生都在堅韌抗爭，卻從來不是針對權力。

### 2. 老三，鐵刮子也刮不平世界

　　今天早晨吃飯，兩小孫女不在列，問及緣由，大哥憤憤然罵著：「黑門兒（方言，指人死絕而滅門）共產黨盡做這斷根的事，孩子天不亮就去排隊報名去了，該上學啦。」

　　我說：「這正常的上學跟共產黨有什麼關係？」

　　他說：「家裡一直避著不給你講，共產黨斷根的事都做絕了。過去村村有學校，現在，全鄉只有閆家坪村一所小學，其餘所有的村子小學全部關門，周圍幾

十里範圍內村子裡的小孩都只能去城裡上學。一個孩子上學花上幾千元上萬元都不一定能上得上，所有的孩子上學，家長必須在城裡租房，這一年下來又是一兩萬元。今天報名，只報六十名，剩下的孩子就走投無路。一部分孩子上不起，一部分孩子上不上。十幾年來，為此拆散了數不清的家庭，一個人住在城裡，一個人住在村裡，婆姨被人拐走的事每年不知道要發生多少起。」

我問他：「鄉村小學為什麼要關閉？」

他說：「還不是因為那些貪官們，他們現在什麼斷根（指斷子絕孫）的事都敢做。老三，腐敗讓中國社會連根都爛完啦，即便共產黨明天倒了，中國的元氣一百年也復原不了。鄉村學校關門並不是上面讓幹的，但他們不可能不知道。名義上，現在村村仍有小學，錢，國家照樣撥著。每個村都有公辦教師，國家照樣月月付給他們工資，他們每年的工資有五、六萬元，只要給教育局領導送上兩萬，就可以只領工資不上班。你到全縣任何一個村去看一下，都是這樣，沒有人不知道，貪官什麼錢都敢吃，不知要苦害到什麼時候？」

我說：「全縣那麼多家長，就沒有人敢告他們嗎？」

他說：「誰敢告，咱村平利和一群家長要到北京去告狀，結果你也知道的，誰告狀他們就抓誰。再說，告也沒有用，還不是讓教育局去查？」

大哥無意中的一席牢騷話，說得使人神情黯然。

他看我不再說話，他又說：「老三，鐵刮子也刮不平世界。咱這祖祖輩輩的村子，最近突然下了命令讓合併，咱村、石嘴峰和李家坬三個村合併成一個村，說是為了減少農村幹部。其實，上面的想法可能是好的，但農村幹部一個也不會減少，反而會增加，因為各村支書原封不動，村長改了稱呼也原封不動，反而每三個村又多出來幾個村幹部。最主要的，老百姓又不是豬豬羊羊，是個招呼都不打就合併了。老三，共產黨在農村搞大食堂的事你沒有趕上，把農村人都折騰得活不下去了，餓死了多少人！他們一點教訓都不吸取，這合併村子，跟以前搞大食堂有什麼區別？他們腦子一熱就幹斷根事，根本不管老百姓怎麼樣想。現在農民耕地機用點汽油，必須派出所批准才能買，在他們眼裡，農民每個人都是強盜。」

我默默地看著大哥那無助的眼神，我與他一樣地不安而無能為力。

### 3. 號啕聲在山間迴響

我迄今記憶激灩的波光裡，存儲了許多有關大哥的畫面，有些關於他的記憶則成了這生命的一部分。寫到這裡，這些永不可消失的記憶畫面就在「眼前」跳動著，切換著。

1975年盛夏中午，大哥從農業社幹完活，利用中午回家吃飯時間跑到自留地裡鋤地，其時父親去世不足兩月。我提著半罐子稀得與水無異的飯送到地裡時，看到那我一生無力忘掉的畫面（寫至此，我的淚水撲簌簌落下），大哥光頭光腳光著上身，一邊使勁地幹著活，一邊像兒孩子似地號啕大哭。幾十年過去了，那充滿絕望的號啕聲音猶在耳。我把罐子放在地上也匯入號啕聲中。他抬頭看見了我，但哭聲未停，他走過來，我以為他要吃飯，結果他一把抱住我，兄弟倆的號啕聲在山間迴響……

### 4. 磚窯底下汗水和著塵土流淌

1976年，大哥同我一起去縣城賣藥材，賣完藥材置辦了一些必須的東西後，他說你先回去，他有點事要辦完後回去。

在我回家的路上，路過申家灣村的磚廠時，因我從未見過磚窯，出於好奇走到一口磚窯沿上向下探望。沒想到那是一口剛起頂的磚窯，那時的磚窯是豎窯敞口，一股沖天熱氣使我本能地閃到一旁。可就在這一瞬間，我看到那一生不敢忘的畫面，窯底有一個人光穿著短褲正在往架子車上裝磚，身上的汗水和著塵土流淌。我一聲「大哥」聽得他抬起頭來，臉上的汗水流淌得更加醒目。

「你趕緊躲開，太熱了！」他說了一句又開始低頭幹活。

我說：「大哥，我也幫你幹吧？」

「滾得遠遠的，裡面只能站得下一個人，小孩子進來幾分鐘就熱死了。回去給媽媽講，我包了一窯磚，五塊錢，明天天亮前幹完活直接回組裡（指農業社）勞動，不要擔心。」他邊幹邊急促地說著。

我那時懵懵懂懂，只是覺得他太可憐、太苦啦。那時父親辭世已一年餘，將父親壓垮的貧窮重擔已全然落在他身上，他用心、用力，用一切可能的承擔，來肩負起這窮家前進的重軛。

三天前，也是在吃早飯的時候，我提起這一節，他卻說利用趕集給別人拉煤、幹活的事常有，說：

「是大大沒了後的事啦（方言，指父親去世後），你說的這次我不記得啦。」

## 5. 賣上二斗米不就解決問題啦？

1977年底，二哥要當兵，體檢回到家裡，母親急問結果如何，他卻不說話躺在炕上流開了眼淚。

母親沉默了一會安慰他：「今年沒驗上明年還可以再來，哭有什麼用？」

他坐了起來哭著說驗是驗上了，而且接兵的也看上他了（二哥年輕時是很帥氣的，儘管常衣衫襤褸，但依然是我的記憶裡那個時代不多的美好之一；真不像現在的他那樣，便是鐵石心腸者見了也會動惻隱之情），說接兵的幹部將他拉到一旁悄悄地告訴他，部隊的領導看上他了，只是想去的人很多，希望他能在公社武裝幹部那裡活動活動。二哥說，他問得多少錢，那部隊幹部說得二十塊錢。這對我們家庭而言可不是個小問題，母親聽了也就不再說話了。

黑夜，幹了一天活的大哥回到家問清原因後說：「沒有過不去的溝溝坎坎，這問題放在三春期（指年初）就是個大問題，現在剛收到秋，賣上二斗米不就解決問題啦？至於說明年餓肚子，那也是明年的事，咱家哪年不餓肚子？先解決眼下這個大事，明天我去賣米。」

幾十年過去啦，前幾天與回來看我的二哥提及此事，二哥依然淚水潸然。

「諸葛一生唯謹慎，大哥大事不糊塗啊！」我仰面感歎道。

## 6. 誰也不能說死說這不是老三的一次機會

轉眼間到了1982年底，我當兵的時間了。我從黃陵打工回來，竟只給家裡帶回來四元多錢。經歷數不盡的苦難，決絕地回來就要當兵去。回來見了母親就說了我的想法，母親卻一言不發，不料大哥天黑回來後，母親卻開始表態，說：

「你們這些孩子都是鐵石心腸，你老子死了這麼多年，你大哥受的罪連牲口都受不了，你們翅膀一硬就光想著自己，長大一個走一個，你們就忍心讓他一個受這份罪？」

我明白母親的用心，她同樣心疼大哥，但又願意讓我出去，她把問題留給大哥決定。

端著大腕圪蹴在地上吃飯的大哥默默地聽完，仰頭看著母親說：「媽，誰也不能說死說這不是老三的一次機會，受苦人的飯碗永遠丟不了，大不了好吃好喝

三年後再回來受苦吧，我支持老三去當兵闖一闖。」

新兵離開縣城那一天，在所有送新兵的親屬大陣裡，我的大哥是唯一追在車後面跑了五里路的送行者。所謂「人間重別情」，我們坐的是大卡車，公路逶迤彎曲，而他則抄近山路追。汽車行至大西溝山上，已經離開縣城五里路了，我用眼睛在我熟悉的山道上尋找大哥，看到他吃力地向上奔跑。我舉起手，他看見了，拚命加快速度邊跑邊向我搖手。三十多年過去了，那形象反而更加清晰。

正在寫這段文字時我在想，包括後來的四弟當兵，都是他奔前跑後，送走了一個又一個，對於我們要出去的人而言，便是朦朧飄忽，但究竟還有可能的希望存在，而他永遠是被留下的。

父親去逝後，大哥以石頭般的誠實獨肩肩起一家人生存的苦難重擔，當二哥、我、四弟，我們長大了，終於可與他分擔著生活的重負時，我們都心裡生出了外出尋找希望的想法。他用他的善、義及對我們的愛，拓通了我們奔向外面世界的路。

此時此刻，他正在外面聽著晉劇而劈著柴，每天認認真真經營著我的取暖爐，經營著他從未對我們說過，甚至沒有想到過的這個字——愛。

## 7. 淚眼潸潸的時刻

2009年6月28日，「失蹤」半年後的我突然在一群人的簇擁下出現在大哥的院子裡，他趕緊跑過來。一看大夏天的，我還穿著冬天的服裝，他竟像孩子般嗚咽起來，回到母親住過的窯洞裡依然痛哭不止，惹得我也熱淚汩汩。

2012年3月份，在沙雅監獄囚犯會見大廳裡，隔著玻璃，他看見我被人押過來，他和我的岳父兩個白髮人，又痛哭失聲。而為了這半個小時的會見，他三上北京、兩去新疆，受盡了中共惡徒的欺辱。

2014年8月26日，我被新疆警方押出機場向榆林警方辦理交接時，我聽到大哥的聲音在叫「老三」。我尋聲望去，見大哥與四弟、表哥站在遠處望著我，而大哥是叫了一聲「老三」後又在那兒淚流滿面。他後來說他一眼看到我成了那樣，他當時難過得差點背過氣去。但他不知道，這已經是我體重增加了近二十斤以後的情形。

對於大哥的記述，足可以是厚厚的一本書，然而這不是我當下要做的。

記憶中，大哥向我走來的畫面可用洪波湧起來形容。他總是頭腦冷靜，大是

大非問題頗不糊塗，但也常有窮人氣短之舉，他有一次去北京時，一位多次來陝北並在他家裡吃住過幾次羊肉麵餄餎的、每次從他家裡拿些土特產的祕密警察小頭目給他塞了五百元錢，他是接住了的。我從未為此事有過一絲埋怨大哥的衝動。但在這一點上，我和四弟都認為是不妥的。

當然，大哥在一些大的場面上，他總是能有異於常人的驚人之舉。

### 8. 一勺糞便急救木狗兄弟

我有個親表弟官名木狗，今年三十多歲。

這木狗君有一次與姑姑使氣後竟將一瓶農藥給喝空，當家人發現時已不曉人事，只是四肢機械地抽搐著。姑姑、姑父呼天嗆地大哭，在封閉的山村裡，這驟起的喧囂聲就像傳統軍營裡的緊急集合號令。我這木狗表弟，是個弱智人，平時在村人眼裡頗不被重視，可喝了農藥且終於倒在地上的木狗一時竟不平常起來，過去總不大正看他的一雙雙眼睛正目不轉睛地看著他，集體給他以一次空前的注意。木狗的親人及自認為有資格號哭的人一時多了起來，匯成號啕大澤。

得訊的大哥也從幹活的地裡撇開鋤把就往回跑。大哥究竟是大哥，他撥開那圍觀的人群大陣，看了一眼地上躺著不斷抽搐的木狗表弟，大呼一聲：「你們都是死人呢！」說完直撲向茅廁，操起舀屎勺使勁地探底一攪，一股黏稠物借力而湧起，他一勺下去舀了個恰到好處。他呼開人群，彼時也有些高瞻遠矚的人登時大悟，有人加入了大哥主導的急救大陣，扶人的，撬牙的，沒有語言，卻一切有條不紊，凡事俱備。大哥穩執那舀屎勺，對準木狗兄弟已被撬開的嘴，那勺糞便隨著大哥緩緩扭動的手，流入木狗兄弟的口。木狗猛地一大噴嚏，大哥臉上立時布滿屎花，人群中出現騷亂，大哥連表情都沒有動一下，「繼續灌！」他喊了一聲，人群又趨穩，騰空了的舀屎勺被撇在了一邊。大哥指示把木狗君的身體放平，不到二十秒，木狗君吐得翻江倒海。圍觀的圈子越來越大，經木狗腹內雜燴了的糞便與農藥的混合物立時噴射了一地，臭氣彌漫天空，木狗竟睜開了眼睛。木狗君又活過來了。

可能有些雅士會認為我這段文字實在夠得上低俗，可究竟中國農村社會裡幾千年來，實在地是就這麼「低俗」地活著。我幾乎每次回到老家，都會有人給我調侃這個過程。

人當然是雅起來的好，自從世界上有了「科學發展觀」，自從中國有了「五百

理論精英」後，我更覺得大哥急救木狗兄弟的手段非特不雅，更與「科學發展觀」以至「五百理論精英」美的世界格格不入。但就功能而言，「科學發展觀」也罷，「五百理論精英」也罷，其作用應不在那勺糞便之上，其價值當在那勺糞便之下。

我常說，中國農村地區的人活得極悲壯，活得無依無靠。急難之際，人民會撲向茅廁，操起舀屎勺，而不是去醫院，因為那和他們是實在的兩個世界，「終於站了起來」的人民還不能生出急難之時尋診醫院的能力。

我有時看著大哥而心裡暗想著這些事，哀傷及欽佩之情常蓬勃在胸。有時也在想，這「科學發展觀」，這「五百理論精英」們，在中國的農村地區，何時才能在貧窮而樸質的人眼裡取得超過茅廁、超過這舀屎勺的地位？有時竟生出就此問題向大哥諮議的想法，但終於沒能開了口。

### 9. 大哥變了

記憶中的大哥盡是好的。但在這裡生活一年多後發現，他在過去的幾十年裡改變了許多：其一是貪，只要可以獲得則全然不顧念來路的正當與否；其二是除至親外，於他人不肯有一點同情心，更不肯有力所能及的具體幫助；其三是他不再善良，總欺辱比他更貪弱者。我於此屢勸而無有改變，這是我的至痛。痛哭而規勸事亦時有而終於不肯有一絲改變的，成了我們弟兄姐妹中的異數。

孰能敵得過親情！唯能努力保持清醒、警覺，並在親情面前保有冷峻的是非判斷。

我無法時刻盯著我的親人們（令我欣慰的是，其餘的親人絕不貪得一分錢的不勞而獲）。2017年前，我隨時會再被綁架，我必須在此嚴峻聲明，此後任何未經我同意的，於我大哥的捐贈或照顧，都將被視作為於我的非善意之舉。

## 五十八、對外隱瞞行蹤的幾個因素

回到陝北老家迄今已有半年的時間，但我們對外隱瞞了這一事實，這是我要代表哥向外界朋友賠禮致歉的。

首先是，兩個大家庭在我還沒有回來前即共謀定下了要對外保密兩年，要調養恢復我的身體，這是我在表面不能反對的。我也想盡一切犧牲使他們能安靜一些時日，這是我已欠下的感情債，也是我的岳父老淚橫溢當面哀求了我要我答應了的。但實際上，中共黑惡勢力在這個問題也算「成全」了我的兩個大家庭，他

們無數次地威脅我的家人：

「高智晟只要和外界聯繫，我們就會像過去一樣採取果斷措施。」

在這個問題上，我的家人常如履薄冰，擔心我再度與當局衝突。他們的確是怕了，怕失去我，尤其這次回來後見到的情形，岳父在哭著哀求我時說，家人見我那副形容，私下以為我有什麼大病，他說他們當時都認為我可能偶爾跌一跤就再也站不起來了。這種看法竟與回到陝北家裡後、這裡家人的看法不謀而合。大略上是11月份，四弟才給我講說在榆林機場看見我後，他和大哥兩人都哭了，都認為我定有一種進入最後階段的大病瞞著家人。我至今覺得那可能是六年不見天日而生成的異於常人的形容誤導的結果，因為我從未感覺出與以前有什麼不同。

另一個因素是我不願看到一批又一批的來訪者在我的眼前被抓。這樣的經歷在2006年、2007年及2008年，北京家裡的樓下幾乎每天都在發生，中共黑惡勢力就在我家樓道裡及樓下抓走一個一個的來訪者。我曾從窗戶上親眼看見一位日本朋友被架進了我樓下的小房間（是中國黑惡勢力在我家樓下蓋了一間小房間，供指揮人員值守）。還有一次，一位從四川的李律師從我門口被架走，也被架進了那個房間，那律師很冷靜，中共特務大聲呵斥他：「你是什麼人？找高智晟什麼目的？」我印象最深的是，這位律師從容地問他們：「你們是什麼人？什麼目的找高智晟是違法的？」因為從未有人這樣大膽地質問他們，所以那一群法盲者竟一時張口無言。

當局曾在與我的談話中明確提出，外圍想要去找你的人由我們解決。我初回來那段時間，一批又一批的警察遊蕩在我大哥院子四周，我若對外說我已經回到了陝北，就會有一些人趕來看我而被抓，從技術角度講，我不願看到這種無意義的犧牲。

最主要的一個原因是，我已有六年裡基本沒有看到有點價值的書。一回家，一頭扎進了書堆裡，不允許出村，甚好，書中有比村外更大更深的世界，書這幾個月裡成了我全部的世界。雖然因為不能去看牙病，而牙齒常與我有些痛苦的交涉，家人也常為此焦慮，我則常以為，便是我的全口牙掉完，也終於於共產黨的滅亡大勢無補，該去的定會去，就像該來的一定會到來一樣。2018年，在沒有共產黨的中國裡，我就裝他一口新牙吧。

而還有一個更大的因素是，我擬利用半年的時間邊看書邊寫點東西出來。首先，想把我小時候到兒子出生前的這段歷史寫成文字，他不是基於一種時髦的寫出所謂「自傳」的動機，而是兒子高天昱的建議，他請求我給他講我成長經歷的

故事，我立即答應，因為這不需要構思，只要做記憶梳捋即可。沒料到，講了幾句，小傢伙無意中的一句話，誘發了我將那些經歷寫下來的衝動。他說：「爸爸，我要把你講的故事將來整理出來出一本書。」我欠孩子的太多，孩子有這想法，我即願意花費點精力認認真真地把他寫出來，作為一點愛給予女兒及兒子。不料，這一寫一講竟全然耗去了我兩個月又十二天的時間，寫成了竟達十九萬字左右的記述。此後，我就著手寫《2017年，起來中國：酷刑下的維權律師高智晟自述》這本書，這一寫竟又占去了我三個多月的時間。亦即，我用了五個月的時間寫出了流水帳般四十多萬字的記述。其中，最有價值的核心部分，是關於對我的神的見證。

## 五十九、隱居陝北老家的日子

這期間，我的時間安排極緊湊，不誇張地說，連上個廁所都是跑步往返。白天寫書，四千多字的記述，晚上及大清晨看書，而這段時間裡，我可以說是六親不認，關著門，不是寫就是看書。因為我還不能讓家人發現我在寫東西，可以說，對於我寫東西之舉，一定程度而言，家人的「敏感」程度不亞於共產黨，他們怕再次失去我。為了安撫他們，只要他們開門，我立即將筆記本和筆藏起來，操起面前的書便看。大哥不止一次在吃飯時間問我：「你最近沒有寫東西吧？」我暫時還只能騙他說沒有，我也真不知將來怎麼告訴他說我騙了他。

我在任何環境裡都會迅速將自己導入一個循環畫一的規律裡，這次回來也不例外：

> 每天早晨五點準時起床看書一個小時；
> 六點至七點鐘一個小時的戶外院裡活動鍛鍊身體（其時，四周「保鏢」聞聲而動，組成一個極特殊的，只有我們之間才能領悟的氛圍）；
> 七點至七點半洗漱、打掃室內衛生；
> 七點半至八點一刻間讀《聖經》；
> 八點一刻準時坐下來寫東西；
> 除了兩頓飯及中午戶外活動一小時，至下午六點半前就一直在寫這些文字；
> 晚上七點點準時開始看書至吃完飯止；
> 晚飯後活動一個小時後再看會兒書，至八點準時入睡，常觸枕即可至酣睡境。

我的白天是足夠地苦，所以必須保證足夠睡眠。信神的人，思想常保有著很簡單的狀態，最大的益處即是倒地即入睡之效。回來一個月，體重陡增三十斤。

這段時間，外面也竟還有些惦著我的人，費盡周章來找我大哥，希望我能出去為他們工作，除一家給年薪六十萬元外，另兩家則都是開價百萬元以上年薪。他們都知道我不能離開村裡，竟都提出，將我的名掛在他們公司後，唯提供思想方面的價值支援即可。其中，願付六十萬年薪的是我的親戚，幾次遊說我的四弟以助其遂願，但都被我拒絕。

對於一個已經身無分文的俗常人，錢對我而言，不單是簡單地鍾情而已，且偶有熾烈的愛情生出，但究竟還是不敢苟合的。公司願以百萬元年薪竟只為獲得一種思想方面的聯繫及支持，這頗是令人欣慰的一個理由，在權力壓迫無處不在中國，民間的自覺進步究竟是不可阻遏的。思想作為一種力量，甚至作為具體價值，竟受到經營者的認可，這無論如何算是個進步。但具體到我而言，我是不認為我的這點思想能與百萬元年薪的氣魄去勾兌的，每個星期天，我是乾乾脆脆地休息一天，清理個人衛生，更擔心有不明亮的力量在其中發力。進城洗澡是不可以的，這究竟與「國家安全」不大方便。現在還是「我黨」的天下，他仍然有足夠強大的力量阻卻我外出洗澡，加之我若非不得已，是不願在公眾浴場洗澡的。我發明了陝北山村式的洗澡（當然未必具有獨創性及新穎性），只是一週一次，倒也痛快淋漓。此項發明不僅具有現實的技術意義，按「我黨」慣常的說法叫「還有深遠的歷史意義」，他一舉粉碎了反動派的封鎖圍剿，解決了一個如影相隨的苦惱。

星期天的暇餘時間，我大都會爬上老村腦畔山上轉轉，漸漸地竟尋找到了家鄉的美。這是我過去幾十年裡所不曾留意到的，有時竟美得使人驚心動魄，尤以秋日早晚為著。在日初之陽裡，足下大地，襟前紅日，指顧山河，天、地、人，相映成趣，那種壯美之情無能言傳。到了落陽時，在落日裡，經驗那不落山河的雄大與壯麗，有一種從未有過的經驗趣獲。太陽落下而山河不落，每至彼時，送走了落陽，我常忘神地站在那山頂上神馳，覺著乾坤間此刻僅遺我和足下這星球，心跳成了天地間的唯一聲響，有時若非疾飛歸鳥的提醒，弄不好真能把整個世界給丟了。

今天中午出去活動，在雪壓風欺了一個冬天的泥土上，小蒿草又吐出了新綠，而背陽處灰白雪色依然無動於衷。這頗給了我些激動。滿眼裡，依然是冬天的嚴酷與肅殺肆虐過的蹤形。真的，這些看似極不起眼的小神蹟，常能贈給人以哲學般的大啟示，嚴酷和肅殺不是死亡，是成就生命又一次蓬勃的前奏。他給我

的另一個啟示是，我的家鄉從不缺美，缺的只是我們發現美的能力，或者竟是些注意力。

寫於 2014 年 12 月 27 日至 2015 年 3 月 18 日
於母親生前所居窯洞

第貳部

神的普遍啟示
和特別見證

# 第一章

# 神對共產主義政權，在中國壽命的啟示見證

首先我說明的是，雖然本書記述中有許多我親身經歷領受的奇妙之事，但我知道自己是有限的受造之人，不敢妄加解說神的旨意，更不敢僭越代言妄稱神的名，但我又不能將親歷的真真切切的事情隱瞞不說。

故此我申明，本書所涉及對一切有關上帝在世界和中國普遍啟示的解說，只是我個人的領受。如果一切來自上帝，如果我的個人感受沒有謬解上帝的旨意，想必上帝會讓世界看到這一切的應驗。而如果這一切僅僅是我個人的感受，希望就讓這些文字作為一個中國受難基督徒的內心紀實存留。

此刻，我在上帝面前存無比敬畏之心，交出自己這份誠實無偽的心靈紀錄。願蒙主耶穌基督悅納！

中共在中國大陸專政的期限為六十八年。神對任何影響人類群體運命的重大事件、過程、存在或現象，在命定時即會給世人許多引導啟示。可惜大多數情形下都會被懵懂的人類所忽視。這個話題與不認識神的人談很困難，尤以中國大陸更甚！

## 一、機械化信神者

中共統治集團是一個很奇特的群體，說確切一點，這是一個很可憐的群體。公開的或者在陽光下，他們決絕地否定神的存在，可在隱蔽處，他們沒有一個不信神的，信的神真偽且不論及。

我曾在中共高層一個私人圈子裡的聚會場所偶遇清華大學一位研究《易經》的教授，他主動向我提起我對中共賊首的三封公開信，主動提及中共妖人江澤民。他說江澤民信神很虔誠，成了其日常生活之主要內容，連每天出門，幾時出門、出哪個門，及幾時當進門、進哪個門都要扶乩問卦以定。我笑著說那不叫虔誠信神，那叫全「機械化信神」。他說江還重新修置了揚州老宅的大門，說「他還想法不少」。

在對待神的問題上，中共這種做法極易造成其成員的多面人格，造成他們行事的陽奉陰違。但就信神本身而言，他們同樣表現出出眾的愚昧。信神是一個奇妙的心靈和誠實過程，如果是虔誠信那位創造、救贖和啟示的真神，這個過程必然是在人的生命裡培蓄並滋榮善和愛的過程，其中公平、正義及良知必將成為其感情的重要組成部分而不是相反。他們信神，類我所述江澤民的信神，乃是：機械化信神，把神當成一種逐利的工具，心裡滿溢的是黑暗的圖景，祈望神遂其惡願，那實際上確認了一種昏聵的信念——神可為共謀者！

2010年3月28日，我被專門負責對我祕密囚禁及施行酷刑的中共北京國保頭子于泓源和孫荻，率眾轉移至山西五臺山，頗使我驚異的是，這兩個無惡不敢為的祕密警察頭子一進寺廟，竟然對著那些泥胎偶像，雙掌合併，口中念念有詞，納頭長拜。我不知他們閉目納頭跪拜時，記憶影像中剝光衣服電擊政治犯這一節，是在心靈中如何與神交涉的！但通過幾年的「朝夕相處」，我可以斷定，他們的怕要比常人多得多。

## 二、三次災難恰好是三個「08」

2009年5月份，在祕密囚禁地，兩個祕密警察聊天，說高層現在是草木皆兵，看得見的也怕，看不見的也怕。說過去是只怕人，而現在是既怕人又怕神，說這怕開神就麻煩大啦。

「這玩意你看不見他，你有勁使不上，他又不像老高（指我），再牛逼照樣捏死你，可這神，只有你怕的份啦！」

我不說話（按照規定他們在我面前不得講話），聽他們一路扯下去。他們說2008年中國發生了三次著名的大災難，即1月7日的南方大雪災、3月14日的西藏所謂暴亂、5月12日的汶川地震，說這三次災難日每次的自然數字之和都是「08」，三次災難恰好是三個「08」，與奧運會開幕日的三個「08」相吻合，說「高層嚇壞啦！」，說在去年這是頂級的國家機密，今年才敢說啦。

當注目的是2017年裡的大變化——驚心動魄！世界矚目！

## 三、「七五」事件應驗風傳

中共高層群體信神，當始於妖人江澤民時代，此前的中國高層的絕大多數不

信神應是表裡如一的，尤以毛澤東為甚，從他的著述及他與哲學家的談話紀錄看，他對唯物的信仰是實在的，這就鑄就了他和他的黨的悲劇結局。但即便是毛澤東，他對一些神祕的現象或信息亦充滿了好奇。

2008年，坊間，甚至是中共祕密警察中間，均風傳說中共在2009年裡會有大事發生，結果2009年7月5日發生了震驚中外的「七五」事件。這是新疆治安惡化趨向普遍及表面化的時間分水嶺。中共新疆當局幾近歇斯底里地表明自己的無辜。

關於「七五」事件的導因這裡不予論及，但長期高壓統治斷難辭其咎，從事發當晚，中共新疆賊首王樂泉的電視講話即可解釋這個問題。王在電視講話中聲稱說：「動亂分子當天曾兩次在人民廣場聚集，都被我武警部隊衝散。」王的注水大腦顯然沒有意識到這裡面透露出對他們而言的「負面信息」，那就是一貫的暴力打壓任何和平表達的惡習。兩次和平聚集被暴力衝散，和平表達不能，暴力宣洩成了絕望的選擇。而對於中共而言，「七五」事件只是其在新疆麻煩的開始，他們大略也多少意識到自身的一些問題，但仍迴避了政治黑暗這個萬惡之源的根本性問題。

每次談到新疆頻生暴力反抗事件的教訓時，當局及官控媒體上都會不厭其煩地提醒各地方當局，「要盡快抓緊落實一批長期得不到落實的民生專案，尤其要抓緊落實一批與民生緊急相關的專案、措施」。稍有點思想能力的人，絕不難以從這種「緊急落實」中讀出這個無賴政權對民生，尤其是對與民生緊急相關的項目的長期不作為與「暴亂」間的內在邏輯聯繫。要麼像漢民族一樣永無底線地忍聲吞氣，要麼起而反抗，和平表達不能時，暴力宣洩。

## 四、共產黨和國民黨歷史命運的對比

神在共產黨和國民黨兩黨命運的歷史轉變的時間安排上，也有著明顯的對比性啟示。1975年蔣介石先生去世，國民黨的偉人政治時代終結；1976年毛澤東去世，共產黨的偉人政治時代結束。國共兩黨均進入了強人政治時期。國民黨進入強人政治時代的第十三年，即1988年，歷史性地呼應臺灣人民的訴求，選擇了「永遠和臺灣人民在一起」（蔣經國先生語）的生途，在臺灣實行民主憲政的多黨競生政治，使國民黨獲得了新生。而共產黨在進入強人政治時代的第十三年，即1989年，面對中國人民的和平政改願望時，卻野蠻地舉起了屠刀，對手

無寸鐵的、自己的和平公民施以慘絕人寰的殺戮，終於也堵死了共產黨自己的活路，愚昧地為自己拓通了死途。國民黨在做出了歷史性明智選擇二十八年後，即2016年，正是其競奪政權執政八年的屆滿期，而共產黨則在做出了歷史性選擇的二十八年後，即2017年，正是他的死期。人們習慣說「歷史有時是驚人地相似」，實則是昧卻了應有的靈性判斷，忘了這一切背後的神祕推手。

## 第 二 章

# 神賜予我及我家庭的特別引導和看見

### 一、人生最大獲得期的十年

我自己過去不認識神，只承認自己眼裡能看到的東西，這是我個人的階段性不幸和暗昧。蔡卓華牧師被北京當局迫害案中，給了我接觸《聖經》的機會，但《聖經》沒能給我異樣的感動，這大略正是《聖經》璞的一面。

幾個月後，北京當局開始全神貫注地打壓我，我與中共惡政權的衝突終於走向公開。在世俗人的眼裡，2005年迄今的十年的時間裡，是我個人及我家人命運的困厄時期，且這種困厄的終結將遙遙無期。今天，我可以自豪地告訴世人：這十年裡是我人生迄今的最大獲得期。所謂「登泰山而小天下」，與這十年裡的獲得相比，過去的除了妻子及兩個孩子外的所有獲得都小得可以忽略不計！這一偉大的獲得就是認識上帝，並漸進地改造了過去深及生命深處的頑梗和愚昧，終於馴服地匯入基督徒的浩瀚大陣列中，聚集在主的名下。

在這點上，我特別感謝范亞峰弟兄，認識神並完全地接受神，本質地提升了我個人生命的價值；首先是提升了生活的品質，其次是加增了一個人心理的力量，這種加增是信實的，更是不可量計的。

### 二、不要企圖蕩滅大地、填滅海洋

記得有一次在沙雅監獄與監獄長發生了頗不小的衝突，他實施了包括高音喇叭進行無休止騷擾的多種惡手段給我製造苦楚，我絕食抗議一天半時，他找我談話，我盯著他的眼睛逼視他，他卻怯而迴避我的目光。

我一字一頓地告訴他講：「在我的面前，你，和你背後的力量將永遠是失敗者；過去是，現在是，將來更是。一個基督徒，你眼裡他是一粒沙塵嗎！請你記住，一粒沙塵的筋骨是大地；在你眼裡，他若是一滴水，請你明白：一滴水的魂魄是浩瀚的海洋。你的出路是加入進來而不是企圖蕩滅大地，填滅海洋！這是在做無用之功！」

我大致可以斷定，十六監區一千多名被囚禁者，以這種口氣跟他談話的絕無第二例，竟一時使他不知所措。沒有幾天，他竟調離了這個監區，那次談話經歷竟成了我們的告別議程！

然而，作為基督徒，心中力量的生成、培蓄及滋榮壯大，與我的對人的有限性認知及內心對自己謙卑的培蓄是同步的，我虔誠地信靠神卻從不迷信，對之，我常保持著冷峻的警惕。全能者上帝這幾年與我保持的交通，在開始時，真的驚訝得讓我驚心動魄。論到基督徒，我當算是這個時代最幸運者之一！但起初那種震驚恰證明我屬靈生命的不成熟，對神信靠得不完全徹底及不夠堅定；我很快開始提醒自己：如果你真實相信了神的全能，那麼，你對任何鮮活的靈異遭遇都不應表現出內心的驚訝，你當敬畏及讚美之，當作為你信心的基礎，而不是持久地驚異！我很快使自己平靜下來，冷靜地梳捋、記念每一個奇妙的見證，使自己信心與屬靈的生命在主裡一起成長。

## 三、禱告得蒙應允

我絕大部分時間不為自身的具體利益禱告神，但每天晚上睡覺及早起前必有恆切的禱告——為國家和民族的文明明天。在一些重大的環節，有時對一些具體的、階段性的抉擇上，我向我的神禱告過，所有禱告，百分之百地明確予以答覆，時間均在第二天臨晨起床前最後五秒鐘之內，從無例外！

### 1. 異象一：被「釋放」回家

2006年8月15日，我被中國黑惡勢力暴力綁架。因為那場衝突頗為持續，也頗有些當量，當局下了決心欲置我以死地，國內外及我本人都認為那次最低將會被刑讞十五年左右，當天夜裡審訊安排在看守所規定睡覺時間的一分鐘後，我剛躺下不到五秒鐘就有聲音傳來：「815」提審。審訊完畢我回到監舍，睡覺前我做了認識神以來的第一次祈問前景的禱告，祈問神這一次是否會如世人所言被長期囚禁，這也是第一次通過禱告後神給我的啟示。臨起床前最後幾秒鐘內有一夢臨到：一大群人圍著一個巨大的古墓坑，坑裡躺著一匹死馬，膚呈褐色，議者紛紛，但眾口一律：是匹死馬。我好奇地擠進去來到墓坑邊，奇蹟頓顯，那死馬騰躍而起飛奔出墓坑而去，在眾者的瞠目結舌中遠馳。我心中豁朗，知道這次囚禁將維持不久。

2006年12月12日，當局對我的案件進行了「開庭審理」。12月20日起床前幾秒一夢，夢中牢門被打開，我邁出牢門，瞬間即走至我老家的村口；12月21日，在同一時間得同一夢，只是這次邁出牢門瞬間即進了我老家的院門；12月22日，在同一時間得同一夢，只是這次邁出牢門瞬間即進了母親生我的窯洞家門裡；我於當天被「釋放」回家。

## 2. 異象二：聽見神的聲響

2009年2月3日夜，當局在陝北老家大哥家裡又一次綁架了我，由於這次綁架他們沒有準備黑頭套，在路上，他們將我的保暖內衣套住我的頭，由於時間太長，且幾無透氣性，我一到目的地即發嘔不止，我感到我的臉部出現了腫脹。祕密囚禁地條件非常殘酷，那應當是一棟別墅的頂部角樓，有六至七平方米，窗口用超過十公分厚的沙發墊堵死。每天坐立時間十七個小時以上，他們刻意營造與人世隔絕的氛圍，一天兩頓煮白菜幫子。真正的，你無法述說清楚那種慘無人性的壓迫。

到第四天夜裡，我向主禱告了兩個問題：第一，這次囚禁意味著什麼？第二，囚禁時間會有多長？結果，第二天臨起床前五秒鐘內神回答了我這兩個問題，第一個畫面我迄今未能讀懂：天空出現一個類似於電影銀幕般的窗口，一個身影背向我，其裝束類明朝文官，身披絳紫色的絨質大麾，他的前面有棉絮般雪花密降，而畫外音則回答了我的第一個問題：「吉兆！吉兆！吉兆！吉兆！」四次重複，那聲響中的雄性魅力即便是詩人、藝術家也無法描述清楚。可以肯定，那聲響在天地的任何地方都不會有死角，卻並不振聾發聵。那是我迄今唯一一次聆聽了神的聲響。

而神用兩個字清晰地回答了我祈問的第二個問題：一個「挨」字！一個「唉」字。我從這兩個字中讀懂神所傳與我的全部思想——「挨」字，表達神絕對的自信、保證和絕不容置疑地命令：你只須承受，其餘一切事屬呼神。而「唉」則告訴你：這次囚禁時間不會像你想像的那麼短（我當時想像為半年左右）；另一層信息是：由於神愛你，神也在承受，我不會改變我的預定。時至今日，每每想起那個醒目的「唉」字，我必禁不住熱淚湧流。這位全能者，卻有像人一樣細膩的情感，他有著無限豐富的慈愛，人的痛苦都與他息息相通，就是他的痛。這是我第二次為解惑而向神做的禱告。

### 3. 異象三：用圓圈圈起來的「民」字

　　第三次就具體問題所做的禱告是在 2009 年的 5 月份。4 月 28 日，因囚室來了幾個人，在我的頭上套了兩個枕頭套被架下了樓，後架上了一輛車，這是唯一的一次在白天轉移囚禁地的紀錄。車開了一個小時後停下來，我被架下車，左右各一個人，各執我一臂，各用一手壓在我肩上，將我身體壓至九十度而疾步前行。我當時心裡頗哀傷，為這個苦難的民族哀傷；人類文明已到今天這樣的時代，這民族終於沒有什麼長進！仍然用如此原始的過程解決大家的異見。我知道這又是要轉移祕密囚禁地了。每個囚禁點從不超過三個月即要轉移一次，每次轉移過程實際上是精心設計的，屬於恐懼神經戰的一部分，刻意在過程上營造神祕和恐懼。因為在車上的一個多小時，我的頭被壓在我的兩膝之間，頭上又套了兩個枕頭套，嚴重缺氧使人思維呈渾濁狀，唯一的積極作用則是減少了生理痛苦。

　　到了新囚禁地，于泓源又來談話，大意是：要麼同意被他們強制送出國境，要麼讓你無限期地與世隔絕生不如死。我就此做了禱告，請神原諒我生命的軟弱，若神應許，我願出國避禍，若不應許則毫不含糊。結果，第二天臨起床三秒鐘時間，神回答了我。我看見一塊巨大的黑板，大約有八平方米大小，上面密密麻麻地布滿了單字或短語，可謂成千上萬，黑板正中間寫了一個「民」字，還被粉筆用圓圈圈起來，然後又用一條虛畫的引線，引至黑板最上部邊緣上的空白處又寫了一個「民」字，也用圓圈圈起來。這個回答，隱含了極其豐富的思想內容，當天我立即拒絕了強制送我出國的議題。「有識之士」會問，既為強制送出國境，何故要你同意？道理很簡單，強制送出去很容易，但我不止一次告訴他們，我立即會讓他們後悔不迭，我很快會尋找自願者作伴越境回國，使他們灰頭土臉地回到問題的原點！

　　因為是有求而必應，更使我不敢動輒就禱告神，神對一個卑微之人的禱告有求必應，他的降卑正體現了他獨一無二的至高位格。在我的眼裡，這種降卑是有著怎樣驚心動魄的莊嚴和崇高，所以我絕不輕易為個人痛癢而向神禱告。儘管這樣，在祕密囚禁期間我還是有過四次事涉個人重大選擇的禱告，唯能使我至今頓覺快慰的是，我每必順服神的示教，挺過了一次又一次困難的過程。

### 4. 異象四：「全黨歲九十六」和「关」字

　　我的第四次有涉個人選擇的禱告，是在 2010 年的 7 月份。這次的囚禁最為殘

酷，由於嚴重缺氧，士兵們常在囚室裡面嘔吐，房間潮濕的程度令人驚悚，床上鋪的紙箱版捏一把水嘩嘩啦啦直流。作為基督徒，我動了假見證的心念，即是對我神的虧欠，關於這些事實，2017年以後，那些士兵會自己出來講述。先後有上百名士兵在那裡輪值，二十四小時有哨兵看守，這些細節我將在本書的後續予以詳述。但對於囚禁環境及方式的安排上，當局絕不是隨意決定的，按于泓源及其最得意的幹將張雪的話：「丫的就叫你生不如死。」這是作為摧毀我生理及心理的系統安排的一部分。

　　殘酷的囚禁環境，殘酷的酷刑，伴隨不斷升格的利誘。到2010年7月份，我的生理承受真快到了不堪的地步，我禱告神，求神原諒我生命的軟弱，我什麼都不要，我以前所做的原本只是一種本能的良心反應，竟有如此沒完沒了的沒頂災難臨到，尤其不理解並絕不接受禍及我無辜的親人。為了我的親人，我會毫不猶豫地捨命保衛他們，所以我準備暫時放棄與中國黑暗勢力的僵持，為了親人，我從此噤聲幾年。對於我妻子耿和正在經歷的苦難，我有時心痛得不能自持。耿和一直靠給富人家打掃衛生掙點錢維持娘仨的生活，當局也不斷地將這樣的信息傳給我，這卻是他們講的罕見真話。我走到今天，可以毫不誇大地說，反動當局還終於沒有能打倒我，2007年9月、2009年9月、2010年4月，三次使他們自己驚心動魄的酷刑也終於沒能改變什麼！沒完沒了的暴力綁架、神經戰，慘絕人性的殘酷囚禁終於沒有改變什麼！但耿和在外面的苦難常摧抑著我的情感。前幾天她在別人家打掃了六個小時的衛生掙了一百二十元錢，她在電話那頭高興地對我講著，我在電話這頭泣不能聲。就在寫這段文字時，我幾次哀傷得擱下了筆。

　　我有一個表哥跟我一家很親，但從親緣上尋蹤，用八根加長的竿子也夠不著。他在南水北調工程上幹的活在2007年就合格驗收，一千二百多萬元的工程款迄今扣住一分不給，所有民工的工資都是他貸款墊付，幾近破產。2010年6月份，當局做例行的談話時很乾脆表示：「只要你願意與政府合作，你表哥的錢一句話的事。」當天夜裡又做了同樣的保證。7月份，我向神做了一次作為基督徒極不應有的禱告，我向神說：是否繼續被關押下去我全聽神的，但請恕我愚妄頑梗，讓我繼續接受關押的神意當在物質層面向我顯示，當是清晰而不含糊地；另祈求神在中國文明明天命運的前景，在物質層面上給我們一個證據。這是很渾的，但我還是硬著頸項，帶著情緒在心中默唸予我的神。

　　奇蹟實在出現了。但在那天臨起床前幾秒鐘裡，神給了我一次清晰的警告：如果違背神意，我將立即奪去你最怕失去的。畫面裡，我與當局的代表相對而

坐，而阻隔在我們中間的正是我怕失去的！這次禱告的作用，意義是里程碑式的，不單是怕被奪去「最怕失去的」，這使我徹底地認識到，這件事的如何決定在神那裡是怎樣的重要，而他卻是全為了我們。從此後，我就不再在這方面讓當局存有一絲的幻想，雙方剩下的則只有持續而穩定的對峙。

我以為夢中神的警告畫面已完全回答了我的禱告，但真正的奇蹟過了幾天後就出現了，是真正的在物質層面上。先是在那張用於提審我的桌面上面裹的白色泡沫板上出現「96」這個數字，非常清晰，我很長時間不解其意，但我著實是琢磨過一陣子，以為這是我這次將會被囚禁的時間：96週？96個月？但終於不能釋然。大約半個月後，這「96」的前面出現「全黨」二字。成了「全黨96」，我還是一頭霧水，結果「全黨」與「96」之間的上方有清晰顯現一「歲」字！成了「全黨歲九十六」文意完全讀明白了，但幾近不敢相信。

我堅信邪惡的極權專制統治必會滅亡，歷史已無數次地示教過人們，但絕不敢相信中共會在我的有生之年敗亡。這也與其時我對中共肌體內腐爛程度的瞭解還遠遠不完全有關。因為在世人眼裡，中共的硬力量規模實在是足夠地大，加之他對中國社會精緻得密如蛛網的組織控制，和他乾脆的冷血兇殘和冷酷，國內和平力量對他的改變當是幾代人才能完成的浩大工程，所以沒有把「全黨歲九十六」這句話放在心上。

然而，到7月底又一個奇蹟出現，那桌子下面赫然出現一漢字「矣」，仿宋體十分標準。我那地下囚禁處約十二平方米左右（我記不確切），祕密警察不知從哪裡弄來七塊破地毯拼湊著鋪在地上，那破地毯頗厚，若掰開表面的毛可以發現，其色原為乳白色，但其外表早成土灰色。那土灰色的地毯上赫然出現一個深褐色「矣」字，我當時覺得驚異，連忙問了當班哨兵，答曰：是個「矣」字。其後我有意在一週時間裡又問了四個不同哨兵，均瞟一眼即答曰：「矣」字（我被關押在據說是一個山區裡面，由中共北京武警總隊第三師第十七支隊的第五第六大隊輪流看管，其中士兵二十五人，排長、中隊長或指導員及大隊副職各一人，他們謂之為「五包一」，即每天由五個班次，每班五個人負責看守我，其中兩人守在我身邊，一人負責在監控室監控，一人做應急值班，一人站自衛哨。而祕密警察系統又在武警之上設一監控室，以監控武警與我的往來交涉，有三人輪值；另有四人負責對我審訊。九人負責對我執行酷刑及恐嚇任務，武警稱他們為貴賓）。我意識到我以前向神祈願的，要在物質領域確實地看見神的啟示，神應許了我的祈求。

一次，一名綽號「大耳朵圖圖」的湖北兵當哨，他年紀很小，頗為單純，他的祖母是基督徒。

我指那個字問他：「地上這是什麼？」

他說：「這是個『癸』字。」

「為什麼會是個『癸』字呢？」我又問。

他脫口而答：「『癸』字的兩點下面是個『天』字，這是天意。」

我又問他：「那這天意曉示誰呢？」

他又說：「誰在這裡關著呢？不是給你的還是給誰呢？」

我沒有一絲疑慮，這是神對我的明確曉示。但對於那每天都會出現的「96」，我沒有予以特別重視。

### 5. 童聲「4968」的啟示與無法細說的奇妙夢境

大略是8月份的一天早晨起床前一兩秒鐘裡，一個極美好的童子聲音在我耳旁喊了一句「4968」，聲音極清楚。人有時是很愚笨的，至少我是如此。我意識到這組數字應有重要的啟示意義，但當天總不解其意，當班哨兵──湖北的小周、河南的小李，也一同加入這琢磨的陣列，終於不得要領。當天下午，我偶然想起49不正是中共建政年？1949年後加上68年恰是2017年，而1921年（中共立黨年）加上96年也恰是2017年。可以肯定，這不是偶然的際會。但對於中共將在2017年崩亡的堅信，也是有了2012年3月12日早晨起床前的奇遇後。我在幾秒鐘之內收受了大量清晰的信息──2017年，中共死期確實矣！對於我在這次夢裡的奇妙境遇細節我不能細說，但對中共惡政只有68年這信息是信實而明確的，而最末的一個畫面我願意與大家分享。

那天早晨臨起床前的幾秒鐘，這位智慧之主通過兩個具體的人的形像的三個畫面，信實而確切地將一系列的，可以說是使人驚心動魄的信息在瞬間注入我的記憶中，一個核心的信息即是中共將在建政68年時的2017年敗亡！三個畫面中最末一個畫面，是毛澤東大步從我禁閉室門外的樓道裡走過來，輕輕推開我禁閉室瞭望孔的小擋板，將一本頗厚的書朝我扔過來，扔完轉身離去。我在夢中立即明白這一畫面的寓意。說來令人不能置信，那竟是我進入沙雅監獄這座掛牌地獄近三個月裡，第一次「看見」我禁閉室外的樓道──在夢中。即便是在監獄裡面，2012年3月底前，除了在禁閉室裡面，我即使是去監獄樓道另一邊的談話室刮頭

（監獄謂剃光頭為「刮頭」），都會被套上黑頭套，由兩名獄警架著前往。3月份後，由於我的抗議，每兩週一次的走出禁閉室到樓道內另一頭刮頭時不再戴上頭套，我看到的樓道情形竟與我3月12日在夢中看到的毫末不差，連樓道的光線，牆上貼著的標語紙張都毫無二致。

　　3月12日，是我母親去世出殯的日子。每年的這一天，我都悲傷不已。沒有刻意要這樣，但每到這一天竟不能避免。我的神在2012年3月12日的那一天，在瞬間給了我許多奇妙的信息，提醒了我曾就中共政權年限問題及其滅亡的一些信息，給過我無數的啟明，這種明示在我遠未出生，甚至我的母親還未出生時就已經開始。

　　關於這些奇妙的明示，我原擬用這樣的文字給基督徒弟兄姐妹以見證，終於還是決定將這些文字公諸於世界，以增添苦難中人民的信心，以告慰那些傾力關注中國命運的朋友們，也為全能上帝做一次廣泛而美好的見證！

# 第 三 章
# 我領受的其他部分美好見證

## 一、把「民選總統」做將起來

蘇軾說：「不識廬山真面目，只緣身在此山中。」我卻常認為我頗認識我自己。除了善良、同情心外，我從不認為我在哪些方面有出眾的天賦或後天有了出眾的積累。但從2005年以後，我卻漸漸地變得不普通起來，在中共當局眼裡，2010年5月份之前的幾年裡，在中國，我遇到過很多外國朋友，尤以媒體朋友居多，都當著我的面說：「你會成為中國第一任民選總統。」說心裡話，我從不認為他們是嚴肅的，儘管他們說這種話的時候，眼睛都澄澈如水，表情嚴肅。我從不接有關這種話茬。我把這視作是外國人的單純和對中國的不瞭解。

我與中國的普通俗眾沒有什麼兩樣。我從不認為在我的有生之年會有這樣的巨變臨到中國，更不會去相信這「民選總統」會與我發生什麼交涉。雖然我從不懷疑中國人民會有這麼一天。自由的、民主憲政的政治會成為人們生活中的一部分。但中國的黑暗勢力卻頗願不遺餘力地高看我，那就是念念不忘地說我會成為中國的民選總統。不客氣地說，中共黑暗勢力是當今人類最為愚蠢的群體，我以為他們這種念念不忘，正是他們愚蠢的一個證據。

2006年8月15日至11月份、2007年9月21日至10月12日、2009年9月27日至9月30日、2010年4月28日至5月1日，中國黑暗勢力對我進行過四次酷刑折磨（但對2006年8月15日至11月份的強制坐特製的鐵箍椅、強光燈照射的做法是否為酷刑的問題，當局有歧義，孫荻在一次談話中說：「老高他媽的胡說八道，那哪能算酷刑？又不是就對你一人這樣，對所有犯人不都那樣嗎？」在孫看來：對大家都這樣，所以不能算酷刑）。而此後三次酷刑則主要針對的是「民選總統」。可以說是沒完沒了的無聊，沒完沒了的無奈。他們以幾天、幾十天裡就只與「民選總統」辦理交涉。我無法也無意猜度這背後的利益邏輯，但我漸漸地認識到，若不去「坐」這把交椅，也就是我若終於「不願做」「民選總統」，這種兇殘及冷酷的遊戲會一路繼續下去。那過程的苦楚實在是可觀，我乾脆就把這「民

選總統」「做」將起來。也許是巧合，也許是我判斷得正確，就赤裸裸的酷刑而言，自2010年4月底5月初「同意做」民選總統後還真的再沒有發生過，雖然俟候二十一個月的囚禁比任何一次酷刑的苦楚還要多得多。

　　所謂：「在其位，謀其政。」既然沒完沒了的電擊酷刑非要把我送上「民選總統」寶座，我亦終於「願意做起民選總統來」，我就把我「做民選總統」後的一些見證，亦即全能神的啟示寫出來與大家分享。我首先與大家分享一個美妙的見證是，我現在與我的神常日交通成了正常生活的一部分，神予我的關愛，可以說是不舍晝夜，須臾間不停歇。這是我的榮耀和幸運，我這幾年來的一些經歷，凡神應許的，我擬盡悉與大家分享。2010年7月份至12月份，我在這段時間裡集中思考未來中國的問題，我多做深思默想，從不就這些問題向神禱告，但神卻在不同階段給過我啟示。

## 二、兩個啟示畫面

　　2010年7月份左右，由於地下室超常地潮濕、悶熱且刻意的封閉，士兵在裡面嘔吐頻率越發高起來。他們好在是五班車輪式替換，每十小時輪值兩小時，而我卻全天候被悶在裡面。我多次請他們白天能給一盆涼水，以資應急性給身上擦一擦降降溫，但終於沒有答應，說師裡把報告打上去後，北京總部沒有回應。我從未像這十年裡這般在乎過酷冷或酷熱，他們是那樣地綿綿不絕，而讓我刻骨銘心地不堪其苦。對酷冷炎熱的一切可能的干預條件都被控制在當局手裡，所以那段時間我處在一種完全無助的煎熬中，這是于泓源、孫荻奉周永康之命刻意挑選這樣的地方，這也是我唯一不能低估他們的一個方面，因為他們每次談話都會說些類似的話：

　　「老高，別拿自己不當人，這他媽是人待的地兒嗎？你的環境改變主動權可都在你自個兒手上，政府絕不會把給你留後路的門給堵死啦。」

　　真的，這種在生理上沒完沒了的苦楚，很難使一個人一路神閒氣定的。而在這種過程中，刻意營造這一切的黑惡勢力對你作為生理人的感受是心知肚明的，不斷地找你來談，說為的是盡快幫你擺脫這痛苦。

　　于泓源有一次就說過：「成了利益共同體，要什麼官、要多少錢，一句話就成，共產黨現在不差錢；退一步，做利益攸關者，不對抗，不合作，在利益上包你滿意；非要做利益對立者，那就是死路。不管他是誰，有幾把刷子。」

說完他又說：「真他媽不可思議，在這種過程中，弱者的一方反而完全掌握著主動權，黨和政府反倒疲於奔命。」

所以，那段時間裡，我考慮著如何在技術上做些讓步來擺脫這種苦楚，神在兩個臨起床前的瞬間給過我明確的啟示和警告——其中一次是中共「七一」立黨日前，我在煎熬中心生抱怨，覺得中共把神的名踩在足下，無法無天暴虐了六十多年，連陽光、空氣都成了他的權力支配物，使人民早對天道昭彰沒有了信心。

## 1. 畫面一：穿病號服的毛澤東

7月2日早晨，神讓我在夢中看了一個畫面，畫面中，毛澤東身穿頗光顯的條狀花款式病號服，坐在一個極矮的破凳子上，呈垂死狀，腦袋奪拉著，下巴托在胸部上，雙目緊閉，對周圍的任何動靜都無動於衷。他左側放一個破籃框，底層放著髒污不堪的《人民日報》、《解放軍報》，而報紙上面放著幾個雞蛋般大小的幾近乾癟的蘋果，而每個蘋果上面都有幾個洞，每個洞裡都有一條肥碩的蛀蟲將半截身子挺立在洞外探頭探腦。那每條蛀蟲的肥碩程度與蘋果的乾癟個小形成誇張性反差，毛的右側是他住的一排遠視還頗氣派的窯洞，但稍走近看，但有一點常識，那窯洞已完全不能再住人啦，表面倒不特別舊，但他豈止是搖搖欲墜，他的崩塌近在眼前！畫面裡，我和耿和兩人正忙碌著盤搭一個臨時灶臺，畫面至此即醒。

## 2. 畫面二：甲魚與熊掌或能得兼

另一啟示是，神讓我在幾秒內看了兩個畫面：一個畫面是在我的面前擁有著碩大的甲魚，和單隻即有幾百斤重的巨大熊掌，俯拾即可得；另一個畫面就像鏡頭切換似地出現，是當我和一群大蓋帽掉轉頭準備來取魚和熊掌時，四境突然成了絕地，寸步不得行。

我睜眼將這個夢講給內蒙古籍士兵劉巍，他脫口即說：「這個夢是在提醒你，常人不可兼得的魚和熊掌，你卻有這種幸運，但你要找錯了人，就會山窮水盡。」

## 三、國企政策取向及對前政權官員處置問題之啟示

大略上是從那個7月份開始，我每天利用四個小時左右時間，在思考未來中國的國民性改變路徑問題。儘管一些武警士兵恥笑我自身尚被踩在腳下動彈不得，卻苦思冥想些不著邊際的傻事，但我對於民主憲政中國的國民性改變的思考從未輟歇過，個人處境並不能阻滯我對這些問題的冷峻思考。相對於中國的國民性改變問題，實現民主憲政問題反而成了個技術問題。民主憲政的建立是技術過程，而使之臻於成熟及盡可能地好，則是個漫長的過程；而其中國民性的改良則是一個結構性的頂要緊事，但他卻是個更系統而漫長的事。然而，能在人的內心裡培蓄善良、誠實、愛人及正義感情的宗教信仰，在人群中的普及則是至關重要的，但他卻與機械的、技術性的及運動式的追求無涉，這是另一個話題。

我確實在那段時間思考了中國許多結構性的問題，可謂無所不包：政治的、經濟的、軍事的、外交的、法律的（包括法律的實體方面和程序方面問題）。未來國企的出路問題，社會保障制度的建立問題，包括養老、失業、醫療保障，鰥寡孤殘者的救助制度問題，土地制度問題，所有權問題，稅賦問題，教育問題，宗教問題，對前政權官員及其幫兇的處理問題等等，但只有兩個問題——即對國企政策取向問題及對前政權官員的處置問題上，神給過我明確的啟示。在這些問題上，我從不禱告求神給啟示。關於這兩個方面的啟示，我願與朋友分享。關於未來國資管理及國企改革問題，神給的啟示結論卻很簡單：國有民營或融資租賃式完成轉制。

### 1. 拉著風箱做飯的老太太

神的啟示是在夢裡用了不足五秒鐘來實現的。畫面是一個高聳入雲的、超乎想像的、龐大複雜的、多式、多層次、多角度的多點面，及錯綜繁雜聯繫著的機械運動傳動系統，我站在一旁茫然不知所措，但看見那龐大的傲岸物旁邊有一間低矮的民房，我走過去低頭進了屋，是一間普通的民房，裡面有個老太太正拉著風箱做飯，見我進去即說了一句：「在我這裡可以解決你的任何複雜問題，也可以融資式租賃給我。」說完即醒。

關於對前政權官員的處理問題，我開始思考的當天晚上臨起床前的幾秒鐘裡，神以三個快速切換的畫面啟示了我。三個畫面啟示時間絕不超過三秒鐘。

## 2. 羊圈裡的胡錦濤

第一個畫面是我們家過去的羊圈裡圈了一些人，其他的人都背對著我看不清面孔，唯有胡錦濤正面朝著外面，穿的不再是西裝革履，像特寫鏡頭般，將羊圈中的胡錦濤清晰地展示了一下，我立曉其意。有趣的是，這個羊圈在1975年以後就存在於我們的記憶中。因為那時不准私人養羊是這個惡政權的大政，是他的英明國策，所以我記得這個羊圈在1975年奶奶去世後就被撤除，但這個羊圈在記憶中卻依然清晰佇立。

## 3. 小腹鼓脹的溫家寶

第二個畫面是在一間普通民房裡，溫家寶坐在一個破舊的泛著灰白色的黑皮沙發上，手裡攥著一個遙控器對著對面的大電視無聊地按著，他所坐著的沙發過去應該是氣派而價貴的，雖然有幾處破洞，但輪廓及基礎極大氣。溫先生穿得像個普通退休工人，他的小腹脹鼓，給我一個信號是肝腹水，我亦立曉其意。

## 4. 蹲糞坑的于泓源

第三個特寫畫面是：我家老宅院子外面，陝北喚作「鹼畔」的地方有一個大糞坑，實際上只是供傾倒垃圾的一個大土坑。于泓源（就是那個數次具體下達酷刑指令的北京國保頭子）蹲在垃圾坑的緊靠坑邊的地方，他蹲得非常敏感：雙腳尖著地，雙腳後跟托著臀部，雙手托扶在雙膝上，身子直立，重心完全後傾，看上去很危險，若旁邊有人輕輕吹一口氣，或輕輕戳他一指，他必仰面栽入垃圾坑。當時我也覺得立曉其意，但完全領會神的完整啟示，卻是在兩年後的一次與警察的談話中。

## 四、沙雅監獄康教育科長對神啟的意見

2014年7月中旬，我再次就未來對前政權涉嫌反人類罪、反人權罪官員的處理問題進行思索，一天下午，沙雅監獄教育科長找我談話，一見面，康科長就問：

「老高，最近想什麼呢？」

答：「老規律，在想如何繼續頑固堅持反動立場呢！（雙方笑）」

「要出去啦，不琢磨點啥？馬上就要自由啦，心裡面想什麼有啥不能說出來的？」康又問我。

「你是裝糊塗還是真糊塗？你很清楚，對我而言，監獄就是共產黨本身，共產黨在，我就不會有片刻的自由。這三年在監獄中囚禁，是我這些年裡最不壞的去處。與過去的祕密囚禁相比，這裡是個不錯的地獄。人習於苟安幾成本能，我還真想讓你們把我囚禁到2017年共產黨敗亡時止。我心裡面想什麼你感興趣，可說出來你又如鯁在喉，猶芒在背，還是不說為妥。」我回答他。

康曰：「說出來，我願意聽。」

我就告訴他，我在思考2017年後如何處理原政權的那些涉嫌反人類罪的官員，並原原本本地給他講了神在這方面給我的那三個啟示畫面。對於第三個啟示畫面，他提出了不同的理解，使我對他刮目相看。

對於這個夢中第三個畫面的啟示，我認為：第一個畫面神曉諭我們，一部分中共高官的命運已底定，他們在位時針對這苦難民族所犯下累累罪惡的同時，也為他們自己拓通了牢獄之門。例如胡錦濤先生，其畢生致力於兇殘阻擋中國人民步向自由、民主的光明之途，在他手裡還有力量時，不肯給人民以絲毫的善舉，他與溫二人，給中華民族的所有成員，在道德、人性方面造成的硬傷害，雖予百年期無以彌合。第二個畫面表明了，未來有證據證明一部分前官員是罪難迤卻情可原，可免於牢獄之災。第三個畫面，我早期理解為：一部分中共官員，由於其惡行昭著馨竹難書，將這部分人歸於垃圾坑一途是神的直接啟示，但這卻不是神啟示的真實思想。

康聽完後卻說出了他的意見：「老高，神給你的啟示卻不完全如你所理解，神還給了你另一層啟示：那就是你可以伸出手拉他一把。」

康的這番話很給了我些震撼。我立刻意識到我的內心還不夠豁亮，意識深處還存有怨憤，腦中仍瘀滯著不光明的東西。同時，經他這麼一說，我心中豁然一亮，我深深地感到神豐富的慈悲和智慧，這個畫面的啟示非常有深意：其一，你可以一指將他戳入垃圾坑；其二，你可以向他伸出你的手，拉他脫離危險；其三，他可以自己站立起來，向前跨一步而遠離危險，因著他的前面是廣闊的天地。

這第三點是康講話後我立即明白神的啟示。神的這種偉大襟懷實在令人感動不已。因對個體生命的暴虐，就是對天道赤裸裸的蔑視及踐踏，我幾年來親身感受了于泓源的兇殘及冷酷，而神卻仍未底定他的最後命運，將他的命運結局交到他自己的手上，這是怎樣的一種廣大襟懷和慈悲！

這個啟示在未來的不到兩年時間裡，對中共仍在上掌權的官員是攸關重要的，但前提是他不至於昏昧而拒絕相信。但有一點是絕對須清楚地，即是這種昏昧無知只會帶來個人人生、命運沒入苦途的結果，卻終於不能阻滯2017年行將到來的中華民族命運的空前巨變！但這件事也給我帶來非常有益的啟示，那就是：個人內心不當存有怨憤，胸中怨憤翳蔽，終於滯塞了人的智慧孔竅，極易虧欠了神的慈愛和美意！

## 五、十年來諸多夢境和神啟

在這幾年裡與神的神奇交通中，我自己也得到了許多認識經驗，因為我也受到了多次屬靈領域或黑暗勢力的干擾，但我幾乎能即刻甄別清楚是神啟示還是魔的干擾，因為魔的干擾有幾個絕對的規律，即掩隱不掉的骯髒、猥瑣、猶豫不決及混沌不清晰。

### 1. 兩隻死鹿

例如，2010年7月前，具體時日記不確切了，我拒絕了中共當局的兇逼利誘，明確拒絕了只做「利益攸關者」的安排，當天夜裡，在夢中就有黑暗勢力干擾。畫面中，兩隻鹿活奔狂跳向我跑來，快到我跟前時，其中一隻鹿撲地而死，另一隻鹿掉進一個深坑裡。我好奇地走過去一看，一隻碩大的老虎在那深坑裡。其寓意十分明顯：鹿（路）死啦，鹿都（路堵）死啦。但有一個共同的特顯畫面露出了馬腳：兩隻鹿倒地後都來了個誇張的特顯鏡頭，那是兩隻母鹿，都是把母鹿的生殖器極醒目地特顯出來，這是魔無力掩飾的齷齪。猶如現實社會中，中共當局傾其全部伎倆掩飾他的齷齪和無恥，而他的卑鄙與無恥卻早已深入全人類的心裡。

從2006年開始到2014年止，我有許多奇妙的經歷，有些經歷曾多次出現，雖然我並不能都完全理解其意，在過去的十年時間裡，每年有三個日子必做同樣的夢，都是在臨起床的幾秒鐘裡，這是神給的啟示是能夠確信的，只是不能準確理解其意！神給我的所有啟示引導分兩類，一類是讓你立即明白其意，一類則是反覆顯示給你，讓你慢慢消化理解。這三個特定的日子，即每年的西曆元月一日臨起床前幾秒鐘裡、每年的中國春節大年初一的臨起床的前幾秒裡和每年的農曆正月初六臨起床前的幾秒鐘裡。元旦和大年初一夢到的都是中共最高統治集團成

員或是于泓源等祕密警察成員，都住在我母親生我的那孔窯洞裡，看到他們吃住都在那裡，均呈心安理得狀。而正月初六除了夢到上述情形外，其餘的畫面都是我在這一年裡被抓捕、被關押的情形，每一年必在某一時間裡對號入座，絕無例外。

## 2. 我與毛澤東之上下山與進出帳篷的兩個畫面

　　以2010年為例：元月一日臨起床前幾秒裡給了我兩個畫面：第一個畫面中，在我家祖塋的靠山上，毛澤東率領了一群人從山上走下來，而我卻沿著他們下來的路走了上去。畫面立即切換，第二個畫面裡，在我家祖塋靠山山腳下的國道（已廢棄）上，赫然出現一座類似蒙古包的大帳篷，我站在帳篷門前剛準備伸手掀門簾進去，帳篷門簾被從裡面給撩起，毛澤東從裡面走了出來，他右手掀帳篷門簾，左手裡捏著一張A4紙，一出帳篷就往前邁了兩步站定，雙手將那張紙折疊起來裝在兜裡，然後背剪著雙手立正站直，看了我一眼後抬頭看著西天，毛看上去很精神。那情形和我看在眼裡的信息均給了我一個明確的信號：毛剛在那帳篷裡辦結了某種手續，我撩起門簾走進帳篷，沒有看清帳篷裡的任何情形就被哨兵叫醒起床。但對這兩個畫面所給的啟示，在此後的一年時間裡我也沒有讀懂。

　　2011年元月份的一天早晨，四川資陽士兵金野人（音）站哨時，見我醒來，就說他剛做了一個夢，夢見自己滿臉都是血，剛一醒來又右眼狂跳不止，不知何故？

　　我說：「你小子今天要注意一點，這是一個凶兆。」

　　當天下午他進來站哨時，右臉顴骨部位腫隆突起得像個饅頭，半個臉呈醬紫色，面部痛苦得有些扭曲，因問其故（囚禁室監聽、監視都十分嚴苛，一經被察覺，士兵必面臨驚心動魄的毆打，所以在囚禁室內說話必須是咬著牙齒、嘴唇不動從齒縫中擠出一點聲音來交流）。他說早晨剛出去就去跑操，回來時在冰面上滑冰，由於撲勢過猛，被冰上嵌凍著的一塊小石頭絆倒，摔倒後唾出了很多血，回來照鏡子一看，與夢中情形無二致。我懷疑他顴骨骨折，建議他到醫院去看一看。他說領導說現在形勢過於嚴峻，任何人不能外出就醫。我突然想起2010年元旦早晨的那個夢，沒想到我剛咬著牙說完了那個夢，這個連小學都沒有好好畢業的野小子（「野人」是我給他起的綽號，巧合的是他真叫「金野人」）咬著牙告訴我：

「這個夢很簡單，夢中給你啟示的，不是讓你在山頂上和帳篷裡看到什麼，而是這兩個過程所代表的意義：一下一上，一出一進，全部意義就清楚了；毛澤東看著西天，表明了這個過程是天意，而毛澤東看上去很精神，預示著他們會在外人看來還如日中天的時候交代。」

他的話令我震驚不已，我問他何以這般言說，他說這個夢就這個意思，連小孩都懂得。但我卻確實一年都沒有弄懂，雖則並不終日地沉思冥想，卻也認真地咀嚼過幾次，終不得其旨。

此後，凡有我不能讀懂的夢中啟示，就必講給他，但2010年大年初一的夢終於連他也沒有讀懂，迄今連我也沒讀懂。但正月初六早晨的夢中啟示之意就被他給讀懂了，而且完全正確，而我卻在問他之前終於沒有弄懂。在這裡，我也把這兩個夢中的遭遇寫出來，與大家分享。

### 3. 關於胡錦濤和于泓源在我母親窯洞裡的夢境

2010年大年初一起床前的幾秒鐘裡，神在我夢中給我展示了這一樣一個我迄今未完全讀懂的畫面，畫面中：在我母親生我的那孔窯洞的炕上，胡錦濤夫婦色閒氣定地倚靠著炕上擺著的鋪蓋捲，均呈半躺狀。胡錦濤西服革履，氣色極佳，連頭髮都燦燦光耀，夫人在一旁也雍容華貴，我卻在一旁灰頭土臉，頭部出奇地大，頭髮呈土灰色，形若枯槁，雙手被綁在後面。不一會兒，胡錦濤起身離開窯洞，走到院落中間卻又回過頭來衝著我說了一句：「我到烏鎮去了。」夢驟醒。

至於正月初六早晨的夢中畫面則是：在我母親生我的窯洞炕上，于泓源和我都仰面朝天地躺在炕上，都把被子蓋得只露出頭頂；然後，另一個畫面出現，是我戴著腳鐐被兩個人架著走開的背影。

金野人的解釋是：「你今年將繼續被他們關著，而且他們今年既不與你見面，更不會與你談什麼，但在今年年底之前你會離開這裡，但不是釋放，會戴上鐐銬被關到別的地方去。」

後來的發展證明了那野小子說的是一點不差，那腳鐐的顏色都與夢中一模一樣。

## 4. 大蜘蛛緣絲而降的夢

2011年10月份的一天早晨臨起床前的幾秒鐘裡，一個清晰的夢中畫面展示給我：畫面就是在關押我的二十多個月的囚禁室裡。囚禁室門被打開，我被押著走出門，朝著室內回頭看了一眼（現實中則不可能，每次但有動靜，都會有很厚的頭套套在頭上），一個非常悅耳的童子聲響起「空啦，空啦」兩聲，房內頂部有一隻大蜘蛛緣絲而降，而室內站著的兩個哨兵是周老英雄（湖南兵，不知真名，我賜其綽號）和一個我不知名的士官。

這個夢中預示後來被完全印證，2011年12月16日臨晨我被架離那間被囚禁了二十一個月的地下室時，當班哨兵正是周老英雄和那個士官。而那個蜘蛛畫面給我的啟示是：將在冬至之前離開。此前，關於這個夢，我在周老英雄面前講過兩次。

## 5. 資陽士兵的五個夢

還有一個神奇的過程是神通過一個四川資陽的士兵（基於對其保護之念，隱去其真實姓名）。這小子對我特別好，在他給我打的飯裡，常埋著肉、煎雞蛋等類的違禁物。他原本在外面執勤，他說他總有一種奇妙的心理感動，感覺到在這地下室裡關著一個好人，一個應該去幫助的人，後來他就請求進來站哨（裡面都不願進來，空氣太污濁）。結果，後來在他身上發生了些奇蹟。士兵們有一種獨到的功夫，就是站著睡覺。他先後就站在我的面前做了五個特別的夢，確切地說應該是三個夢，因為其中兩個實際上是他看到的畫面。五個畫面中，其中兩個已經完全地實現，只是他本人並不知道，因為我離開時他早已復員回了老家。我夢中的畫面是我走出了地下囚禁室，而他夢中的畫面是：我被兩個黑衣人架出去後進了一家很大的醫院，然後又去了一處很大的建築，被數以百計的黑衣人包圍著，走出那建築後又被押到長途車站。後來我所有的經歷，猶如他夢的翻版，全如他講述的夢中情景。

## 6. 辦公桌上面懸著三個太陽

2011年春節期間，由於房內基本沒有暖氣，房子裡的冰冷迄今使人心有餘悸。據士兵偷偷地講，說那燒鍋爐的老頭每天十二點才從家裡趕來燒鍋爐，下午二點半前準時離開，目的只是為了避免將暖氣管凍裂。我此生從未像那段時間一

樣在乎過冬天。那種寒冷的穿透力及堅韌的綿綿不絕，真讓人刻骨銘心，終身無力忘卻。我整日被子裹在身上，形式上的尊嚴已全無條件顧及。在地上來回走動也披著被子，被士官鄧某進來制止，說必須等請示完上級才能決定是否允許披著被子，被我斷然拒絕。

春節期間，我在心裡對神有過怨憤，且愚頑地向神提了三個要求，如果這三個要求未來幾年不能在中國實現，我立即宣布永不為基督徒，我願為此承受神的任何罰難。其中第一個要求即是民主憲政制度。這只是一種心理的自我活動，並不是禱求，但神給了我信實的應諾——第二天早晨起床前最後幾秒鐘裡，神給我顯示了一個畫面，畫面裡，我坐在一個顯得很狹窄的辦公室裡，辦公桌上放著一個很高的竹製筆筒，桌子上面懸著三個太陽，均呈初陽之狀，初日之陽使辦公室變得爍紅爍紅。這當是神再次給中國人的一個準確的信息，當成為中國人在未來幾年的大信心基礎。

關於神奇的、可以確定為來自神的奇妙引導啟示，這幾年裡經歷過的可以書寫十數萬字。囿於篇幅、時間因素，我只挑選了些與國家和民族命運的浩蕩巨變有關的啟示公諸於基督徒的世界，公諸於基督徒外的世界，以饗所有那些長期以來關注我的命運、關注中國國家民族文明明天命運的弟兄姐妹和朋友們。

### 7. 水龍頭飆出「高」字

我還有許多美好見證，但實在沒有太充裕的時間去把他寫出來。例如，2012年10月6日，我在禁閉室裡用手捏住水龍頭佽助洗碗，因為我什麼都沒有，只能借水的沖力佽助清洗。我一邊清洗一邊給神唸著說：「今天是我妻子耿和的生日，請神記念她承受的苦難，給她當有的保護，請你傾聽你僕人的禱告。」這時，一股水飆到牆上，一個周周正正的「高」字赫然牆上。這種類似的過程多不可勝數。

### 8. 禁閉室房頂燈罩上的「高」字

又如，2014年7月22日早一睜眼，禁閉室房頂燈上出現一個標準的「高」字。原來是昨晚一隻蒼蠅鑽進了燈罩裡，在裡面奔突了一夜，而燈罩內壁上散落著許多被蜘蛛吃剩的棄物，做了這寫字的材料。我一想，今天是個什麼日子，我的神在提醒我什麼呢？一算方知，7月22日恰好是我在中共掛牌地獄監禁的最

後十七天，神用「17」這個只有我自己心知其特別意義的數字來鼓勵我。就在當天，中共公安部、北京市公安局、新疆公安局和我在烏魯木齊原居住地公安部門，由四個層級的祕密警察頭目組成的工作組找我談話，只是談了不到半分鐘即談崩了。

## 9. 神要說的話就在這頁書紙上

還有一次永不敢忘卻的見證是在2012年12月20日。中共監獄對重大違紀的服刑人員人身最嚴厲的處罰叫「關禁閉」，即是封閉式的單獨關押。法律規定關禁閉是對服刑人員人身最嚴厲的處罰，最長時間不得超過十五天，可他們一口氣禁閉了我三年。按他們自己的法律規定，服刑人員是可以借閱書籍的，但我是不被允許的，為此我一直與他們抗爭，結果給了一本《入監教育讀本》，一本十七萬字的讀本兩天即可以讀完，結果一口氣讓我讀了五個月。你拒絕接受，他們每天專門給你開門送進來。從監控畫面上看，你身邊一直有書放著，只是你自己不願意看。這種愚昧的遊戲一直玩到2013年3月17日才略有轉機，才開始提供諸如《心靈雞湯」》、《撈取人生第一桶金祕訣》之類的盜版書。

2012年，那本《入監教育讀本》讀了五個月後，多經交涉，監獄終於又給了一本「五千言」的老聃《道德經》，一口氣又堅持了五個月不給換書。五個月後我拒絕再接受《道德經》，此後近兩個月不給提供書。多經抗爭，監獄於12月19日提供了一本1990年代的《心靈雞湯》讀本，我拒絕接受，他們每天給送進禁閉室。那幾天我的心情頗沮喪，12月20日晚飯前，我無意中右手觸到了那本書，結果我的左眼瞼和上嘴唇極誇張地撲撲跳動不止，我的心被感動著——我的神有話要對我說。我立即拿起那本書，隨手翻至第三百一十九頁。一翻至這頁，我的左眼瞼和上嘴唇的跳頻及跳幅驟然加增，我立刻意識到神要說的話就在這頁書紙上。我一看，那是汪國真先生的一首新體詩，題目〈一切為了明天〉，詩曰：

我們現在所做的一切都是為了明天，

明天並不遙遠。

為了一個神聖的期待，

甚至可以獻出一切。

我們已不需要再發什麼誓言，

沒有比為了明天更激動人心的事了，

他就像一個太陽，
能使萬物都戴上絢麗的光環。
雖然我們相對無語，
卻已了然，
我們將要去走的路，
會像金子一般的誠實，
不含有任何閃著光澤的欺騙！

所有這幾年神給我的引導啟示，這是最能感動我靈魂的一次，與那次三個太陽的啟示一樣，都是在我心存怨憤、情緒動盪而非出於禱告時，神給我的安慰性啟示。他愛我們，不舍須臾間，他不厭其煩地扶持你，在你心靈的每個動盪階段！他以愛安撫你而以義感動你。

正不舍晝夜、不擇手段地在利益競技場裡疲於奔命的中國同胞們，到了該警醒的時候了。滿滿實實的喜樂和飽足唯在認識神的路上，而絕不在詭詐、伎倆及自鳴得意的利競場奔突途中。

## 六、中國共產黨「金陵王氣黯然收」

親愛的中國同胞，以上這些文字，是我最近幾年來領受奇妙見證的一部分。我相信這是神對全體中國人的啟示引導和祝福。我過去不認識真神，但我從不懷疑天道終會昭彰！我常堅信這樣一個命題，即如果有神，則絕不會讓中國就這樣一路的腐爛下去，否則將會毀滅世人對天道的信心。這裡有著他十幾億的兒女，中國今天每一天的維持，都是以踐踏天道為條件的，我想這絕不是那位公義、慈愛、憐憫的神能夠長期接受的。

我希望每個中國人能在這樣的見證文字裡做一些對自己負責任的思考，當我們只願對眼前的現實利益、自己的具體利益攫取不計手段、不惜代價時，不知不覺中我們已失去了作為人最寶貴的東西：普遍的人性退化，在這樣的生命群體裡奔突，不僅談不上安全感，也是沒有明天的。中國今天這種全民族腐敗、人性廣泛糜爛壞死的現象，在人類歷史上也是空前絕後的。我在過去十年裡，是一路目睹著這種令人痛心的狀況走過來的，這種現狀每維持一天，不僅摧毀性地損壞著這民族的聲譽，也現實地蠶食著整個人類的名譽。

所有的中國人，包括共產黨內的那些尚願意對自己和自己親人明天的命運還在留心的同胞們，什麼國家、民族、人類共同的文明命運，你什麼都不要去想，這有些難為你們，也有蓄意煽惑使人離棄現在政權的嫌疑。我不需要這樣做，共產黨統治集團在不舍晝夜地為這個惡政權拓通死途，這無須我殫精竭慮。我只是希望每個人都能在未來的、只有兩年時間裡的所作所為，能最大限度地減少這次前所未有的巨變給你自己造成的損害。考慮如何做對自己的子女有利，這是你真應當考慮的。不要被共產黨手裡那幾件硬武器所迷惑，前蘇聯共產黨手頭硬武器的數量與質量數十倍於中共，結果如何？中國的歷史也已多次示教過我們：統治者一次次迷信刀把子的結果都歸於死亡這一途，誰能例外？人類迄今還沒有例外的史證。

## 1. 看看我和周永康誰笑到最後

就以我為例，我豈可與共產黨的硬暴力規模比，可十年來，終日惶惶的卻總是他們。你問他們，我有沒有過真怕？妥協有，且常想引導他們對妥協價值的認識。但事實證明，他們只有詭計沒有妥協，這使我付出過慘烈代價，卻也終於不再對牛撫琴。你問他們，所有十年來參與壓迫我的人，他們可曾打倒了我？我對專制制度的威脅可曾比十年前減弱？這幾年裡每次綁架之後，邪惡集團具體與我辦理交涉的打手們百分之百地會衝著我叫囂：

「弄死你跟弄死一隻螞蟻一樣地簡單。」

結果如何？

2011年，「領導同志」周永康打發人來見我時，那傢伙足夠地肥碩，旁從一位替他拎包、拎衣服的僕從。

那肥頭神情頗昂揚，一進門劈頭一句：「老高，這環境還能頂多久？」

我答曰：「我能活九十四歲（這確係我胡謅，沒有出處），我希望您有膽量告訴周永康，看看我和他誰笑到最後。或者您乾脆告訴他，他會接受審判，如果他足夠幸運的話，他會死在監獄裡！」

我當時確未曾想到他的同夥會拾掇他。我對他及胡錦濤集團最終接受審判的命運從沒有過懷疑。我在這裡說這些，仍是想啟示人們，人的生死豈是一個偶然的過程？他不是一個純技術問題，邪惡集團夢寐以求欲置我以死境，這絕不是信口開河，尤其2009年的那次綁架後，這種強烈的圖謀溢於言表（後面有專門的述

說），我素斥之以一笑，結果怎麼樣呢？

　　當然作為一個具體的人，我這幾年也是在一路地從恐懼中走過來的，我付出了些代價，個人也經歷了一些可觀的苦楚，尤以我家人所承受的苦楚使我最不堪，但我終於還是挺了過來。今天，我可以毫不誇張地說出我的經驗——一個不怕，讓他們束手無策。但這種終於的不怕並不是偶然的精神現象，而是終於信靠神的結果。

> 我是神，再沒有能比我的，我從起初指明末後的事，從古時言明未成的事！
> （《以賽亞書》46：9-10）
> 我怎樣思想，必照樣成就；我怎樣意定，必照樣成立。（《以賽亞書》14：24）
> 你們當守公平，行正義，因我的救恩臨近，我的公義將顯現……禁止己手而不作惡，如此行、如此操守的人便為有福。（《以賽亞書》56：24）

　　「金陵王氣黯然收。」中國終於匯入人類普世文明海洋的歷史洪流浩浩湯湯，順之者昌，逆之者亡。

## 2. 預先從喪家犬大陣中出來

　　西元2017年，共產黨政權將在其迷信者的絕望中和目瞪口呆中崩亡，這個人類歷史上空前絕後的愚昧政權、流氓集團終於墮入死境，終於淪為一個使人類心有傷痛的、心有餘悸的笑柄。屆時，那些終於愚昧到底、堅持作惡到底者，將成為人類歷史上空前絕後的喪家犬大陣。

　　曾有人主張：「凡是狗，必先打落水裡，而又從而打之。」我是反對的，我主張：「費厄潑賴（fairplay）。」但我理解對落水狗痛打的情感宣洩，而這宣洩應僅止於對他們過去的惡行及愚昧的譴責，而不能針對他們的人身。我們不能再製造、增加新的悲劇啦！他們也都有自己的親人，我們不能再人為地為這民族製造新的痛點，把那些實在顢頇頑固、作惡到底，而在2016年9月30日後，手上沾上了新血的前政權惡徒交到理性的法律追訴程中，以證明這民族尚可高貴，切不可基於內心的仇恨，而幹出像他們過去那樣愚昧而兇殘的暴行，而為這民族增加新創痛和新的毀譽紀錄。

　　我主張寬恕，但須有邊界，對於2016年9月30日前公開宣布脫離中共邪惡政

權系統的任何人，除了手上沾上了無辜人民的血的官員，如江澤民、李鵬、胡錦濤、周永康、羅乾等人外，其餘人員均可以以真相及真誠懺悔換取寬恕，免於刑責。而對於 2016 年 9 月 30 日後，手上新沾上無辜人民血的人，不論是決策人還是具體執行人，我主張必須交付審判，這是人類呵護正義價值而採用的最普遍的方法。德國柏林圍牆倒塌後，對守牆士兵亨里奇的審判為我們提供了範例（關於這些，我在後面要專門論到）。而對於 2016 年 9 月 30 日後仍把筆桿子當成兇器，繼續助紂為虐的惡文人們，諸如《解放軍報》、《環球時報》、《遼寧日報》諸主編者流，也必須使他們接受審判，二戰後，盟國對為前納粹政權塗脂施粉者的審判足以供殷鑑。

## 七、且聽「癡人說夢者」之語

這篇文字中有不少「夢」字，卻飽蘸了我清醒冷峻的善良願望，各人在你們的看閱中去聯繫著你們未來行為的現實選擇。如果你認為這只是一個癡者的夢語，你們在這一問題的選擇上再一次去做了「有識之士」，我仍想對你說：2017 年並不遙遠，請你忍耐一時，等到 2017 年後再跳出來與我交涉也不遲。如果你覺得這些文字終於使你不能忍耐，尤指那些以指揮刀為骨骼的鷹犬文人們，你就跳出將來，在指揮刀下撒歡的日子究竟不多了。螳臂擋疾車，蚍蜉遏渢江，未必就沒有了一點豪氣。

黑格爾說：在中國，道德宗教的存在是無本之木，因為道德和宗教都以意志的自由為他們的必要條件和基礎，而專制政治卻相反，那種最專橫的、邪惡的、墮落的、專制的橫行無忌，卻是以普遍的缺乏道德和宗教為條件和基礎。

放眼當下中國社會，到處都有反事實、反道德、反理性者的奔突和囂嚷。一些人，甚至是大學生、學者，爭先恐後，相率展顯愚昧，競相以醜惡驕人。2006 年發生了十位博士連署倡議抵制「耶誕節」的醜行，發展到去年「耶誕節」時，一些大學生禁止大學生歡慶該節，而在南方，一群大學生則走上街頭號召人們抵制「耶誕節」。一時群醜亂舞，刺激得一群一向有著愛國老脾氣文人搖頭晃肚連連說好！

何以推銷孔子是為世界文明做貢獻？而作為西方文明精髓的基督思想一入中國就會禍國害民？一些人生怕中國有了點文明生機，自己愚昧、封閉已是不幸，何以號召別人也永遠與他們一道留在黑暗裡？

有些國人實在無恥或無知得可觀，常以「有識之士」的面相告誡國人，說民主憲政將禍亂中國。那是對這民族最為乾脆的污蔑，這些東西自己斷乎不會相信他的這些胡言亂語。有什麼證據證明這民族就是全人類一個例外？當今世界，凡像模像樣的國家，她的人民無不沐浴在自由和民主憲政的光明照耀中。人民盡可橫向觀覽一下今日世界，稍有點模樣的國家中，還有誰像我們一樣，仍在尺把深的極權專制泥塘裡撲騰並撒歡著。世間最龐大的一個民族，曾經有過四大發明的偉大民族，時至今日都不能擁有現代化的政治制度，這是怎樣的一種不名譽?!這是這民族不光彩的一個奇蹟。

至於喋喋不休地恐嚇人民：「專制一亡，會天下大亂。」那更是胡謅。全球共產主義制度均可以基本平穩轉變的規律不談，就中國歷史而言，二千五百年來，讓儒家寶愛的人物，也就那「易容、漆身、吞炭」的豫讓一位。我不大相信那些早已沒有了人性基本特徵的惡黨徒，屆時會匯聚成狂奔首陽山大陣，相率大嚼薇蕨而殉死！究竟哀「黍離」者還是會有一些的，完全無法無天的權勢，完全無法無天之權勢帶來的漫無邊際的財貨，對於他們而言，那究竟是世界上最好的東西。

## 八、中國根深柢固的宗教傳統必須改變

2017年將會發生的變革，是這個世間最龐大民族此前從未經驗過的。在中國，與民主憲政制度建立同樣重要的是，中華民族宗教觀念的改變，倘若不從根本上改變中國的宗教傳統，中國的文明建設終於會成為沙上建築。

囿限於篇幅，我這裡只提出綱領性思想，願未來能有有見地的討論觀點。

黑格爾認為：「從根本上來說，現代世界對自由、自我規定性和人類生活之無限價值的堅持，乃是基督徒在數個世紀裡宣揚人性的無限價值和尊嚴，宣揚愛的無限重要性的結果。」

在宗教裡，一個民族把握到了對他來說是終極性的真理，因此這意味著國家及其法律權威的自身，必須根植於通過信仰而認識到的東西，以確保國家法律的正義性。

一個國家的變化若要真正走向成功的話，則必須要有信仰上的改革，因為倘若沒有這樣相應的改革，那麼在民眾的品行和實踐上就不可能有任何深層次的變化。

因此，如果信仰要為真正的社會和政治自由提供基礎，那麼國家就不能侵犯宗教意識的自由，或是干擾宗教事務，他必須保障宗教自由以現實其宗教功能。

宗教的外在表現上當有利於社會秩序和安寧，但絕不能屈從於國家權力之下。

（上述這些理念和思想當係出自《黑格爾導論》，但實在記不確切，更談不上引用得準確，實在對讀者及作者不起了。）

這些理念及思想，對未來中國社會之宗教建設和全面的文明建設具有實在的意義。

## 九、關於和平律師走進我母親窯洞的夢境

2015年元月1日，值得在此一提的是，今日早晨臨起床的最後三秒鐘內，又有一個神賜予的畫面臨到我的夢裡：

在我母親生我的窯洞裡，我和我的妻子在裡面，和平律師走了進來，他身邊有一個看不見的聲音在給他交代著：「從今天起，你就住在這裡給他們做飯、幹家務！」

然後，夢境即止，起床。這是我十年來第一次在這個時間夢中回家，我只能粗線條讀懂神的啟示之意，錄此與世人分享。

第參部

2017年後

對中國的展望

# 第 一 章
# 在當破當立中蹣跚起步

## 一、行走在兌現大夢的路上

　　對於2017年後中國展望只能是線性的，囿於個人知識、信息與條件等方面的局限，尤其我能夠支配時間的窮蹙，對於未來中國的一些想法，在這裡提出我個人的線性想法。個人的大願是唯願「一石」能擊起萬丈波濤，引發起各方面對未來中國發展的技術性以及結構性安排、討論及設想，以為即將到來的巨變及巨大建立提供支援。

　　親愛的中國同胞，一切關心、支援中國實現制度現代化的親愛的朋友，唯願你們熱情顯身於這即將到來的、中國歷史上前所未有的巨變中來：以思想及行為。

　　這即將到來的巨變將改變五分之一人類的命運，這對未來中國及人類文明影響的意義，將是人類歷史上空前的巨變之一。中國歷史上唯有秦統一中國與滿清政權覆亡對中國（且不論其好壞）產生過深刻而久遠的影響。秦結束中國大地上的封建統治，建立了大一統體制（實際上漢、晉及以後諸王朝又有過不同幅面的封建置制，但中央集權架構則在此後兩千多年裡存在著並加強著）。一百多年以前清朝的覆亡對於中國的影響，之所以與秦統一中國事件並提，就在於他的反對者襟懷的民主憲政大夢，圍繞這次清王朝覆亡，尤其在此後百年裡，蓬勃在這民族心裡的民主憲政大夢。儘管，這多難的民族在這期間又付出了巨大的代價，這代價是血和淚，但這不屈的民族從未停止過實現這一大夢的努力。

　　我和我的許多朋友，很久以來行走在這兌現夢的路上。我們目睹了這路上灑著的、我們前行者的血和淚，而足下則是我們自己的血和我們的淚在流淌。今天，這路上的風景變得一目了然且有目共睹，那就是兇殘的打壓和堅韌的反抗，打壓的兇殘及反抗的堅韌共長，打壓的廣泛及反抗的普遍共長。郭飛雄、胡佳、郭泉、王炳章，僅僅幾年的時間，中國的反抗，由幾個著名的名字變成了今天勇敢公民普遍奮起抗暴的蓬勃局面，壓迫生反抗，普遍的壓迫生普遍的反抗，這既是人類歷史運動的哲學經驗，亦是我們目前正在目睹著的活的歷史現實。王登

朝、李化平、唐荊陵、于世文、侯帥、董廣平、李玉鳳⋯⋯，在技術上，這樣的紀錄已成為不可能！但這樣的名字本身即是正在發生的歷史。而歷史自有其記錄能力，他已無數次示教過我們，他不僅記錄著這民族勇敢者的名字，他更將記錄著這民族那些敗類的嘴臉。毛澤東、鄧小平、江澤民、胡錦濤、周永康、羅乾、袁仁貴們⋯⋯。記錄這些人類中的敗類名字，在技術上同樣不能。僅眼前幾十年的人類歷史，更是給我們以鮮活的示教，獨裁者，尤其是兇殘獨裁者的下場，齊奧塞斯庫、米洛舍維奇、薩達姆、卡札菲、穆巴拉克們，這種人類敗類的紀錄名單裡，將再添這些中共惡徒的新名。人類歷史有一個一目了然的規律，那就是歷史大勢浩浩湯湯，順勢而為者則匯入這浩大壯麗中，相反，則唯被蕩滅之一途。

中國的改變即將到來，其雖非既成事實，卻是即將成為的事實。作為這一代中國人，我們是幸運的，而更幸運的是我們每個人的孩子。身處這歷史的變化中，還要有太多的責任需要我們肩起，我們當以實踐對各自孩子前景一樣的熱情肩起我們的責任，這關涉到我們孩子，及孩子的孩子們的根本性福祉。我們這代人，尤其是未來具體參與中國現代化政治架構的構建者的人，與積極的熱情並重的是冷峻的頭腦，我們首先需要清楚，將要到來的公民社會並非一個弊絕風情的社會，更不是一個不再有具體痛苦的社會、一個不再有具體的非公正的社會。但任何非公正、任何具體痛苦都不能是制度的產物，任何的非公正、任何可導致具體痛苦的現象，都不能成為個體無法撼動的存在。未來所有的建立均須考慮到對非公正、對具體痛苦救濟的敏感反應能力。權力當永遠行走在具體傾聽，以及去非公正和對具體痛苦敏感反應的路上。權力必須回歸他的本初——人們建立權力運作組織的本初功能，即成為為公民需求服務的工具，而不是這種需求的統治者。

## 二、民主憲政中國過渡政府將出現

民主憲政中國的過渡政府，將在2017年年底左右歷史性的出現。我認為民主憲政中國過渡政府在技術上將會是協商的產物。暫不可測其生成的細節，卻可以肯定其必然要生成的結果。與過渡政府必然會在2017年至2018年上半年間出現一樣的事實是，過渡政府一經成立應該會立即踐行以下當務之事：

## （一）向全人類宣告民主憲政中國過渡政府的成立

中國將成為人類政治文明的一部分，從此，將與人類文明的普世價值和諧相融，成為人類文明秩序及其發展的建設性力量。承擔各國公認的、具有普遍意義的國家責任、義務，這種承擔含對內的和對外的兩個方面。宣布接管境內外一切屬於中國的機構、財產、債權及非惡性債務。未來的國家將保持政教分離的原則。政府既不確立任一種宗教為國教，也不禁止任一種宗教。外國宗教團體或宗教個體在中國設立宗教學校或其宗教組織，從事傳教和宗教教育活動的，不需要經過國家許可，活動者普遍的法律權益將得到保護，但必須遵守中國的法律秩序。對於以宗教之名，行違法犯罪之實的團體，法律將懲罰具體的違法和犯罪行為和個體。

## （二）廢止公法領域一切惡法，宣布中共為非法組織

作為人類最大最邪惡的恐怖組織，中國共產黨須終止一切活動，原政權的所有權力活動終止，撤銷所有的勞動教養機構、場所、強制轉化所、強制學習班，清查並撤銷所有公開的、祕密的，關押「邪教人員」、上訪公民的機構、團體和場所，釋放所有的上述機構、團體及場所的被關押公民。

對於所有上述機構、團體、場所，無論其屬性，無論其是否是營利性的，除了撤銷外，對有關負責人員，或經營者，啟動罪責追懲程序，但對於他們之中的所有人員，除2016年9月30日後繼續作惡者外，凡能在2016年9月30日前公開說出真相、公開進行真誠的懺悔，並與具體的受害人達成諒解的，並脫離共產黨系統的，對他們之前的罪錯建議不再追懲。

## （三）國家將設立大屠殺紀念館

大屠殺紀念館將中共幾十年的暴行以文字、音訊、視頻、實物等方式展示，並將邀請各國政要參觀，以使中共的暴行永為後人鏡鑑，並永不重蹈覆轍。各地亦可將中共實施洗腦和酷刑的基地開放參觀，設立相應的，揭露中共反人類罪暴行的博物館。

參考德國對納粹相關出版物、徽章等禁止的先例，中國將禁止與中共有關的一切標誌、徽章，銷毀支援中共意識形態的宣傳洗腦書籍、報刊、雜誌、繪畫、旗幟、徽章、歌曲、影視作品等。

國家將組織專門人力全面研究中共暴行得以發生的社會、經濟、政治、心理基礎。

國家將全面清理「黨文化」，包括中共為中國人灌輸的善惡標準、思維方式、話語系統、行動準則。

國家鼓勵全社會反思每個人作為個體在中共統治期間的行為、言語和態度，以及對中共存在和延續所負有的道義責任。

國家將整理從辛亥革命到中共解體期間的真實歷史，以還歷史以本來面目。

### （四）釋放政治犯、宗教犯及一切冤獄犯

釋放一切因和平反抗暴政而獲罪或涉罪的政治犯；對因思想、言論、出版、集合、結社、遊行示威及宗教信仰、拆遷、上訪、投敵、資敵罪而獲罪或涉罪人員予以釋放。對於有理認為是陷構成罪的擾亂社會秩序罪、非法經營罪，以及以邪教身分而非實施侵犯他人人身權利而獲罪或涉罪者予以釋放。對上述人員構陷犯罪過程的所有前政權人員，不論是黨政或是司法人員，除了他們在2016年9月30日後的再行作惡不再寬恕外，對於之前的罪錯，凡能在2016年9月30日前公開講述真相、公開脫離中共體系、公開進行真誠懺悔的，並與具體被害人達成諒解的，不再予追懲。

### （五）廢止一切對公民自由權利的限制

國家應制度性地傾力保障公民的思想、言論、出版、結社、集會、遊行示威及宗教信仰自由的權利。

建議未來國家制度性地禁止政府不得辦系統內部流轉及信息發布功能以外的報刊、雜誌和視聽媒體。

### （六）廢止一切對公民人身權利、財產權利及政治權利的限制

傾力保護公民的人身權利、人類普遍意義上的合法財產權利，和人類普遍意義上的政治自由權利。

### （七）探尋政府體系及其機構的建立。

## （八）宣布中國將在2022年開放人民直選總統

為了舉行全民直選意義上的首屆總統選舉此一目標，探尋建立一個與過渡政府並行的委員會，以為未來民選議會的影子機構，負責對各自治地方及國家的立法、司法、行政機構的建立和其員額選錄予諮議指導，委員會內設立若干專業小組，負責釐定有涉國家、政府、各自治地方立法、司法、行政機構、組織建立的技術原則及期限；負責對國家、國體、政體的確立及意義的闡釋，釐定立法、司法、行政之權利、許可權、行事原則及相互關係原則；與過渡政府一道協助組建最高法院及審判人員的遴選；負責有關國旗、國徽、國歌的產生事宜；負責制定符合普遍的人權，普遍的公正的刑事訴訟臨時指導規則。負責釐定對前政權黨政涉罪官員及其幫兇的追懲原則。

## （九）成立「真相、真懺悔換寬恕委員會」

尋求建立一種由政府人員、NGO組織及個體自願者，共同主持的「真相、真懺悔換寬恕委員會」的機制，探尋、實踐並最終實現全民族大和解，使原來的壓迫者與被壓迫者都盡可能快地解脫出來。

## （十）尋求現實對包括新疆「七五」事件獲罪者在內的，因暴力反抗暴政而獲罪者的特赦。

## （十一）對若干罪犯予以大赦或減刑

對在監獄及其他場所的羈押，以及正在保外就醫的、剩餘刑期在三年以下的（含三年）已決犯，包括緩刑犯、假釋犯、社區矯正者及獨立適用附加刑者予大赦。而對於其他未獲得及不符合前述大釋條件的被拘押者均減除三年刑罰，但下列罪犯除外：

職務類犯罪（特指前政權公職人員，不含非國有的法人或其他組織）、故意針對未成年的犯罪者、故意針對老年人的犯罪者、故意針對女性性的犯罪者以及針對女性人身的暴力性犯罪者。除因反抗暴政、追討勞動所得、反抗不法侵害及防衛過當者外的故意殺人、搶劫、涉毒、醉駕致人死亡及重傷的、詐騙的。

## （十二）收回中共在境內外的一切財產，並對相關人員進行反人類罪調查

　　新政府應收回中共在境內外的一切財產，對其所有層級的黨委常委、政法委主要負責人、紀委主要負責人、宣傳部門主要負責人，以及公安、檢查、法院司法及監獄系統的主要負責人，與安全系統的主要負責人、祕密警察中原中共國保系統的全體成員，以及中共黨政系統中的，被受害人有特別具體告申的人員進行反人類罪調查。對於中共原軍隊（含武警部隊）中參與「六四」屠殺者，以及其他暴力鎮壓的決策者、指揮者及執行者進行反人類罪追訴（調查）。對酷刑的決策者、指揮者及具體實施者予反人類罪追訴。對歷年來所有強制拆遷暴行中的決策者、指揮者及實施者，不論其屬於黨政還是企業人員，全面予反人類罪調查或者其他的犯罪追訴。

　　對於前述人員，中共黨的各級黨委常委中，除極個別惡首外，不論是誰，凡在2016年9月30日前公開宣布脫黨、公開自己的罪犯真相，並真誠向全國公民懺悔祈恕者，建議應當對其免除刑罰。

　　對於前述人員中的中共各層級政委、紀委、宣傳部門，以及公、檢、法、司之安全部門主要負責人，與祕密警察系統的大小負責人，凡在2016年9月30日前公開宣布脫黨、公開自己的罪錯真相，並真誠向其所在地域或系統的受害公民進行懺悔祈恕者，應當免除刑法。

　　對於前述人員中的公安部門、檢查部門、法院及司法、監獄部門、祕密警察成員，以及強制拆遷人員的具體施害人員，凡能在2016年9月30日後停止作惡，並能在2016年9月30日前公開脫黨、公開施害真相，並真誠懺悔的，應當免除刑罰。

## （十三）所有中共黨政系統的前述人員，以及參與迫害活動的其他團體或組織的人員（如保安公司、強遷企業等），必須退還其全部非法所得，以作為其真誠懺悔的條件，財產退還的接受者只能是過渡政府或具體的受害人。

## （十四）建立全面而具體的，確立對鰥、寡、孤、獨、殘障人員以及低收入家庭的政府救助制度，政府的所有福利安排都必須以他們為中心，而後向上引申。

## （十五）國營企業的特點為壟斷、效率低下與缺乏競爭力

多年以來為中共聚斂了大量財富，而持續強化其暴政惡能量。因為國家掌握的權力和暴力，國家企業和個人企業之間不可能存在公平競爭。新的國家將鼓勵個體經濟、私營經濟、中小企業的發展。個人經濟活動的自由，也是行使政治權利的保障。

## （十六）對原所有的國有企業資產進行全面爬梳核錄

新政府將全面清算登錄所有國有企業資產，探尋建立一種由政府人員、議員、NGO組織及專家自願者組成的招決標委員會會員庫，所有國有企業、原國有經營單位，均須得在公開招標的基礎上實行租賃經營及以融資租賃形式賣斷。所有租賃經營及融資租賃方式賣出，均得須經歷兩個獨立程序；第一個程序中，由從招標委員會會員庫中搖選的、須得三人以上單數組成的專門小組，負責研究具體企業的租賃經營或融資租賃方式出賣的招標規則、投標規則，標多範圍、進行競標資格及其審查規則；第二個程序中，由從具體決標日的決標現場，在招決標委員會會員庫中搖選的，須得三人以上單數組成的決標小組負責現場決標。

對於投標者的資格審查，由第一個程序中的專門小組進行，審查內容包括投標者的法律主體資格，法定權利能力及行為能力，包括對投標者既往的信譽、履約、納稅、社會責任方面的瑕疵紀錄進行審查基礎上，著重對其未來履約能力方面予瑕疵審查，以保護雙方的長遠利益。

對投標者的主體資格審查中，投標者的國籍不作為否決原因，而對於原政府中人員的投（競）標資格是否進行限制，希望展開有見地討論，然後由民意或者民議機構擬定。

## （十七）健全醫療、醫藥制度

新政府將全面開啟醫療、醫藥制度改革，包括對經營者、經營主體資格、經營資質、醫療保障制度等各個方面，祈願在未來幾年裡，能在各個方面展開廣泛的討論，以確保改革過程和改革結果公平、公正，以確立公平、公正及有效的醫療保障制度、藥物生產、經營及獨立透明的審監制度，以及透明有效的政府資金投入機制。

政府不再作為醫藥行業的經營者，經營者的國籍不受限制。

## （十八）改革並健全土地私有及礦產經營制度

新政府將探尋建立以私有制為最終目標的土地制度，確保改革過程及改革結果的公平、公正，全面探尋建立礦產資源的管理及礦探、礦採制度改革，全面借鑑成功國家的相關經驗，從經濟、環保、安全、效率、效益及公平、公正諸方面借鑑，以最終建立科學的、現代化的土地及礦管經營制度。

對於不涉及國家戰略利益的礦探、礦採經營資格，不當有國籍限制。

## （十九）確立私有財產神聖不可侵犯原則

約翰·洛克認為：「沒有財產的地方亦無公正，人們聯合成為國家和置身於政府管理之下重大和主要的目的，是保護他們的財產。政府不得以公共利益之名，在非戰爭環境下強制徵用公民或法人所有的財產，確立徵用得以高於市場價予以補償的原則。

確立公民住宅權神聖不可侵犯原則，政府不得以公共利益之名強制拆除公民合法享有的房產及建築，除法院批准的逮捕行為外，任何未經所有權人或使用人允許的進入行為，都是非法或犯罪行為，逮捕行為必須迴避未成年人的視覺及孕婦和危重病人的視覺；只要被逮捕人不予反抗，在住宅內的逮捕行為須得和平實現。

## （二十）改革並健全教育制度，並全面保護孩子的成長

確立中國的教育體制改革原則，解放我們的師者，解救我們的孩子。

中國的黑惡勢力，為了他們一撮人的貪欲，在教育問題上，不惜扼死這民族生命的命脈，六十六年的惡行，不僅讓這世界最龐大的民族喪失了基本的思想能力，並成功地使大部分人喪失了作為人的基本靈性，謊言不僅不再是一種心靈的負擔，反而成了一種被普遍認可的能力。喪失了思想能力，昧卻了人的靈性，人成了行走的皮囊。如果說這群體中尚有人的思想氣息的話，那就是升官發財，官民盡如是。

今天，中國社會道德已經淪喪至崩潰狀態。對他人的同情心和愛，不僅是人基本的感情特徵，更是人類的高貴和能夠高尚的獨有特徵，愛黨愛國口號的空泛灌輸，將一代又一代人的同情心、愛，乃至人當有的思想能力蕩滌殆盡。使中國人盡數退化成了生物人。丟棄了靈性實則是隔絕了我們與神的聯繫，由是則失去了心靈本當有的約束意識。

2009年11月28日，在對我的祕密轉押途中，我得到一個讓我永無力量忘掉的消息，即廣東東莞一個市，一年竟有一千名以上的兒童被盜、搶及誘拐失蹤。孩子的大量失蹤，對於父母及親人造成的傷害是怎樣的驚心動魄！這對於一個「負責任的大國」是何等不名譽的紀錄！除了共產專制國家外，世間沒有任何一個國家、沒有任何一個人群能有這種承受能力。失蹤後的孩子，大多數被故意打殘致傷，然後作為一些壞種發財的工具，這是人類歷史上空前絕後的大不義，然而他仍在繼續著。

在這裡晾曬這種人性黑暗的證據，定會被中國的黑惡勢力及嫡派愛國賊投入「抹暗中國」營壘中。與在孩子面前的無底線殘忍一樣，今日中國擁有蔚為壯觀的愛國賊巨陣現狀，正是中共幾十年黑暗教育制度的偉績，無神論配合著滌蕩人性的模化教育，不僅成功地錮制並固化了人們的思想，亦錮制及固化了人們的人性。

今天中國人的道德及思想的痿下現狀，已成為全人類的笑柄。我們的教育如何改，我們不需要苦付冥思，有成熟的模範，照著美國的教育模式，只要非先天的智商差異，好的方法、好的技術無所謂東西方之別。把孩子當人而非工具或接受器，愛他們，尊重他們，授他們以漁而非魚，他們是未來的一切，未來的國家社會、家庭會怎樣皆盡在他們。好的教育制度使一個國家、社會及家庭未來的好不再是懸念，而壞的教育制度則使國家、社會及家庭未來的壞不再是懸念。

2017年後，學校不再能有政府干預的身影及聲音，學校完全自主。徹底摧毀應試教育，政府針對學校只做兩件事：一是服務，二是做學生、教師及學校法律權利保護的堅盾。與對舊教育制度顛覆性重建同等重要的是，建立特別的未成年人保護制度。將積極干預家長針對孩子的暴力傷害與精神傷害過程。建立一種與信譽紀錄聯繫的鄰里及目擊者舉報制度，將這種舉報盡可能地確立為義務規範。打孩子、侮辱孩子不再是私事，而是觸犯法律規範的事。社區、鄰里、NGO、目擊人，強制性規範，多方合圍恣肆中國社會幾千年的家庭暴力，給孩子們以最敏感的保護。

應當著力培養孩子的公民意識和獨立思考的能力，讓他們能夠吸取人類寶貴的思想財富，能從普世的道德、對人類的愛和同情出發，判斷思想或行為的對錯，並承擔起對自己和他人的責任。每個人對自己的行為負責，檢討自己對社會承擔的道德、經濟和政治責任，從正心開始，然後修身齊家，心懷社會和天下。

2017年後，國家將剛性禁止成年人以孩子為乞討工具。一方面，我們將建立

嚴謹的貧、弱濟助制度。另一方面，政府是否考慮為每對父子、母子建立DNA檔案紀錄，街頭乞討的孩子一經發現，即由政府暫時接管監護權，以使孩子的學習不致中輟；與孩子一起乞討的成年人將被留滯，以資查明與孩子的身分關係，並予以相應的法律處理。若是偶然的財產被盜失而應急性乞討者，將迅速而具體地獲得政府的幫助。政府將在制度的設計與銜接方面，縝密設立對未成年人的保護制度，以期在短期內，根絕使孩子「失蹤」的這種人世間最醜惡的現象。未來當重點懲罰對未成年人的侵害。

與對孩子嚴密地保護相對應的，是樹立孩子們的規範意識，對他人權利的尊重意識，將嚴法規範孩子中間的暴力侵犯他人權利的行為。

## （二十一）全新改革警務制度

警務制度將作為各地方自治制度的一部分，所有的警察署之間只有橫向的程序及技術聯繫，不存在權力的制約聯繫，警察總署對全國各自治地方的警務不再有傳統的行政領導權力，只有程序方面的義務（諸如全國通緝令的發布等），和技術方面（諸如刑事）的支持義務。

當然，總署有一樣特別的權力，即是對外交流中代表中國最高警察當局。對於各警務單位的建制，涉及到複雜的技術問題，包括警務所職能的分配與設計，諸如治安警與刑事警的分置等，未來可能會取消派出所，代之以社區警務室。將大規模地削減警署行政員額，改革過去以行政機關及行政人員為主的不合理建置，將警務重心放置在具體的警務層而非相反。消滅戶籍制度，實行公民身分證制度。將設計縝密而簡單的、針對警察及其機構的限權制度，使警察真正成為以保衛公民人身及生活秩序的一種有效的服務力量，而不是使人恐懼的所在。

## （二十二）重新設計、構建財稅制度

財稅收支程序將借鑑，甚至是結構性地移植美國的做法。財政收支全程在網上公開，包括總統每一分錢的支出，都必須予以網上公布，公布結果必須使人一目了然地明白，而不須揣測忖度猜謎語。政府預算必須由議會批准，而執行情況則向全體公民報告（網上公開）；預算外的特別支出則須得議會的特別批准，支出過程及結果仍須全面網上公示，不得以國家機密為由而免於公布。這種設計是對公職人員最好的安全保證。

國家將對稅課體制予以全新改革，中央政府不再設立最高稅務行政當局，而由各自治地方自行設立稅課體制。改過去的流轉及消費領域的價內稅為價外稅。對於過去執行的「九級超額累進」個人所得體制予以結構性改革，大幅提高個人所得稅初級起徵點，提高高收入者稅納比例，開徵財產稅及遺產稅等。具體周詳的改革內容，期望在未來的一兩年裡，在廣泛而有見識之討論中形成雛形。

## （二十三）國家武裝力量的改革商榷意見

中共軍隊是人類當下最不名譽的群體。他們由一群形式似男人者組成，他們口口聲聲說自己是人民的軍隊，其實他們比誰都清楚，他們是當今中國黑暗勢力最後唯一的骨骼。他們的愚昧及不名譽在於，他們原本可以作為堂堂正正的國家武裝力量，這須他們轉個身，但他們卻甘心卑下，做一群惡棍的打手，仰敗類們鼻息，食權貴們的牙惠。好像做一群人類渣滓的跟丁頗是一件榮光事似的。

最近中共《解放軍報》說，「軍委領導同志」徐才厚是國妖，這真讓人飯噴，這只能讓人覺得，在領導同志徐才厚未露出國妖相之前，這份無恥的報紙自己是國妖。看看這份報紙當年對「領導同志」徐才厚的肉麻臭捧紀錄，以及他對今天仍是「領導同志」的其他國妖的臭捧。中共《解放軍報》，與中共《遼寧日報》、中共《求是》雜誌及中共《環球時報》及中共中央電視臺一樣，是當今人類最愚昧、最邪惡及最無恥的國妖群體，未來中國武裝力量獲得新生的第一步就是取締這份禍害中國幾十年的國妖報紙。有這樣報紙的世界則定會是國妖的世界，而國妖橫行的世界裡，則定會有這種國妖報紙橫行。

中共軍隊體制的臃腫、落後是全世界獨一無二的。中共軍隊團級及團級以上單位都設有政治部，這是與軍隊天然職能毫無關係的體系，層級越高規模越大。諸如中共軍隊中央系統的政治部，即為中共軍隊四總部之一（原為參、政、後三總部，後來增置了總裝備部），這個吃閒飯部規模大得驚人，他純屬於中共黨的系統，你看他光伶人將軍養了多少！中共軍隊政治部系統的幹部，占中共所有軍隊幹部的三分之一，而這三分之一幹部的存在，與軍隊功能無涉，只是共產黨控制軍隊的工具，而中共政治幹部並不止於成建制的政治部系統。中共軍隊建制中，從連、營、團、師一直到各總部，都是設了兩套領導體系，這就是中國軍隊的政治委員制度，僅此項制度，即使中共政治幹部員額占去了整個軍隊幹部總數的一半，加上成建體系的政治部體系的幹部，中共軍隊中的幹部，每五個人中即有三個人是政治幹部，軍費中的主要部分是幹部的薪酬，亦即幹部中百分之

七十五以上是吃政治飯的獒犬，這種奇特的笑柄獨中共有之（支部建在連上是中共軍隊的獨創）。

中共軍隊的另一個奇特存在，是省軍區、地級市及地、州之軍分區和縣武部的設置。這在政治文明的國家是個天大的笑話，他們的存在與國家職能不發生任何關係。他們原本就是準備與蘇聯開戰為目標的產物。蘇聯崩亡已二十四年矣，他們依然赫然存立且頗冠冕堂皇。全國三十一個省軍區，屬軍級建制，其規模大得驚人，這就是三十一個軍的閒人被養著；全國六百多個地級市、地區及州，就是六百多個軍分區，軍分區屬師級建制，這就有六百多個師級建制的閒人被財政養著；而全國有三千多個縣，即有三千多個縣級武裝部，武裝部的編制是正團級，這就又有三千多個正團級隊單位被財政養著。

然而，全國武裝系統機構設置並不止於以上所述之加總數目，每個地級市有地級市武裝部（正師級），省會城市有省級武裝部（正軍級），鐵路系統各層級也都設有武裝部，新疆生產建設兵團各團、師及兵團，都設置武裝部。以邊城喀什為例，一個一、二十萬人的城市，有兩個師級武裝部（地區武裝部和農三師武裝部）、一個縣級武裝部（市武裝部）；而各設區的市又有區武裝部。這種正團級以上的成建制武裝部就有四、五千個。

此外，中國尚有十萬個以上的鄉、鎮政府中，又設有武裝幹部辦公室，僅此一項又是幾十萬人。雖然這些「專幹」屬地方系統，但其仍係中共武裝力量體系的一部分。這種人工培養的蝗蟲數目究竟有多少，中國公民不得而知，在中國，凡是見不得人的醜聞都是國家機密。這批人數目當在兩百萬左右，他們存在的全部價值就在於經營自己的利益，如果說與國家還有關係的話，那就是以國家名義源源不斷的撥款。納稅人白白地養活著他們，然他們並不願安分守己，郭正鋼不就是一個省軍區軍官嗎？

在中國，多一個幹部就實在地多了一個禍國殃民的東西，這早已是有目共睹的事實。對於中共體系而言，他真正的死敵是中國人民，這種原本準備對付蘇聯的武裝體制，在蘇共崩亡二十四年後仍繼續維持著，作為潛在的對付人民的力量是中共唯一的考量，削去這個惡存在，將是未來武裝力量改革首先需要面對的。

中國武裝力量的另一個結構性改革目標即是裁撤四總部，以美軍建制及裝備供給機制為藍本進行改革，將規模性地削減陸軍常規保有量，強化海、空力量及特種部隊建制，削減軍事首腦機構人員，軍隊企業將全部轉為民營。公開招標競購是未來軍隊的裝備供給機制。

上述改革目標將在十年內實現。

作為國家武裝力量的組成部分之原中共武裝部隊，將改歸由內務部執掌，改為內務部隊（武警稱謂太不名譽，成了恐怖的代名詞），負責國家憲法秩序維護及其他當由內務部隊完成的職責。武警部隊員額將大規模削減。

據武警士兵講，全國每天在同一時間，用於中共黨政系統哨兵及紀委「辦案」的士兵有十萬員額左右，他們說按每天五班輪換制，每天用於站哨及「辦案」的官兵足在五十萬以上，而這都是用於非法的力量，是正常國家力所不需要的。這部分的改革將在三至五年內實現。

## （二十四）關於未來中國司法體系及司法權之行使

中國屬制定法及大陸法系國家。人類兩大法系即大陸法系（德、法為代表）和海洋法系（即美、英系），在獨立司法體系下很難結構性地分別孰優孰劣。我個人喜歡海洋法系，他永遠不存在立法滯後問題，更不存在在實踐中，因法無明文規定而對危害社會行為束手無策的問題。刑法保護社會關係，這在兩大法系裡沒有質的區別，然而，社會關係領域日益不斷擴大，大陸法系對新的社會關係的法律調整，則顯得滯後與被動，而海洋法系則無此之虞。海洋法系，審判案件者就是創法者，無形中使審判者內心生起冷峻、嚴謹及不敢懈怠之情。海洋法系同樣會有錯案（這是由人類的有限性決定的），但永遠不會有司法腐敗，保證這一點的就是他的陪審團制度。

中國的司法體系可以說迄今還沒有建立起來過，中共在形式上是有司法體系的，但實際上，他是黨權的另一名稱。作為一個國家，過去幾千年裡，中國從沒有建立過司法體系，哪怕是形式。然而，這個國家對制定法有著強大的依賴慣性。

我實在沒有更多的時間在技術上去深思默想這個問題，這裡特別寄託希望於賀衛方先生，以及今天人在海外的袁紅冰先生、郭國汀先生等諸法律專家，思考著有無可能在技術上設計出糾問，或是審判中可否引進陪審團定罪制度？陪審團定罪，確定的法定刑，當庭裁決，可永久性根絕司法腐敗及非法公正問題。而對中國未來司法體系的建立，我只有粗淺的想法，希望本書發表後能拋磚引玉出一些規模性的討論，以使我們未來建立的制度相對地減少缺陷。

2006年年初，我曾獲得臺灣大學王兆鵬教授著《美國刑事訴訟法》，那裡面的

知識及資料足夠地滂沛，那書後來被惡黨搶走，相關的一些知識也終於不清晰起來。對於未來的司法體系，我的粗略想法如下：

**法院的設立問題：**

各自治省域設立三級法院，即初等法院、中等法院、省高等法院。

國家設立最高法院，最高法院設立巡迴法庭制度。

國家不設立專門的憲法法院。將違憲行為納入普通的訴訟審查程序，任何與憲法衝突的法律或行為都歸於無效。

由法院獨立行使審判權。法院單獨行駛逮捕決定權。

法官實行終身制，總統提名，議會表決通過後任命。法官代表國家審判案件，並在判決或裁定等司法文書上具個人姓名，對所理案件終身負責，法官得對錯案承擔責任，甚至被剝奪法官身分及承擔相應的法律責任。

法院不再設有諸如院長、庭長一類官職，建立大法官或首席法官制度，大法官或首席法官不享有程序性事務以外的職權，各法院之間獨立審案，互不轄制，大法官或首席法官不得干預其他法官的案件審理。

法院內設置治安法庭、輕罪庭、重罪庭、民事庭（或單立民事法院）。

未來中國可不單獨設立檢察系統，而是在司法部內部設置檢控系統，負責向法院控訴治安及刑事案件。檢察官不享有批准逮捕權，無權簽發搜查令，扣押令。逮捕令、搜查令、扣押令均得由法院（實為法官）發給。司法部、各自治地方司法部、局負責法院生效判決之執行。未來的看守所將轄屬司法部門，警察系統不再設立看守所。監獄將轄屬司法部體系。

所有刑事案件均得有初等法院受理，經上訴由中等法院判決的，被告人可以原審兩審中其憲法權利被違反為由，向自治省高等法院上訴。對於自治省高等法院的判決，被告人可以其憲法（國家憲法）權利被違反為由，向最高法院上訴。

對刑事案件被告人向自治省高等法院及國家最高法院的上訴理由，是程序性的還是實體質性的，以及高等法院、最高法院的審理是程序性的還是實質性的，當在廣泛討論的基礎上擇定。

**刑事訴訟中必須確立的原則：**

美國聯邦憲法在全美各司法領域占據極重要的地位，其中的人權法案即專門為保障刑事被告人的程序權利而設，各州都不得違反。美國在1960年以後，聯邦最高法院通過一連串的具體判決和憲法正當程序的規定，將人權法案的哲學、法律具體適用於各州的刑事案件，把抽象的憲法條文換成刑事訴訟的具體規範，帶來了美刑事追訴程革命性改變。理性、睿智、前瞻能力方面幾臻醇化之境。

囿於時間及學識方面的原因，我認為我們當在刑事訴訟程序中借鑑這些好的原則，將他們植入我們未來的刑事追訴程序中，以期盡可能地確立刑事訴訟原則，盡可能好地保護刑事被告人的人權。

關於搜查、扣押、逮捕的規定，應當借鑑美國聯邦憲政法增修條文第四條之「禁止不合理搜查扣押」，規定必須有宣誓的證詞且構成正當的理由和請求，法院才能發給搜索、扣押、逮捕的文書，這些文書須對逮捕人、被搜查人或被扣押人有詳細的描述。

搜查令的例外情形：

1. 被搜查人同意
2. 逮捕時的附帶搜查
3. 一目了然的搜查

但目見武器或證據則可即行扣押。

未來偵查階段當借鑑美國聯邦憲法增修條文第五條之警訊、警語告知原則。警察在訊問被拘捕的被告前必須告知程序，否則，被拘捕人的自述不得作為證據：

1. 你有權保持沉默
2. 你所說的一切，都可能成為對你不利的證據
3. 你有權聘請律師在場（這項權利可絕對保證避免刑訊逼供）
4. 你若無財力聘請律師，法院會指派律師給你（為了公共安全，可以不做上述告知，或警察化裝入獄套取證據的可做上述告知。這是聯邦最高法院後來對上述規定所做的限制型解釋）。

在法院審判階段，當借鑑美國聯邦憲法增修之第五條之：

1. 不自證己罪原則
2. 不受雙重處罰原則

以及憲法增修條文第六條之：

1. 獲得律師幫助原則
2. 獲得快速及公開審判的權利原則
3. 享有對質詰問的權利
4. 獲得陪審團審判的權利

確立非法證據排除法則；只要是違法取得的證據，不論證據對案件性質及結果產生多大影響，審判中都不得採用。

確立無罪推定原則，被告無須證明自己無罪，證明被告有罪的責任歸檢察官，而且必須證明被告有罪至無可置疑的程度。

確立疑罪從無的原則。

可確立認罪協商原則。控辯雙方達成的認罪協定須經過法院認可後，才產生法律效力。

確立第一次出庭程序，這屬於一次程序審查，犯罪嫌疑人被逮捕後，警察不得有任何不必要的延遲，應立即將被逮捕人帶至法官面前，法官將告知嫌疑人被逮捕的理由，及其享有的權利——諸如沉默權、獲得律師幫助權、獲得保釋的權利等。

確立審判前預審程序。即被告被逮捕後，審判前設置的一個實體審查程序。嫌疑人被逮捕後，不得有任何不必要的遲延，將其立即帶至治安法官前接受預審。檢察官必須成就其起訴該案的證據條件，使法官確信眼前的被告就是本案案涉犯罪的實施者，否則則駁回檢察官的控指而釋放被告人。若形式上的證據條件成就，則須由法官決定對被告人保釋或收押。這個程序並不決定被告有罪與否，他只是決定被告應否接受正式的審判程序。

## 建立嚴謹的民事權利法律保護體系：

我最近通讀了《法國民法典》。本書不啻是法蘭西民族對世界民事領域的巨大貢獻，是人類民事生活領域的共同財富。同樣作為制定法系國家，我主張未來中國民事領域實體權利保護及調整，可結構性地借鑑這部法典。我過去對這部法

典是陌疏的，慵懶是主要原因，有時也覺得其制定於二百多年前，期間，人類民事生活領域，人類的觀念、思想及遺傳學新成果，對民事主體身分權利及身分能力和身分關係產生了與二百多年前不可同時而語的影響。最近通讀該法後，則所疑盡釋，他使我看到了拿破崙的另一面，更看到，經過近些年幾次的規模性修改，已使之成為現代社會的民法經典。尤其，最近三次的修改，即：2004年、2006年及2007年的三次修改，生成了2004年439號法律、2006年729號法律，及2007年308號法律。對婚姻、家庭、繼承，以及對未成年人及成年人法律保護進行了大幅面的增修，使之成了一部現代化了的民事法典，是可予我們以成熟借鑑（未來香港司法制度與大陸司法制度的銜接問題頗複雜）。

## （二十五）探尋建立智慧財產權保護體系

智慧財產權保護，六十多年來在中國是結構性地缺失。我們缺的不僅僅是一種嚴密而剛性的機制，更缺的是一種尊重及保護智慧財產權的意識。在這方面，未來中國將借鑑當今世界在智慧財產權保護領域最先進國家的成功經驗，同時建議設立專門的智慧財產權保護部門。

所謂「亂國用重典」，未來政府將在智慧財產權保護方面不懈怠、不妥協。侵犯他人智慧財產權的，不論假冒者、生產者、銷售者，不論法人還是個人，一經確定其有侵犯他人智慧財產權的行為，將依法快捷地啟動追懲程序。建議對第一次違背者處以巨額罰款，情節嚴重者，除巨額罰款，終止其經營資格，對責任人處以刑罰。對違禁紀錄在兩次（含兩次）以上者，終身剝奪其經營資格。

中國若不能成為智慧財產權的保護大國，我們將永遠不能成為智慧財產權大國。一個國家對智慧財產權的保護程度，決定了他的現代文明程度，希望有關方面專家能在這方面審慎地構思，設計出中國周詳而無疏漏的智慧財產權保護機制。

## （二十六）建立全面有效的環境保護及環境改良機制

可以毫不誇張地說，專制共產黨已經毀了中國的一切美好，物質的、精神的、道德的。環境方面造成的損害，更是有目共睹且觸目驚心。中共，今天除了作惡以外，不論做什麼都是三心二意，就連治理環境污染這樣的、涉及國家及居民長遠福祉的事，他從未打算認認真真地去做，因為這與官員的政績無關。

2008年，「五一二」大地震期間，我被帶離北京，在河北一些農村地區，看到了驚心動魄的環境污染惡果。在新河縣的一些農村地區，在冀州市周圍的農村地區，多條河流，全部成了流動著的死水，他徹底顛覆了記憶中河流外觀給人的傳統印象。「黑污、惡臭及死氣」成了所有河流的共同形容。河流兩岸原有的樹木已全部枯槁。我當時的震驚、哀傷和無力感，難以名之。我與當地一些上了年紀的人聊天後得悉：二十年前，那些河水尚清澈如明鏡，不僅可供人畜飲用，魚蝦且優游其中，每至春夏，蟲鳴鳥囀於河畔草叢或樹林間。那潺潺流水，滋育著兩岸無數生命及禾黍，千百年裡如是。

我問當地人：「政府沒有治理安排嗎？」

他們苦笑說：「這裡的河流名氣太小了⋯⋯」

中國的環境惡化問題已現實地威脅到整個民族的生存安全，我們再也沒有條件拖延下去了。便是2017年以後，我們立即開始了全方位的認真治理，我們仍須花費五十到七十年的恢復改善期。

未來中國的環保部門必須由專家執掌，有志於這方面為國家、為民族建功立業者，現在就當開始這方面的縝密思考，包括剛性規則及剛性規則的實現機制建立。未來環保部首長當是直接向總統負責，必須敏感地執守剛性規則，否則，我們的前景是極可慮的。任何基於利益而挑戰國家治理目標的團體和個人，必須予以嚴厲的處罰，絕對不能給任何違規者以僥倖及幻想餘地。動用盡可能有的監督糾舉機制及舉報查實後的重賞機制。中國必須有這樣的開始，否則，這民族安得有後乎？

## （二十七）中國飲食安全的應對問題

普遍的食品及飲用品安全，在制度文明國家早就不是一個問題。生產、流通、經營及銷售，保證飲食品安全，這是人類最基本的常識，亦屬人類群體中不可動搖的信任底線。為了利益，無視他人健康及生命，這與殺人犯罪沒有質的區別。為了迅速實現利益，不惜改變動物的生長形狀、生長規律，這是對天道的侵害，他可以無限強化人的貪欲與自私、固化人的冷酷無情。這是人性的最大損失，亦是文明的最大威脅。地溝油、毒奶粉、毒大米、假煙、假酒、假雞蛋、假大豆、假飲料，一些同胞的無良讓人目瞪口呆。中國，已完全地、普遍地陷入了互騙、互害的大泥淖中。

最近二十五年裡，中國人墮落的普遍性、墮落的深度及乾脆程度，在人類歷史上是空前絕後的，這是人類文明史空前絕後的大面積不名譽紀錄。有許多人覺得不好理解，其實，他的導因是一目了然，這是中共幾十年無神論教育的必然結果。這種黑暗現狀再次警醒世人，一個沒有信仰的人群裡會終於導致怎樣可怕的後果。

信仰對人心靈的約束無時無處不在，使人堅信，人品行的另一頭連著神的褒獎或懲罰，沒有信仰的人僅信詭計，傷天害理唯獨剩下技術問題而不再是人和心靈的負擔，這不僅是不幸的，更是可怕的。看看中國今天的現狀，在愚昧、貪婪及冷酷方面，沒有了官民之別。飲食品安全問題現狀，與環境問題一樣地惡劣、可怕，成了這民族實際面臨的大問題，面對他、應對他及終於改變他，是未來民主政府面臨的急迫問題之一；相反地，邪惡的專制體制不僅是解決這些大問題的障礙，甚至可以說他本身就是這問題的根源。在專制者眼裡，只有權、錢是頂要緊的。我們不能什麼事都等2017年後才開始著手解決，期望一切對自己及親人的明天懷抱有好想法的人，當開始在這領域的思考，以使我們屆時能盡可能快地建立並導入這種問題的解決機制，恢復我們正常人的生活環境。

### （二十八）政府對貧弱者的濟助機制之建立

我頗花了些時間思慮這一問題，終於不得要領。這裡面存在許多的現實差異平衡問題，區域的、城鄉的等等，這不是傳統的思維慣性，他實在是傳統已經造成的問題。而技術層面亦有諸多問題需要設計應對，包括濟助對象和標準、給予機制、監督機制、濟助形式（可否供給糧食、油及食品券，只予一小部分比例的現金形式）等等，一己之力猶虎吃天。

我認為，凡享受政府低生活保障而具有勞動能力者，當履行一定的、政府指定的義務，例如每週從事三日左右的義工工作等。具體如何設計及實現，有待熱心者及專業者之努力。失業保障，以及鰥、寡、孤、獨、殘障人的生活保障，或偶然困難者之保障等，當在廣泛討論的基礎下建立並展開。

### （二十九）建立中國的憲政體制

中國有著自己的沉重現實，一小撮人永遠富可垺國，而一大群人則永遠是窮弱不堪，這現象的長期不能改變，造成這兩個群體都不再有改變自己處境的念

頭，漸漸地變得都麻木開來而又麻木下去。

憲政體制的建立是個技術問題，但又不完全是。真正複雜的是普遍的憲政思想、憲政感情的生成。憲政體制在中國從未真正確立過。孫中山先生的軍政及訓政前置安排是個失敗的設計，為此後的專制獨裁預置了空間。今天的中國，真正深諳憲政精神的人恐不足百分之三左右，這是一個很大現實問題。

在中國主流社會層面，有幾大主要群體不懂憲政為何物：首先是中共體制內成員，黨政軍、人大「代表」，他們幾乎百分之百地是憲政盲。我個人就這一問題在不同時期問過不下於百人，他們幾乎分布在中共體系內的各層級、各領域。這應不難理解，憲政，作為一個名詞，都被他們公開地禁忌。其次是中國的學生群體，他們也可以說是百分之百地不知憲政為何物。我在最近六年裡問過二十名以上的軍警及士兵大學生，他們只知道有憲法而不知什麼是憲政。中共司法幹部隊伍則更是一群乾脆的憲政盲。

在中國，今天真正懂憲政的人士，首先是一些被邊緣化的、有良知、有責任意識的知識分子，或者至少是不為當局所寶愛的知識分子，還有一些則乾脆因為長期眷戀憲政，而被囚禁在監獄裡——他們是賀衛方、資中筠、陳丹青……，隨著打壓嚴峻的加增，跟著加增的即是這一類人的名字。

中國公民的權利意識啟蒙，雖然可喜地由原來的點發展到現今之廣泛層面，但仍存在著許多令人不安的現狀。例如，一些著名的知識分子，作為啟蒙者，他們尚待被啟蒙，在他們的文字裡，諸如「解放戰爭」、「三年自然災害」、「解放以來」、「建國以來」、「抗美援朝，保家衛國」等詞，滿目即是，這實在是稀裡糊塗得可觀。

中國的沉重，在於憲政思想乃至憲政常識的缺失。光有了憲政體制，並不意味著已經擁有了憲政。今天俄羅斯之憲政，就值得我們深思並作為警惕。普京先生實際上是今天俄國的獨裁者，這對普京本人而言也是個很大的悲劇。

我思慮其中有幾個問題值得未來中國公民和媒體警惕：一是權力不能控制媒體，剛剛結束專制集權的國家裡，權力控制媒體衝動的慣性之強大是現實存在的，媒體自身須得保持高度警覺，不可以依附權力為榮而出賣自己的獨立權利。二是未來必須建立剛性的禁絕機制，來阻斷政府控制媒體的可能。三是媒體不可一味讚譽權力，媒體必須時刻保有著對公權力之監督、懷疑及批評的衝動；政府有好政績，一則是他的本分，二則是公民有目共睹，媒體沒有贅述的必要；四是公民自己須自重，不當無底線地熱捧政府首腦，更不可迷信崇拜他們，要相信人

的有限性，如果你真誠地愛他，你就當冷峻地支持他，盯著他的不足，坦誠地去批評他。俄羅斯人崇拜史達林，鑄就了人類歷史上僅次於中國災禍的悲劇，他們忘了舊傷，又忘情地崇拜普京，現實的悲劇已經到來，這是中國2017年後的媒體及公民必須警醒的。

憲政是什麼？他就是實現憲法權利的機制。《刑法》若沒有《刑事訴訟法》，他就是一紙空文。實現憲法權利的規則，就是憲法得以落實的程序法。若沒有憲政現實規則，憲法就是一張寫著公民權利的紙，他的價值超不過紙本身。而人類主流憲法的核心功能（理論功能），即是限制公權力而保護公民的自由和權利，而實現這種限制和保護功能的途徑即是憲政途徑。國際上，實現憲政的途徑在技術上有兩種類型：一是通過專門的憲法法院制裁違憲行為，而保護請求人的權利；二是賦予普通審判中的違憲審查功能，糾正違憲行為而保護公民的憲法權利。在中國這樣幾千年裡憲政缺失的社會，剛性而普通的憲法審查機制至為重要。憲法中當確立公民對公職人員的職務行為不受追究的批評權利和普遍而簡單的權利救濟程序，以期實現健康而文明的憲政制度。

相對憲政制度之建立，憲法制定是個技術問題。北京曾經有過兩位律師朋友在我面前表達過參加未來憲法制定的大願。其實，這種歷史機遇百分之六十是掌握在自己手裡的。熱心於這方面事業的朋友，你現在即可以開始你的制憲工作，將你制定的未來中國憲法公諸於世，而提挈大家的討論。

中國2017年後，肯定要有一部盡可能完整地約束公權力、保護公民的自由權利的憲法。對制定法具有強烈而普遍的依賴感情是中國的現實。世界上最早現實民主憲政的英國，迄今沒有一部成文的憲法。實際上，制定一部適合民主憲政制度的憲法在技術上並不難，他不需要太多的深思默想，民主憲政制度模式是普世的，而主導這普世模式制度的就是這民主憲政憲法。這民主憲政憲法在民主憲政國家亦都大同小異。我們的憲法可以在結構上借鑑，而在技術上加添我們的公民普遍地認為應當有的東西，而所有加添的動機及結果，必須是更有利於約束公權力而保護公民的自由權利，絕不能又以「國情」、「中國特色」的名義去安撫公權力，再遭無窮禍患。

中國公民切不敢忘乎不受制約的公權力的邪惡及無邊的禍患紀錄，中國那些有良知的公共知識分子，未來幾年裡應多做這方面的啟蒙工作，這是我們的現實。我倒不主張多花精力與什麼花蝴蝶、周帶魚、胡錫進這些小丑辦理交涉，這種交涉既不對稱又很不划算，包括這些丑類自己在內，他們清楚自己是什麼，除

了那些已失去腦力的大小毛左們外，他們招來的都是鄙夷的眼光。他們的未來唯喪家犬一途，我們現在即可完全拋棄他們，根本不必要將視力及精力給這些醜類。然而，我們不能拋棄那泱泱大觀的小毛左，他們是花蝴蝶、周帶魚、胡錫進及司馬南們的成績，是些受害人，是專制洗腦教育體制下的獨有物。我們當愛他們，像愛我們自己失足的兒女一樣愛他們，他們和那些醜類是有本質區別的。醜類的內心蘊蓄著生機勃勃的邪惡和卑污，他們是惡制度的主動力量，而小毛左則是被醜類恣意驅策的被動力量。無疑，小毛左的存在，滋補著專制制度所必須的惡能量，但他們卻不是惡本身。

我們把筆端指向醜類們，使他們變得有價值起來，被矚目起來。他們中決心醜惡到底者，2017年後由特別法庭與他們辦理交涉。一切的作惡者都將在未來的歲月裡得到當有之結果，但文人中不論何人，2016年9月30日前，放棄作惡並公開懺悔者，當免除追懲，並不受歧視。唯願像陳丹青、賀衛方等一干「漢奸」先生和女士，當肩起知識分子的道義職責，多做公民權利知識方面的啟蒙，告訴未來的公民，政府的權力不是其天然自有的，而是我們公民給的。我們公民給政府權力不是為了讓他管制我們，而是必須為我們提供服務的。政府所有人員，包括總統在內，都是公民的雇員。政府的權力是每個公民依憲法契約授予的，在每個公民的具體權利方面，尤其在人權方面，國家及政府的權力絕不具有天然的優勢地位。培育未來公民在捍衛公民權利方面的敏感意識，尤其對來自公共權力方向的具體侵害必須保有應有的敏感，以使我們這個飽受專制戕害的國家，終於能建立起真正的公民社會，迎來我們的民主個人主義時代，徹底地解放這世間最龐大的民族。

對於提醒並培蓄中國公民的憲政意識而言，國家憲政體制的建立也是一個技術問題。未來中國的國體是民主憲政體制下的聯省自治——其實質是猶如美國、瑞士、德國般的聯邦制，實同而名不同耳，區別在於表述，以及聯邦式自治及聯省式自治。公民既是聯邦（聯省）國家的公民，又是其所在的自治省的公民。國家（聯邦）、各自治地區，公民權利能力和行為能力及其相互關係，都由國家（聯邦）憲法框定。自治省可制定不違反國家憲法原則的省憲法。

孟德斯鳩說：「德行是民主政體的基礎。」西方文明的「獨立與自力更生，個人的首創和地方的自我負責，成功地依靠自我活動，不干涉鄰人事務和寬容異端，尊重風俗習慣和傳統，以及對權力和權威的適度懷疑」。

美國著名經濟學家弗里德曼認為：本質上，政府不過是個手段，是個工具，

個體與國家職能的本末倒置必然會腐蝕一個國家自由的根基。

「使人民的服從、統治者的獨斷行事都減到最少限度。一切人民必須服從的設施，無論關係如何重大，都當由人民加以決定和決議。」（記得不確切）

黑格爾認為：假如人民的私利和國家的公益恰好是相互一致的時候，這個國家便是組織得法，內部健全。作為民主憲政條件和基礎的類似理念、意識及品行的培蓄和成長，是需要由未來的自由媒體不厭其煩地與公民反覆交流的。

未來中國的政體是（直選意義上的）總統議會制。（聯邦）中央及各自治地方各自由立法、司法、行政，這三個既獨立又相互存在技術關聯的體系，為國家及各自治地方權力體系的總架構。總統由全體具有選舉權的公民直選產生。總統每屆任期五年，可連選連任，但不得超過兩屆（我們當吸取俄羅斯今天的教訓）。總統是國家元首，對外代表國家，是行政最高首長，是國家武裝力量總司令。總統是一個執政機構，由內閣成員組成，為議會的執行機構，但獨立於議會。總統無權解散議會，議會無權罷免總統；議會可以依照特定的法律程序彈劾總統。總統負責國家的內政、外交、國防事務，對內履行憲法秩序維護以及公民憲法權利保護等職責。總統的機構組成除了傳統的國家普通遍具有的內政、外交、國防、財政、衛生、勞工、商務、司法、安全、警務、廉政、海關部門外，還有諸如文化、教育、國土資源、農業、交通、民政、水利、質檢、計量、檢驗檢疫、兵役、智慧財產權、科技等職能。這需要在廣集公民建議的基礎上，最終確立未來內閣的架構，祈願未來兩年裡能見到有見地的討論意見。

### （三十）臺灣關係問題

未來民主憲政政府將放棄武力解決臺灣的統一問題。

大陸與臺灣都是中國不能分割的領土，中國的統一當和平實現。

我有一個未必成熟的想法，即是：

2017年後，中國大陸乾脆起用中華民國國號，起用中華民國憲法，恢復中華民國法統，先在形式邏輯上達成統一。

中華民國大陸政府及中華民國臺灣政府在終於統一前並立。聯合國使用中華民國國號，使用中華民國國旗。國旗、國歌、國徽雙方共用。駐聯合國代表團由雙方成員組成。所有由國家或政府為成員的國際組織，均由雙方協商基礎上派代表組成。駐國際機構的首席代表或主席，由雙方人員輪流擔任。所有駐外使、領

館，均由雙方協商派員組成，一方任主代表時，另一方任副代表，下屆則由上屆的副代表方任主代表，上屆的主代表方則任下屆的副代表。內部實行協商議事機制，雙方可協商達成最終統一路線圖，確定一個統一前的期限；在此期間，臺灣和大陸都各自保有獨立的行政權力、司法終審權、立法的獨立權，但這種獨立權是相對的，即在《中華民國憲法》原則下的獨立，雙方都可以自行決定是否保有或減少武裝力量。雙方稅賦及財富不在非自願的情形下越過海峽中間線。所有對外關係都由雙方協商進行，或者在確立了統一年限後，由中華民國（大陸）政府和中華民國（臺灣）政府各自行使對外的程序性外交事務。

在雙方確定的統一期限到來前，中華民國（大陸）政府可做以下承諾，但並不要求中華民國（臺灣）政府以對等承諾：

1. 臺灣公民在大陸取得與大陸公民平等的權力，這權利包括公民權利和民事權利。臺灣公民在大陸的包括選舉權與被選舉權在內的政治權利不受限制。廣泛的民事權利，諸如：居住、遷徙、置業、上學、自願服兵役、婚姻、繼承、收養等，與大陸公民平等享有。

2. 臺灣軍隊在屬於傳統大陸主權轄下的領陸、領海、領空、領海毗連區、專屬經濟區享有與大陸軍隊同等的權力，諸如訓練、補給、演習、追逃等行動，但在技術上當提前知會大陸有關部門。大陸方面將繼續恪守海峽中間線原則，非經臺灣同意，軍隊不出現在任何由臺灣控制的區域。

3. 臺灣的企業，在中國大陸的領陸、領海、領空、領海毗連區及海床、其洋底，屬於中國大陸主權轄屬，而無爭議的專屬經濟區及大陸架範圍內，享有與大陸企業同等的權利，其上述範圍內的經營行為當遵守中國大陸的相關法律義務。

4. 承認臺灣生效判決的既判力效力，願執行臺灣的生效判決。

5. 臺灣政府或公民提出的，而不影響大陸政府或公民實體權力或權利、利益的其他需要予以方便。

6. 臺灣島內中國人的「全民公決」結果，不能產生國際公法相關原則意義上的法律後果，臺灣是全體中國人的臺灣，其與加拿大魁北克省法語系族群謀求該省獨立，數次公投結果皆為聯邦最高法院否決的法理意義是一致的。

7. 對於新疆和西藏的未來，兩省的僧、俗領袖當有因應歷史及現實的考慮。聯邦（省）式自治，是現今歷史背景下，各省能夠獲得的最充分、最現實的自治形式，中國沒有任何可能獲得接受國家分裂事實的能力。

### （三十一）未來中國的外交方向設想

　　將徹底放棄所謂的大國面子外交，全面探尋建立務實的、注重國家實體利益，並兼顧國際法律義務及道德義務的外交機制及習慣。

　　作為基督徒，我堅信神對人類歷史的主導。2017 年，中共的滅亡更將信實地證明這一點，亦將更堅定全球基督徒的信念，我們很難以使所有的人接受我們的觀點。那麼，我就談談我對歷史規律的認識。按今天中國一些人的看法，美國今天是霸權性主導著全球事務。這種狀態究竟是歷史自己的運行結果，還是美國人精心運籌的結果呢？稍微瞭解美國歷史者都不難做出客觀的結論：今天這種現狀不是美國精心籌謀的結果。至少，在第二次世界大戰結束前，美國的對外政策等是極保守的，具有很強的內斂特性。無論是門羅主義時代，還是第一次世界大戰、第二次世界大戰期間，美國都恪守著保守的，甚至是孤立的外交戰略，都在做著獨善其身的、不現實的酣夢。然而，歷史在各階段都不大體諒美國佬這一廂情願：一戰期間，德國潛艇超限襲擊非參戰國的商船；二戰期間，日本偷襲珍珠港；二戰後，蘇聯向全球推銷共產主義的圖謀及行動，都迫使美國放棄自顧的保守政策，而參與到全球事務中來。實際上，2001 年的「九一一」事件，又是一次逼迫美國主導全球反恐事務的歷史的自我表達。

　　上帝永遠做正確的事。數百年前英格蘭新教受迫害是美利堅合眾國產生的前奏，講英語的美國的出現，是人類文明史上最重要的事件之一。迄今，沒有任何一個事件的意義超過他。上帝對於美國是賦予特別期望的。美國人每當出現自顧其利、不願在重大的世界關鍵性事務上承擔義務的自覺時，都會有局部毀滅性的大事件及大災難臨到他，他會規律性地在慘痛的犧牲面前進而擔負起只有他才能擔負的義務。全人類都當反顧近一百年裡的世界歷史，我們都當感謝上帝使這個星球上有了美國。否則，人們盡可能想像世界在有了蘇共、中共這種邪惡政權後，沒有了美國的可怕後果。

　　回顧這些歷史節點，使我們能夠認識到，一個國家的強大，以及他對全球事務的主導力量及資格的獲得，並不是人為謀算的結果。冷戰開始前，美國從未謀求主導全球事務，而他終於獲得了主導全球事務的資格和能力。盧旺達屠殺事件後，世界對美國不出手干預的批評極多，克林頓先生曾親赴盧旺達致歉，這個過程具有標誌性意義，即：對一種資格的世界廣泛認同和美國人自我認同的自覺。

　　人類歷史上倒是有一個這樣的國家，謀求霸權的野心和行為從未止輟過，那就是俄羅斯帝國，只是上帝從不使他獲得這種資格和力量。俄羅斯人在歷來的國際事務中，只要有條件滿足私利，他絕不會關注道義，全球共產主義的邪惡禍端就在於那裡肇始。俄國絕大多數人清楚共產主義的邪惡，但他們為了私利，不惜毀滅人類普遍的美好前程，趕走德國占領者後，他們在東歐多個國家用刺刀和坦克扶植起後來臭名昭著於天下的共產主義政權，置那些國家的人民於黑暗政治禍害中近半個世紀。俄羅斯對他身邊的弱者，歷史事實地只有欺辱和掠奪的紀錄，從不給予平等的幫助，至今日如是。他從未對大國沙文主義有過反思，相反，但凡力量允許，即會搶奪他人的東西。二戰前及二戰後，蘇聯人對待周邊弱國的禍害後果絕不比納粹德國更可以原諒。但綜觀歷史不難發現，以滿足私欲為目的的霸權行徑得不償失，無有例外者。今天的俄羅斯，貨幣貶值，民生艱困，經濟乏力，外交孤立，可哀的是他們迄今不加以反思這乃是他又一次圖謀霸權的結果。我們需要在這樣鮮活的歷史規律中保持冷峻的認知，只有表裡如一地尊重人間道義，無論是一個國家還是一個人，你才能得到神的褒獎並扶助，亦即，你必須心底裡正義，並充滿了善，才能蒙神的喜悅和恩予。

　　中國人，當從心底認同並感謝美國人民中普遍具有的善良和道義感情，這就是美國之所以強大的道理。多年來，多少中國的良心人士被逼出自己的國家，美國人民接納了他們，這種包容的胸襟、氣魄以及具體的擔當，世間獨有。但我一直以來對美國政治家群體保留著我的愛情，我清楚他們與民意的關係，但我更清楚他們亦有著獨立於選民之外的利益，尤其最近兩屆美國政府，不客氣地說，他們利用了中國的人權災難現狀，認識到了中共專制集團的賊盜心理，從中共那裡獲得了巨大的好處。這是不名譽的、反道義的，我每有機會即會當面指責他們。這裡主要的罪惡在於中共，但美國政府的旁助喝血是不能被原諒的，尤其是奧巴馬政府，與中共政權的勾肩搭背到了忘情的境地，這是極惡劣的道義虧欠紀錄。你們心裡想著什麼，我們中國人心知肚明！我在這裡客氣地提醒奧巴馬先生：中共將在2017年滅亡，未來兩年裡，少留些歷史笑柄吧！

　　所以我認為，在未來的國際事務中，我們將支援美國長久地發揮主要作用，這符合我們的利益。中共滅亡後，對於人類的美好未來，對於上帝的美好信念方面，我們將與美國人民趨於一致，怎麼樣有利於我們去實踐這些美好的信念，我們就理性地俯就他。但這絕不意味著我們將唯美國人馬首是瞻，我們將保持著應有的冷峻思考和懷疑，凡不符合普遍道義的事，我們將站在美國人的對立面，堅

持著我們的獨立，絕不意氣用事，不遷就感情。但絕不在戰略上、結構上尋求與美國對抗。對抗，不符人類的利益，不符合兩國的根本福祉。

我們當不忘記百年來美國價值對人類道義前景的支持和擔負。當然，我們也清楚在這種擔負過程的美國利益因素，但這種過程中當有尖銳的對立衝突，我們理解其中的美國利益因素，我們將在未來的歷史中力助美國這種堅持和擔負，力助美國及主流世界為減少專制政權所做的所有努力，包括以硬力量改變著名的邪惡政權的努力。「九一一」事件後，人們再次欣慰地看見和感到堅擎美國光榮和夢想的民主、自由和法治精神的強大之生命力。「理智的對話和精微的制衡」可為全人類政治及法制建設的圭臬。

美國亦應注意到中國與他的諸多現實的不同——歷史的、自然的和文化的各個方面。

中國的歷史文字裡，「易子而食」、「折骨而炊」、「征地以戰殺人盈野」、「征城以戰殺人盈城」，野蠻而殘酷的爭奪權力戰爭常致「國無寧日，歲無寧日」，這確實是美國國土上沒有的經歷。美國人的生活變遷是循序漸進式地緩慢改變，而非革命性地驟變。與中國不同，在美國，他的人口與自然資源之間，歷史地形成了一種遠遠優於中國的平衡。而且，美國獨立迄今，其國內政治、宗教等諸社會形態則更是與中國大相逕庭。中國的耕地只抵美國的一半，而養活著四倍的人口。美國據說只有百分之一的農事人口，而占百分之八十的中國農民的經濟生活仍是當下，便是較遠的未來亦仍是嚴重依賴人力的勞動密集型過程。兩國人的生活經歷、經濟上的現實差距、宗教與政治及文化傳統等諸多的、歷來的及現實的差異都是實在的。注意到這些實在的差異，是未來建設中美關係必要的思想基礎。

對美關係、對日關係及對歐關係，是未來中國對外關係之主軸。對日關係，需要雙方有更多的理性、冷靜及設身處地。對於歷史的糾葛，大沒必要投入大熱情，或則壯懷激烈，或則呼天喚地。這首先是表演，其次是不自信。歷史就是歷史，歷史的客觀結果豈是熾烈的情緒表達可以決定？要說歪曲歷史，人類歷史上還有誰能在這方面與中共比肩？僅抗日戰爭的歷史，中共對這段歷史的歪曲到了何等令人不齒的地步！在中共的哲學裡，歷史就是謊言本身。「齊有太史簡，晉有董狐筆」，中國幾千年的歷史上本有著相對獨立的史官制度，他本身就是極有價值的歷史，但中共徹底地顛覆了他，人們盡可瞻顧一下赫魯雪夫在蘇共全黨代表大會上，就史達林罪惡的祕密報告後毛澤東的瘋狂行為，其中最著名的就是所

謂的楊尚昆等人的「祕密錄音事件」。所有毛的言行是不允許記錄的，為什麼？人人都懂。

對日關係當務實且看主流。日本於戰後，尤其1970年代後，日本政府一直向中國政府提供著巨額的無息貸款援助。對於侵華戰爭的賠償問題，1972年，日本時任首相田中先生曾當面與中共毛澤東提及，毛澤東語出驚人，不但大手一揮不要求賠償，反說要感謝日本人，說沒有日軍的那場戰爭就不能有共產黨的今天。說中共集團賣國禍國，可曾有一絲的冤枉他們！中日關係中有兩個障礙，即歷史問題及釣魚島問題。但時常把歷史問題搏捏成具體的現實問題，是中共的老手段，他唯一的意義即是一次次的群體怒吼，旨在頻繁地轉移人們對國內黑暗政治的矚目。歷史問題與民族情緒成了安全工具。

中日關係朝著積極有利的方向發展，符合雙方的現實及長遠的戰略意義，這是中、日兩國人民的共識，這種共識有著巨大的生命力，具有著強大的運行慣性，縱使日本右翼領袖政權，同樣不得不俯就這種既有的運行慣性。在我們看來，他們是大多數中國人不喜歡的右翼勢力，可他們同樣是日本國內利益的堅定維護者，這是我們不當疑惑的，他們不大可能時時處處留心體貼我們的需要。堅持我們自己的利益原則，坦然面對分歧，建立雙方利益的交匯點。所以，未來民主憲政中國將著力構建和平及相對穩定的中日互利關係，建立符合兩國人民長遠福祉的關係。

關於釣魚島問題，從一個法律專業人士角度看，大致上雙方都不掌握該島主權當然的歸於己方的、具有無可爭議的法律支撐點的證據。否則，即便有再超常的掩藏癖者也早已公諸於世。這既是這一問題的簡單點，而又是他的複雜點。釣魚島主權究竟當歸誰？當然該歸我們，可日本人也是如此認識的。這就是問題的現實複雜性。在完全沒有國際法意義上可供判斷的法律支撐點情況下，雙方的任何一方寄希望於提高嗓門或亮亮肌肉而獨獲釣魚島的主權及其利益的想法，都是天真的和情緒化的。釣魚島的分歧是現實的，但不能長久地使中日雙方結構性的利益為其所左右。釣魚島的問題如何解決？和平解決。選擇戰爭是愚昧的和不負責任的。

今天選擇戰爭，中共必敗，我比當局更瞭解他們的軍隊能力。他們的軍隊，若論優秀，在面子上營造點威武的能力世界第一，可他究竟不是現實的戰力。什麼「二十分鐘解放臺灣」咧，什麼「兩小時解決藏南問題」咧，這說大話也是世界第一。從哲學角度，真正決定戰爭勝負的力量是心理的力量。中共目前的這支軍

隊及他所保衛的政權內心的脆弱及不安，已到了讓正常人感到莫名其妙的地步。那麼，即便缺乏正常的心力，在技術上占了絕對優勢也可能可以獲勝，可不幸的是，中共目前軍隊的落後超乎人們的想像，這點我比習近平更瞭解實情，緣著他處在一個最難看到真相的位置上。現在他們常讓世人看到那幾樣漂亮的新玩意，全是刻意地營造出的面子。2008年8月，我「旅囚」至新疆時見到了些當時仍在部隊的戰友，他們告訴我，他們的炮兵裝備仍舊是1950、1960年代的老器物，我一點都不驚訝，但是他們說通訊兵迄今仍整日背著線圈滿地奔跑地練收放線訓時，真驚得我目瞪口呆。

「連坊間老弱都用上了手機，士兵還練著這有何用？」我問。

他們說沒有辦法，說中央軍委的作訓大綱沒有改變，總不能讓士兵每天歇著吧！

現在全世界都已清楚了，這些士兵的中央領導同志是怎麼樣的人物，諸如徐才厚、郭伯雄、谷俊山們，靠著這些人形獸，提升軍隊的戰力，實在也不大現實。他們所做到的就是每個地方安置一批新玩意，一則糊弄軍委江主席、胡主席、習主席們，二則糊弄一大群早失腦力的國人。中國軍隊只有一樣絕對不能懷疑的能力，即是對付自己手無寸鐵的人民。我在武警部隊被囚禁二十四個月，其與中共國防軍情形大同小異，甚至沒有小異。其日常精力主要就是部隊內部維穩，所有士兵都是當局假想中的不穩定因素，被士兵稱為「閹狗」的維穩人員不舍晝夜奔突於營房間。

江蘇一陳姓士兵曾說過，說真要打起仗一定會出笑話，因為他們從來不把士兵當人，士兵憑什麼給他們賣力？這樣的軍隊，能作戰，那是反常理的。軍隊中中共幹部的腐敗程度比地方更直接而更加肆無忌憚，就像中共監獄裡的無邊黑暗一樣，絕對的權力而無監督，加上幹部人人沒有信仰的可怕，不難想像軍隊上下的腐爛程度。這樣的軍隊，只有習近平們才迷信他是有力量的。

所以，選擇當下與日作戰，等於故意送我們的孩子去死。但日本人亦切不可以為一次打贏則可永遠控制釣魚島權益。雙方的歷史恩怨是個現實的存在，日本人若欲再次以武力從中方獲得好處，則是我們所不能接受的，只要日本人再次選擇了武力相向，未來中國有辦法在沒有生命犧牲的狀態下，使日本人在釣魚島及其附近海域的利益永不得實現，需要堅持多久就堅持多久，中國將騰出點精力滿足日本人的武力偏好。

關於中共軍隊的戰力，可能有些人不願接受我的上述認識，我看現實點更好，當年薩達姆的共和國衛隊之「精銳」及「驍勇」不僅被伊拉克獨裁者吹得神乎其神，不同樣被中共媒體吹得讓人頭暈目眩，終於成了一個令人飯噴的歷史笑柄。

關於釣魚島的價值問題，前幾天我的大哥有個有趣的疑問，他說釣魚島上又不能種莊稼，不能住人，要他幹嘛？這很代表了一部分人的疑問。主權之爭本身就代表了一種價值高度。其次，釣魚島權屬的價值之外，他同樣有著巨大的現實利益。中共媒體從未告訴過國內公民這些利益。根據《聯合國海洋法公約》（我記憶中是 1973 年至 1982 年裡，由一百六十七個國家和地區的代表共同制定，應該是 1994 年生效，中國屬該公約的簽字國，好像是在 1995 年批准了公約），海洋分為內海、領海、毗連區、專屬經濟區、大陸架，用於國際航線的海峽、公海及公海海底等。人類未來的資源前景在海裡。釣魚島的資源可並不僅止於大哥眼底的那個叢草不生的石頭山，那島嶼外圍切線以內的海域是內海，切線外圍十二海里內是領海；內海與領海是國家的領土，其上空是國家的領空。而領海外圍又有十二海里（以領海十二海里計算，有的國家領海六或九海里，那麼他的毗連區寬則為十八或十五海里）寬的毗連區，國家可在毗連區內行使有關關稅、財政、移民、衛生等方面的管轄權。而毗連區外是從領海基線量起至寬達二百海里的專屬經濟區，沿海國對這一海域中的生物和非生物資源享有主權權力。離岸二百海里的範圍內多屬淺海，有有機生物和日照充裕的良好條件，是海洋生物繁衍的主要區域，也蘊含著大量的礦物資源。而專屬經濟區外則是從領海外部界線量起寬達三百五十海里的大陸架（世界上最早提出大陸架主權要求的，應是美國的杜魯門總統）。

1982 年的《聯合國海洋法公約》規定大陸架是領海以外、依陸地領土的全部自然延伸，擴展到二百海里的距離，沿海國對大陸架上探勘和開發資源的活動享有排他性的管轄權。所以，人們盡可想像圍繞著釣魚島有著怎樣漫無邊際的利益（有關海洋法律方面的記憶未必準確，有不恰確之處，敬請讀者見諒）（注：釣魚島專屬經濟區內有數千億桶的原油，這對資源匱乏的日本是不願意放棄的）。

這足夠大規模的利益，加上主權國家的利益價值，再加上日本人的歷史惡紀錄，日本人在釣魚島問題上的鋌而走險，符合他們一貫的利令智昏的惡習，見了棺材也未必下淚，這將成為日本人的下一個不幸，而不是機會。

對歐關係與對日、對美關係一樣，成為堅擎未來中國對外關係架構的支柱性關係之一。歐洲是人類民主政治的發源地，西元前五百年，雅典就出現了民主政治，而歐洲的真正文明崛起於近代之文藝復興、宗教改革、經濟擴張和內政建設。歐洲不可撼動的強勢地位結束於一戰。一戰後，歐洲一方面在成功著，而另一方面在衰落著。全球前所未有的一體化進程，加速了他的在資本、技術、觀念、制度方面的擴散，也正是這種快速擴散培蓄生成了對他的抵抗力量。但今天的歐洲，依然蓬勃著生機——財富的及精神的，他仍是人類文明秩序結構性的推動力量，與歐洲保持著良好的交往，對我們未來的文明發展，具有著不可替代的積極意義。

西方文明貫穿著對個體自由重要性的強烈意識，而這正是中國文明發展中長期結構性地缺乏著的。中國從秦代開始，高度官僚化、層級化的社會建構迄今不能有纖毫的改變。前者的歷史一直伴隨著對普遍的人權主張及追求。在藝術、宗教和政治生活中，我們都能看得到或感受到滿溢其中的、人們對個體自由的主張和表達。這正是我們未來的全面建立中應予以重視及借鑑的。

我個人期望，「北約」組織的作用拓展至為文明政治拓土之領域。野蠻的專制政治，實在是人類第一恐怖勢力，其嚴重踐踏著人類文明能力和文明的聲譽。

烏克蘭危機警示歐美，北約依然需要在歐洲發揮現實的軍事作用，維持相當軍事能力的必要性。

2017年後，我預料未來民主憲政政府將會迅速與美、日、韓等國協調解決北韓問題。作為當今人類最邪惡的恐怖勢力之一，他的許多做法都是超乎人理的，他的邪惡勢力雖不及中共，卻也是今天人類文明秩序最不可確定的威脅。人類文明的力量在超出人理的獨裁者面前是屏弱不堪的，他們只迷信硬力量。由於邪惡中共的庇護，北韓今天頗使文明世界無策可施。北韓這樣的政權存在一天，都是人類文明聲譽的大損失。

2017年後，中、美、日、韓當擔負起保衛人權、保衛人類文明秩序的現實責任，在與金氏家族達不成和平交權的情形下，毫不遲疑地以硬力量解決之。中國有義務做出這樣的選擇，六十多年前，我們在那裡打了一場不道德的戰爭，不僅白白犧牲了我們數以十萬計的優秀兒女，作為那場戰爭罪惡後果的一部分，兩千三百萬北韓人民的基本人權，迄今被昧卻了靈性的金氏家族踩在腳下。這是人類文明史上最不名譽的存在之一。這是中國人不名譽的紀錄，我們有著無可推卸的責任，一個統一的民主自由的大韓民國，符合世界的利益，也符合我們中國的

利益。

對於南海問題，傳統聲索國（俗語，指一直以來主張主權權利的國家）當務之急是尋求達成下列共識：

1. 共同承認涉爭範圍海域（含島嶼及其上空、海床及洋底）的權屬屬於爭議海域的法律地位事實；
2. 相互及共同承認各傳統聲索國對涉爭海域平等的聲索國主體事實；
3. 各自承諾及共同認可和平解決爭端原則；
4. 所有傳統聲索國停止單方改變南海現狀的做法，尊重並共同維護南海航行自由的傳統；
5. 探索建立由涉爭海域傳統聲索國及其他自願參加的中立國組成的、涉爭海域爭端協商機制委員會，尋求解決爭端；亦可探尋達成相關聲索國共管及共同開發委員會，在確保國際航行自由的前提下，共同開發，共用利益。

為了一隻腐鼠，動物之間會相齧至血濺膏滴，人類群體中也從不少見這般景象。任何利益，不當在個體人的生命價值之上。利益之爭，既屬人類群體中的一般現象，亦屬人類自身迄今尚無力克服的局限性。有些價值是可以用生命去捍衛的，諸如人權、人類共有文明價值等，但他永遠只能是窮盡了所有非犧牲生命途徑後的、被動的接受手段。中共邪惡政權在大陸的暴虐已進入歷史性的最後階段，這個事實，當今世界只有兩類人拒絕承認：一是中共群盜蹠及被他們洗腦而喪失了腦力的中國部分愚民，二是國際政客階層。人們盡可看看中共群盜蹠在今天中國的愚昧、無知及冷酷，臻至於怎樣的令人目瞪口呆的境地！當局在南海的撲騰，是其本質及本能在這個階段的必然反應。他們迷信「人民軍隊」的戰力，就像袁世凱當年迷信百分之百民意支持其立登大寶，及覆亡前的薩達姆迷信百分之百民意支持其獨裁統治，如覆同轍。呼籲各方冷眼靜觀，在2017年後再與民主憲政中國一道，以上述思想解決歧見，切不可情急之下，造成任何一方士兵犧牲生命的不可逆轉的悲劇。

## （三十二）NGO，未來中國社會發展的活力和柱石

2017年後，在中國大地上，無處不在的不再是政府及中共黨的組織，取而代之的將是NGO，他將在這個剛解放的社會裡，作為無處不在的抱團力量，為

中國社會的大和解，為在仁愛、誠信、互助、法治意識、所有權意識、公民權利及公民責任意識、倫理道德意識、納稅人意識及選民意識等方面培著美好品質、習慣等，發揮無可替代的作用。一定意義上而言，中國在1949年以後是只有國家而沒有了社會。黨的組織凌駕於國家及政府之上而無處不在，這種現象亦只有中國、朝鮮、越南等少數幾個共黨國家裡存在。而黨的組織機構活動、黨內工作人員的所用費用全部由納稅人承擔，這在全球也僅剩幾個無賴的共產主義政權。在制度文明國家裡，一個政黨的經費全額由納稅人承擔，那是天大的笑話。儘管如此，他們對養活了他們的納稅人不僅沒有一點感恩的心理，反而兇殘地壓迫納稅人。他們的全部花費都不能進行審計，以致像黨員幹部嫖娼用的振動安全套發票都堂而皇之地報銷，這是人類有歷史以來最無恥的公款用途，但這在中國是再尋常不過的事。他幾十年裡一成不變的強權政治，中國沒有一個完全自由獨立的NGO，而共產黨的組織卻細密如蛛網，植入社會肌體的各個系統，像吸血蟲般吸附在這民主瘦弱軀體上，控制著這族前行的手足及衝動。

在這裡，有必要晾曬出這吸血大陣的冰山一角，刺激一下一些國人已硬化了的神經。以下簡單列舉這六十六年裡全額由納稅人血汗供養著的，與正常國家職能毫無關係的吸血蟲機構及其吸血蟲大陣。

1. 中共中央及各地各領域、各級黨委體系及其人員
2. 中共中央及各地各領域、各級黨的組織機構體系及其人員
3. 中共中央及各地各領域、各級黨的紀委體系及其人員
4. 中共中央及各地各領域、各級黨的宣傳機構體系及其人員
5. 中共中央及各地各領域、各級黨的監察體系及其人員；
6. 中共中央及各地各領域、各級黨的統戰機構體系及其人員
7. 中共中央及各地各領域、各級黨的外聯機構體系及其人員；
8. 中共中央及各地各領域、各級共青團機構體系及其人員（*每級團的機構裡又有縱橫交錯的內設機構，黨的組織內部有的建制他都有，黨的組織機構內部沒有的他也有*）
9. 中共中央及各地各級黨的政法委機構體系及其人員
10. 中共中央及各地各級黨的民族工作委員會及其人員
11. 中共中央及各地各級黨校機構及其人員
12. 中共中央及各地各級黨的農業委員會及其人員

13. 中共中央及各地各級黨的工業委員會及其人員
14. 中共中央及各地各級黨的城市工作委員會及其人員
15. 中共中央及各地各級黨的婦女兒童工作委員會及其人員
16. 中共中央及各地各級黨的老齡工作委員會及其人員
17. 中共中央及各地各級黨的計畫生育委員會及其人員
18. 中共中央及各地各級黨的老幹部工作委員會及其人員
19. 中共中央及各地各級黨的經濟委員會及其人員
20. 中共中央及各地各級黨的交通工作委員會及其人員
21. 中共中央及各地各級黨的水利工作委員會及其人員
22. 中共中央及各地各級黨的民政工作委員會及其人員
23. 中共中央及各地各級黨的財經委員會及其人員
24. 中共中央及各地各級黨的環境工作委員會及其人員
25. 中共中央及各地各級黨的金融委員會及其人員
26. 中共中央及各地各級黨的國資委員會及其人員
27. 中共中央及各地各級黨的精神文明工作委員會及其人員
28. 中共中央及各地各級黨的綜合治理委員會及其人員
29. 中共中央及各地各級黨的發展改革委員會及其人員
30. 中共中央及各地各級黨的醫療衛生工作委員會及其人員
31. 中共中央及各地各級黨的教育工作委員會及其人員
32. 中共中央及各地各級黨的科技工作委員會及其人員
33. 中共中央及各地各級黨的綠化工作委員會及其人員
34. 中共中央及各地各級黨的關心下一代工作委員會及其人員
35. 中央各部委、辦及各地各級政府，以及政府各級職能部門內部設立的黨的組織機構及其人員
36. 設在全國人大及各地各級人大內部的黨的組織及其人員
37. 設立在各地各級司法機關內部的黨的組織機構及其人員
38. 設立在全國政協及各地各級政協內部的黨的組織及其人員
39. 設立在中央軍事部門及各地各級軍事單位內部黨的組織及其人員
40. 設立在各地各廠礦、企業、事業單位、學校幼稚園、衛生、金融及各所謂人民團體內的黨的組織機構及其人員
41. 設立在各地各級工會、協會、行會、街道內部的黨的組織機構及其人員

42. 依附中共強權,而全額由納稅人養活著的九個「民主黨派」中央及各地各級
「民主黨派」組織機構及其人員

43. 由中共強權控制下的,全額由納稅人供養著的全國各地各級政協機構及其人
員,各地各級婦女聯合會,會計師協會,律師協會,科技、醫師、記者、作
家、紅十字、工會、殘聯、美協、企業家協會,全國及各地各級工商聯合會
等等各種協會、團體更是多如牛毛

在制度文明國家,這些行會團體不僅沒有級別之分,更不可能由納稅人供養
著,他們被人民稱為「二政府」。這種行會中的人員中,許多人的邪惡程度比主
子更甚。以北京律協為例,每年違法收取的律師及律師事務所「註冊費」達一億
兩千五百萬之巨,這些巨額費用悉被幾隻黑手貪攫,會長李大進則更是無恥地全
然超出人理。「面對律師他是陰狠的太監,面對權力,他是乞憐的巴兒狗。」北京
律師界如是評價他。他們依附強權,而終於成了強權本身。這些行、會、團體,
將在2017年後悉由NGO組織取代。政府將傾力支援服務於NGO,使之能為建立
並恢復中國社會組織活力發揮積極作用。

我不厭其煩記述上述這些遠比蝗蟲恐怖的機構及其人員,這裡寄託著我特別
的感情,那就是我們不能忘記這些令一個民族屈辱的現實,在過去的六十六年
裡,這些紀錄廣泛而現實地浸潤在這個民族的血和淚水中,他記錄著我們這龐大
民族的苦難和文明的恥辱。他提醒著世人,邪惡的共產專制的恐怖,驚醒這民族
的後來者,當永遠遠離專制制度,保衛人類的尊嚴及文明前途。

### (三十三)啟動對「危害人類罪」犯罪者的追懲

國際上,2003年正式成立了國際刑事法院,其主要職責是對犯有「滅絕種族
罪」、「危害人類罪」及「戰爭罪」的個人進行刑事管轄。迄今為止,國際刑事法院
正在處理的案件有近二十起。

根據國際公法之反人類罪普遍管轄原則,中國將在2017年左右設立特別刑事
法庭,對於前中共政權廣泛而嚴重侵犯人權的罪行進行追懲。在特別刑事法庭的
建立方面,中國將尋求聯合國的幫助。這方面是有先例可循的:1994年,經安理
會決議,成立了盧旺達問題國際刑事法庭,對前政府首長、軍隊長官進行起訴,
有五十多人被判無期徒刑等不同刑期的刑罰。大約在2003年左右,聯合國與柬埔

寨協議成立了特別法庭，對1970年代犯下屠殺暴行的前柬共領導人進行審判。

中國將直接以「反人類罪」對前中共政權的涉罪人員進行追懲。這樣做是有國際法淵源依據的：其一，國內法是國際法的第一淵源，國內法具有國際法創設的當然資格。其二，國家法的效力意義是，各國公認的具有普遍意義的，構成國際法效力基礎的（我記得未必準確）。而我們引用的法律準據是兩個國際人權公約，即《公民權利和政治權利國際公約》和《經濟社會和文化權利國際公約》。為了善意警醒今天在上掌權的大小中共官員及其幫兇，在這裡，我將不厭其煩地將兩個公約中的人權保護內容抄列如下，所有踐踏、違反這些規定的行為，都將接受「反人類罪」（實際上就是危害人類罪）調查，無論是誰，不能有例外。

無論是誰，在2016年9月30日前公開脫離中共系統，公開說出犯罪真相、公開真誠地懺悔，並與具體受害人達成諒解，將得免除刑罰。

聯合國國際人權公約保護的個人主要的人權內容：

1. 違反人人都有生命權權利，不得非法剝奪。未滿十八歲的人不得判處死刑，懷孕婦女不能執行死刑。
2. 破壞「法律面前人人平等」的權利行為。
3. 違反結社、和平聚會和示威自由的權利。
4. 危害言論出版自由的權利。
5. 妨害宗教信仰自由的權利。
6. 妨害選舉權和被選舉權的權利。
7. 妨害婚姻自由權的權利。
8. 任意干涉私生活權利的行為。
9. 兒童有權享有家庭、社會及國家的保護，沒有盡到應有保護義務的行為。
10. 妨害自由遷徙權利行為。
11. 妨害公開公正的審判及無罪推定之訴訟權利的行為。
12. 施以酷刑或施以殘忍的不人道的或侮辱行為的。
13. 妨害健康權的行為，包括在預防、治療和疾病控制及改善環境方面故意懈怠的行為。
14. 妨害生活及住房權利的行為（強制拆遷是最惡劣的罪行之一）。
15. 妨害罷工自由的權利以及工作權，教育自由權、休假和自由選擇職業的權利。
16. 違反男女平等及同工同酬權利的行為。

中共政權的所有官員及其幫兇，對照他們幾十年來的所有行為，可以發現，兩個國際公約公諸的上述主要人權內容，正是他們不遺餘力地踐踏的對象。在任何一個領域都可以喪心病狂、觸目驚心來論之，甚至有過之而不及。在聶樹斌被冤殺的問題上，這個邪惡政權把反人類醜惡行徑表演至極致。這樣的罪惡不據法論罪追懲，不僅惡劣損害人類的聲名，更使人對天道昭彰喪失信念。

中國共產黨的邪惡罪行，還包括：拒絕建立獨立的司法審判制度；中共紀委體系非法辦案侵犯人權的惡行；邪惡的暫住證制度；收容審查制度；勞動教養制度；洗腦及非公平的教育制度；下崗職工禍害惡果；暴力鎮壓上訪等告申行為；拒絕受理公民的起訴；審判委員會控制審判；政法委操控偵控審判工作罪行；以制度施措遏阻，並以暴力任意構罪的犯罪行徑及阻撓結社、集會、示威自由及自由建立工會的權利；以制度措施及暴力任意構陷罪名等犯罪行徑，阻撓公民的言論、出版自由權利、宗教信仰自由權利；在強制拆遷方面犯下的令人髮指的暴行；制度性阻絕及暴力打壓罷工自由的權利；駭人聽聞的酷刑及其他反人道行徑；在監獄等場所剝奪公民休息權利；始終拒絕建立醫療保障制度之惡行；每年數以十萬計的兒童失蹤、被殘害等種種反人類罪行罄竹難書。

在獨裁制度庇護下，公權力成了犯罪兇器及罪惡遮蔽器，追懲犯罪是人類呵護主義感情的傳統及普遍方式。一個民族或一個個體，絕不能是非不分，將罪惡與善行視同一律。今天，我們必須有這樣的嚴正聲明，因為，所有上述罪惡不僅沒有收斂徵象，反而更加肆無忌憚，更加地簡單直接。我們必須嚴正告誡今天仍迷信暴政權力千秋萬代永續的官員及其幫兇們，你們今天所有的犯罪行為，將成為2017年後，針對你們罪行的具體指控內容。所有針對良心犯們的司法構陷，具體到每個個案，中共領導體制內的所有黨委、常委都必須承擔刑事責任，除了相反證據證明外，任何人都不能例外。中共最高層必須對其任職期間所有司法構陷承擔刑事責任。如果你們尚有人的感情，還願意為你們及你們的親人做些責任的考慮，那就做出最有利於你個人利益的選擇。如果你們願意繼續作惡，把其他同類的苦難當成兒戲，那也簡單，2017年後咱們慢慢在司法程序中討論！不要屆時說別人言之不預。我們現在在做什麼？只是在提醒你們不要再犯罪，給自己在2017年後留些餘地，僅此而已。像對諾貝爾和平獎得主的囚禁，這種公然藐視人類普世文明價值判斷底線的惡行，已完全超出人理！再次對良心人士郭飛雄的構罪刑讕，這種邪惡的氣魄人間罕有。

你們還有一年多的時間做出選擇，要麼兩年後成為中國自由公民的一員，要麼終於歸於監獄或絞刑架！各自好自為之。也許今天的你們會對著這些文字冷笑，當終於認識到他的振聾發聵時，好與壞則均成定局矣！

2015年3月25日於陝北母親生前所居窯洞

# 後記：罷筆後意猶未盡的漫談

## 一、強勢崛起國家之歷史性悲劇

　　《2017年，起來中國：酷刑下的維權律師高智晟自述》這本書書寫算是結束了，從2014年12月27日至2015年3月25日，耗時近三個月時間，期間四分之三的精力用於本書的寫作上，每天僅騰出四分之一的精力讀書。我寫文字不習慣列綱，曾經試過，終於覺得猶如自縛手足。坐下來，進入狀態，每日（週日絕不寫作）三至四千字，在下午二點半前即可完成大部，院裡活動一個小時後寫至確定的時間點，再開始一天的看書時間。感謝神，這本書的文字工作在我這裡已經完成，下階段可全天候轉入讀書時間。清朝最後一位攝政親王說：「無事好清閒，有書真幸福。」無事和有書是我當下階段坐擁的資本。

　　本書文字工作實際上於昨日下午即結束，至4月10日止，又做了一遍全面的技術性檢查，頗有終釋重負感，本擬從今天開始全天候與這「無事」和「有書」來辦理交涉。今天早晨五點半看了兩篇文字，一篇是談中國今天所謂的「大國崛起」，一篇是一位中共紀委人員寫的關於「雙規」的文字，尤其後者，簡直是瞎說。文中說中共對黨員的「雙規」是合法的，理由是：入黨者接受了黨章，亦即是與中國共黨之間形成了人身契約，中共根據黨員已接受了的黨章對其限制人身自由的行為，是執行契約效力的行為，因之是合法的。作者頗為這一說法感到得意。這種邏輯非常荒誕及愚昧（如果竟不是無恥的話）。只要有事先約定便是合法行為，如果這種邏輯成立，雇兇殺人、販賣毒品、販賣軍火前，只須簽個協議不就成了合法行為了？公民、法人及其他的組織可以定立契約，但其約定不得違反法律及其他人利益。

　　該篇文章的作者，其論調實在可以欺騙許多人。中共有些氣魄是世間獨有的，諸如無恥的氣魄及無法無天的氣魄。這就是當下中國的荒誕現實，一撮人瞎說，一片人瞎聽，瞎說者與瞎聽者都心閒氣定，唯有瞎說有自由，唯有瞎聽有安全。倒是這篇文字說那雙規的環境一般人支撐不了一個月，而能堅持一個月者，

即簡直就是英雄之說法是確實的，對於空間及光明唯依眼睛獲得一途的官員俗類們，能熬過一個星期而不崩潰者，真當刮目相看。我曾在那種環境裡累計囚禁過近四年，對於沒有信仰者而言，那種環境設計是足夠地殘酷（看管我的士兵，就是平時供中共紀委驅策而看管被「雙規」貪官的）。

今天看的另一篇文字即是有關「中國的崛起」說，什麼第二經濟實體啦，什麼僅次於美國的軍事實力啦。凡有關中國崛起的文字，腔調、思想均共出一模。我們究竟需要怎樣的崛起？中國人當做怎樣的思者？前幾天我讀了一篇一位定居海外的頗著名歷史學家的文字，文章說中國當下還就需要習近平這種人，讀來令人扼腕。他並不身處必須瞎說的惡環境裡，他在美國，中國的瞎說大陣早已旌旗蔽天，壯懷激烈，一頭突入這蛆蟲陣容，實在是一種不幸。關於中國當如何崛起，我沒有文字方面的深思熟慮，但我們卻有成熟的歷史範例使我們警醒。作為國家的崛起，中國自己就有過秦皇漢武的崛起，有唐開元盛世及清「康乾盛世」時的崛起，但那種崛起究竟是於普通人民無補的。「長安一片月，萬戶擣衣聲」，那氣魄固然雄大，但透過「何日平胡虜，良人罷遠征」，掩隱不住的是普通人無助的憂傷與哀思。

以下，再看看近代世界上幾個強勢崛起的國家的規律性悲劇結局吧：

1853年，當美國戰艦開進神戶時，日本已沉睡了兩個半世紀，但那究竟是個不俗的民族，日本國迅速崛起，僅四十年即打敗了歐洲強國俄國，首創亞洲小國打敗歐洲大國的歷史紀錄。但不幸的是，日本國家的崛起終於帶給本國人民漫無邊際的災難，更給周邊國家帶來深刻的災難。這些著名的災難已不需我在此贅述，但我們有必要對這種「國家崛起」的價值予以冷峻地思考。

另一個著名的「國家崛起」範例，即是納粹德國在一戰後僅二十多年的驚人崛起。他們崛起的事實不容置疑，可這種「國家崛起」終於給本國人民及世界人民帶來了什麼？便是為這種「國家崛起」亢奮至寢食不安的、以希特勒為首的那群人又獲得些什麼結局呢？中國，曾經的思想大國，終於成了六十六來的思想侏儒，總不肯像正常人一般地思考，經年累月跟在獨裁者屁股後面狂呼「大國崛起」者，該不該為自己問一問：這崛起來後，我因此獲得哪些具體利益呢？經濟的？政治的？人權的？什麼時候我個人的權利及尊嚴不總是被踩在崛起的國家腳下呢？什麼時候個體才能不恐懼地、自由地提出這種問題，向任何人，以任何形式？我們需要的，究竟是國家的崛起，還是我們每個公民個體的崛起？

## 二、中國需要怎樣的崛起？

一百五十年前，一位美國傳教士在中國，旁觀了中國社會種種不可思議的苦難後，得出結論：中國最需要的不是現代科技，而是基礎文明，即民主、自由、個體權利、契約意識、規則意識及宗教信仰，等等，這些文明人類群體中最普通而基本的東西。

美國諾貝爾經濟學獎獲得者弗里德曼的書裡有段話，頗值得今天那些狂呼「大國崛起」的國人品味。他說：不必擔心美國的技術被中國偷竊，因為美國有更快的發明新技術的能力。他說，最當擔心的是中國偷竊美國的獨立宣言、美國憲法等代表了美國價值的東西，當中國開始拷貝這些東西時，才是中國真正強大的開始，才是實質性威脅美國的開始。

托克威爾在《論美國的民主》一書裡，對大國崛起的兩種不同模式予以概述，使得目睹了二十世紀這兩種崛起模式大相逕庭結局的我們，禁不住歎服起這位法國人的思想力量，他說：

> 當今世界上有兩大民族，從不同起點出發，但好像在走向同一個目標。這就是俄國人和英裔美國人，……美國人在與自然為他們設置的障礙進行鬥爭，俄國人在與人進行搏鬥。一個在與荒野和野蠻戰鬥，另一個在與全副武裝的文明作戰。因此，美國人的征服是用勞動者的犁進行的，而俄國人的征服則是靠士兵的劍進行的。為了達到自己的目的，美國人以個人利益為動力，任憑個人去發揮自己的力量和智慧，而不予以限制。而為此目的，俄國人差不多把社會的一切權力都集中於一人之手。前者以自由為主要的行動手段，後者以奴役為主要的行動手段。

他還結論道：

> 他們的起點不同，道路各異。然而，其中的每一個民族都好像受到天意的密令指派，終有一天要各主世界一半的命運。

臺灣著名學人龍應台關於大國崛起的一段文字使人印象頗深：

> 如果說，所謂的大國崛起，他的人民所引以為豪的是軍事的耀武揚威，經濟的財大氣粗，政治勢力的唯我獨尊，那我寧可不崛起。因為這種性質的崛起，很可能最終為他自己的人民以及人類社會帶來災難和危險。

今天的中國，很有那麼一群人，每至「第二大經濟體」、「二十分鐘解放臺灣」的軍事能力囂嚷起，則眉飛色舞，他們似乎比統治者還要高興。滿目的社會不公，普遍的踐踏良知，公權力的無法無天，自己交不起學費、看不起病的諸多煩擾終於變得不重要起來。似乎唯有「大國崛起」頂重要，個人切身利益、人類道義、人性良知全然可以虛無縹緲，這種人格類型頗不尋常。

美國民權運動領袖馬丁‧路德金說：

> 一個國家的繁榮，不取決於他國庫之殷實，不取決於他城堡之堅固，也不取決於他的公共設施之華麗，而在於他的公民的文明素養，即在於人們所受的教育、人們的遠見卓識和品格的高下，這才是真正的利害所在，真正的力量所在。

在一個沒有真相、沒有常識、沒有了具體的憐憫、沒有了對不義反抗衝動的社會，這裡需要著怎樣的崛起？中國的正在致力於啟蒙實務者，還有不少的事要做，包括必要的冒險。

清早起來信馬由韁寫下了上述自己認為有些作用的己見。關於之後有什麼樣的崛起，無疑當是這片國土上每個個體的崛起，他的人格，他的善良，他的獨立判斷能力，他對同類的真愛，他的批評才能，他的契約意識，他的公民權利意識，他的規則意識，他的所有權意識，他的道德及誠信意識，他的正義感情及宗教信仰意識。只有個人在這些方面的崛起，國家才能真正有價值地崛起。今天的中國社會，已全面地消滅了上述正常人當有的思想及感情。這樣的「國家崛起」，只是像為共產主義蘇聯崩倒前添加高度一樣，徒增反向的意義，增加點崩塌過程的壯美耳。

## 三、和電視裡說的是兩個世界啊！

本是擱筆了，可這幾天又頻看到幾件有趣的事，不免又有拿起筆來的衝動。山區的夜是漆黑的，卻常有人在漆黑的夜幕裡偷著來找我。我倒沒有抱怨我的那群看管者疏於防堵的意思，更想特別提醒當局不需緊張，來者對你們不大有危險，都是些不同面孔的苦主，總以為找到我或可能擺脫他們各自的絕望，所以才在黑暗裡，冒著被抓的危險來向我展示各自的苦楚。

以昨夜為例，有七、八位被抓官員家屬來找我大哥，非要求見我。我正酣夢裡，大哥敲門悄聲說明來意。

我不願見他們，大哥卻說：「他們很信任你，半夜三更摸來不容易，還是見見吧！」

原來，這群被抓官員的親屬正醞釀著群體上訪，用他們的話是「去上面鬧」，理由是：全縣幹部沒有一個不貪的，具體證據都有，為什麼單抓他們的親人？但在「去上面鬧」與不鬧的爭論中，有人提出說高智晟目前正軟禁在老家，說他能給一個負責任的意見的，於是便半夜偷著來見我。他們如此信任我，倒頗在我意料之外。最後，他們接受了我的道理，放棄了去上面鬧的打算，而又都不願意離開，說非常願意與我聊天。

他們給了我很多信息，其中有許多的貪腐黑幕。說了去年省紀委書記安東（音）來佳縣時，縣委縣政府如何周詳布置所有警力阻隔民眾與安東一行的聯繫，而使安東一無所獲的內幕。出人意料的是，他們說的最多的話竟是，「政府肯定快完蛋了」。說這反腐敗絕對不能進行下去，原因是「上下都是一條線上的螞蚱，敢動縣長，那市長、省長就會跟著被抓」。

他們剛走又有人敲門，農民李XX一家來找我，政府非法徵地，雙方協定約定的補償款拒絕給付，堅持追要而被暴打，告到哪裡都不管。他們的哭訴使人哀傷。我從他們的哭訴中看到的是：沒有一個部門，沒有一個公務人員願擔負起對這個政權的哪怕是一絲絲的義務，更別說為公民的義務，整個政府的正常職能完全喪失，豈止是末日心態，簡直是一個潑皮流氓的末日心態。法定職責奢談，沒有一個人能為他人的苦難有絲毫的觸動。

「和電視裡說的是兩個世界啊！」李XX抹著淚說。

最近，王岐山先生說：「誰說我們解決不了腐敗問題！」

聽了直使人想起「這是個娛樂的時代」這句話。王先生說這句話時的神情不大清楚，可那語氣裡卻透著昂首挺肚。「腐敗並不是杯中之物，而是盛物之器皿。」在中國，總有那麼一群人天生具有凌空蹈虛的本領。他們的哲學裡，從來否認普遍經驗的效力，否認有目共睹的事實。

## 四、一大群饑餓的毒蛇全都撲騰出了洞口

今年春節期間，村裡人的來訪不再被阻撓。一些多年在外承包工程的人，現在竟全部歇手，因問其故，對曰：

「是習近平反腐敗搞的。」

這回答頗使我詫異。我堅信普遍的黑暗和腐敗依舊，卻沒有想到過他會因反腐敗而惡化。但他們在外共同的經歷卻是實實在在的。他們說以前承包工程，發包單位一把手受了好處後，各職能部門一路綠燈，辦事就會很順利。說現在一些單位的一把手是不吃了（指收賄賂），可他屁股下面又不乾淨，所以不敢管制下級吃賄賂，現在是每個環節上都會卡要賄賂，赤裸裸的，說沒有一個環節可以例外。過去一個人吃，現在變一群人吃。他們有個很恰切的比喻，說過去是一條粗壯毒蛇堵在門口，只要餵飽一條蛇就行了，習近平的反腐敗，是猛地一把將那條粗壯毒蛇給拔了出去而騰開了洞口，久憋在洞裡的一大群饑餓的毒蛇全都撲了出來，比以前更可怕了。還有一部分村民反應，過去不管怎麼說，送了錢還可以辦事，而現在一些領導是不收錢啦，可是他乾脆就不給你辦事啦，你拿他一點辦法都沒有。

## 五、蕭秦功們應留意即將到來的變化

這幾天看到美國著名的中國與亞洲事務專家沈大偉先生刊於《華爾街日報》之〈即將到來的變化〉一文，文章認為：「中國共產黨統治的最後階段已經開始。」他認為中國目前領導人「希望藉著打擊貪腐和持不同政見者來鞏固統治，對中國社會制度的這種專制手段，很可能令中共引致像蘇聯一樣倒臺的結果。」

此文又戳到了中國一些東西的痛處，一大批踏在朝靴底下的寵犬學者，指揮刀所指，竭聲嘶叫，竟相奮勇。什麼蕭秦功，什麼鄧聿文，幾乎擺出全隊走狗陣容，但他們腔子裡面的成色，決定了他們的東西終於還是臭不可聞。

蕭文、鄧文，我流覽了一下。文中沒有忘了絮叨些過去的榮光，而終於本意還是媚權。蕭文建議「加強社會管控，對於維持穩定，防範政治風險十分必要」。他實際上是稀裡糊塗地支持了沈大偉先生的判斷，卻又認為沈文「從學理上看也確實十分膚淺，甚至缺乏必要的邏輯」。翹尾挺肚，醜態可觀。蕭文、鄧文，文字敘述詳細卻昏昧不明，這又是指揮刀下耀武揚威的鮮例，醜貌上蒙著公正的皮；他們與沈先生的文字，兩種截然不同的面孔恰被這特殊的歷史階段給記下。

良知及人性都硬化了的醜類們，對哪怕是極小一絲的改革都傾力加以阻撓，而這反對改革的口實卻往往公正而堂皇。他們連一點有見地的不同意見都忍受不了，往往比主子的反應更加敏感。這使我想起前幾年裡，我每有點聲音發出，奴

子的反應總在主子前面，主子的討伐總是慢奴子半拍。蕭秦功、鄧聿文兩位「理論精英」呶呶不休了半天，終於還是當與王偉光、馮先知們歸於一丘。他們的文字將各自的醜像畫得格外清楚！面對專制權力的不義、社會的普遍不公，他們死屍般地鎮靜，這是怎樣的一種無恥的本領？無疑，不義和無恥成了當下文人苟活的要訣。坐擁不義和無恥兩樣東西，終於是安全了，可跟著加足的是卑下的惡奴子嘴臉。惡制度是搖著擺尾族的大本營，沈大偉先生是犯大忌了，他指出了這大本營實在是危在旦夕矣！

但蕭秦功們的囁嚅也讓人們看到了另一面，那就是他們的不安，雖則在指揮刀下，終究對指揮刀的力量也時常懷疑著，既然面對現狀如此地心安理得，認為他是如此地美不勝數，怎麼還要有「十分必要」的防範呢？既然已很好，人民感激尚且來不不及，怎麼可能想著改變他呢？這是一種什麼邏輯？文且不通，理將焉附？但指揮刀究竟還是蕭秦功們的肝膽，情不能自持地要求主子「加強社會管控」，如是，則永續他們作惡奴子的酣夢。這些東西可能不懂得中國歷史，更奢談人類歷史！秦統一中國之際，其擁有的暴力，從規模到品質是何等驕人，真可謂「所向披靡」，那時主子的敏感還在奴子之上，「亡秦者胡」一句讖語，始皇帝「高度重視」，立驅八十萬悍兵，三十萬北撲，五十萬南馳，「亡黨亡國」不過十五年耳。兩千年前是扯得遠了一點。近看已「亡國亡黨」的前蘇聯，其暴力規模及品質遠非今日蕭秦功們的主子可比，結果如何！我倒是希望蕭秦功們，在指揮刀下留神著將來的變化，利令智昏者究竟不大光榮，弄不好會毀折前程的。

阿倫特說，在極權體制下「似乎是任何社會都不可能是由最好的分子，而只能是由最壞的分子建立」。

## 六、光耀糞便，聖化蛆蟲

我在被中國黑惡勢力祕密囚禁時，當局竟拿了一本什麼《社會主義核心價值觀讀本》給我，我抱著熟悉人間文字心念看了一遍。

有談話者問：「有何感想？」

答曰：「這不過為阿Q的塚中枯骨捯飭了一套新衣耳，說俗一點就是給狗屎起了個新名。」

談話者又說：「這是人家五百理論精英搞出的理論突破，難道就比不上你一人？」

對曰：「不過一群斷脊狗耳，便是全隊走狗上陣，終於還是走狗耳。」

談話者又曰：「你太狂妄啦，人家那都是頂級的理論高手，你把人家說得一文不名。」

有趣的是，我在沙雅監獄囚禁期間，他們也拿來過一本同樣的什麼《社會主義核心價值教育讀本》，我與他們也有過一段有趣的對話過程。

蕭秦功亦罷，或是什麼「五百理論精英」亦罷，在當下中國，唯他們能夠觀四向、聽八方，他們光耀糞便，聖化蛆蟲，醜貌上蒙公正的皮，以醜惡驕人是他們獨到的本領。緣著他們，對暴政辯解的文字總是鋪天蓋地，其實他們同樣清楚，文字組織得再巧妙動人，不過是血跡上的掩飾耳。他們啼笑俱偽，常相互標榜，尤其近些年裡，文人們大都練就一套媚權禍國的看家本領，決心把這中國永遠留在黑暗這邊，一些昧劫了靈性的文人，襟懷禍國大志，練得禍國雄才，媚權附勢的奴子們，常匯成旌旗蔽空的陣容，互濟狗膽，禍國氣焰萬丈。今日中國，殺人者依然昂首挺肚，那臉上不能褪去的血污早被忘得一乾二淨，就是這類文人的成績。他們在人類廉恥面前威風八面，猛不可抵，尤其在公開批判西方文明及普世價值方面真是悍勇無比。人類群體中公認的一些應有之底線被視為空物。我想這種文人使他們去經營棺材鋪，他們會毫不猶豫謳歌瘟疫，利益成了所有的標準。

有兩樣東西獨歸中國的愛國賊們，臆繪的輝煌榮光和臆擺的旌旗翳日的威勢。既有榮光，且是燈火般輝煌的榮光，沒入這大陣，那自己也就非榮光不可了；既是旌旗蔽日，那終於就是沒有風險的了，蜷伏在這漫無邊際的黑影裡搖唇鼓舌，不需要纖絲的勇氣，唯一副刀槍不入的臉皮即可，便是偶遇攻擊，究竟是不必自己出陣臨刀的。這些東西常貌似悍猛無比，實則是懾於現實中權力的淫威而以己身的卑怯乞憐，這是一種加入的妙訣。他們的共同之處是：不甘寂寞，都有醜惡驕人的氣概。這臭名遠著遐邇的愛國旗下，實則是搖首擺尾族最後的大本營。

羅伯特：達爾說：一隻眼鏡蛇不會因為牠的主人說牠是鴿子就成了鴿子。無論一國的領袖和宣傳家們說得多麼動聽，只有他具備了民主所必須的全部政治制度，這個國家才有資格成為民主國家。

我有時在想，2017年以後的中國是否當有一種特別的設計，對於那些凡西方必反者當有些人道的體貼。對於那些處處反西方者，讓他們屈尊去坐西方人發明的飛機、汽車、火車實在是有悖人道的，更不當使他們坐在西方人發明的電燈

下、電腦前受苦。我想，滿地的綠呢大轎子，遍地的豆油燈，這不光安穩，更具有別樣的情致。

## 七、多做對國內被壓迫者有實質性幫助之事

本書發表後，我的處境將會變得更壞，所以今天既再拿起筆，即想把心裡的一些想法盡可能地都寫出來，期望更多的人抬起頭來，給將要到來的巨變給予應有的瞻顧，以各自的方法，加入到這已經開始了的巨變中來。

我期望本書能以中、英文兩種文字，於2015年10月初同時發表。本書所有收益的一半（稅前）捐與2017年後自由中國的福音傳播事業，藉此與傅希秋牧師商榷，期望能建立一項「自由中國教堂建設基金」，以資為2018年始的中國各地教堂建設未雨綢繆，這是一項頂重要的事。專制共產黨在中國最邪惡的成績是使許多國人遠離了宗教信仰，沒有信仰的人類群體是最可怕的，共產黨六十多年的無神論暴政已造成怎樣的可怕局面是有目共睹的！未來中國，一種昌明政治的建立，一種社會風氣的生成，一種有道德社會的終於形成，離開了宗教信仰都是沙丘上的建築。歷史已實在地證明：「凡基督教所到之處，人民智力開放，迷信除去，思維擴展，科技發達，社會較為公正，人民生活水準較高，生活祥和安寧。」（劉傑垣博士語）人類中，每個個體生命的善良、對他人的愛、正義感情的保有，最有效的培蓄路徑即是使一代又一代的人在有教堂的社區長大、生活。這裡面無需美麗的說教，看看今天排在世界最前面的所有文明國家無不如是。有關捐贈事宜全權授權由我的妻子耿和負責。

在此特寄言境外華人同胞，多做對國內被壓迫者以實質性的幫助之事，當利用聯合國人權保護方面的「來文機制」，具體地去揭露壓迫，說明被壓迫者，記錄壓迫者的名字。關懷、幫助那些流亡在外的難民同胞，人人力爭去做有益的事。

這些年裡，我常能遇到一些莫名奇妙的舉動，每使人扼腕。2006年，對於我的和平抗暴之舉，幾個文人竟攛掇丁子霖女士公開喊話制止，那理由好像是說為了寶愛穩定的秩序，實在糊塗得可觀。雍容揖讓、同好同好、萬喙息響、天下太平的局面究竟理想，但這種局面便是在羊群中間也不大容易維持。一些人的忙忙碌碌總使人不解，常不知他那熱情尋求的價值所在。

2006年至2007年間，一位中文筆會會員來看我兩次，第一次來時是與小喬君同行，非要一起吃飯。不料，飯局開端，他說了一段頗使人不理解的話。他說，

來北京後，「向劉曉波先生做了請示，經曉波同意後來看看你」。吃飯期間，竟用軟和甜美的聲音彙報著見面的情形，使人哭笑不得。我不知道此君是在向我強調他此行的正當性，還是在向外界暗示曉波君是個奴隸總管。最不理解的是他第二次來看我時，竟祕密地錄了音（後來他在自己的文章裡誇口有此大舉），只是因為寶愛我的形象才不願向外公布這「使老高更難堪」的錄音內容。把精力用在這些方面實在是一種不必要的浪費。

## 八、對習近平的忠告

共產黨體制有一個最大最大的共同特點是，在他崩亡之前的最後一秒裡，你看到的依然是他的強大和穩定。這便是許多逐利之徒依然繼續虛蹈幻想的理由。「慶父不死，魯難未已。」不結束專制暴政，國無寧日矣！這是這本書這篇準後記裡必須再次提醒世人的。

在此，我仍想向習近平先生表達一個個人願望：在你剩下不多幾天有力量的日子裡，不要再抓捕不同政見者了，同時，希望你立止在新疆的殺戮，希望你能盤算著自己的將來。這話實在不順耳，尤其在於你。人都是有限的，這不順耳的話對你是最要緊的。你現在的所有行為，都將成為2017年後你個人命運歸向的決定因素，唯願你能有個好的將來。

獨裁者昏不可抵的表現各異，卻都有個相同的規律，即是總迷信手頭的幾件兵器。他們從未在歷史的演繹中學到點什麼，人類歷史上，曾在世界舞臺上高視闊步、自負至不能自持的超級帝國，遠有亞述、巴比倫、波斯、希臘及羅馬，近有極權怪物蘇維埃帝國，可有避免覆亡下場者？

便是新近幾位如薩達姆、卡札菲、穆巴拉克、本阿里這些昏昧的獨裁者，他們手頭可曾缺少過兵器？同歸一丘的獨裁者，為什麼你會認為唯有你能夠成為歷史的例外呢？誰能遮掩住天亮的到來呢！

習先生，從人的認識角度，我依然認為你未來的下場可以與薩達姆們不同，這取決於你在未來一年的時間裡做出與薩達姆們不同的選擇。你和你的惡政權整日在忙碌些什麼？阻止在中國實現政治現代化，阻止民主憲政、組織言論及思想自由，阻止信仰自由，阻止司法獨立和公正，阻止建立公平及符合人道的醫保制度，阻止建立普遍公平的教育制度，阻止建立普遍公平的養老供給制……，但有閒暇揮霍貪腐所得而在吃喝嫖賭中度日。你上臺幾年，這個壞政權的面目更加

地猙獰醜陋，你們已淪墜為全人類的笑柄。在共產極權早已成為過街鼠子的今天，自欺欺人的遮掩及冷酷打壓，徒加些這笑柄的娛樂性耳。你兇殘地打壓了幾年，你懼怕的、人民的和平反抗可曾因之有了纖毫的減退趨向？你的政權奮不顧臉皮掩蓋真相和完全流氓式的壓迫反抗，可曾因之帶來一小點你們所巴望的改變？你迄今擺出一副非堅定不移地走向絞刑架不可的氣勢，這實在是你個人的悲劇，中國人民走向憲政文明的歷史步伐，不會因此而有了你們所期望的延緩。或終於被處火絞刑的奴隸總管，或與人民攜手走向國家的美好，此間區別，你並不艱於甄識。

# 致謝

　　本書若能有何俊仁先生親賜一篇言序，則大增輝矣！

　　在此，特別向何俊仁先生及維權律師觀察組致謝！向美聯社及莫莫記者和所有這些年裡關注支持中國文明進步事業的團體及記者朋友致謝！特別向全球所有關懷、支持中國正義事業的人們予感謝！特別感謝那些幫助了我妻子和孩子的善良人們！我在這裡向你們說聲：謝謝了！

　　最後，我想向我親愛的妻子耿和，向我敬愛的岳父岳母及全家，向我的大哥大嫂、二哥、四弟、姐姐、妹妹及兩個大家庭的全體親人，還有我的寶貝女兒、兒子表達我深深的歉意，我愛你們！我愛你們勝過愛我的生命！因為我現在不能向你們說明我正在工作的事！我瞞著你們，答應了要使你們平靜兩年，這是我心裡的痛，因為我一直在騙你們！關起門來寫下這本書，在跟前的大哥大嫂都被我給騙了！我理解你們對我的愛和關懷！但當下我實在沒有能力屬於你們。中國要變好，必須要有一些人具體地去做些事，我請求你們原諒我。你們當看到一個規律，即是每次被綁架後我都能活著回到你們身邊，這是最後的一次綁架了，安心等著我回來。

　　願上帝保佑你們！願上帝保佑中國！

2015年4月11日於母親生前所住窯洞

# 寫書中和寫書後的漫談

## 一、神賜寫作良機

在坐下來之前尚未想好要寫些什麼，可又確有些想法縈懷，終於取題為「漫談」。

一年前的這時還未生出寫書的想法，這是因著被帶離新疆前岳父的再三請求。他要我向他保證兩年內不發出聲音，更不要發表批評共產黨的文字。希望我能給兩個大家庭以兩年的平靜。向我三番五次的請求而每必淚水濡面，我終於於離開的前一天答應了老人。但我終於還是未能信守住承諾。

於我的親人而言，在他們的眼裡、心裡，共產黨這十年裡刻意加在這兩個大家庭的災難何其驚心動魄，何其使人毛骨悚然！緣於斬不斷的親情，他們對於我這些年的遭遇，用岳父的話是：

「總是讓人目瞪口呆，我們總是在絕望裡幻想著奇蹟發生。」

我能體悟到親人緣著對我的愛而生出的切骨之痛，和希望我能趕緊停止與魔鬼的纏鬥，理解他們在我身上的巴望及幻想幻滅後的絕望無助心理。對於中共恐怖組織這十年裡加於我身上的，在俗常人眼裡的大災難，我自己並未有過不能擺脫的沉重感。但對於我親人的在乎及痛苦，常能為我帶來窒息般的痛。而這種深隱於內心的、磔骨的痛是我這些年的感情大負擔。這緣於我對他們的深愛，但又無力成全他們而產生內心的激烈糾結。

有時，親人在制止不能的情形下會說出今人傷心甚至是很絕情的話，以期刺激我放棄。我能理解他們，而他們卻把我正在做的事看得有些簡單，或是純粹感性化了。

今年5月份岳父來村裡看我，我向老人表明我可能很難堅持使兩個家庭平靜兩年的承諾，老人一時竟愕然無語。

稍頃，他問我：「你是不是中邪啦？為什麼差點沒命了都不肯回頭？你這種固執與邪教有什麼區別？」

隨後是雙方無語，後來我們都流淚了。

「邪惡制度不除，我絕無力量有自己的，在你們看來的正常生活。」這是沉默了許久後我說的一句話。

所謂：「人算不如天算。」去年這個時候，我還為欲住城裡的事與黑幫劇烈衝突著。這緣於中國公安部有關頭目來沙雅監獄時的一次談話結果。他們擬不惜一切代價阻堵我回北京，而我則擬不惜一切代價回北京。後來雙方各退一步。

「只要不回北京，你可以在北京以外的任何地方住，只要那你願意，連費用都可以由我們承擔。」這是他們最後的話。

公安部一處李處長在離開烏魯木齊的前一天，又來重複過上述這些話。事實很快證明他們是在騙人，只是為達到當時不允許我回北京的目的而已。住城裡確實要比在村裡方便得多。村裡無法洗澡，冬季無蔬菜，尤其雨雪天上廁所極為不便。漫長的冬季裡生爐取暖，實在是麻煩得不堪且極不衛生。另一方面，我在其時並未懷疑過，我對岳父，使兩個大家庭平靜兩年的承諾會有變化。住城裡時肯定會有黑幫人員在身邊，欲寫東西是不可能的，這是我能考慮到的因素。應該說我是住城裡還是住村裡，於當局而言並非是個結構性的大事，可他們卻像邪靈附體般、幾近歇斯底里地阻止這個於他們原本無關痛癢的目標。這個世間最大的恐怖組織，2017年崩亡前的最後一秒裡，在實體層面上他們永遠會是勝利者——他們又成功了，將我堵在了村裡。

村裡有一樣東西是城裡絕不能有的，就是他近乎神聖的肅靜，是個寫書的絕佳去處。終於決定了寫書——利用神賜的良機，終於就寫成了書。

## 二、與出版編輯者的若干爭論點

寫書應該是個苦活。好在我的兩本書都是對過去人生軌跡的回憶，只是一個盤點記憶的過程，把既已經歷了的事寫下來，不需要任何實質性的深思默想。只是依循著記憶，把既已發生過的事情寫在紙上的過程，需要的是能坐下來並能坐下去的能力。

我這裡所說的兩本書指的是《高智晟與兒子講自己的故事》（*以下稱《故事》*）和《2017年，起來中國：酷刑下的維權律師高智晟自述》。前者二十萬字而後者約三十三萬字。之所以要特別強調彼時所寫的是兩本書，這是因為《2017年，起來中國：酷刑下的維權律師高智晟自述》書稿傳出並與行家們傳閱後，生出講《2017年，起來中國：酷刑下的維權律師高智晟自述》劈為兩本書的建議，「建議」是頗

謙遜的說法。這本書的主體結構分了三部分，即：「2017年，起來中國：酷刑下的維權律師高智晟自述」、「真相」、「2017年後對中國的展望」，並一篇頗不短的「後記」。至少是我的認為，本書最高價值在第一部分，即「2017年，起來中國：酷刑下的維權律師高智晟自述」，這是我對神將於2017年滅亡中共奇妙啟示的見證，並以此為本書書名，爭論的主要焦點正在於斯。第二部分「真相」是對2005年始迄今，我與中共恐怖組織衝突公開化後至今十年裡所發生的事實追述。這一部分約二十二萬字，內容是在不同時間裡被綁架、酷刑及囚禁過程，是這部書的主要看點。第三部分是「2017年後對中國的展望」，為個人的見解。囿於篇幅，只是綱領性地提挈些相關觀點，意在引發有見地的討論。

然而，書稿脫手後，圍繞書名及應當是一部書還是兩部書來出版的問題，發生了有趣的爭論，這種爭論在相當長的時間裡是各執己見；而爭論的雙方則是我獨為一方，我以外的當時接觸到書稿的行家為一方。市場的、專業技術的是他們看重而堅持的，而我於書的市場前景不大願意瞻顧，卻最關心本書儘快地、普遍地傳播的前景，這是個顯而易見的矛盾。但出版行業的規矩是既存的，且不以我的喜憂而實在地發揮著他內在的作用。

今天回頭來看，雙方都沒有錯。於雙方而言，存在著資格、資歷的不對稱。於他們，倚仗既存的且實在在起著作用的行業規矩、專業眼力的堅持，是在做正確的事。於我，則是以神的特別引領為依憑，信實的奇妙見證及對這種奇妙見證信實的信心。這種經歷的獨一無二，加之這種奇妙經歷只會是個人的心靈和精神過程，很難讓他人以你的述說為依憑，所以這種爭論就不免要發生了。

於市場前景而言，我更看重在2017年之後的巨大市場價值，即中共恐怖組織於2017年敗亡後，本書於這一神奇啟示的證實引發的驚異性關注，而這又是一般重眼前實利的出版商不大願意耳聞的。

終於，我做出了迄今也許會永遠讓我扼腕的讓步。《2017年，起來中國：酷刑下的維權律師高智晟自述》將被拆成兩本書出版，「真相」部分獨立成書，其餘部分合為一本書出版，兩本書變成了三本書。

雖然《2017年，起來中國：酷刑下的維權律師高智晟自述》拆一為二，原擬出版的兩本書變成了三本書，但迄今並未有過有關三本書的話題，因為《故事》一書一直被冷落而旁置，在所有涉及出版的討論中，均沒有人提及有關《故事》書的出版事宜。心裡一直惦記著這本書的，也只有我和耿和及我的倆孩子。從哲學和倫理價值角度，我更喜歡《故事》這本書，這也正是我先寫成他的原因所在。

目前，我和夫人正商議著，便是舉債也要使之出版，送給我的女兒、兒子，以及那些對艱困人生的活法有著興趣的人們。

## 三、律師生涯遭遇的幾件趣事

在我的不長的律師生涯裡，是頗有些內容的，從旁觀者方面思忖也還能引起人們興趣的，但囿於篇幅，未能予以當有的羅列，這也是使人扼腕的憾事之一。僅在律師執業中發生的故事即可獨為一本有些份量的書，當不乏跌宕起伏而驚心動魄的內容，多可為黑暗中國司法體制的、昏亂腐敗司法現狀之活的病理切面。對於篇幅的顧忌僅為一個方面，終於不能勝過自己的慵懶，則是另一個不小的原因。

我的律師生涯也並不總是劍拔弩張而森嚴壁壘，有些個別的過程，還甚而至於有著戲劇性的娛樂效果。

### 1. 我會在這個案子上拖死你

初為律師的第一年，作為被告代理人去開發區法院開庭，開庭前獨審「法官」陳某一臉嚴肅地喚我到他辦公室一趟。一進辦公室，他扯了與案件並無關係的話（是我聽來，在於他卻全是在為這個案件發力），其中提到，別看他身在這小法庭，但上下有著盤根錯節而至於撼動天地的關係，然後話鋒一轉，說道：

「本來原告是我的親姨姨，你辦理的又是特別授權，當事人又沒來，配合一下，下午把調解書弄出來，調解結果又不能上訴，今天下午就可以結案。以後在開發區辦案有事就來找我，我還可以給你攬不少案源。」

我聽得目瞪口呆。我本能地問他，怎麼可以審理自己親屬的案件？這是違反法律及法治原則的。我立即要求他迴避本案的審理。他一臉愕然，竟問我，是不是剛出道？腦子是不是出了毛病了？是哪個律師事務所的、主任是誰？我肅然起身，說律師文書在卷中，其餘拒絕在不適當的場所回答，我退了出來。剛一會，他又來叫我，說是「你們律師事務所主任電話找你」。我明白了他做了什麼，我拒絕接電話，他兇狠地朝我吼了一句：

「我會在這個案子上拖死你，以後你在開發區辦案有你的好果子吃。」

當天，由於我堅持要他迴避而庭審未能進行下去，而這個案件也一直拖至我離開新疆也再無音訊。

本案的戲劇性在於，我並不知道他是原告的親外甥，是他頭腦出了問題竟告訴了我？不是。是他對律師普遍奴性、無良的經驗和自信。他的經驗裡，不但沒有任何律師敢不聽從他的安排，而且還會感戴他的知遇之恩。

（這種現象絕非偶然。《故事》書中提到的天山區法院副院長劉志軍，曾指著我大罵：「我他媽從來沒有遇到一個敢在酒桌上不給我敬酒的律師！」新市區法院副院長李剛指著我吼道：「我他媽從事二十二年刑事審判工作，從來沒有遇到像你這樣敢不聽話的律師！」大連市中級人民法院陳文福案審判長勃然大怒喚來法警：「我從事十幾年審判工作，在法庭上這樣囂張，公然敢頂碰審判長的律師還從未見過，你媽的是不是吃錯藥啦？」我常使一些視濫權為尋常物的「法官」氣到猶狂犬暴跳。）

另一個喜劇點是，本案是他的親姨媽誣陷我的委託人，訴是由他的姨媽提起的。他的「我會在這個案件上拖死你」的說法，是個令人飯噴的笑話，因為拖死的其實是他的姨媽。

## 2.兩個「搭檔」竟不認識

十八年前的一天下午，我到新疆輕工廳法律講課結束後適至中午，相關負責人非要留下吃中飯被我拒絕。

那負責人能言善道，說：「水至清則無魚，真巧你的搭檔中午也在我們這裡吃飯，一起熱鬧熱鬧吧。」

我彼時只有助手而並無搭檔。依著好奇心，我跟著他們進了一個氣派的餐廳包廂。「搭檔」正坐在沙發上入神地翻著食譜，我過去碰他一下，示意他跟我到外面說話，他跟了出來。

「問題出在哪裡？兩個『搭檔』竟不認識。」一到外面我就來了一句。

「什麼意思？你是誰？」他不解地問。

「高智晟，他們說我和你是搭檔。」我回答他。

他一下愣在那裡，終於慢慢地低下了頭。

「謝謝你，你做事還是有節制的。」我說。

他慢慢抬起頭來看著我說：「不好意思，高老師，我不明白你為什麼還要謝謝我？」

哦，糾正一下，我此生迄今從未做過老師，今後也沒有這種打算。

「我感謝你是有道理的，你假冒我的搭檔，最糟糕的結果也不過是發你一份工資，你若決心假冒我的兒子，我的財產就可慮了。」回答完他後我就徑直離開了那裡。

在中國這種人鬼難辨的社會裡，你常被迫成為某種莫名其妙的角色，有時也會出乎意料地成了既有規矩的一部分。

### 3. 應酬是企業法律顧問工作的一部分？

1988年春節前的一天，下午快下班時，一家國企廠辦主任笑瞇瞇地走進了我的辦公室，說是到了年底啦，廠裡職工還惦記著高律師，委託廠領導請高律師出去坐坐。我素不喜酬酢是他們所清楚的。辛苦一天後，應酬於杯觥交錯、燈紅酒綠中實在是一種糊塗的選擇。於是我客氣地拒絕了他。

「高律師，你不去恐怕不好辦了。總廠下屬十七個子公司的老總們都已到齊了，幾十號人都在飯店等著你明說了，今天就是最為難你也得委屈自己，你不去，把公司幾十號涼在那裡，這些人都是公司上下的實權派，恐怕你明年和他們的交道就不好打了。再說，你得適應我們，出來應酬是企業法律顧問工作的一部分。」

我還是跟著去了。究竟是國企，那場面宏大氣派。一指厚的地毯上，豪華的餐廳裡，六張大餐桌直徑均在兩米以上。用食過程可謂昏天黑地，你看到人人都在使勁地說話，卻不知說與誰及誰在聽。吃喝完了，幾十輛豪車開至一處叫「紅海岸」的娛樂場所。我第一次參加那般場合，新奇而震撼。迷離的燈光裡，一長串衵懷裸腿的女人站在那裡，像貨物般供人挑選。我第一次領略了國企老總在杯觥交錯、燈紅酒綠裡的練達氣魄。程序至這般環節，我在不在場就不甚重要了，或竟是不在場更為妥貼，我與廠辦主任打了個招呼後離開了。

這次海吃昏玩經歷我後來與我許多朋友、同事提及過，當夜花銷足在數萬元以上，而名義則是年底答謝高律師。事實上，我們之間只是一種合同關係，盡心盡力做好企業的法律事務是我的本分，更是我的合同義務，是我的工作。客戶是我的衣食所依，這種昏天黑地的答謝原本是沒有必要的，而這種組成駭人魂魄的答謝大陣則更屬荒謬，他在中國成了牢不能破而天經地義的規矩，一種盼著花錢且不怕花錢的鐵規矩。

我的律師經歷不過八、九年，期間許多令人目瞪口呆的自以為於自己、於社會還有些價值紀念的遭遇，桎梏於對篇幅的瞻顧而沒有能收入《故事》中，自以為是本書的一個精神性缺陷。

## 四、清理自我生命裡的不潔淨存在

《故事》書中，對我人生轍跡時間跨度頗不算小，而我自己人生的經歷又頗不尋常，人生內容也可觀得豐富，二十萬字的記述唯能是線性的，而我再次要說，我喜歡《故事》這本書。

我感恩命運予我的苦難經歷，也感恩命運又予我以記述這苦難經歷的機會；更感恩於2005年起予我生命異乎尋常的苦難經歷。在與中共恐怖組織衝突公開化的這十年裡，我常處在亦真亦幻的經驗中，有些經歷常超出人的經驗，想像中的地獄成了活生生的現實。十年時間，中共恐怖組織是殫精竭慮、盡心盡力地阻絕我與人世的聯繫。在物理領域他們是成功的，他們總能達到目的，取得令他們興奮的大成績，在這方面，他們總能挑選到最恰當的人選以實現他們的意圖。那些不同環節上，執行不同意圖的不同面孔的共同之處是，冷酷而不在乎人類感情。在實現邪惡目標過程中的邪惡手段、實施方面精力充沛而心細如絲，可以營造出來的靜可至死境，那種臻至死亡的靜，常讓人對於自己與人間曾有過的聯繫懷疑起來，有時竟時常尋索自己離開人間過程的細節，而不是對於與世隔絕現狀的疑惑。那種經歷很是特別，常常猶如在夢中，總覺著人間遙遠無比。在書中，我只注重對實在過程的記述，而未能追述那些迷離恍惚中的感受經驗。

有些自認為有意義的內容是因著顧忌篇幅的結果，而有些內容未能入書，則是阻卻於人性的軟點。本書寫成後時間又往去數月矣，外部物質環境不僅未有能良性的改變，反而更趨惡劣──無論大小環境。而自我對人性及精神領域的清潔、改善的努力還在進行中，儘管他是緩慢的，但總還沒有停止。作為自以為遺憾的一部分，我將努力在這「漫談」篇幅中予以彌補。

人性中可能有著本能的醜陋感情。終於準備揭自己不光明的經歷時，一時思緒竟至枯竭起來，感情更是乾澀無比。

### 1. 在自學問題上一時說了假話

我曾在1999年的一次記者採訪中與記者說過假話──說我只有小學畢業經

歷，初中至大學都是自學的，在這裡，我將努力回述這個過程的真相，解放我自己。

人的虛榮是可怕的缺陷，而對由虛假換來的虛榮的僥倖則更是一場災難，即便他是偶然的機緣引起的，也會長期地予自己以不能擺脫的大壓力，除非你能獲得自我擺脫他的勇氣。

1999年4月份，我正在北京辦理一起上訴案件期間，接到一位採訪過我的記者打來的電話（據悉他後來辭職去了內地），問我在北京期間會不會接受媒體採訪。我只在北京工作幾天時間，彼時並無媒體知道我的行蹤，所以我未加思索地回答說不會有記者採訪我。但我又追問了他為什麼突然會問這個問題。他說他寫成了一篇關涉我案件的文章，說把採訪過我的事實改了一點，但向我保證，改得絕對對我有好處。在我追問下，他說將我從高中開始自學的經歷改成是從初中開始自學的了。說為了使故事更精彩、更吸引人，並說「絕對對你有好處」。

我表達了我的異議，他卻說：「已經來不及了，連大樣都出了。」（彼時我並不懂「大樣」出了是個什麼概念）

又說：「又不是什麼大事，在北京要有採訪，你千萬記住說成是從初中開始自學的就行啦，你要說得不一樣就害死我啦。」說完就掛了電話。

沒想到幾天後，由於參加了一個案件的法律問題研討會，一些記者得知了我即新疆的高智晟而提出了採訪請求，其中就有當時的《中國品質報》記者劉燦國。我想起了幾天前新疆的那個電話內容，所以只答應於第二天見面時再決定是否接受採訪，準備與新疆的那位記者進行交涉，結果那是個公用電話。

第二天與劉見面時，報社定了給我一個整版的報導（其中半個版是我的圖），一見面擺開架勢即進行採訪。我擔心新疆的文章鬧出笑話，即把我從高中開始自學的經歷說成了從初中開始自學。在這裡，我要特別地向劉燦國記者及《中國品質報》，和讀者們致以真誠的歉意！我向大家在這個問題上講了假話，這是令人羞恥的事件。這件事十幾年裡時時縈懷不安，這是個魯莽的錯誤。

## 2. 憤世嫉俗心態下的小貪

1988年，我所在的喀什市拉絲廠是家鄉鎮企業，是從當時更窮的維吾爾農民手裡集資數百萬建成，是當時運動式上鄉鎮企業項目的一個壞結果。一邊是「西北第一家拉絲廠」漫天海吹的宣傳報導，外加一群一群的地、市、縣「領導同志」

的參觀鬧劇表演，一邊卻是企業實在地全面地一路壞下去的局面。我看著就急，便與當時的市委書記苗世旺寫了一封較長的信，指出於企業生存及長遠發展有礙的、顯而易見的錯誤。我記得在信裡，還談到了改變之法。

彼時正值趙紫陽先生執掌中共局面，上下官員還沒有進化至今天這般顢頇頑固而視人民為一切問題肇端的程度，至少，還未有「妄議中央」的昏令。

沒過幾天，苗世旺攜主管工業的市委副書記王文、副市長張斌等，在那片天地裡幾乎所有的大員來廠裡找我談話，我提出承包經營該廠的想法，但當時不置可否，僅言及回去研究。這是我頭腦簡單的一個證據。這個窮困至崩潰邊緣的小廠裡，卻有著以權力為背景的十分複雜的利益關係：當時政府主管副市長另有自己的打算，要在一個農場裡調自己的一個親信執掌該廠（後來證明此舉是置拉絲廠於死地的一個關鍵性步驟，該廠終於虧得血本無歸而倒閉），故而在那次談話幾天後任命我為副廠長，那是我一生迄今做過的最大的官。

廠裡又一次處理了一批廢舊鋼筋，是本廠一個叫阿巴幾的維吾爾人買走的。過了幾天，我在往車間的路上碰見他，他將兩百元錢一把塞進了我的上衣兜裡，還沒反應過來他就跑開了。我追問其故，他說是賣那批鋼筋賺了的錢，說你拿著自己買些吃的。當時一個月工資才一百多，兩百元頗不算個小數目，無論如何我當時貪得了這二百元錢（後來有人告發，給了上面一個藉口，我被撤了職，退了錢），這不是一件光明的事。

這件事後我下了車間幹活，後來銷售方面山窮水盡，又調我去跑銷售。又一次，廠裡派我去和田市處理前兩年賣給一家物資公司的二十噸鐵絲，指令說若你方再不付款即將鐵絲拉回廠裡。在把那批已在那家公司壓了兩年的鐵絲處理過程中，我將超出廠裡確定價格以外的兩千元銷售所得貪為己有，是彼時我個人所得最大的一筆財富，心裡不安了很長時間。對企業不得自主經營，而庸官任意捏拿我們命運的現狀有著憤恨，但又不能使貪得的兩千元變得符合倫理。

感謝信仰使我生出重新檢省判斷這些不光明行為的心理衝動和能力。信仰使人得了新生命，活著的不再是過去的我們，乃是基督在我們裡面活著。清理生命裡的不潔淨存在，使生命盡可能地潔淨，是基督徒的本分，是神對我們的義。我在新疆被囚期間曾多次考慮過將這些不光彩行為公開出來，但人太複雜、太有限了，終於在寫書時沒有能做到這點，延遲至今天。

# 五、中國維權人士處在諸多災難中

還有些過程或現象要在這樣的漫談中提及的。這些年,外界於我有許多使我沒齒難忘的關懷、支持和精神贊助之事,這是我要特別感謝的。但我總覺得我與外界贊助的情形有著若干差異,這也是使我不安的方面。

無疑,從俗世層面上,中國的和平反抗者,或者叫「維權群體」百分之百地處在災難中,不僅因他們面對的是世間最為邪惡、最為兇殘且最為無恥的、掛著政府面相的恐怖組織,還因著他們的周圍生活著大都已為中共恐怖組織馴化了的,除了自私自保外,對任何苦難、道義、同情心這些人類獨有的基本感情不再能有觸動的人群。我這裡並沒有怨恨他們的意思,這實在是我們周圍活生生的現實。這是惡政權恐怖統治的大成績,也是邪惡得以暢行無阻的最理想環境。行走在這方國土上的人,絕大部分都是無底線的自私堡壘。我們自己就是自己災難的條件。

看看前些年厚覆於陳光誠居所周圍那些野蠻勢力的規模及活躍程度,他們其實就是陳家周圍的普通村民,一天百十來元錢,他們可以去做任何昧卻良心的事。他們慶幸自己被派上了大用場,慶幸自己在家門口即能獲得如此賺錢的美差。於陳家造成的人間地獄局面,於天良、於人類道義及人類聲譽的無底線毀壞,悉與他們無關矣!我曾在現場親歷過那光天化日之下邪惡力量的驚心動魄。

## 1. 面對野蠻暴力紋絲不動

我們一行約二十多人去看望陳光誠,我車上有孫文廣教授,動作稍遲緩了一些。一群年輕人已到了陳家巷子口,突然身後驚心動魄地大響動,回頭一顧,我的那群同伴拚命前奔,後面一群打手瘋狂地追打。瞬間,那群打手已撲至我身邊,我紋絲未動,不僅足下,而且還有臉上的表情。我倒無意說我就是出類拔萃的英雄。跑,是彼時人的本能選擇,卻是最不恰當的選擇。當時,群體地奔逃,刺激得流氓們亢奮不已而嘁嘁狂叫。

大略上,那天在附近的劉京生、馬文都先生也看出了事態立止的效果。一大群人,追打者與被追打者,奔向同一方向。然而,所謂「同」實則不同,處境不同也。狂奔大陣所謂「捲土重來」,但到了我跟前卻奇蹟般停下來。那群打手驚異於還有人面對兇猛撲至的野蠻暴力竟紋絲不動,放棄了追打而朝我撲過來,且撲勢兇猛,我的終於無動於衷使他們停下了腳步。稍頃,一人撲上來,我依然未

動，包括表情，他便跑到我背後將我的上衣撕得粉碎，僅此而已。這場醜惡大劇結束。

可以肯定的是，從那群打手的神態上判斷，他們都是些周圍的農民，他們是中國黑暗壓迫力量最恆久、最普遍的承受者，一點蠅頭小利，他們便不假思索地匯入這黑暗中，成為壓迫良知的、最得心應手的兇悍力量。

## 2. 勢單力薄的新手與邪惡強大的老手

中國的維權人士，不僅要面對掛著政府面相的中共恐怖組織和普遍麻木冷漠的民眾，更要面對另一個更特殊的群體，即是國內外那群永遠居高臨下、手捏鐵鑄英雄托模、永做裁判的「批評者」。

中國的維權人士，不論何時何地，無論姓甚名誰，他們的對手則是同一的——中共恐怖組織。中國沒有有組織的反抗者。於反抗者而言，不僅勢單力薄，而且都是一露頭即遭到野蠻打壓的新手，而打壓者則永遠是邪惡經驗豐富的老手。不僅如此，雙方在實體層面上是完全地不對稱。這些年的經歷使人刻骨銘心地感受到這個黑暗的現實。作為個體，作為全無經驗的新手，我們不僅被鎖住了雙手雙腳，而且被置於完全與世隔絕的境地裡，而我們面對的不僅是實體層面上掌控著一切的打壓維權力量的老手，更在於，便是於每一個細節，他都會動用龐大的團隊來對付你。我們面對的局面不僅完全生疏，而且許多局面完全超出人理。有時為了實現某一個目標，他們會組成幾十人，甚至是一、二百人，包下一座賓館，幾天幾夜，甚至幾個月、幾十個月來對付你。

以我為例，我能得出的判斷是，每至這種境地，我囚室的左右，一面是文走狗，另一面則是武打手。我們面對的局面實在是太複雜、太不尋常，有時幾天幾夜不讓你睡眠。我的經歷中，至少有過不低於七次的、大群人馬包下一座賓館對付我一個人（最短如2007年9月那次為兩個月，最長的是在北京部隊二十一個月，用于泓源的話是「錢花得海了去了」）。而對於手段：肉體酷刑、精神折磨，刻意營造心理戰，用你的親人，尤其子女的上學甚至是生命做恐怖要脅。在這種經歷中，一個個體的承受能力實在是太有限。不親身經歷那種遠離人世的環境，很難想像他的複雜及其黑暗程度，更不是那些永遠置身旁觀大陣，手捏鐵鑄英雄托模、頭戴自製裁判冠冕的紙上巨人的眼界所能全視了的。有時，幾十天、幾個月、十幾個月裡，一大群人就圍著一個目標，他們輪流著用無限餘裕的時間與你

磨，手段是不計較的。

以我為例，每次開始時藉著兇殘的勢頭要價很高：「改變身分，否則思路一條。」但一般規律是，幾個月後，大家都有個承受的極限，終於要有個結束的時候。於他們而言，幾個月、幾十個月下來，手裡得不到任何東西是不能接受的。他們規律性地會退而求其次，用他們的說法是「必須找個臺階下」，給你換成一個較模糊的目標，讓你寫份東西，肯定共產黨的領導或誇獎「政府」，或者誇獎圍著你轉了幾個月的那群人。你會覺得既無恥又無聊，他們卻不這樣認為，會無限期地全天候與你磨，手段無所不用其極。有時，幾天幾夜不能睡覺，人的意識常稀裡糊塗，只要不是原則性的大問題，我會選擇做些技術性讓步，寫些不痛不癢的東西，以期能趕緊睡一覺。有時一份東西要寫上幾十遍都不能令他們滿意。從我的感情角度，寫得令他們滿意，實在是從石頭裡擠水──條件不能。他們也常為此氣至歇斯底里。

我曾在昌平的一個祕密囚禁地提醒于泓源，每天誇你們的文章漫天都是，何必自尋煩惱？

于說：「那些文章他媽的狗屁不是，人就他媽的賤，這麼多兄弟圍著你忙了幾個月，我們不能兩手空空。」

有了多次這樣的經歷後，對於最近屢屢在中共電視臺上「認罪」的那些被囚者，我對他們的理解沒有半點雜質。順便也提醒一下那些紙上巨人，多予他們一些理解、寬容，體諒他們處境的不易。

## 3. 邪惡勢力不允許你做個普通市民

我前面提到我與那些贊助的文字不太相同，是因為我們，至少是我，照樣有著自己無力割捨的利益需要計較，一些過程的發生與我們對當局的無底線邪惡認識不足有關，以至於出現了耿和她們娘仨被抄家後只剩下三百元錢，生活立陷絕境的情形，這是我完全無力承受的。若她們娘仨需要時，我會毫不遲疑地捨上性命去保護她們，後來中共恐怖組織阻止孩子上學的事則更是我無力承受的。孩子是無辜的，由於出生這一事實，我們無可選擇地成了他們幼年生命的條件，這種生命的條件當然包括滿足他們受教育的條件。我們反抗邪惡勢力，也含著為了孩子的好將來的考量。毀滅我自己利益後果的心理準備是堅定的，這是我自己的選擇，但絕不毀掉孩子的生命前程，不特無力，也無權將這樣的局面予孩子們而無動於衷。

411

2007年至2008年間，我是做過徹底放棄幾年打算的，以期保障兩個孩子能繼續上學。無奈，周永康等中共恐怖勢力在這個問題上太貪得無厭，要求我必須改變身分，哪怕在形式上。用他們的話叫「一次一包兜」，即孩子的上學、全家的北京市戶口安排、孩子將來的工作安排，外加一筆巨額的利益，終於，逼迫我們將當時毫無把握的出國突圍置於選擇中，以求置死地而後生，把所有壓力交給了耿和一人。

在這一年多的周旋中，我確實有過暫時放棄的打算。你想做個普通市民，而邪惡勢力卻不允許。

「你不改變身分，我們就不踏實，對我們而言，你始終是個懸著的問題。」這是于泓源的話。

### 4. 于可愛的女兒有個惡人父親

于名義上是專案組副組長，但周永康作為組長卻並不具體管事，而有周永康的狗頭旗在手，于可以呼風喚雨。可以調動包括北京武警部隊在內的公、檢、法任何權力資源。于手中還有一柄大權杖是，他捏拴著北京地區鎮壓「法輪功」的大權。中共恐怖組織將法輪功的存在上升至危及其政權高度，為了保障鎮壓效果，他們賦予每個地方的鎮壓領導者以無限的權力，使得于對維權人士的打壓有了得心應手的條件。

阿倫特認為，極權體制只有一個方面絕不出差錯——挑選惡人，這是一個正確而邪惡的能力。

我近距離與于泓源打了幾年交道，作為個體，我並不恨他。他特別愛他的女兒，這是我替他哀傷最多的一點。這真是一種不幸，我還是感慨人類的複雜及有限。他如此愛他的女兒，卻不知道何以愛她才符合孩子的長遠利益。便是你真的迷信中共恐怖組織能永遠庇護你作惡，使自己可愛的女兒有個惡人父親，這對孩子單純的愛是怎樣的一種褻瀆。不對自己的貪婪、兇殘人性予以一絲的控遏，怎麼可以引領孩子走向美好善良的人生道路。拚上人性、天良往上升，做個大官，真的就符合你對孩子的愛？

## 六、書寫禁書的「中國特色」

將要出版的三本書內容未必是有趣的，但於他們有關的有趣現象卻很是可

觀。由於中國目前的非人間環境，一些頗有價值的有趣過程暫時還不能原貌地公諸於讀者，這又是一個令人扼腕的遺憾。

這幾本書寫的隱蔽過程就很有趣。

## 1. 你整天關著門我心裡就發毛

今年8月底的一天，大哥一邊敲門一邊急切地喊著：

「老三，快開門。」這種急火火的情形還是第一次。我打開了關著的門，一臉愕然的大哥闖進來。

「老三，他們（指中共國保）說你寫書了，是不是？」劈頭便是一句。

我笑著看著他並不回答。

「他們說你寫書啦，說書已經轉給格格娘的了，是不是真的？」他又大聲問。

「有事坐下來說，大哥。」我說。

大哥坐了下來。

「你整天關著門我心裡就發毛，寫書這麼大的事，我怎就一點都不曉得？是他們胡說你吧？」他一坐下來又問。

我笑著說：「大哥，當今世界有兩股力量阻擾我回北京，一股是共產黨，一股就是你。當今世界有兩股力量最怕我寫書，還是共產黨和你。」

「這時候啦還說笑話，你就永遠沒有個愁的時候，弄出這麼大的亂子，你跟沒事一樣。」大哥一臉不悅地說。

大哥沉悶了幾天，他沒有等閒看待這個在他眼裡的大事，急急地召回了四弟商討對策，而終於不能得出令他們滿意的結果。

我是不改每日見面時的嘻嘻哈哈，而內心的不安是有的，我無力依著親人期望的方向行走——儘管他們全是為了我的好，為此半年來我一直哄騙了他們。

「關著門看書是我歷來的習慣。」每次問我時我總是這樣回答他。

有時看著大哥的背影，心裡常有一些難受生出。冬季每天為我劈柴，有時還哼唱著晉劇或秧歌聲。看著自己「膽大包天的弟弟」（他的話）終於循規蹈矩且實實在在地坐在自己的眼皮底下而與世無爭，他常喜形於色。每天抱柴、生爐子、加柴火、掏爐灰，總是樂此不彼。

「在村裡，養你一輩子大哥也願意。」這是去年回到家裡時他說的。

「有些哄騙是不能避免的，我自己也無能為力啊。」我心裡不止一次地重複過這句話——面對著這件事，面對這大哥。

### 2. 一支筆讓五百個師乾瞪眼

心理有時更多地是環境的產物。「中國特色」在這個時代的這片土地上是無處不在的。關著門寫，是這三本書書寫過程中貫穿始終的「中國特色」。這關著門寫是必要的，他實在並不僅止於心理方面的需要。剛回村裡時，已明身分的人員兩天中數日闖入窯洞裡，衝突由此而生，後來當局改成了每十至十五天進一次窯洞，其餘時間則均在外面守著。這種環境裡，寫作過程的全身心防範是必須的。十年裡的特殊經驗能得出的結論是，中共恐怖組織對揭露真相的文字是超乎尋常的恐懼。

寫至此，突然記起了在北京的一次與蒙面人物的談話內容（**不報姓名，不報身分**）。談話中，對於我問他們為什麼怕一個手無寸鐵的人，對曰：

「你手頭要有點鐵我們倒不怕，你有一百個師，我們就兩百個師弄你。可你手裡的只是支筆，五百個師也只能乾瞪眼啊。」

「你們手裡的筆豈不是更多？」我回了一句。

「老高，咱關著門不說假話，現在讓政府養著的文人確實是多了去了，都他媽狗屁不是的飯桶，他們丫的文章什麼時候掀過一點動靜，常他媽連替政府招架一下的能耐都沒有。」他說。

「狗屁不是的飯桶你們還養著幹嘛？」我問了一句。

「這你就不懂了，統治術，我自個兒也不大懂。共產黨他媽的快完啦。滅一個拿筆的人，怎麼說他媽的也比滅一百個師要容易得多，可硬是他媽的滅不了，事越弄越大，越弄越複雜，越弄越被動，當斷不斷，不敢下狠手，不他媽全盤輸完才怪呢。」他激動地說。

「就他媽缺了一個『狠』字。」稍停了一會他又補了一句。

### 3. 隱蔽書寫的二道防線

對於作惡，猶邪靈附體般不顧一切地去做，作惡後猶邪靈附體般不顧一切地去掩蓋罪行。流氓身上穿上了西服，實在不大方便得可以。

便是穿上了西服，流氓終於還是流氓。這一點，我們比他們還要清楚，對他們的防範不可有纖毫的疏忽。書寫的過程中，始終保有著「中國特色」的極敏感的警惕。

大哥養了一條土狗，其性情頗似我《故事》書中提到的萬貴君，便乾脆賜名為「萬貴」。「萬貴」於書寫中的安全防範發揮了歷史性的功勞，這「萬貴」土狗的地位當是「歷史的必然選擇」。牠的警惕，甚而至於「絕對忠誠」認真盡職程度絕不在中共文武走狗以下。「萬貴」於陌生人的「禮遇」是有別於尋常的，稍留心是能夠聽辨出來的。每得「萬貴」的報警，我便會在數秒之內將伏案寫作的情景切換成看書的畫面，從未有過差錯。幾本書終於得以成就，「絕對忠誠」的土狗萬貴功不可沒，其精神足可與山上守著的那群「絕對忠誠」者匹比，這是第一道防線。

第二道防線就是整日朝裡關著門，以防突然地闖入，包括我的家人，這種安保作用於終於成書也功不可沒。

## 4. 山村黑夜遮覆下的祕密會面

寫作過程的另一個隱憂是，終於寫成書如何把書稿發出的問題。感謝神！這個問題很快得以意想之外地解決。我居住的山村及山村黑夜的實在，為這種解決提供了條件。

這僻壞山村，卻有著無數與外部世界聯通的小道，雖然大都曲折而闃寂。山村裡是黑暗理想的處境，厚實的黑暗是這裡黑夜絕對的統治者，無邊無涯而不受任何動的或不動的光的攪擾。而這裡獨有的冥界般的靜寂，更贊助了山村黑夜的幽深。

我於每天必臨的黑暗裡長大，素不喜歡這裡的黑暗。這黑暗遮覆著數不清的、使我整個童年膽戰心驚的傳說。而寫書期間，在這黑夜裡發生了的故事，改變了我對黑暗一貫否定的看法，甚而至於成就了幾次頗不尋常的見面。這不尋常，首先在於我已有六、七年的時間與外部世界隔絕，另一個幾近驚心動魄的不尋常是，幾個批次的不同面孔在黑暗裡的出現。這是需要膽量和風險心理的，而更多的則是黑夜裡山路的危險和艱難，便是生活在這裡的人於黑夜出行也非易事。來者都是些我不曾見過的面孔，無一例外的是，見面過程猶久別至親般，來者大都激動、興奮，燈光下，笑臉上掛著的淚珠閃閃亮亮。

儘管充滿了危險，但這種不尋常的見面拓通了我與外界的聯繫路，使我獲得了成就心願的條件，但代價也是無以估量的，他們中的兩人迄今仍在中共恐怖組織的死牢裡。一個中國人去見另一個中國人絕對不是罪，恐怖的黑幫絕不會以此名義囚禁他們，但各方在想什麼大家都心知肚明，這些高貴者的代價是絕不會白白付出的。

# 七、「中國特色」的苦難

　　一些回到這裡後目睹、耳聞了的問題久久縈懷，使人痛感中國問題的沉重以及他的幅面和深度。相較於改變惡政權，這些問題的改變更加艱難、持久及複雜，這是極權統治者的必然結果，又是極權制度生存的理想土壤。

## 1. 農村老人棄養問題

　　首先是農村普遍地棄養老人，喪失了撫養意識的問題。有些活生生的棄養事例泯滅人性、蔑視天良，老人的無助處境常讓人痛心，有些就出在我的親屬圈子裡，有些逆子就是我兒時的夥伴。我常憤怒難抑而又終於無可奈何。有時也絕望地穿行於其中，企圖為老人挽回些活下去的條件，然而每必灰頭土臉。兒時快樂夥伴面孔早已恍如隔世，變成了一個個面目猙獰的、堅不可摧的、自私而冷酷的堡壘。

　　中共恐怖組織六十六年的反人性統治，的確在中國是得了大成績的，製造了數不清的「中國特色」，中國農村地區老人晚年的無助慘境，即是極沉重的「中國特色」。首先是結構性地沒有養老金社會保障，這是整個中國社會的一個支柱性虧欠。無論老人如何「含淚感謝低保制度」，無論黨媒說得天花亂墜，可農村老人們沒有養老金確是實在的。從道義上、從人類倫理上以及結構性的社會矛盾面上，這都是個大問題，是個異常嚴峻的大問題。這些問題的繼續，延續著老人的苦難，更延續著他們對這個社會的絕望。而社會擁有這樣的病態現象，也在普遍地強化著人性的麻木和冷酷，人倫、道義及道德就在這種習以為常的麻木和冷酷中與人群越來越疏遠開來，與這些大問題互作因果而互相強化，繼續惡化著中國社會的病痛。

　　我這些文字不在於揭露這種荒蠻的社會問題，而在於外部智慧如何冷峻面對這些問題，於2017年後全面地醫治設計路徑問題。相比較之下，未來對老人的生活保障補救是個技術問題，而何以在制度設計上干預、醫治晚輩的人性冷酷，以及視人類倫理感情、道義及道德感情如敝屐的問題是長遠而棘手的。

## 2. 麻木自私的兇殘面相

　　最可怕的是不僅在中國農村，千百年來為人們在乎著的、傳統的名譽評價氛

圍及其功能已喪失殆盡，人們變得越來越疏離，而當維護蠅頭私利需要時，人就會變得可怕地兇殘。

我在同村有一個近親，兒子、兒媳悉為弱智，兒媳雙眼是瞎的且先天性地不能說話。我這親戚對待兒媳的兇殘、冷酷，常使我和四弟憤怒而苦惱連連。殘障人士是何其不幸，而生活在這時代中國的殘障者則更是雪上加霜。我們盤動了所有的社會關係，試圖將她送進福利機構，費用由我們設法負責，可又碰上了「中國特色」。生活不能自理的殘障者，福利院、養老院都不收納。我們天真地以為把她所需的生活費付給親戚，情形會變得稍好些，不料，每年生活費照拿，可人餓得不成了形。我們又將給錢改成了買吃的送給親戚，可情形還是一路地糟下去，餓死她僅剩時間了。我數次打電話懇求她的生母能救她而被拒絕。因著她的生母扣著她的殘疾證不鬆手，自己領取殘疾費享用，而我這親戚鐵定了心要回這殘疾證，你不給，我就餓她。其實，全部殘疾費用一年才幾百元，兩家都沒有窮到必須依靠這幾百元。而四弟每年少則幾百或千元生活費予親戚。

人一旦缺了基本善良，再加上無底線的自私，就會變得兇殘可怕。終於不得已，後來改成了四弟掏錢買食物，由我每天負責送一次看著她吃完，已有半年了，就這麼維持著她的活命。我常在於她送吃的路上思考著，未來政府、社會必須建立起普遍的、敏感的有效救助機制，幫助那些生活最不如意的人群，認真誠實地救贖，六十六年來，我們社會於天道的可怕虧欠。

這些現狀使人不安的是，我們未來如何使人們在乎來自同類的名譽評價，如何有意地在人群中培蓄和呵護人性的善良，這比任何制度更善良。當有組織的行善不再「危害國家安全」時代到來時，專門性的NGO以及密布社區的教會組織，將會呈現無限量的大作用。我們要使每個需要幫助的人都能獲得及時而具體的幫助，這關乎我們每個人的聲譽和福祉。我想，這會是未來政治的重中之重。忽視了這些生活中的無能為力者，最偉大光榮的政治都是扯談。

### 3.「綜合執法檢查站」交警攔路搶劫

儘管是遠鄉僻壤，可黑暗的、且完全私化了的權力依然是這裡一切的主宰，而他在一切領域都是肆無忌憚的壞榜樣。

今年8月底，又有人深夜來找我，打開門，進來兩人作揖問好，是山西呂梁地區兩名個體運輸經營者，說是在太原上訪時獲得了有關我的資訊，白天不敢

來，而夜裡摸黑到來（所有來找我者，包括當地官員都是黑夜而來，這都是「中國特色」的常識）。與他們聊了大半夜。我首先告訴來者，找我是解決不了任何問題的，對此他們說完全明白，只是想找我吐吐心裡的苦。我並不需要向他們瞭解什麼，堅信我們有著怎樣邪惡的政權，即可確信無論在什麼領域裡必會有著怎樣糟糕的壞現狀。受害人的血淚控訴，不過是壞現狀在某些領域的具體化而已。

便是這漫談裡，我依然需要顧及這篇文字的篇幅問題。

大略上，他們在十幾二十年的時間裡，跑遍了山西、內蒙古、陝西、河南、甘肅幾個省的大部分地區，從客運領域到貨運領域，終於到現在的上訪專業戶。我已經極少為中共恐怖組織在各個領域的反動及反動的野蠻現實感到驚訝，但於他們的敘說，仍使我感到一種焦慮和不安。他們經歷的黑暗現狀使他們絕望。而為他們所講的各地交警的濫權，遍布各地的「綜合執法檢查站」的攔路搶劫，以及權力與黑社會結盟壟斷客運運營權的現實最使我印象深刻。他們說這「綜合執法檢查站」是最近十年裡陸續出現的。

「那就是土匪搶劫，可人家是共產黨的，弄死你你也沒有辦法。」其中一位說。

「各地都一樣，說是綜合執法的，可不論白天還是黑夜，上面寫著綜合執法的警車在你前面一橫，一句話也沒有，他們知道你明白他們要什麼，你就開始給錢。給得少了有時就破口大罵，趕緊再加錢，給到滿意了才會很不高興地把車挪開，再去等下一個倒楣蛋。」

另一位接著說：「又一次刮大風，半夜在甘肅西峰市被堵住，我趕緊跳下車遞上五百元錢，嘴裡還講著好聽的話。他們嫌少，一把朝上頭（指空中）把錢給揚了（指扔了），我和兒子當時就急得嚎了。嚎頂甚用？最後就要走了一千七百元，等於兩千二百元白揚了，啥條子（指收據）也不給你。有時他們把車一橫，連車都懶得下，把車窗搖下來，錢給不夠不挪開，這種事跑一趟車要碰上好幾回，沒個盡頭。」

### 4. 拉一車沙子就不罰款不扣分

他們講的另一個普遍現象是，所有沿黃河的縣裡，都會有交警隊的領導經營大洗沙場，每過一縣，交警會堵住你要罰款扣分，然後提出讓你拉一車沙子就不罰款不扣分。說長途司機最怕扣分，就不敢不答應。

「你說我們滿滿拉著一車貨，咋買你一車沙子，就是是空車，我們要一車沙子幹嘛？他們就說沙子拉不拉都沒關係，把一車沙子的錢交了就行了，每個縣都這樣，十幾二十年裡就這樣，誰也沒有辦法。」他們中的一位說。

## 5. 獨霸客運線路經營

最觸目驚心的是客運行業，他們原來在離石市到太原跑客運，用他們的話說是「硬給打怕了」。他們說現在各地所有線路的現狀都一樣，都是心狠手辣的黑社會老大與權力勾結獨霸線路的壟斷經營，不瞭解這種黑內幕的新客運戶，被弄得家破人亡者各地都有。

「我們認識的人中間被白砍掉手、砍掉腿的人，到處都有（2006年，我與馬文都先生遇到事故住在河北定州市，來找我的訪民中，就有一位被砍掉半個手掌的個體運輸戶）。地級市的每條賺錢線路，那些黑社會都是和省裡當官的勾結，連當地的領導也不敢惹他們，太黑了。」其中一位說。

對於這些現象，我後來有意地在不同時間，與村裡人攀談中進行了求證，結果在料想之中。

## 6. 看看警察來了會收拾誰？

寫至這裡，使我想起去年春節來看我的一位遠親，在親緣上我們很遠，但我倆卻很親（北京的國保頭子都知道我的這位遠親，在最危險的時候也經常來看我）。

我這親戚的妻子在分娩時大出血死亡，他將孩子背在背上在山西打工，後來買了農用車打工，再後來成立了工程隊承包工程，積累了幾千萬元的財富。

2007年，黑幫兩會期間我被帶離北京，至山西太原時住「長風大酒店」。為了看我，他晚上也悄悄住進了那個酒店。當天夜裡發生的事幾年後他才講給我，怕我不願忍受而把事鬧大：

隔日早晨，他發現自己的車門被撬開，裡面幾千元物品被盜，但未敢驚動我。他與酒店進行了交涉，接下來發生的事讓他目瞪口呆。酒店態度蠻橫，他被迫說要報警，不料酒店負責人說：

「你現在就報警，看看警察來了會收拾誰？」

我這親戚是老實人，他不信天下還有這種黑白顛倒的警察，便報了警。警察

出警效果真高，幾分鐘便到。一名警察一下車即大喊，問是誰報的警，他趕緊跑過去接茬。

「把你的駕駛證、行駛證、身分證拿來。」警察命令道。

他又趕緊遞上這些證件。

不料，證件一到手，那警察開始大罵：

「你媽逼，誰讓你自個兒把車門撬壞又誣陷別人，跟我去派出所接受犯罪調查。」

他當時驚得不知所措，警察走過來指著他鼻子繼續辱罵，並開始動手拉他。這時，一個酒店保安上來勸他，說到了派出所你會吃大虧的，邊說邊把他拉進了酒店大堂，讓他趕緊在大堂櫃檯上買兩條軟中華香煙送給那個警察，不然今天麻煩就大了。外面六百元一條的中華煙酒店賣一千二百元。他也管不了那麼多，趕緊掏錢把煙買上遞到警察手裡，在眾人的圍觀中，接過兩條煙的警察一把把他的一堆證件砸在他臉上，用山西口音來了一句：

「太原是個法治社會，絕不允許你們胡來。」然後徑直走進大堂，把煙往櫃檯上一扔，櫃裡人趕緊把錢遞上，警察接過錢昂首挺胸上車離開。

我的這位親戚說他那天一連幾個小時就坐在車上發呆。渾身像散了骨架似的。幾年後向我講述完後他感歎：

「在有權人的眼裡，我們這些人連狗都不如，他們可以隨便胡來，誰也沒有辦法。」

### 7. 小官賴帳，檢察院誣陷清白人

去年8月底他來看我，聽村裡人講，他被一家縣檢察院綁架，在先後兩年的時間裡多次被囚禁，囚禁地就在檢察院的地下室，第一次關押後花了三百多萬元才放人。原因是他借給當地一個小官三十萬元錢，那小官賴帳，說是行賄而非民間借貸。檢察院不抓受賄人卻抓了他這個被誣陷的行賄人。陸續關押了兩年，財產被敲詐殆盡，最後又被罰款五十萬元才放人。

我當面問他，他卻說：「死也不能給你講是哪家檢察院幹的，我早就給你們家的人安頓好啦，誰也不會給你講，你也不用問，問誰都不會告訴你。」

果然，我問家裡人，問誰誰都不知道。其實，知道了又能如何？

「你自己被冤枉關了十年了，不也是白關了嗎？」這是大哥的話。

## 8. 農村傳統道德與秩序之死滅

感謝神給我這些年的特別經歷：先是在中共恐怖組織私設的死牢裡，又在中共軍隊私設的死牢裡，後來又轉至中共恐怖組織的掛牌地獄裡，終於又回到農村。我雖在農村長大，而與之疏遠幾十年矣。

中國文化中有些東西值得思考。與世界多數國家不同的是，塑造中國文明的決定因素始終是強大的國家。無論過去還是現在，中國強大的政府從不受法治的約束，這是統治者隨心所欲的原因。兩千多年前的萬里長城，或是當今宏大的形象工程，無不是普通中國人民的犧牲和生活換來的。從古迄今，有誰能拒絕得了來自冷酷權力的驅策。

短命的秦王朝在事實上定義了此後兩千多年的中國。秦之後，於專制政治而言，中國的政治制度在結構上是沒再發生什麼變化的。只有個別朝代在制度上做過技術性微調，而其目的也不外乎是為了使專制制度更加地精微而更具長久的生命力。中國歷史上從未有過針對專制政治的變革實踐。最著名的商鞅變革卻是集權專制政治的發軔。此後，也有過北宋王安石中途夭折的變革事件，也旨在技術上尋求力挽神宗年間已明顯地一路衰頹開來的北宋專制統治。統觀中國歷史政治以外，支撐人類文明發展的社會、經濟、哲學和道德諸領域，在過去兩千多年裡竟沒有發生過任何結構性的，或劃時代意義的變化，尤其在中國的農村地區。

中國的歷史，實質是同質政治王朝的循環史。王朝的創立者集才幹與魄力於一身，其後便一路地腐敗衰弱下去，直至被又一個集才幹與魄力於一體者率領的暴力集團推翻，王朝又開始了大家所熟悉的循環。個體權利、作用、命運悉被淹沒在宏大而冷酷的循環裡。

與中國不同，西方文明歷史中，始終貫徹著對個體權利和自由重要性的強烈認識。回顧西方歷史轍跡，始終存在著對普遍人權的主張和尊崇。便是在他們的藝術、宗教和社會政治生活中，今天的我們看得見、感覺得出其中對個人權利和自由的表現和表達，尤以近代西方文藝、哲學、科學諸領域的巨大歷史進步，無不成就於個人自由、經濟自由和政治自由的大背景。而在中國，從秦漢迄今，政治官僚化、社會層級化，在兩千年裡一路強化而來。政治始終作為赫然扭曲的病態存在，提挈主導著中國歷史在時間上的進程。1949年後，進入這種病態歷史的最糟糕時期。

中國農村地區在家庭或小農經濟及大家公認的，且大都在乎著的道德評價現

狀中，原地踏步了數千年。實際上，幾千年來，農村地區與專制政治存在著的聯繫也只體現在勞役和稅賦兩個方面，其餘方面的專制政治與農村並不發生關係。大家公認的且普遍在乎著的道德評價規矩及其起普遍作用的習俗，才是幾千年裡中國農村真正的政治，他古老、封閉、保守卻穩定而起著實際的作用。這些在數千年來使農村地區社會得以存活的東西於1949年被徹底摧毀，取而代之的是假大空、冷酷、自私、厚顏無恥，流氓無賴大行其道，極適合極權專制體制生存所必須的、大家早已熟悉了的那些東西。中共恐怖組織由農村地區犯罪起家，所以他歷來重視農村於其獨裁權力延續的作用。他對農村傳統文明的摧毀也是最徹底、最乾脆的。現在在農村，潑皮無賴成了公認的力量，成了無阻的規矩，潑皮無賴得越乾脆、越徹底就越有力量。我在這兒住了一年，有著震撼性的感觸，具體事例不勝枚舉。尤其，一些半吊子潑皮無賴，用這裡人的話說是：

「這種人最怕共產黨，可他們成了共產黨最喜歡的那部分人，現在根本就不管他們，只有他們打死人才可能管一管。」

這是農村傳統秩序死滅而整個道德摧毀後的新產物，沒有人是無辜的。

## 9. 笑貧不笑娼的社會

我鄰村同學的文盲妹妹，被市裡一個教育局長包養而使一家人雞犬升天的事，人人口口相傳是因為羨慕。我在親人中間，一年裡總要聽到幾次羨慕的聲音。

前幾天晚飯時，大哥又絮叨起我這同學一家的光榮來：

「一個字不識，她（我同學的妹妹）一個人至少拿著三份工資，全家住在城裡，不用幹活，要啥有啥。」

這裡只剩下一種美好──發達的結果。不論實現這種結果的路徑及手段是怎樣的無恥和怎樣的傷天害理。

在所有的生命世界裡，獨人類具備了擁有道德的能力，這當是使全人類以為自豪的能力，是獨人類具有的光榮，卻被我們完全地丟失了。

### 10.《東方紅》作者為魔鬼臉上撲粉

可俯瞰黃河威勢的佳縣城畔，正快速崛起全縣最宏偉的建築——死人李有源（《東方紅》的作者）紀念堂。文盲李有源生前所在的村與我的村隔溝相望。共產黨與農民實則是一種抱團搶劫的默契。窮人李有源做夢都想不到他會不花一分錢而得到別人的土地，共產黨搶來後讓他種了幾年（眾所周知，到手的地後來又被收了回去，李有源們的處境更加悲苦）。他唱出了那首使共產黨、毛澤東用來遮堵自己鬼相的歌。搶劫、殺人、放火、昧滅天良，成了光榮、偉大、正確而被公開地普遍地讚美。這些倒置了的邏輯、感情，成了六十多年來農村道德價值判斷的新基礎，是毒樹之果。

「共產黨財大氣粗，幾代領導人沒能做的事，習近平一上來就撥了幾個億給李有源紀念堂。」一位來訪的戰友如是說。

「財大是真，氣粗則未必。物以稀為貴，此舉恰好證明，像李有源一樣感恩戴德地為魔鬼臉上撲粉的糊塗蛋實在是少得可憐，此舉正是氣不足的表現。」我回了他一句。

中國今天所有的壞局面悉導因於惡政治，可普遍存在著的壞局面卻不再全是政治問題。另一個在人群中普遍缺失的東西是誠實信用問題，這是正常人類群體必須有的東西，卻被我們完全喪失，這已是全人類有目共睹的可怕現實。在這樣的漫談裡，我不必再談及具體的事例來證實他的存在及其禍患程度。而如今在共產黨惡政後，在中國社會重新全方位地培蓄並積極保有人與人之間的誠實信用的路徑設計是個當務之急。從硬的約束規矩，以及與之相輔相成的道德評價氛圍的強勢存在，需要更多地開始討論、設計、思考及研究他。這又是一個關乎民族文明前景及我們的孩子們未來有尊嚴的福祉的大問題。

## 八、專制政權寶愛的東西

托克維爾認為：「在人性的所有惡中，專制最喜歡利己主義，他顛倒黑白，把齊心協力創造社會繁榮的人稱為亂民歹徒，把只顧自己的人稱為善良公民。」

極端的黑暗政治已接近最後的邊緣矣，或最後毀掉中國社會或終於使自己滅亡。睜眼看看今天中國的情形，從官到官喜歡的那部分民，仗著各自抵抗力十足的臉皮，各種反文明、反人類倫理的醜行隨時隨處可見。

## 1. 明朝東廠和錦衣衛復辟

統治者貪婪、怯懦、殘忍又荒謬，他們徹底地喪失世間每個政府都最想得到的東西——信譽、榮譽和尊重，而不肯自知。仗著牢不能破的自私和堅如磐石的自利，凡無恥之事無有不敢為者。官員從上到下，道貌岸然的外表裹覆不住異常卑鄙的心腸，荒謬絕倫的事得以在眾目睽睽之下做得耐心而認真。昂首挺肚而人模人樣，精心鑿飾下的儀表，不僅使一些糊塗蛋對他們的壞人性產生了脫離實際的錯覺，便是自己也竟相信起自己的高尚來，因而笑料迭出。他們把文化、財富和權勢都集中在自己手中，並決心永遠地世襲下去。

他們整日裡警覺著，以無底線恐怖手法防堵人們看穿或說穿這個社會的病態或本質。中共恐怖組織搶得政權後，民主憲政成了公開的禁忌，明火執仗地與自由民主為敵。近年來，為了達到目的，使用開了在明朝以後被拋棄了數百年的野蠻暴行，特務統治橫行無羈，未經審訊的囚禁、公開的暴力綁架、駭人聽聞的酷刑拷打已遍地公開地實行起來，人民不堪其苦，卻絕不允許公開表達。

只要有人類生活的地方就會有矛盾及公認的矛盾化解規矩，這是最普遍的人類常識。矛盾不是見不得人的現象。正常人中有了矛盾，用野蠻的暴力手段掩蓋矛盾猶如以紙包火。這暴露了他們對人類世界複雜的全然無知和令人目瞪口呆的愚昧。

## 2. 現代閹宦魏忠賢者流及其乾兒女

再看這些昏官周遭為他們所寶愛的走狗級及後補走狗級群體是些怎樣的精神畸形物，尤其被貪官髒吏全天候寶愛著的幾位先鋒走狗，胡錫進、孔慶東、司馬南等毛左分子，已淪為全民的笑料。他們個個以為，有了一張刀槍不入的臉皮即是有了所向披靡的威力。而像「愛國青年」侯聚森、楊三才這類後補走狗，則更成了當下國人飯後茶餘的笑柄。

我似乎記得是熊培雲先生說過的，大致意思如下的話：

「獎惡懲善、劣勝優汰的專制限制了他們發揮靈魂深處的『天體力量』，毛左分子們的特徵是盲目排外，打著愛國和民族主義旗幟，幹著傷害國家和民族利益的紅衛兵暴行。他們骨子裡欺軟怕硬，在愛國主義表演上總是選擇最安全的方向，對沒抵抗力的假想對手慷慨激昂，實際上是愛國主義旗幟下的瞎起鬨，他們組織偌大的群體攀附主流媒體的輿論導向，對於與主流媒體不一致的聲音亂扣帽

子，讓自己的卑劣本性有機會釋放。對於祖國的種種不公和惡劣之處，他們不敢或不知如何言說，因為祖國有著強大的國家機器等著他，是欺軟怕硬的愛國，是披著硬盔甲的軟骨頭。」

今天中國的權貴勢力，絕對權力已使他們精神中樞功能退化，公開且明顯固執的蠢行總是使人目瞪口呆。現狀顯明，今日惡官的智商總在明末閹豎魏忠賢以下，而他們周遭的走狗及後補走狗的智商則更在他們以下，這使他們醜行眾知而不能自知。

閹人魏忠賢一朝權在手，成群的乾兒乾女以有著這樣一號非男非女的乾老子為榮。終於將這弄得民不聊生的閹宦塞進孔廟配享祭祀，則是類如當朝的花蝴蝶、周帶魚式人物的勳業。專制體制下就這類東西瘋長，而中國素不缺這種人格畸形文人，無恥加無良，是他們的全部家什。

寫至此，則不免要提醒正處氣焰盛張季的、今天的魏忠賢，及那群視有權的魏忠賢若親老子的假臉人格閹類，請留意一下魏忠賢們後來的下場。

那些伏在權力主子影子下搖唇鼓舌的文人，他們的舉動看似猛烈實則卑祛得可觀。清一色地都是些精神上發育不全的畸形物，他們的跳踉醜態使人飯噴，個個在自我欣賞和相互吹捧中得到卑鄙的滿足。他們無例外的拿手好戲是歌頌服從，褒揚盲目。撲滅自由、個性和創造是他們對主子的天職，他們從不為主子究竟有什麼值得讚美的具體美德而爭論。只顧竟相讚美死屍的雅靜、安嫻——讚美死屍至為和諧的雅靜、安嫻及安嫻的雅靜和諧。他們將人類公認的野蠻和無恥硬說成是「中國特色」而加以熱愛。他們對公認的的身處卑鄙無恥境地心安理得。今天的中國，這種扭曲畸形人格者隨處可見。昨日浦志強先生被陷罪後評論的第一條就是「流氓不可怕，就怕流氓有文化」。與這種不通人理的流氓去爭論，不僅徒勞，而且使人痛感力不從心。無恥方面，與他們的惡主子難分高低。

### 3. 獨裁者的鼠目和奴性

亨廷頓說：「在制度化的公民政體中，升遷至頂層使一個人眼界開闊，而在專制體制中升遷到頂層，反而使個人變得鼠目寸光。」

獨裁者不僅鼠目寸光，其本身都是貨真價實的奴才。居權位則驕橫暴虐，失之則奴性立現。遠若北宋徽宗，被擄後立成一個成熟的奴子，與他居位時的暴虐判若兩人。

我在軍隊祕密囚禁期間聽那些士兵講：「那些雙規後當官的賤得讓人噁心，他們好像不記得自己該是個人。」

我周圍的一些普通村民，對中共恐怖組織總是與那些全球公認的壞國家抱團感到不解，更對他們在國內總是迫害有良心、有責任的人士不理解。其實，這是必然的——人以群分是個規律。

希特勒「無與倫比地尊重」的唯一一個人是「天才史達林」（見《希特勒餐桌談話》，頁113），而惡魔史達林只相信一個人，那就是希特勒（見《赫魯雪夫在蘇共二十大的祕密報告》）。

希特勒曾說：「我是一塊磁鐵，常常在德國移動，吸引這個民族中的鋼鐵。我常常指出，總有一天，德國一切有價值的人都會在我的陣營中，凡是不在我陣營的人都沒有價值。」

獨裁者必視自己就是邏輯和真理本身。這也是他們只要還有著力量，即會忠誠地履行那些被公認的反人性制度要求而無良心、負擔的所在。

中共恐怖組織對中國的血腥統治，已歷史性地進入了最後的階段。我在這裡仍想再次警告你們，你們已在每個過程中留下了惡政權戕害文明的罪證。歷史將與受害者一道，記下你們這個反人性政權壓迫人民的黑暗統治的所有蹤跡。你們今天的所有暴行，都將成為2017年後特別法庭對你們定罪量刑的具體證據，你們的犯罪行徑必將受到具體的審判。

## 九、獨裁者很難以史為鑑

社會的變革總是滯後，這是人類歷史數不清的災難淵源。

法國大革命前夕，為新思想影響的一些法國政治家，也曾試圖以和平改革的方式改變法國的舊制度，卻被當時的權力集團死抓住權力不肯鬆手，且不肯妥協，在屢試受挫後，終於導致了法國大革命的爆發，路易十六同志去了斷頭臺通向的去處。

1905年，俄國獨裁政府開槍射殺和平請願的人民，是為俄歷史上著名的「流血星期日」。這次開槍事件像中國的「六四」屠殺事件一樣，斷送了統治者與人民和解的可能。當年爆發的俄國革命迅速席捲全國，黑海艦隊發生兵變。俄國國內所有階層和勢力都起而反對反動的獨裁政府，爭得了言論、出版、集會的自由，還組建了民選的國民議會。

歷史的實在示教是與獨裁者不大發生聯繫的，於是便有了齊奧賽斯庫的下場，於是便有薩達姆、卡札菲的去處。

# 十、真理使人自由

中國今天的許多壞局面為人們所談論，可很少有人談及中國社會可怕的信仰缺失問題。中國人群中信仰的普遍缺失，是黑暗政治可以追求的結果。而信仰的普遍缺失現實，以及他對中國社會所造成的傷害的深刻及長遠性，卻被大大低估了。就長遠改變中國社會目標著眼，實現在大部分人群中建立普世宗教信仰的目標，比改變惡制度更有價值。但極權專制體制既是今天中國社會荒漠化原因，更是建立普遍的良性宗教信仰最根本的現實障礙。野蠻的政治使人們長期隔膜。無論這個社會有多少人，大家都生活在絕對的隔膜中，這便是無論發生什麼昧滅人倫的壓迫，大家都會屈從的根本原因。

阿倫特認為：「專制在本質上是害怕被統治者的，所以他們認為人與人之間的隔絕是長期存在的可靠保證，並總是傾其全力使人與人之間隔絕。」

托克維爾認為：「人要是沒有信仰，就必然受人奴役，而想要自由，就必須信仰宗教。」。

在今天的中國社會，政治紐帶功能全無，道德則更崩潰久矣。類似情形下，唯有宗教是這種社會免於崩潰的最後可能，而我們社會裡的宗教是早就被惡權力摧毀了的。使民眾的品行發生深層次之變化，關涉未來中國國家命運的根本。保證這種變化良性發展的前提是，儘快建立普遍而有普世價值的宗教信仰。然而，這在2017年之前是不可能的。

## 1. 無信仰者之內心黑洞

今天的中國社會，人類群體中光明磊落、相互信任、關愛、寬容和相互妥協這些美德不能有立足之地，這些人類文明的品質公然地不為社會所容，這是我們六十多年裡遠離宗教信仰的直接後果。看今天中共恐怖政權的無底線邪惡，僅以「六四」屠殺為例，殺亡的生命數以萬計，迄今二十六年過去了，死難者親人的公開祭祀活動都要遭到野蠻的暴力打壓，這種兇殘及邪惡人類歷史上空前絕後。這種無底線泯滅天良的惡行，於當權者自身而言，恰是他們內心極端恐懼的必然反應，是他們打壓信仰的必然報應。

在西方社會，便是最黑暗的時期，也還允許被殺死的敵人有權被紀念，作為承認一個事實的自證——大家都是人，便是最專制的政府，也還給殺死的敵人以榮譽。

然而，在中國，相反的情形則隨處可見，沒有信仰的獨裁者人性是個可怕的黑洞，這是作為人最可怕的損失。

## 2. 邪惡政權不亡之不可能

前幾天從家人的微信上看到，山東英才學院的「李姓同學與其他六人組成一個禱告小組，每天中午或傍晚會在教學樓的樓梯之下，一個相對安靜的地方禱告一小時」，而被人用手機偷拍後報告了公安局，因此這六人被公安局傳喚，「正好當地教育廳不久前下了文件說，三人以上一起進行宗教活動的就要被開除」，所以學校要開除他們。

我常說自己總懷疑是在人間，原因在於：一是基督徒的禱告竟然被報告公安局的現實，二是公安局因此就傳喚禱告者的現實，三是教育廳的文件矛頭直指「宗教活動」的現實，四是學校要開除他們的現實。在這一串現實裡，一個病入膏肓的社會局面格外地清晰。除了面臨被開除的幾名基督徒外，其餘的都是些蓬勃著的主動因素。但你不能從其中找出纖毫的，與這個恐怖組織自己頒行的憲法和法律還有一星半點聯繫著的痕跡，如果非要說有，那就是對這種憲法和法律毫無遮掩的反動。

這個邪惡政權不快亡，天理不彰矣！他們要把所有的局面都弄到使正常人群目瞪口呆的地步。文明人類群體中所有正常現象，都令人難以置信地於他們有礙。他們把所有局面都弄得雞犬不寧，而終於使自個兒也寢食不寧。人類既存的所有文明，都成了他們狂躁難安的理由。理論上，這種反人類文明常態的情形只能導致兩個結果：要麼在他們的導致努力下，終於消滅了人類既存的所有文明價值、行為和習慣，要麼他們最終被消滅。不僅是他們全然喪失了試著與人類文明共處的衝動和能力，而人類文明若再容忍他們下去，也是冒著文明聲譽長期被惡劣毀損的現實惡報。

這種邪惡現實清晰地警醒著文明，若不立即像他們一樣地人性喪失，就要無限期、無底線地被他們敵視、污蔑和壓迫。任何於正常人類有關的常識，於他們都盡顯令人無可奈何的無力感。他們莫名其妙的不安已臻非人類境地。這種人間

罕有的精神病狀支配下的行為，則會以令人難以置信的速度，進一步惡化他們與人類文明早已水火不容的關係。進入最後的瘋狂狀態則是他們在未來一年多時間裡的精神常態。相比較而言，於他們，絞刑架通向的去處才是唯一符合他們所要的「安穩」局面的，便是監獄特有的「安穩」，已難以成全他們所要的死屍般安穩矣！

## 3.「十博士」擋不住「禱告小組」

耶誕節將至，根據這些年的經驗，又到了中國黑暗勢力相率展醜貌、競相顯卑鄙的時機了。

尤其這幾年來，一些知識與精神一樣殘缺的醜類，對這片多難土地上日漸流行起來的「聖誕」文化直若見洪水猛獸而恐懼不已。每至彼時，群醜總會遝邐呼應。早已被人類了然了的醜貌上清一色地蒙上「愛國」的假皮。他們於舉世公認的「聖誕」美好祥和如臨大敵，壯懷激烈而敵愾性大熾，一些醜惡文匪，「愛國」情熾烈至情迷心亂，昏頭昏腦地欲「喚醒」國人，抵禦西方文化的擴張，保衛傳統文化。大談傳統文化的美若天仙。

既然這般美好，人民趨之尚且唯恐不速，何至於這般惶恐失措？何至於由幾個沒有了靈魂的文人來跳樑保衛？

此間最醒目的醜舉，是終於未能名噪一時的北大、清華等「著名」高校十位博士的「十博士連署倡議抵制耶誕節」事件。一串名校而一群博士，陣容排場鋪張，刺激得一些同樣醜貌上蒙著公正皮的媒體興奮難抑，那情形似乎中國終於有救了，實質是奸尻文人骨子裡的默契，不過一次全隊寵狗的固寵表演耳。

「以其昏昏，使人昭昭。」人民究竟不至於昏若「名校」博士，於是便有了聖誕文化的日漸盛張，於是便有了山東英才學院的禱告小組，且是在「十博士連署倡議」以後。

從整個人類歷史經驗看，無論經歷多少變遷、艱困和殘酷，人類對美好生活的追求亙古如斯。

去年耶誕節時，西安竟有高校將學生圍堵起來以阻堵「西方文化的侵蝕」，長沙、武漢更有一些大學生走上街頭號召人們像他們一樣愚昧醜陋，終於好像效果不彰，這大學出了「禱告小組」就是個證據。

對於國內人民普遍的艱困與多如牛毛的具體非公正現實，這樣的大學和這樣

的大學生猶死屍般鎮定，這更顯出他們靈魂的骯髒——如果還有靈魂的話。

予人們心靈及感官的快樂與美好，是節日的意義和價值。何至於一臉沉重半腦子糨糊地，把一個快樂的節日過程，於「保家衛國」、「保衛傳統文化」摶捏在一起。

這種現狀正暴露出這國、這族災難性的黑暗現實——今日中國有著怎樣的名校，有著怎樣的名校博士及怎樣的相關糟糕機制。已到了這民族當以保家衛國的高度冷峻面對的時候了。

山東英才學院的那幾名受迫害者，不必為當下的局面沮喪。誰能阻擋與神的聯繫呢？歷史上有多少與基督為敵的惡政權，有哪個逃過了可恥的滅亡下場？而基督卻永在。再說，這樣的高校不上也罷，不上未必是壞事，而上下去則一定是壞事。於我而言，此生最大的幸運，一是認識基督，二是沒有上過這種大學。

### 4. 基督的真正精神是什麼？

黑格爾認為：「從根本上來說，現代世界對自由、自我規定性和人類生活之無限價值的堅持，乃是基督徒在數個世紀裡宣揚人性的無限價值和尊嚴，宣揚愛的無限重要性的結果。」他說：「基督徒的生命不是一味地追求個人的救贖和好生活的生命，而當是一種倫理生命，在這種生命裡，我們的內心轉而朝向普遍、朝向他者的好。」

「基督徒的信仰和內心自由的生活，是一種向他人敞開的、熱愛他人的生活。死亡於基督徒，是通向新生命的大門，是生命的新狀態，所以，他們能夠平靜地死，沒有任何焦慮，更為恐懼而言，他們也能夠無恐懼和焦慮地生活，故真正的基督徒是不會屈從於恐懼，會從容自信地面對任何邪惡。」（加爾文《基督徒生活手冊》，趙中輝漢譯）

人性、人心的普遍荒漠化是人群中最恐怖的現象，是作為人本身最令人哀傷的損失。這是一個人群長期與宗教信仰隔離的必然結果，這正是極權專制長期追求的結果。人類區域文明形成背景大相逕庭，這種大相逕庭最明顯的背景是人類族群的早期是互補聯繫的。當有一天，人類實現了互相的聯繫後發現有幾樣不謀而合的共同點，宗教信仰即是其中之一（另外如規則、語言、文字等）。縱向看人類歷史轍跡，或橫向看今天人類社會宗教信仰的情狀，無論是怎樣的民族和族群，幾乎在所有已知的民族和族群中，都有著自己的宗教信仰。開始說宗教信仰

是人類天性的一個重要的特徵。長期遠離宗教信仰的人，其人格就會生成群體性缺陷而不自知。

前幾天於郭飛雄案發聲的文字中，只是括弧裡提了一下劉霞的名字，竟有不少聲音為此與我交涉起來，道理講得萬水千山，終於還是不同意我對劉霞女士的同情。這使人哭笑不得。我既無暇也無興趣與一些人認真嚴肅地無聊辯論，可這究竟是現實的存在。這使我想起2006年我被綁架前幾個月，在一間教會裡的遭遇。當時，由於不同意我對「法輪功」的同情，不少人當面指責我，一個月時間裡，僅在臺上講道的主持聚會者中，就有三人不能掩飾對我的厭惡而點名指責我。對此，我大都無聲以對——明知孤不敵眾，內心卻痛著。其中一次是作家北村先生站起來為我鳴了幾句不平（記得另一次是一位劉姓女士，那時一位名人的太太在講道時突然說：「有的人他們是不信神的，我們知道，高智晟他就不信神。」）。最後一次是一位張姓學者，講道中直接指責我同情法輪功有悖基督徒的本分。這種事屢屢衝著我發生，使我哀傷和震驚不已。我當場迫使他承認了錯誤。我就此平靜地提醒他，你有能力、有條件意識到法輪功學員是和我們一樣的人。更使我哀傷和震驚的是，這是一群當局的批判者，一群高知。時至今天，我更認為，他們至少在當時還未成了真正明白基督精神的基督徒！我甚至懷疑他們從不認真讀《聖經》。我後來離開了他們，但我終於成了基督徒，是神對人道、對愛、對公義的、使人生命震撼性的感動的反覆強調和命令召喚了我，尤其神對孤兒、寡母、身處逆境中的人以及對貧弱之人關懷、幫助的呼喚，常使我感動得淚水汩汩。我堅決地認為，基督徒若不用《聖經》中神的話語誠實地改造自己的舊生命，是十分不幸的悲劇。

## 5. 一屋不掃，何以掃天下？

這些年，中國的和平反抗者與我過往者無數。胡佳、郭飛雄、李和平三個人成了我的好友。他們豁豁朗朗、簡簡單單，把自由民主事業視作一種理想而奮力勇為，凡於實現這事業有益，不論他是何人，悉數熱情相助。也有一部分人，把這當成了混名聲和糊口的活計，凡事瞻前顧後而左顧右觀，連同情心、正義感都要貼上山頭標籤。這實在令人苦思不解並痛著。我向來不願為此費去口舌，這實在是吃了許多具體苦楚後換來的真心話，非激憤之詞。深知道中梁山白衣秀士王倫式的人物頗不少，常能給你意想不到的麻煩。「一屋不掃，何以掃天下？」中國

未來民主憲政事業的拓路者，倘若於自己的眼界及行為不做決絕的改造，對自己及自己正實踐著的是有礙的，這些現象與遠棄信仰（或沒有認識到信仰於自己生命改變的價值）存在著直接的關係。

我這些年的經歷頗不平常。於困厄中，人是可以看清世人嘴臉變換的，過去圍著你轉的假人的臉變得真起來──假人相全然地真切，便是心、肝的顏色也了然起來。我自己性喜豁豁朗朗，而總不認為，閱人尚不至於不辨真假，這終於是個令我詫異的現實，這是我這些年的大獲得。

這些年裡，我常還面對另一群特殊的人，尤其一些特殊的談話對象。由於我每必思考著信仰與中國社會的關係問題，便帶一種思考來觀察他們。在與各色官員的談話中，總能生出些別樣的感覺，或是些實在的認識，坐在對面的常會是個假人，你能明確地感受出，他的滔滔不絕是不與意識發生聯繫的。「黨國治下的畸形產物。」我常這樣想著。在與他們這種特殊交流中，我常向他們講到信仰於人類的意義，他們總會不謀而合地以進化論駁斥我，似乎人類的宗教信仰就終結於進化論，這在中國無神論群體中是個普遍現象。這是一種自以為是的膚淺，上帝論與進化論是個既複雜又簡單的哲學問題。

若一個死的或靜止的世界是上帝創造的本意或創造的結果，如是，則上帝論和進化論是對應的。而一個活的或動的世界是上帝創造的、無可爭辯的結果，則兩者並不對立。進化論只是認識到了這世界的活或動這種創造結果的真理。不能想像，上帝一開始即給了我們靜止的生命乃至靜止的世界，他的災難性後果是無法想像的。

「道德和宗教當是國家和社會中所有自由和倫理當然的根基。在宗教裡，一個民族可把握到對這個民族而言是終極性的真理。因此，意味著國家及其法律的權威自身必須根植於通過信仰認識到的東西，即國家的法律必須是正義的。」（劉澎《基督教文明與美國強盛之基》，中國社科院網站，2015年6月10日）

世間絕不會有任何一個民族就這樣在永遠地沉默中絕望地生活下去。我們──中華民族，更不會成為世間的例外者。我們將克服萬難，建立起我們與神、與文明世界的新關係──正常關係。

真正具有普遍意義的宗教將在2017年後開始在中國生長起來，這是醫治中國問題的根本路徑。美國憲法第一修正案的思想將收入民主憲政中國的憲法中。人類普遍的經驗已清晰地證明，宗教信仰有利於社會秩序和安寧，而另一個普遍的

經驗則是宗教信仰絕不能屈從於國家權力之下。信仰要為真正的社會和政治自由提供基礎，那麼，權力絕對不能侵犯宗教的自由或干涉屬於宗教領域的事務，國家能做的則只是保障宗教的自由，使宗教的功能得以實現。

2017年後，為六十八年黑暗政治凌壓的苦難中國大地上，將迎來自由宗教前所未有的黃金時代。外國宗教組織、團契和個人在中國的宗教活動不受限制，不需要批准。他們，將成為中國文明進步不可或缺的健康力量，他們在中國建立的學校、醫院、慈善等機構，將與中國自己的同類機構一樣，得到中國政府的支持、幫助；他們的人身、財產及具有普遍意義的宗教權益將得到中國法律毫不含糊的、無差別的保護。當然，法律的這種保護將依循相關的雙邊條約、國際條約、公約及通行的國際慣例為依據。

## 十一、在拓通中國民主憲政的漫漫長路上冷峻思考

無論寫書中還是寫書後，常有一個隱憂縈懷，那就是中國民主憲政的建立及其有效而符合預期運行的發展問題。就技術論，一部「精微制衡」憲法的設計並無多難。而如何使我們未來的憲政實踐能夠在「精微制衡」及全視角監督下有序而有效地運轉，則我們需要有許多的哲學思考。今天，俄羅斯的現狀是引起我這方面憂慮的現實原因。今天的俄羅斯同樣有憲政：民主選舉，但俄羅斯今天實際上是少數政客的威權獨裁政治，他們事實上控制著主流媒體，講真話的記者常有滅頂之災，而司法對此實際上無動於衷，俄公務員的腐敗、受賄舉世公認，媒體成了欺騙民眾、贊助黑暗的生力軍，我們必須保有冷峻的警惕，使中國能夠避免重蹈俄今天的覆轍。另一方面是拉美國家民主憲政發展的現實情形，也可使這一代中國民主憲政的建立者、研究者多一些借鑑性思考。那裡也同樣地有憲政，有民主選舉，可像美國那樣的獨立司法卻始終沒能在這些國家建立起來，問題的癥結在哪裡？我們如何才能避免同樣的情形出現，是我們必須敏感思考和敏感警惕的。

在拓通中國民主憲政的漫漫長路上，滿是我們先行者的血和淚。今天，恐怖的暴力綁架、駭人聽聞的酷刑折磨、慘無人道的祕密囚禁，仍是這路上的全部「風景」。此時此刻，仍有許多這民族的優秀分子，正用自己的犧牲痛苦抗擊著極權專制的殘暴和不義，正為這民族走出苦難而在黑暗裡負軛前行。我們這些暫時還尚有些空間的同道，有理由為他們的勇敢付出所感召，肩起我們的歷史責任，

為自由、民主、憲政中國的建立助力，使終於建立起來的民主憲政符合所有犧牲者的預期。

今日世界上，已沒有了任何一個主要的國際機構或任何一個稍像樣的國家，將民主憲政以外的政體視作合法的、正當的、非野蠻而可以接受的統治形式。除了中共、朝鮮等極少數幾個流氓政權外，全球所有現代國家都不否認對自由、民主、公平、正義價值的推崇和追求。而實踐並實現這些價值的前提是民主憲政制度的建立。我們這些人為實現這些價值付出了常人難以想像的代價，貨真價實的民主憲政制度於我們比生命還要重要。我們必須建立一個在這片土地上前所未有的現代化政治制度。中國的政治制度現代化，必須研究借鑑人類政治文明的優秀成果，尤其是美國憲政的實踐成果。

## （一）借鑑美國憲政

我於2007年被軟禁期間曾拜讀了王希先生的《原則與妥協》（2005年版）。在近五個月的時間裡讀了兩遍，做了數量可觀的筆記。可惜，書與筆記均在9月份酷刑期間的再次抄家中落入賊手，造成不能逆轉的礎骨之痛。

大略上凡人都會有夢。習近平先生的酣夢是「在建黨兩百周年時讓中國人民幸福得嘰哩咕嚕咧」。這奠定兩百年酣夢的氣魄究竟雄大。我當時只有個十年的夢想——建立中國的民主憲政。而作為個體，則是在這夢到來前盡些微薄的力量。這究竟是在中國，我這夢於習先生們的夢不大方便起來，他們便把想像中的地獄活生生地給了我。這又八年過去了，歷盡了曲折和苦楚，在這民主憲政夢中終於沒能醒來，於習先生們已底定的二百年大夢的不方便也終於還在，但我是絕不抱歉的。

對中國民主憲政的思慮是我在這漫談裡最要緊要談的，但會有許多遺憾，損失了的筆記本奠定了這遺憾的基礎。對王希教授的思想及觀點引述即保證不了準確，於此向王先生及讀者朋友致以歉意！經歷了這些年，經歷了這些事，記憶中的東西恍如隔世。建立中國的民主憲政，追躡美國的憲政史，於我們而言是絕不可或缺的。

世界史上，經濟革命及政治革命均肇端於英國。英國的經濟革命於近代人類文明史上的價值及作用無論怎麼評價都不為過。但其政治革命卻是於世界另外兩次大革命——法國大革命和美國革命一道，影響著近代世界歷史進程。相較之

下，美國革命於其後人類歷史發展的影響意義更甚，這種影響力迄今不可低估，尤其於中國。

美國革命的巨大價值不在於這個世界上又多了一個國家，而在於他使世界上出現了一個完全不同類型的國家。他開創了世界成文憲法的歷史先河。講英語的美國的出現，是世界最重大的歷史事件之一，其對世界歷史的影響意義無論怎麼評價都不為過。

美國憲法的制定用了一百二十七天，因為他是人類歷史上的首次，其實施後了近二百三十年的歷史，依然是美國憲法的制定史——憲政實踐與憲法完善史。

今日美國憲法，實則是1789年憲法、與1791年成為憲法組成部分的《權利法案》，以及此後兩百年陸續通過的第十一至第二十七憲法修正案共同組成（其中第十八修正案是對醉酒類酒的禁釀、禁酤，現已廢止）。

美國憲政史於未來中國民主憲政政治的建立，及符合預期的運轉之鏡鑑作用及價值無可限量。而俄羅斯憲政現狀，以及其與中國共同的前共產主義背景於我們的鏡鑑作用也同樣十分寶貴——是他在相反方面的鏡鑑價值，這是我寫這個漫談的主要感情背景（即為什麼會在憲政體制下，為什麼在民主選舉的情形下出現實際上的威權獨裁政府）。

美國憲政發展史，是憲法對權力運作的精微制衡設計和全體公民對憲政實踐全視角監督機制日臻形成的歷史。

美國憲政的重要意義在於，他使歐洲文藝復興和啟蒙運動以來，人類於理性政治的追求變成現實。他的理論基礎是洛克的「自然權利」和「社會契約」論，是特定的歷史階段美國社會、政治、經濟現狀的綜合運動結果。

美國憲法生出一個全新的政府體制，是人類歷史上首次將聯邦制的思想、政權、權力結構及其制衡，以及人民主權等抽象概念變成了完整的現實。

美國憲政於後世有許多有趣的認識和說明。

美國憲法制定的過程，實際上即民眾廣泛的政治討論的過程，終於制定了的憲法則是這種討論的結果。其大略上類似一個契約的訂立過程。制定成的憲法即成了對政府和民眾都具有約束力的契約。

「憲法是一國政治關係的總設計和總安排，而憲政則是以憲法為基礎的國家治理」，以及治理過程中具體的政治實踐，「他既是國家組織的根本法，也是國家的法律制定和執行的準繩」。

憲法與憲政，猶如火車與鐵軌。無憲法，憲政是無用之途，沒有憲政，憲法

成了無軌的列車。憲法與憲政，更如刑法與刑事訴訟法的關係，缺一即使對方成了廢物。中共迄今是只有憲法而無憲政，這是所有共產專制政權的通病。

美國憲法的歷史，實際上是圍繞憲法原則進行辯論的歷史，「更是辯論的結果：妥協的歷史」。

## （二）與未來新政府有益之借鑑

下面，基於我的認識，顧念到本篇文字的篇幅，將線性羅列若干未來制憲及憲政設計、實踐中當重視的借鑑，以期作為將來相關思想的一部分。

### 1. 關於民主憲法權力之限制及行使

作為美國憲法組成的《權利法案》，是美國憲法制定後又補充制定的憲政「權利體制」。就立憲而言，他們走了一段彎路，是1791年新增的。這將是我們未來要避免的。美國《權利法案》的特別之處在於，他並不是列舉人民有哪些權利或者說憲法賦予人民哪些權利，而是說政府不得侵犯人民既有的何種權利。這裡昭示了兩個鮮明的思想：其一，憲法中的權利源於人民的讓渡，憲法權力的行使是基於人民的意志；其二是權利不是政府賜予的，而是在政府還沒有出現以前人民就有著的，這種權力及權利觀於我們非常重要。

### 2. 關於憲法身材機制

美國最初制定的憲法中缺少一些結構性的、使民主政治得以有序運轉的東西，諸如：憲法的最終解釋權問題，中央政府和地方政府的權力劃分問題，政黨在憲政體制中的作用、地位及其活動規則問題。這些在憲法中缺少的界定，曾使美國憲政發展史遭遇過幾次巨大的挑戰，這是文明必須注意借鑑的問題。美國憲法身材機制的缺失，使美國第二任總統約翰・亞當斯任內的、美國憲政史上頗不名譽的四部法律通過成為可能。1803年，聯邦最高法院首席大法官約翰・馬歇爾，在馬伯里訴麥迪案的判決中，歷史性地確立了最高法院的憲法審查權，給了最高法院鉗制國會和總統的能力。

### 3. 關於一人一票之民主選舉

　　民主選舉，是民主憲政國家中最重要的政治。一人一票的選舉制度，是政權合法性及正當性的要素和前提。選民政治制度以及與之相匹配的政權組織構成，不只是政府合法性、正當性的體現，更是一個政治結構穩定的基礎。而選舉的原則當體現普遍性、平等性、直接性和自願性。任何形式的政府，如果他不受選舉程序和獨立司法的限制，不論他嘴上講得如何天花亂墜，他實際上實施的則必是殘酷而無孔不入的專制。

　　人類天生追求的並不單是物質，還有承認，對人尊嚴和價值的承認。一人一票的自主選舉，是對這種尊嚴和價值承認最恰當、最合理的保障。

　　選舉權是美國憲政史上最古老、最重要的公民權利之一，儘管他也走過了不少曲折。但選舉權僅為公民權利的一個方面。

　　公民權利意味著一種國籍的歸宿，一種法律上的身分權。公民權利是個複合的概念，是一種含有特定社會價值成員的地位，而公民法律身分的社會價值，是需要通過公民實際享有的權益來體現，諸如：享受政府的誠實服務、國家的福利、社會的保障、人權和自由的充分享有、人身及財產安全的有效保障等。而對那些在市場經濟競爭中總處在劣勢地位的公民，他的權利更體現在有統一成熟的社會保障機制、最低工資制、最低生活保障、醫療保險制度和其他對應的福利制度方面。沒有這些制度或這些制度並無可靠保障，公民權利就成了空物。只有通過定期的、普遍的、公開的一人一票選舉，公民權利才能得到實在的保障。

　　一人一票的選舉制度下，政府的合法性才能得到普遍的認可，其執政才能得到民眾自覺而認真地支持。人民對政治參與的最好形式就是自主地參加選舉。人民不光希望自己的權利、自由得到政府的保護，而且有權通過實質性地參與，以幫助、改進政府的治理能力和效果。這種實質性的政治參與，保證了國家制度建設與公民權利建設在活的歷史進程中共同生長。

　　民選的政府，在國家遭到危難時刻，政府首長可以理直氣壯地動員人民來保衛國家制度及其所代表的價值。

　　只有賦予人民自主的、有秩序保障的一人一票選舉權，「從南到北、從東到西的政客才能在乎他們的感受，祈求得到他們的幫助，選舉是所有權利的基礎」。他是人民影響政治的最直接、最現實和最有效的方式。

　　選舉是民主政治的基礎，是民主政治生命力的保障，也屬民主政治的形式要件。選舉程序和機制的設計必須科學合理。這種程序和機制的設計必須本身是民

主的，否則，他將影響甚至抵消或降低選舉的民主性。美國的「選舉人票」制度的不合理性值得鏡鑑，他因此導致了危機。如在2000年佛羅里達的選舉，在該州六百萬選民中，布希得票比戈爾多了幾百票，但他卻最終獲得了代表該州全體選民意志的全部選舉人票。這是一個簡單的數學問題（但這不是人為操縱的結果，就機會而言，雙方是公平的）。未來中國的總統當由選民直選。簡單的數學邏輯，卻因設計的悖理而無限地複雜開來，導致那次大選的歷史危機。

在公民權利發展史上，1960年代，詹森總統的「偉大社會改革」推動了美國歷史上最多元權利的擴張，公民權利從傳統的生命權、自由權和財產權，拓展到個人尊嚴、生活品質、基本經濟保障、接受良好教育和追求個人幸福的權利。這些擴展了的權利，必須成為未來中國憲法及憲政實踐中毫不含糊的吸收和保護。

### 4. 從「新政」看憲法機制下總統的權威和高效

美國的憲政史伴隨著聯邦政府權力的擴大史。在過去兩個世紀裡，聯邦政府的權力擴大了許多。但每次他權力獲得擴大，都是憲法修正案的結果。他擴權的另一個規律性特點是以國家的非常狀態為背景，最明顯的如內戰、兩次世界大戰及「九一一」事件。這是由美國的州和聯邦形成史以及兩者的歷史關係決定的。美國的州與我們未來自治省的地位不大一致，憲法並不是他的權力來源，而我們未來省的權力將必然來源於憲法。

美國聯邦政府，便是美國國家本身即是十三州「製造」成的。其直接的現實背景是反抗英帝國強權的產物。所以，當時參與「製造」美國的人們。對強大國家心存餘悸，保持敏感的警惕，使聯邦政府當具備的能力在經歷了兩百多年的歷史後才陸續獲得。美國為此承受了若干歷史巨痛，這是中國未來制憲及憲政實踐必須吸取的教訓。

政府的治理既是人類文明的結果，也是人類文明發展的代價。建立有限政府當然應是一種基本的思想，對於國家權力與公民權利的平衡與調和。民主憲政制度是人類目前能找到的，最接近理想的調和模式。

「印度公共設施建設的緩慢，歐洲福利國家的滯漲，乃至美國財政赤字問題的困境，在福山看來卻是民主制度國家能力的欠缺的表現。」（忘了出處，致歉）這不是沒有道理的，但必須肯定，他不是民主制度本身的問題，只是有待進一步完善的問題。我們在將來的機制設計，如何避免上述情形當予以考量之。

　　自由要求限制政府權力，卻必須要有一個有能力保障自由的政府，這種保障自由的能力是必須的。政府必須有能力制止一些人對另一些人權益的侵害，有能力保障社會公正，有能力維護社會公共福利，有能力保障公民權利的行使和制止壟斷勢力危害個體權利及公共福利。

　　從美國憲政經驗看，總統必須擁有高度的自主權，在瞬息萬變的國際事件中保衛國家安全和利益。政府必須成為解決政治危機、調節社會群體利益衝突的核心之憲法機制，當扮演重要的領導角色。各國的普遍經驗證明，國會因其特別的代議制性質和複雜的組織結構，不能快速有效地集中意志達成共識，不能在國家危機時刻肩負起領導公眾的職責。只有總統有條件及時發揮關鍵的領導作用，以迅速化解所面臨的危機，美國歷史上所有重大危機事件中都證明了這一點。

　　當今時代矛盾地複雜化、多元化。國家和國際關係重大危機的發生，都要求國家必須有一個高效權威的行政中心，要有一個發揮政府核心領導作用的最高行政長官，擔負起解決國家、社會複雜多樣的矛盾，保證國家發展和繁榮的穩定及持續。

　　當今時代，個人利益、企業利益、地方利益與國家的關係越來越密切，國家利益實質是全體國民利益的總匯。國會和總統當成為全國性利益公平、有效分配的中心機制。

　　歷史證明，總統的權威和高效是必不可少的。1930年代的經濟危機重創了美國人的經濟、生活和國民心理。正是羅斯福總統利用了總統機制的高效，在「百日新政」中，以前所未有的速度，推出十五部法律要求國會通過，遏制了經濟危機的惡化趨勢，於穩定民心以不可替代的作用。

　　保護公共利益必須是政府的首要職責。當然，未來的公共利益必須建立在全社會價值共識的基礎上。政府不能成為任何利益集團的工具，當超然於任何團體利益之外，其所有的動機和目的，都不外乎是為推進公眾福利和繁榮，他必須是一個公認的富有道德責任感的利益協調者。

　　大衛斯指出：「無論是戰時還是和平時期，美國憲法對統治和人民來說都是法律，他在任何情況下、任何時候，為所有不同類別的人民提供保護。」美國憲政歷史表明，便是緊急狀態下，國家尊重對正當程序原則的認可和堅持，這是美國憲政歷史上最寶貴的價值之一。

## 5. 美國言論自由保護史上三個標誌性案件

中國從未有過言論自由的經驗。因著中國的權力是世界上最自由的。中國歷史上，自由的權力對人民言論自由的冷酷鉗制，不僅堪稱歷史悠久，其兇殘及惡辣的程度全世界第一。遠在周朝厲王時期，人民就有了「道路以目」的本領。進化至後世，人民便是「道路以目」也不能逃避禍矣。你不開口說話，可你有可能在心裡罵當權者，於是這世上便有了「腹誹罪」。「腹誹罪」是綿密惡辣鉗制人民言論的、人類歷史上最為荒誕的惡招。有著如此綿長精微的鉗制人民言論歷史的中國，意味著這片土地上欲建立保衛言論自由的制度是何其不易。自由媒體被稱為美國的「第四權力」。美國在確立新聞自由的原則及其保障機制方面，值得我們很好的借鑑。

中國權力鉗制言論的歷史於1949年後進入了他的最黑暗、最反動的時期。便是在黑暗的皇權專制時期，也還有著「登聞鼓」、「叩閽」這樣的剛性制度設計，以保障民情、民意與權力不至於完全阻斷。今天，衙門外不再有「登聞鼓」，官員出行如臨大敵。衙門外等著人民的是武警和祕密警察。幾十年來，因為言說，數以百萬計的人民被殺、被虐、被監禁。反右、大躍進、「文革」、「六四」屠殺、鎮壓法輪功，中國的「媒體」都是一片叫好，為權力的恣肆暴虐唱讚歌。

上世紀頭十年裡，美國新聞和出版界掀起了一場「黑幕揭發運動」，也即著名的「扒糞運動」。美國社會久積了的、已為人們習以為常的醜惡問題，諸如社會腐敗、婦女和童工的悲慘遭遇、城市貧民生活苦狀等被揭露出來，這些廣泛而持續的揭露引起全社會的強烈反響。其中，一些全國性的專業組織，從社會科學角度，對各種弊病的發生和發展原因進行了大量有見地的分析，並提出了解決的意見。這是自由媒體引領美國社會的一次道義的規模性檢省和提升——含媒體自身的。

美國言論自由保護史上三個標誌性案件，對未來中國建立新聞及言論自由的權利和原則，新聞自由、言論自由的界限，以及相應的機制，有著十分寶貴的借鑑價值。

1964年，《紐約時報》訴沙利文案中，聯邦最高法院的判決確立了著名的「沙利文原則」。大法官威廉・布倫南寫就的判決意見，成了人類保護言論自由的經典文獻。

他確立了媒體對公共事務進行不受阻擾的、充滿活力的、廣泛的辯論，當是美國社會的基本原則，必須受到憲法保護；且確立了憲法必須保護與事實可能有出入的辯論，這是表達自由存活下去所必須有的一個呼吸空間。而這種自由辯論會可能造成於政府官員的名譽傷害，卻絕不能成為壓制言論自由的理由，對政府施政行為的自由討論，是美國政府的一個根本原則，反對強迫人民和媒體自我約束對政府和政府官員的批評。構成對官員名譽損害結果的前提是舉證說明媒體在進行報導時，明知所使用的材料或信息是虛假不實的而執意使用，對使用的材料或信息的真偽有肆無忌憚的無視。判決強調了一種特權的對等原則，及政府官員在執行職務過程中有免遭誹謗罪起訴的特權，那麼，公民也有著批評政府而免遭誹謗罪起訴的特權。（向王希先生致以歉意──記憶中的這種引述難保準確）

《紐約時報》訴美國案中，尼克森總統以損害美國利益為由，要求最高法院禁止《紐約時報》刊登被洩露的五角大樓文件，而被美國聯邦最高法院駁回，堅定地捍衛了新聞自由的權利。

1842年，聯邦最高法院在普林斯基訴新罕布什爾州案的判決中認為：「言論自由不是一項不分場合、地點可以任意使用的絕對權利，言論自由絕不包括使用那些會造成傷害和引起騷亂的污穢、下流、咒罵和誹謗性語言。」

這些都是言論自由所行使及保護所必須具備的思想。

## 6. 從歐美國社會福利措施演進中思考

美國憲政實踐中的國家福利思想，及其實踐效果均為未來中國的相關建立及實踐所借鑑。一個正常的文明社會，他是會最優先考慮處境最糟糕那部分成員的福利，今天中國社會的情形正好相反。

歐洲國家的財政制度主要用於富人向窮人的再分配。國家福利的實現途徑，或如美國的累進稅制度，或如歐洲一些國家的專門再分配政策，向貧窮和低收入家庭予資助和社會服務。

當今時代，福利保障措施已普遍地成為政府和社會的公共責任。他不是施捨和行善，接受公共救助是公民應享有的一種權利。一個個體的不幸或陷入困境，往往是超出個體控制力量的因素造成的，典型如中國的情形。普遍的失業貧困，

相應保障性機制的結構性缺失，使絕大部分人生活在沒有安全感、被隔絕、被拋棄的狀態中。今天的中國，到處彌漫著無以名狀的失望和不安之氛圍。使這部分人脫離這種現狀，從經濟上站起來，幫助他們有固定的工作、穩定的家、社區和良好的教育，是未來中國民選政府及社會的首要任務。未來政府和社會的目標，不僅僅是建立和保障自由，而是予人人平等的機會；不僅僅是作為權利和理論上的平等，還必須是結果上的平等。

1980年代，美國傳統的發放式福利政策受到了新思想的挑戰。新的思想認為，政府應當從無止境的福利發放中退出來，將注意力放在改變福利接受者的動機上。有一本書叫《超越應享權利：公民的社會責任》，書中表述的思想在當時具有一定的代表性。認為政府有對窮人的救助責任，但不應僅止於機械性地提供資助，當有意識地去改變窮人的社會責任感，鼓勵和幫助他們進入市場，而不是將他們庇護在市場規律之外。認為政府是一種機制，人民通過他強迫自己以必要的方式做到相互服務和相互服從。認為美國的問題不是經濟不平等問題，而是如何解決處於社會底層者的依賴性問題。這種思想影響到1980年代雷根政府的福利政策。雷根總統自己也認為，美國的福利體制「造就了一種貧困文化的永久性結構」，發放式的福利體制已生成了一個「失去夢想和成長受阻」的階層。他的這種思想以及他任內的福利政策影響了他的繼承者。

克林頓任內通過了兩部規範福利措施的法律，《個人責任與工作機會協調法》、《對需要家庭的暫時救助》，將公共救助與工作技能培訓、就業意識培訓結合起來。政府提供救助的目的是說明救助者最終能進入市場，成為自食其力的公民。

富裕國家的保障，是對被救助者某種生活水準的保障，他不像今天的中國只向城市特困階層提供僅足以維持活著的保障。

美國以外的世界，尤其是歐洲以社會福利為主導的國家，從半個多世紀的實踐經驗看，均規律性地出現了財政危困局面。如何在公民權利、國家福利及維持財政現狀良性局面間建立平衡，以實現自由與繁榮的持續發展是未來民主憲政政府的課題。

## 7. 關於勞工法及勞資關係的思考

美國在勞資關係權益調整方面的經驗，是未來民主憲政政府的建立者必須認

真研究並合理借鑑的。

美國於1898年通過的《爾德曼法》，於一百多年後的中國建立勞工保護規範及保護實踐具有現實的鏡鑑意義。尤以其中的禁止資方強迫工人簽訂「黃狗合同」（即工人在簽訂合同時必須承諾不加入工會組織，否則不予雇用）的規定。

該國於1933年通過的《工業復興法》，允許私企成立自治協會。由協會、勞工和政府協商建立本行業的競爭規範，和在政府的支援監督下，由各企業協商建立一種於各方有利的市場秩序。其建立在競爭中的理性自治秩序的思想及措施值得借鑑。

1935年的《勞工關係法》，於勞工、勞工組織保護方面的規定有借鑑價值。確立勞工的組織形式，及加入工會的權利。以及就工資福利、工作條件及其保護、工作環境與資方進行集體談判的權利。該法實踐歷史性地證明，對勞工組織工會和集體談判權利機制的法律保護，對保護商業免受損害，保障勞資關係良性運行，及保護經濟繁榮和社會發展具有結構性的積極意義。

### 8. 關於企業壟斷問題的思考

未來國家將立法制止壟斷對自由競爭環境的破壞。美國1914年通過的《反托拉斯法》、《聯邦貿易委員會法》的相關規定可資借鑑。

而於反壟斷方面，英國的做法更值得我們研究借鑑。「以最嚴格的方式來限制壟斷的企圖和帶有壟斷性的特權，而將公司的特權限制在那些被明確給予的權利範圍內」。

### 9. 關於私人產權保障問題之思考

當今世界，凡市場繁榮和和社會富裕的國家，無不依賴他們背後的神聖產權制度、獨立的司法制度和自由的政治秩序。另一個現實規律是，幾乎所有貧窮的國家，大都不是因為他們缺乏資源，而是因為他們在產權制度方面的野蠻，且都有著獨裁腐敗的政治制度。中國的強拆制度，是人類歷史上最為野蠻的、赤裸裸的反人類暴行，已被利欲熏心的中共權貴，在此問題上的兇殘及冷酷雷打不動，這種使人震驚不已泯滅人性的犯罪行徑，使中國的產權制度保護倒退了數千年。人們一邊震驚著，一邊也無助地麻木著。

美國聯邦最高法院1810年對弗萊切爾訴培克案的判決、1816年對達特茅斯學

院訴伍德沃特案的判決，在保護財產、保護私人經濟、鉗制政府對私人財產及經濟權益的侵犯方面，具有重要的歷史借鑑價值。他堅定地昭明了一種態度，法律對一部分人通過政治手段剝奪另一部分人的財產和經濟權益予以堅定的反對。法律旗幟鮮明地、歷史性地站在了政治特權的對立面。兩百年後閱讀之，依然使人心潮澎湃。在中共恐怖組織的統治下的私財制度現狀，使人心潮澎湃的卻是他相反的情形。例如浙江吳英這類案件，2017年後將重新梳理，罪惡將得到追懲，所有參與搶劫者，包括司法走狗們，在受到刑事追懲的同時，受害人可向這群私利熏心的東西追償經濟損失。以此事表明未來中國對私屬財產、權益保護方面的不含糊態度。

### 10. 現代民主政治的三大支柱

現代民主政治的三大支柱：選舉政治、議會政治和政黨政治。目前，國際上聯邦制國家大都採用兩院制，類似美國的眾、參兩院。眾議院議員名額以人口比例額配各州，由各州公民直選。參議院議員名額相同，而不論州之大小，且由各州選民直選。這種模式及其運作可資未來中國效法之。

人類現代民主政治實踐的普遍經驗表明，多黨制在自由社會中是不可或缺的。互為反對黨的政黨能夠利用同一憲法機制制約對方，防止同一利益集團對國家政治以及具體決策的獨霸和壟斷。這些，都是人類經歷了許多磨難後得來的寶貴經驗。但是，必須制度性地防止國會內部出現的「坎農主義」，必須確立剛性的程序及其敏感運轉和防範規則，防止多數黨長久控制議會。

## 十二、憲政實踐中的公平與秩序

以憲法為基礎的日常而普遍的憲政實踐，不僅是國家政治秩序穩定和社會秩序良性發展的保障，一部活的憲法，一套活的、與人民具體的權利和利益相關聯的憲政運作，可在人民中間產生一種活的憲政文化心理。人民具體參與憲政的具體實踐，是一國憲政文化產生和生長的基礎。諸如美國公民的參加選舉、參加陪審團過程、就職宣誓等制度安排，都為憲政文化的產生、生長提供了條件。在美國，人們的收入和財富不均是很顯明，但這種不均卻不是美國政治和社會發展的大問題。因為人們普遍相信規則於大家都是公平的，富人的成功是公平規則下的結果。

從尼克森被彈劾，而國家政治秩序和社會生活的良好運行裡，人們能夠看到一種良性的憲政文化於其中的巨大現實作用，尤以 2000 年大選後聯邦最高法院的最後決定效果，最能體現這種極具生命力的憲政文化於其中的現實作用。實際上，美國很多人對最高法院的決定是反對的，這其中就包括戈爾本人。但人們對最高法院的裁決程序制度及其所代表的制度價值的信任是堅定的。為人民信任著的既存程序及其良性運作，是政治穩定的基礎。而人們對程序制度及其所代表的制度價值的普遍信任，是美國憲政文化生命力的骨骼。這方面的現象及其所代表的巨大現實價值，於未來中國憲政實踐有著十分寶貴的經驗——實踐的和思想的。

## 十三、關於近況：答覆關愛我的朋友之問候

近年來，總有關愛著我的朋友通過不少管道打聽我的近況，藉此機會大略回覆之：

我的情形在我看來還尚可，並不如朋友們所想像的，總是在苦中煎熬。

### 1. 簞食瓢飲無憂，與神同行常樂

物質空間的暫時侷促於我幾無苦惱，或者說無暇苦惱，我有許多理由使自己可暫時置身俗世煩憂之外。客觀上，於物質方面的情形大略上能為大家想像得到，被局限在小村裡，與世不能爭，粗食簡衣，而十分能吃，二十分能睡。押回家一個月體重增加了三十多斤，由是始以有意識地節制。一日之計總在書筆間。

至於精神方面，則常處在一種內在優美的自我滿足裡。每日讀書後的最後一個小時，在一本叫《詹森藝術史》的書中神馳。原本擬買來在節假期或其他閒暇裡消遣，但終於成了我每天裡最為神往的一個小時。藝術有一種神奇的能力，他可以抹平遙遠過去與當前的鴻溝。在那裡面，人能尋找到內心深處的寧靜和幸福，感受到了渾涵了和諧與和解的看得見的自由，能連續地欣賞到處於眾多文化和歷史形式中的美，是在山村裡料想外的享受。

好像是黑格爾說過：「希臘藝術是如此地和諧，因為希臘的精神和宗教完美地適合於感性的表現，實際上，藝術是把握精神最貼切的形式。」從希臘的雕刻繪畫中能夠持續地感受人類精神的安寧，能尋得到某種看得見的思想和看得見的精神。於擾攘俗世生活裡的人，某種久違了的純粹精神性的思想也唯有在這平面藝術了，給予我的感官及精神極大的滿足。

而離開了書本，我的精神世界則是與我的神的愛和奇妙的話語縮接著，猶如回到嬰兒般無思的本能感受中——我實無痛苦。於我，朋友們大可放心矣！

### 2. 霧霾的苦楚相對變淡了

可從去年年底開始多了一樣預料外的苦楚——厚覆於大地上的霧霾。如此程度、如此持續的霾禍，在這裡可謂史無前例，無端給人一種人間末日感，苦惱揮之不去。可上週四弟的一趟河北、山東的出行，其所見到的濃厚霧霾之恐怖情形，相對地使我們這裡又「好」了起來。原本計畫在兩地逗留一週的他，兩天後連夜趕回。

「活在那種地方能憋死人，像悶在罐子裡，連太陽都是不死不活的，咱連半年都活不過來，我真佩服那裡的人厲害，整天就感到在地獄裡。」四弟一進門即一臉誇張地這般說。

於是，我這裡又「好」起來了，便是地獄，他也是個好地獄，比身處於趙國國都的朋友「幸運」多了。

## 十四、結語：新政府，保障人民幸福的政府

最後，我想以一段《獨立宣言》文字作為本篇漫談的結束語。

我們視下列各點為不言而喻的真理：人人生而平等；人人生而具有造物主賦予的某些不可讓予的權利，其中包括生命權、自由權和追求幸福的權利；為了保障這些權利，政府才在人們中間得以建立，而政府的正當權力則來自被其統治的人民同意；但當任何一種形式的政府對政府原來的目的造成損害時，人民有權利來改變或廢除他，以建立新的政府。新政府必須基於這樣的原則並按著這樣的方式來組建政權，即在他們看來是最能夠保障安全和幸福的，……。過去的經驗證明，只要當罪惡尚可容忍時，人類總是寧願忍受，而不願廢除自己所習慣了的政治形式。然而，當一個政權濫用權力，巧取豪奪，一意孤行，企圖將人民抑壓在暴政之下時，人民有權利和義務來推翻那樣的政府，而為他們未來的安全建立新的保障。

2016 年 1 月 1 日於母親生前所居窯洞